基于核心素养的基础教育实践探索

四川师范大学师范教育管理办公室 / 主编

四川大学出版社
SICHUAN UNIVERSITY PRESS

图书在版编目（CIP）数据

基于核心素养的基础教育实践探索 / 四川师范大学师范教育管理办公室主编． -- 成都：四川大学出版社，2025. 2. -- ISBN 978-7-5690-7601-1

Ⅰ. G639.2

中国国家版本馆 CIP 数据核字第 20253JK411 号

书　　名：	基于核心素养的基础教育实践探索
	Jiyu Hexin Suyang de Jichu Jiaoyu Shijian Tansuo
主　　编：	四川师范大学师范教育管理办公室
选题策划：	吴连英
责任编辑：	吴连英
责任校对：	刘柳序
装帧设计：	墨创文化
责任印制：	李金兰
出版发行：	四川大学出版社有限责任公司
	地址：成都市一环路南一段 24 号（610065）
	电话：（028）85408311（发行部）、85400276（总编室）
	电子邮箱：scupress@vip.163.com
	网址：https://press.scu.edu.cn
印前制作：	四川胜翔数码印务设计有限公司
印刷装订：	四川省平轩印务有限公司
成品尺寸：	210 mm×285 mm
印　　张：	22.5
字　　数：	739 千字
版　　次：	2025 年 5 月 第 1 版
印　　次：	2025 年 5 月 第 1 次印刷
定　　价：	108.00 元

本社图书如有印装质量问题，请联系发行部调换

版权所有 ◆ 侵权必究

前 言

在基础教育改革分层推动、滚动发展的进程中，基础教育一线教师既是教育实践的探索者，也是理论创新的践行者，更是改革路径的开拓者。中小学教师肩负着传授知识与发展学生核心素养的双重使命，通过反思教学实践、提升学科核心素养、践行"以学生发展为本"的理念，方能实现优质教学，切实落实立德树人根本任务。

本书梳理并汇总了成都市基础教育部分一线教师在落实教育理念、培养学生核心素养过程中发现的问题、解决方案及教学反思。教师基于教学实践中的痛点与难点，融合核心素养理念与教育理论，探索创新路径，完成育人任务，并在原有基础上拓宽教育视野和教育胸怀。教师专业发展的要求教师成为一名教育的研究者，对教学中实际问题进行思考与研究是教学中的重要任务。本书梳理的论题体现了基础教育一线教师"教研""科研""培训""信息化"四位一体的发展方向，集中呈现了新时代教育改革背景下教育工作者的实践困境与深层思考。

本书有多位教师投稿参与，感谢为本书编写做出支持的各中小学校与负责收集与整理教师教育学院。

因成书时间紧迫，可能存在诸多不足，恳请读者批评指正。

编者
2024 年 1 月

目 录

综合教育类

在"导学案"教学中,怎样上好习题课 …………………………………………………… 袁 华（2）
浅谈线上教学 ……………………………………………………………………………… 秦 燕（4）
浅谈中小学生涯规划教育实践的新路径 ………………………………… 杜明伍 刘艳梅（7）
饱含扶贫情怀 努力转化差生 …………………………………………… 王承渠 张剑利（9）
新时代农村中学德育特色化探究 ………………………………………………………… 陈 彬（11）
教育课程改革带来的新理念课堂
　　——注重课堂提问以培养学生的逻辑推理能力
　　…………………………………… 马 杰 付 涛 王彦博 谭 勇 邓 云 李 明（13）
基于群文阅读的初中综合性学习课型建构的课例研究 ………… 杨 霞 牛燕颖 周丽美（15）
培养学生居家自主学习能力的策略 ……………………………………………………… 龚 雪（18）
家长心理读书会
　　——系统进行家校共育的模式探索 ……………………………………………… 黄潇洒（20）
财经素养教育中的零花钱实践活动 ……………………………………………………… 蔡敏洁（22）
学校教育评价视野下财经素养教育的实践探索 ………………………… 黄 伟 刘 燕（24）
有效备课活动的实践及体悟 ……………………………………………………………… 黄 伟（27）
后进生最需要的回应 ……………………………………………………………………… 何小琴（30）

语文类

利用汉字形义思维导图培养学生文言文实词建构与运用的能力探究 ………………… 罗棚月（34）
"双减"背景下的小学中段阅读策略研究 ……………………………………………… 向 航（37）
提问、思考、分享
　　——初探分享式教学的感受 ………………………………………………………… 李 严（39）
拼音教学的趣味性激发学生学习兴趣分析 ……………………………………………… 尚甜甜（41）
分享式教学实践分享 ……………………………………………………………………… 阳海燕（43）
浅述分享式教学 …………………………………………………………………………… 谢 丹（45）
对汉字及汉字教学的重新认识 …………………………………………………………… 李霖涌（48）
精准，精心，精巧
　　——一堂小学语文精品微课的诞生 ……………………………………………… 刘晓华（51）
小学统编语文教材与群文阅读整合的实践研究 ………………………………………… 刘晓华（54）
舞台方寸之间，体验别样人生 …………………………………………………………… 曹 芳（61）
对部编版初中语文教材课后习题的思考 ………………………………………………… 郭 静（64）
构建一个灵动的"阅读场"
　　——浅论"同质同人"之群文阅读的运用策略 ………………………………… 申廷艳（67）

整本书阅读课推进策略
　　——基于部编版教材名著阅读的课型实践 ································· 唐晓晴（70）
在美国教汉语的目标语教学策略与实践 ····································· 李雪梅（73）
在语言的河流中出生入死 ··· 李国栋（77）
"小城故事"
　　——《边城》《受戒》《小城三月》群文阅读 ····························· 侯　裕（80）
浅谈小学语文低段阅读课堂思维场域构建策略 ································· 李　洋（83）

外语类

享屋创新观，客輓棹还留
　　——信息技术在小学英语教学中的运用 ································· 苏　红（88）
小学三年级提高英语教学效率的教学反思 ····································· 王　婷（90）
小学英语课堂中小组有效合作学习策略实践 ··································· 朱筠蓉（92）
利用 story time 在分享式教学中帮助学生习得阅读策略 ························· 乔　希（94）
"老师，为什么不加星啊？"
　　——浅谈分享课堂的反馈评价 ··· 唐　雁（97）
基于主题意义探究的初中英语话题复习课教学模式的思考 ······················· 景潇潇（99）
以话题为主线，以思维导图为工具
　　——新课标理念下对高中词汇复习的思考 ······························· 赵雨稼（101）
如何运用 K-W-L 策略通过阅读培养学生思维品质 ······························ 余璐伶（104）
基于思维品质培养的高中英语口语教学原则与策略 ········ 杨朝辉　刘　涛　徐群英（106）
基于主题意义的高中英语单元整合教学策略初探 ·················· 徐群英　徐洋羊（109）
高中英语口语教学初探
　　——如何调动学生在口语练习中的主动性 ······························· 刘文静（113）
浅谈新课程理念下的初中英语听力教学 ······································· 苏丽平（115）
浅谈高中德语"零起点班"
　　——针对 DSD 一级考试的教学经验 ····································· 辛丽川（118）
浅谈全语言教学法对提高英语课堂口语 presentation 有效性的指导实践 ··········· 余志丹（120）
利用游戏软件（游戏 App）帮助中学生背单词 ·································· 张欣欣（123）
微型语料库在高中英语课堂教学中的应用 ····································· 周　霜（126）
初中生英语自主学习方法技巧探索 ··· 刘　曦（128）
浅谈词义概念与高中英语教学中深层阅读能力的培养 ··························· 马虹芸（131）
基于高中英语学科核心素养的语法教学设计
　　——以非限定性定语从句教学为例 ····································· 孙雪慧（134）
巧设问题链，培养学生思维品质 ··· 孙雪慧（136）
基于核心素养的高中英语听说课教学实践
　　——以必修五模块二的听说课为例 ····································· 林　源（140）
浅谈在高中英语教学中的德育渗透
　　——以阅读理解中的"爱国主义"情感培养为例 ················ 胡琳云　罗　强（143）
多模态教学策略在高中英语教学中的探索 ····································· 黄　捷（145）
基于网络平台的高中英语语法教学 ··· 李　琼（148）
立足生活　聚焦文化
　　——基于主题活动下的小学英语居家课程设计 ··························· 秦　楠（150）
让我们的英语课活起来 ··· 晁忠芬（152）

数学类

构建主题式课程，促进学生深度学习 ……………………………………………………… 肖维肖（156）
注重学以致用，"强调转化化归"，减缓数学焦虑
　　——以七年级上册教学设计"习题课：动点问题"为例 …………………………… 李　诚（157）
分享式教学在小学数学除法起始课的应用 …………………………………………… 张潆文（160）
"逆向符号化"在解答"n型"客观题中的应用 ………………………………… 刘路娟　刘伟（163）
新课改下初中数学课堂信息化的思考与探究 ………………………………………… 黄　伟（165）
"问题导学"课堂教学模式下的教学实践与思考
　　——以"等腰三角形的概念与性质"教学为例 …………………………………… 王体桥（167）
分类剖析"二次函数中图形的面积问题" ……………………………………………… 曾发群（170）
浅议"切线的判定及性质"在中考中的解题方法 ……………………………………… 任银芳（173）
浅谈高三数学复习怎样回归教材这个"根" …………………………………………… 谢红琼（176）
高中数学作业分层设计 ………………………………………………………………… 杨　磊（177）
高中数学课堂中学生学习心理培养探究 ……………………………………………… 王治国（180）
有效导引，注重实践
　　——"导引—生成"理念下的高中数学新授课的教学策略和方法简析 ………… 郑　权（182）
尊重儿童认知规律，加强问题意识培育 ……………………………………………… 毕　运（184）
浅析小学数学学困生的成因及转化的对策 …………………………………………… 刘　露（187）
疫情背景下突围小学数学"问题解决"教学困境
　　——以北师大版四年级下册"数学好玩之烙饼问题"为例 ……………………… 陈　华（189）
做点"数学文化"，感受数的发展
　　——"从结绳计数说起"课例分析 ………………………………………………… 唐豪杰（192）
基于情境问题串的学习过程，突破分数除法教学难点的课例研究
　　——以北师大版数学五年级下册"分数除法（二）"为例 ……………………… 张　丽（195）
浅谈思维导图在小学高段数学教学中的运用
　　——以"多边形的面积"复习为例 ………………………………………………… 郑　燕（199）
试论小学数学教学中学生数学思维能力的培养 ……………………………………… 罗　郑（201）
浅析计算教学中引导学生充分地进行操作的必要性 ………………………………… 杨紫伶（204）
浅议在核心素养视角下研读小学一年级数学教材 …………………………………… 唐　柯（205）
追求理解的单元作业设计初探 ………………………………………………………… 唐　柯（207）
UbD理念下，重视迁移性数学作业的设计 …………………………………………… 赵小平（210）

理化生地类

深度学习视域下的初中物理概念教学
　　——以"功率"为例 ………………………………………………………………… 赵仕芳（214）
高一化学学习障碍学生成因调查及融合教育研究 …………………………………… 李高月（217）
基于建构主义的元素化合物学习框架研究
　　——以"铝的重要化合物"为例 …………………………………………………… 史婉君（221）
新课改下的高中化学高效课堂教学浅谈 ……………………………………………… 李小英（224）
浅谈高中化学课堂情境创设策略 ……………………………………………………… 徐　欢（226）
"细胞的能量'货币'ATP"的教学设计 ……………………………………………… 刘　茜（229）

生命观念视域下的生物学试题的分析与思考
　　——以成都市2020年初中生物毕业会考试题为例…………………………………………肖　杭（231）
简笔画融入高中生物教学策略的探究…………………………………………………………肖　杭（234）
将思维外显化策略引入初中生物学概念教学
　　——以"生态系统及其稳定性"一章为例……………………………………………周　琴（237）
高中生物教学中生命观念的培养途径…………………………………………………………张　斌（239）
如何突破血糖平衡调节的认知过程……………………………………………………………文新明（242）
基于地理实践力素养培养的景观图开发探究…………………………………………………曾晓利（243）
高中地理问题式教学的策略研究………………………………………………………………黄　伟（245）
高中地理教学中的导课艺术……………………………………………………………………向丹丹（246）
用实验和链式追问　培养学生地理实践力
　　——以"水土流失实验"为例…………………………………………………王海霞　胡　霞（249）
地理学科创意教学模式探究
　　——以地理必修一为例…………………………………………………………肖慈凤　谭　勇（253）
初中地理活动情景教学的深度学习与实践研究
　　——以"北方地区区域特征"为例……………………………………………………兰爱君（256）
像科学家一样思考
　　——科学课分享式教学模式探讨………………………………………………………陈道雪（259）

思政类

《有多少浪费本可避免》分享式教学的反思…………………………………………………周　幸（264）
大中小学思政课一体化课程开发的实践探索………………………胡　霞　饶玉萍　何海燕（266）
"大思政"观视域下的高中思想政治课培养学生跨学科思维品质路径探索……饶玉萍　何海燕（270）
"跨界"和"混搭"
　　——高中思想政治课培养学生跨学科思维品质的意义和方法………………………饶玉萍（274）
浅谈高中政治教学中的生活化教学……………………………………………………………胡　苏（277）
思想政治教育专业青年教师教学实践能力研究………………………………………………秦　燕（279）
高中思想政治教学中渗透美育的实践探究……………………………………………陈　彬　余仪苇（282）

艺体类

论门德尔松《春之歌》的创作特点……………………………………………………………冯思懿（286）
浅谈《飞出这苦难的牢笼》演唱情感及艺术分析……………………………………………王心琰（290）
浅析小学体育教学中分组分享教学法的运用…………………………………………………黄祖成（292）
分享式教学在小学体育课堂中的应用…………………………………………………………梁银权（294）
美术分享式教学
　　——以"赏石艺术"教学为例…………………………………………………………罗雪连（296）
分享式教学在小学体育教学中的应用技巧研究………………………………………………朱昱东（299）
新课程改革下初中体育教学创新实践探究……………………………………………………陈绪伦（301）
如何提高初中生上体育课参与运动锻炼的积极性……………………………………………罗永利（303）
浅谈四川凉山彝族歌曲在小学合唱教学中的传承与应用……………………………………解焕昌（305）
浅析川剧胡琴唱腔的艺术特色及素质教育……………………………………………………李雅儒（307）
四川民歌的音乐（旋律）形态研究
　　——以《太阳出来喜洋洋》与《放牛山歌》为例……………………………………蒲俊铭（309）

从课例《砸酒歌》磨课看青年教师的专业成长发展 ············ 唐亚竹（312）
四川彝族民歌在小学音乐课堂中的传承路径研究
　　——以《阿依几几》为例 ············ 杨路索（314）
"立德树人，五育融合"美术课堂教学改革探索
　　——以四川师范大学附属实验学校美术课课堂教学改革为例 ············ 陈亭如（316）

信息技术类

浅谈在信息技术课堂中小组合作的策略 ············ 梁　悠（320）
信息化背景下高中语文微课存在的问题及优化策略研究 ············ 罗晓彤（321）
线上"453"高效智慧教学行为探究 ············ 赵　阳（323）
大数据背景下的学习资源网格化精准配置的实践研究 ············ 曾聪颖（327）
信息技术支持下以听说促整体的英语教学初探 ············ 康晓林　张　衬（329）
浅析信息技术与英语现代化教学 ············ 廖　静（332）
现代信息技术在初中英语教学中的应用刍议 ············ 谢娟（335）

心理健康类

抗拒—释怀—重生
　　——一个体育生向好的故事及其启示 ············ 刘　伟（340）
情景记忆在课堂教学中的积极作用
　　——以多通道体验为例 ············ 张简丽（342）
高中生心理健康问题的美术疗法之浅见 ············ 唐东篱（343）
表达性艺术治疗对注意力缺陷儿童个案的干预研究 ············ 韩　婧（345）
初中学生心理问题的危害及应对措施研究 ············ 吴正荣（348）

综合教育类

在"导学案"教学中，怎样上好习题课

袁 华

四川省成都市龙泉第二中学

"导学案"教学是指学生在教师的引导和帮助下，在自主学习、探究学习内容并初步建构知识意义的基础上，通过与同伴的交流以及教师的评析，获得对知识的深入理解、学科思想方法的体验与学科活动经验的感悟积累，最终达到学会学习、学会交流、学会思考、学会评价的教与学活动。其间，把课堂还给学生，把自主权还给学生，把话语权还给学生，把时间还给学生。它是一种将学生从被动听讲转向主动参与的课堂教学模式。

习题课是数学教学中必不可少的一个环节，它是学生由懂到会、由会到准的必由之路。因此上好习题课，便成为学生学好数学的关键。"导学案"教学中的习题课需涵盖三个环节：课前准备，课中实施，课后反思。下面我们就从这三个环节来谈谈怎样上好习题课。

一、课前准备

"导学案"教学的其他课型准备的是导学案，而习题课准备的是题。按来源，题可以分为两类：一是已做过的作业或考过的考卷，即非例题；二是没有做过的新例题。对于这两种不同来源的题，课前准备也是不同的。

（一）非例题课

教师需先批改作业或考卷，然后让学生对其进行归类。归类标准分为两类：一是按知识点进行分类，二是按错题人数多少进行分类。

（二）例题课

例题课可以用教材上的例题，但为了体现学生的参与性，也为了调动学生的积极性，例题可改由学生提供，让他们在找题的过程中先熟悉知识、扩大知识面。同时，学生学自己出的题，还可以提高学习兴趣。不是每一个学生提供的题都会被采用，教师会进行筛选，教师选题的原则如下所述。

1. 选择例题要有针对性。

例题课不同于新授课，它以训练作为课堂教学的主要组成部分，故要达成高效的训练目标。教师在选择相关例题时，要针对教学目标、考查知识点及学生的学习现状进行选择，要注意照顾全体学生，但对于学生普遍犯的错误则要反复强调，避免陷入随意和盲目中。

2. 选择例题要注意可行性。

过分简单的例题会影响学生的思维反应，使其思维活动不能得到充分开展，缺乏其应有的激励作用；难度过大的习题易挫伤学生的学习积极性，学生难以体验成功的喜悦，长此以往，学生将会丧失自信心。因此，例题的选择要把握好"度"。

3. 选择例题要有典型性。

数学例题的选择要克服贪多贪全的问题。有时看题目都不错，教师便想让学生都做一做，结果题量过大。所以选择例题一定要有典型性，既要注意对知识点的覆盖，又要通过训练让学生掌握规律，达到"以一当十"的目的。

4. 选择例题要有探究性。

选择的例题要精，要有丰富的内涵。教师更应该注重组题方式和质量，以达到训练学生的自主性和探索性，让学生体验数学在实际中的应用的目的。在收集信息的过程中，只有注重研究过程，才能更好地应用数学知识，提高解决实际问题的能力。

5. 选择例题要注意对课本例题的挖掘。

课本例题均是经过专家多次筛选后的精品题目，教师在题目的选编中，要优先考虑课本中的例题与习题，适当拓展、演变，使其既源于教材，又不拘泥于教材。不应"丢了西瓜捡了芝麻"，忽视课本习题而去搞大量的课外习题。在实践中，我们要精心设计和挖掘课本习题，编制一题多解、一题多变、一题多用、多题一法的习题，提高学生灵活运用知识的能力。

根据上述原则，教师应先选好题，再按难易程度加以取舍，进而设计出有一定梯度的例题组。"导学案"教学的宗旨是让每一个学生都能参与学习，但每个班级学生在基础知识、智力水平和学习方法等方面均存在一定差异，所以对于习题的设计要针对不同学生的实际情况进行分层处理，既要创设舞台让优特生发展其个性，又要重视给后进生提供参与的机会，使其获得成功的喜悦。题目的编排可从易到难，形成合理梯度，如此虽然起点低，但最后要求较高，符合学生的认知规律，使得全体学生都能得到不同程度的提高。

二、课中教学

在习题课教学中，主要是通过对典型问题的分析、讨论及练习，加深学生对相关概念和规律的理解，总结归纳出运用基本概念和规律解决问题的方法，从而达到开阔眼界、发展思维、培养能力的目的。此外，应结合教学内容，根据学生实际，采用灵活多变的教学方法。而"导学案"教学中，课堂中的讲解又分为学生讲解与教师讲解，不同题的讲解方式也有所不同。

（一）非例题型

这些题是学生做过或考过，教师进行过正误判断的。对于这种题的课堂处理，可分为以下几步。

1. 学生自己改错。

在做题的过程中，学生因粗心而致错的题很多，这一环节就是通过学生自查，找到粗心致错的步骤并改正。此外，这样还可以统计其因粗心而丢分的比例，让他们意识到粗心的危害。

2. 组内互相讨论。

小组合作是"导学案"教学课堂的重要形式，通过组内讨论，同学间相互取长补短，让不会做的学生会做，让原来会做的学生思路更加清晰，这也是学生讲解的一部分。

3. 师生共同解决难题。

经过上面两个环节仍未解决的问题，即难题。对于这种题的处理，可分为两步：第一步，教师做关键点提示后，让学生先做，这样既避免了教师的"满堂灌"，学生还可以训练自己的计算能力和书写步骤。第二步，如果教师提示后仍不能做的题，教师就直接讲解，讲解前应先对本题所涉及的相关基础知识进行复习。目前学生中普遍存在一个问题——"会"而不对，"对"而不全，这都是对基础知识掌握不牢的表现。习题课的目标之一是要通过解题来强化其对某一知识全面而深入的理解，解题是对已学知识的复习和创新过程。因此，在讲解之前，先回顾并列举相关知识点就非常有必要，并且教师可以在黑板的某一角将其保留下来，让学生进一步理解该知识点，这对学生分析问题也有一定的提示作用。

4. 变式训练。

对于难题，教师在讲解后，为了加深学生的理解，应该展示一个变式训练题，让接受程度较好的学生在黑板上做，其余学生在下面做，教师进行巡视。由此找到学生还没有听懂的地方，学生做完后再对全班同学讲，讲完后再由其他同学点评或提出更好的解答方法，并归纳总结本题的考点和所用的数学思想方法。在"生讲，生评，生疑"这一过程中，让学生充分动手、动脑、动口，教师做最后的补充分析。

（二）例题型

"导学案"教学中，学生的活动先于教师，例题型课也是先让学生做，出示问题后，教师根据例题的难易程度给学生适当的思考时间，分情况处理不同难度的题。

1. 较简单的题。可由中等程度的学生直接上黑板讲解，这样符合分层教学法，让每个学生都有参与的空间。学生讲解后，其他学生点评或提出其他方法，达到"生生互动"的目的。

2. 中等难度的题。先让学生在小组内讨论交流，因为每一个学习小组都有不同层次的学生，这样可以汇集他们的集体智慧，找到解题方法，最后派一名代表上黑板讲解、板书。讲解完后，由其他组的同学质疑或者提出其他解法。最后由学生归纳本题所考的知识点和运用的数学方法。

三、课后反思

每一节习题课，都会涉及很多的数学知识和数学思想方法，还有解题思路和解题方法，以及自己当初没有做对的原因。这都是学生课后要反思的内容。只有通过反思，才能深化，使之变成自己的东西。

"导学案"教学中的习题课，其本质在于尽量让学生多动手、多动口、多动脑，真正把课堂还给学生，让学生自己发现问题、解决问题。

浅谈线上教学

秦 燕

四川省成都市武侯高级中学

一、绪论

（一）问题的提出及研究意义

近年来，随着互联网在线教育的发展，我国线上教学发展速度突飞猛进。在此进程中，找出线上教学存在的问题并给出一定的建议，对于提高线上教育的教学质量意义重大。

1. 理论意义。

关于线上教学的内涵，笔者在查阅一定资料的基础上，经过系统总结与思考，着眼于教学方式，将线上教学定义为一种利用互联网进行教学的方式。

2. 实践意义。

研究线上教学情况，发现其中的问题，并找到解决方案，可以促进教师更好地利用线上线下融合教学方式，从而达到提高学生培养质量、提升学生整体素养，为社会主义建设事业培养合格的人才队伍的目标。同时，发现线上教学的问题并提出相应解决方案，可以给未来线上线下融合教学提供经验，为教师教学提供一定的思路与方向，从而提高整个社会的教学质量与教育水平。

（二）概念界定

线上教学是一种利用互联网进行教学的方式，与传统的面对面教学不同。

（三）研究思路

笔者在做相关准备的基础上完成调查问卷，选取四川省C中学的学生作为研究对象，对近年来线上教学情况进行研究，发现问题、分析原因并提出相应建议。

首先是绪论部分，介绍选题缘由与意义、概念界定、研究思路，阐述笔者所用的研究方法、创新点和缺陷。其次是阐释线上教学的含义。再次是阐述问卷调查及访谈的编写、实施和总结，以及线上教学的具体操作。最后分析线上教学现存问题，并提出针对性建议。

（四）研究方法

1. 问卷调查。

给四川省 C 中学初高中的 1594 名学生发放问卷，通过事先设计好的问卷收集线上教学相关信息，从而研究线上教学的问题及对策。

2. 观察法。

在问卷调查基础上选择个别学生进行观察，从而研究线上教学的问题及对策。

（五）创新及不足

近年来，线上教学研究是一个比较新颖的研究课题。本文的不足之处主要有以下两点：一是资料短缺。由于时间精力有限，本文设计的问卷题目较少，内容较浅，涉及面不广。二是笔者学术研究能力有待提高，对线上教学与教学能力融合提升的分析不足，研究较浅显。

二、问卷调查分析

（一）问卷调查

1. 调查目的及对象。

问卷的设计意图是了解线上教学的基本情况。笔者对四川省 C 中学的初高中学生实际发放问卷 1594 份，回收问卷数为 1594 份，有效问卷数为 1594 份。

2. 调查工具的设计。

（1）调查问卷。

在研究相关文献并结合线上教学实践的基础上，设计调查问卷。根据研究目的，问卷调查主要包括以下两部分。

第一部分是调查学生在网络授课期间学习的基本情况，包括满意度、上网课时遇到的问题、复课后线上线下教学的建议。

第二部分是调查学生认为哪些途径有利于提高学习效果，通过这部分调查了解学生对线上教学的意见和建议，从而为下文提出提高线上教学能力的对策奠定基础。

（2）调查数据。

本文问卷数据的分析与统计是在腾讯问卷平台进行的，研究了频数统计结果，据此对前一阶段线上教学的历程进行回顾，总结提炼出线上教学的优点，提出发展线上教学、线上线下融合教学的建议。

（二）问卷调查的总结

1. 线上教学存在的主要问题有网络卡顿，课堂欠缺个性化指导，且学生间缺乏必要的交流等。
2. 学生普遍认为线上学习有助于提升自己的自学能力和学习兴趣，但有部分学生在线上学习时存在注意力不集中的问题。
3. 学生认为正常复课后的课堂需要坚持线上学习。课前根据教师提供的资源自学，同学、师生之间进行讨论交流，学生需按时完成作业，以便教师及时批改反馈，此过程需要教师的监督与指导。

三、线上教学的具体操作

为切实做好居家期间教育教学活动的组织工作，最大限度地减少对学生的影响，确保延期开学期间"停课不停教，停课不停学"，科学指导和督促落实全校学生寒假及延迟开学期间的日常学习和作息安排，笔者所在学校制订了专门的方案。在网课开展前，学校要完成学生在线教学终端设备准备情况摸底工作、钉钉系统家校直播群的组建、钉钉系统直播功能的培训，以及"慧学云系统""三顾云系统"的使用培训，备课组利用视频会议集体备课，制订在线直播期间的教学工作计划。

学校利用智慧教育的先行优势，借助"互联网＋"打破时空限制，架起家校教育教学的桥梁。经过十多天的反复比选和测试，学校决定采用"慧学云平台""钉钉直播平台"结合的方式解决学校保学和线上办公等问题。

利用资源平台，落实线上教学。线上教学期间，教师摸索授课方式，根据在线教学特点设计课堂教学活动，利用"智学网""慧学云"等教学平台，以钉钉系统作为直播软件，整合音视频交流、文件共享、屏幕分享等多种形式，完成线上教学的预习、学习、作业等环节任务，突破传统课程时间、空间的限制，保证线上教学的有效进行。

四、线上教学存在的问题

（一）学生缺乏自律能力

线上教学期间，如果家长不在学生身边及时监督，有部分同学不会按时听课，部分不自觉、不主动的学生积极性不高，导致一些学生在线学习时长不够，对学习内容的掌握不够，教学效果不明显。

（二）教学质量很难保证

在线上进行授课，教师无法像传统的课堂一样与学生进行面对面交流，也无法有效进行课堂管理，学生的学习问题也不能及时反馈给教师，造成教师对学生学习情况的分析出现问题，从而影响教学质量。

（三）学生视力下降

在没有对视力进行保护的情况下，学生每天有八九个小时看着电子屏幕，经常使用电脑或平板电脑，容易造成视力下降。学校考虑到学生的情况，安排了线上眼保健操，不过学生的执行情况有待改善。在问卷中"你在上午、下午课间时各做了一次眼保健操吗？"的回答中，有部分学生回答偶尔做或者不做，说明这一点也是需要监督的。

（四）网络及直播的硬件设备需要改善

学生普遍认为线上课堂存在的问题是网络不畅、不时卡顿，会导致教学中断。因此，线上教学的设备要及时改进；同时在上课前，教师进行网络调试和设备调试的环节必不可少。

五、提升线上教学效果的建议

（一）提高线上教学能力的建议

1. 加强对学生的有效监管与指导。
2. 充分利用"慧学云平台"，可以实现学生定时作业的反馈。
3. 重视"钉钉"的直播回放功能。
4. 线上教学核心要精心设计课程内容，重视兴趣的培养。

线上学习既有优势，也有劣势。只有充分发挥线上学习的优势，实现线下和线上的结合，才能更好地提高学生的学习效率、学习能力和思维逻辑能力，也才能更好地适应未来社会的生活和学习。

（二）开展双线融合式教学

线上线下融合要注重"以学生为主体，以教师为主导"。学习真正的发生需要调动学生的积极性与创造性，学生主动参与课堂，发现自己对问题的疑虑，并解决这个问题。只有完成这一过程，才能掌握知识，获得学习的成就感。教师掌握的知识不代表学生学会了，教师思考了不代表学生思考了，教师不能代替学生学习。线上线下融合教学，必须让学生成为学习的主人。在这一过程中，教师可以进行引导、创设情境、课堂管理，做好引路人。

笔者所在学校利用"慧学云平台"探索这一学习方式。学生端通过平板电脑与教师实时互动，课前推送预习资料，课堂上采用三屏联动模式（学生平板、教师终端、多媒体大屏同步展示并即对反馈答题数据），课后可以向学生推送作业，学生做完题后平台直接推送解析，这一过程实现了学校所推行的"小循环，快反馈，强矫正"。同时，教师也可以实时观测学生的答题进度与正误情况，以便有针对性地为学生解答疑惑。

伴随着双线融合式教学的深入开展，教师的角色在未来也将发生转变。教师不仅要引导学生知识的积累与能力的发展，更应在学生情感态度价值观的塑造方面发挥作用，陪伴学生学习，适时给予奖励，助力他们全面成长。

线上线下相结合的教学方式代表着教育的未来，这种方式将超越单一的线上或线下教学，成为未来教育教学的主流趋势。

浅谈中小学生涯规划教育实践的新路径

杜明伍　刘艳梅

四川省成都市武侯高级中学

生涯规划教育是以职业生涯规划为主线，是一种有目的、有计划、有组织的综合性教育活动。它是学生增强自我生涯规划意识、提升相关技能，顺利实现从学校生活向社会及职业生活过渡的基本途径，其核心宗旨在于促进学生的全面发展。中小学阶段是学生进行自我认知与探索的重要阶段，培养学生初步的生涯规划意识和生涯规划能力，帮助学生做好未来人生的准备，是中小学教育的一项重要内容。

一、新高考背景下生涯规划教育的重要意义

"分数至上，一考定终身"是以往高考制度中普遍存在的现象，与之相应的是学校教学和学生学习均以取得高分为首要目标，从而容易产生忽视学生自身发展的情况。基于满足学生发展核心素养的教育理念，国家对高考进行了一系列改革，实施分类考试、多元录取等考录新模式。

新高考实施后，学生的自主选择权更大，发展空间也更为广阔。其中，"3+1+2"选考模式要求学生在中小学阶段，特别是高中阶段，对大学专业和社会行业有初步的了解。然而，目前中小学教育，在学生未来职业生涯探索、规划和决策等方面的教育仍很薄弱，这导致学生既不了解自己，也不清楚大学的专业设置，更不了解社会各行业的需求，无法准确地把握自己的未来。

开展学生生涯规划研究，开设生涯规划课程，可以帮助学生进行有效的生涯规划，使学生能够尽可能早一点地了解自己的兴趣爱好、能力特长，树立职业理想，并根据职业目标有计划地提升自己，有目的地开展职业知识和技能的学习，把自己的生涯发展融于家乡乃至国家的发展之中，把个人的自信、自强、积极向上的精神与国家的繁荣富强联系起来，积极地参与相关实践活动，增强未来发展所需要的素质和能力。

二、目前生涯规划教育存在的问题

（一）课程设置不完善

在"分数至上，一考定终身"的招考指挥棒下，学校教学和学生学习均以获得高分为首要目标，学

校课程设置也是尽可能地服务于"分数",生涯规划教育停滞不前,课程设置也不完善。新高考背景下,越来越多的学校开始重视生涯规划教育,但是其多处于起步阶段,出现学校生涯规划教育课程体系不完善、课程内容不全面、教学模式不丰富等问题。

(二)师资队伍不专业

师资力量对生涯规划课程的开发与落实具有十分关键的作用。但根据调查显示,目前大部分生涯规划教育是由班主任带头的,少部分是由心理教师开展的,只有极少数生涯规划教育是由具有生涯规划教育资质的专业教师开展的。在学校开展生涯规划教育的大部分教师缺乏专业的培训和学习,对生涯规划教育课程的认识和理解也不够深入,这严重影响了生涯规划教育的有效性和时效性。

(三)学生缺乏生涯规划

中小学特别高中是人生中非常重要的阶段,其间的学习是为大学学习和步入社会后职业生涯阶段的学习打好基础、做好准备的阶段。因此,科学规划尤其重要,只有先确立人生规划、职业规划,才能科学规划中小学生涯,但是目前学生对生涯规划不够重视的现象仍然普遍存在。学生缺乏生涯规划会使其学习动力不足,兴趣与目标模糊不定,致使学习投入不够,个人状况与企业要求之间存在严重错位,进而导致学生不能适应未来的发展。

三、新高考背景下生涯规划教育的实践探索

(一)完善生涯规划教育课程体系

构建生涯规划教育体系,设置生涯规划教育课程,是实现教学目的和人才培养目标的重要载体。因此,生涯规划教育要始终坚持以学生为本的原则,遵循学生成长规律和个体差异,构建自我认知课程、学业规划课程和职业规划课程等课程体系。自我认知课程是中小学生涯规划教育的基础课程,也是学生立足当下和探索未来的必经之路,能够帮助学生充分了解自己的性格和兴趣,认识自身的优势和不足。学业规划课程是中小学生涯规划教育课程必不可少的内容,能够指导学生了解中小学课程学科知识体系和学习要求的差异,挖掘自身的学习潜力,寻找适合自己的学习方法和策略等。职业规划课程是中小学生涯规划教育的核心部分,能够帮助学生初步了解高校专业基础信息和专业发展趋势,明确社会职业需求和社会人才市场需求,进而指导学生选择适合自己未来发展的道路。

(二)强化生涯规划教育师资力量

加强教师培训,定期开展培训活动,不断强化教师的专业素养,转变教育理念,保障生涯规划教育的有效展开。完善考评制度,针对生涯规划教育的目标,制定考核标准,如设置导师奖、辅导员奖等激励手段,促进生涯规划教育有效落实。实施导师制,通过学生邀请和学校指定相结合的方式,为每一名学生配备导师,进一步发挥教师在学生发展过程中的指导作用,同时促使教师更新教育观念,培养和提高自己对于学生发展潜能开发的专业且独特的能力,以激励学生。

(三)增强生涯规划教育意识

聘请校外专家授课指导,为学生和教师做有关生涯规划教育的报告,讲解生涯规划教育的价值和理念,增强广大师生的生涯规划教育意识。邀请杰出校友、家长代表等现身说法,讲述他们的职场感悟,解答同学们在选择职业时的困惑。组织学生走进社区进行服务,通过在服务中实践、在服务中体验、在服务中提高,引导学生关注社会,参与社会生活。

(四)丰富生涯规划教育实践活动

"主题班会"可以为学生提供自我展示的平台:组织学生开展以"畅想未来"及相关内容为主题的

班会，让学生在畅想自己的未来的同时，形成初步的理想和信念。"参观考察"可以引领学生进入职业的殿堂：组织学生到职业指导中心参观，了解专业方向、就业趋势及人才需求；组织学生走进军营、走进企业、走向社区，深入了解社会各行各业的情况，增强学生的就业和创业意识。学生通过这些活动可以进一步接触社会、体验生活，从而明确职业目标。"社会实践"包括组织学生参与职业体验，观察身边职业，养成认识职业、体验职业的习惯。"文化宣传"则可以丰富学生的职业知识。

（五）强化生涯规划教育学科渗透

充分发挥课堂教学的主要作用，充分挖掘基础课程中的相关元素，使生涯规划教育与日常教学有机结合，将生涯规划教育的理念渗透至语文、数学、英语、物理、化学、生物、政治、地理、历史、美术、音乐、体育等学科中进行渗透，并全面铺开。例如，化学老师可以挖掘化学教材中"化学知识与相关职业"的知识点，对学生进行生涯规划教育；美术老师可以在介绍艺术家的同时，辅助介绍与之相关的艺术类职业以及这些职业所需要掌握的相关技巧；等等。

（六）构建生涯规划教育联动态势

生涯规划教育不仅关系到学生的个人职业生涯发展和自我实现，也关系到国民科学文化素养的提升。学校要专门设立家校共育指导部门，引导教师通过家访、家长会等活动，与家长保持密切沟通，及时指导或帮助家长解决学生在发展中遇到的矛盾或问题。开展生涯规划教育活动，也离不开政府与社会的大力支持，学校要深入其他单位的相关部门，遴选校外教育辅导人员，打造校外兼职辅导团队，进一步引导学生养成正确的职业价值观。

四、结语

新高考为学生提供了更多的选择机会，但也为学生如何选择提出了新的、更大的难题。如何有效帮助学生根据自己的性格特征、兴趣爱好、优势和不足来提前规避未来学习生活和职业生涯路径上的问题，提前做好规划，降低风险，这是需要学校、家庭、社会共同思考和关注的问题。解决这些问题需要我们高度重视生涯规划教育，并且通过不断完善生涯规划教育课程体系，强化师资力量，丰富教育资源和教学途径等手段，强化生涯规划教育的有效性和实效性，促进学生更好发展和更快成长。

饱含扶贫情怀　努力转化差生

王承渠　张剑利

四川省成都华西中学　电子科技大学附属中学

2020年，全面建成小康社会取得了伟大历史性成就，决战脱贫攻坚取得了决定性胜利！习近平总书记从梁家河的知青岁月里扎根生长出的扶贫情怀，如同黄土地里萌发的种子，在神州大地绽放出璀璨的实践之花。正是他"我将无我，不负人民"的赤子情怀，指引着精准扶贫方略的落地生根；正是他"小康路上一个都不能少"的庄严承诺，凝聚起全党全国上下同心的磅礴伟力；正是他"抓铁有痕、踏石留印"的实干精神，谱写了人类反贫困史上的壮丽篇章！

高山仰止，景行行止。虽不能至，然心向往之。躬逢盛世，幸遇时代主题"脱贫攻坚"，作为一名人民教师，笔者也应该像习近平总书记一样饱含扶贫情怀，用爱哺育朝夕相伴的学生。转化差生一直是一个普遍而又棘手的问题，常常困扰着很多教师。如何做好转化差生这个工作？笔者认为应该从以下几个方面着手。

一、分析原因，因材施教

在教育过程中，首先要对学生的学习情况进行分析，以便理解他们的学习风格、优点和不足之处。班主任可以帮助差生寻找自己的优缺点，将逐一列举不良习惯和缺点，在此基础上，根据学生的特性和需要，为他们量身定制合适的教学方法和策略。比如，共同制订出切实可行的"不良习惯和缺点改正表"，建立"差生转化跟踪档案"。教师应对症下药，因材施教，做好日常学习的监管，督促差生每天改正一点不良习惯和缺点。经过一段时间的帮助教育，如果差生已经改掉了某一不良习惯和缺点，就从"不良习惯和缺点改正表"中删除，如此持之以恒，就会取得显著效果。

二、情感引导，建立信任

班主任应主动创造平等对话的机会，利用课间、午休等碎片时间与学生进行非正式交流，从体育赛事、流行文化等兴趣话题切入逐步拉近心理距离。建立"情感账户"机制，每日记录学生的微小进步并及时给予正向反馈——作业本上的鼓励便签、班级日志中的特别标注都能有效化解抵触情绪。掌握"共情式倾听"技巧，面对考试失利的学生先复述感受再引导反思："我能理解你现在的沮丧，这种情况换作是谁都会觉得压力很大。"通过"30天情感破冰计划"阶梯式推进，从观察兴趣到日常闲聊，再到共同参与活动和深度谈心，长期坚持才能有效降低心理防御，为后续教育转化奠定基础。针对不同性格学生设计差异化方案：内向型采用"书信沟通法"，活泼型实施"任务委托制"。建立"信任度评估表"量化评价，动态调整引导策略，通过持续12周的"信任培育计划"实现从被动接受到主动参与的转变。

三、品格感召，言传身教

夸美纽斯曾说过：教师良好的品格是一颗种子，它一旦撒在学生的心里，就会绽开灿烂的花朵，对学生的一生都可能产生深刻的影响。运用教师的人格力量，对学生进行潜移默化的言传身教。总之，品格感召，言传身教是一种非常有效的教育方式。通过教师的行为来影响和教育差生，可以帮助其成为一个有责任感、有担当的人。

四、赏识优点，激发自信

每一位学生都有优点和缺点，班主任、学科教师都要善于抓住一切教育契机，挖掘、发现其优点，用恒心和耐心转化差生，转化工作常抓不懈。特别是对差生，一定要耐住性子，培养、赏识其优点，对他们的点滴进步要及时表扬，给予充分肯定，激发他们的上进心，引导他们扬长避短，千方百计培养他们良好的习惯，锻炼他们的意志，引导他们改正缺点、转差为优，促进他们健康成长，帮助他们从成长走向成人。

五、协作教育，全员参与

在转化差生的过程中，班主任不能唱独角戏，而要邀请班科教师全体参与、协同合作，制订《差生转化方案》，同步开展转化辅导，真正做到差生转化学科全覆盖。

依据差生的学习成绩，按劣势学科分类，确定各学科教师的转化对象，跟踪帮教；实行承包责任制，职责到人，相互配合；加强对差生日常学习的督促，认真批改他们的作业，查漏补缺，发现问题，及时补救。

在转化差生的过程中，教师要具有诚心、爱心、耐心，要遵守不讽刺、不歧视、不放弃的"三不"原则，要关注学生的思想动态、关注学生的生活、关注学生的学习。

教师按"先诊断、后改进、再进补"的"三步骤"开展工作，采取"补态度、补方法、补知识"的"三补"措施，在课堂教学中做到"知识落实、作业落实、改错落实"的"三落实"。教师对差生要给予特别的爱，做到"课堂多提问，课后多辅导，平时多谈心，练习多面批，方法多指导"。

六、结对帮扶，共同进步

发挥班干部和优生的带头作用，采用结对子"一对一"帮扶或者成立合作小组"多对一"帮扶的形式，开展"优生带差生"活动，实现培优补差的目标。通过这种形式，差生可以借鉴优生的经验，同时优生也可以通过教授知识或技能来巩固自己的知识体系。

七、家校合作，合力育人

定期对差生进行家访，经常与差生家长进行电话沟通，或者邀请家长到校面谈，调动其父母的积极性，加强家校合作，齐抓共管，真正构成立体转化网络。

全国的中小学教师，躬逢盛世，幸遇时代主题"脱贫攻坚"，要像习近平总书记一样饱含扶贫情怀，胸怀理想，勇于担当，发扬脱贫攻坚精神，精准务实，精准帮扶差生，努力转化差生，办人民满意的教育。

新时代农村中学德育特色化探究

陈 彬

四川省广元中学

新时代，高举习近平新时代中国特色社会主义思想的伟大旗帜，全面贯彻新发展理念，实施全面依法治国与"以德治国"并举的方略，依据《中学德育大纲》《公民道德建设实施纲要》《关于进一步加强和改进未成年人思想道德建设的若干意见》等文件精神和中央有关三农教育决策，办好让人民满意的教育是当前教育事业的一件大事。青少年是国家和民族的未来，教育和造就好他们，是社会主义建设事业的奠基工程和民心工程，不仅意义深远，而且相当紧迫，直接关系到民族的伟大复兴事业。在全面建成小康社会的追梦圆梦中，作为特殊地域的农村中学和特殊群体的农村中学生，由于诸种因素的制约和影响，德育工作的开展相对滞后，因此有必要对农村中学的德育现状进行深入探究，以提高农村中学的德育水平。

一、农村中学德育现状及其原因

改革开放给德育工作注入新的活力，农村中学的德育工作虽取得了一定成就，但农村中学的德育现状仍不容乐观。通过对广元市几所农村中学的调查研究，笔者发现农村中学的德育素质呈现出以下特点：现代意识更具有鲜明性、价值观念趋向功利性、知行发展呈现矛盾性、心理准备具有缺陷性等。这些特点显然是与社会转型、农村的经济状况乃至学校、家庭的直接影响相关的。究其原因，主要表现在以下三个方面。

第一，随着社会主义市场经济体制的建立和逐步完善，人们在观念、价值取向等方面发生了不小的变化，学校育人的外部环境与以往相比有了很大的不同，改革开放和市场经济对农村德育工作产生了巨大的冲击。

第二，部分农村中学教育工作存在形式主义。受经济条件制约，农村中学缺乏必要的德育硬件设施和德育基地，部分内容吸引力低，形式不够灵活多样，方法也不够生动活泼，从而直接影响了德育效果。

第三，农村经济条件的制约和观念的落后，导致部分家庭甚至学校、教师重智育轻德育，忽视了对学生的思想政治工作和良好品质的养成教育。

由此可见，要对当前农村中学德育现状进行改善。为此，必须增强忧患意识和责任意识，为改变当前农村中学德育不力的现状献计献策。

二、走出一条有农村中学特色的德育工作之路

我校德育课题研究小组提出"新时期农村中学德育特色化探究"主题。经过几年的调查研究，我们发现，农村中学德育工作既要遵循德育工作的一般规律，更要依据其特殊性，采取更富创新、更切合农村实际情况的机制，并坚持以人为本，立德树人，全面、协调、可持续的新德育发展观，从而走出一条有农村中学特色的德育工作之路。

（一）树立现代特色德育理念，正确认识和处理三大关系

三大关系是指农村中学德育工作与农村社会主义市场经济、农村学校教学、农村中学现状及条件的关系。具体表现如下。

第一，农村中学德育工作与农村社会主义市场经济的关系。

二者之间是辩证统一的关系。然而，农村中"一手硬，一手软"的现象还普遍存在，面对这种情况，德育必须为市场经济建设服务，必须教育和引导学生树立适应市场经济新时期农村中学的现代意识和价值观念。

第二，农村中学德育工作与农村学校教学的关系。

学校以教学为中心任务，统筹兼顾各项工作，全面贯彻党的教育方针；学生要以学为主，兼学别样。德育工作是学校教学工作的一部分，成人与成才是教育工作的双目标，应以"求知先学会做人"为校魂，实现学生的全面发展。

第三，农村中学德育工作与农村中学现状及条件的关系。

德育作为一种教育活动，必然会受到物质层面以及现实生活状况的制约。加大对德育硬件、软件等设施的投入，实现德育资源的优化配置，以发挥最佳效益。

（二）创新体制、开辟途径，走全面、协调、可持续的新德育发展之路

第一，树立大德育观，统筹"城乡德育规划、区域德育管理、校际德育联动、学科德育渗透"。

德育工作是一项庞大的系统工程，必须坚持社会、家庭、学校三结合，形成教育合力，建立多渠道、多层次的公民教育网络。努力探索多方位的教育途径，积极构建校园—家庭—社会教育网络，实现德育的社会化。实行开放性德育，注重学科德育渗透。优化育人环境，营造育人氛围，扎扎实实做到管理育人、教书育人、环境育人、劳动育人，使学生的综合素质有不同程度的提高。

第二，建构农村中学德育工作体系，加强德育队伍建设。

农村中学的校内德育体系由校长、政教主任、年级组长、班主任与政治教师等组成，以强化德育管理。

第三，挖掘德育资源，用信息化装备德育工作。

在国家大力实施信息化战略的背景下，我们要用信息化手段开展德育工作，如利用闭路电视系统设立德育工作的校园网、与社会公众网联网等手段，拓宽德育工作的宣传途径，使学生有更多的机会查询德育的相关信息。

第四，启动德育"名人工程"，发动"向老师学习"的倡议。

学生的行为常有模仿的特点、从众的倾向，因此，在学校中营造一个"学榜样、赶榜样"的氛围，这对学生仿效先进、接近榜样具有不可低估的作用。育人，教师最关键。因此，我们要向学生发起"向老师学习"的倡议，以大大增强教师师德修养的自觉性。同时，启动德育"名人工程"，评选突出的德育工作者、班主任、教师和家长，推出"校园之星"，设立德育示范岗，促使各项德育工作做实、做细、

做活、做出成效。

第五，人文关怀，贴近盲区，细化"三子、三生"教育。

"以学生的发展为本"已成为新的教育理念。育人工作必须体现人文关怀，做到因人施教；分清对象层次，提高针对性与有效性；锁定"目标群体"，采取不同方式和手段。细化"三子、三生"教育是我校有针对性地加强新时期学生德育工作的特色化措施之一（"三子"是指独生子女、打工子女、特殊子女，"三生"是指优秀生、后进生、问题生）。

第六，"以生为本"，开展形式多样且内容丰富的德育活动。

德育工作的主体是学生，我们根据校情，依靠全体学生，改进德育工作方式，开展形式多样且内容丰富的德育活动，以"三主义"为主旋律，加强"三德"教育，强化安全、法纪、心理、网络等教育，养成"20字"公民基本道德规范，培养科学的"三观"。

第七，关注"做得怎样"，创设德育检测、评价、预警机制。

开展农村中学德育工作重点在建设，关键在落实。创设德育检测、评价、预警机制，形成"三全"（全员、全程、全控）的育人体系，注重德育工作的经常性、针对性、实效性、渗透性和主动性。坚持量化评估，运用激励机制，防微杜渐，强化学生每日常规训练。

第八，开发和使用新时期农村中学德育校本课程。

随着新课改在全国推行，校本课程开发应运而生。校本课程开发实质上是一个以学校为基地，以教师和学生为参与主体，由课程专家、家长、社区人士等共同参与，对课程进行选择、改编等一系列操作的过程。其目标是促使学生的个性潜能优势的充分发挥，促进学生的个性全面和谐地发展，寻求"德育"与"课堂"的整合，实现德育课程开发的目的。"校本课程"作为手段，对其开发必然要服务于学校德育的实效性与可操作性的目标。

德育工作永无止境，当前全面建成小康社会取得决定性成就，脱贫攻坚任务全面胜利，在中国特色社会主义现代化强国建设的新征程上，针对德育现代化的要求和新时代新形势下学生的思想状况，我们要做的工作还有很多，必须立足农村教育这块沃土，将我们的工作做得更好、更赋时代特色，助力农村德育教育高质量发展。

教育课程改革带来的新理念课堂
——注重课堂提问以培养学生的逻辑推理能力

马 杰　付 涛　王彦博
谭 勇　邓 云　李 明

四川省简阳中学

一、教育课程改革的必要性

国运兴衰，系于教育；振兴教育，全民有责。作为人民教师，在改革的"深水区"中，不仅应该顺应潮流，更应该"主动出击"，在深入理解课程改革目的的基础上，探求实际落实的细节并时刻自省。

教学中应该以学生为主，给学生足够的时间和空间以保证其进行自主合作、探索学习。启发式教学、论证式教学中，"翻转课堂"是一种很好的方式，更好的是"导引—生成"教学模式。对于教学改革，应该包括但不限于教学理念、观点、内容的改革。作为教师，我们应该充分领会教育改革的思想与精神，更新教育理念，提高自身素质。例如，数学教师除了应该具备扎实的数学基础知识，更应该提升自身运算能力、逻辑思维能力、空间想象能力、分析和解决实际问题能力，为学生提供高质量的课堂教学，帮学生打好基础。有了师资保障，就可以以问题为中心，按照以下流程操作：学生提出问题—学生动手—学生观察—学生讨论解答—学生得出结论—学生清晰表达。这一套流程践行了自主、合作、探究的原则，教师在其中发挥了辅助教学及在关键时候答疑解惑的作用。

二、新理念的课堂："导引—生成"课堂

（一）概念

"导引—生成"课堂是指同学根据教师编制的导学案事先进行课前预习，完成教师课前布置的任务的教学方式。在课堂上，学生和教师的主体地位发生了转换，教师不再"一讲到底"。教师可以把班上的学生分为多个学习小组，当学生遇到疑惑时，首先在小组内进行合作探究、交流讨论，再让学生到讲台上展示。这样可以使学生尽量先自己解决问题，而后大家存在的共性问题再由教师点拨、讲解。将课堂还给学生，教师只对新知识进行串联、引导、总结、归纳。在讨论过程中，学生可以提出问题，这样的长期训练可以真正锻炼学生的逻辑推理能力。

（二）意义

这种课堂教学模式不仅可以培养学生的学习兴趣，使之尽快适应新的教学情况，还可以培养学生的自主学习能力，学生在自己学习、讨论、解惑的过程中，就是在不断地学习。此外，这种课堂教学模式提高了学生的交流沟通能力，特别是与同学的交流与沟通的能力。

（三）具体策略

1. 优化小组合作分组方式。

一般情况下，学生的个人意愿只作为参考。教师应根据学生的知识基础、学习能力、兴趣爱好、性格特征等因素进行分组，全班分成6～7组，按学习层次均衡分组，每个小组包含高、中、低水平学生。这样有利于公平竞争，维护班级正常教学秩序。

2. 充分发挥"导引—生成"课堂的优势。

教学，包括教师教授和学生学习两个方面。我校开展的"导引—生成"课堂，一般由备课组指定的专职教师负责编写导学案和课时小节检测题，在备课组一起讨论之后，统一印发给全年级各班，各班再根据学生情况进行适当调整。

（1）课前预习是"导引—生成"课堂的前提。

根据导学案有计划地预习，是实现高效课堂、激发学生学习兴趣的前提条件。预习可以让学生事先知道当堂课的学习内容，做到心中有底，实现任务式驱动教学。带着任务的学习，目标更明确，针对性更强。某个任务在班上能否顺利进行，除了要考虑难度问题，还要考虑多方面因素，如学生的情绪、课堂气氛、学生对活动内容的知识储备等。与此同时，问题的趣味性及创设课堂情景也显得尤为重要。

（2）课堂学习是"导引—生成"课堂的核心。

学生在完成了预习之后，还应该对有疑惑的知识点进行备注。在课堂上，教师作为一名引导者，需避免单向讲授。要呈现丰富、生动且有趣的课堂，要求每位教师具有较高的职业素养，具备较高的专业技能，以及对教育事业的挚爱和对学生的人文关怀。教师提前备好课，准备丰富的教学素材，引导学生思考，具备随机应变的能力，以幽默风趣的风格授课，让课堂气氛更加活跃，提升学生的学习热情。

在小组合作讨论、探究时，教师要注意引导学生思考，将学习的主动权还给学生，充分调动学生的积极性。课堂提问能培养学生的逻辑思维能力，提升其学科素养。教师不能只是自己提问，更重要的是要培养学生学会在课堂上提问。

（3）课后复习是"导引—生成"课堂的精华。

"温故而知新。"1885年，德国著名心理学家赫尔曼·艾宾浩斯研究发现：人们接触到的信息在经过学习后，便成为人的短时记忆，但是如果不及时复习，这些记住的东西就会被遗忘。该发现对研究人

类的记忆认知产生了重大影响。我们在学习的过程中应该虚心学习，课堂上认真听讲，做好课堂笔记，认真完成作业，及时复习，以巩固和加强记忆。

（4）教学反思是"导引—生成"课堂的关键。

"学而不思则罔，思而不学则殆。"一方面，学生需要反思有哪些地方没有听懂，哪些问题还没有得到有效解决，学习的态度是否端正，是否积极参与了小组讨论；另一方面，教师也需要反思教学过程中出现的问题，如创设的情景是否得当、导学案的编制是否有针对性等。

（四）实施效果

通过对小组合作形式的进一步优化，将不同学习层次的学生搭配分组。这有利于同学之间互相帮助、互相促进、共同提高，有利于小组间相互交流。

进一步丰富了"导引—生成"课堂的内容。教师作为教学中的"引导者"，在实际的教学过程中应该采取适当的引导方法。与此同时，学生作为教学中的"主体"，应制订合理的学习计划，明确的学习目标，积极主动参与小组合作学习。只有这样，才能让学生充分利用小组的资源进行互帮互助、自主地学习，建立良好的同辈友谊。

（五）问题与反思

"导引—生成"课堂教学模式是在继承和发扬传统教学优势的基础之上，以导学案为基础，引导学生自觉自学，进一步诠释了以"教师为引导，学生为主体"的教学模式，重视"学以致用"的小组合作探究的教学模式。

教师应重视每一个教学环节，优化课堂设计，设置问题时需要最大限度地调动学生的兴趣，从而提高学生发现问题、解决问题的能力，为学生的终身学习奠定基础。

此外，教师应在平时的教学过程中引导学生重视教材，精研典型例题，梳理关键知识点，推导公式定理，深挖蕴含其中的每一种解法。

因此，"导引—生成"课堂教学应更加注重培养学生的动手能力、独立思维能力与合作探究式的创新能力，充分利用现有的教学资源，为师生搭建更加广阔的学习平台。只有这样，才能尽快应对新的考试变化。

诚然，改革不是一蹴而就的，因地制宜、灵活变通才是指引行动的正确标杆。经过长时间的接触和琢磨，我们对基础教育课程的改革和新的教学模式充满信心。"路漫漫其修远兮，吾将上下而求索。"作为改革的一分子，作为人民教师，我们将不停地在"深水区"探寻前进的道路。

基于群文阅读的初中综合性学习课型建构的课例研究

杨 霞　牛燕颖　周丽美

四川省简阳中学

群文阅读是近年在全国范围内流行的一种课堂阅读教学模式，它一般围绕一个或多个议题，选取几篇具有共通性的文本，以学生为主体进行研读分析，生成对文章的感知和理解。本文的研究是将群文阅读的课例研究与人教版初中教材中的综合性学习板块结合起来，将"群文阅读""综合性学习""课例研究"放在一起，尝试探索出一条更好的"综合性学习"之路。

经过长达一年的课例收集及对课例的分析研究，课题小组在基于群文阅读的初中综合性学习课型建构方面获得了一些成果，下文将对其进行论述。

一、认识性成果

（一）明确基于群文阅读的初中综合性学习的基本内涵

运用群文阅读的形式，对具有共同内核的"综合性学习"板块进行教学，并尝试在实际教学中探索出一条将"群文阅读"和"综合性学习"融合在一起的模式化道路，以便教师的"教"和学生的"学"。

（二）明确基于群文阅读的初中综合性学习的基本特征

综合性学习具有语文性、综合性和人文性三个基本特征。基于群文阅读的初中语文综合性学习使得初中语文综合性学习的特征更为丰富，既体现了初中语文综合性学习的一般特征，又凸显出群文阅读的特征，内涵更为丰富。基于群文阅读的初中综合性学习具有针对性、探索性、整体性的基本特征。

（三）明确基于群文阅读的初中综合性学习的基本原则

初中语文综合性学习在群文阅读的基础上使教学被赋予了丰富的内涵和特征，其行为主体是处于身心发展高峰期的初中生，这决定了它在教学原则上必须有所革新。笔者结合初中生身心发展规律和初中语文教育教学规律，提出相应原则，为具体阐述基于群文阅读的初中语文综合性学习的教学设计提供基本方向。

1. 围绕议题，选择文本。

文本选择的关键在于围绕一定的话题，话题的选择必须围绕综合性学习。

2. 夯实基础，促进发展。

基于群文阅读的初中语文综合性学习教学过程的设计必须以夯实语言基础，促进思维发展为原则，不能顾此失彼。

3. 关注过程，自主探究。

基于群文阅读的初中语文综合性学习要求的不仅是学生掌握哪些具体的知识和技能，更看重每个学生独特的"过程性表现"，即学生能否在这一过程中对所学的知识进行选择、批判、解释、运用，从而有所发展、有所创新。

二、操作性成果

（一）基于群文阅读的初中综合性学习教案设计路径

1. 明确学情。

课题小组通过课堂观察发现初中学生对于"综合性学习"板块的参与度在不同年级有不同表现，但都不够重视。此外，初中生课程难度增大，学生疲于应对各科练习和作业，对语文"综合性学习"这样的弹性作业，只在上课之前临时寻找一些材料草草应付，很难有实际的效果。所以，学生参与度低、课堂效果差、师生重视度不够是初中语文综合性学习存在的普遍问题。

2. 确定议题。

议题的确定尤为重要，既要紧扣"综合性学习"的板块要求，又要具备一定的指导意义。虽然每个单元的综合性学习板块都有自己的主题，根据主题确定议题相对降低了难度，但这也要求教师更加精益求精。

3. 选定群文。

议题确定好后，就要对文章进行选择，根据文本互文和文本互异的原则进行文本的组合。通过选取互文性与差异性文本，可增强群文阅读的教学效果。

4. 确定教学目标。

教学活动以教学目标为导向，且始终围绕实现教学目标而进行。要让教学有的放矢，教学目标的设计尤为重要。设计教学目标应有层次，一般分为三个层次：一是课程目标；二是课堂教学目标；三是教育成才目标，这也是教学的最终目标。基于群文阅读的初中语文综合性学习教学目标的设计，就是要在综合性学习板块的目标之上加入教师在独特的文本解读之后对学生价值观的引导。

5. 设置学习任务。

根据议题确定好选文后，必须精心设计学习任务。学习任务的设计必须依据层层递进的原则，符合学生的认知结构，既可以是叠加式，也可以是渐进式。学习任务和学习任务之间应该有一个支撑，这个支撑就是教学的最终目标，所找的点一定要有实践性，不能太大、太空。找到一个点作为切入，然后安排几个学习任务，在学生解决一个个学习任务的过程中，实现最终目标。

（二）基于群文阅读的初中综合性学习课型建构

1. 前置学习任务展示。

在前置学习任务的自主展示过程中，教师既检查了学生的自主学习效果，又激发了学生的兴趣。学生对于学生群体的热情往往大于教师群体，从而避免了教师无谓的讲解，真正地把课堂还给学生。

2. 课堂学习任务展示。

根据实际情况，以群文阅读为基础，综合性学习板块为目标，有针对性地设计学习任务。初中语文"综合性学习"教材中每个主题下面都设置了两到三个甚至更多的建议活动方式，教师可以参考活动方式设计自己的学习任务，但大可不必把每个活动的每个流程都走一遍，而要根据学生的情况，结合自己选择的文本，确定课堂的学习任务。

3. 课堂学习任务完成。

教师抛出学习任务，学生完成学习任务，从而使课堂成为一个整体。完成学习任务时，学生可以采取合作交流的形式，培养学习共同体，须知"独学而无友，则孤陋而寡闻"。采取一定形式的合作学习，可以取长补短、互助共进。教师在学生合作交流的过程中要适时地进行调控。教师给足空间不代表放任不管，在团队合作学习的方向、内容或方法出现问题时，教师必须提供有效的帮助。

4. 学生总结。

只有把课堂交给学生来总结，才能让学生真正成为课堂的主体。与以往教师总结的方式不同，基于群文阅读的初中语文综合性学习让学生进行总结，学生在群文中、在课堂教师导引后的生成中都有自己的思考，这是学生的真正收获。学生对课堂进行总结，教师还能从中反思自己是否完成了教学目标。此外，这也能让学生再次回顾课堂的内容，将知识形成一个体系。

5. 教师点评。

要使学生的主动性得到较好发挥，就必须给学生创造宽松、民主、和谐的课堂氛围：少用批评，多些宽容；少用否定，多些激励。教师在对学生的总结和课堂表现进行点评时，一定要善于抓住学生的闪光点。

三、研究效果

（一）学生层面

可以提高学生的课堂专注度，培养学生的阅读兴趣，提升学生的归纳概括能力，丰富知识网络。通过基于群文阅读的综合性学习的课堂结构的研究，学生成为课堂主体，他们课前认真阅读群文，阅读的目的性增强，更有利于培养学生的专注度。在课堂上，学生有明确的目标，通过任务的刺激可以提升课堂专注度，通过学习任务的解决和反思可以增强阅读的兴趣。同时，基于群文阅读的初中综合性学习可以让学生在完成任务的过程中搭建知识网络，增加阅读量，提升从文本中归纳提炼主要内容的能力。

（二）教师层面

可以增强教师教学的积极性，提高课堂效率，提升教学质量，有利于教师的专业成长。学习任务群的设计可以让教师在教学过程中通过引导学生解决一个个学习任务获得满足感和成就感，进而增强教学积极性，课堂效率自然提高，教学质量自然提升。教师在确定议题、选定群文、设置学习任务的过程中，自然会查阅资料、阅读群文，这个过程对于教师个人的专业素养有很高的要求，教师在不断实践的过程中，专业能力自然得到了提升。

（三）学校层面

有助于学校打造优秀的教师队伍，形成校本特色课程体系。教师在群文阅读的基础上完成初中综合性学习的教学，精心选择议题、挑选群文，设计学习项目和完整的教案，分析与总结课堂结构，逐渐具备优秀教师的素养，在反复研究和思考之后对于教案中的学习资源进行整合和设计，最终形成具有本校特色的校本课程。

培养学生居家自主学习能力的策略

龚 雪

四川师范大学附属上东小学

近年来，面对"停课不停教，停课不停学"等要求，学生的居家学习在学校"学生自主学习能力的培养"目标的指导下，从"学校统筹、班级管理、学科兼顾、家校配合"四方面入手，利用"互联网+教学"的居家学习模式，通过微信、QQ等媒介，唤醒学生自主学习的热情，让学生在网上与同学和教师交流、互动，从而培养学生的自主学习能力，最终引导学生将自主学习转化为自觉学习。

一、学校统筹：遵循"5+N"课程体系，保证教学质量

根据"一校一策"的文件精神，结合"自主管理，自主学习"的教学理念，学校按照以"前置学习"居家学习为主要形式、以"自主学习，能力提升"为主要目标的居家学习计划，组织各学科各教研组群策群力，保证各学科居家学习的可操作性和教学质量，为促进学生自主成长奠定坚实基础，同时也为学生的返校学习做好充分的准备。

1. 学校按照"5+N"课程体系安排。

学校既要安排语文、数学、英语、体育、阅读等五门规定性学科课程，又要为学生参与家务劳动、发展兴趣特长等活动留足时间。这样的居家学习安排既可以保证学习时长，为学生的开学复课打下坚实的基础，同时又促进了学生特长的发展，有利于提高教学质量。

2. 各年级学科教研落实安排。

各学科教研组长可通过网络语音或视频开展集体备课工作会议，做好分工、细化落实，统一教学要求、教学内容，保证教学质量。

（1）年级学科组提前设计学习任务单，合理设计安排学习任务，做到每天落实任务，检测反馈到位，关注每个学生居家学习的状态，要求学生每天一反馈、每天一总结。

（2）根据重难点，制作教学微视频或前置学习单，让学生明确学习任务，学生根据教师设计的微视频或前置学习单进行自主学习。

（3）精选练习，要求学生每天通过QQ平台提交作业，根据学生的反馈做好辅导、答疑、纠错等工作。

（4）每天及时统计、反馈学生学习任务的完成情况，进行多元评价，做好课后辅导与家校沟通。

（5）全体教师做好网络答疑和电话答疑，为学生提供个性化的精准指导。

（6）各科教师在上课日及时在组群发布推送给学生的学习任务及资源，同时将资料发至组长群，便于各学科相互借鉴。

3. 学校每天统计各学科及教师资源推送、课后作业及答疑的反馈数据，把居家学习做到实处。

二、班级管理：激发学习积极性，提升教学质量

从"互联网＋教学"的居家学习教学全过程来看，自主学习既是基础，也是关键；既是目标，也是过程。对于学生而言，如何激发其内在的动机与能量，引导其开展真实、充分而完整的自主学习，需要班级每个教师具备教育价值和现代教育理念的认知，认识和尊重学生自身潜质，对学生未来发展有责任感和使命感。只有以持之以恒的态度、坚韧不拔的毅力深入探索和推进居家学习中对学生自主能力的培养，才能把"互联网＋教学"居家学习的价值体现得更加充分和全面。

1. 摸清底数，分层分类实施。

学生底数包括学生学习基础、健康状况及家庭支持条件等。针对学生的不同情况，班科教师应开展有针对性的个性指导，开展合理化的任务设计，让学习生活、任务更具适用性、更科学、更合理，让学生、家长满意。

2. 班级组建各种类型的学习小团队。

利用网络调整学习策略，尤其是高效的虚拟学习小组可极大激发学生的学习热情，也促使各学科教师与家长都加入多元的评价中。如在六年级语文的文言文学习中，学校先召开组长会议，让组长各自选择自己小组需要交流的篇目，并明白要从哪些方面入手；之后，各课题组就分别在小组内召开会议，落实分工，让每个成员准备各自的视频资料；课堂上，每天由一个小组主持分享，其他小组进行补充。教师在网络学习中起穿针引线的作用，大多时间强调重点，引领学生们突破难点。

3. 及时反馈学生学习。

作业的情况，各学科教师合力"每周一书"，反馈学生一周所学，多角度、多方位表扬优秀的学生，以点带面，激发每一个学生自主学习的内驱力。

每天通过班群分享学生居家学习的趣味瞬间及亲子互动案例，用视频或图片的形式分享学生在家中的劳动实践活动等。在班群或小组群中开展各种有趣的讨论活动。学生在分享中集思广益，使自己的居家学习、生活变得更加有趣。

每天利用班群分享学生一天的学习成果，对每个学生的学习情况进行公布，赞扬表现优秀的学生，让学生虽在家中，仍然可以感受班级浓厚的学习氛围。每周举行一次班级视频会议，举行隆重的颁奖典礼，营造争优争先的学习氛围，激励每个学生向优秀努力，激发每个学生的学习热情和学习动力，从而提高学生的学习主动性，培养学生居家学习的自主学习能力。

4. 每周一次班会。

班会活动上对学生们进行家国情怀的培育、生命的教育、心理的疏导、公民意识的培养。

5. 关注学生、家长的心理疏导，关注学生各科学习的情况，做好协调工作。

每天关注班级学生的学习情况，及时与家长进行沟通，第一时间了解学生的学习情况或家长与学生之间的矛盾冲突点，及时与家长、学生进行"一对一"的交流，或者通过班群开展相应的班队活动，让学生、家长共同学习，共同探讨解决问题的方法，教师再一一跟进，直到解决问题为止。

三、学科兼顾：统一协调，有序高效

"停课不停学"，要求各班按课表让各科教师密切配合，把自主课堂（自主学习—深度对话—实践反思）的"深度对话"环节移植到居家学习中，引导学生通过网络小组学习、班级交流等形式，提升自身的自主能力。

班科教师上课时布置学习任务，发布上课内容（教案，课件，视频录像或网址、网络链接），答疑解惑，并对学生的作业完成情况给予评价，认真细致地检查作业，监督到位，尽职尽责。

班科教师协调一周的学习内容，让每天的学习任务更科学、合理，让学生更乐于参与学习。

班科教师统一评价标准，让班级榜样成为激励学生自主学习的源源不绝的动力。

四、家校配合：协力共抓，培养自主

居家学习与在校学习不一样，监督学生学习成了家长不可推卸的责任，家长需要及时传递教师下达的学习任务，督促学生学习，上传学生的作业，并帮助学生纠偏纠错等。家长参与是居家学习目标达成的不可或缺的因素。教师应通过网络建立起有效的家校共同体，让教师、家长、学生在这个共同体中各司其职、各尽其责，共同引领学生在家校协作中实现自主成长。

总之，以居家学习为契机，唤醒学生自主学习的热情，让学生根据学习任务，与同学和教师在网上交流、互动，从而培养学生自主学习的能力，最终将其自主学习转为自觉学习。

家长心理读书会
——系统进行家校共育的模式探索

黄潇洒
四川师范大学附属上东小学

随着心理学教育的普及及学校心理教师岗位的规范化设置，越来越多的学校开始开展家族教育讲座、亲子体验活动。从心理科目着手进行家校共育，开设针对家长群体的不同的主题活动，也使得越来越多的家长更加重视学生的心理建设。家长没有经过系统的学习，其碎片化知识难以形成科学系统的教育理念。

在探索了个体咨询、专题讲座和不同范围的亲子活动之后，笔者作为学校的心理教师和国家二级心理咨询师，结合专业知识和自身经验，确定以读书会的形式系统地进行心理知识的科普工作，通过小范围的读书会，采用以点带线和以线带面的方式达到向全校家长普及心理教育知识的效果。

一、前期准备

读书会前期准备的深度影响着家长的重视程度和参与程度。前期准备涉及对家长群体进行心理知识的初步科普，帮助家长初步理解如何通过心理学的视角看待孩子在日常生活中出现的那些让自己比较困惑的问题，初步解惑是激发家长后续参与热情的关键动力。

学校开展心理课堂的目的不仅是让家长了解一些心理知识，也是让家长系统了解心理教育的科学理念，和学校心连心，协同推进教育。所以，在前期准备时需要以班级为单位深入了解班级内集中出现的一些情况。以下是前期准备时需要进行的探索。

（一）问卷调查

问卷调查的途径有三种，分别是：家长会反馈问卷、家长咨询信息问卷和意向统计问卷。笔者在2017—2018年下学期开始发放并收集问卷，共收集400份问卷，其中有效问卷有360份，问卷中得票最高的主题是：情绪管理、亲子关系、人际关系、提升自信和自我认识。

（二）家长讲座

从2017—2019年，笔者在小学六个年级共开设了46场科普讲座，讲座主题涉及家长和儿童的情绪管理、小学中低段儿童人际交往和人际冲突、提升亲子亲密度、性教育和死亡教育等主题。笔者从一系列主题的讲座中了解到家长在教育过程中遇到的真实问题，从他们的反馈中得知家长对于心理健康教育的基本态度和接受程度。通过开展心理讲座，家长们对心理学的热情和心理活动的参与程度大大提高了。

（三）班主任沟通

通过班主任的反馈，笔者了解到更多儿童出现的问题的纵向发展。儿童成长过程中的阶段性、普遍性问题以及家长对于家校合作所持有的个别和普遍态度，给开设班级讲座提供了案例素材。

（四）家长咨询

家长通过班主任的介绍或者是通过孩子的心理课程了解到学校提供的心理咨询服务，通过预约来到心理咨询室。通过跟家长持续性的单独交谈，笔者了解到家长并不是都会自动吸收有用的信息，咨询时咨询师的态度和建立的咨询关系对最终的咨询效果都有极大的影响。

（五）学生咨询

如果学生遇到问题，他们可以积极地向周围人寻求帮助，也许过程不会一帆风顺，但只要能够找到解决问题的方法就达到目的了。笔者主要通过心理课堂、心语信箱和心理咨询预约与学生进行交流。

在进行准备工作时就可以针对普遍出现的问题进行书单的筛选和团辅活动的设计，之后便可以开始发放心理读书会的正式招募通知。

二、读书会面试

为了降低团体成员的过程流失率，入组筛查非常重要，主要筛查家长以下方面的内容：读书习惯、心理知识水平、教养态度、演讲能力等。筛查分为网络问卷和小组面试两部分。

（一）网络问卷

通过"问卷星"平台发放读书会招募的问卷，依据答题质量筛选成员。

（二）小组面试

面试环节主要是以成员演讲的方式进行。

三、读书会内容设计

读书会的内容设计需结合前面两个阶段收集的信息灵活安排，并根据家长的开放程度、文化水平等在原有设计的基础上灵活调整，比如：同样的内容，若是小学高段的学生家长，就需要更早地从孩子身上开始谈起；若是小学低段的学生家长，就可以根据最初的设计从家长的自我认识逐渐开启读书进程。

六个主题层层递进，聚焦儿童心理素养的培育，涉及儿童在小学期间需要关注的心理素养，探索途径从家长逐渐过渡到孩子，再从孩子逐渐过渡到家长身上。六个主题内容对家长在群体中的心理开放程度的要求也逐渐增强，最后落脚点在反思和未来规划上。

每次读书会之后，笔者都会给家长布置一些"觉察作业"，以辅助下一次的内容推进。家长还需要提交一份本次的读书感悟给领读者（教师），可以在感悟中提出疑问，表达新的观点，并在感悟最后注明是否愿意公开分享自己的感悟内容。

四、分享讲座，扩大影响力

心理读书会主要分为两个阶段。第一阶段是由十二个家长以每周一次的频率连续参加六周的主题学习；第二阶段是在六周学习结束之后，家长和班主任结合班情从六个主题中选定适合班级情况的主题，开设两小时的分享会。这样的方式可以进行有针对性的心理科普，扩展面涉及十几个班级，形成以点带线、以线带面的科普方式。

第二阶段读书会的重要科普环节，也是非常容易失手的环节，其主要原因如下所述。

首先，此阶段需要班级全体家长和班级全体教师共同参与。调动参与人员的积极性十分重要，其中，班主任的参与意识也至关重要，而班主任的参与意识除了受班情的影响外，读书会组织者的专业引入和讲解是让班主任了解并表明是否参与的关键一步，这对读书会的策划和组织者的能力提出了挑战。

其次，进入班级的分享者有两位，分别是心理教师和参与读书会的家长，家长的身份转换会遇到一些困难，比如分享会的内容设计、讲解能力、现场互动能力等。这些难关的克服需要家长本人的能力和热情以及心理教师循序渐进的实质引导，这是家长提升控制感、提升信心的重要倚仗。

最后，分享讲座的现场参与度和持续效果。讲座开始前几周，如果没有预热，现场家长的参与度就会降低；讲座开始前几天，如果没有在家长群中进行问题收集、布置听众任务，家长在讲座过程中便不会深思；讲座结束后，如果不对家长的意见进行反馈，便不会知道这场讲座是否满足了预设需求。

五、未来和反思

读书会的形式在进行的过程中会不间断地出现一系列的问题，如成员完成作业的能力不足、成员间的讨论程度不够、个别成员发言过多等。

在读书会进行的过程中，笔者作为领读者也遇到了一些新的挑战，如在次数有限的情况下如何引导家长进行适当程度的分享，在读书会即将结束时如何引导家长将读书会中的讨论氛围迁移至与孩子的沟通过程中。

在读书会进行班级分享的过程中也遇到了很多挑战，如家长们担心自己讲不好，班主任参与度不高，家长们思考深度不够等。

从这次读书会的实践，以及家长的反馈情况，笔者能够感知读书会带给家长的力量是巨大的，而读书会的进行模式仍需继续深思和打磨。

财经素养教育中的零花钱实践活动

蔡敏洁

四川师范大学附属实验学校

谈到"财经素养教育"，我们会想到"金钱"，确实，我们的人生是必定要和金钱发生关系的。财经素养教育能够引导孩子培养正确的劳动观、合理的金钱观和正义的财富观，培养驾驭财富，从而掌握拥有幸福的能力的教育。小学阶段的孩子们，提到"金钱"，提到"财富"，一般就是指零花钱。于是，班级在学校财经素养课题组的指导下，开展了一系列活动与主题互动讲座，一起探讨如何管理"零花钱"，如何驾驭最初的"财富"。

一、零花钱管理的必要性和作用

就调查数据来看，班级中的孩子们对金钱的敏感度不一样。

班级中有两种比较极端的做法：有些家庭对孩子管教很严，甚至一分钱都不给孩子，这类孩子在生活中完全没有支配金钱的机会；也有一些家庭对孩子出手阔绰，甚至把爱转化成钱。这两种做法都不明智。

基于这样的调查，我们发现零花钱的管理既是孩子自我管理能力锻炼的过程，也是合理的消费观念形成的过程，我们更希望通过这样的财经素养教育，让孩子养成良好的思维习惯，建立正确的价值观。

财经素养教育对于儿童成长至关重要，建议家长在适度监督下给予零花钱，引导其试错与成长。如何给孩子零花钱？给多少零花钱？给了以后怎么监控或者管理？基于这一系列问题，我们展开了各项活动。

二、零花钱管理的原则

1. 开展互动班会，讨论零花钱发放原则。

开展互动班会讨论零花钱的来源，如压岁钱、平时家庭劳动、固定零花钱收入。

在这一环节中，给予家长的建议是：发放给孩子的零花钱的数额要适当，金额过多容易使孩子冲动消费，金额过少又不能充分满足孩子的自主购买需求。随着孩子独立管理金钱的能力不断提升，零花钱数额可以增加。

2. 培养"想要与需要"的理性思维，提倡"增乐福"管理。

如何管理零花钱，这是整个主题的关键与重要环节，我们在课题组开发的财经素养资源包的指导下，开启了财经素养专业课与班级活动、家庭实践相结合的活动模式。

（1）引入本校财经素养课程中的"需要与想要"这一单元，教会孩子如何理性消费，如何理性管理自己的资源。希望孩子们通过零花钱管理中需要和想要的界定，从小养成理性思维习惯：这究竟是我一时兴起想要，还是我真正需要的？课程用调查表、思维导图、体验游戏、场景还原等方式，一步步让我们感知需求与欲望，引导孩子学会这种平衡能力、学会选择，树立正确的财商意识，构建正确的价值观。

（2）尝试通过"增乐福"来引导孩子管理零花钱。

"增"——储蓄；"乐"——现在消费；"福"——用来帮助别人，即参加爱心或者公益活动。

用"增乐福"的方式去合理运用零花钱：提前规划，合理调控，零用、投资、孝敬长辈、分享快乐、争做公益都不耽误，让零花钱得到超值的利用。希望"增乐福"运用能为学生的生活增添更多的福与乐。

三、储蓄与延迟满足

本校财经素养课题组发现：财经素养其中一项核心能力的过程是延迟满足，锻炼延迟满足的能力就是培养财商的过程。在管理零花钱方面，孩子们该怎样增强自己的延迟性满足呢？

财经素养教育的储蓄习惯培养，着重体现在提升延迟满足能力，培养克制当期消费、进行合理储蓄、追求更有价值事情的能力。

在财商教育中，延迟满足能力的培养，就是要培养克制当期消费，追求更有价值事情的能力。最简单的例子，如果孩子每周少吃两个冰激凌，把钱节省下来，年底买一个自己心仪的变形金刚，就是有财商的表现。班级结合本校的财经素养课程开展了"爸爸银行"的游戏，结合储蓄的特性培养孩子延迟满足的能力。这个游戏不仅赋予孩子在零花钱上充分的自主权，而且能让他认识到攒钱的好处，就是拥有超高的收益。

简单介绍"爸爸银行"的储蓄原则。

孩子在"爸爸银行"开一个零花钱"账户"；半年后（根据孩子的大小设定延迟满足界限期），爸爸根据孩子的零花钱"账户"余额给孩子翻倍的收益。翻倍的目的是用高额回报让孩子在是否选择延迟满足时陷入"纠结"。

在实践中我们发现存在以下两种情况：很大一部分孩子把钱花光，做了错误的消费决策。这时我们需要教育孩子，孩子才能够慢慢地开始学习，锻炼控制能力，培养延迟满足能力。延迟满足的意识和能力的培养让孩子明白，愿望不能立即满足是正常的，应该足够努力和坚持，享受过程，接受结果。有一小部分孩子很喜欢存钱，我们调整储蓄原则，或者降低收益比例，从而达到消费与储蓄的平衡，锻炼他们掌握度的能力。这也是财经教育。

哈佛大学博士泰勒·本－沙哈尔的积极心理学著作《幸福的方法》中指，幸福其实是无从定义的，但一定是取决于快乐与意义的平衡。幸福确实无从定义，追求当下的快感，是人的本能。如果没有克制当下快感、追求长远意义的能力（即延迟满足能力），就难以获得幸福感。我们用这样的储蓄游戏让孩子正确认识到财经教育的本质，从而进行延迟满足能力的培养。

零花钱的学问、零花钱的使用不只是理财课，还涉及如何合理驾驭金钱、资源与时间的课程。我校的财经素养教育不是旨在教授孩子财经知识，而是帮助树立孩子们正确的价值观、人生观，为自己的幸福生活奠基，为实现自我社会价值奠基。

学校教育评价视野下财经素养教育的实践探索

黄　伟　刘　燕

四川师范大学附属实验学校

一、研究背景

（一）21世纪核心素养要求与学校教育之间的矛盾

2016年，中国教育创新研究院和世界教育创新峰会（WISE）联合发布的《面向未来：21世纪核心素养教育的全球经验》报告中，"财经素养"首次被列为个人所必需的核心素养之一。随着我国经济飞速发展，养成基本的财经能力既是公民必备的素养，也是青少年面对未来生活挑战的基本素养。纵观我国学校教育，围绕"核心素养"，各种学科教育改革正在如火如荼开展，对于学生的评价也越来越综合化、多元化，可是很少有学校将学生的财经素养发展纳入学生发展的评价标准中。

（二）我国青少年财经素养发展与学校教育评价之间的矛盾

我国青少年财经素养教育存在显著不足，致使青少年在金钱管理和规划上产生许多误区和不良后果。笔者分析原因，这也与学校财经素养教育的缺失分不开。学校教育评价也应与时俱进，应关注学生作为一个合格公民应该具备的基本素养，通过科学的教育评价来检测学生的发展情况，以便及时调整教育教学方向。

（三）我国学校财经素养教育评价体系有待完善

近年来，很多省市、机构、学校都开始着手进行财经素养教育理论与实践研究，取得了一些进展，但还存在很多问题需要解决。问题主要表现在缺乏对财经素养教育基本理论的研究，课程研发缺少理论支撑，导致在教育实践中比较盲目、零散，缺乏序列，在学校中没有形成常态机制。同时，学校开展的各种财经素养教育实践没有相应的评价体系作为检测和反馈，无法对学生的财经素养发展做一个动态了解，也很难检测财经素养教育的效果。

我校自2012年开始就着眼于学生的长远发展，研究开发财经素养课程。初期，教师们通过班级活动、学科渗透、亲子活动等探索财经素养教育，但是发现效果不是很明显。小学有六年，每个学段学生的活动开展需要到哪种程度也没有明显的界线，学生的财经素养发展情况难以评价、检测。针对这些情况，我校开始探究以学段目标为导向，通过序列化内容、多路径实施、多元化评价的课程建构来开发财经素养课程，并力图实现课程常态化实施。

二、具体措施

（一）以项目组项目为依托

本研究以项目推进，成立由学校校长、主任、教研组长、年级组长、各学科骨干教师组成的财经素养课程项目组。学校领导作为理论与实践的顶层设计者和管理者，对课程开发和常态实施进行总体的管理和安排。各组长、骨干教师根据财经素养发展要求以及学生学情建构课程目标、内容、评价体系，并带领其他教师在实践检验中发现问题、反馈、完善财经素养课程建构。

（二）以学生发展规律为依据

根据学生心理发展特点和现状，确定不同学段财经素养教育目标体系，建构不同学段的课程内容体系，确定实施方式，制定相应评价体系。

（三）以调研、测评为手段

做好教师、学生、家长的调研工作，广泛收集信息，确保改革与探索的科学性。通过多种形式的评价反馈评估学生财经素养发展情况，找出学生财经素养发展过程中存在的问题，检验课程实施的有效性，力图以评促教、以评促改。

（四）以学习和培训为保障

加强学校教师的理论与实践学习，通过网络、书籍了解国内外财经素养教育的研究经验。派遣教师到全国各地了解财经素养课程的开发与实施情况，力图提高财经素养课程建构的规范性、课程实施的有效性、课程评价的科学性。

三、阶段成效

（一）确定了财经素养教育目标，为评价体系建构提供依据

项目组认为"财经素养教育"是一种综合素质教育，包括传授基本的财经知识与财经思维方式、合理的理财技能，以及培养正确的金钱观念、劳动意识、规划意识、责任意识、风险意识、创新意识、资源意识、维护家国利益等基本价值理念。财经素养能力的培养不能靠单一的学科课程去实现，而是在日常学习、生活实践、社会参与中得到实现，并融入人生及其观念、习惯、品质、能力之中。此外，项目组认为小学要经历六年的学习，不同学段的学生身心会有很大差别。因此，小学财经素养教育也应该具有阶段性、连续性的特点。

基于以上认识，项目组建构了全面、连续、多维度、分阶段的目标体系。财经素养课程目标分为低、中、高三个阶段，分别对应着小学一、二年级，三、四年级，五、六年级。根据每个学段的学生发展规律和社会经济特点，每个学段课程板块的分布比重不同，课程目标从知识、技能、态度与价值三个维度列出能力指标。项目组对应这个目标体系梳理出了财经素养评价内容包括八大能力指标（图1）。

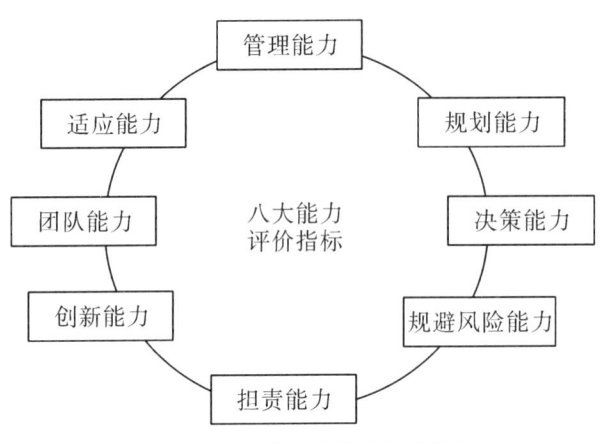

图1 财经素养八大能力评价指标

（二）建构了课程内容框架，为评价的多元化提供保障

项目组建构了不同学段、不同实施路径的内容框架。不同路径的内容之间相互融合、补充，围绕着"个人与财富""个人与家庭""个人与社会"展开，主要包括：认识财富是什么，了解财富与劳动的关系，懂得消费，认识周围的商业世界，了解慈善事业，认识资源、保护环境等内容。

财经素养的发展既有抽象隐性的观念、意识培养，又有形象显性的知识与技能教育，要想对学生财经素养发展做全面客观评价，难度较大，但是围绕序列化、阶段化、立体化的财经课程内容，可以设计相应的更具体明确的评价指标，使评价更具有可操作性。

（三）拓展了多维共进的实施路径，确立了多方评价主体，丰富了评价方式

项目组拓展了财经素养课程实施路径，总结出"两主三辅"的财经素养课程实施体系。

财经素养课程实施既有专门的财经素养课，又有各种班级活动、亲子活动、社会实践。结合多维度的实施路径，本成果建构了独特的评价体系。评价主体多元，包括学生、家长、教师、社会等各方，齐抓共评、协同评价。通过多主体协同评价，充分利用各类财经素养教育资源，为财经素养教育提供更为多元、更为宽广的文化环境。评价类型丰富，包括过程性评价、阶段性评价与总结性评价。评价方式多样，既有定量评价，又有定性评价。图2是本成果总结的七大评价途径。

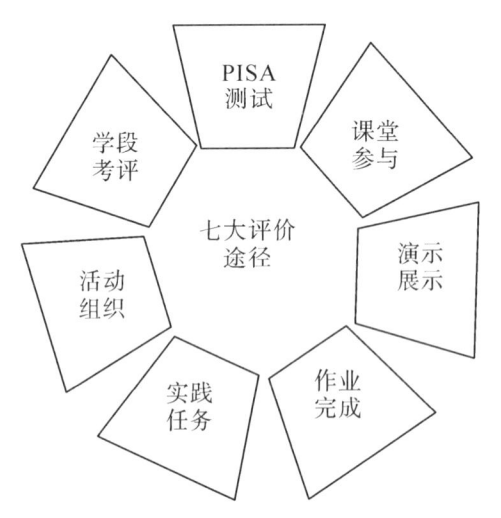

图2 财经素养课程七大评价途径

在综合评价的过程中，教师们会根据不同学段的教学内容、活动内容、学生特点等设计相应的评价量表或任务单，将抽象的评价内容转为具体，突显个性化、阶段化评价。

四、困境分析

项目通过理论与实践结合，不断完善学校财经素养课程，并将学生财经素养纳入学生发展评价中。为了更好地检测学生的财经素养情况，及时发现问题，促进课程完善，促进学生财经素养发展，项目组也在努力完善财经素养评价机制。在这个过程中，也有一些难点还需要突破。

（一）财经素养教育评价的规范化还需探索

在财经素养教育过程中，教师们设计了很多量表、任务单来测评考核学生的财经素养发展，但是这些资料带有一定的主观性，尤其在一些个性化活动中，不同的团队、教师设计的评价资料带有很强的主观性和随意性。如果能将这些评价规范化，提高其推广使用的价值，可以提高评价的信度和效度。

（二）财经素养教育评价的有效性有待提高

财经素养教育评价的方式和其他学科教学一样，有很多过程性评价，但是过程性评价如何转化成可以量化的标准给学生财经素养的发展做一个科学的评价和判定，还需要不断研究。

五、改进策略

（一）多方协同，研制评价工具

学校教师、家庭、社区，可以联合研制评价量表，统一标准，降低各评价主体评价的随意性。

（二）简化评价形式，增加可量化评价

财经素养教育的实施路径多样，评价方式也多样，但这些"多"也增加了教师评价的工作量，同时也降低了评价的可操作性。设计评价时，教师可以抓住关键指标设计简约的量表，或者借鉴国际PISA测试，研发较专业的评价量表，通过数据分析，才能客观反映学生的财经素养发展状况。

有效备课活动的实践及体悟

黄 伟

四川师范大学附属实验学校

新一轮课程改革的实施，带来了教师教学理念、教学行为的转变，同时也对传统的教学管理方式提出了挑战。这势必要求学校管理者调整管理思路与方式，与新课改主动对接，在反复调整与试行中探寻适合学校自身的管理模式。四川师范大学附属实验学校长期坚持开展的"有效备课"活动正是基于这种认识进行的系列探索与改革。

有效备课不应仅仅强调备课这一个环节。备课的"备"可以理解为"准备、预备、完备"；备课可以理解为"为课堂教学工作准备"和"使课堂教学更完备"，应该包括"课前的有效策划＋课中的有效实施＋课后的有效反思"这样一个环节。

为此，我们在教师有效备课上分阶段进行了一系列有效的探索与改革，形成了"有点有面，点面结合，点上突破，面上跟进"的有效备课管理策略。在"点"上，着重对有效备课的方式、环节、要点、标准进行了研究，使有效备课在内容和形式上得到调整、优化，提高了备课的有效性和实用性；在"面"上，研究了每一次调整、优化后管理措施的跟进，拓宽了备课的内涵和外延，将和备课有关的一系列因素纳入有效备课的视野范畴中。

我们在新课程的理念背景下提出了改进备课的三个新视角：第一，让教学重心由"教"向"学"转移。重心由教师转向学生，由教材转向学材，由教法转向学法；第二，注意"教"与"学"的互动；第三，"预设"要为"生成"留有余地。

为实施有效备课活动，我们经历了四个阶段，下文分述之。

一、第一轮的初步实施——"单元备课制"

（一）实施单元备课制的流程

由教研组的教师每人承担一定量的备课任务，经历"主讲人说课—集体评议—教案实践—添加个性化教学设计—填写教学反馈"五个教研环节。这在一定程度上减少了传统备课的弊端，凸显了新课程背景下教研和备课活动的合作性、实效性、开放性、创新性。

（二）问题及反思

单元备课制实施一段时间后，被发现有如下问题：单元备课的说课时间不能完全保证；有的教师不细心领会教材编写意图，不广泛查阅资料，机械性地套用他人编写的教案，认为备课就是写教案，只重结果，不重过程，难以取得理想的效果；有的教师不能及时反思教学得失，或反思与教学内容脱节；有的教师对教材的特点把握不准，对编者意图也理解不透，课标中好的理念就无法在课堂上真正得到落实。

二、第二轮的改进与再实践

针对第一轮实施中的问题，从教师评价、严密组织、发挥骨干作用等方面，对各个环节进行如下改进。

（一）在"点"上

（1）要点1。写教案只是备课的一个环节，备课还包含更多隐形环节，包括钻研教材、收集信息、了解学生、考虑教学思路与方法等，应把隐形备课显性化，即留下痕迹。

（2）要点2。只有每位教师在隐形备课中进行了深入的思考，才能在集体备课活动中做有质量的发言。要强调教师之间的交流、合作，让大家在自我反思的基础上，诉说困惑、提出问题、展示案例、阐述设想；在各抒己见、共同讨论的基础上，产生灵感、达成共识、升华认识。

（3）要点3。解读课标，细化课标。课标是纲领性的内容，如何让它的理念落实到每一册书、每一个单元、每一篇课文是我们应该思考的问题。我们组织教师对课标进行了认真的研读，对照各年段目标，将课标进一步分解和细化到每一册书、每一个单元、每一篇课文，整理出语文一至六年级的《课标分解及阅读教学建议》、数学的《解读教材功能，提高文本使用的有效性》等资料，与每位教师共享。为了使教师将年段目标烂熟于心，我们紧紧抓住"评课"这一"牛鼻子"，引导教师对照前述资料来评课，取得了不错的效果。

（4）要点4。集体备课的功能不应该只是形成教案，而应是解决问题。我们把集体备课的功能定位由设计教案为主转向重在研讨问题，梳理了各学科、各学段的共性问题，结合学科、学段的教学重难点，引导教师抓住各学科的关键问题或疑难问题进行攻关，依托群体智慧解决问题，这有利于避免备课中"照搬照抄"的现象，让每位教师都积极参与。

（二）在"面"上

（1）加强管理，保证时间。

学校各分管行政齐抓共管，深入备课组参与集体备课与说课，充分发挥控制、调动、引领、激励的作用。

每学年期末,安排相邻两个年级间的教学交流与反馈。每个年级将本年级的教学建议、教学重难点及注意事项清晰地展示给下一个年级,同时又从上一个年级的展示中得到了即将进行的相关教学信息。

每学期开学,专门安排三天的时间来研读教材,从整体上立体地梳理假期的备课教案。此外,组织教学专家顾问为教师做教材的深度解读,这样就从传统意义上的"教教材"转变为"用教材教",创造性地使用教材。

(2) 强调反思。

有效反思是有效备课的助推剂。我们常常采用以下反思途径和方法:记下课堂生成,记下规律,记下精彩,记下败笔,记下灵感。在进行记录时,可以采取以下形式:勾画圈点与旁批,课后集中的记录——"1+1""2+2"(即一或两处亮点,一或两处改进),编写错题集与备课对照表等。

(三) 问题及反思

由于采取了领导深入、骨干带头等措施,集体研讨的时间有了保证,形成了民主、平等的教研氛围,课后反思的质量与效率有了很大的提高。

但是,我们认为教师的备课视野还应关注终端,即我们的学生。为此,我们又进行了第三轮的改进与再实践。

三、第三轮的改进与再实践

(二) 在"点"上

(1) 强化学情分析,准确把握课堂学习起点。

教师备课时首先要关注人(学生主体),应强化课前的学情分析并将其列入备课方案。教师在进行学习设计时,首先要做全面的学情分析,即分析不同学生的基础差异和存在的困难,分析学生的态度、兴趣和能力趋向,在考虑教学统一要求的同时更多地关照学生的个体差异(关注学生的疑点、异点、争点、盲点、兴趣点、易错易混点),从而确立全面、多样和富有层次差异的、恰当的学习目标。备课的视点从考虑怎么教转向考虑怎么学,只有把学生的真正需求纳入备课视野,才能生成真正的精彩课堂。

(2) 教学目标的准确定位。

一节课的设计一定要有非常清晰的目标,所有环节都应围绕教学目标来制定。目标定位是否准确直接决定了备课的质量,应关注课标目标的细化,具体到每一课时的点(课时目标)的准确制定,让每一节课都有明确清晰的教学方向。目标达成的有效性需通过持续反思与教学优化实现。

(二) 在"面"上

(1) 关注家长。

要注意影响家长,引领、指导家长,让家长知道教师在做什么以及教师需要家长配合的部分;要把对家长的要求及需要,向家长传达的理念、教育方法等都纳入教师集体备课的外围视野内。可以通过每周的"家校驿站",引领家长和学校管理者站在共同的教育视野里。

(2) 以多种形式听课跟进。

以常规听课、诊断性听课、研究问题的跟踪听课、问题教师的跟踪听课、点菜式听课、培训性听课等听课形式来反馈备课的有效性,促进教师的有效反思,用备课匡正上课。

(三) 问题及反思

(1) 教师备课过于关注细节,对备课的框架性设计考虑较少,抓不住课堂生成,对课堂的变化难以把握。

(2) 各学科的备课质量参差不齐,整齐划一的部分过多,个性化展示的部分过少。

(3) 作业布置和监控的随意性大,备课中缺乏对作业的跟进研究。

四、第四轮的改进与再实践

（一）在"点"上

（1）要点1。引入教学流程图，帮助教师建立教学模块的概念，便于教师对教学模块的整体把握。适当减轻教师的备课工作量，同时分年段给不同教龄的教师一些比较灵活的选择，保证了备课的有效性。

（2）要点2。变打印式为手写式，增加了教案编制过程中的思考环节及教科书、教师教学用书的有效使用率，便于及时调整教学方法，让备课内容更细致，让备课本成为"读书笔记""学术文集""教育日记"。

（3）要点3。形成各学科的备课建议，根据不同学科的特点设计有效的备课方式，让备课更有针对性。

（二）在"面"上

（1）研读不同版本的教材，制订各年段训练目标，优化现行教材。

（2）关注学生的课内外阅读，制订各年级阅读计划，压缩语文课时，增设阅读指导课，对学生的课内外阅读进行有效的指导。

（3）开展专题研究。

①将作业设计列为备课的重要一环，从批改要求、分课作业设计、年段作业研究主题等方面开展专题研究；将跟进的练习也纳入视野，定期举办作业改革经验交流、期末作业改革论坛等活动，并评选学生喜欢的作业。

②将习惯培养研究纳入备课视野，形成年段习惯培养要求及策略。

课程改革一路走来，正是我校探索"有效备课"的研究历程。通过对"有效备课"的研究，我校教师、课堂及学生发生良好变化，学校的整体教学质量得到提升，取得了"动一子而全盘生彩"的实效。

后进生最需要的回应

何小琴

成都市锦江区大观小学

对于后进生，部分教师已经习惯了对他们进行批评和训斥。然而，世界上没有甘心落后的人，后进生的眼里也时常闪动着渴求上进的光芒，只不过这种光芒往往被一些教师忽略。每一个落后的学生将来都有可能成为优秀的人，就如同一棵小树一样，不管它今天多么弯曲，数年之后也可能成为栋梁之材。

教师的责任就是努力营造学生成长的适宜环境，为他们提供上进的机会。一个只会训斥、嘲笑、轻视学生的教师，不太可能营造出适宜学生成长的空间。我认为一个后进生最需要教师的微笑、鼓励、表扬和理想教育。

一、微笑

微笑是友善的表露，是相互交流的基础。很多教师感叹学生离自己越来越远，感叹学生的心扉紧锁，感叹师生之间的隔阂越来越深。他们不知道是自己的冷漠和一味地批评使师生之间变得疏远；他们也不知道打开每一把锁的钥匙就拿在自己手中，那就是微笑。

优秀的学生需要微笑，后进生更需要微笑。阴雨连绵的日子，阳光的骤然出现让人惊喜，而后进生一旦得到教师的微笑，同样会把它当作珍贵的礼物。生活在微笑中的人比生活在冷漠环境中的人更容易获得成功，心理也更健康，因为微笑给予他一种肯定。可是，为什么我们总是吝啬自己的微笑呢？尤其对于后进生。

对于上课捣乱、惹我们生气的学生，我们微笑过几次？我们习惯了声色俱厉的批评和呵斥，甚至是让他们罚站或是写检查。教师们，当我们感到和学生离得越来越远时，当我们对学生的落后无措时，让我们送给他们一件礼物吧。我们应该记住一句话：冷漠是离心力，它使学生离我们越来越远；微笑则是向心力，它不断拉近我们与学生的距离。

二、鼓励

有人做过一个试验，把智商相差不大的人分成两组，一组人不断得到鼓励，另一组人从不被鼓励，结果显示得到鼓励的一组人进步更快。普遍来讲，人人都渴望自己能够得到他人的注意和支持。不用说学生了，就是我们自己，在失败的时候，在孤独的时候，在气馁的时候，不同样渴望被别人鼓励吗？可是为什么我们常常忘了鼓励自己的学生呢？

当然我们也鼓励过学生，尤其是鼓励过那些优秀的学生。但是对于那些学业上落后的人，我们给予了多少鼓励和支持呢？其实，很多后进生也在努力寻求着上进的路标，探索着前进的方向。当然他们可能走入了"歧途"，教师的责任就是告诉他错在何处，鼓励他继续寻找新的方向。优秀学生与后进生的区别是什么？就是一个走在高速公路上，一个尚未到达高速公路。走在高速公路上的优秀生，一点燃料就能跑出很远；而走在乡间泥泞小路上的后进生，必须多加点燃料才能走出困境。这里的燃料就是教师的鼓励。对这一点，我们有时做得恰恰相反，优秀的学生不断被加油，以致背上了包袱；而后进生则常常被冷落，只能因为没有了燃料在泥泞里熄火，停止前行。

三、表扬

心理学家指出，当一个人得到赏识时，心里就会获得一种成就感，从而对未来充满信心，而一个有信心的人，会更加积极地投入学习。表扬就是一种赏识，对学生有极大的激励作用。每一个后进生都应得到不断的激励、表扬和赏识。有些教师的心里往往有一种思想，认为所有的学生都应该像自己想象的一样好。有了这种思想，就极易用求全责备的眼光来看学生，因此总是看到他们的缺点。如果学生真的完美无缺了，我们的教育不就是画蛇添足了吗？对于学生，我们应认识到他们和我们一样，都是不完美的人，都是在不断改正缺点的人。所以，我们发现了他们的进步，就要大大表扬。

表扬是学生渴望得到的礼物，学会表扬是教师的必修课。表扬的机会自然需要学生的争取，但优秀的教师更善于为学生创造得到表扬的机会。教师不仅要适时地表扬学生，还要努力使学生获得被表扬的机会。某些教师认为争取进步，获得表扬都是学生自己的事情，和教师无关。这是不负责任的想法。如果后进生得不到表扬，其实教师就没有尽到自己的责任，因为他没有创造出让后进生获得进步的环境。

四、理想教育

韩愈《师说》提出"师者，传道授业解惑也"，强调教师的多重角色。一个优秀的教师不仅要传道、授业、解惑，还要帮助学生树立理想，寻找人生的目标。教师不但要教书，也要育人。

学生所需要的不仅是知识，还有人生的追求。理想教育是教师教学不可缺少的内容。然而，我们却常常忽略了这一点，以为只要学生考了高分，自己的工作就顺利完成了。我们的教育留给学生的不能是畏惧，不能是害怕；我们要送给孩子的是美丽的憧憬，我们要送给他们一个个热爱生活的理想。不是所有的理想都能实现，我们也不必奢望所有的理想都变为现实，理想只是前进的方向，是人生的目标。所以，当我们听到某个学生说自己将来想做科学家、教育家的时候，不必轻率地嘲笑，因为那是他的理想、目标，是他前进的动力。改变后进生的思想首先要从对他们进行理想教育入手。绝大部分后进生落后的原因，不是因为智力的低下，而是因为缺少自我约束的能力。对学生进行理想教育，就是帮助他们确定一个方向，使他们自己管理自己、自己约束自己、自己成就自己。

　　一个后进生得到了微笑、鼓励、表扬和理想教育，他的心里感受到了温暖、友善，得到了鼓舞，有了人生的美好追求，就可能渐渐变成一个优秀的人。微笑、鼓励、表扬和理想教育，是学生成长环境中的阳光、空气、水和土壤，优秀的学生需要，后进生更加需要。所以，教师们，不要再吝啬我们的微笑了，不要再舍不得我们的表扬了，把它们都热情地赠给渴望成长的学生吧！

语文类

利用汉字形义思维导图培养学生文言文实词建构与运用的能力探究

罗棚月

成都石室蜀都中学

一、核心概念界定

（一）思维导图

思维导图由"世界记忆之父"托尼·博赞提出，是一种通过图形化方式呈现发散性思维的工具。根据思维导图，进入大脑的资料，如感觉、记忆、想法、文字、数字、食物、气味、颜色等，都可以成为一个延伸点（中心主题），并由这些中心主题向外发散出更多分支，每一个分支代表与中心主题联结的一个次主题，而每一个次主题又可以成为另一个中心主题，再向外发散出更多分支，从而形成一个辐射性的思维网络，逐步建立起一个系统而有序的图形。

（二）语言的建构和运用能力

《普通高中语文课程标准》中指出：语言建构与运用是指学生在丰富的语言实践中，通过主动的积累、梳理和整合，逐步掌握祖国语言文字特点及其运用规律，形成个体言语经验，发展在具体语言情境中正确有效地运用语言文字进行交流沟通的能力。

（三）汉字引申特点

汉字是汉语的载体，而汉字的字形特点决定了语言的建构和运用需要发散思维。从一个字的字形出发，提取其造字意义，再从造字义的义素，通过各种逻辑关系，引申出不同的义项。这个过程中渗透了祖先的发散思维的光芒，其中比较具有代表性的研究者是蒋绍愚先生。

蒋绍愚的《汉语历史词汇学概要》综合了罗正坚的《汉语词义引申导论》和王力的《同源字典》，认为词义的引申的心理基础是联想，他称之为"隐喻""转喻"。他认为，"隐喻""转喻"不仅是修辞手法，也是人类的基本心理活动，所以，以"隐喻""转喻"为基础的引申是最常见的。相关性的词义演变为转喻，可以包括：从工具到动作，从原料到器物，从动作到对象，从行为到行为者，从性质、作用到事物，从原因到结果，从部分到全部等。相似性的词义演变为隐喻，主要包括：形状相似，性质相似。

根据上面的分析，我们可以看出，汉字词义引申是从一个点向其他方向辐射出去的，当然也会有一些因为时代发展引起词义缩小或转移的情况，但是，主流的还是我们思维发展的过程形成的词义系统。

因此，思维导图不仅能更好地呈现汉字形义的演变过程，培养学生语言建构与运用的能力，引导学生建立发散思维，同时也能传承汉字文化，呈现汉字字形之美。

二、研究现状评述

通过知网搜索，笔者发现有相关期刊论文集中研究思维导图与教学的关系，如陈宏保的《基于思维导图的语文教学探索》，赵迎迎的《思维导图与对外汉语汉字教学》，高建华的《论思维导图在语文教学中的应用》，夏绮云、王蕾的《思维导图导思维——例谈思维导图在语文教学中的运用》，邱相彬、曾红丽的《思维导图技术在中学语文教学中的应用》，贺丽红的《思维导图在高中语文教学中的应用研究》，李瑾的《思维导图在高中文言文教学中的应用探究》等。

思维导图的发散思维特质与汉字引申的思维路径是契合一致的，鉴于此，笔者便把思维导图和文言文字词字义梳理，甚至文本理解结合到一起，为文言文教学服务。

三、学生思维训练现状

目前，一部分学生的思维训练相对缺乏，发散思维能力较差。缺乏发散思维训练可能会影响学生语言学习的效率。

针对这种现象，笔者对学校高中一年级的学生进行了调研，以文言文为调研内容，以学生答题和面谈体会为调研方式。通过试卷分析和学生面谈，笔者发现学生不懂古文的关键是不知少数汉字的意义，其中，60%的学生不知道如何下手。

可见，学生的语言的建构和运用能力还未生成，因此，学生的语言建构的发散思维亟待培养。

四、策略探究

从现实维度和理论维度，我们可以看到思维导图对文言文学习和学生思维训练的意义。思维导图教学旨在让学生掌握部分关键字词的形义演变，引导学生探究出汉字形义演变的基本规律，提高语言建构与运用的能力，同时，通过汉字形义的思维导图训练，提高学生的发散思维能力。

有了这样的目标，接下来就是相应的尝试。

（一）字形字义思维导图构建词义演变网络

有很多汉字的字义很少见甚至已消失，发散性思维将很快建构起一个完整的形义地图，学生将更容易接受这种可视化字义变化的历程。例如《陈情表》"逋奉圣朝"的"逋"字，为高考文言文高频考点。

逋

民疲苓多盗，逋赋日积。（2011年重庆卷）

以其羡补积逋，诸邑皆宽。（2012年全国新课标卷）

以偿我久逋之文债可乎？（2013年江西卷）

安吉在万山中，向多逋民。（2014年福建卷）

因此，对于其文言文中常见义项做足功课并以字形分析，是个很好的选择。

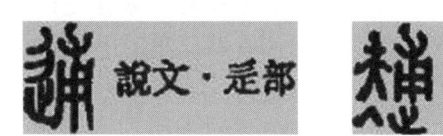

《说文解字》："逋，亡也，从辵，甫声"，"逋"也就是逃亡之意。那这个字义又从何而来呢？这时就需要从字形出发去理解。"辵"也就是我们经常说的走字底，表示行走之类的义素，那怎么联系到逃亡，主要是通过"甫"的义项分析。

《说文解字》："甫，男子美称也。"从字形我们联想到一个人在田地里劳作，加之古时男主外女主内的文化，所以，很容易就能联想为男子。

根据"辵"和"甫"的字形揭示，我们就可以了解为什么"逋"要解释为"逃亡"。同时，此意主要是指人，这个就符合上面例句里的"逋民""逋慢"的释义；而人跑了，总人数就少了，所以，"逋"也表示"不足"。其词义泛化，从人到物，就引申为"拖欠"，这个义项主要是指赋税之类的，比如"逋赋"。这两个就是文言文的常用义项。

"逋"的本义是"抓住、及至"，故而其中的一个语义特征"及，到"成为一个义项。如果引申到对人的行动方面，其义就引申为"逮捕，抓捕"。这些义项在通过思维导图分析字形的时候就清晰顺畅了，而且通过制作思维导图，进行信息深加工，这样理解后再记忆更容易记牢，且久经训练，对于学生的发散思维更是一种无形的锻炼和培养。

（二）字形字义思维导图助力文本细读培养思辨能力

课堂学习适当增加实词形义思维导图的学习，可激发学生的学习兴趣。

语言建构能力和发散思维能力的提高，最终都是为了提高学生的语文素养，因此，在平时教学中应该加入对实词字形字义的梳理，让学生能够建构字词的形义思维导图，引导学生对字义引申途径有关注意识。比如《烛之武退秦师》是高中学习的第一篇文言文，我们以其中字义与现代汉语不相符合的字词，进行字形字义分析。

"何厌之有"的"厌"，学生在理解的时候会不自觉地翻译为"讨厌"，但其实是不合语境的。如果从语境的角度分析，还可从"既东封郑，又欲肆其西封"推导出"厌"字表达的"贪婪"之意，而这层意义现在已经不用了。所以，从一词多义的角度，我们可以运用小篆的字形分析其造字意义。

从字形上看，左边是一个口和一块肉，右边是一只狗，意思是"吃的狗肉"，字义就是"吃美味的狗肉"。《说文解字·甘部》："猒，饱也。从甘，从肰，会饱足。"饱足可引申为"满足"。从"厌"义项，我们可以很清晰地感受到烛之武的语气和晋国的形象，因此，可以更好地解读文本，理解人物的言行，以便学生贴近文本。

这样的设计环节，既可以让学生积累字义，又可以对文本进行解读；既实现了语言的建构与运用，又实现了阅读思维的培养。

（三）字形字义思维导图建构系统群词梳理

在作业、试卷评讲中运用汉字形义思维导图效果更好，且可以适当增加一些高频实词考点。语言建构能力和发散思维能力的提高，最终都是为了提高学生的语文素养，而高考是检测学生语文素养的最直接的方式。所以，要把一些考试高频的文言实词以及理解记忆难度较大的词用思维导图进行归类整理。

经过思维导图内容的学习，笔者会对学生进行实时检测，或是复述思维导图，或是进行情景翻译、成语检测，或是做一些试卷检测。另外，笔者还会用一些简单的甲骨文或小篆，让学生分析字形、猜测造字义，并自制思维导图。

五、小结

语言学习是积累习得的过程，而这个过程大部分时间是比较枯燥的，尤其是文言文学习。因此，今后的教学中，笔者还应在思维导图学习方面继续坚持，激发学生学习文言文的兴趣，进而在文言文学习中学得相对轻松，让文言文的学习成为学生高中生涯美好的回忆，同时传承我们的汉字文化。

"双减"背景下的小学中段阅读策略研究

向 航

成都市光华实验小学

良好的阅读习惯是一个人、一个民族精神成长的营养素,在"双减"背景下,学校和家长在学生课外阅读方面更应"有所为"。小学中段是学生阅读能力快速提升的阶段,在这一阶段正确引导学生进行阅读训练、提升学生的阅读能力,能够更好地为学生今后的学习打下坚实的基础。由此可以看出,"双减"政策能为学生争取到更多的自由学习时间,而在这段时间培养学生的阅读兴趣,会对学生今后的学习生活产生深远的影响。本文将针对小学中段学生的阅读策略进行深入研究,了解小学中段学生在阅读策略方面的现状,并总结如何进行小学中段学生阅读策略的优化,为该阶段的学生提供良好的阅读策略。

一、"双减"政策在小学中段阅读教育的落实

"双减"政策的正式落地对于降低家庭教育支出、制止教育行业逐利化、扭转教育中的不良现象、促进教育公平等都有着重大的意义。其在小学中段阅读领域也有一定的促进作用,有助于培养小学生在阅读方面的兴趣,提升小学生的阅读效率。

(一)学校实施"双减"政策下阅读教育的现状

从学校的视角看,"双减"政策在小学中段阅读领域落地后,减轻学生的阅读负担理应成为学校工作的重中之重。阅读负担问题,实质上是对阅读进行功能定位和科学设计的问题。应当明确,阅读最主要的功能是学生通过阅读了解更多的知识、学习更多的思维模式,并通过老师的引导来提高阅读效率,最终达到提高综合素质的目的。因此,教师在进行阅读内容以及阅读量的设计时,应该达到精准控制的程度。首先,在阅读总量上,教师应该根据小学中段学生的阅读能力进行阅读量的精准安排,确保难度适配,逐步提升学生的阅读效率。由此可以看出,教师在对学生阅读总量进行安排时要达到"在精不在多,在质不在量"。其次,在阅读的难易程度设计上,根据"最近发展区"理论,阅读内容既不能太难也不能太容易,应该给学生设计在其自身能力范围内、有一定挑战性的阅读内容。最后,阅读设计还要贴近学生的生活实际,使学生通过阅读产生解决现实问题的兴趣,一旦学生对阅读产生了兴趣,那么完成阅读任务便不再是学生的一种"负担"。

(二)家长看待"双减"政策下阅读教育的态度

从家长的视角看,"双减"政策落地后,由于限制了校外培训机构,他们会担心自己的孩子输在"起跑线"上。家长之所以有这样的担忧,是因为他们大多已经习惯了将补课理解为提升孩子成绩的"灵丹妙药"。其实,补课就像是"吃药",只能解决一时的问题,真正的健康需要的是孩子平时"吃饭"补充到的营养。家长应该换一种思维,当孩子学习遇到困难的时候,不应只是给他补课,还要让他去阅读,因为阅读才是让孩子语文成绩提高的真正营养补给。

所以,要想提高孩子的语文成绩、要想给孩子充足的精神营养,最重要的是让孩子养成阅读的习惯。总之,教师通过学生作业的科学设计实现作业"育人"功能的回归;家庭通过引导孩子阅读,从而给予孩子充足的精神营养。只有家校合作,双管齐下,"双减"政策才能落到实处。

二、小学中段阅读策略的优化

（一）营造良好阅读环境

学校要把教室、阅览室、图书角打造成学生的书房。在这个书房里，首先要"氛围静"，引导学生养成安静的习惯，让其学会静静地读书；其次要"布置雅"，让学生在舒适、雅致的环境中阅读。家庭也要开辟一个读书角，给孩子一个能静心阅读和思考的空间。家长和孩子共同拥有这个阅读空间，从而一起阅读、共同成长。

（二）学会选择阅读材料

教师读书，首先应选择专业提升类的书籍，其次应选择读一读学生喜欢的书籍，成为学生精神上的"同龄人"，也便于阅读指导与交流，从而引导学生进行深度阅读。家长读书，可以读读儿童心理学等类型的书，以便了解孩子不同成长阶段的特点和规律；也可以读一些教育方法类的书；还可以与孩子共读。孩子读书，首先，老师和家长尊重孩子的选择，让他读自己最喜欢的书籍；其次，教师和家长要引导孩子学会选择图书。学校和家庭为孩子储备的书，要精心挑选，不仅要适合学生的年龄特点、兴趣爱好，还要体现"多样性"和"全面性"。

（三）采用进阶阅读方式

在阅读的过程中，教师和家长应该对阅读方式进行调整。学生初步接触阅读时，首先，要培养学生默读的能力，让学生能够更多地用心去阅读，提高学生阅读的专注力。在一段时间的阅读训练后，让学生逐步提高阅读效率，并加强对阅读过程中记忆力的培养，逐步提高学生的阅读能力，增加阅读的收获。然后，让学生转变阅读方式，由略读过渡到精读，让学生在阅读过程中对部分内容进行重点阅读，帮助学生培养带笔读书的习惯，引导他们边读边批注，加深阅读理解和体验感悟，实现学生的个性化提升。

（四）合理安排阅读时间

学校现在推行课后辅导，可以在此阶段安排一定的阅读课程。在家里，应该把阅读安排进作息时间表，晨读和睡前阅读都是很好的方式。小学中段的学生在回家后，对于自身的时间安排，没有明确的计划，因此针对小学中段的学生进行阅读时间的设计是十分必要的。一般而言，小学生每天的阅读时间应该控制在30～60分钟。只有这样设计，才能保证小学生集中精力进行阅读。如果时间过短，学生可能没有沉浸其中，阅读不够认真。学生的精力有限，持续阅读不但不能够提高阅读效率，反而会让学生产生一定的厌烦感，对于阅读习惯的培养具有一定的危害性。为此，小学中段学生阅读过程中，老师和家长应该合理安排其时间，以提高其阅读效率和培养其阅读兴趣。

根深才能叶茂，读书，是滋养根基的方式。减轻了学生过重的负担之后，让我们陪伴孩子们走进轻松、愉悦的阅读空间，共同长成参天大树。

三、总结

阅读是一种提高学生见识、培养学生综合能力的重要途径。在小学阶段，以往的传统教育只能够让学生掩埋在繁重的作业中，很难有自由阅读的机会。"双减"政策实施后，学生不但能够减轻课业压力，还能够彻底摆脱课外辅导占用的时间，从而有更多的时间可以用在阅读方面。由此可以看出，"双减"政策的实施对于学生阅读习惯的培养有着很好的促进作用。小学中段是一个特殊的阶段，在该阶段学生本能地对阅读有着一定的好奇心；小学中段同时也是学生阅读习惯培养的重要阶段，加强对这一阶段学生阅读习惯的培养，对其今后的学习乃至人生都具有巨大的推动作用。

提问、思考、分享

——初探分享式教学的感受

李 严

成都市锦江区大观小学

一、分享式教学

课堂教学的目的是让学生积极动脑、学会思考，而不是一味地听教师在课堂上讲解。分享式教学无疑是一个让学生成为课堂主体的不错之选。笔者接触分享式教学有一段时间了，发现跟传统主要由教师讲授教学内容的课堂相比，分享式教学让学生参与度更高，学习积极性也更强，整个学习的有效性也有了极大提升。

那何为分享式教学呢？笔者翻阅了很多资料，阅读了很多优秀教师的文章，发现它们一个共通点，即将课堂让给学生、教师辅助。换句话说，教师退居二线，该孩子们自己上前线了。

分享式教学的课堂不是一种既定模式，而是一种教学理念，在这种理念的驱使下，将课堂转交给学生，解放课堂、解放教师，营造出一种更和谐愉悦的课堂氛围。对学生而言，这样的方式无疑是更有乐趣、更有参与感的。

二、初探分享式教学

分享式课堂给予学生自主学习的机会，他们开始自己提出问题，通过自我思考加上小组合作探究，最终解决问题，并能够愉快地分享自己的成果。这样的教学方式更加能调动学生的学习积极性，能引导学生学会合作、更有效地提升自身学习能力。当然，这样的方式也提升了学生的自信心，学生在交流中也学会了尊重和倾听。在一个宽松的氛围里将知识收入囊中，何乐而不为呢？

分享式教学对教师来说是一种考验。教师是课堂的组织者和引导者。在传统的课堂教学中，教师有完整的课堂设计；但在分享式课堂上，教师需要引导学生自主提问、自主解决问题。此外，教师需要引导学生按照教学主线有序地完成课堂任务。要让以学生为主的分享式课堂有序进行，对教师的课堂组织能力是一种极大的考验。

三、践行分享之路

学生是课堂的主体，教师只是引导者，我们教师应该把课堂还给学生。正如有教师说的"解放自己，解放教师，让我们不再喋喋不休，让我们教得轻松、自豪，更重要的是解放学生，让学生学得快乐、自信"。

每个学生身上其实都有着无限的可能性。初次尝试分享式教学，学生们感到陌生，教师也是在不停摸索。从低段到中段再到高段，每个阶段的孩子认知不同，语文教学中需要掌握的知识点那么繁杂，到底该如何让分享式教学不停留于表面，而是更深入、有效地去进行？为此，我也是在不断学习探索。

根据我对分享式教学的初探，我想从大胆提问、独立思考、有效分享三个方面简要谈谈我的感受。

（一）大胆提问

低段教学中，识字教学是很重要的。当我开始尝试分享式教学后，便从以前的教师领读、教师教读变为了学生自主认读、小老师领读、学生自主提问，让学生自主讲解生字结构，而我在学生需要教师帮助的时候才会出现。一学期下来，学生提的问题越来越有意义，提问的人也越来越多了。直到中段，学生已经养成了自主提问的习惯，会根据课文题目、课文内容提出自己不理解的问题，学习上也变得越来越自主。

但要进行有效提问一定离不开教师的引导，例如在讲解三年级语文预测单元《总也倒不了的老屋》一文时，我便采取问题形式开展教学，也是通过这一单元，学生学会边读边思考、学会从内容上去提出有意义的问题，并且能及时在课堂上解决问题，这样的提问才基本有效。

（二）独立思考

学生们所有的问题都不是随意提出的，都值得教师关注，每一个问题都代表着学生的思考情况。分享课堂上，学生的独立思考尤为重要，只有自己勤于思考，才能熟于分享。教师要做的就是引导学生独立思考。

不能将教师的想法直接传输给学生，那只是无效的学习，要学会放手，让学生进行"头脑风暴"。只有这样，学生才能真正成为课堂的主人。

例如古诗的学习，从我们第一次一起探索出学习古诗的基本步骤后，我便常常让学生自主提问、自主思考，在小组内或全班分享，学生们从诗题、作者、诗句、情感等方面，逐一学习，效率很高，积极性更高。

（三）有效分享

分享式课堂，最终的成果自然是需要通过分享来呈现，如何分享是我一直在思索探究的问题。从最初接触分享式教学开始，我便从多方面学习思考，既然要有效分享，那课堂秩序肯定是很重要的。

首先我针对班级及语文学科的特点，制定了"分享规则"。"大胆、大声、认真听"是最初的要求，待到学生能大胆分享，有了分享的自信，分享规则也会升级；"说清楚、提意见、再补充"，从最初的强调纪律到强调分享形式及学生之间的互动；待到高段，分享规则又会转变成"说重点、说理解、说拓展"等。分享的第一步一定是建立基础的规则，先形成一定的分享框架，再培养学生的分享乐趣及习惯，最后逐步提高分享内容的难度，才能最终实现有效分享。

学生解决问题的途径多样，常用的是自主学习和合作探究的方式。在提问这一环节中，我引导学生按照事情的发展顺序梳理故事的内容，再给予学生充分的机会，用自己的话将故事复述出来。在这一环节里，教师让学生根据题目自主提问，带着问题去阅读，学习效果可能更佳。

在探究思考这一环节中，我充分调动学生自学的主动性，让学生先自主学习勾画，再在此基础上，进行有效的小组交流，以达到事半功倍的效果。在此过程中，我让学生通过批注的方式学习课文内容，加深感悟，并提出疑问、激发其想象力，可引导学生更好地抓住重点。

在分享环节中，我让学生通过小组合作的方式解决问题，提高学习能力。本堂课重点放在后面的"想象捡五色石过程"这一板块，为了让学生打开思维，我先安排小组讨论，提出各自关于女娲捡五色石的疑惑，再请同学分享思路，由此打开大家的思维。课堂上，生生互动比较精彩，学生各抒己见，充分地发挥想象，通过石头颜色的不同，想象女娲遇到的危险以及她是如何克服等故事情节，从而让课堂十分生动。以后的教学中我可以多发挥学生的主动性，加强学生间的互动。

四、分享未来可期

在整个分享式教学中，教师还是要注意多给学生展示的机会，不过多引导，特别是不能重复学生的发言，并且还要适当评价，给予有效及时的点评；对于个别参与度不高的学生，还需要多加鼓励，让每一个学生都参与到分享中；后续还要加强对学生的训练，特别是在对文章的提问和情感感悟方面，要让生生互动达到更深层次。

初探分享式教学，让我感受颇深。在现在的时代，教师不能再"保守"了，要大胆地放手，创建分享式课堂模型。我接下来还要深入探究，力求做到更有深度的教学。

拼音教学的趣味性激发学生学习兴趣分析

尚甜甜

成都市锦江区大观小学

兴趣是给学生创造欢乐、指明道路、营造良好氛围的有效方式。低年级阶段的学生注意力难以集中，因此在学习拼音的过程中，容易走神，容易疲劳，注意力较为分散，从而影响教学质量。在小学拼音教学中，教师要尽可能地减少枯燥的讲解，可以运用一些趣味性的教学方式，融入有趣的教学元素，让拼音教学更具趣味性，以培养学生学习拼音的兴趣，提高学生的思维能力。

一、通过儿歌的形式，激发学生学习兴趣

学生对于直观的事物更加感兴趣，教师在教学中可以借助图片、儿歌、顺口溜、动画等教学元素，增加教学趣味性。在拼音教学过程中，要合理地利用图形并参考配套的儿歌进行教学，激发学生学习兴趣，提高学生的学习能力。在教学中不仅要让学生表演儿歌，还要给教材当中的拼音内容编儿歌。教师要依据教学实际，对配套的教学儿歌进行修改，将新鲜的元素融入儿歌当中。适当的修改，可以让儿歌朗朗上口，并且让拼音活起来、动起来。

二、通过动作示范，帮助学生掌握准确发音

拼音教学中，教师可以通过一些动作展示等直观的形式，让学生掌握准确的拼音字母的发音。教师可以根据字母的特征和字形进行区分，通过发音的口型气流展示，让学生进行趣味性的练习，增强拼音学习的趣味性。

三、利用故事进行拼音教学，培养学生的学习兴趣

许多字母在整体认读当中较为常见，因此教师在教学过程中可以利用各种有趣的故事，让学生很好地记住并区分这些字母。教师应引导学生积极学习，让学生不仅可以了解整体读音，还能知道更丰富的拼音知识。通过讲故事的方式，原本枯燥的拼音符号变得更加生动可爱，学生也更容易接受，学习积极性倍增。

四、在拼音教学中发挥比赛的作用

在小学拼音教学过程中，教师可以组织学生进行拼音描红比赛。在开始比赛之前，教师要给学生讲清楚规则，让他们在限定的时间内完成任务。通过分小组比赛，选出写得最好的学生，教师再给他们一定的奖励。为了得到教师的认可和鼓励，很多学生都积极地投入比赛当中，不仅写得非常认真，而且还能够把握好拼写速度。因此，拼音描红比赛对于拼音教学是非常有帮助的。尤其是在学生学习完拼音之后，教师也可以通过比赛的形式帮助学生巩固所学过的拼音，提高学生的拼音学习兴趣，让学生能够真正地理解到学习拼音的价值。

五、通过看图识拼音的方式，增强学生的创造力和想象力

在拼音教学中，通过看图让学生练习拼音、进行拼音拼写等方式都有助于促进学生想象力和创造力的发展和成长。这时教师可以引导学生通过图画去识别拼音的不同字样，然后让学生自己去辨别和学习应用，而教师只是起到一个引导和指引方向的作用。教师可以把每个拼音形象化并做成图片，再加上一些学生感兴趣的设计理念；或者在创作中让学生参与进来，让学生依照拼音的形式，按他们自己的想法去设计创作，这样可以提高学生的动手操作能力和创造力。图片制作完成之后，教师把图片收集到一起随机分发给每位学生，学生根据收到的图片分成韵母和声母两大组，每个字母都可以当作一位学生的名字，学生通过图片既交到了不同的朋友，又快乐地学习了拼音知识，还提升了班级凝聚力和发扬团结精神。

六、加强学生拼音朗读练习

朗读是流传时间最长的一种学习方法。通过朗读，我们学过的知识可以更深入进大脑，学生对于知识的记忆也更加深刻。清晨朗读也叫作晨读，清晨的朗读更有利于学生记忆新的内容、回顾学过的内容。拼音朗读有利于提高学生的学习能力，通过教师的输入，再由学生本身通过朗读记忆对知识输出，这样就形成一连串的学习思维导图，学生对于拼音的学习也会更加理解和记忆深刻。

七、美学式趣味教学，提高学习拼音的质量

拼音教学在语文这门学科中尤其重要，拼音是字的分体，更是识字的好帮手。只有学好拼音、学扎实拼音，才能准确地读出每一个字、每一个词语、每一句话。一年级上学期的语文教学大部分时间都放在学习拼音上。首先要让学生准确地发好每一个拼音的读音，认准音形。这时对于拼音的基础教学一定要十分重视。教师可以通过编读一些关于拼音的顺口溜来帮助学生记忆，再引导学生观察拼音，并以形象的方式解读。就这样，教师引导学生以各种趣味方式练习发音，再进行实操演练，就更能让学生体会拼音发音的要领。教师还可以把拼音的字与形结合到一起，渗透美学教育，以此来激发学生的学习兴趣。

八、利用多媒体，创设情境

教师如果想要学生在拼音教学当中变得想学、好学、乐学，就需要转变教学方式。教师需要充分利用教材知识，再联系生活实际情况，通过多媒体创作生动的语言情景，充分发挥语言的多功能性，从而让学生们多次沉浸在语言教学当中，学生自然会对拼音更加熟悉，理解也会更加深刻，也就更有利于后期的拼音学习。

要想达到好的学习拼音的效果，教师要吃透教材中的每一个知识点、每一段内容，了解教学大纲，认真备课，在现有教学基础之上再精心设计教学内容和过程。教师不仅在课堂上要有目的性和计划性，更要保证拼音教学的质量。通过教师精心准备的课堂教学，学生能切切实实地感受到拼音的魅力，并且愿意主动去学习拼音。

总之，在小学拼音教学过程中，教师要注重拼音教学的直观性和趣味性。通过有效的策略，这些知识内容会变得更加形象、直观，从而更好地调动学生的学习积极性、营造活跃的课堂氛围。这种方式让学生能在课堂上更加积极快乐地学习拼音知识，为之后的学习奠定基础。

分享式教学实践分享

阳海燕

成都市锦江区大观小学

分享式教学是指在教学中，从问题出发，让学生思考，并展示、交流、分享自己想法的一种教学方法。分享式教学怎么促进小学中段学生学习语文的主动性、积极性和创造性，让语文教学更有效呢？通过教学实践，笔者认为分享课堂从以下几个方面进行会更有效果。

一、分享前

1. 有效自学——分享的前提。

学生在课堂中要有话可说，有内容才可以"分享"。我们都知道，分享式教学指的是在教学过程中，学生与同伴、学生与教师之间以学生自学、师生互助和小组合作学习为主要方式，分享知识，分享智慧，分享思维过程，分享经验与方法，分享尊重与被尊重的喜悦，实现共同成长，最终构建"以学生为主体、以教师为主导"的现代和谐课堂。要达到理想状态的课堂，是很不容易的。如果初始阶段学生没有充分自学，课中分享时他们就像"巧妇难为无米之炊"一样将无话可说，后面的一切都无从谈起。因此，初始学习的深入与否、效果好坏，直接影响着课堂分享的学习效率。那么，课前的自学就一定要充分并有实效。

让学生有效自学需要做到以下三点。

首先，学生要带着任务自学。教师布置任务时需清晰明了，交代清楚什么事必须做、怎么做。

其次，小组成员的互相监督与帮扶以及小组评价制度的健全。在小组自主学习中，要进行"帮困扶贫"。后进生的成绩落后，大多数其实并不是智力问题，而是不良的学习习惯造成的。教师要发挥学生的群体作用，小组中有责任心的优生对学习习惯不好的学生的帮助和督促，可以帮助他们跟上学习进度。

四人小组是一个学习共同体，小组成员在学习与活动中的评比都是荣辱与共的，这就要求每个人都行动起来，共同进步。健全的小组评价制度可以有效地提高小组管理的水平。人都是社会的人，不可能独立于组织以外，因此，健全的小组评价制度可以帮助某些学生改掉一些学习的坏习惯，进行有效自学，为有水平的分享做好准备。

最后，教师的督促与鼓励。很多任务没完成的同学最怕教师检查，教师的及时检查是促进学生及时完成任务的"良药"。教师要在班上营造的良好的舆论导向，有良好习惯的同学时时得到肯定，有进步、有收获的小组得到奖励，都会激励其他小组奋起直追，也能让同学们明白做好自己的事情是值得骄傲的事，从而积极做好小组管理和自我管理。

综上所述，通过初始学习中教师的学法指导、小组成员的互助监督以及教师的督促鼓励，学生将逐步养成自学的习惯和能力。对学生来说，有了这一步，有了可以分享的知识、智慧，才可以有效地在下面的学习环节进行分享，这是分享的基础。

2. 有效分组——分享的保障。

老师在课堂教学中，要进行有效分组，要根据每个学生的学习基础、学习能力、兴趣爱好、特长等差异，有意识地将不同层次不同类别的学生按照"兴趣相同，能力差异"的原则进行分组。有效分组是有效分享的保障。分组实验需经过"随机分配—自由组合—教师分配与自由组合相结合"三个阶段。

第一阶段，随机分配。在最初的分享实践中，笔者根据当时学生的座位随机组合成了若干四人小组。笔者在教学中发现，有些小组情况良好，组员通力合作；有些小组一人独大，组员之间没有合作；有些小组同学之间意见分歧大，互相埋怨，矛盾不可调和，分享效果一言难尽。为期一周的小组评价结果出来以后，大家强烈要求自由组合。

第二阶段，自由组合。自由组合时，往往在合作学习中思维活跃的几个同学组成的小组会很快完成任务，然后天马行空地讨论，影响课堂秩序；好朋友组成的小组在一起时话题多，表面上热烈讨论，其实离题万里，影响学习目标的达成；而后进生组成的小组成员有的不开口，有的互相推诿，有的干脆做其他的事，合作效率低下。

第三阶段，教师分配与自由组合相结合。在教师的解释说服下，同学们按照"兴趣相同，能力差异"的原则分组，有效地杜绝以上情况，在小组内形成优生帮助后进生、组员互相督促的良性循环。

二、分享时

1. 学会互相尊重。

此处的尊重既指教师和同学之间的互相尊重，也指小组和小组成员之间的互相尊重，更指同学和同学之间的互相尊重。

教师是学生学习的引领者，要充分尊重学生的学习，让学生懂得自己的价值、懂得自己的权利，而不是做一个唯唯诺诺只会听从不会思考的傀儡。教师对学生的分享的鼓励、对说不正确的同学的宽容、对动作慢的同学的等待都在潜移默化地给学生做示范，我们应该如何尊重别人；而学生，应该尊重老师的劳动，遵守该遵守的课堂礼仪，学会尊重他人。

小组之间的尊重是指各小组间存在竞争，不能为了竞争而忽视礼貌、公平，要在分享中尊重对手，互相学习，为其他组的精彩喝彩，补充其他组的不足。同学和同学之间的尊重不但在小组内存在，而且在全班内也一样存在，不管是优秀学生还是后进生，每个人都有表达自己的权利，那么其他人就应该认真倾听，在别人说完以后再发表自己的观点。老师作为课堂的组织者，要有意识地给每个人平等的机会、及时的鼓励，这样可以有效地建立学生的自信心，帮助他们在以后的分享中自信地表达自己。

2. 创设有效学习模式。

教师要创设有效的学习模式来保证合作学习的有效。合作学习要求学生必须分工、互助、交流、促进，但学生不是自己就能做到这些，这就要求教师进行有效的前期指导以及精心的课堂设计。如果没有前期的准备过程，那么课堂就容易出现混乱的秩序，课堂气氛看似热闹，学生却没有收获。

3. 培养团队精神。

教师要培养学生团结协作的精神，要让学生清楚地意识到任何一个成员的表现都关系着小组的成败得失。为避免学生"袖手旁观"，教师应参与到不同小组的合作学习中去，及时加以指导和点拨，充分发挥教师的管理、调控作用。

4. 教师注重方法引领。

在学生的分享中，教师要知道学生完全懂的不需要分享，完全不懂的不能分享；而通过分享能帮助学生理解教学内容、学习新的知识、得到发展，这部分内容才是需要分享的内容。这就要求教师研究学生原有的知识能力储备，分析教学内容，精心设计教学过程，在教学中切实引导学生进行有效分享。

分享教学中教师的指导作用不可或缺。小学三年级是学生初学概括主要内容、分段的阶段，《春天的雨点》是一篇很长的课文，要概括意义段对学生来说是非常困难的。因为对学生和教学内容很了解，所以在学生自主进行概括时，教师就可以给出表格，帮助学生梳理内容，起到很好的辅助作用。学生分享时，把事件的结尾划为另一件事，教师的几个关键性的追问，能教给学生方法，引导学生从事情发展的始末来思考，从而使学生正确地概括出事件内容。由此可以看出，教师的方法引领很重要，可以帮助学生阅读和思考，让分享不流于形式，使学生学有所得。

三、分享后

分享后，教师要对学生的合作分享做出合理评价。为了保证小组合作学习取得理想的效果，使学生在小组集体中不仅个人努力上进并且乐于与同学互相合作，教师必须改变过去单纯鼓励个人竞争的做法，改为鼓励小组成员之间互相合作。

总之，分享式课堂希望通过教师的"导学"、学生的"自学"、同学的"互学"，让学生在课堂上自信地展示自己，从而使教学活动更有目的性、针对性、实效性，使课堂生动、有趣，这样不但能改善课堂教学生态，还能使学生变得更加积极主动、自信大方，得到充分发展。

浅述分享式教学

谢 丹

成都市锦江区大观小学校

一、分享式教学的内涵

有教师将分享式教学的教学基本单元分为：问题—思考—分享，也就是说，学生的主动学习要基于孩子的好奇天性，内心的驱动力促使他提问、思考。在平时的语文课堂上，我往往遵循单元教学策略——抛出问题，让学生围绕问题进行思考、分享，或许，这样的方式在一定程度上限制了学生的思维，也使部分孩子对学习缺乏兴趣。没有兴趣，如何主动思考探究呢？所以深度思考一定是建立在强烈的好奇心的基础上，二者缺一不可。

分享除了需要学生有话可说、敢说，会说也是非常关键的，这就需要课堂分享规则的建立。教师可以成立若干四人小组，选出组长，组长负责任务分配、纪律组织等，对于不同类型的问题，给学生一些支架，使学生条理清晰、表达流畅；同时需培养学生的倾听习惯，善于补充或反驳，在学生互动的过程中，学生的表达能力会得到意想不到的提升，课堂也会焕发勃勃生机。好的表达能力不是一朝一夕能达成的，这是一个漫长的过程，需要教师大胆放手、多给学生机会，不怕不会说，就怕不敢说，学生想说、敢说是好的开始。

教师要具备让位意识、问题意识、规则意识、资源意识，将课堂放权给学生。教师的角色应是组织者、引导者、合作者。学生提出问题后，分四人小组合作解决，教师只需巡视，了解学生的精彩发言和困惑。不同的学生需要不同的指导，对于简单的、学生能自己解决的问题，无须教师重复，特别是到了小学高段，字词和读课文要放手让学生自己解决，教师只提醒点拨极个别字词。个别较难的问题教师也可尝试放手给孩子自己解决，引导他们问同学、查资料等，这个过程其实对孩子的思维能力和解决问题的能力的提升有一定的帮助。

二、分享式教学案例

姓名	谢丹	学科	语文	日期	11.4
课题	《慈母情深》第二课时					
案例过程	一、默读课文，梳理"场景" 1. 提问。默读课文：边读边想象课文中的场景，说说哪些地方让你感受到了"慈母情深"。在感受深的地方做批注。 2. 小组交流阅读感受。最触动你的场景、细节有哪些？ 师生共同梳理归纳场景：初到厂房—寻找母亲—向母亲要钱—母亲塞钱给"我"。教师板书。 二、小组合作，感受"慈母情深" 1. 布置学习任务。小组选择一个场景学习，想一想"我"看到、听到了什么，心情如何。你从中体会到了什么？ 提示：小组选择场景后，教师要注意是否每个场景都至少有一个小组选择，避免出现遗漏。 2. 引导学生迁移上一环节中总结的方法，小组合作学习。 3. 全班汇报交流，教师适时引导点拨。 （1）"初到厂房"的场景。 ①引导学生思考：默读第6~9自然段，想想"我"看到、听到、感受到了什么。"我"的心情是什么样的？读了这几段，你又有怎样的体会？ ②小组讨论。 提示：可以从厂房的狭小、嘈杂、闷热等方面，引导学生体会工厂环境的恶劣。 ③全班汇报交流。小组选取代表，谈一谈阅读感受。 （2）"寻找母亲"的场景。 汇报交流时，教师可引导学生关注细节，体会"我"的心情，如： ①为什么要重复连写两声"妈"？想象"我"喊母亲的时候，语气会是什么样的？ ②第16自然段中，"看见一个极其瘦弱的脊背弯曲着，头凑到缝纫机板上"这句话为什么不写为"看见我的母亲弯曲着瘦弱的脊背，头凑到缝纫机板上"？ ③结合第16~19自然段，说说"我"看到工作中的母亲是什么样子的。反复出现"我的母亲"，你感受到"我"怎样的心情？ 教师重点点拨： ①作者写"看见一个极其瘦弱的脊背弯曲着，头凑到缝纫机板上"，而不是"看见我的母亲弯曲着瘦弱的脊背，头凑到缝纫机板上"是因为在阴暗、狭小、嘈杂的厂房中，刺眼的灯泡下，要不断地辨认才能确认到底哪个人是自己的母亲，而不是一眼就能看出。 ②反复出现的三个"我的母亲"，表现出"我"的心情随着发现母亲的过程而变化：从一开始看见时不敢相信母亲竟然如此瘦弱、疲惫，到辨认后的震惊、心疼母亲，让读者感受到母亲的艰辛和"我"内心的复杂感受。 （3）"向母亲要钱"的场景。 ①让讨论这一场景的小组选出代表，分角色朗读"我"与母亲的对话。 ②追问：母子之间一问一答特别简短，读完你有什么感受？为什么？ ③让学生谈谈对母亲掏钱、数钱的样子的体会。 （4）母亲塞钱给"我"的场景。 ①让讨论这一场景的小组分角色表演"我"、母亲和女工，带着自己的理解读读他们之间的对话，再说说自己的感受。教师可提示学生通过对话的内容和标点符号来体会人物不同的内心想法，读出他们说话的语气。 ②追问："我"看到母亲把钱塞给"我"后，"立刻又坐了下去，立刻又弯曲了背，立刻又将头俯在缝纫机板上了，立刻又陷入手脚并用的机械忙碌状态……"，内心会有怎样的触动？反复出现四个"立刻"，你从中感受到了什么？ ③引导学生联系全文思考：是什么令"我"鼻子一酸？ 4. 组织全班带着对课文的理解，有感情地朗读课文。 三、学习课文结尾部分 1. 引导学生思考："我"为什么要给母亲买一听水果罐头？ 2. 小组讨论：怎样理解"我想我没有权利用那钱再买任何别的东西，无论为我自己还是为母亲"这句话的意思？

续表

姓名	谢丹	学科	语文	日期	11.4

案例过程	教师可引导学生把问题转化成： ①为什么没有权利用那钱为母亲买任何别的东西？ ②为什么没有权利用那钱为自己买任何别的东西？ 全班交流，师生共同总结： ①家里的钱来之不易，"我"已经因给母亲买水果罐头受到责备，不能再乱买其他东西了。 ②不能再违背母亲对"我"的期望和支持，"我"买书不再单纯是对读书的渴望，更是对母亲的感恩和责任。 3. 教师小结：通过讨论，我们发现，课文结尾处的"第一本长篇小说"对"我"有了更加深刻丰富的意义。最后的省略号，表示意味深长，难以言尽。 四、联系生活实际，进行"小练笔" 1. 提问：你有过"鼻子一酸"的生活经历吗？ 2. 明确练笔的要求：用一段话写写自己"鼻子一酸"的生活经历，要表达出自己的真情实感。 引导学生：让你"鼻子一酸"的原因有很多，可以是感动的、委屈的、难过的、痛苦的、后悔的、幸福的……选择令你印象最深刻的场景写一写。 3. 学生尝试练笔。教师提示学生可以试着运用课文中学到的通过场景、细节表达情感的方法。 4. 全班交流评价。 (1) 教师在巡视中发现典型习作，选择两三篇较好的文章进行展示。 (2) 教师点评，学生互评。 五、布置作业 修改"小练笔"，并读给别人听。
案例反思	《义务教育语文课程标准（2022年版）》强调：阅读教学是学生、教师、文本之间对话的过程。教师在进行《慈母情深》的教学中，充分运用这种教学方法，让学生通过自读自悟、感情朗读等方式与作者一起走进文本，感受一个母亲的慈爱。 在解读"我鼻子一酸，攥着钱跑了出去"这句话时，学生找到了相关语句，但我没有组织学生进行深入讨论，说出他们独特的理解，没有适时引导，做到台下、台上互动。这堂课还有很多的细节处理得很粗糙，还有很多的地方没有深入研讨下去，还有一些情感没能被激发出来，还有很多的机会没有留给学生，在以后的教学中需要改进。 新课程实验中致力寻求的新理念是让学生与文本对话，通过对话，让每一位学生的个性得到充分的张扬；让学生享受到学习语文的乐趣，感受到自己的智慧和力量，丰富自己的情感；让学生走进文本，让文本进入学生心里，从而进行直接的语言交流、情感交流；让阅读教学变成一个双向的对话交互过程。教学中以学生自读自悟、自学探究为基础，提倡学生自主合作探究、教师适宜辅导的学习方式。 在探讨"从哪些地方体会到慈母情深"时，教师应让学生明白人物的外貌、动作、语言以及神态的描写对刻画人物的作用，在表达中心思想的作用的基础上，联系实际让学生训练。课堂上，充分挖掘文本的情感因素，让学生反复品味，同时体会表达的精妙以及语言的内在情感，以激发内心感受。通过这篇课文的教学，我深深地感受到，语文课堂上学生动口又动手，可以有效地提高学生的阅读能力、写作能力，促进学生综合能力的提高；同时，还能充分发挥学生学习的自主性、主动性，既强化综合训练，又促进学生读、写、思的有机结合。

三、分享式教学的实践

实践分享式教学确实能带来很多变化。

首先，它给予了学生自主学习的权利。分享式教学把课堂还给了学生，学生是课堂的主要角色，他们学会了质疑、学会了提出问题，在独立思考和合作交流中自主地解决问题，并且能够快乐地分享自己的成果。

其次，分享式教学能够让学生自信。学生在自信的交流中学会倾听、学会补充，积极发表自己的观点，学会用自己的知识储备去解决发现的问题，在宽松自由的学习氛围中、在和同伴的交流与集体的智慧中共同取得一定的进步。

最后，分享式教学对教师提出了更高的要求。教师是课堂的组织者和引导者，并不能仅按照自己的预设和备课来组织课堂。教师必须用自己丰富的知识和机敏的课堂反应，依据学生的发散思维来构建自己的课堂语言，引导学生从"无序"走向"有序"，而不至于使学生偏离方向。教师对于课堂的驾驭能力是非常重要的。

四、分享式教学的思考

在践行分享式理念的过程中，笔者也遇到了很多问题。比如时间不足，原本两个课时能完成的教学内容，可能需要花三个甚至四个课时才能完成。部分学生的表达能力不足，在分享时不能清楚准确地发表自己的观点。分享形式具备了，如何引导学生深度思考、提出自己的真问题呢？如何实现分享与高效的结合呢？

"路漫漫其修远兮"，在分享式教学的道路上，笔者还需要持续不断地学习和探索。许多事情，是有人在做，才会存在；而许多事情，是有人在思考，才会存在得更好。教无止境，学无止境，一边学习，一边思考，让我们的学生因为我们的存在而感到幸福。

对汉字及汉字教学的重新认识

李霖涌

四川省成都市龙泉中学校

汉字是汉民族口头语言的书面记录符号，也是汉民族书面语言的记录符号。汉字的声旁是否只表音不表意？立足汉字实际，对汉字进行科学认识，还汉字以本来面目，不仅有助于现代汉语理论的科学建构，也会对语文汉字教学产生重要影响。

一、汉字不是汉语的附庸

现代语文学科是建立在现代语言学理论基础上的，语言学思想与体系必然影响语文教学。同样，现代文字学理论对汉字及汉字教学也有着极大的影响。

正统语言学是重语法轻文字的。主流观点认为，文字是记录语言的书写符号系统，文字是语言的附庸，语言是第一性的，文字是第二性的，语言决定文字。基于此，有人明确提出："文字是必须记录语言的。"

这是彻头彻尾的表音文字系的语言学理论。用字母把口头语言的语音形式记录下来，这就是文字，这样的文字当然是语言的附庸，是符号的符号。弗迪南•德•索绪尔在《普通语言学教程》绪论之第六章"文字表现语言"中说："语言和文字是两种不同的符号系统，后者唯一存在的理由在于表现前者。"如此，书面语言和口头语言始终是等同关系，其语言研究便只有一套，无须研究书面语言，研究口头语言足矣。以前我们也是这样来理解汉字的。

可惜得很，作为沿用数千年的自源文字，汉字不是表音文字，而是表意文字。最早的汉字并不是用来记录语言的，而是人们作为交易、祭祀、占卜等的辅助手段记事的，它必须十分形象而精简，因而成为单音节词（一字一物，一概念一音节）和文言文的源头。它或象形（如"卜"）或会义（如"占"），字义是一开始就固定了的（字指向物即概念），字音的确定一般是拟音法，如把火烧龟甲兽骨灼穿或裂开时发出的声音赋予"卜"字。后期文字也有直接沿用口语语音的情况。

最初的汉字无论赋形还是赋音，都是自成体系的，可能有的与口头语言有关，但总体并不由口头语言决定。其最初通行范围很窄，如交易记录（取代结绳记事）、计时、占卜、祭祀等。早期文字数目少，不一定具有连贯成句的功能，且应该是由极少数专业人员代书并见证，有时候统治阶层和贵族也不一定掌握，不具有大众性。后来随着书写工具的简便化，书写成本的低廉化，祭祀、占卜的普及化及平民化，以及教育走向民间、礼乐逐渐成为社会管理的手段，汉字才逐渐增多，渐渐普及开来，并出现了读书人阶层——士。在士阶层的带动下，古代书面语在快速发展中趋于成熟，书面语与口头语相互影响、渗透、趋同。书面语的稳定性导致它与分布广泛且演变迅速的口头语渐行渐远。受交际功能制约，汉字本质上是书面性质的。随着大量汉字被创造出来，虽然已经能够记录大部分口头语言，但是其书面语的性质仍然长期存在，即使在白话文运动一百多年后的今天依然如此，今后也应该如此。

汉语口头语（音节、语词、概念）未必要进入汉字系统，汉字却必然要悉数进入汉语口头语系统。在表意方面，汉字和汉语口头语各有所长，汉字普及以后，两者相互丰富、规范和提炼，文言和口语既平行又融合。借助汉字，文言成为人类历史上独有的稳定的书面语体系；借助文言，汉字和汉文化几千年一脉相承。

二、汉字字音也表意

随着社会分工的精细和人们对事物认识的深入，汉民族概念体系越来越庞大，这个庞大的概念体系无法先通过口头语言来支撑，却可以借助独特的音义结合的汉字来实现，再加上同音假借现象的一路催生，基本上完成了独体字阶段的汉字进入爆发期。一些独体字或者早期合体字连同其语音成为新的构字部件，即传统理论所谓的"声旁"。在构成新字后，"声旁"不只是表示字音，也表示意义，即独体字或者早期合体字原有的意义，我们称之为音类义，表示语义大类。"形旁"则表示该语义大类用在不同事物不同领域的具体意义，我们称之为形物义。如"文"最初是指多线条形成的无规则的纹路和图案，后来细化出一系列带"文"而且读"文"的音的字，这些以"文"为声旁的字大都带有"花纹""纹路"的意思（音类义），形旁表示具体事物（事物类别）的"花纹""纹路"，如丝织品上的纹理就是"纹"，丝织品上过于繁复的纹路叫"紊"，足有花纹的昆虫（拍死在皮肤上也会留下花纹）为"蚊"，唇纹为"吻（吻）"，用手擦拭（泪、血、污渍等）留下的纹路为"抆"，在"文"引申出"文字""文章"后，文采远播为"彣"。这些大量出现的同音类义字，如果首先出现在口语中，然后再由文字来记录，是无法想象的，口语中也不需要作这样的区分，就像现代汉语中的"他""她""它"一样。这些同音类义字在书面语读写中诉之于人的视觉，再以文字形象和思维形象被吸纳进口头语言中，使得这些原本在口语中无需区分、无法区分的语汇在口语中能够被准确区分开来，从而在口语中变得畅行无阻，同时丰富了本民族的认知体系，促进了民族思维的发展。

这些"一母所生"的具有类比意义的同音字家族（也有人称之为同源字）的产生，应该是具有初始具体语义的字，后成为一类概括语义的母字，用于不同事物产生了不同的义项，这些义项后来在母字的基础上增加形旁，独立成字，保留母字的读音。这是一个长期的动态过程，新字随着义项的增多后来也可能成为母字。同源字能精确精细地表达万事万物，也为后世汉语可以自由灵活组词、近乎万能而又精炼的表达做了最充分的汉字和民族心理的铺垫。

受到索绪尔《普通语言学教程》的影响，在一般人看来，汉字和汉语口语没有什么区别，汉字就是记录汉语言的符号，口语是源，汉字是流；但是索绪尔本人也曾说过：（汉人）在谈话中，如果有两个口说的词发音相同，他们就求助于书写的词来说明他们的思想。他一定没有深入研究过汉语和汉字，但是凭借其敏锐的语言直觉，仅就一方面（同音现象）而言，他已经认识到汉字和汉语的很大差别。索绪尔说："对汉人来说，表意字和口说的词都是观念的符号，在他们看来，文字就是第二语言。"至少他认识到，印欧语系中，表音文字忠实地记录口头语言，如影随形，语音改变，文字必然改变；而表义汉字没有对汉语口头语的依附，它独立存在，并不因口语语音的改变而改变，而且以其超过口语的丰富性而对口语交际起到加强表义分辨度和交际清晰度的作用。

三、语文教学从认识汉字开始

受印欧语系语言理论的影响，我们一度认为，在汉语中，在语文学习中，汉字不重要，重要的是词，而且，因为把词的地位抬高，自然也就把词法的地位抬高了，进而把句法的地位也抬高了。实际上，汉语的词形变化小，语法很简单，而且基本上在口语习得阶段就把本体语法问题自然解决了；而汉字不同于印欧语系文字，并不只是口语的记录符号，更不是口头语言的附庸，其独特的源流和体系决定了汉字在汉语中的重要性。徐通锵等汉语字本位理论倡导者认为，英语是以 word（词）为基本单位，汉语是以字为基本单位。汉字是汉语书面语的机体细胞，是汉语书面语的最小视觉元素，是汉语书面语的最小意义载体。基于此，我们认为，在以书面语为重点的汉语母语教学即语文教学中，汉字是语文教学的根，汉字教学是语文教学的基石，汉字学习是语文第一位的学习任务。

汉字在语文教学中有着极其特殊的地位。人生识字语文始，汉字学习应该是语文教学的起点。而且，一个人掌握文字的量决定一个人的阅读能力、写作能力，决定其语文素养、文化素养、科学素养乃至品德修养；而一个人集中识字任务的完成主要依赖青少年时期，在今天，也就是依赖中小学校的语文课。

四、汉字教学先冲量

一个人应该认识多少汉字？《义务教育语文课程标准（2022 年版）》设定的目标是"认识 3500 个左右常用汉字"，《普通高中语文课程标准》没有设定增加识字量的任务。对于绝大多数不太可能把识字作为后续终身学习任务的社会人来说，这一生也就识得这 3500 个汉字了。3500 个汉字是根据《现代汉语常用字表》而来的，《现代汉语常用字表》包含 2500 个常用字和 1000 个次常用字，是当时的国家语委和国家教委于 1988 年 1 月联合发布的。

《现代汉语常用字表》真的可以作为语文教学识字任务的唯一依据吗？《现代汉语常用字表》选材取样的时间范围是从 1928 年至 1986 年，而且以近期的资料为主要抽样对象，侧重社会（政治、经济、文化领域）用字。

我们都以为语文是白话文运动的产物，自然应该教授白话文，而白话文即现代汉语，因而采用《现代汉语常用字表》作为唯一的语文识字教学的依据，把几千年的古代汉语用字直接忽略了。把几千年的古代汉语用字忽略了，焉有不忽略整个几千年中华文明之理？

语文学科担负着传承汉民族几千年悠久文化的任务，"通过学习运用祖国语言文字，体会中华文化的博大精深、源远流长，体会中华文化的核心思想理念和人文精神，增强文化自信，理解、认同、热爱中华文化，继承、弘扬中华优秀传统文化和革命文化"。[《普通高中语文课程标准（2017 年版）》]而在语文教学识字任务方面直接切除掉了承载传统文化的古代汉语用字，皮之不存，毛将焉附？

切除古代汉语用字，也就切开了中国历史文化的断层！

我们主张，汉字教学要古今兼顾、不分难易、量上突破，侧重书面语用字、经典用字，先认再识后析。

有人统计过十三经全部字数，为 589283 个字，其中不相同的单字数为 6544 个。因此，古代人们日常使用的汉字应为六七千字。那么我们每一个人应该认识多少汉字才能满足"日常使用"呢？大学校长们日常交际用到的"簀""鹄"应不应该成为语文识字教学的一部分？

21 世纪的中国基础教育不能停留在以前所谓培养"普通劳动者"的目标，不能用"扫盲"的要求和方式来进行语文教育。为了提高全民素质，为了弘扬中华文化，为了满足人民日益增长的美好生活需要，互联网时代的语文教育识字量应该与时俱进，我们要扫传统文化的盲，要扫科学技术的盲，要扫信息爆炸的盲。我们认为，小学一二三年级应该通过诵读经典集中认字，字数要快速达到 4000 字以上，以后渐次增加，到初中毕业，最佳识字量应该在 5000 字以上。如是，这一生就基本不会遇到文字拦路虎了。这之后再根据生活、工作、研究和其他交际需要，通过汉语拼音、工具书、网络等手段解决以后遇到的真正的生难字。汉字是形音义（通过字形字音来表义）文字，当个体的汉字积累达到一定数量以后，在平时的阅读中遇到的个别陌生字，一般根据字形或字音结合上下文推断，大致也不影响理解。

语文是学习各科的基础，而这个基础的最底下一层就是汉字。基础先行，把汉字这个基础打牢了，才可能在这个基础上面建起阅读、写作、历史、地理、数学、物理、化学、生物、外语等高楼大厦来。

五、汉字应分段进行学习

我们把汉字学习分为认字、识字和析字三个阶段。认字是指能认读和书写，识字是指继续学习到能理解、能组词、能运用，析字是了解字理（构造原理）和字体演变。整体思路为小学读难写易、多认少识，中学读难写难、多识少析。

把认字和识字分开，是因为我们主张把经典文章的学习分为诵读和解析两个阶段，先朗读至成诵乃至背诵，再经过较长时间的沉淀，然后逐层深入分析理解文意。认字跟着诵读走，识字跟着解析走。

把认字和识字分开，首先是强调认字，目的是实现汉字学习量的突破。最好的认字方法就是在诵读经典作品（诗文）中自然而然地读认，集中认字。认字与诵读同步，既便于快速高效地增加认字量，也便于后期识字的酝酿。认字的量越大识字的速度就越快，也会带来整个文本学习效率的提高。

认字最有效的方法是直接读，无须借助拼音等手段。在直接认字达到两三千以后，再加入拼音学习。我们以前是通过拼音认字，耗费了大量时间。现在应该改为先直接认字，后学习拼音。通过大量字例推进拼音学习，加速拼音的高效学习，缩短拼音学习时间，再通过拼音扩大认字，主要是让学生通过拼音自主持续认字。

以前语文界把拼音推得很高、看得很重，与所谓的"汉语拼音化道路"有关。今天有必要重新认识拼音的作用及其在语文教育教学中的地位。拼音仅仅是认字的辅助手段之一，它的主要作用是辨字正音、汉字编码和中文专名外文翻译，以及在数字化时代用拼音进行智能输入。

先学习汉字后学习拼音方能让汉字和拼音各得其所，共同发挥作用。

综上所述，汉字是汉民族主要记录书面语言兼记录口头语言的符号，具有和汉语书面语一样的相对独立性，不应视为汉语口语的附庸。汉字的声旁、形旁都可以表义，其中声旁表示音类义，形旁表示形物义。学生掌握的汉字数量、质量和方法，直接关系到学生的语文素养。语文汉字教学应该从课文朗读特别是经典诵读入手，按照古今兼顾、侧重书面的原则，分认字、识字、析字三个阶段推进。语文汉字教学首先要突破量，中小学生应该认识 5000 个以上的汉字。

精准，精心，精巧
——一堂小学语文精品微课的诞生

刘晓华

成都市郫都区教研培训中心

为促进"双减"政策的落实，适应线上与线下教学相结合的现实需求，积极推进信息技术与教育教学深度融合，深化课堂教学改革，提升区域教育质量，各级教育部门都很重视基础教育精品课的推选工作。那么，如何打造一节小学语文精品课呢？本文以统编版小学语文四年级上册《宝葫芦的秘密（节选）》一课为例来谈谈。

一、"精"在深研教材，精准定位目标

精品课有其特有的呈现方式与特点，也体现出学科特点和教材本身的教学价值。基于此，笔者把课堂确立为教师引导点拨，模拟学生参与互动的呈现形式，把一堂 40 分钟的现场课浓缩在 15 分钟之内。

形式确定，时间有限，目标的设定就显得尤为重要，一课一得，不可贪多求全。笔者熟读教参，细读整个单元，用"五看"圈定教学目标：

一看，单元导语。"感受童话故事的奇妙，体会人物真善美的形象，按自己的想法新编故事"。这是

本单元的阅读要素和写作要素。

二看，文本特点。《宝葫芦的秘密（节选）》的文体是童话，节选自张天翼的童话作品《宝葫芦的秘密》。课文仅呈现了原作的开头部分，主角是一个普通的少先队员和一个在奶奶口中神奇的宝葫芦。"童话故事的奇妙"和"人物真善美的形象"都不够凸显，出现了大量的留白空间。

三看，课后练习。问题1：默读课文，说一说王葆为什么想得到一个宝葫芦。引领孩子整体感知文本，把握文章的主要内容。问题2：奶奶给王葆讲了哪些故事？选一个，根据已有内容创编故事，再讲给同学听。这为后面的"习作——新编龟兔赛跑"奠定了创编基础。

四看，单元编排。"交流平台"中提到"读童话时，我们不仅能感受到童话充满着奇妙的想象，里面的人物大都拥有非凡的能力，还能感受到人物真善美的形象"。而后列举《巨人的花园》与《海的女儿》，没有强调本课中人物形象的特点。

五看，学情反馈。教学前利用前置学习单了解到学生能用自己的语言比较准确地概括文章的主要内容，能初步感知到王葆、奶奶、宝葫芦的特点，并用"天真淘气、爱听故事、充满幻想、神奇、有魔法、和蔼、讲故事高手"等词语来准确描述。

综上所述，本课承载的单元教学任务和要达成的教学目标逐渐明晰：在教学中立足于"童话"这一文体特点，以"宝葫芦"的神奇为切入点，指导孩子们在已有内容的基础上创编故事，唤醒他们的想象力和创作力，激发其阅读原作的兴趣。

二、"精"在巧妙设计，精心选择教法

弄清了"教什么"，紧接着便是"怎么教"。教师要依据教学重难点，依据学情，合理搭建支架，帮助孩子们克服学习障碍，突破教学的难点。

1. 支架一：短视频，代入情境。

本文的第一部分是王葆的自我介绍，语言简洁明了，一读就懂，很适合讲述。老师在讲述中会特别提到"我的宝葫芦是传说故事里的那种宝葫芦"，而"传说故事里的宝葫芦"应是怎样的，文中没有涉及，但结合孩子们的生活经验，都知道那是神奇的具有魔法的仙器。当然这还不够，老师得把孩子们的"胃"口吊足一些，出示以下三段小视频：

"相传，在葫芦山上住着葫芦娃，七娃紫葫芦就有一个宝葫芦……"截取动画片《葫芦娃》中七娃用紫葫芦收了哥哥们的片段；

"《西游记》里的银角大王从太上老君那儿偷了一个宝葫芦……"展示《西游记》中银角大王用葫芦收了"者行孙"的片段；

"我还知道一个叫济公的活佛，他的腰间常常挂着一个药酒葫芦，那是一个宝葫芦吗……"小小的一个葫芦里总有喝不完的药酒，从小酒杯到大水缸的变化让人忍俊不禁。

三段视频中的三个葫芦都很神奇，又各有妙处。

利用视频的直观展示，调动孩子的听觉和视觉感官，视频生动、形象地再现了宝葫芦的神通广大、无所不能，把孩子们带进宝葫芦的奇妙世界，为后面的创编环节做好铺垫。

2. 支架二：制表格，梳理信息。

要想"根据已有内容创编故事"，就一定要让孩子们厘清文中的奶奶究竟讲了什么故事。聚焦15~17自然段，了解奶奶讲了哪几个宝葫芦的故事。与此同时，教师提供表格，帮助孩子们从书中提取故事的基本信息，见表1。

相较于课文叙述性的语言，表格的使用可以让故事的关键信息得到更简洁、更清晰的呈现，为孩子们的故事创编搭好框架。

表1　奶奶讲的故事的主要信息

序号	故事主人公	如何得到宝葫芦	宝葫芦满足了什么心愿	宝葫芦给他们带来了什么变化
1	张三	劈面撞见了一位神仙	要吃水蜜桃	过上了好日子
2	李四	远足旅行，一游游到了龙宫	有一条大花狗	过上了好日子
3	王五	肯让奶奶给他换衣服	—	过上了好日子
4	赵六	掘地掘出来的	—	过上了好日子

3. 支架三：下水文，激发想象。

文中关于宝葫芦的故事情节比较简单，给孩子们的创编留下很大的空间，但是对于四年级的孩子们来说，有一定的难度。

为了让孩子们对创编好的故事有一个更加清晰的概念，老师先试着根据奶奶讲的故事创编了一个张三得到宝葫芦的故事。在课堂上再创设情境，以奶奶的口吻将这个故事讲给孩子们听，引导孩子对比文中的故事和听到的故事，发现异同：

"书中的故事看起来好简单，一点也不过瘾。你们的问题却把我带到了更加丰富的想象中。我仿佛看到奶奶正在给王葆讲故事——你看，天空中的星星一闪一闪，窗户里透出温暖的灯光，映着奶奶和王葆的影子，仔细听……"（伴着音乐播放奶奶给王葆讲故事的场景）

"奶奶的小乖乖，快来洗脚啦！"

"不嘛，不嘛，我要听宝葫芦的故事。"

"好，好，奶奶给你讲——"

孩子们很快发现创编故事时只需要保证"主人公、得到宝葫芦的方式、满足的心愿、结局"四个方面与课本一致，可另加时间、地点、人物、情节等。

这样的"下水文"打开了学生的想象空间，关联出过去的阅读经验、生活经验，让孩子们敢于创作。

4. 支架四：学习单，明确任务。

教参中建议："在交流的环节，学生可以模仿课文中的'奶奶'讲故事，教师以'王葆'的角色提出一些问题，进而引导学生将故事编得更好，使创编活动和课文情境能够有机融合为一体。"如果是现场课，这样的师生互动很容易实现，但是这一次因为微课形式的限制让平常最简单的一个课堂活动变成了难点。

如何突破？可以借用"学习单"来解决。

第一次学习单的使用是在梳理故事信息、引导学生提出问题时使用：

(1) 默读课文15~17自然段，根据老师提供的表格来梳理信息。

(2) 信息梳理完成后，思考、讨论以下两个问题。

问题一：这四个故事中，你们对哪个故事最感兴趣？

问题二：针对这个故事，还想知道些什么呢？请提出你们的问题。

第二次是在小组创编时提供学习单，指导创编活动。

创编故事前：①围绕故事中的人物、情节提出尽可能多的问题，记录大概提出了多少个问题；②解答问题，并试着按照故事的发展顺序把它们串起来。

创编故事后：①是否能根据奶奶讲的故事来创编；②是否能利用问题串来丰富故事的情节；③是否能体现宝葫芦的神通广大；④是否好玩又有趣，能吸引听众。

教学时，先后两次让孩子们站在听众的角度，根据学习单的提示展开学习，同时借助宝葫芦这一角色送出锦囊，指明创编的思考路径，见图1。

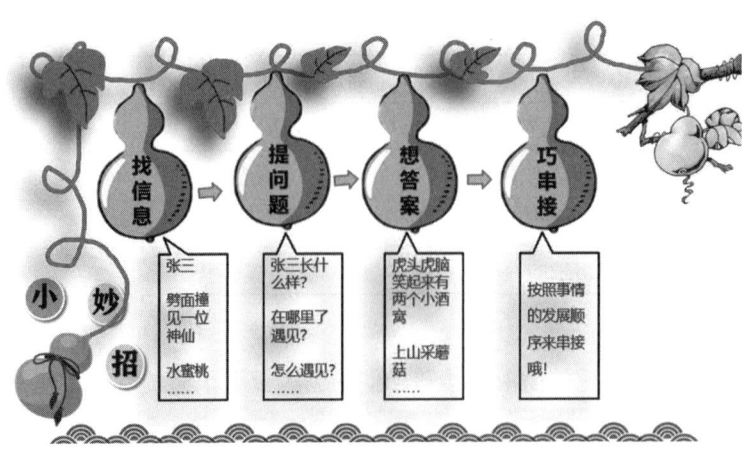

图1 课程学习单

学习单的使用和宝葫芦的锦囊都指向了问题的提出，把现场课师生互动的问答式，转变为学生与文本、学生与学生、学生与自己的问答，充分地拓展了孩子们的思维，催生了他们的创作。

创编完成后，孩子们再根据学习单的评价标准来进行自我诊断、调整和完善。

三、"精"在实践打磨，精巧录制视频

虽然精品课是无学生的授课方式，但是要先通过现场上课来验证其设计的合理性、策略的有效性。同一篇课文，每磨一次，就会精致几分、凝练几分。

就这样聚焦一点，搭建支架，步步提升，环环相扣，一课一得。15分钟的精品课，借用视频、表格、图示、学习单、模拟学生回答的音频等形式，合理分配各环节时间。录制界面设计简明、布局合理、重点突出、风格统一，使一节浓缩的课例成为名副其实的"精品课"。

精品课促使大家换了一个角度来看课，原来教学的目标再精准一点、教学的语言再精练一点、设计的活动再精确一点，孩子参与的空间就会足够大，学习才会真正发生。

笔者认为，同样的设计用在现场课上，得到的效果也是良好的，师生互动，教学相长。这样的精品课才有真正交流、示范的意义和价值，才能真正促进教师的成长和学生的发展！

小学统编语文教材与群文阅读整合的实践研究[*]

刘晓华

成都市郫都区教研培训中心

从2019年秋季开学起，全国小学的语文学科全部统一使用由教育部组织编写的教材（简称：统编教材）。"把课外阅读纳入了语文课程体系"是统编语文教材的一个重要变化。针对"读书太少，很多学生只读教材、教辅，很少读课外书"，导致语文素养无从谈起的语文教学现实问题，统编语文教材提出"'主治'不读书、少读书"，抓住读书兴趣培养这一语文教学的关键点，大大增加了延伸阅读量，努力让语文课往课外阅读延伸、往学生的语文生活延伸。群文阅读强调师生围绕一个或多个议题、选择一组结构化文本、在单位时间中通过集体建构达成共识的多文本阅读教学过程，为实现统编教材重要变化找到了工作的突破点。

---

[*] 本文为全国教育科学"十三五"规划课题"基于大规模推广的群文阅读理论与实践深化研究"省级子课题"小学统编语文教材与群文阅读整合的实践研究"阶段性研究成果。

一、本课题研究的现实背景及意义

（一）广泛使用统编教材的需要

语文统编教材主编温儒敏在《"部编本"语文教材的编写理念、特色与使用建议》一文中提出：现在语文教学普遍存在"两多一少"，即精读精讲太多、学生操练太多、学生读书太少的弊病。所以，统编教材注意到了这个问题，格外注重语文课的课外阅读延伸，力图让"教读""自读"以及"课外导读"构成三位一体的教学体系，要求9年的课外阅读不低于400万字的总量。为此，教材提供了功能各异的阅读材料，多渠道倡导大量阅读，对课外阅读进行系统安排，引导教师开发课外阅读资源，把学生的阅读由课内引向课外，以期通过提升阅读总量，发展学生的语言文字理解和运用能力，实现语文素养的全面提高。

（二）落实"双减"政策的需要

"双减"政策之下，有不少家长留言：在校时间延长了，孩子在校学什么？作业做完了，孩子回到家又该做什么？针对这些问题，"双减"政策第八条和第十条明确指出：科学利用课余时间，其中包括学校和家长要引导孩子放学回家后开展阅读和文艺活动；提高课后服务质量，开展丰富的文体、艺术、阅读等活动。由此可见，落实"双减"政策，立足真实，回归常态，提高教师的专业素养，聚焦高效课堂，推动课程改革与育人方式变革，是提高课堂教学质量和学生在校学习效率的根本保障。统编教材与群文阅读相整合的实践研究能打通课内外阅读的通道，提升阅读质量。

（三）解决学生阅读量不足的需要

在对学生课外阅读情况调查中可以看到这样一些问题。一是大部分学生有阅读兴趣，阅读量较大，但是阅读文本类型单一，不能实现多文本阅读。二是学生能够对自己感兴趣的人物或事件有自己的感受与想法，但缺少与同伴的交流。我们根据孩子读教科书和课外书的情况，把孩子的发展状况分成了四种类型：第一种，孩子既不爱读教科书，也不爱读课外书。这种孩子发展滞后。第二种，孩子只读教科书，却不爱读课外书。这种孩子可能成绩不错，但却没有什么发展潜力。第三种，孩子不爱读教科书，只爱读课外书。这种孩子成绩或许不太理想，但还是有希望的。第四种，孩子既爱读教科书，也爱读课外书。这种孩子的发展潜力是巨大的。进行统编教材与群文阅读相整合的实践研究，可以扩大学生的阅读面，提高学生的阅读量；指导学生通过课内阅读教学得法，在课外阅读中运用并最终形成独立阅读文本的能力，为学生的终身发展奠基。

（四）教师能力提升和专业发展的需要

目前很多语文教师都比较重视对学生阅读兴趣的培养和阅读量的积累，也有依据统编教材的特点实施群文阅读、整本书阅读教学的意识和少量的教学经验，但对于选择与统编教材匹配的群文资源无从下手，于是仍然按照以往的教学习惯紧盯教材进行教学，更谈不上对将群文阅读高效关联到课堂中的操作策略的探究。在教学过程中，经常出现教学时间紧张的问题，从而导致教师在教学过程中重单篇、轻群文和整本书阅读教学的现象。这项研究以教材内容与课外群文在教学实践中如何整合为主题，寻找可实施的操作方法、流程并形成典型课例。它能梳理出教材阅读教学训练点体系，让教师在"教读"教学中目标清楚，学生在课堂教学中轻松得法；筛选出配套教材的群文阅读内容体系，让教师和学生在"课外阅读"中有章可循；研究一些典型课例，让教师的"教"更规范、高效。

二、研究的目标、内容和意义

（一）研究目标

1. 梳理教材。梳理统编版教材小学语文一至六年级阅读及表达能力训练点，建立统编教材课内教学目标体系，进行课内与课外的知能整合点、联结点研究。
2. 系统整理。与教材匹配的群文组文体系研究。
3. 范式实践。小学语文统编教材与课外群文阅读教学互通互融的课型体系、课堂实施策略、教学范式的研究。

（二）研究内容

1. 系统统整梳理教材。小学语文统编教材一至六年级课内文章指向阅读与表达能力训练点的解析，建立统编教材课内阅读教学目标体系。①识字写字：梳理与教材整合的群文阅读识字写字教学策略，使教师教学有法，使学生识字写字质量不下滑。②朗读：梳理与教材整合的群文阅读朗读教学策略，提高学生的朗读兴趣、朗读能力。③阅读理解：分年段、分单元板块，梳理切合教材的、提高学生阅读理解能力的教学策略，如提取信息、预测、进行简单的推论等，从而达到提升学生阅读理解能力的目的。④言语运用：显化阅读感受，倡导独立思考、个性表达、言之有物、言之有序。
2. 选定议题和组文。根据教材教学目标体系的要求，整理课内与课外的知能联结点，提供议题、组文参考，建立与教材目标体系相匹配的群文内容体系。
3. 建构多样课堂模式。探索统编教材与群文阅读相整合的有效实施途径和策略，构建多样的课型体系，构建基本的课堂教学模式。

（三）研究意义

1. 整合统编教材与群文阅读。旨在通过课内单篇阅读得法，在群文中再实践、运用，让学生发现并形成规律性认识；课内单篇与同主题群文比较阅读，求同存异，扩展理解；课外群文对课内单篇教学进行补充，对单篇中的某些重要信息或者难点信息做解释说明，以文解文。在广泛的阅读实践中，最终提升学生的阅读能力。
2. 形成与教材配套的群文阅读体系。解决当前小学生在语文学科上存在的知识面较窄、阅读量不够、阅读能力的转化和提升不够等问题。
3. 为语文教师的语文教学专业提升提供路径。解决语文教师在语文学科教学过程中存在的选文困难、效率较低的问题，有助于语文教师改变教学观念、提高教学效率、提升专业水平，从而提高教学质量。

三、小学统编语文教材与群文阅读整合策略

（一）深度解读教材目标训练点

将教材与群文阅读相整合，建立"1+X"模式的重要目的是希望通过该教学模式的实施，解决因为教师阅读教学形式单一、学生阅读量少且面窄所造成的学生阅读能力提升缓慢，甚至达不到课标和教材要求的问题。从教材出发，找准教材中国家对此年段学生阅读能力的标准就至关重要。因此，教师在教学过程中，应首先梳理课内阅读训练点体系。这样在课堂教学设计之前，教师能做到心中有标，保证课堂教学高效实施，保证学生在课本教学中得法。

（二）确立整合点议题

议题是一组文本可以作为一个整体进行阅读的关键，或者说是这组文本能够成为群文的 DNA。没

有议题就统整课堂教学，群文组文就会变成一盘散沙，既没办法实现课内外融合、拓展，也没办法实现课内向课外迁移，这样就难以发挥群文阅读真正的作用。所以，议题是实现群文模式教学的媒介，是实现课内外衔接的桥梁。议题可以从单元人文要素和语文要素中寻找。

1. 从单元人文要素中来。

统编教材采用的是"双线组元（双线组织单元结构）"的编排方式。双线为人文主题和语文要素。"人文主题"重在选文的思想性，发挥语文学科独特的育人价值，以文化人。首先，在人文主题和语文要素两条主线的引领下，教师在教学过程中，不仅仅要教授基本的基础知识，而且要在主题教育、人文精神的培养上下足功夫，注重培养学生的读写能力、思维能力、阅读能力以及传统文化的感悟内化能力；注重在教授知识中巧妙渗透人文要素的价值观，让学生从小养成良好的价值观念。只有把这两条主线作为基础，才能掌握好语文教学的重难点。只有把握好这两条主线，才能使语文教学活起来；只有灵活运用这两条主线，才能真正达到语文教学的目标。所以，由人文主题，我们可以生发出相关议题。二年级群文课例《不同故事中的狐狸》的设计中，设计者可使用同一事物组文，抓住"你喜欢狐狸吗"这个问题作为议题，通过对多篇文章中的狐狸形象进行提取、对比，让学生理解到认识事物不能片面、绝对，要多方面、多维度地分析事物。

2. 从语文要素中来。

语文要素包括基本的语文知识、必需的语文能力、适当的学习策略和学习习惯，以及写作、口语训练等。教师可以在这些语文要素中选取与教材目标训练点相契合的一个角度、一个侧面、一句名言或一个热点来确立议题，学习的内容包含阅读策略、遣词造句、布局谋篇、文本内容等不同方面。如中段课例《寓言故事中的对比》中的核心议题"了解寓言故事中的对比"就是基于三年级下册第二单元的语文要素进行设计的。这个单元的课文共有四篇寓言故事，其中三篇是通过两种事物间的对比揭示寓意，这也是寓言常用的手法。教师确立这个议题，通过群文阅读，让学生在课内、课外多文本中领悟寓言"对比"的表现手法，先明白寓言的寓意，再进一步尝试仿编寓言故事。这样的教学，能起到巩固强化本单元语文要素、提升语言表达能力的作用。

（三）组文的策略

确定好议题之后，或者说确定议题的同时，就需要考虑选择文本了。在组文时，我们要考虑以下策略。

1. 难易结合的策略。难、易是指学生在阅读过程中对文本理解的难易程度。过于深奥难懂的文章，读一篇恐怕都让学生头疼，更不用说读多篇了；而全部都过于浅显的文章，又不利于培养学生提取信息、感知文章内容和情感的能力。比如对于低段学生来讲，识字有限，朗读绘本、儿歌都是很好的选择。

2. 长短结合的策略。这是针对选文的篇幅而言的。过于短的文章，内容较单薄；过长的文章，一节课不能完成，影响效率。所以低段我们一般选择短小精悍的绘本和儿歌，中高段也要注意长短结合。如《寓言故事中的对比》一课的组文就选择了《蚂蚁与屎壳郎》《大轮船和小礁石》《楼梯和电梯》《驮盐的驴》等长短各异的寓言故事。

3. 同质、异质兼顾的策略。如果选的文章都是同质的，就无法拓宽学生的思维，学生阅读所获就很少，会束缚学生的思维空间。如《文学作品中的"雁"》一课的组文就选择了《一剪梅·红藕香残》《客中夜坐》《西厢记·长亭送别》《大雁》《水浒传（节选）》，涉及诗词、杂剧、说明文、小说等不同文体材料。

4. 单元内整合策略。同一议题下，将单元内的课文和课外材料相整合组文。如低段《有意思的字族》一课的组文，将单元教材中的"青"字家族、"包"字家族的汉字儿歌，和课外"果"字家族、"兆"字家族的汉字儿歌组合，引导学生了解形声字的特点、探究汉字构造的奥秘，激发学生学习汉字的兴趣、领略汉字文化。

5. 跨年级教材整合策略。统编教材的整个知能体系是呈螺旋式上升的，所学内容与主题也有重合，我们可以进行跨年级同人文主题或同知识点组文，这样对人文主题的理解会更深入、对知识的建构会更成体系。如《唐诗宋词里的风雨人生》一课，就将学生在不同年级学过的和雨有关的古诗《春夜喜雨》《夜雨寄北》《十一月四日风雨大作》进行组文，补充推荐《定风波·莫听穿林打叶声》，引导学生学习并运用对比分析法,深入感悟诗词所描绘的不同雨景、雨情。学生通过了解诗人生平,感悟"雨"在诗词中的独特意蕴,在比对读议中获得人生启迪,同时在综合运用中巩固了古诗的学法、实现了人文目标与语文要素目标的统一。

四、小学统编语文教材与群文阅读整合课堂教学模式

(一)群文阅读三大任务九个课型

依据群文阅读可行分类的标准"学生群文阅读展开的方式",考虑在整合过程中的教学实际,可以将群文阅读分为三大学习任务、九个具体课型。三大学习任务,即知能习得、审美赏析和读写共生。对学生而言,知能习得课最为主要的学习任务是获得知识和能力,审美赏析课最为主要的学习任务是对文学性文本进行欣赏体验和写法评析,读写共生课最为主要的学习任务则是通过读来激发和促进学生的写作。需要注意的是,上述三大学习任务是就课堂的主要任务来说的,并不意味着这些课堂不需要也不会涉及其他课型的学习任务,比如在审美赏析课与读写共生课上,大都需要一些知能的学习,而有些时候,知能学习也会向审美赏析和写作延伸。在三大学习任务下面,我们依据学生在群文阅读中的实践历程,尤其是其集体建构的过程,进一步划分出了具体的课型。每一种具体课型都适应于不同的群文文本类型,每一种课型都抓住了学生阅读实践展开的核心过程。从群文阅读的角度而言,知能习得课的四种具体课型具有根本性的意义,可以算作基本课型。每一种课型都搭建基本的教学流程,如图1所示。

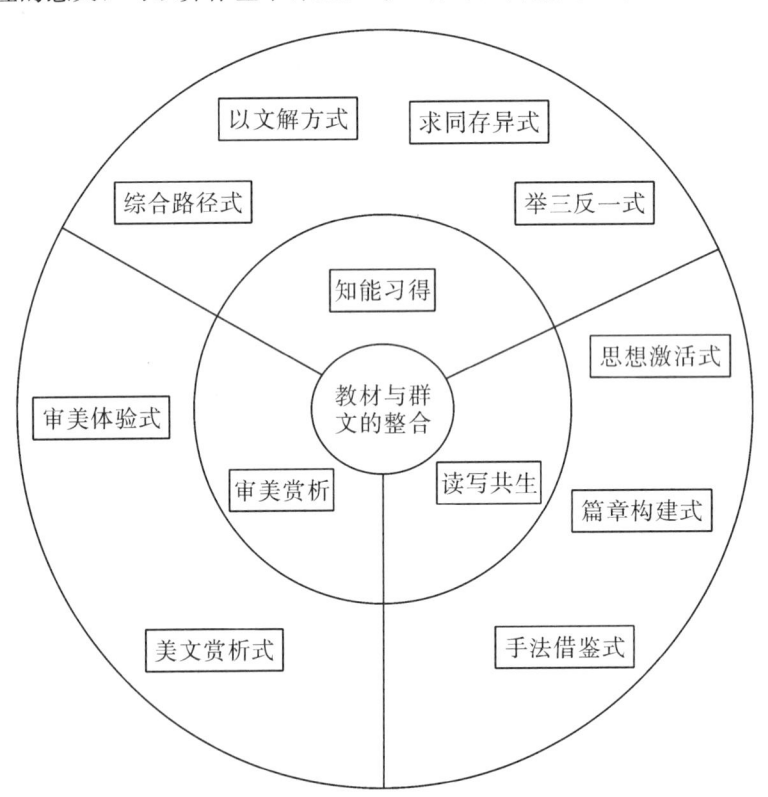

图1 群文阅读三大任务九个课型示意图

(二)"求同寻异式"阅读模式教学流程

1. 共读求同(出示阅读要求①)。学生一起阅读所有文本,比较这几篇文本之间的共同之处(辅助策略:画图或填写理解表)。

2. 共究同因(开展师生交流①)。围绕议题展开师生交流,对共同之处达成共识。

3. 再读寻异(出示阅读要求②)。学生一起阅读所有文本,比较这几篇文本之间的差异之处(辅助

策略：画图或填写理解表）。

4. 再究异义（开展师生交流②）。小组合作交流，然后全班交流，教师依据学生交流情况进行点拨，最后师生对文本的差异及其意义达成共识。

5. 达成共识。把共同之处和差异之处展示出来，师生共同讨论，理解整体架构，达成共识，如图2所示。

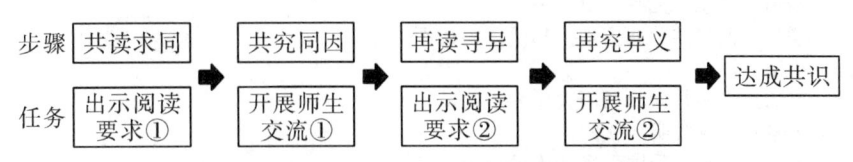

```
步骤  共读求同 → 共究同因 → 再读寻异 → 再究异义 → 达成共识
任务  出示阅读    开展师生    出示阅读    开展师生
      要求①      交流①      要求②      交流②
```

图2 "求同寻异式"阅读模式教学流程

（三）"求同寻异式"阅读模式教学课例

1. 课例：唐诗宋词里的风雨人生。
2. 群文篇目：《春夜喜雨》《夜雨寄北》《十一月四日风雨大作》《定风波·莫听穿林打叶声》。
3. 教学目标：①诵读诗词，借助注释、译文理解诗词句意。②引导学生学习并运用对比分析法，深入感悟诗词所描绘的不同雨景、雨情。③通过了解诗人生平，感悟"雨"在诗词中的独特意蕴，在比对读议中获得人生启迪。
4. 教学重难点：①引导学生学习并运用对比分析法，深入感悟诗词所描绘的不同雨景、雨情。②通过了解诗人生平，感悟"雨"在诗词中的独特意蕴，在比对读议中获得人生启迪。
5. 教学过程。

教学步骤	教学内容
一、解雨，得雨题	1. 根据《说文解字》，谈谈"雨"。 2. 揭题。 师：大自然的雨，常常被诗人赋予了丰厚的意蕴。雨，也就成了诗人笔下永恒的主题。今天，我们就来探寻唐诗宋词里的雨
二、寻雨，觅学法 步骤1：共读求同	1. 出示任务。预读3首诗词《春夜喜雨》《夜雨寄北》《十一月四日风雨大作》，我们到诗词中去观雨景、悟雨情。 2. 导读《春夜喜雨》。 ①观雨景：找写雨景的诗句。 师：大诗人杜甫称赞这夜的雨为"好雨"，你从哪个关键词感受到这是一场"好雨"？ ②悟雨情：概括读出了怎样的情。 师：这场好雨，就是诗中描绘的景。这样的雨景又触发了诗人怎样的情呢？ 【屏显诗人生平】 ③读出情。 师：《春夜喜雨》从一场春雨开始，结束在一片繁花似锦的春城中。诗句里没有一个"喜"字，但诗人的喜悦之情溢满全诗。 学习表格一。 | 篇目 | 听雨看雨（景）| 雨诉心声（情）| 雨中联想 | |---|---|---|---| |《春夜喜雨》| | | | 独学再互学《夜雨寄北》《十一月四日风雨大作》。 1. 出示学习提示。 2. 完成表格二。 | 篇目 | 听雨看雨（景）| 雨诉心声（情）| 雨中联想 | |---|---|---|---| |《夜雨寄北》| 关键字词：| | | |《十一月四日风雨大作》| 关键字词：| | |

续表

教学步骤	教学内容
三、听雨，生雨情 步骤2：共究同因	汇报整理，诵读诗词 对话《夜雨寄北》。 雨景：巴山夜雨涨秋池。 雨情：思念、无奈、凄苦…… 联想：何当共剪西窗烛，却话巴山夜雨时。 小结，读诗。 对话《十一月四日风雨大作》。 雨景：夜阑卧听风吹雨。 雨情：忧患、爱国、忧国忧民…… 联想：铁马冰河入梦来。 讨论：这三首有何共同之处？ 小结：描写了雨景，借助雨景抒发作者的情感。古诗词特点：寓情于景。 读诗。
四、析雨，生异义 步骤3：再读寻异	比读统整（对比分析学习诗词）。 ①对读这三首诗，你发现它们有何异同？ ②小结对比阅读的方法。 完成表格三。 | 篇目	异	同
---	---	---
《春夜喜雨》		
《夜雨寄北》		
《十一月四日风雨大作》			
五、识雨，思人境 步骤4：再究异义	1.【屏显】：三位诗人的人生经历。 2. 总结："以我观物，故物皆着我之色彩。"
六、赏雨，达共识 步骤5：达成共识	1. 出示：《定风波》。 2.【屏显】苏轼人生轨迹图，体悟苏轼的"超然"。 3. 推荐欣赏"经典咏流传"中的歌曲《定风波》。 4. 统整小结，推荐诵读。
七、结课	人生路上，下雨可爱，晴天可亲，愿我们处处都是春风，也愿我们处处如沐春风。

五、研究反思

（一）统编语文教材与群文阅读整合，有效提升学生的阅读能力

通过课外阅读拓展课内阅读的深度和广度，学生能实现阅读量增加、阅读速度提升、阅读积极性提高、阅读质量提升，最终达到提高语文素养、为终身发展奠基的目的。

1. 增加学生的阅读数量。通过群文阅读与教材的衔接，课外阅读被引入课堂，实现课堂阅读大容量，有效增加学生的阅读量，小学语文总阅读量由原来教材中的大约15万字拓展到6年阅读总量达到200万字以上。

2. 恰当地提高学生的阅读速度。人类社会已步入信息化的时代，为了更好地应对未来生活，学生需要掌握快速阅读的方法、习得快速阅读的技能。群文阅读教学的开展，可以使学生获取单位时间大阅读量的方法、有效地提升学生阅读的速度、培养学生的阅读技能，并有利于学生思维能力的提高。

3. 培养和调动学生的阅读积极性。目前国内小学的语文教学模式通常是"精讲"式，"精讲"式教学不能有效激发学生的阅读兴趣；而开展群文阅读教学，一堂课中学生可以读到不同的文章，运用不同的方法阅读，根据议题讨论出具有生命力的多样结论，形成多元认知，这些都有利于激发学生的阅读兴趣，能让学生多阅读、多思考、多陈述、多倾听，从而使得学生能够真正地产生阅读的积极性。

4. 有效的阅读方法，让学生读得更深，从而提升阅读质量。《义务教育语文课程标准（2022年版）》对语文教育提出的建议是：加强阅读方法的指导，让学生通过比较、归纳、分析、综合等方式来实现阅读的多样化；通过课内阅读讲解实现得法、群文阅读配套实现运用，为提高学生阅读水平、进行深入阅读提供可能。

（二）统编语文教材与群文阅读整合，有效促进教师阅读教学专业发展

本课题的研究，能帮助语文教师树立"大语文"观念，构建教材与群文整合形成典型课堂的策略。在此过程中，教师以积极建构的方式引导学生主动思考，这对于改变课堂结构、改善课堂节奏，也具有实践教学的探索价值与意义。

（三）统编语文教材与群文阅读整合，大大丰富课程建设

1. 群文阅读大大开阔了学生的视野，深度激活了儿童的阅读思维，打破了传统的阅读教学模式，实现了教师阅读与儿童阅读的合作与对话，形成了师生学习合作共同体，是语文阅读教学的有利探索。它丰富了语文教学的体系，创新了语文课堂的教学形式，提高了语文课堂的教学效率，具有重要的理论意义和实践意义。

2. 本课题的研究，形成了小学统编语文教材与群文阅读教学的课程资源及实施策略的资源包。资源包的形成有利于课程的继续开发、研究，课程内容的建构和课程形式的丰富。

舞台方寸之间，体验别样人生

曹 芳

树德中学外国语校区

相较于重视知识与技能学习的传统教学，当代社会更重视学科核心素质的培养。在这种时代大背景之下，我们的教育也再次从教书回归到育人，整全育人观亦应运而生。单以中学语文教学而论，语文教师也应转变思想：调整原有的教育教学观念，实施语文学科整合性的深度教学；转变传统的授课方式，可尝试从单篇课文到单元整体授课，引导学生进行单元整合学习。

一、本着整全育人观，制定单元教学目标

自2017年《普通高中语文课程标准》颁布并提出语文学科的核心素养后，素养本位就成为当前语文课程与教学研究中的热点问题。在授课之前，教师需要围绕语文学科的核心素养，去制定合理的教学目标；而目标制定的前提，则是对语文教材及学生情况的精准分析。

下面，就以戏剧单元的目标设计为例。

先看教材，这是高中语文必修四的第一单元——中外戏剧。这个单元一共包括了三篇课文，分别是《窦娥冤》《雷雨》和《哈姆雷特》。在整个高中语文必修课本中，这是唯一的戏剧鉴赏和教学单元。相较于诗歌、散文和小说来说，戏剧在必修教材中所占比例是最小的，因此，其重要性与独特性也就不言而喻了。

再看学情，这里主要分析学生们所面临的困难。所谓戏剧，是一种在舞台上表演的综合艺术，它借助文学、音乐、舞蹈、美术等艺术手段来塑造人物形象、揭示社会矛盾、反映社会生活。阅读剧本时，读者要凭经验去想象生动的戏剧场面而不是现实生活中的人和事，换言之，阅读剧本要有场面感，还要有穿越时空的想象力。虽然人们常说"一千个读者心中就有一千个哈姆雷特"，但是今天的学生相关阅读量较少，生活经验也相对匮乏，很难营造出场面感，因此，对他们来说学习戏剧的难度比较大。

基于此，我为本单元制定了如下目标：学习戏剧，培养学生阅读古今中外戏剧作品的兴趣，领悟戏

剧所蕴含的丰富思想感情，体会其艺术表现力；深化学生对中外传统文化的理解，提高学生的阅读理解和审美想象力等语文综合素养。

下面笔者就以此为例，具体谈谈自己是如何本着整全育人观念，整合戏剧单元的资源、实施单元的整体授课并指导学生进行单元学习的。

二、分析戏剧，培养阅读理解和审美想象力

（一）挖掘教材内容，重组延伸教材

语文学科的核心素养包括语言、思维、审美和文化，而这四个方面又是一个整体，它们互相依存、相辅相成。单就审美能力而言，审美的鉴赏与创造，比起人们通常所说的听、说、读、写等一般语文能力更具普适性。因为学生可以在阅读中去感受和想象美，在朗读中表现美，在写作中创造美，甚至在表演活动中升华美。下面结合戏剧单元的整合学习，谈谈我如何指导学生阅读戏剧，培养他们的审美想象能力。

实施单元的整合学习，主要包括以下三个方面。

首先，教师要站在整体视域之下进行单元设计，设计的单位也不能再像过去那样是一篇篇孤立的课文，而是要围绕着授课的核心主题，将相关的知识结构化，重组原来的教材，使之成为一个有意义的单元；其次，教师要结合戏剧的三要素，即围绕着矛盾冲突、戏剧语言和人物形象，巧妙地设计问题，整合单元课程的资源；最后是教材的延伸学习，教师要布置课外任务，比如要求学生阅读《雷雨》全文、观看《窦娥冤》和《哈姆雷特》电影片段等。

以上这些环节，便是戏剧单元整合学习的第一步。

（二）分析戏剧要素，培养审美想象力

教师进行单元整体设计，还要突出各篇课文的特点。

讲《雷雨》时要从戏剧语言入手，围绕"周朴园对鲁侍萍的怀念是不是真实的"这个疑难点，去分析该剧的矛盾冲突和周朴园的人物形象；而讲《窦娥冤》要从"三桩誓愿"入手，去分析主人公窦娥的形象以及戏剧主题；讲《哈姆雷特》则要围绕作品尖锐激烈的矛盾冲突，去设计相关的问题，引发学生的深度思考。

这便是单元整合学习的第二步。

下面，从戏剧冲突和戏剧语言这两个方面，谈谈我对单元整体教学的设计。

1. 理清戏剧的矛盾冲突。

所谓冲突，是矛盾斗争的一种表现形式。戏剧主要通过人与人之间的冲突来表现阶级之间的矛盾，有些冲突也表现为先进与落后、进步与保守的矛盾冲突。相较于生活中的矛盾，戏剧的矛盾冲突显得更强烈、更典型和更集中。戏剧一般是通过矛盾冲突来塑造人物形象和表达主题的，它一般包括三类：人与环境、人物之间、人物内心。

为了更好地分析戏剧冲突，可以制作表格，包含戏剧冲突（其下包含故事情节、冲突类别和冲突结果）和所起作用（其下包含戏剧结构、塑造人物和表达主题）两大部分。

2. 欣赏精彩的戏剧语言。

语言是戏剧文学的重要内容，也是构成剧本的基础。因此，我们在进行单元整合教学时，要引导学生阅读作品，在欣赏曲折的故事情节和尖锐的矛盾冲突的同时，还需要去欣赏戏剧的语言，尤其是剧中精彩的人物台词。这里，主要介绍两种方法。

一是诵读台词，揣摩语言的特点。

台词是指剧中人物的语言。台词的表现形式多样，包括人物的对话、独白、旁白（登场人物离开其他人物而向观众说话）、内白（在后台说话）、潜台词等。学习戏剧时，教师要指导学生诵读剧中的人物台词，尤其是分角色诵读，极为重要。

二是品味语言，尤其是潜台词的意味。

所谓潜台词，是指登场人物没说出来的语言，所表现出来的言外之意、弦外之音。这实际上是语言的多意现象，在语言的表层意思之外，还含有别的不愿说或不便说的深层意思。潜台词不仅充分体现了语言的魅力，而且通过它还可以窥见人物丰富的内心世界。

戏剧语言是个性化的，具有动作性，能够推动情节发展、塑造人物形象。学习赏析戏剧语言时，引导学生去理解含义丰富的语句，揣摩其言外之意，体会精彩语句的表现力，进而发展他们的审美想象力，这是我们教师所致力追求的。

三、比较阅读，提高学生的审美鉴赏力

坚持整全育人观，作为育人首席者角色的教师，需要重新思考与定位：如何关注学生从学业到身心的整体性成长，把他们作为一个完整的人来培养？如何教会学生从外在他育到内在自育，使他们的生命获得整全的发展？下面，我们依然回到单元教学的整体设计上来。

单元整合学习的第三步，是指导学生进行比较阅读，进而提高他们的审美鉴赏与评价能力。从具体的操作层面看，在前面分析戏剧要素的基础之上，教师先提出主问题，再由学生分小组展开讨论（这时他们可以将主问题分解为几个小问题），然后由小组代表发言，最后由教师总结归纳。

四、编演戏剧，提升学生的审美创造力

"语文是最重要的交际工具"，学语文是为了"用"，达到表达思想、交流情感和传承文化的目的。

我们备课组结合学校一年一度的戏剧节，让学生自己编写和演出戏剧，就正是一种实实在在的"用"。它要求学生在对原文有正确感知、深刻理解的基础上，对剧本有大胆的发挥；它可以帮助学生把书面文字转换成适合于舞台的口头语言、形体动作，变课本知识为演出的实践。这就是单元整合学习的第四步。

它一共包括以下三个方面。

首先，是分组的安排。在学生自由选择与组合的基础之上，教师再根据特长将他们分为两个大组。其中，一个组是剧本的创作或改编，另一个组则是戏剧的演出。

其次，是改编与创作。至于选择什么题材来写、改编什么剧本或小说、写出怎样的剧本，这个过程完全是学生自主的，也是一个整合学习的难点。这时，学生必须了解戏剧的特质，努力选择或写作出矛盾冲突激烈、情节性强、人物性格鲜明的剧本，这一点最能体现他们的审美创造力，同时也是戏剧演出成功的关键所在。

最后，是演出与评价。戏剧的排练，语文备课组一共安排了三周的时间。第四周，则是学生的汇报演出时间。演出结束之后，是教师评价的环节。

鲁迅先生曾说，悲剧就是将有价值的东西毁灭给人看。这个单元的三篇课文，无一例外全都是悲剧。在单元整合学习结束之后，教师应当引导学生进行总结与反思，重新认识悲剧和悲剧精神。

其一，悲剧的本质，不在于悲惨。悲剧打动人心的力量，来自剧中的人物自身，来自主人公不甘心命运的安排、以有限的力量对逆境所做的抗争。他们虽身处逆境，却并不一味地哀怨、叹息、乞怜、束手待毙、无所作为；相反，悲剧人物偏偏明知不可为而为之，按照自己对生活的要求和愿望去抗争。这才是真正的悲剧精神、悲剧之美。

其二，认识悲剧，可以提升学生的内在品格。尤其是莎士比亚的悲剧，主人公虽然死了，令人心痛，但他为之奋斗的理想却胜利了，使人感到前途光明。阅读这类悲剧，可以使学生获得文化的觉醒和生命的体悟，真正实现由外在他育走向内在自育，在灵魂被深深震颤的同时，也能提升审美能力与内在品格。这与本文开头所讲的整全育人观是完全相通的。

最后我们可以这样说：懂得欣赏悲剧美的人，才能在精神上真正地站立起来！

对部编版初中语文教材课后习题的思考

郭 静

成都外国语学校

由教育部组织编写团队、温儒敏主编的"教育部编义务教育语文教科书",历经四年的艰辛撰写,终于在 2016 年 9 月开始试行,并于 2017 年 9 月被正式批准投入使用。毋庸置疑,这套教材一经推出,便引起了社会各界人士的广泛关注。新教材不论是在编写理念上,还是在体系架构上都有很明显的改变。师生对于这套教材尚处于摸索阶段,还不能较为全面地认识这套教材。尽管教育部积极组织各地教师参与培训,传递新教材的编写理念,提出使用建议,助力教师更好地把握教材的内容,领会教材编写意图及体例特点,缓解教师对于如何使用新教材的焦虑。但我们不能忽视的问题是,很多师生拿到新教材后,意识到在"教与学"没有实质性的改变。同样,教材的课后习题是极其容易被忽略的一个板块,部分师生还没有充分意识到课后习题的重要性。

一、课后习题使用现状分析

倪岗在《初中语文课程内容重构》一书中明确提出教科书区别于其他著作的很大特点便在于课后习题,教科书的编写应当高度关注课后习题。课后习题是最能体现编者意图的要素之一,也只有吃透编者意图,才能更好地分析教材进行教学。课后习题在使用的过程中存在一些问题:广大师生没有正确认识语文课后习题对语文教学的作用,没有真正有效合理地使用语文课后习题。在备课过程中,相当大的一部分老师,是不够重视课后习题的;加之受群文阅读和大单元教学的影响,一部分老师是忽略了课后习题的。在实际课堂教学中,可能老师会有意识在上课的时候带着学生去解决课后习题,或者将习题融入教学环节里,但是大部分情况下,很多习题是被忽略的,或者说没有足够的时间去研讨习题,即使安排学生自行预习习题也是收效甚微。部编版教材课后习题的设计更加注重培养学生深度思考的高层次的思维能力,也就是要让学生学会理解思考、学会分析综合、学会鉴赏评价等,老师与学生的"教与学"的转变难度较大。

二、课后习题使用问题归因

据上文的现状,笔者认为我们对部编版初中语文教材课后习题使用不够充分,出现这个问题的原因有以下几点。

(一) 未能认识到新旧教材的继承与创新

"新教材被采用后,许多老师往往是将旧教材束之高阁或是随便丢弃了,这种做法,可以说是对教材资源的一种浪费。应该看到,教材不管如何变化,它都是有继承性的,作为语文教师,应该学会在继承中求发展,在继承中找规律,并且做到恰到好处地利用好旧的课程资源,这样不仅会拓宽语文学科的知识范围,也有助于培养学生的探索精神。"[①]

部分老师对课后习题的变化认识还不够充分。

如以八年级上册的《苏州园林》为例,同样是第一题,部编版的提问是:"课文中哪一句话最能说明苏州园林的整体特征?作者是从哪几个方面来具体展开说明的?"原人教版的提问是:"苏州园林整体

---

① 唐书杰:《旧教材——一笔不该丢弃的课程资源》,《中学语文教学参考》,2006 年第 9 期,第 48 页。

特点是什么？课文是从哪几个方面具体说明这个特点的？"

从这篇课文的课后习题来看，两版教材的设计都不错，但是在题目的表达或者要求上，笔者认为部编版是更为细致考究的。这就需要我们认识到新旧教材的继承与创新之处，真正地吃透新版的教材，更好地指导教师的教学。

（二）教师使用课后习题的创新意识不够

首先，教师主要是在备课时将教材的课后习题穿插在课程中应用和解决。如部编版八年级下册《核舟记》的课后习题第二题："小组合作设计一个表格，理清本文的说明顺序，并讨论：作者为什么不按照船头、中间、船尾的顺序一一介绍？"

很多老师在授课的时候省掉了设计表格这一环节，其实，这一环节既节省时间，又能完成教学的目的。正如靳彤教授所提及的："教师要跳出精致的课堂设计，以学生为实践中心，以阅读带动学生的听说读写，而不是局限在阅读本身。"部分教师对于编者让小组合作设计表格的意图还没理解清楚，更多地去追求所谓的答案，无法真正地调动学生的参与度和创造性。

其次，对课后习题的使用很粗浅，二次开发也就没有真正地落到实处。教师可将课后习题与测评融合，既可以减轻学生的课业负担，又可以提高学生的能力层级。

（三）学生对课后习题的认识及应用不充分

学生从最开始就认为教材课后习题是用来辅助自己的学习，特别是对知识点的学习，而非有着能够帮助自己提升各方面能力的功能。同时，由于现行的课外资源太多，学生不会对教材课后习题有过多的关注或研究。他们的课外时间已经被其他课程及练习题安排，没有时间去深层认识教材课后习题更本质的功能与作用。此外，从最功利的角度来看，对课后习题的深层次认识，并不能在短时间内提高自己的语文成绩；而且学生在思想认知上不够成熟、受教育环境等的影响，其发展的时间和空间都不够充足，这也决定了学生对课后习题的认识及应用不充分。

（四）课后习题还需不断改进与优化

首先，教师们一致认为教材课后习题的设计有一定的难度，且有时难以给出精准答案；教材课后习题存在个别题目较宽泛、指向不明、难以把握等情况。其次，教材课后习题与中考试题的联系不够紧密。一线教师在语文教学中都会揣摩研究中考题，除了探寻中考的出题方向和趋势，也是为了让学生近距离接触和感受中考题，清楚自己对中考的认知以及自己的状态是否能够达到中考水平。所以，教师通常会比较看重中考题在日常教学中的穿插，在应用教材课后习题时也会将其与中考题相对比，而结果就是教材课后习题与中考题联系不够紧密。再次，"知之者不如好之者，好之者不如乐之者"，兴趣是最好的老师，学生感兴趣的内容一定是要有具体情境的。教师把学生带入具体的情境中，与他们的日常生活和学习接轨，才能最大限度地激发学生的情感。因此，今后的教材改进要更多地思考和设计符合学生身心特点的教材课后习题内容。最后，教材课后习题对学生有着能力培养及提升语文素养的功能，但是学生在应用教材课后习题时却无法将这一功能很好地反馈给自身并在实际应用中发挥出来。

三、课后习题有效应用策略

教材课后习题主要应用于教学过程中，因此将教材课后习题的应用与教学过程联系在一起考虑是重要且必要的；而又因为应用者主要是教师和学生，所以重点就在于两者如何应用才能够发挥出教材课后习题的最大价值。

（一）充分挖掘语文教材的课后习题资源

温儒敏在《温儒敏论语文教育三集》的《谈谈中小学语文备课》一文中指出：通常备课的过程就是：第一，揣摩教材编选的意图，包括为什么设定一个单元，单元主题是什么，选文如何搭配，每篇课文主要教什么（特别注意看思考与练习题的指向）；第二，按照教参提供的结论去理解课文；第三，选择某一种教案，把前面两方面理解镶嵌进去，形成自己的教案。如部编版八年级上册的《诗词五首》课后习题第二题："李贺作诗，工于设色，陆游就曾说他的诗'五色炫耀，光夺眼目，使人不敢熟视'。结合《雁门太守行》中表现色彩的词语发挥想象，用自己的话描述作者呈现的画面。"

教师可以在备课时，以这一点为抓手，进行课堂教学。作家汪曾祺说："别的诗人都是画在白底子上的，李贺是画在黑底子上的。"我们可以此为课堂的切入口，体悟李贺诗歌的用色之妙，真正地理解他的用情之壮。

（二）重视二次开发，提升习题价值

乔桂英主编的《语文教学论》在"语文教材"章节的陈述中有这样一句话："教材是载体，如果把课程标准比喻为旗帜的话，教材就是旗杆，教师就是扛起旗帜的人。"[①] 这句话说明了教师与教材的关系。教师对课后习题的二次开发，可以提高学生对习题的重视。

首先指向的是中考，教师可依据中考出题方向与趋势，带领学生一起进行符合选文的中考题开发。在这个过程中，不仅会加深学生对选文的感悟，同时也能够使学生进一步走近中考题，进而感受它、应用它，从而体现开发题目的价值。

其次，可从联系学生生活实际出发，进行口语交际或者写作方面的题目设计。如《散步》的课后习题多是以体会选文的情感思想为目的去设计的，但缺少学生个体的参与，添加能够渗入学生个人生活经历的题目会比较好。如"感受过本篇文章，是不是也勾起你某刻的生活回忆？请整理好你的回忆，将其写出来，与大家分享"。这样不仅能将学生的情感与文中体现的情感连接在一起，引发学生共鸣，还能让学生从运用语言文字出发，回归到语文的本质中去。这样也能同时体现教材课后习题对培养学生在某一方面能力上的功能。

（三）正确地认识及应用课后习题

当我们对一篇文章无从下手的时候，无论是对教师的备课讲课还是对学生的阅读学习，课后习题都是很好的指南。课后习题的框架，从"预习提示"到"思考探究"再到"积累拓展"，都不断地推进着我们的"教与学"。

部编教材的结构很好，无论是教师还是学生，都可以从对文章背景的了解、对文言字词的落实（尤其是重点的词类活用）、初读的感受、对作者情感变化的把握、积累拓展等方面去学习，加深对柳宗元的了解。

通过以上思考，我们希望不管是老师还是学生，都能重新认识与应用课后习题，将课后习题与课堂接轨、与练习相融、与测评统一，只有这样才能真正地使课堂变得高效，减轻学生的负担，让学生的思维得到真正的训练。

[①] 乔桂英：《语文教学论》，高等教育出版社2014年版，第105页。

构建一个灵动的"阅读场"
——浅论"同质同人"之群文阅读的运用策略

申廷艳

成都外国语学校

一、群文阅读教学源头的价值思考

群文阅读是全国中小学语文阅读教学中一个新的课题。它相较于单篇阅读来说既有特定的优势，也有一定的局限性。其优势表现为在同一课堂上，学生所获得的阅读信息量是单篇阅读教学课的几倍；但其局限性在于也增加了学生对同一类型文本的理解难度。如学生在阅读有关亲情、友情、励志等方面的文本时，可以根据同一类型、不同内容及角度的表现来加深对文本的理解，这不仅丰富了学生的阅读内容，也增强了学生的阅读兴趣；但由于阅读量的增大，学生不可能对每篇阅读文本进行知识性的深入研究和系统的归纳、总结。所以教师应把单篇阅读教学与"群文阅读"教学融合在一起来进行，这既丰富了学生的阅读内容，也加强了学生对单一文本的理解。

群文阅读是指把一组文章以"串烧"的形式整合起来，建构"阅读场"，指导学生参与阅读实践，在阅读中形成自己的阅读体验，旨在提升学生宏观视界的语文素养。这一变化，打破了"一篇一文"语文课堂的单一性，建构了更开放、更思辨、更自主的宏阔的阅读教学空间。

群文阅读有同质性与异质性之别。同质性是指群文间的核心阅读点属性相同、指向相同、阅读期待与阅读价值相同，在基本相同的"阅读场"里能带给学生更全面、更深入的阅读理解与阅读体悟。同质性群文阅读又有同人、同文之分。"同人"类群文阅读是指阅读同一作家的不同作品，真正走进作家的内心世界，读文识人；"同文"类群文阅读是指阅读同一价值形态的不同作品，厘清、体悟并运用相似或者相关的行文技巧、笔法等。下面笔者就"同质同人"类群文阅读的运用策略作一些探讨。

二、"同质同人"类群文阅读的运用策略

第一，以教材为纲，原点整合。

如果说群文阅读的思想是里子，那么整合能力就是面子。王君老师认为，一个有创造性的教师，必然能积极主动地面对教材，在不脱离语文学习目标的前提下，结合当前的社会实际并根据学生的现实需要，对教材内容进行取舍和改造，从而充分展示教师的个性和教学的个性。所有的群文阅读都是在某个原点的聚焦之下，以富有价值的议题或核心点对文本进行整合，增强学生的分析、比较、概括、推理、综合评价、反思批判等能力。原点以教材为纲，实现教材内的整合，以达到减少教学投入、降低教学成本、提高教学效率的目的。人教版教材的诗词教学，全是以"场"的姿态呈现，这就为我们的群文整合或者是群诗整合提供了很恰切的原始依据。

"同质同人"类的群文阅读教学亦可以现场取材、就地整合。

比如人教版八年级上册教材第五单元的"杜甫诗三首"，就是极好的"同人"类群文阅读的例子。"杜甫诗三首"分别是《望岳》《春望》和《石壕吏》，同一诗人的三首诗歌出现在同一空间，这就给群文整合教学带来了便利。细读之后会发现，这三首诗分别写于杜甫人生的不同阶段，为我们全面认识杜甫打开了一扇明亮的窗子。

以"望"字为切入点与整合点，以"望心"作为教学线索，可分为三个教学板块："一望老杜雄壮

心""二望老杜离乱心""三望老杜赤子心",层层递进解读杜甫,深入领悟杜甫之心境与灵魂。第一个环节设置的主问题是:这三首诗里,哪一首最能表现出老杜青年时期的雄壮之心?第二个环节的主问题是:这三首诗里,《春望》《石壕吏》写的是安史之乱爆发后,诗人的离乱痛苦之心。思考比较:这两首诗的共同点是什么?不同点是什么?

当然,同一教材、不同空间的"同人"类文章,也可以作为开展"同人"类群文阅读的资源,比如人教版八年级下册教材中范仲淹的《岳阳楼记》、该册教材课外十首诗词之一的《苏幕遮碧云天》外加九年级上册教材的《渔家傲·秋思》都可进行群文整合。基于课本教材之内的"同人"类原点整合,是对教学现有资源的有效利用,它既可以让语文教学资源变得丰富灵动、博观约取,也可以让语文教学的规律性、科学性得到更好的展现,还可以强化学生对某个文人的情境代入感并与他们自然而然产生共鸣。

第二,以阶段为领,全面认识。

"同质同人"类的群文整合在使用教材中某一文本的基础上,需要适度选择相关文人的相关作品。如何甄别、筛选和过滤?有一条原则与路径,那就是尽量选取同一作者在不同人生阶段的作品,梳理作品的过程就是勾画其人生轨迹的过程。文字与个性、文字与人生、文字与社会、文字与价值,这所有的命题都会在梳理与追溯中让人思考、让人体悟、让人豁然开朗抑或是感慨万端,语文的情感性、审美性、人文性、社会性都会得到相应体现。

人教版九年级上册教材第六单元选编了李清照的《武陵春》,写这首诗时的李清照已经53岁了,经历了国家败亡、家乡沦陷、文物丧失、丈夫病死等不幸遭遇,处境凄惨,内心极其悲痛。如果就篇论篇,学生对李清照的认识只会是管窥之见。为了帮助学生理清李清照一生的脉络与经历,笔者特地选编了李清照不同时期的词作,呈现她不同寻常的颠沛人生。笔者给学生呈现的作品有:李清照与赵明诚初见的少女时期的词作《点绛唇·蹴罢秋千》,与赵明诚结婚后思念的词作《一剪梅·红藕香残玉簟秋》,在赵明诚弃城叛逃后作的诗作《夏日绝句》,与赵明诚生死相隔后作的《声声慢》。经过这样的梳理诵读,学生渐渐明晰了李清照在不同人生阶段的心路历程,亦明白了"言为心声"的真谛,李清照作为才女的形象也才会跃然纸上。

一个人的文字,就是一个人的心灵呈现、精神皈依,而心灵的触动、生命的感悟又与外在的环境形势密不可分。学生们认为,李清照在家庭温馨的早年,呈现的是活泼、俏皮、娇羞的小女儿之态;在与赵明诚的婚后生活里,虽然时时思念宦游的丈夫,却依然少不了甜蜜与缱绻;在赵明诚弃城而走时,却又坚强刚正,"至今思项羽,不肯过江东";在孑然一身的晚年,饱尝人间离乱,自然是"凄凄惨惨戚戚"。学生的领悟在慢慢升华,对词人丰富的内心世界,有所思、有所悟。

读一群文,识一个人;识一个人,读一群文。两者是相互作用、相互转化的。文学即人学,以文字的形式感受人性世界的喜怒悲欢。因此,以"同人"的不同阶段的作品作为群文的选择基准,能让我们对这个文人的认识由点到线、由线到面,从而产生对世界的圆形体悟。

第三,以学生为本,自主开放。

"学生的智力发展取决于良好的阅读能力。"苏霍姆林斯基曾这样说。群文阅读作为一种自主、开放的阅读活动,应有学生的积极主动参与,才能提升学生的阅读能力;但如何调动学生的参与热情,让学生与这些文本的内核触碰,进而产生共鸣,是需要教师用心思考与设计的。

首先,针对原点文本,可以让学生参与文本解读。"博观约取"四个字,极恰切地阐释了读书与写作的关系。博观,是指我们要把书读厚,读与文本、与作者相关的内容资料,拓宽文化视野与教育视野;约取则是深入浅出,从三千弱水里取出一瓢,选点切入。《小石潭记》《记承天寺夜游》《岳阳楼记》《醉翁亭记》等文章,都是笔者在上课之前,提前一周让学生查阅关于这些文人的生平资料,涉及他们各自的活动轨迹、来往交友等方面的信息。通过这样的查阅,学生能建立起对作者的初印象,激发他们阅读文本的兴趣,帮助他们撬动再读文本时的敏感神经。

其次,让学生参与群文选择,达到"我选择""我做主"的目的。选择是一种智慧,也是一种能力。学生在选择"同质同人"类的相关文本时,会依据他们的审美标准以及语言标准来自行判断。让学生在选择中思考、甄别、提升。以学生选择柳宗元在永州时写下的诗歌为例,他们在查资料的时候,发现柳宗元的人生轨迹其实很简单，去永州之前仕途得意，革新失败后被贬永州十年，后又被贬柳州。其中，他的大部分作品都是在永州完成的。学生查找的诗歌有《江雪》《渔翁》《溪居》等，更让他们欣喜的是，最熟悉的《江雪》原来也是在永州完成的。这样的发现与整合，对他们了解柳宗元在永州时的思想轨迹大有裨益，对学习《小石潭记》也会产生助力。

当然，对于"同质同人"类的群文阅读而言，学生的参与和选择已经有了限定，这样的自主与开放建立在一定的格局范围之内。在有格局当中，一步一步让学生去接触、去领悟、去反思，会把文本的立体感呈现出来，文人的心灵质感会一点一点呈现在学生眼前。

第四，以共写为依，追求高远。

单篇阅读是仰望一颗星星，群文阅读是仰望整个星空，将碎片化的阅读世界连成一个整体。"同质同人"类的群文阅读是将某个文人多角度、多层面地展现在学生面前，可不管是什么样的阅读，最终的归途必然是写作。"同质同人"类群文阅读既然为学生打开了一扇走进这个文人的窗子，那么教师就不妨让学生把他们的思悟解读整理和表达出来。培根说："写作使人精确。"换言之，写作也是学生真正走进这些文人内心的桥梁。

首先，教师"下水"，引领示范。陶行知先生说：要有好学的学生，需有好学的先生。要想让学生积极写作，教师自己就要做到身体力行、率先垂范。上李清照的"同人"阅读课时，笔者写出"明朗坚韧李易安"；上杜甫的"同人"阅读课时，笔者写出"赤子本色老杜心"；上陶渊明的"同人"阅读课时，笔者写出"独我闲静陶渊明"等。通过读写示范，学生能清晰地感受到教师对文人的由衷热爱，从而唤起自己的写作热情以及对中华传统经典文化的热爱。

其次，学生在读文识人的基础上写作，利用微信平台交流。通过读一个文人相关的群文，自己思考领悟，再加上教师的下水示范，学生基本对该文人的人生经历与思想轨迹有了一定的认识与了解，动笔之前的准备较为充分。需要注意的是，此时，教师对学生的写作基本不提要求，唯一要学生注意的是需抓住文人的一个点来写、来悟，不可面面俱到、让学生自主发挥。水平不一的学生理解程度不一，有的学生处在模仿阶段，有的学生能够出新创造。对此，教师要保护好他们识人写文的激情与欲望，以鼓励欣赏为主，以批评建议为辅。学生的作品完成后，教师可以充分利用微信平台把作品推送出去，让更多的人看到学生的劳动成果，也可以倡导家长为他们的作品评价留言。比如学生写李清照的作品有《做一个明媚的女子》《宁静坚韧李清照》《明月清泉李清照》等。

三、对"同质同人"类群文阅读的困惑与思考

任何一种新的教学方式与教学思路的尝试，总是伴随着疑问与困惑。陶行知先生有言："行动生困难，困难生疑问。""同质同人"类群文阅读在具体实施过程中，亦出现了不少的问题。第一，如何平衡精读与概读的关系。群文阅读讲求的是阅读场的建立，在这个阅读场里，教师更多的是教给学生综合思考与整体构架的能力，因为立足于宏观把控与整体思考，那么对文字的精细研磨上就会打折扣。第二，"同质同人"类群文阅读，立足于前人。学生在写作的过程中，难免隔靴搔痒，不能真正与之产生共鸣，写出的文字会有矫饰失真的嫌疑。教师如何进一步引领学生深入其中、真诚对话，也是值得考量的。第三，如何让学生在"入格"的前提下"出格"，做到"入得进去拔得出来"。教师的示范引领仅仅是根拐杖，学生要能摆脱拐杖、独立行走。这样的思与悟还没有成为气候。有的学生品韩愈，品出了"既有千里之资、千里之志，要伯乐何为"的年少轻狂；读李白，读到的是"前一秒乌云，后一秒太阳"。这样的思考独立个性，更多的是"我"的因子，而不是所写的文人，但是大部分学生还是难逃窠白。

整本书阅读课推进策略
——基于部编版教材名著阅读的课型实践

唐晓晴

成都外国语学校

多数名著因其人物形象与艺术手法的魅力本可以走进中学生的内心，多数中学生在自己成长的迷惘期本也渴望在文学名著的阅读中寻得心灵成长的良方。但目前中学生整本书阅读的现状是阅读不落实、思维浅层次，问题的背后折射出当下语文教学整本书阅读策略的欠缺与低效。直面问题，笔者在实践中尝试采用多种阅读策略，分层次、分梯度地来改善学生阅读现状，推进孩子高效、优质地进行整本书阅读。

一、整本书阅读启动课

在阅读一本名著之前，老师先以"整本书阅读启动课"来向学生明确阅读方法与阅读任务。

（一）以《西游记》为例，开展主题式阅读

主题角度示范：
1. 唐僧师徒遭遇了不少妖怪，降妖的经过和结果有没有规律可循？（回顾情节，梳理情节）【比同】
2. 有一回的降妖有别于其他回，你觉得是哪一回？有哪些不同的地方？【比异】
3. 降妖除魔越来越难了，难在何处？
4. 孙悟空三调芭蕉扇。
(1) 为什么要"三调"？三次的"同"与"不同"之处分别在哪？
(2) "三调"的顺序能否交换？
5. 聚焦《西游记》的中"三"。
如"孙悟空三调芭蕉扇""三打白骨精"，真假美猴王中悟空的三次"哭"等与"三"有关的回目。作者为什么要写三次？删掉一次可以吗？三次的顺序能否交换？
6. 乾坤袋、芭蕉扇哪个更厉害？《西游记》中最厉害的宝贝是什么？
7. 唐僧、八戒的人物形象。（辩证地看人物形象）
8. 唐僧团队取经能成正果，有哪些原因？

（二）以《海底两万里》为例，指导学生学会快速阅读的方法

1. 明确快速阅读的要求。
引导学生朗读并勾画部编版教材七年级下册第157页"读书方法指导"的重点内容。
(1) 集中精力，心无旁骛。
(2) 潜心默读，一目十行。
(3) 抓住重点，聚焦关键。
2. 掌握两种快速阅读方法。
(1) 浏览法：从整体上粗略掌握名著的大概内容，在有限的时间里尽可能地了解文本信息。
(2) 跳读法：跳过无关紧要、细枝末节的内容，聚焦关键信息。

3. 在整本书阅读实践中运用的方法。

(1) 浏览法——分析尼摩艇长的形象。

策略：关注每一个章节的标题、开头、结尾、过渡句，梳理和尼摩艇长有关的事件。

任务：同学们在目录中任选一个章节，运用以上策略，圈点勾画关键词句，梳理与尼摩艇长有关的事件，从中分析尼摩艇长的形象。

(2) 跳读法——分析尼摩艇长的形象。

聚焦关键性信息：尼摩艇长的相关描写（外貌、神态、语言、动作等）、他人对尼摩艇长的评价、他人与尼摩艇长的对比等。

（三）以《红星照耀中国》为例，指导学生进行阅读批注

1. 明确常见的批注符号。

(　　)：圈出本课需要掌握的生字、生词、好词。

①②③……（序号）：标在每一自然段前。

‖、｜（分开号）：用来划分段落与层次，标在每一段（或层）末尾。

～～（曲线）：划在文章优美语句下面。

△△（着重号）：标在句子关键词下面。

══（双横线）：划在文章关键句子（过渡句、总起句、中心句等）下面。

？（疑问号）：用在有疑问的词语或句子末尾。

★★★：表示应熟记和背诵的内容。

……

2. 明确常用的批注类型。

共鸣感悟式、赏析点评式、疑惑提问式、反思质疑式、积累仿写式、探究研讨式。

……

引导学生有意识地整合自读篇目的旁批形式，用在自己的阅读批注中。

3. 批注示范。

(1) 共鸣感悟式：批注自己的直观感受。

"在熹微的晨光中，军用大卡车隆隆驶过飞机场，当时每天都有飞机从那个机场起飞，到红军防线上空去侦察和轰炸。"

【批注示范】"军用大卡车""侦察""轰炸"等描写，让人感受到战事吃紧、氛围紧张。

(2) 赏析点评式：词语、标点、手法、句子、篇章结构、人物塑造、思想主题等。

"随着阳光的转移，这些山丘的角落陡峭的阴影和颜色起着奇特的变化，到黄昏时分，紫色的山巅连成一片壮丽的海洋，深色的天鹅绒般的褶层从上而下，好像满族的百褶裙，一直到看去似乎深不见底的沟壑中。"

【批注示范】舒缓的笔触，以比喻的修辞手法，把山巅比作海洋，把山上的褶层比作百褶裙，生动形象地描述了一幅美丽的画卷。

(3) 疑惑提问式：对不理解之处提出疑问。

"对于一个中国旅客来说，在这条从西安府北去的大道上，每走一里路都会勾起他对本民族丰富多彩的绚烂历史的回忆。"

【批注示范】为什么西安府的大道会勾起回忆呢？

(4) 反思质疑式：对不赞同的地方提出疑问。

"他的手慢慢地从枪柄上移开，脸上露出了笑容。"……

"我就是你要见的人，"他说，"我就是主席。请进来喝口热茶吧。"……

"我坐在铺着炕毡的炕上，向我的主人进一步谈到我自己和我的计划。过了不久，他就显得没有什么疑虑了。"

【批注示范】质疑：在如此紧张的情况下，红军为什么如此轻易就相信了一个来历不明的人呢？作

者是不是省略了一些重要细节呢?

（5）积累仿写式。

"这在景色上造成了变化无穷的奇特、森严的形象——有的山丘像巨大的城堡，有的像成队的猛犸，有的像滚圆的大馒头，有的像被巨手撕裂的冈峦，上面还留着粗暴的指痕。那些奇形怪状、不可思议有时甚至吓人的形象，好像是个疯神捏就的世界——有时却又是个超现实主义的奇美的世界。"

【批注示范】博喻的手法将山丘的外形刻画得十分具体生动，奇幻的想象赋予其神秘的色彩，句式错落有致，特别适合中学生积累模仿。仿写略……

（6）探究研讨式。

"这些陕西山区的居民有自己的方言，尽是发音含混的口语，但是他们懂得'白话'——中国的官话，他们自己的话有一大部分是外地人很容易听懂的。"

【批注示范】探究山西方言——晋语。最大特点就是保留入声，《中国语言地图集》将北方所有有入声的地区方言命名为"晋语"并从现代官话中分立出来。多数晋语有五个声调，部分地区有六个、七个或四个声调。晋语声调有复杂的连读变调现象。晋语全浊音清化有四种不同的演化方式。晋语有很多与官话差异较大的特征词以及保留的古语词。

（四）以《三国演义》为例，设置任务来驱动学生阅读

1. 复述《三国演义》中的故事（可在课前五分钟进行）。

如复述"吕子明白衣渡江 关云长败走麦城"等有明显起承转合的故事，或将《三国演义》中的"锦囊妙计"选择一个分享给同学。

2. 撰写小论文。

围绕论题尝试撰写小论文。

（1）青梅煮酒，论谁是英雄。

（备选人物：曹操、刘备、孙策、袁绍等；评判标准：智谋、胸怀、对臣下态度、对待兵败态度等。）

（2）多面曹操。

自大、残暴、多疑、睿智、豁达等。

（3）关云长之"义"。

可以从"关云长义释曹操""关云长义释黄汉升"等情节聚焦关云长的"义"。

（4）如果你是曹操（刘备、孙权），你最想挖走刘备（曹操、孙权）麾下哪位谋士/哪员大将？结合名著中的细节阐述理由。

（5）如果你是谋士/大将，你最想投靠哪位主公？结合名著中的细节阐述理由。

（6）三国战火纷飞，最后却被司马氏窃得政权，你如果看待这一历史结局？

整本书阅读启动课旨在让学生在课堂中明确名著阅读的方法、要求和任务，让学生养成带着方法和问题（任务）去读名著的意识。

二、整本书阅读推进

在学生的阅读过程中，我尝试通过思维导图、批注、每周打卡等形式引导学生有规划、有方法地落实整本书阅读。

1. 引导学生以思维导图的形式梳理小说脉络。
2. 以每周打卡的形式激励学生阅读。

三、整本书阅读成果汇报与检验

经历了整本书阅读启动课与整本书阅读推进活动，学生的阅读成果将在以下活动中得到分享和检验。

1. 学生以小组为单位分享阅读成果。
2. 教师设计流程检验学生阅读成果。

示例：《朝花夕拾》。

（1）关注目录，画出《朝花夕拾》的时间轴，如画出幼年求学、青年海外求学等经历的时间轴。

（2）将《朝花夕拾》中出现的人物进行分类。他们分别在鲁迅成长历程中扮演着怎样的角色，对鲁迅的成长有何影响？鲁迅对这些人有着怎样的感情？（应考虑到鲁迅对父亲、长妈妈等人的感情是复杂多面的）

（3）结合文本，小组合作探究：这些人在鲁迅的成长历程中留下了什么印记？

（4）《朝花夕拾》一书体现了鲁迅温情的回忆和理性的批判，试着进行梳理哪些内容是"温情的回忆"、哪些内容是"理性的批判"。

3. 以练习的方法检验学生的阅读效果。

在以上丰富多彩的阅读策略实践中，学生在参与活动中完成阅读任务，在活动过程中逐渐建构起属于自己的阅读策略，在阅读成果中积累属于自己的阅读自信。整本书阅读的推进，让中学语文教学走向更深厚、更丰富、更有趣的美好境地。

备注：正文中提及的《三国演义》非部编版教材必读名著，而是笔者在初三教学实践中根据学生的阅读兴趣进行的补充阅读实践。

在美国教汉语的目标语教学策略与实践

李雪梅

四川省成都市郫都区第四中学

一、背景

王丽（Ms. Wang）是美国特许学校 Eagle Local School 的一名汉语老师，所教的年级是中学七年级。学生汉语水平处于 Novice low/Novice mid[①] 阶段。她所教的这所学校是一所三语学校，分别是英语、西班牙语和汉语。汉语是学生的必修科目，所以每个班级学生人数较多，都在 29~30 人。学生每天有 1 节汉语课，每节课 45 分钟，每周有 5 节课。为了给学生创造理想的语言学习环境，学校希望老师在进行外语教学的时候使用 90% 以上的目标语教学。这种环境下学生不是凭兴趣选择的课程，再加上语言课学生人数较多，要做到 90% 以上的目标语教学对老师来说是比较有挑战的。

二、情景

"凡事预则立，不预则废。"王老师在实现课堂教学目标语使用超 90% 前，精心地从思想、人员、教学知识、环境营造等方面进行了准备工作。

1. 思想准备工作。

了解使用目标语教学的重要性和必要性。教师应该和学生尽可能多地使用目标语——在课堂内外皆然。对很多学生而言，在真实生活情境中实际使用外语既刺激又能得到激励，美国外语教师学会推荐课堂时间至少应该有 90% 以上使用目标语。通过和学生从初级班时就开始使用目标语，教师能提供学生许多在有意义的真实生活情境中和教师、同学使用目标语的机会。语言输入（input）对于外语习得的

---

① Novice low/Novice mid：表示学生掌握语言的熟练程度还处于初级水平。（这是 ACTFL 对于所有语言学习者的语言熟练程度的一个评价指导。）

重要性已经得到大部分研究人员和语言教师的认同。其中最有名的要数 Krashen 的 i+1 理论[①]。研究人员近年来相继有研究报告问世，如国际著名语言学家 Skehan（1998）、国内的学者张沪平（1999）等。他们都十分明确地强调语言输入对外语习得的重要作用。课堂教师语是课堂教学的重要组成部分。教师用目标语可以为学生创造良好的学习目标语和应用目标语进行交际的环境，有助于培养学生良好的语言习惯和语言运用能力。

在课堂教学中严格执行 90% 以上目标语教学，这种情况下，课堂里会有个别孩子觉得吃力，那么课后王老师会要求这部分孩子在学校规定的补习时间到教室进行辅导，根据孩子的不同特点和需要，提供有针对性的帮助。课后辅导时间其实也是和孩子进行交流的好时机，可以适当地给孩子提供一些目标语的辅助，鼓励孩子在今后的课堂中逐步适应全目标语的教学环境，尽力做到不让任何一个学生落后。

2. 学生和家长的沟通工作准备。

王老师曾就职于国内一所著名的外国语学校，在教授英语期间，在课堂教学中始终坚持 100% 使用目标语。如今，王老师尝试将这一成功经验进行推广，力求实现课堂教学用语 90% 以上为目标语的目标。在她看来，开学的前几堂课至关重要，因为前期是与学生进行沟通和树立规则的关键时刻，前期的工作直接关系到后续的课堂教学和课堂管理。

关于与学生进行沟通工作的具体操作，深刻揭示了初次交流的重要性。与学生的第一次交谈至关重要，它关系到教师今后几年是否能够站稳讲台，令学生信服。如果开学第一节课老师就全程都用英语上课，会让学生对英语有依赖，不利于今后开展目标语教学。建议第一堂课教师一定用汉语介绍自己，使用可理解的语言。在今后的课堂，教师应该严格控制自己的英语使用频率，做到 90% 以上的目标语教学，10% 的英语仅用于一些必要的课堂管理和一些紧急状况。例如，发生关系到学生的安全和健康的突发事件时可以使用英语，日常固定的课堂管理必须使用目标语。

关于与家长进行沟通工作的具体操作。家长对教师的看法会影响学生对教师的印象。没有家长的支持教学工作很难开展，因此，教师一定要高度重视与家长的见面会。在开学前的家长见面会上，教师需提前告知家长本学年的教学目标、教学安排以及其他注意事项，需要强调目标语教学的重要性、必要性以及学生在这种环境下学习的好处。教师还要提前告知家长，在使用目标语教学初期会遇到一些暂时的困难以及自己会怎样帮助学生解决困难的具体方案。这时，王老师还会告诉家长，学生唯一的家庭作业就是教家长一些自己在学校学到的汉语知识。这样就可以让部分积极的家长参与到我们的教学中来，让大部分家长消除疑虑，避免将来很多不必要的麻烦。很多真实的案例就是没有做好沟通工作，造成老师、学生和家长之间很深的误解，一定要做到让学生"亲其师，信其道"。"磨刀不误砍柴工"，教师抓住一切可以和家长交流沟通的机会，调动家长的主人翁精神。

3. 教学知识和营造汉语学习环境准备工作。

充分的知识储备是上课底气的坚实基础。教师应当确保在课堂上使用的目标语是可理解输入（comprehensible input）的。第一次踏上讲台，要想充满自信，一定要有充分的知识储备。特别是与上课相关话题的知识储备，不管话题是英语表达方式、汉语表达方式，还是本地相关语言表达方式，都应当是教师需要准备的内容。教师应当关注当时、当地、本校、本班，乃至学生群体中的常用语言，做好知识储备，只有这样才能更好地让学生产生共鸣，学生也更容易接受。

潜移默化的环境对教育起着重要的作用，教师应当尽量营造一个让学生一进入教室就意识到应该讲汉语的环境。

提取中华元素。王老师通过研究归类分析，从中国文化中选取了具有代表性的中国元素，例如，中国结、大红灯笼、筷子、京剧脸谱等传统文化元素；竹海、松树、梅花、熊猫等中国人钟爱的"岁寒三

---

① Krashen i+1 理论：i 代表习得者现有的语言知识，1 代表略高于习得者已有的语言知识部分。该理论认为，决定习得者是否能从一个等级向更高一个等级迈进的必要条件是输入的内容要为习得者所理解，但却不能完全是习得者的已有知识。因为如果输入的内容全部为习得者的已有知识，习得者就不能前进。相反，如果输入的内容完全不为习得者所理解，习得也不可能发生。

友"和"和平使者"，以及国旗、地图、长城、西湖等中国地理历史文化元素。

筛选、书写并张贴高频词。为方便进行语言教学，王老师还提前将常用课堂词汇罗列出来，筛选出课堂内高频率使用的单词和句型，书写并张贴在教室内，让学生能够随时随地使用。这种方式方便了师生的交流，取得了很好的效果。

三、怎样坚持课堂目标语教学

在课堂教学中要做到坚持目标语教学确实会碰到各种各样的困难，这里笔者列举一些小策略供大家参考，帮助大家坚持课堂目标语教学。

学生说英语时，教师可用汉语重复，再让学生用汉语说一遍。长期坚持下来，学生就会把一些汉语高频词句练得滚瓜烂熟。

一旦注意到学生马上要张口说英语了，教师可以提醒他"说汉语"，并表示"我会帮助你"。教师可以一边听学生用汉语表达他的意思，一边给学生提供他缺乏的词汇。有时学生不愿意说中文是因为他们知道自己缺乏一些用于表达的词汇或句型。如果教师很明确地表示会在他们身边支持他们，不会让他们走入死胡同或在同学面前出丑，他们就会鼓起勇气尝试用汉语来表达他们的思想。

充分利用学过的歌曲、儿歌等来提醒学生，这样能避免他们在一时想不出汉语的时候说英语。

充分利用"排除法"来解释新词的意思。比如，当教师介绍"长"（cháng）的时候，可以指着某个女生的黑色的长发，说"她的头发很长"，再指着长颈鹿的颈部，说"它的脖子很长"。学生看教师指女生的头发有可能会猜"长"是"黑色"或"头发"的意思，但继续指长颈鹿的脖子时，他们就会把这"黑色"或"头发"的意思排除。当教师提供了四五个例子之后，他们会最终把正确的意思分析出来，因为这些例子唯一的共同点是它们都很长。

尽量用学生熟悉而感兴趣的话题作为出发点来介绍新词。比如，在教"赢"字和"输"字时，老师可以举例说最近的球赛，如"上星期六的橄榄球赛，我们的学校输了，那个学校赢了"。

在课堂上，可以长期坚持执行小组比赛的原则。哪个小组成员多讲汉语就加分，哪个小组成员在课堂上讲了英语会被扣分。每周或每两周进行一次结算，给予优秀小组奖励。这样学生会想办法尽量使用汉语配合老师。

在课堂上尽量设置一些亮点来吸引学生的眼球，让学生体会到学习新语言并在生活中运用的乐趣，以此来激发学生学习的兴趣。例如，在教"爱"这个字时，教师可以用肢体语言和图片帮学生理解，然后鼓励学生自己造句。

在每一个节假日的当天教给学生应时的祝福语，并且鼓励学生在生活中运用这些句子给自己的家人、朋友和邻居带去祝福。例如在每个星期五，老师下课的时候都可以说一句"周末快乐"，长此以往，学生一到星期五就会主动对老师和同学说"周末快乐"。

四、以"Hobbies"一节教学为例

1. 课前练习（Bell Work）（大约5分钟）。

动笔练习活动能让学生快速进入语言学习状态。学生每天进教室后会先到一个固定的地方拿到他当天的课前练习的内容，然后回到自己的座位上安静地完成。这是从开学第一天就开始训练的课堂程序。作业基本是对前一天学习的复习。学生做完以后交到教师指定处。

富有中国特色、仪式感十足的口语练习活动。教师再次确认全部同学做完课前练习后，与学生进行如下对话：

2. 复习旧课程引入新课程（30分钟）。

在教学的过程中一直贯穿着TPR①，TPRS②和Gradual Release Model③原则。老师通过肢体语言、语音和语调变化、夸张的面部表情、形象而丰富的教具为学习者提供可理解输入的目标语。

Ⅰ．复习引入。王老师打开PPT，展示复习。"昨天我们学了6种运动，它们是什么？"这时王老师给出的指令是"回答"。这个时候学生一般都会积极回答问题。如果学生不知道答案，王老师会给出一些肢体语言做提示。

Ⅱ．示范学习。"你喜欢××吗？"老师同时展示一些图片和肢体语言帮助学生理解"喜欢""吗"以及当天要学的新的运动和爱好的词语。例如王老师问"你喜欢游泳吗"，她一边问一边做着游泳的动作并且指着PPT上游泳的图片和表示喜欢的图片来帮助学生理解这一问句的意思。接下来，再次向不同的学生提问，反复输入强化练习。当大部分学生理解以后能做出回应、能正确回答老师提出的问题后，转入下一个环节。王老师随时给出"对、不对、再来一遍、很接近、很好"等一系列的指令来鼓励学生的课堂表现或是通过提问全班学生来使用目标语，参与评价。学生此时会积极地模仿老师的目标语给出评价，有的学生还会创造很多新语句来评价同学。

Ⅲ．集体练习。当学生能很流利回答问题时，会进入到下一个环节，老师选取能很快掌握的一两对学生互相问问题并且试着回答。王老师的指令是"问"和"回答"，这样学生可以再次给别的学生示范一次（用图片和夸张的肢体语言帮助）。

Ⅳ．小组练习。接下来如果大部分学生懂了，老师会给出新指令："两人练习或是小组练习三分钟后到教室前面展示。"这个时候老师一定要在教室里走动，观察每一个学生。如果老师不这样做，学生会因为没人监管或在练习过程中遇到困难而放弃目标语、选择使用英语完成任务，完全达不到训练的目的。

Ⅴ．独立练习。当学生熟练掌握句型后，进入到游戏环节来运用句子。老师的指令是"现在做采访游戏"。这一环节能满足这个年龄学生好动的天性，他们可以离开座位、用所学的句子去采访他们的朋友。动静结合，保持他们的学习专注度和热情。这个时候老师也要在教室里走动，看是否有学生需要帮助，并确保每一个孩子都在使用目标语提问和回答。

下一步就是完成采访以后学生到教室前面展示他们的采访结果。老师给出的指令是"展示报告"。学生完成调查报告后会到教室前面用第三人称展示自己的调查报告。这时他们会有一个完整的语言输出。

Ⅵ．延伸练习。在接下来一天的课堂学习里，王老师会用到TPRS来帮助自己坚持全目标语教学，增加全目标语教学的趣味性，让学生有兴趣反复练习和运用当天学到的知识。老师会选用班里孩子的名字来引导学生一起编辑一个简单的故事来反复操练所学的词汇和句型。最后把这个故事打印出来，用作下一步教学中学生的阅读材料。这个故事一定要有趣且词汇运用频率高。

以"Hobbies"的延伸练习一节教学为例：

第一步：给出故事相关词语的意思。

第二步：围绕"Tom喜欢游泳"，用固定的句式展开问题，按照学生的答案和建议来编辑一个有趣的故事。

第三步：和学生一起根据学生的答案版本把这个故事写出来。

第四步：和学生一起阅读王老师自己在备课时设计的相同句式结构的故事版本，让学生通过画图来帮助自己记忆和理解故事。

第五步：学生用所学的句子结构创作一个新故事。

---

① TPR教学法：TPR（Total Physical Response）译为"直接式沟通教学法"或"完全生理反应理论"。该教学法由美国加州圣约瑟大学心理学教授詹姆士·阿歇尔（Dr. James J. Asher）于20世纪60年代提出。他所提倡的是把语言和行为联系在一起，通过身体动作教授外语。

② TPRS教学法：Teaching Proficiency through Reading and Storytelling的简称。

③ The gradual release model "I do. You do. We do."被称为美国有效的经典模式：逐渐放手的教学过程。这种教学模式在美国被广泛运用。

第六步：学生把自己的故事用表演的形式分享给全班。

3. 对照教学目标自检（10分钟）。

王老师每天都会把教学目标固定展示在白板的左方，指着教学目标叫学生自己默读一遍，并示意学生回答"懂了"或"没问题"，有问题的说"有问题"，再次检查今天的教学效果。在时间允许的情况下检查学生当堂课的掌握情况。王老师在下课前一分钟和学生们说"同学们，再见！"学生们回答："王老师，再见！"这样做可以再次强化学生在课堂期间使用目标语的意识，听到下课的指令才能松懈下来自由讲英语。

五、分析

王老师的目标语教学课堂有什么值得我们学习的地方？

1. 充分的课前准备工作，让全目标语教学得以实现。
2. 全目标语教学紧凑的课堂节奏能让学生忙碌起来，没有机会开小差；鼓励学生多讲目标语，尽量少讲母语；尝试用目标语来指导学生不恰当的行为，降低了课堂管理的难度。
3. 符合美国外语教学的理念和方法：目标语教学和听说读写贯穿教学始终。
4. 利用TPR和TPRS来帮助教师坚持课堂全目标语教学，让学生感觉有趣、参与度高且有效。
5. 让学生明确本节课的教学目标并在下课时再次检测学生的学习成果。

在语言的河流中出生入死

李国栋

四川省成都市郫都区第一中学

一、语言是条河

语文似乎天生是水做的。朱熹有诗："问渠那得清如许，为有源头活水来。"语言学家把语言和文本比作流动的河流。一直以来，我们的语文课堂也环绕着无数跟水有关的词语：渲染、浸润、滋养、沉潜、积淀……

海明威有个著名的"冰山理论"，他认为，一部作品好比"一座冰山"，露出水面的是八分之一，而有八分之七是在水面之下，写作只需表现"水面上"的部分，让读者自己去理解"水面下"的部分。从这个意义上说，作品有八分之七的意蕴都隐藏在文字之下。阅读者不能止步于识破文本冰山露出水面那微不足道的一角，需要潜入文本深处，泅渡、沉潜、涵泳，做到"入乎其内，出乎其外"，发掘出作品的言外之意、味外之旨。

创作是从意到文的过程，而阅读则是从文到意的过程。高超的文学家往往有着敏锐的语言感知力，进而发展为表达力；而优秀的阅读者则需要具备卓越的语言理解力，透过文字深入作品的意义内核。就语文教育而言，阅读能力是学生需要形成的语文关键能力，也是教师的基本教学能力。与文本为伴，与语言为"敌"，是众多语文名师的成功秘诀。南帆先生有本书叫《沉入词语》。在他眼里，语言是水，阅读需要"沉入"，需要把身心慢慢地浸入文字，直至不能自已，达到物我两忘、得意忘"形"。

语文阅读教学的现状是，我们的文本阅读过于急躁、失之浮浅。阅读课堂充斥着太多的漂浮物，有的随波逐流，被应试功利束缚手脚；有的则蜻蜓点水，在言语的表层滑行。这样的阅读教学最终无法感动自我，更无法感动学生。肖培东老师说："文字进不了孩子的灵魂，是因为教师自己还没有因为文章而有所触动、有所感悟。"教师没有被触动和感悟的原因是：很多时候，作为阅读活动参与者之一的语文教师一直站在语言之河的岸边，并没有把双脚踏入文本的急流深水中，从而缺乏那种水漫头顶、绝处求生、八面受敌、柳暗花明的"高峰体验",对语言的直觉意识慢慢钝化,对语言的沉浸能力逐渐丧失。

《普通高中语文课程标准(2020年修订版)》指出:在语文课程中,学生的思维发展与提升、审美鉴赏与创造、文化传承与理解,都是以语言的建构与运用为基础,并在学生个体言语经验发展过程中得以实现的。语言在语文学科核心素养中处于基础性地位,既是思维的工具,又是审美的对象、文化的载体。阅读教学要紧紧抓住语言之缆,在文本的河流中"出生入死",方能抵达阅读世界的彼岸。

禅宗大师青原行思有一段关于禅悟的言论:①看山是山,看水是水。②看山不是山,看水不是水。③看山还是山,看水还是水。这个从"是"到"不是"再到"还是"的过程,我们可以理解为文本阅读中认知—思辨—建构的过程,是从语言到思维、从形式到意义、从现象到本质的过程。它恰好对应了三种阅读样式:作为认知层面的文本细读,作为思辨层面的批判性阅读,作为建构层面的深度阅读。我们认为,掌握好这三种阅读方法可以较好地实现在文本河流中的潜泳和泗渡。

二、擘肌分理、入乎其内——文本细读

有人把文本比作一个洋葱,表层是语词、句子建构的语言,内层是语言背后的主题、情感、思想等意义。符号学家罗兰·巴特认为似洋葱的文本无核而有皮。其实,我们都知道,文本内层的主题、情感、思想等所谓的"意义内核"不可能是洋葱内部的一个独立的存在,它一直附着也只能附着在一瓣瓣剥离开来的语词、句子里面。文本细读就是这种剥洋葱的过程,它通过擘肌分理,逐层深入文本洋葱的组织结构,从文本的言语性,即字、词、句等言语材料入手,细致分析言语的表达形式、修辞手法,开掘言语的多个侧面内涵来达成对文本的意义阐释。

叶圣陶先生说:"一字未宜忽,语语悟其神。"这就要求我们在细读文本时,从语言最外层的语素(音、形、义)开始,进而到词句的语气、语调、停顿、重读,再深入到意象、情感、修辞、逻辑,最后到结构、意蕴,由浅入深,逐渐完成对文本的"意义内核"的理解认知。语文出版社原社长王旭明先生倡导"真语文",示范教学立足于语言建构、致力于思维训练,通过对文本言语的反复敲击、回溯、比较、置换,把文本的韵味和意蕴慢慢砸开、泡开,看似风平浪静、波澜不兴,实则暗流涌动、波诡云谲。这样的课做到了大道至简、真水无香,是众声喧哗的阅读教学圈里难得的清流。

从语言到意义,这是文本阅读的基本路径,也是最素朴的阅读法。它依靠最纯净的言语经验参与阅读,获得最自然的阅读体验和最真实的审美直觉。比如教学《再别康桥》,我们可以带领学生从音乐美、绘画美、建筑美三个层次完成对文本的细读。音乐美从音步、韵脚方面入手,绘画美侧重辞藻、意境,建筑美从诗节结构、句式整饬入手。这其实就是一个剥洋葱的过程:由表及里、由形式到内容、由语言到意蕴。在剖析语言时,我们发现,音步变化和用韵转换显露出了诗人的情感基调以及情绪的微妙律动,而诗歌意象意境则指向了中国古典诗歌"离别"与"爱情"的主题。最终,我们看到了《再别康桥》这首诗的"意义内核",它"皮"的一面是对母校的依恋,"核"的一面却也是失恋的哀歌。

三、反思思辨、出乎其外——批判性阅读

去伪存真、去粗取精是文本阅读不断走向深入的重要目标。阅读不能只停留在认知理解的接受层面,它还需要在质疑反思中不断追问"是这样吗""有没有问题"。钟启泉教授认为,阅读需要批判意识,"对于某种事物、现象和主张发现问题之所在,同时根据自身的思考逻辑地做出主张的思考"。这就是批判性阅读。批判性阅读对于促进阅读者高阶思维的发展至关重要。其路径包括两方面:一方面是指对文本内容和形式的反驳与修正,另一方面是指对文本内容和形式的肯定和补充。通俗地讲,一条路径是"破旧",另一条路径则是"立新",而"立新"又是建立在"破旧"的基础之上的,所谓"不破不立"就是这个道理。这之中涉及概念、推理等逻辑内容,所以,始终无法避开语言工具的使用。比如对概念外延和内涵的界定,就得依靠对名物进行比较与辨析。

批判性阅读的基本步骤有四个:理解、质疑、发现、建构。其常用工具就是"反向假设",其推理形式是"如果不"。例如,我们在对王安石《读孟尝君传》进行批判性阅读时,第一步就是确立王安石

在文中的观点"孟尝君并不善养士";然后展开第二步——质疑:孟尝君以养士立名,被誉为战国四公子之一,真的如王安石所言?其次就是借助语言进行深入研析,获得发现:在语词概念方面,王安石所言的"士"并不是战国时代的"士";在逻辑推导上,王安石犯了一个假言推理的错误,夸大了"士"在国家命运中的作用,齐国的灭亡并不主要是孟尝君和那些"士"的责任。这样,我们可以清晰地看到王安石这篇文章的不足,从而成功地实现批判性阅读的"破"。从文本中进入,回溯到文本的语言中去,再从文本中出来,站在文本之外审视、反思、质疑、批判,阅读活动已经潜入了语言河流的深处,实现了思维提升和认知创新。

余党绪老师在论述思辨性阅读时说,思辨性阅读也可称为批判性阅读。他认为,文本是阅读的基石,回归语言是阅读的出路。思辨性阅读既要依靠语言,也要穿透语言的迷雾、去除遮蔽。

四、整合建构、出生入死——深度阅读

近年来,有感于"浅阅读"泛滥成灾,深度阅读呼声渐起。尼古拉斯·卡尔在《浅薄:互联网如何毒化了我们的大脑》中说:"从前,我带着潜水呼吸器在文字的海洋里缓缓前进,现在,我就像一个摩托车快艇手,贴着水面呼啸而过。"深度阅读不满足于理解作品的浅表意义,它基于建构知识图谱、整合多方面的知识源、扩展知识的纵深,试图通过研究作品的时代背景、语言特性,结合阅读者的知识、阅历等去发现文本的意义。最基本的策略是深入文本语言,建立知识图谱。

语言是作者表达思想情感的媒介,也是读者理解文本的媒介。优秀作品的语言,往往具有"丰富含义",能激发读者产生丰富的联想,让其进行深层次解读,进而捕捉作者的创作意图。在阅读教学过程中,教师可指导学生抓住关键词、关键句进行大胆设问,并联系上下文或时代背景分析语言的丰富含义和文本的深层意蕴,在对文本信息进行充分整合后达成"意义建构"。

例如教学郑愁予的《错误》时,我们围绕文本建立了"郑愁予""闺怨诗""江南"多个知识图谱,整合了"莲花""东风""柳絮""窗扉""春帷"等意象关联知识,扩展了文本的宽度,然后通过五个"不"字深入诗歌文本中,进行时空链接和内容填补,建构起完整的"故事情节"——当年相守携手赏春何其欢乐,如今离散劳燕分飞倍感悲楚。

王国维说:"诗人对宇宙人生,须入乎其内,又须出乎其外。"这是就写作者对于世界而言,其实,阅读者对于文本也需要入乎其内、出乎其外。笔者在指导学生对鲁迅先生的《祝福》进行阅读时,先是用了文本细读的方法,对小说要素进行梳理,通过对文本语言的推究,我们给祥林嫂的一生勾勒了图谱:祥林嫂的一生不"祥"。然后我们整合了跟小说有关的信息,比如写作的时代背景,比如鲁迅小说的开山之作《狂人日记》,最终触及了文本的内核:这是鲁迅小说"吃人"母题之下的一个关于"女性被吃"的子文本。

五、结语

王君老师说:"在语言中出生入死。"探究文本语言是语文教师应该毕生致力的工作。在提升学生语文核心素养的过程中,坚守"语言建构与运用"的基础地位是立教之本。聚焦语言,走向文本深处,从而见其深广。在阅读活动中,教师要引导学生练好"语言内功"。教师需要有活在语言中的笃定,也要有为语言"死去活来"的执着。我们细读,我们便走入文本深处;我们批判,于是我们去除语言的遮蔽;我们深读,所以我们建构价值与意义。入乎其内故能细读,出乎其外故能深读。在语言的河流里实现"自由泳",我们才能无限靠近阅读的彼岸。

"小城故事"
——《边城》《受戒》《小城三月》群文阅读

侯 裕

四川省广元中学

一、议题分析

引导学生阅读沈从文的《边城》，筛选文本中的各类小说要素，感受相应的地域风物特点，把握作者笔下人物、风情等的审美取向，品味人物存在的审美价值和作者流露的"小城情怀"，把握沈从文在小说中流露的情感价值取向。

基于以上活动体验，进行"辐射式阅读"，开展群文阅读活动——"小城故事"，领略几位作家笔下各自的审美形态——不同的文学故乡或者人物价值，通过小说人物体会文学意义上的小城美学价值。

在尝试提高学生对小说主人公认识鉴赏能力的同时，也要引导学生思考小说背景，关注现实存在的地域元素尝试对其进行艺术加工，并结合个体体验，尝试写出自己的所感所思，运用多种表达手法进行一定的文学表达。

二、学情分析

本次的教学对象为高二年级的学生，他们对小说已经有一定的认识，懂得小说阅读的一般方法，并能围绕小说三要素进行相关内容的分析。三篇小说的故事性并不强，学生理解起来可能有一定难度；但三篇小说的主人公都是青春少女，和高二年级的学生年纪相仿，且三篇小说都与青春期的情感相关，学生有较浓厚的兴趣。

三篇文章都较长，学生的前期阅读要花费数节课。通过对三篇文章的仔细阅读与比较，加之查阅了大量相关评论和三位作家的其他作品，笔者基本确定了从人物形象入手、通过探讨三篇作品的异同来分析三位作家的写作目的的教学思路。

课前，笔者利用课堂让学生安静阅读；阅读之后，笔者引导学生写下阅读的感受及在阅读过程中的疑问。通过对学生阅读成果的收集，笔者发现这三篇小说对学生而言还是有一定的难度。学生提出的问题涵盖了阅读的各个方面，包括对人物形象的理解、小说主题的探讨、文章背景的设置、小说叙述过程中的许多细节刻画等，可以看出学生在认真阅读并有深入的思考。我又发放了毕飞宇老师对《受戒》一书分析赏读的《倾"庙"之恋》一文，学生经过认真阅读，对之前的许多问题有了初步的理解。鉴于教材所选的只是《边城》的一小部分，我又提前布置任务，让学生对《边城》的整部作品进行了阅读。学生在整体阅读之后，对小说中的人物形象、人物命运及人物所处的边城环境有了更深入的了解，人物的形象变得更加立体和丰满。

三、选文分析

《边城》《受戒》《小城三月》三篇小说写于不同的时代。时代浪潮裹挟下的不同人物，尤其是女性，对自己的命运、情感虽有规划，对未来虽有美好的期望，但对自己的命运往往难以主宰。三篇小说都有可供挖掘的少女情怀、乡土元素，这些又嵌在人物形象、故事情节、叙述语言之中。人教版语文教材必修五第一单元的单元提示要求：学习这个单元，要注意把握小说的主题和情节，要从人物、情节、环境三个方面分析，了解作者的创作意图，而人物性格的刻画往往直接提示主题。有些文本人物方面的特质，不是一下子就能筛选出来的，需要品出来、琢磨出来，犹如舌含小叶苦丁，最后或许有别样的味道。所以，针对筛选的有关人物标本，学生可以借助深入解读、片段式排演、意蕴体会等手段完成对小说人物的再加工。学生还可以借此逐步培养对文学作品中人物的美学价值和表达分寸更为精准的把握能力。

四、课时安排

前置性学习：三篇小说阅读大约三课时，读后感写作一课时，其他资料阅读一课时，群文阅读一课时。

五、教学程序

以下就是"小城故事"群文阅读课教学实录。

（一）导入

（播放歌曲《小城故事多》）"小城故事多，充满悲和乐，若是你到小城来，收获特别多。"今天，就让我们走进几位作家的文学故乡，去认识小城里的那些人，去感知他们的悲欢离合，去探知作家对遥远故乡的追忆和怀想。

（二）走进文本

1. 问题：读了三篇小说，你能否找到它们的关联点？

生：它们都是关于初恋的故事，三篇故事都以悲剧结尾。

师：除了悲剧的结尾之外，我们还从中读到了哪些相同的东西呢？

生：三篇文章都描写了小城的美丽景色，小说反映出的人物、人情都是美的。

师：归纳出来，就是"美"和"悲"。"美"和"悲"是连接这三篇小说的一个共同点。

美悲（板书）

2. 人物形象分析。

（1）《边城》：翠翠。

学生齐读描写翠翠的片段后，分析归纳翠翠的形象特点。

教师总结翠翠的形象特点，正是因为翠翠的性格，所以在遇到喜欢的人的时候，羞于表白，也间接地导致了悲剧的发生。

问：读了《边城》，给你印象最深的情节是什么？

学生自主发言，教师补充。

（2）《受戒》：小英子。

学生齐读描写小英子的片段后，分析归纳小英子的形象特点。

生1：有很浓的乡村气息的女孩，大方、活泼，具有勃勃的生气。

生2：热情、大方的女孩，纯朴，热爱劳动。

师：这点和翠翠很相像，那你觉得她和翠翠不一样的地方是什么呢？

生3：勇敢、大胆，面对爱人，敢于表达，这和翠翠不一样。

师：小英子和翠翠同为十五六岁的少女，同在乡村长大，她们为什么会有截然不同的性格？

生：家庭不同，生长的环境也不一样。

教师总结归纳。

(3)《小城三月》：翠姨。

学生齐读描写翠姨的片段后，分析归纳翠姨的形象特点。

生1：忧郁气质，这种忧郁气质来自她的家庭环境，她是一个寡妇的女儿。

师：她为什么只把头转过去，而不是把整个身子转过去呢？

生：她处于封建年代，要求培养这样的所谓的"淑女"。

生2：害羞、含蓄。

师：你觉得她的这种害羞和翠翠的害羞有什么不同？

生3：翠翠是不会，而翠姨是不敢。

3. 写作动机。

我要表现的本是一种"人生的形式"，一种"优美、健康、自然而又不悖乎人性的人生形式"。

——沈从文

我写的是美，是健康的人性。美，人性，是任何时候都需要的。

——汪曾祺

师：我们在两位作家的写作动机中看到了相同的字眼：健康的人性。在两篇小说中，这种健康的人性体现在哪些地方呢？

生1：人与人之间的健康交往，还有感情上不掺杂功利的色彩。

生2：健康既体现在所有人之间关系的和谐、和美上，也体现在所有人爱情观的纯洁、纯真上；还体现在小城的风气上，也是和美的状态。

师：人情之美，人性之美，爱恋之美。

探讨《小城三月》的写作动机。

对爱与温暖的一次憧憬和追求。

——萧红

师：《小城三月》写于萧红逝世前半年，是她对故乡的一次回忆，也是对童年生活的一次追忆。

教师简单介绍萧红的经历，以帮助学生进一步理解小说的写作动机。

（三）探究

1. 边城的人们是那样的善良、纯真，翠翠的爱情为什么会以悲剧结束呢？

学生以四人小组的形式组织讨论。

教师介绍《边城》的写作背景，引导学生关注作者的写作目的。

"对桃花源的寻找"，作者想要通过小说表现大时代背景下，个人命运被时代大潮裹挟的不由自主。

2. 寺庙里的和尚为什么可以像普通人一样杀生、开荤、结婚？作者为什么要描写一个和尚的爱情，而且还要描写得无比纯真？

教师引导学生分析《受戒》写作的时代背景，以更好地理解为什么是"四十三年前的梦"？

3. 为什么翠姨在没有买到绒绳鞋后，说自己的命不会好？她喜欢一个人为什么不敢表达？

教师引导学生理解萧红在文章中是要表现"中国女性的东方恋情"，不知道如何表达情感，也不敢去表达，这样的女性悲剧很多，环境使然。

师：所以，我们希望翠姨这样的人变得更少一些，小英子这样的人变得更多一些，社会就会少很多悲剧。

教师引导学生回到前边的问题：《受戒》为什么会是悲剧呢？

生：表面看是幸福的结尾，但他们的命运也可能不由自己主宰，明海不能决定他人生的最终去向，所以他们的爱情去向可能是个问号。

（四）小组交流读后感

（前置性学习中，每个同学都写了读后感，教师对每篇读后感都作了批注和评析。）

小组推荐一个同学，在全班分享读后感中的精美语句或独到的观点。教师作简单评析。

（五）小结

"如何让你遇见我，在我最美丽的时刻。"青春美好，爱情纯真，但正如弘一大师在临终前写下的那四个字"悲欣交集"一样，人生有乐，亦有悲，我们都不希望拥有《小城三月》中翠姨的命运，我们每个人都向往着《受戒》里的生活，都渴望纯真的感情，都祈求世俗别给我们太多挫折，大多数人还是在《边城》里找到了共鸣。生离死别、求而不得都使人痛苦，那么只好祝愿每个人都找到自己的那座边城、得以休憩、得以平静，得以安息灵魂。

师：下来之后，大家还可以就"小城故事"这一主题进行拓展阅读。

六、自我评价

阅读小说时，鉴赏者在感受小说语言、揣摩人物心理、分析人物活动环境中可以提升对文学作品中人物的鉴赏能力，甚至可以借此提升其创新表达能力。因此，在以《边城》为主的"边城类"小说的课堂活动设计上，笔者认为可以围绕人物鉴赏这个点，多角度发掘，引导学生体验文学作品中人物的审美过程，揣摩小说人物塑造的一般方法，分析人物心理，探讨人物活动的时代背景，把握文本的语言风格，从而更多地关注小城文学系列人物的审美价值。

通过本文的教学，学生能尝试着在同一主题的小说阅读中横向比较、纵向分析，进行更多更深层次的阅读体验。

另外，课堂活动的有效进行，需要教师既关注问题的相关性，又关注问题的合理性，还要关注问题的新颖度，发掘一些有趣的人物鉴赏点，让学生切实关注文本人物相关的要素，提高对人物塑造方法的鉴赏能力，合理发掘"边城类"文学作品人物的审美价值。

浅谈小学语文低段阅读课堂思维场域构建策略

李 洋

四川师范大学附属青台山小学

语文学科核心素养是一种以语文能力为核心的综合素养，其中包括"思维发展与提升"。小学语文教学主要是培养学生听懂、能说、能读、会写的能力，这些都离不开懂得思考问题的前提。在小学语文阅读教学中，要想提高小学生的思考力，就必须不停地推动学生思维的运转，否则学生达到的阅读层面就会是浅显的，不能深刻体会到作者的写作意图和内心丰富的情感。因此，语文老师在阅读教学中应该多引导学生循序渐进地展开深层次的思考，运用有效的方式让学生学会自主阅读、自主思考、自我解读。

《义务教育语文课程标准（2022年版）》要求：语文课程应培育学生热爱祖国语文的思想感情，指导学生正确地理解和运用祖国语文，丰富语言的积累，培养语感，发展思维，使他们具有适应实际需要的识字写字能力、阅读能力、写作能力、口语交际能力。

一、良好的课堂氛围是基点

（一）营造平等民主的课堂氛围

良好的课堂氛围，能够给予学生足够的安全感、归属感，而构建课堂思维场域，平等、民主是不可或缺的基石。

首先，应以学生学习为中心，推动教学模式从关注教师的"教"向学生的"学"转变。在此过程中，教师要充分发挥引导作用，适度让位，让学生走向课堂"中央"。

其次，应以自由开放为原则。思想上，要打破追求唯一答案、依赖固定思考路径的禁锢，为学生留出足够的时间、空间，鼓励他们怎么想的就怎么说，敢说、多说，达成说与想相互促进。行为上，不要求学生固定位置，交流分享时可自由选择合作者、分享位置等，打破教师在上、学生在下的局面。

师生、生生彼此相互尊重、平等对话，方能营造出师生和谐、合作共享的良好氛围。教师充分解读学生，发现学生的行为、认知、思维等，把话语权交给学生，让学生成为参与者、学习的主体，让每一个学生都动起来。平等民主的课堂有相对自由宽松的氛围，全然不见学生的提心吊胆和战战兢兢。在这里，大家互相交融、互相接纳、互相包容、互相分享，在交流互动中共同成长。

（二）构建良好的课堂规则

师生共同约定课堂学习规则，并自觉遵守这些规则，这既是平等民主课堂氛围的体现，也是营造此类氛围的基础。由此，方能形成"善倾听、乐表达，善观察、乐参与"的课堂状态。比如在自主阅读时，学生应专注思考，保持零级音量；在同桌或小组交流发言时，要遵守发言顺序，使用二级音量；在全班集体发言时，发言者使用三级音量，倾听者则要做到"谁发言，看着谁"，他人发言期间不举手、不说话等。

师生彼此遵守课堂规则，是促进学生思维发展，及至促进师生、生生思维深入互动的基础。在此情境下，学生能认真倾听、积极思考，能被知识、被他人的发言所吸引，能引起共鸣。学生敢于发表自己的观点，是学习兴趣的体现，也是倾听成效的反馈，更是思维火花的初次绽放。

二、多向对话促思维构建

对话，原指人与人之间的谈话。但若深入研究对话的实质，我们会发现：对话是对话主体在彼此交往过程中认知、情感、态度及价值观等方面进行交流与碰撞、沟通与合作、激发与感染的过程，是一种致力于相互理解、相互协作、相互共生、相互促进的过程，是对话双方从各自经验出发所达成的一种认知的融合。对话的主体既可以是人与人，也可以是人与物；既可以是个体与个体，也可以是个体与群体、群体与群体。教师应从不同视角深入剖析学生的学习，并将之与对话的实质相比照。

维果茨基的"最近发展区"理论认为：学生存在两种水平，一种是学生实际具有的"现实水平"，另一种是在教师引导下学生所能达到的"潜在水平"。这两种水平之间的差距就是"最近发展区"。课堂教学应致力于帮助学生从"最近发展区"到"潜在水平"。多向对话，就是通过提出一个又一个问题，不断地制造令学生困惑的事件，激发学生的思维。这些事件看似落在学生的现实水平上，但又不完全是，如果学生想真正解决问题，就必须发挥自己的潜能，促使思维向"最近发展区"迈进，构建起富有成效的课堂思维场域。

语文课堂不仅仅是知识的传递、听说读写能力的训练，还应有对学生思维能力的训练，而思维能力的训练又以对话交流为切入点。因此，要构建低段语文阅读课中的思维场域，应从构建多向对话开始。

（一）提出问题，激发思维

"学贵有疑"，疑是学习探索的开始，也是探索新知的动力。语文教学中的质疑方式是激发学生发散思维、活跃思维的有效手段。发现问题、提出问题是学生思考的表现。朱熹曾说："读书无疑者，须教有疑；有疑者，却要无疑，到这里方是长进。"语文老师在教学过程中要重视对学生质疑能力的培养，使学生在阅读中多思、深思、善思，善于提出问题，善于从不同的方面提出问题。

1. 课前提问，自主思考。

建构主义强调学习者的主动性，认为学习是学习者基于自身原有的知识经验生成意义、建构理解的过程。

起初，教师要善于鼓励学生主动提出问题，要让学生觉得提出问题是值得被肯定的，进而让学生内心生发出一种成就感。教师通过巡视，了解学生预习时提出的问题，可以清晰地知道大多数学生的情况。

课上提出问题，教师可以快速地了解学生的前拥知识或已知状态；可以比较清晰地了解学情，清楚课堂目标与学生已知之间的距离；可以更好地找到学生的最近发展区。课堂教学活动要基于学生现有的学习基础和认知水平，找到课堂的原点，找到思维的出发点和触发点。

2. 课中提问，碰撞思维。

学生提问的过程，就是思考的过程。在课堂教学中，无论是生生相互讨论学习时，还是全班共同交流时，教师都需鼓励学生提出新问题。比如，老师问"学到这里，你还有什么疑问"或"你又有新的问题吗"，让学生在倾听他人观点的同时进行思考，在讨论的过程中能提出疑问，以问题的呈现来引发思维的碰撞。

3. 课后提问，延续思考。

课堂学习结束，课前提出的问题得以解决，经过生本、生生、师生间的多向对话，学生对课文的理解愈发深入，学生的思维也得以拓展。此时，也许学生又有新的思考，教师应留一些时间，询问学生是否都已完全理解，鼓励学生再回到文本阅读，重新与文本对话，进行自主思考后再次提问。这样能够开拓学生阅读思维的深度和广度，使学生带着问题走出课堂，延续课堂思维。

通过课前、课中、课后，学生在学习的不同时段对文本进行阅读，在不同理解程度的基础上，不断地提出问题，形成问题群，最终形成课堂思维的碰撞，驱动学生不断思考，真正实现让学生带着问题走进课堂，带着问题走出课堂的思维贯穿。

建构主义学习理论强调以学生为中心，认为学生是认知的主体，是知识意义的主动建构者；教师只对学生的意义建构起帮助和促进作用。不论是课前、课中、还是课后提问，都体现了以学生为中心、以学生的问题为原点的课堂教学模式。

（二）整合问题，构建思维

学生带着自己的问题走进课堂，这些问题是起点而不是终点。面对学生繁多而杂乱的问题，语文教师该如何引导学生确立核心问题呢？教师应直接引导学生聚焦核心问题。先由学生在课堂上提出问题，然后教师引导学生聚焦最感兴趣、最想解决的问题，以便聚焦核心问题。

1. 梳理问题，呈现思维。

学生自主提出问题后，通过同桌（小组）呈现问题，每个同学依次呈现自己提出的问题。教师把学生提出的问题一一罗列出来后，引起生生之间的思考。如果有同桌（小组）内不能解决的问题，再在全班提出（相同的问题不重复），教师一一罗列出来，呈现大家的思考。问题全部罗列后，会无意识地引导学生思考这些问题，或者说思考其他同学提出的问题。

2. 整合问题，构建思维。

同桌（小组）或全班问题呈现后，可以进行问题思考，看看有没有相同的问题，或哪些问题实质上是相同的，只是问法不一样。

教师可引领学生进行整理归纳，在此过程中培养学生问题归纳的习惯和能力，帮助学生建立核心问题的意识，找到课堂聚焦的问题或学生最关心的问题。在梳理问题的过程中，学生会发现：一些问题是假问题；一些问题是自己通过再读课文可以解决的；一些问题是同学讨论后可以帮忙解决的；一些是大家共同的问题，需要在课堂上共同探讨解决。通过问题梳理，筛选并留下一些有价值的问题，学生也就明白了问题背后的指向。在课堂教学中，学生提的问题往往都能直指课堂教学核心。

通过问题整合，引导学生将问题归类并看到问题背后的指向，激发学生的思维，一方面可以培养学生从不同的方面提问的能力，另一方面可以培养学生问题归类整理的能力，构建起课堂阅读思维场域，彰显思维性。

（三）解决问题，碰撞思维

知识是探究的结果。在共同讨论解决问题的过程中，学生通过自己与文本的对话、生生之间的对话、师生对话等，不断地激发自己深入思考问题、探究问题、解决问题的意识。

1. 问题共探，碰撞思维。

学生是课堂教学的起点，也是终点。随着课程改革的不断深入，"以学生为本"的观念正不断地被教师接受和认可，并在教学中不断地践行，学生在教学中的主体地位不断地受到人们的关注。从本质上来说，课堂教学是教师和学生基于对教学内容的理解，双方之间相互沟通、相互对话、相互合作的一种交往活动，需要教师和学生的共同参与。话语权是学生参与课堂教学活动的一个重要元素，也是促进课堂教学活动开展的一个重要组成部分。因此，学生共同参与、相互讨论交流，是学生学习主体的体现。通过问题梳理整合，最终确定核心问题，聚焦课堂学习。学生围绕核心问题再进行组内交流、相互探讨、实践体验、交流碰撞等。然后以同桌（小组）为单位与全班进行学习成果交流，相互倾听、做出判断、质疑补充等，共同探究问题、解决问题。学生的语言表现为："我的观点是……，请问大家有补充吗？""我有疑问……""我有补充……""我不同意他的观点，因为……"。

把课堂交给学生，把话语权还给学生，在学生间表达、补充、反驳的回合中，课堂思维场域得以构建，学生的思维得以刺激和发展。

2. 适当追问，升华思维。

要构建课堂思维场域，教师应成为学生思维构建的支持者、引导者、参与者。教师应该创设情境激发学生的思维，为学生的思维发展留有空间，不要用自己的思考代替学生的思考。追问能为学生思考留下空间，引发学生深入思考，或许是顺势而导，将思维引向深入；或许是反向而行，将思维引向另一个新起点。

当学生进行汇报交流、生生间相互补充、质疑，以及师生间开展交流互动时，教师要认真倾听学生的发言，适时地做出总结提炼，针对学生的分析理解做出追问，以促进学生进一步思考，为学生搭建思维阶梯；促进教师引导学生深度学习，达到在学习的全过程中师生和生生思维同频道、行为动作同频率。

对话过程中，教师过早定调，易导致学生产生从众心理，限制学生思考的空间。追问可以激励学生深入思考，包括对自己和对学生的追问。

教师追问的同时，也要懂得对话中的留白艺术，给学生足够的思考空间，不要怕冷场。真正地深入思考，不是一蹴而就、一步到底的。当课堂出现冷场、学生语塞时，教师要有"不着急，慢慢来"的心态和气度，鼓励孩子主动思考。我们都知道，和生长周期较长的树木比起来，很快成"材"的树木木质疏松、不坚固。同样，思考需要过程才会有所得。课堂上教师是否能够恰当处理、掌握留白的艺术，也会影响学生思维的成长。

学习的本质就是对话。学生通过提出疑问、自主思考、合作探讨交流，体现学生与教材的对话、生生对话、师生对话的多向对话，体现学生思维的碰撞与深入。

学生从已知出发，提出问题、解决问题，对知识的建构都是主动的。个体通过与他人交互将获得思维或知识上的发展。

外语类

亭屋创新观，客鞅棹还留
——信息技术在小学英语教学中的运用

苏 红

成都南开为明学校

一、新媒体新技术应用于小学英语课堂的意义

1. "请君莫奏前朝曲"。

20世纪七八十年代的英语教学，老师只需要读出要学的单词，学生只需要学会就行；而在当今多媒体时代，英语课堂仍然存在这种老派的教学风格，毫无情景教学可言。新媒体新技术进入小学英语课堂中，让老师们多了些思考、多了些对课堂的重视、多了些新的教学设计的思路，最终成就一堂高效的英语课，使得老师们教有所获、孩子们学有所得。

2. "听唱新翻杨柳枝"。

在小学英语课堂的教学中，老师们的教学手段和教学方式是影响课堂教学效果的重要部分，也直接影响着孩子们的学习效果。当前社会的发展，使孩子们在生活中见识更多、求知欲更加强烈。老师们也应该不断地推陈出新，改变自己的上课内容和呈现方式。新媒体新技术的应用就是顺应时代发展的需要、满足学生的发展需求的必然选择。新媒体新技术的加盟，让同样的内容以不同的方式呈现，让老师们的设计环节展现得更加生动有趣；使得孩子们的学习更加高效，发挥出其本身存在的优势；能激发学生的学习兴趣，提升小学英语的教学质量，从而推动教育事业的发展。

3. "天工人巧日争新"。

兴趣是最好的老师，只有增强英语课堂的趣味性，才能从根源上提高孩子们的课堂参与度、激发孩子们的学习内驱力。

二、新媒体新技术在小学英语课堂中的应用

（一）上课前

1. 充分利用新媒体了解学生学情。

不同的学习经历、学习水平和学习风格的学生，学习基础不同，一堂好的课，除了要有好的环节设计，了解学生的学习基础也非常重要。为了增强学情了解的全面性、广泛性、多样性及高效性，教师需要利用新媒体新技术进行前期的学情调查。新媒体手段的加入，大大提高了老师们的前期准备的工作效率，为后期的课堂设计准备了更加全面的资料，让整堂课更加有针对性、层次性，从而提高学生的英语学习效率。

2. 博取百家之长，融会贯通，推陈出新。

教师利用新媒体新技术学习，并取长补短作用于自己的课堂。新媒体新技术的发展为老师们提供了更加多元的学习途径，许多优质的资源也在一些平台上展现出来，这些灵感和新颖的教学设计，让我们足不出户即可享受广阔学习天地，从而让老师们和孩子们都能够在学习上有所进步。不同地区的教育大环境不同，孩子们存在个体差异，这使得即使使用相同教材的英语课堂也会呈现出截然不同的风格。在此基础上，利用新媒体新技术进行学习，也能促使老师们构思出精彩的同课异构的创新教学模式。

3. 利用新媒体新技术进行教学目标及任务评价的确立。

（1）课标分析：教师应根据所教年级在《义务教育英语课程标准（2022年版）》中选择所需完成的总体目标要求。新媒体新技术的融入，使我们得以超越传统的书本查阅，能通过网络获悉大量的前沿教学模式和最新标准并结合班级学情进行深入分析。

（2）教材分析：明确教材版本及课程主题，明确学生掌握重点知识后的运用场景。新媒体新技术的加入，在英语课堂中强力地帮助了老师们在重难点方面的教授，使学生对于所学知识的输出更加得心应手。教材分析更加到位、重难点的梳理更加清晰，能确保设计的教学环节更有效。

4. 利用新媒体做好课前预习。

如果在一节英语课前孩子们就已经能够熟练掌握新单词和其正确发音，并对老师设定的课堂主题有所了解，那么正式课堂的效率会大大提高。孩子们将有更多时间进行语言实践、表达自我以及参与更深层次的拓展训练。

（二）上课中

1. 利用新媒体新技术创设情境课堂。

（1）"会当凌绝顶，一览众山小"。万事开头难，教学的第一步在于"热身和引入"环节：利用新媒体，教师可以根据当堂课的内容下载相关音频，让孩子们积极参与互动。通过播放一首歌曲并配以合适的身体动作，或展示一小段动画，吸引孩子们的注意力，让孩子们进入英语学习的氛围，爱上英语的学习。除了利用新媒体技术呈现视频，还可以利用声音效果制造氛围，给孩子们营造身临其境的真实环境。

（2）"兴在趣方逸"。增添课堂活动的趣味性，才能更好地激发学生学习英语的内驱力。新媒体新技术的运用让我们的英语课堂更加鲜活有趣。在传统的课堂提问环节，我们通过一种创新的方式将孩子们的单人照片与动感音乐相结合，制作成视频。教师播放，随机停止，停到谁就请该位小朋友回答问题。因为抽问方式是随机的，不仅给英语课堂增添了神秘感和趣味性，也让孩子们对回答问题充满了期待，从而更加专注于老师的提问，时刻准备着回答老师的问题。

（3）"欢余情未终"。对于单词和重点句型的练习除了依靠传统模式的问答和反复诵读，还可以利用新媒体。教师利用有触发器的PPT设计将单词或者选择题融入比赛或者游戏环节，能极大地激发孩子们的兴趣。例如，在教授"People at work"这一课时，我设计了一个名为"拯救Peter"的游戏PPT，将职业单词带入情境中，孩子们通过情境选择单词。如果选择对了，PPT当中的Peter就会得救；如果选择错了，Peter就会掉进海里被鲨鱼吃掉。这些新媒体新技术的运用，不仅增强了课堂趣味性，将原本枯燥的内容变得生动起来，而且能帮助孩子们将这一部分内容掌握得更扎实，也让孩子们变得更加热爱英语。

2. 利用新媒体新技术创设语言环境。

新媒体新技术的加入给传统的教学模式增添了趣味性，例如在学习monkey、tiger等单词时，教师可以在网络上找到很多图片和视频，创设动物们生存的真实环境，营造出本节课主题的真实感，为孩子们创造语言情境。在课堂上利用新媒体新技术，从而让知识拓展，也扩大了教师和学生的思维空间，给了新知识更多的发挥空间和运用机会，打破了仅仅局限于书本的小圈子，真正做到了"以生为本，以生为重"。

（三）上课后

1. 利用英语平台的个体辅导和语音纠正。

科技的进步创造出很多学习英语的平台，例如我们现在在使用的"一起作业"平台，老师们可以根据所学的教材和内容选择对应的语音材料进行作业布置，孩子们跟读背诵，软件能帮助孩子们纠正语音语调。平台上有详细记录，我们还可以将孩子们的过程性成果和期末的成果进行比对，分析孩子们英语学习的特点。

2. 新学习App的使用与辅助。

随着新媒体新技术的创新，许多平台都推出了英语在线辅导和学习的软件，家长和学生可以根据自己所需进行选择。

3. 绘本故事的阅读。

新媒体新技术除了能够帮助孩子们学习书本上的内容，还可以让学有余力的孩子们有机会学习书本外的知识、拓宽思维模式、增加学习的广度和深度。

4. 通过各大社交软件的课后互动进行作业情况反馈。

课堂学习结束后，在家里家长也可以通过QQ或者微信群反馈孩子的作业完成情况。

5. 作业的多样和趣味性。

新媒体和新技术让老师可以预留的作业方式也丰富起来，在学习平台上就可以布置许多种形式的作业。传统的作业模式被打破，学生离开了课堂和老师后不再受束缚，也可以有各种各样的练习，"听说读写"每样都可以得到练习。

三、结语

作为一名英语教师，我对英语教学充满热情，力求用英语自身的魅力吸引学生，将学生从"知之者"变为"乐之者"。新媒体和新技术在小学英语课堂的应用，让孩子作为英语课堂"乐之者"的地位更加稳固，让课堂环节的设计呈现方式更加多元，让孩子和老师们的英语思维变得更加立体。新媒体和新技术从根本上提高了英语课堂的学习效率，让孩子们在课后也有途径进行英语学习。同时，好好将新媒体新技术融合进我们的英语课堂，让老师教有所得、孩子们学有所获，最终推动英语教育事业的发展。

小学三年级提高英语教学效率的教学反思

王 婷

成都市锦江区大观小学校

一、引言

三年级作为小学的一个转折点，在小学学习进程中占据着重要的地位。家长及教师在这一学年都全力以赴，希望能够帮助学生正确地掌握有效的学习方法。光阴荏苒，忙碌的一学年已临近尾声。回顾本学年的教育教学工作，有令人记忆深刻的高光时刻，但也存在些许遗憾，存在教学设计欠妥、不尽如人意的时候。通过对这一学年教学工作的反思，希望自己能有所得并有效指导自己今后的教学工作，不断提高教学质量。

二、教学成功之处

（一）英语学习兴趣

常言道："兴趣是最好的老师。"一旦学生对英语有了持久的兴趣，那他们的英语学习就成功了一半，所以在这一学年的英语教学中，我们将培养学生对英语的学习兴趣放在了第一位。为了能够激发学生的兴趣，我在每一节英语课上都向大家展示英语的儿歌、绘本故事、电影节选等。虽然不能保证全班同学都能掌握得很好，但至少每位同学都积极参与并对英语充满了好奇。在接下来的教学中，为了激发并保持学生对英语的学习兴趣，我着重从以下两个方面多做准备。

1. 英语的学习动机。

心理学家赫洛克（E. B. Hunlock）曾于1925年做过一个实验，其结果显示：对学习结果进行评价，能有效地激发学生的学习动机，对学习有明显的促进作用；适当的表扬的效果优于批评。在教学中，我们班一直都严格执行开学之初商量好的奖惩制度：每次主动举手回答问题加 0.5 分（盖一个印章），家庭作业上有备注、有笔记的全班表扬并加分，每周把加分情况进行汇总，加分最多的前三名同学可获得学习用品作为奖励。在一个月之内表现优异的可获得态度奖。这样奖励就不会仅限于成绩优异的同学，而是人人都有机会通过努力获得不同性质的奖励。这样不仅能激发学生的英语学习兴趣，而且能保持学生对英语学习的热情。

2. 有趣的教学情境。

为保证英语课堂的趣味性，我创设了许多有趣的教学情境，这不仅能创造一种轻松愉快的学习气氛，还能有效启发学生积极思考、大胆发言。在新内容的学习中，我通常通过展示实物或图片来让学生认识新单词，然后通过组内竞争来记忆新单词。学习新的句型，我通常会利用挂图或者创设情境让学生演绎出来，通过这些互动和在模拟环境中的语言运用，学生能不断掌握并熟练运用新学的内容。

在评讲课中，我主要通过层层追问的方式来培养学生的兴趣。当学生在回答老师的"为什么"时，他们会积极思考，并能在成功解决老师的问题的过程中获得成就感，以此，进一步激发学生的学习兴趣。对于较简单的习题来说，详细的讲解主要是针对基础较薄弱的学生。对于这类学生，设置疑问时就不能一蹴而就，而是要一步一步地通过做题的正确思路来设置环环相扣的问题。虽然是一个简单的句子，但是学生可能受掌握能力的影响会出现考虑不周全的状况，所以我会一步一步地引导。刚开始学习时，通过这样一步一步的问题设置，在降低难度的同时，也能帮助学生形成正确的解题思路。

当然，我也会在教学中适时地补充一些英美文化知识，让学生通过了解一种文化来学习一种语言，激发学生长久的学习兴趣。

（二）创新课堂的运用

偶尔的一节创新课堂，能让同学们眼前一亮，改变传统的教学方式。创新课堂中的一些软件能充分利用其交互性特点服务于课堂，使课堂活动更加丰富多彩。学生通过自己动手操作和人机对话，实现了教与学的双向交互。创新课堂能促进学生眼脑手并用，学思练结合。以三年级下册 Unit 2 My School 为例：

三年级的学生活泼好动，对游戏、竞赛、画画感兴趣，喜欢参与课堂，乐于分享。在复习环节，我采用了翻翻卡游戏，因为翻翻卡是需要快速反应、充满竞争的一项活动，而这两点正好和三年级学生的学习特点完全吻合：活泼好动、直观思维、喜欢竞争。翻翻卡活动能帮助学生加深理解、增强记忆。在教学过程中，因为本课需掌握的关于学校设施场所的词汇较多，学生掌握发音及意义有难度，所以我设计了不同的活动，如克隆、复制、蒙层及幕布功能，以此吸引学生目光、激发学生学习兴趣。然后通过课堂中的分类、连线以及连词成句等活动，活跃课堂气氛，增强交互性，巩固已学知识。最后，因为艾宾浩斯遗忘曲线告诉我们，遗忘是在学习以后立即开始的，所以在本节课学习完我们的学校场所以后，我立即利用教学软件随意拖动的功能，拖动人物头像到不同位置，通过询问"Where is he"并请同学回答"He is..."以此形成师生互动的示范，再自然而然过渡到生生互动。

创新课堂中软件的运用，将词汇的枯燥学习转变成语境中的有实际意义的学习，将传统教学中教师问学生答的单向问答转变为生生互动，能有效扩大学生的参与面、突破学生学习的重难点、培养学生的交际能力。

（三）学生良好的朗读习惯

朗读对英语语感的形成起着举足轻重的作用。在平时的朗读训练中，我会让学生听着录音反复跟读模仿。第一遍是听录音完成相应的任务。第二遍是听录音，然后跟读并模仿录音材料的语音语调。通过大量的跟读练习，学习最地道的英语发音。另外，在跟读模仿时，我会要求班上学生慢慢学会勾画其中的关键信息。

（四）对学生的鼓励

在日常的教学工作中，我也会注意鼓励的时效性，争取做到每天表扬。学生每天的家庭作业完成情况我会及时点评。对于那些认真完成作业，有相应笔记记录，同时有勾画痕迹的，不论其作业对错多少，只要学习态度端正，我都会在全班同学面前给予表扬，还会适当地加鼓励分。偶尔因为时间问题，不能和每个学生面谈，我都会用书写的方式和他们进行沟通；需要鼓励的学生，我也毫不吝啬地给予鼓励表扬；我也会提供相应的建议，指出他们有待提高的方面。

总之，我希望在以后的教学中能够通过鼓励和包容不断地激发学生无限的学习潜能。

三、改进之处

1. 课堂效益意识还有待提高。

我在教学的设计中还未充分做到为学而教，以学生如何有效获取知识、提高能力的标准来设计教学。课堂设计欠妥，照顾的学生不够全面。有时时间安排上还存在问题，比如课堂上未完成该完成的教学内容。

2. 教学情况回馈。

我应该在课堂上有效地获取教学情况回馈，即应在课前有效地进行知识回顾、课后进行课堂小结并做相应的练习；但每次这些步骤都会因为时间安排不合理或内容准备不足等原因而被放弃，以致得不到及时有效的教学情况反馈。

3. 学生学习习惯。

我一直强调在家长的配合下督促学生养成良好的学习习惯，并逐渐培养一定的自学能力，但因为督促力度不够，班上只有少数一部分自觉性强的学生已慢慢养成预习和复习的习惯，仍有一部分学生未做到预习复习、在学习习惯上仍有不足。我希望自己可以在这方面加强监督，并让学生在短时间内改正。

4. 分层辅导。

随着知识点的增多、难度的增多，有一部分同学学习略显吃力，还在寻找方法，平时也不坚持听读练习。对于这类学生，我虽然有分层次辅导的意识，但辅导的力度还不够，还没有具体的实施分层次辅导的方法。我希望能尽快找到不错的方法，对不同的学生因材施教，这样才能提高教学效率、促进学生的全面发展。

四、美好愿景

我希望自己在今后的教学中能够延续过往行之有效的方法措施，但一定要根据已暴露的问题做出相应的调整，使教学方法更加合理、完善。此外，我希望自己在以后的教学中能够更多地关注学生的情感态度，将教学重点转移到对学生的性格、兴趣、情感等的培养，而不仅限于知识内容的传递，力求全方位促进学生成长。

小学英语课堂中小组有效合作学习策略实践

朱筠蓉

成都市锦江区大观小学校

小组合作学习兴起于 20 世纪 70 年代初，并在随后的几十年中，在世界各国取得实质性进展，成为一种富有创意和实效的教学模式。小组合作学习是在课堂教学的背景下，学生们围绕共同的任务目标，讨论交流、质疑探究，齐心协力形成一致认识、完成共同项目。小组的学习过程和学习结果将作为团队和个人评价、奖励的依据。教师在教学过程中充当观察者、咨询者和引导者；学生在参与小组学习中，不仅能获得学习内容，同时也能相互获得学习过程的体验。

在英语课堂上，小组合作学习能将单一被动的接受式学习改变成以"自主、合作、探究"为特征的主动式学习，有利于提高学生运用语言进行交流—交互—交际的能力，有利于学生学会表达自己的观点、学会倾听对方的想法。小组合作学习有利于创设良好的情感氛围，使不同学习风格、不同性格类型的学生学会交流观点、与人合作共同完成学习任务。小组合作学习改变了在传统的课堂教学中教师一讲到底的弊病，为学生提供了更多的实践机会。

小组合作学习的根本目标在于知识的理解与整合进而助力学生获得能力，为独立学习、独立探索打下基础。

在实际的课堂小组合作学习中，我们常常发现学生的学习效率并不高。由于小组的评价以学习小组完成学习任务的结果作为依据，因此在小组内，学习基础较好、性格外向的学生常常包办代替，剥夺了能力较弱学生的参与权利，而这些学生也乐于被剥夺，他们跟随在能力较好的学生之后，懒于动脑，只是重复与模仿，乐于"搭便车"，最终小组看似获得了一个不错的成绩，实则隐患暗藏。

在小组合作中，常常发生淘气、不乐于合作的同学被小组其他成员嫌弃的情况。因为这名同学的出现，会让小组内学习进度停滞不前、学习效果不佳。

因此，我们要追求有效率的小组合作学习。

有效率的小组合作学习——发现真问题

坚持开展小组合作学习是发现和解决学习真问题的关键。信息网络时代，孩子们获取知识的渠道多样，获取知识的能力也不断提升，早已不是"老师教点，学生得点"的时代了。教材梳理的问题不一定是学生们的问题，老师凭经验总结出来的问题也不一定是学生的真问题。因为每个孩子的成长环境、家庭背景各不相同，所以他们在学习中面临的问题也是各不相同的。只有坚持追求高效的小组合作学习，才能让学生发现各自不同的问题，在课堂上最大限度地满足孩子们的成长需求。

有效率的小组合作学习——明确责任与分工

建立积极的相互依存关系，减少威胁与放弃，让学生们认识到：他们只要相互依赖并展开学习，就能获得肯定与回报。此时，有效的小组活动就开启了学习的大门。

有效的小组合作学习是发现和解决学习中问题的基础。首先，要有效分组。老师需要充分了解每一个孩子现有的学习基础，在分组中按照学生基础的不同进行合理搭配，让学优生、学中生、学后生在同一个学习小组中。其次，要考虑到每个孩子的个性特点，帮助他们建立一个和谐融洽的学习集体。将调皮的、好胜的、稳重的、偷懒的学生分在同一个组中，使之相互制约、彼此督促，避免一个"能人"独揽全组事务的局面。最后，要在小组中建立动态平衡机制，明确不同分工，落实不同责任，摒弃"官职"之分，只有共同完成学习任务后的集体荣誉与获得感。

小组成员分工　　　　　　Class：

Group No.	Group name
A　captain（组内协调人）	
B　inspector（检查人）	
C　spokesman（发言人）	
D　scorer（记分员）	

在小组学习开启前，让小组成员为自己的小组想出"小组名称"，这样有助于增进小组成员间的友情，并促使小组成员间形成潜在的竞争。进行成员间的分工，设置不同责任，让小组成员明确自己在小组学习活动中需要承担的角色和相应的职责，避免"能人"忙死、"闲人"闲死，让性格内向的成员、调皮懒惰的成员都加入小组的学习任务中。每个人都要完成自己组内的学习任务，同时在组内协调人的组织下，每一个小组成员都要参与到小组反馈的展示中。

有效率的小组合作学习——建立合作意识、提高社交技巧

相较于教师一言堂和师生点对点交流，学生们更喜欢合作学习。在小组学习中，学习状态是轻松的、同伴交流是愉快的，他们有更多自我活动的时间与空间。这并不是说教师要将小组学习放任自流，而是要在轻松愉快的小组交流中培养团队合作的意识和能力。其中最重要的一点就是学会准确地表达自己的观点，学会倾听对方的陈述并能够准确地理解对方的意思。

在同伴互助学习研究方面最具影响力的理论家利维·维谷斯基认为学习是具有社会属性的，孩子从与成年人和同伴的人际互动中所学到的东西是形成复杂思维和理解力的基础。在不断的学习互动中，孩子们不仅仅学会了思考什么，还学会了如何思考。在说出思路的同时、在其他人的基础上重新构建自己的思路，并在交际互动中逐步形成对世界的看法。为了避免个人经验的限制，学生需要通过与同伴互动来提升寻求新信息的能力。因此，与同伴合作是学习过程中的重要环节。教师应给出交流语言范式，使小组合作学习能有效地围绕主题展开。

在英语语言学习中，我们要学习语言知识，更要学习语言所承载的文化礼仪、思维方式。

有效率的小组合作学习——多样的小组合作学习方式

为每一位小组成员创建不同的学习体验。在小组责任角色方面，可以定期轮换小组角色，让大家轮流担任组内协调人（captain）、检查人（inspector）、发言人（spokesman）、记分员（scorer）；在学习内容和任务要求方面，可以让小组内成员分别自行学习不同的学习任务，在小组内合作交流，最后完成一个共同的任务。

教师要设计能够囊括全组成员且全员参与才能完成的任务，使小组要完成任务必须有全体成员的参与，每一个成员完成自己的那一部分，全组任务才能完成。

提高小组合作学习的有效性是英语课堂教学一个永恒的话题，前文只是我在学习与具体实际教学中的点滴认识。在日常的小组合作中，我们的课堂仍然被大班额、学习设备少（教室内仅有一台课堂演播系统）等问题困扰；但是，我们只要抓住了小组合作学习这条主线，就是抓住了教学活动主体——学生这一关键，也就能实现孩子们从"学会"到"会学"的质的飞跃。

利用 story time 在分享式教学中帮助学生习得阅读策略

乔 希

成都市锦江区大观小学

英语并非孩子的母语，在英语教学中如何实施分享式理念，如何让分享式教学不流于形式，进而让师生在这个教育理念下真正得到有效的发展，就这些问题，我们英语组展开了一轮又一轮的头脑风暴，经过反复研讨，最终确定以阅读教学为突破口。

一、引领学生在阅读中成为一个好的提问者

（一）阅读方法

目前五年级学生已掌握的综合类阅读方法有朗读、默读、快速阅读，与思维结合的阅读方法有观察、猜测、分析、提取信息、归纳等，基于课堂学习的阅读方法有小组合作阅读和自主阅读。

（二）提问现状

学生已经能熟练利用疑问词，能在阅读前基于文章标题或封面对文本的内容进行猜测性和想象性的提问。

（三）文本解读

本课时由三个部分组成。A 部分 Let's Read 是一则图配文故事：Bill 一家在客厅看电视，此时矛盾出现了，爸爸、妈妈和 Bill 都想看自己喜欢的电视节目，就在大家激烈争吵之时，意想不到的事情发生了——突然停电。关键时刻，奶奶提议一起做游戏，没想到，这一举措让大家都玩得很开心。B 部分 Fill in the chart，是基于 A 部分的故事脉络，让学生将故事中各个人物最喜爱的电视节目，以及他们在观看节目或参与游戏过程中的感受关键词进行填写。最后 C 部分是 Retell the story，旨在引导学生根据梳理出来的思维导图对故事内容进行复述。

片段一：Encourage the students to give more questions they want to ask.

师说：What TV shows do you know?

生说：S1：Nature shows, cartoons.

S2：Variety shows, talk shows, news shows.

S3：Sports shows and music shows.

师说：Yesterday we have learned a story about TV shows. Now if you are a reporter, what questions do you want to ask about the story?

生说：S1：Who are in the story?

S2：How many people are there in the story?

S3：What are their favourite TV shows?

S4：When do they usually watch them?

S5：Why do they like them?

师说：Good job! Now you can choose at least two questions, work in groups of four and discuss together.

（学生四人一组，自主选择问题进行回答，教师进行巡视，在学生有需求时给予支持。）

师说：OK, which group wants to share your answers?

生说：G1：There are 4 people: mum, dad, Bill and grandmother.

G2：S1：Dad's favourite shows are sports shows. He thinks they are exciting.

S2：Mom's favourite shows are variety shows. She thinks they are interesting.

S3：Bill's favourite shows are cartoons. He thinks they are fun!

G3：They all watch them at 8:00.

（教师根据小组反馈的答案，板书呈现关键信息，学生采取接龙的方式复述故事，小组同伴可以及时补充，教师给予鼓励和语言支持。）

在平时开展对话或者故事教学时，教师通常会根据图片内容提前预设问题，然后带领学生思考和回答。但当下，我们尝试让学生成为一个提问者，通过观察图片、提出问题与解决问题，培养学生分析、推理、批判的思维能力；培养学生能抓住细节，在阅读过程中对文本进行细节性的提问。经过前期的训练和铺垫工作，学生已经完全可以提出有效的 Wh-问题。随后，学生通过小组合作分享问题，共同解决问题。在此过程中，通过板书以及思维导图的帮助，学生能够很直观地发现整个文本故事其实是一个不断发现问题、解决问题的过程。此外，通过创编故事、口头表达、表演展示等活动，进一步发展学生的思维创造性。

二、在导问与追问中分段学习故事，在小组内分享表达

本课的教学内容是一则配图故事，其情节围绕 Ann、Ken 以及 Mocky 展开。学校下午放假，三人聚在一起讨论游玩活动的安排。Ann 率先提议去看电影，然而却发现时间不够；Mocky 接着表达想去游乐园，可又面临钱不够且路途太远的难题；最后，大家经过比较、商量，决定去参观博物馆。

在师生共读、学习理解故事的第一个场景之后，教师会依据故事情景进一步设置问题，要求学生自

主阅读故事第4~5幅插图对话后分段学习故事，进一步推测故事的发生和发展。

T：Well，they can't go to a movie. Where does Mocky want to go?

S1：Maybe he wants to go to the amusement park.

（教师通过PPT课件出示故事图片及自主学习的方法，要求学生自读第4~5幅插图，并在书上勾画出答案，在小组内分享表达。）

T：How do you know that?

S1：In picture 4 Mocky says，"Shall we go to the amusement park?"

T：Is he/she right?

Ss：Yes.

T：Let's read it.

课堂预设：

(1) 如果学生能表达，请他给全班同学示范。

(2) 如果全班学生都不能准确表达，用录音示范请同学们跟读感知。

[设计意图] 在阅读教学的第二个活动环节，将按故事发展的逻辑顺序让学生分段式自主阅读、学习故事。教师通过提问引导学生猜测故事的发生、发展；通过听觉、视觉的多渠道输入信息，培养学生自主阅读、理解、归纳、总结的学习能力，并能将自己的学习成果在小组内分享表达；为学生构建新知搭建"脚手架"，降低学习难度，为下一步学习运用做好准备。

三、小组合作，自主阅读、学习故事

在师生共读、引导学生尝试分段自主阅读故事之后，教师再次根据故事情景设置问题，要求学生在自主阅读的基础上根据教师的提问在小组内合作学习故事、推测故事的发生和发展。

（教师通过PPT课件出示故事图片）

T：Look! What is Ken thinking about?

S1：Ken is thinking about the dinosaurs.

（教师通过PPT课件出示故事图片及自主学习、合作学习的方法，要求学生自读第6~8幅插图，在书上勾画出答案，然后在4人小组内讨论。）

T：Does he want to see the dinosaurs?

S2：Maybe yes.

T：Where can he see the dinosaurs?

S：In the museum.

T：Can they go to the museum? Why?

S1：Yes，they can.

S2：Because the museum is free.

S3：The museum closes at 6 o'clock. They have enough time.

S4：They go there by bus. It's cheap.

[设计意图] 小组作为最重要的学习组织形式，起着承上启下的关键作用，上连班级整体，下接学生个体。学生的个体学习可以通过小组的活动得到机会。就这样，个体、小组和班级三者相互交织，构成了一条变化无穷的学习链条。

这个环节按故事发展的逻辑顺序，以分段式层层递进的方式引导学生学习故事，利用听觉、视觉多渠道输入；通过自主阅读和合作学习的方式，调动学生已有的知识储备进行故事的学习，进一步培养学生阅读、分析、归纳、总结的学习能力；同时设置开放性的问题，让孩子们运用英语思维思考问题，并乐于表达。

四、小组合作，在故事的续写和创编中激发学生的创造性思维

对故事进行续写和创编既是更深层次地检测孩子们的理解及归纳能力的方法，也是培养学生创新思维的重要方法。教材的很多故事结尾都留有悬念。这时，教师要有敏锐的捕捉力，让学生对故事进行续写或创编。教师提问逐步从"是什么"转向为以"为什么""你怎么想"等开放式问题，激发学生已有的知识和经验，让孩子们在小组内畅所欲言、积极表达自己的所思所想。在学习任务的驱动下，学生的学习主动性得到了有效调动，他们自觉积极地投入小组活动中，发表自己的见解，做出判断、质疑和推理。以五年级 Unit 4 What can you do? 的 story time 为例。在教学拓展环节，教师适时引导：

T：The rat can swim away. What will the snake do? Could you add an ending?

G1：The snake says：Oh, silly me! But the rat is swimming away. The snake leaves and looks for other food. At last, it eats a frog.

G2：The snake is angry, it jumps into the river and follows the rat. The rat is worried. It swims and swims, but the snake swims faster. At last, the snake catches the rat.

G3：The snake is angry, it swims and chases the rat. The rat is small but very clever. The snake can't catch the rat. At last, the snake is very tired and gives up.

在这个学习过程中，学生小组合作，根据教师的启发和引导，在已有的故事内容基础上，合理分析，展开想象，大胆创编求新。在日常英语教学中，教师可以充分挖掘教材的故事资源，通过自主阅读、分享交流等方式，有效地激发学生的阅读兴趣，发展学生的语言综合能力，提高学生的多元思维品质，培养学生的文化意识，真正提升学生的英语阅读素养。

"老师，为什么不加星啊？"
——浅谈分享课堂的反馈评价

唐 雁

成都市大观小学

《义务教育英语课程标准（2022年版）》明确指出：英语课程的学习，是学生通过英语学习和实践活动，逐步掌握英语知识和技能，提高语言实际运用能力的过程。分享式教学在我校已经开展了几年时间，在分享理念的指引下，我们力图让每个学生都能大胆开口表达自己的想法，分享自己的思考、疑惑以及收获，从而达到每一个孩子都能学有所获的课堂效果。

在小学英语教学中，教师的提问与反馈和英语教学有着非常密切的联系，对学生学习效果的及时、有效反馈不仅能及时了解学生的学习情况，而且是保持学生学习兴趣的一种有效方式。因此，无论是公开课还是常态课，都能看到老师通过加星的方式或是"very good""well done"等简单的语言反馈，作为对孩子表现的肯定及鼓励，我也不例外。

记得有一次，在一年级上课时，有孩子回答对了问题而我却没有给他们组加星，这个孩子就很奇怪，连忙问："老师，为什么不加星啊？"当时我只是对于自己的疏忽感到抱歉，忙把星补上。无独有偶，没多久，给三年级上课时，小组活动后让孩子们上台来展示，一个孩子直接问我："Anne，可以加星吗？"想必，类似的事情都曾发生在我们的课堂上，毕竟加星、PK 这一类方法是我们一线英语老师经常使用的激励方式，课堂评价、有效反馈，犹如精彩课堂的"催化剂"，不但能增加课堂活跃度，而且能促进学生正向发展。

从心理学角度分析可知，产生激励的途径可分为内部和外部两种类型。其中，内部激励意味着活动本身便能赋予参考者满足感和乐趣，进而从内心深处催生出一种自觉且主动的驱动力，驱使我们付诸相

应的行动。而外部激励则是指通过外在的奖励（表扬、金钱、荣誉等）促使我们做出被动的行动。外部奖励如果使用得当，能进一步调动人的积极性，激发人的自我完善；如果使用不当，反而会压制人的内部激励。

这一理论让我不得不思考平时课堂上使用的评价方式是否妥当，会不会在无意中破坏了孩子们的内部激励？长此以往，是否会导致孩子们的学习目的只是加星，一旦没有了加星的激励，孩子们就会失去学习的动力和兴趣？怎样的反馈方式才能在不破坏孩子们的内部激励下达到正向反馈的作用呢？

一、教学不忘"初心"，一切以学生发展为出发点

2018年习近平总书记在全国教育大会上指出要"加快教育现代化，建设教育强国，办好人民满意的教育""要努力构建德智体美劳全面培养的教育体系"。坚持"五育"并举，实施素质教育，是促进学生全面和谐发展的重要举措。学校必须寻找到适应"五育"并举的制度体系、课程体系以及学校文化体系，以迎接前所未有的挑战。这就要求我们的英语教育行为必须以学生的英语素养发展为根本出发点，包括对学生的反馈、评价。有利于学生"五育"并举的评价必须考虑学生全面发展的需要，注重学生的学习状态和情感体验，注重教学过程中学生主体地位的体现和主体作用的发挥，尊重学生的人格和个性，鼓励发现、探究和质疑，以培养学生的创新精神和实践能力。

由于个体差异，部分孩子难以很好地掌握本堂课的学习内容，出现学习差异在所难免。我们不能单纯以成绩高低来评判学生的优劣，而要注重对学生"五育"体系的培养和建构，不仅要关心其智育方面的发展、知识的学习、方法的获得等，还要关注其情商潜能的发展，针对学生发言时展现出的创新精神、心理素质、态度习惯等方面进行评价。

二、多元化反馈，促进学生不同的正向体验

作为小学英语教师，我们在分享课堂理念的指引下，积极研究教育教学方法，进一步探讨英语教学过程中评价反馈的更多方式，以使我们的教学活动更具生命力、学生发展更有动力。

我们对学生的英语学业评价，一改早期的单一模式，逐步形成多元化反馈和评价相结合的模式，尤其注重教学过程中的形成性评价。一般来说，形成性评价包括课堂学习活动评价、师生访谈、学习档案记录、问卷调查、家长对学生学习情况的反馈与评价等。不管运用何种形式的反馈或评价，其根本目的是最大限度地调动学生的积极性。

记得在学习交通工具时，针对学生对交通工具的喜爱，我把评价与此话题结合起来。在竞赛中获胜的小组，成为飞机小组，有权管理交通工具家族。组织学生将交通工具图片分类并命名，如"You're a train. This is for you.""You're a bus."教室布置为交通工具家族，"Bus, please jump.""All the cars、trains dance, please"。

我们在教学中，常常会画一些图片或收集相关话题的图案，上完课后，很多时候就把图片堆放一边或随便扔掉。事实上，我们可以对这些图片加以利用，制作成一张特别的奖状。

只要我们用心，并善于发现，我们的分享课堂反馈和评价方式就一定会精彩纷呈，进而激活学生的兴趣，助力实现教学目标，达到"五育"并举的教育成效。

三、反馈方式人文化，助全体学生都进步

小学英语的教学对象是8~12岁的儿童，根据这一阶段儿童的心理和年龄特点，他们在整个小学阶段对于英语的学习会呈现不稳定的状态。根据年龄特征，低年级需要通过适当引导，建立同伴互评；高年级则应避免公式化反馈，以免学生产生敷衍感。教师只要对学生出色的表现表达真诚的欣赏与鼓励，孩子们的积极性就会得以激发和保持，如一个抚摸、一个鼓励的手势、一个赞赏的眼神，都能让教师与学生实现情感真实的交流。

此外，我们要注重让孩子们在学习过程中体验成功，由此建立自信，但这并不意味着要盲目地对学生进行正向反馈。我们要根据教学活动的难易程度、学生自身水平等方面进行综合考量，对每一位孩子都能有针对性地反馈，如此才能更有利于他们内在动力的形成和保持。

首先，我们要根据活动难易程度对学生的表现予以反馈和评价。例如，读单词、认图片等简单活动，我们只需要对学生的回答是否正确做出反馈；对根据场景编对话、讲述故事、改编等综合能力要求较高的活动进行反馈评价时，不仅力度可以大一些，而且要"说到点上"，也就是说，要在给学生反馈的过程中，让大家知道哪些方面做得好、哪些地方需要改进，这样才能真正有助于学生的学习和提升。

其次，针对不同层次的学生的表现，我们应该有不同的反馈和评价。例如，当一个能力欠佳或学科素养较弱的学生参与活动时，即使完成情况不太理想，我们也应对学生的态度、参与度等亮点给予正向反馈；而当优秀学生参与活动时，我们则有必要严格要求，引导并鼓励学生完成得更好。只有这样，才能使后进生重拾学习的兴趣和信心，使优秀学生在自身发展上取得更大的进步。

四、反馈要具体，促进学生正向发展

研究表明，分享活动不仅能减轻学习者在参与语言交际活动中可能产生的焦虑心理，使他们表现出更强的学习积极性，而且能使活动参与者产生大量有利于语言习得的交互修正，小组信息轮换能使大部分参与者，包括平时沉默或害羞的学生都积极踊跃地参与。

在课堂中，我们常常见到这样的场景：老师将学生分成几个大组，每个组有学生答对问题就在黑板上给该组加一颗星或者一面小红旗；但一节课下来，老师似乎总是在忙于画星星或小红旗，有时还会出现忘记加星或是漏加的情况，引发学生争议。除了上面提到的这些规则和方式，我们还可以用爬楼梯、学生自评等容易操作的形式进行反馈。教师应以赏识为主，若学生观点与教材或教师理解有偏差，需用宽容的眼光去理解孩子、去保护孩子稚嫩纯真的心，那样才会让学生感受到老师对他的尊重与赏识，从而增强他们继续超越自我的信心。即使学生的回答不是很完美，甚至还存在一定的错误，也要让学生体会到教师的关爱，从而激发他们再次参与的勇气和继续努力的信心。

总之，我们所采用的任何反馈评价方式都必须以学生的全面发展为前提，语言要中肯、实际、有效，对学生的评价应从单一性转变为多元性、从被动转变为主动、从静态转变为动态，让孩子们切实感到自己在某方面的进步或是明晰自身在某方面存在可以进步的空间，力求让每个孩子在每一节课上都能有所收获，而这便是我们教师最大的收获了。

基于主题意义探究的初中英语话题复习课教学模式的思考

景潇潇

成都市石室联合中学

随着一线教师对《义务教育英语课程标准（2022年版）》的深入研究，教师们明确了英语课程的总设计思路是：以科学发展观和先进的外语课程理念为指导，立足国情，综合考虑我国英语教育的发展现状，从义务教育阶段起，建立一个以学生发展为本，既系统又持续渐进的英语课程体系。在日常教学过程中，所有教师都以单元为整体进行教学设计，注重学生学科核心素养的培养，并着重体现学科育人价值，体现单元的主题意义。

一、主题意义的概念

主题（theme）一词起源于德国，原指乐曲中最能表现音乐特征的主旋律，后来被引申为文本的"立意"或"主旨"。在基础教育领域，主题通常被界定为根据文本的言语内容和言语形式，所提炼出来的具有促进儿童生命成长价值的核心词语，而且主题是一种思想，是一种情感，是一个知识体系，是一个智慧世界。从这些定义中可以看出，主题是指文本所传达的中心思想和核心观念。程晓堂指出，"基于主题意义探究的课堂就是围绕一定的主题，设计课堂教学的目标、内容与活动。"由此看出，确定主题是开展主题意义探究的逻辑起点。

从上述定义来看，主题显然是与话题有区别的。话题是文本内容（What is the text about?），通常可以在文本中直接获取。而主题是文本的写作意图（Why is the text written?），是指作者通过文章所有材料和表现形式所表达出来的思想，作者通常并不直接说明，需要读者在阅读和理解文本的基础上进行推断和提炼。话题所包含的思想内容和精神实质是文章的主题。

二、主题意义探究引领下的话题复习

"话题式"英语教学模式是英语教学中学习理论知识的有效实践，既符合《义务教育英语课程标准（2022年版）》的要求，也符合英语教材的编写思路。理论与实践相结合，在提高学生实际语言运用能力的同时，要注意探究话题的组题意义，激发学生学习语言的好奇心，提高学生的学习主动性和学习效率。这样既能在学生运用语言的过程中促进其对语言的学习、激发学生在学习语言中对节点内容的组题思考，又能使学生对英语学习的意义产生深刻理解，有助于学生的可持续性发展和成长。

由此可见，传统的以单元为顺序，重新复习知识点、记背单词短语、大量做习题，以此对学生的学习情况进行查漏补缺的复习方法往往是低效的。在此过程中，学生处于一种"被复习"的状态，很难达到预期的目的，无法应对目前中考"围绕英语学科素养，主要考查学生运用语言的能力"的大趋势，而且也没有关注到学生的可持续发展。因此，将传统复习模式改为基于主题意义的话题式复习是势在必行的。主题意义引领下的"话题式"教学模式是选择一个合适的话题，尽可能地体现教学目标主题，整合初中阶段学习过的所有课文，将本节课所要复习的单元中的词汇、句型、语法结构知识有机地融入其中，在活动设计中实现听、说、读、写的整合，并在活动中加以运用，进行各项语言技能训练。在课堂教学中，教师要在主题意义的引领下，以训练学生综合语言运用能力为主，再配合相应的少而精的练习题，适量进行有关的语法知识归纳与点拨，注重输出方式的多样性。值得注意的是，教师的主题指导要贯穿整个复习的过程。教师并不是课堂的主体，而是主题的引导者、启发者和纠正者；学生才是教学主体，是主题的受体和利益者，这样才能体现以生为本的指导思想。

三、探究主题意义引领话题复习教学的模式

在《义务教育英语课程标准（2022年版）》中的"话题项目表"里列举了24个大项目以及84个小项目。在观摩了一些话题复习课后，笔者认为复习课的设计可以有以下步骤：

第一步，话题主题思想设计。根据主题思想寻找有用的相关单词、词组和表达，也可以让学生自行总结，这样可以有效提高学生的自主学习动能；但是要提前给学生说明范围，明确重点和主题，方法可以多种多样，如小组合作等。另外，笔者认为，教师应选择贴近学生实际生活的主题话题，立足于生活设计主题话题，着眼于真实的交际沟通，这样学生才会有话可说，也会使学生在主题思想的引领下勇敢地参与其中。

第二步，话题引入。引入的方式有很多，可以用歌曲、诗歌、游戏、视频等引入与本课有关的话题，让学生在轻松的氛围中进入本节单元复习课，慢慢进行主题思考，进入学习深度；也可以谈论某个时下流行的话题或者自己的情况等，引出本课的话题和目标主题。这个环节可以融入中西方文化的对比，体现中西方文化的价值思想。

第三步，话题讨论。话题讨论是课堂的主体。不能一味地采用问答方式，这种方式虽然看起来时效性很强，但是容易引起学生的厌倦，以至于产生精力不集中的现象。因此，教师要巧用多种活动形态，将自主研究、小组讨论等多种学习方式与探究式学习结合起来，丰富学生的探究体验，使其主题引领相一致。

第四步，话题整理。这个步骤是一个梳理回归的过程。在上一步中，学生的思维被打开，自由表达了自己的观点，容易忽略复习的重点和目的，所以笔者认为，应该在讨论以后进行梳理，明确复习主题的目的。

第五步，话题拓展。对话题进行深入研究，让学生用已有的背景知识进行主题意义的讨论。这一步主要是对学生思维品质的提升以及对综合语言能力的培养。教师可以根据学生在话题讨论中出现的问题进行补充性教学。除了课内的拓展，作业也是话题拓展的方式。话题拓展的主题立意不必深透，应从点滴着手、重其长远。

四、针对话题复习的思考

通过这个具体教学案例，我们不难发现：将主题意义引领下的"话题式"英语教学模式应用到复习课是一种适应《义务教育英语课程标准（2022年版）》要求的复习方法。本案例体现了"知识与技能、过程与方法以及情感态度与价值观"三位一体的教学目标，在短短的教学时间内，不仅可以巩固学生已学的语言知识，还可以培养其文化意识、实现教学主题目标。《义务教育英语课程标准（2022年版）》中明确指出：英语基础教育任务，不仅仅是传授英语知识和技能，更重要的是让学生掌握学习的方法、培养他们终身学习的愿望和能力。话题复习可以改变传统复习课单调重复又低效的教学模式，激发学生学习的好奇心和学习热情，实现目标性强的复习效果。话题复习在有限的时间内帮助学生提高各方面的能力，使他们在听说读写各个方面都得到进步；同时还能提高学生们合作学习的能力，使他们体会到学习的快乐，让学生在以后的生活中乐学好问。

总之，在英语教学中，不存在能解决一切问题的"万能"教学模式。这种基于主题意义的话题复习教学活动只是一种尝试，所有的活动都是为了更好地增强教学效果。活动的设计要有主线感和层次感；要强调落实性，不要过分追求形式多样；要从学生出发，激发学生的兴趣，让学生能积极参与到活动中来。《义务教育英语课程标准（2022年版）》指出，英语课程的学习，既是学生通过英语学习和实践活动，逐步掌握英语知识和技能、提高语言实际运用能力的过程；又是他们磨砺意志、陶冶情操、拓宽视野、丰富生活经历、开发思维能力、培养合作精神、发展个性和提高人文素养的过程。《义务教育英语课程标准（2022年版）》明确提出了英语课程学习的基本要求和本质目标，而目标的实现就要靠每一次主题意义的学习积累，由浅到深、由量变到质变。因此，笔者认为，教师在教学中应当关注每个学生对主题意义的探究，利用好创设的环境和每个活动环节，在注重培养学生的英语综合语言运用能力的基础上，着力关注学生的可持续发展。

以话题为主线，以思维导图为工具
——新课标理念下对高中词汇复习的思考

赵雨稼

树德中学外国语校区

一、引言

词汇是语言学习和语言检测的基本组成部分，是语言能力的核心要素。《普通高中英语课程标准（2017年版2020年修订）》（以下简称《课程标准》）明确指出：英语语言基础知识包括语音、词汇、语法、功能和话题五个方面。语言知识是语言能力的有机组成部分，是发展语言技能的重要基础。而词汇是语言的三大要素（语音、词汇、语法）之一，"是语言的基础要素，是语言大系统赖以生存的支柱"。

目前词汇教学现状不容乐观。这与《课程标准》要求大相径庭。认真研究《课程标准》对词汇学习的要求就会发现，语境、话题对词汇学习至关重要，这也是《课程标准》反复强调之处。刘润清教授在一次会议中指出，"词汇教学要做到五个一，即一词一句一图一景一意"，也是在强调话题和语境的重要性。语篇是微型的语料。因此，语篇便成为词汇训练和词汇测验的重要载体。词汇复习理应坚持"从语篇中来到语篇中去"。语篇的质量取决于话题的选择。在话题引领下，立足语篇是解决词汇教学现有困境的有效方法之一。

但是该方法只解决了词汇呈现，即教的问题；关于词汇接收，即学的问题同样亟待解决。图式理论认为：图式是存在于记忆中的认知结构或知识结构。每个人头脑中都大量存在的对外在事物的结构性认识被称为图式（schema）。思维导图事实上是把人的认知图式化的一种有效工具。在话题的引领下，运用思维导图的整合工具，多维度、全方位地"构建词族、扩充语块、立足语篇、重视语用"，以期实现词汇复习的科学化和效益化。

词汇在发展听、说、读、写能力中起重要作用，影响听、说、读、写活动成功与失败的诸多因素中，词汇因素居首位。

按照《课程标准》要求，学生的词汇学习应达到以下目标：①运用词汇理解和表达不同的功能、意图和态度；②在比较复杂的情况下，运用词汇给事物命名、进行指称、描述行为和特征、说明概念等；③学会使用 3300 个左右的单词和 400～500 个习惯用语或固定搭配。

词汇也是高考必考的内容。全国卷英语高考虽未单独设置词汇题型，但其他题型通过以下形式考查学生的词汇能力。现将听力、阅读、完形、写作等题型中对词汇的要求水平和考查形式整理如下。

（1）听力中的词汇：听力词汇以基础词汇为主，偶现较高难度词汇，要求考生听取和理解场景词汇。

（2）阅读中的词汇：正确答案或关键词与原文的同义替换。

（3）完形中的词汇：全国卷完形填空仍延续文中词汇均为考纲词汇的模式，但出现了对熟词新义的考查，如 travel 前进，still 静止的，等等。

（4）写作中的词汇：要求使用生活化、情景化的话题词汇，要求学生恰当运用话题词汇。

然而，在实际学习中，大部分学生花费大量时间在词汇学习上，成效却差强人意。学生在词汇学习中主要存在以下问题：

（1）孤立地、机械地记单词，记忆的方法单一，英汉对照，反复死记硬背各单元词汇表中的生词。

（2）短期突击，应付教师的词汇测试，没有及时复习。

（3）缺乏词汇学习策略，没能利用字母组合、语音拼读规则、构词法、查词典等策略记忆单词，不懂得在语境中记忆和巩固词汇。

二、整体思路

基于对费时低效的词汇教与学现状的了解以及对词汇教学重要性和有效性的认识，笔者在认真研读、领会《普通高中英语课程标准》《普通高等学校招生全国统一考试大纲》（以下简称《考试大纲》）和《高考英语考试说明》（以下简称《考试说明》）的基础上，明确了"在话题的引领下，运用思维导图，多维度且全方位地构建词族、扩充语块、立足语篇、重视语用"的"高三话题词汇复习思路"。按课本单元复习的思路，整合《普通高中英语课程标准》《考试大纲》和《考试说明》提出的 24 个话题、68 个功能意念项目以及《考试说明》要求的 3200 个单词，以此为中心组织话题词汇复习，覆盖本话题的所有考纲词汇。

词汇是语言练习和语言检测的基本组成部分，是语言能力的核心要素。无论是四川卷要求掌握的 3000 个词汇，还是全国卷要求掌握 3500 个词汇，都迫切地促使我们在教与学中把词汇习得置于首要地位；但是，孤立机械地学习词汇，不仅给学生增加了不必要的负担，而且脱离了语言学习的人文性。

与此同时，话题的选择决定了语篇的质量。话题的选择应该基于"生活化、科学化和效益化"三个标准。其中，生活化是指话题应该贴近学生生活，能有效地提升学生的生活体验。科学化是指话题选择必须基于语料库的相关数据和《课程标准》等权威资源。效益化是指学生在话题承载下的语篇输入理应服务于有效的目标语言输出，最终服务于学生的综合语言运用能力（思维、文化、知识、策略等）。此外，思维导图作为思维逻辑性、连贯性和创造性的整合工具，可以有效地提升学生的"记忆、理解、应用、分析、评价、创造"等高阶思维。

《课程标准》明确指出：词汇又称语汇，是一种语言中所有词和词组的总和。词是语言的建构材料，也是最小的能够独立运用的语言单位。词汇中的任何词语都是通过一定的句法关系和语义关系与其他词语建立起一定的联系的，并在语境中传递信息。词汇学习不应只是对其音、形、义的简单记忆，还应在交际语境中培养学生的词汇认知和运用能力。以下是笔者对词汇复习的几点思考：

（1）词汇的选择。选择的词汇应该是最基本的、日常生活中使用频率高的词汇，能反映相关主题的词汇，能反映学生的需要和兴趣的词汇，这有利于刺激学生的主动参与。

（2）复习的程度。要完整地学会一个单词，并能准确积极地使用它，至少应该知道：它的发音与拼写；它的语法特征；它是否属于多种语法类别；它的语素和句法特征；它的衍生词；它的话语特性；它与其他单词在搭配上、语义学上或连接上所形成的关系网；它的联想关系和语用特征；它是否只有一个或多个词义（包括其惯用法词义）。就是说掌握一个词，既要求掌握其形式，又要熟知其用法。

（3）词汇的记忆。通过上下文语境复习；通过联想（单词网络、情景联想）增强对同类词的记忆效果；通过分类和同义词反义词对比加深对词汇的理解和记忆；通过构词法学习、记忆单词，并系统性扩充词汇量；通过查词典学习词汇；利用组块（chunk）构建来复习和巩固词汇；通过泛读进一步扩大词汇量。

（4）词汇的运用。在词汇教学中要从运用的角度出发，而不是从定义的角度入手；要与技能结合，而不是单纯知识灌输。要尽可能设计多种多样的活动，为学生创设一些运用的语境并提供语言支持，尽可能使学生动起来，使学生在实践中加深理解、学会运用。

（5）词汇的反馈。为了使学生清楚单词掌握的情况，应注意加强单词的检查和评估。评估方式要得当、富于变化性，尽可能地提供相对完整的语境；尽可能地采用自评的方式；既要评估学习效果，又要评估学习策略的使用。教师根据学生的掌握情况设计继续性活动。

三、实施细则

（1）材料的选用。以话题词汇为主线；以必修一至选修八的课本教材为辅助；以课堂导学案引领理解记忆；以话题阅读和完型为作业；以读写结合为输出，提升综合语言运用能力。

（2）课时安排和课型。每个话题单元分为2~3个课时。根据本话题词汇的难易、词汇量以及词汇的特点进行课时安排和课型安排。通常分为两个课型：基础型和提升型，以体现本话题词汇复习的层次性。即教师监督机械性记忆和提供语境理解记忆，在语篇理解和表达中进一步巩固词汇和运用词汇，能力提升的方向和定位取决于相应话题寻找备课材料的难易度。

（3）材料的编制和取舍。课堂上使用导学案和话题词汇教辅书部分的配套练习，课后选用教辅书的综合训练部分和自行编制的相应话题的完形阅读，必要时配置幻灯片补充。学完本单元的话题词汇后，要有词汇检测监督和巩固。三单元一检测，循环螺旋式阶段性复习和检测，联系几个单元的话题词汇，配置高考题型的提升练习检测词汇的运用和掌握效果。部分语篇和练习较难或是包含本单元话题词汇较多，教师可变更题目并要求学生朗读和翻译，其目的在于记忆和巩固词汇。

（4）话题词汇复习有效性的保障。教师要熟悉考纲词汇，教给学生记忆的方法，引领学生强化记忆，采取各种不同的活动刺激学生的兴趣、激发他们记忆的潜能。教师对学生的词汇水平层次要做到心中有数。课上课下设置不同层次的语篇情境练习来检测学生的理解和表达能力。创新复习模式可选用的材料有限，可参考的资料不多，所以备课组的合力攻关是复习有效性的根本保障。

总之，如何让话题词汇复习更有效是摆在我们面前的重要课题。另辟蹊径势必困难重重，然而既然选择了远方，我们只有前行。且行且思，且行且改，在实践中不断地探讨和摸索，在摸索中不断地开拓出我们自己的路、达到我们预设的理想目标。

如何运用 K-W-L 策略通过阅读培养学生思维品质

余璐伶

树德中学外国语校区

一、引言

任何语言的学习都离不开大量阅读，阅读既是学生学习语言的主要途径之一，也是获取信息的重要手段之一。学生阅读水平的高低彰显着个体知识体系的完善程度与思维能力的强弱。《义务教育英语课程标准（2022 年版）》明确规定：初中英语教学要侧重培养学生的阅读能力。大量的阅读输入结合阅读策略的运用，不仅能解决阅读理解的问题，更能通过阅读培养学生的思维品质。结合初中学生在知识结构上的特点，初中英语教师必须积极探索：如何从学生已有的知识和经验出发，在课堂中一步一步地帮助学生建构新的知识体系？怎样在教学过程中激发学生的探知欲望？怎样在阅读过程中培养学生的英语思维素养？

二、K-W-L 教学策略

美国学者唐娜·奥格尔（Donna Ogle）在生成性学习理论的基础上提出了 K-W-L 教学策略，它是一种教学引导性策略，旨在通过激活学习者的已知知识经验，引导学习者明确自身的学习需求并反思学习后获得的知识经验，从而促进学习者积极主动地对学习材料进行理解、提高学习的有效性。K-W-L 由三个简单的步骤组成：已知"K"（What do you know?）—想知"W"（What do you want to know?）—学知"L"（What have you learned?）。

已知"K"	想知"W"	学知"L"
What do you know? 关于主题你已知道什么，即原有的知识储备。	What do you want to know? 关于这个主题你还想知道什么。	What have you learned? 关于主题你学到了什么。

从思维能力的角度来看：

K 已知：学生具备提取已知信息和整理有效信息的思维能力。

W 想知：学生针对阅读材料具备分析的思维能力。

L 学知：学生具备评价和创造的思维能力。

三、阅读课如何运用 K-W-L 策略

阅读课堂设计通常分 Pre-reading, While-reading 和 Post-reading 三个阶段。已知 K 为 Pre-reading 阶段，想知 W 是 While-reading 阶段，学知 L 是 Post-reading 阶段。

以 *English in Mind* Starter Unit 13 阅读文章 The daughter of a lion 的课堂教学为例，简析如何运用 K-W-L 策略进行阅读设计笔者培养学生的思维能力。

The daughter of a lion 是一篇介绍英国女王伊丽莎白一世的文章。作为一个单元的最后结束部分的阅读文章，无论从知识背景和语言来说对于初一阶段的学生都是有很大难度的。教师在课堂上运用 K-W-L 策略，能帮助学生化繁为简、轻松阅读。

（一）K—（Pre-reading 阶段）

（1）首先让学生仔细读取图片信息并预测文章要谈论的方向：根据 flag 预测与英国有关；根据三个人物的照片猜测人物的身份等信息。

（2）Brainstorm 头脑风暴环节：指导学生快速搜寻自己所知的与英国相关的所有信息，通过问问题（How well do you know about Britain? Who is the queen of Britain now?）和利用小组交流的方式让学生充分调动各自的历史知识，形成互补，激活（activating）学生的相关背景知识。

（3）阅读文本标题 The daughter of a lion，预测（predicting）和猜想（guessing）文本内容。

用学生的已知知识引发学生对获取未知知识的强烈愿望。在这一阶段我会忽略学生语言的结构正确性和语言的流畅性，更多地关注学生想表达的相关背景知识信息点，保护学生的自信心和好奇心。

在这一阶段，教师通过引导学生在阅读文本之前根据文章的标题、关键词或图片等信息，使其在自己的已知知识储备中搜索与该主题相关的信息点，进行简单的认知整理与归纳，通过提问或与同学讨论的方式提前预测文本。学生通过这种探究方式能积极主动地构建知识，而不是被动地接受老师传授知识。

（二）W—（While-reading 阶段）

（1）快速浏览（skimming）阅读材料，初步概括文本主题。

在黑板上罗列学生想知道的关于"伊丽莎白一世"的内容：personal information, family members, education, achievements ...。首先规定略读时间，指导学生通过略读、跳读的方式快速获取主要信息；然后对比黑板上罗列的学生 what to know 的内容，勾选出学生在文中能获取的有效信息。

（2）寻读 scanning：设置问题，理解大意。

When was she the queen of Britain?

When did she become the queen?

How did she control the country?

What did she do for the country?

What about her marriage?

……

指导学生如何带着问题去阅读，在阅读过程中带有目的性和选择性，这样学生阅读的注意力会更加集中。

（3）精读（intensive reading）：细读文章，归纳总结。

指导学生阅读文本后把自己想要知道和想要学习的内容进行认知整理。学生在教师文本解读的教学过程中思维会更加活跃。

在这一阶段要解决前两个阶段阅读过程中干扰学生理解的词汇、短语等问题。

（三）L—（Post-reading）阶段

（1）在前两个阶段完成后让学生口头简述伊丽莎白一世的主要人生经历，通过这种方式检查学生，尤其是语言能力欠佳的学生的课堂掌握情况。

（2）深入探究主题，培养批判性思维。

回归文章标题——The daughter of a lion，让学生探讨标题的意义。结合文本中的一段话：Perhaps I am not a lion—but I am the daughter of a lion, and I have a lion's heart. 让学生深入分析三个"lion"分别指代什么意思。

通过概述、总结或评价，提升学生的自主学习能力与批判性思维等综合素养。

（3）结合历史背景知识挖掘主题，培养分析评价的思维能力。

课后提出探究问题：①玛丽一世（伊丽莎白一世之姐）为何仅执政5年？②伊丽莎白一世为何能够统治英国长达45年？让学生继续探究文本背景，更加全面地评价伊丽莎白一世。

(4) 通过读后作文培养学生的创造性思维。

最后我布置了写作任务：介绍现任英国女王。其目的是通过以阅读带动写作的方式，加深学生对课文的理解，同时落实在课文阅读中新获取的语言知识的运用。

四、总结

K-W-L阅读策略帮助学生在阅读过程中搭建思维拓展平台（Scaffolding），让学生在从已知到想知再到如何知的过程中逐步形成获取信息、提炼有效信息、总结分析信息等思维能力。K-W-L阅读策略能激发学习者积极的学习心态，增强学习者的好奇心与自信心。学习者在阅读中能保持活跃的思维，并逐步发展评价与创造的能力。

学习语言和使用语言都是思维的过程，同时，具有思维含量的语言学习活动是最有效的语言学习方式。有效地设计和实施K-W-L策略，构建高效的英语阅读课堂，有助于促进学生思维品质的发展。

基于思维品质培养的高中英语口语教学原则与策略[*]

杨朝辉　刘　涛　徐群英

成都树德中学（外国语校区）

一、引语

思维品质是英语学科核心素养的重要内容之一，它的发展和提高有助于提升学生分析和解决问题的能力，让学生能够从跨文化视角的观察和认识世界、对事物做出正确的价值判断。与此同时，培养学生的思维能力是中国高等教育的核心目标之一，是世界一流大学和一流学科所追求的共同使命。基础教育面临着为高等院校输送未来人才的任务，因此，在基础教育阶段，特别是高中阶段加强学生思维能力的培养和加强口语教学具有十分重要的意义和必要性。基于此，笔者将在本文中探讨高中英语口语的教学原则和教学策略，以期促进学生思维品质的发展。

二、突出思维品质培养的高中英语口语教学原则

英语口语能力对学生的影响是终身的，在全球旅游业日趋繁荣和全球贸易一体化的背景下，流利的英语口语、思维敏捷的英语对答给学生的职场信心不是考试分数能够达到的。英语教师要有为学生终身发展作谋划的格局和勇气，不应该只局限于高考成绩的分数考量，而要培养聚焦英语学科核心素养的完整的人，全面培养高中生听、读、看、写和说等多方面的语言技能。为了提升和发展学生的英语口语能力，笔者提出了以下的英语口语教学原则，希望对高中英语口语教学有所帮助和启发。

（一）主题引领原则

《普通高中英语课程标准（2017年版2020年修订）》主张一切英语语言学习活动都要在主题引领下进行，英语口语教学也不例外，高中英语口语教学的主题在教学形式上体现为话题或讨论问题。高中英语课程涉及的三大主题语境包括人与自我、人与社会和人与自然，这三大主题语境下又各有其主题群和子主题。这些丰富的主题语境不仅规约着语言知识和文化知识的学习范围，而且为语言学习提供意义语

---

[*] 本文系成都市教育科学规划领导小组办公室教育科研课题"高中英语口语教学中基于人与社会主题语境下学生思维品质培养路径的研究"（课题编号CY2019ZM03）的研究成果。

境，并有机渗透情感、态度和价值观。学生对主题意义的探究应该是他们语言学习最重要的内容，直接影响学生对语篇理解的深浅程度、思维发展的水平高低和语言学习效果的好坏。教师要在口语教学中引导学生围绕主题意义开展探究，充分挖掘特定主题所承载的文化信息和发展学生思维品质的关键点。学生在参与口语教学活动的过程中，学习并运用语言去分析问题和解决问题，通过对不同话题和问题的讨论，以及对中外文化的比较分析，提高鉴别能力，培养逻辑思维和批判性思维。在发展语言理解能力和表达能力的同时，实现深度学习，发展思维品质。

（二）问题驱动原则

国外许多学者都注意到了思维发展和对话的关系，他们大力倡导对话式教育，强调通过对话实现师生真正有意义的交流，培养学生辩证的思维能力。课堂对话式教学的实现需要教师在英语口语教学中树立问题意识，基于具体问题设计和组织教学，力求使解决问题成为学生口语练习的出发点和归宿。教师在口语教学中应该更多地采用苏格拉底式教学方法，也就是通过启发式的问题，以问诘辩驳的方式来开展教学，而不是单向的讲解式的传递知识。同时，教师要善于引导学生围绕问题，通过自主、合作和探究等多种学习方式，进行深入的思考，找到解决问题的方法和途径，自主探究问题的答案。在口语教学中，教师创设的口语活动要以问题为驱动，以解决问题为基本特征，最终使学生对问题的认识和解决过程能够服务于其语言学习和语言能力的培养。

（三）活动贯穿原则

高效的课堂有一个共性，那就是具有丰富而有趣的语言实践活动。在口语教学中，学生英语学科核心素养的发展必然是通过一系列围绕主题意义的综合的教学实践活动来实现的。余文森主张"学科教学的实质就是学科活动，包括教师教的活动和学生学的活动，其中学的活动是根本。学科教学过程即学科活动（包括教和学的活动）的过程"。在英语语言实践活动的过程中，学生运用学习策略和语言技能获取、分析、梳理和整合语言知识和文化知识，深化对问题情境的理解，比较和探究文化内涵，运用所学语言创造性地表达个人意图和观点，并深化对所学知识的理解。在这一运用语言和创造性表达的过程中，学生的思维品质自然而然地得到了锻炼和发展。

（四）评价反拨原则

在口语课堂上，教师要善于利用多种评价方式对教学产生良性的反拨作用。在每次学生的发言结束后，教师可先让学生自己对其发言做一个简短的评价，评价可涉及主题、发音、词汇运用、句型使用等多方面。再让其他同学作同侪评价以充分培养学生在质疑、分析和判断等方面的能力。教师既要肯定和鼓励学生对他人的观点有质疑的勇气、公正的态度和谦逊的品格，也要主动适时地对学生的口语表达做出以正面肯定为主的评价，表扬他们口语表达能力的提高和词汇句型使用的得当，但同时也要指出他们口语表达中的个别问题，以利于他们的进一步提高。此外，教师既要注重形成性评价，又要注重终结性评价；既有平时课堂的表现成绩，又有口语考试的终结性成绩。笔者坚持把学生的课堂发言和互动纳入学生口语平时成绩考核，按30%的比例计算学生的口语成绩。这样，教师可以更好地利用评价对口语教学的促进作用，让学生重视平时的口语教学，主动积极地参与到口语教学活动中来。

三、实现学生思维品质培养的英语口语教学策略

笔者在高中英语教学中一贯坚持"听说领先，读写跟上"的教学指导方针，在高一、高二时十分重视并始终坚持听说教学。笔者所在学校高中每周有7节英语课，笔者长期坚持"5+2"的英语授课模式，即5节课时用于完成常规教学内容，2节课时专门用于口语训练。口语、听力和笔试成绩按"三三四"的比例折算计入学生的半期和期末考试总成绩中，因此，学生在高一、高二的学习中也非常重视听说课。笔者从长期的教学观察中发现学生对口语教学兴趣很浓厚，这是因为口语课没有写的要求，很多时候学生还可以自主选择自己感兴趣的东西进行学习分享。为了培养和发展学生的思维品质，笔者针对

高中不同的口语课型，针对性地提出了以下的高中英语口语教学策略，在训练和提高学生口语的同时，培养和发展思维的批判性、广阔性、创新性和逻辑性。

（一）一分为二的策略——培养思维的批判性

一分为二的教学法就是指全面看待人或事物，任何人或事物都是矛盾的统一体，我们认识人或事物时既要看到积极方面，也要看到消极方面。辩论活动是培养和发展学生批判性思维的一个十分重要的途径，因为质疑和分析是批判性思维的重要特征，辩论活动中的攻辩环节和自由辩论环节都涉及批判性思维。理不辩不明，学生正反双方为了辩论，需要对辩论话题进行深度研究，通过辩论能对辩论话题的正反两方面的观点认识得更全面更深刻。在举行辩论活动时需要注意两点：一是在有合适的单元话题或热点话题时才举行辩论活动，辩论并不需要每个单元都有，一般而言，一个学期的英语口语课堂能举办两至三次辩论活动即可。二是辩论通常没有对错之分，只要根据自己的立场言之有物、言之有理即可，我们辩论的目的是要让学生大胆说英语、应用英语表达观点和解决问题。在辩论的实践活动中，学生既充分锻炼了口语表达能力、展示了个人的才华，又体现了小组合作精神。正反双方观点不断碰撞，学生针对对方的问题积极思考和预设问题，其批判性思维能力得到了很好的锻炼和发展。

（二）"张口说三"的策略——训练思维的广阔性

所谓"张口说三"，就是针对一个话题，提出三个论点；或者针对某个观点，列举三个原因或举三个事例。在日常的交流中，我们常常会觉得一两个论点和事例不够分量，表述不够充分，但如果说四点又觉得表述过多，因为当听者听到第四点的时候，往往已经记不清楚第一点或第二点是什么了。三点则恰到好处，既论述充分，又不会令听者失去耐心。"张口说三"教学策略不仅可以锻炼学生的语言逻辑性，还可以锻炼学生多角度思维的能力。适用"张口说三"教学策略的英语口语活动主要有话题阐述等。

话题与所学内容或学生的兴趣爱好紧密相关，学生表达有自信，因此深受学生欢迎，也是笔者在高中英语口语课堂中经常采用的教学活动。教师既可以设计话题，也可以让学生自主设计自己感兴趣的话题。话题可以是最近教材中所学内容或最近的社会热点。教师可以提前一周要求学生轮流准备话题呈现，为了增强仪式感，所有学生还要做简单的PPT，主讲者用5~10分钟介绍自己的话题，然后鼓励全班同学就此话题展开讨论后发言。高中生刚开始都惧怕开口，或者说了很久但却言之无物。笔者采用"张口说三"的教学策略，要求学生一个话题至少讲三方面的理由或从三方面阐述。这样，学生在完成任务的过程中不得不主动思考、查找资料、组织语言、表达思想，最大限度地调动学习的积极性与自主性。在话题呈现的过程中，学生需要运用分析、综合、推理、创新等多方面的能力，最大限度地活跃他们的思维。

（三）四维图新的策略——培养思维的创新性

所谓四维图新，就是把与某一主题相关的各种想法像多维电影一样先展开多维度的丰富的想象，再汇集到一起，争取在综合多方面意见的基础上提出有创新性的观点或见解。教师要求学生针对某一话题或问题从多角度充分发表意见，然后在听取各方面的不同意见的基础上，分析、综合和梳理，力图推陈出新，提出创造性的见解或不同的观点，从而达到培养和发展学生创新思维能力的目的。适合四维四新教学策略的英语口语活动包括讨论等。

讨论具有动态性、交互性和不可预期性等特征，这与思维的复杂性、动态性和交互性的特征极其相似。布鲁纳认为，儿童认知的发展具有非线性特征，而是受个体、环境和各种其他因素的影响。在学校环境的影响中，如果提供具有挑战性的训练，学生的思维可以得到跳跃式的发展，因此，利用课堂讨论来培养学生的思维能力有很强的操作性。任何知识要具有生命力，都必须作为一个"过程"存在于一定的生活场景、问题情境或思想语境之中。知识本来产生于某种特定的"境域"，按科学社会学的观点，产生于知识发现者的生活、情感与信念，产生于研究者的个人知识，产生于研究共同体内外的争论、协商和各种思想支撑条件。口语讨论正是在动态开放的课堂环境中通过不断的交互活动让学生的口语表达能力和思维品质得到发展和提高的。在围绕特定主题的即时的口语讨论活动中，学习者学会尊重不同的意见，在博采众长的基础上提出自己与别人不一样的想法，有利于培养学生思维的创新性。

（四）六何叙事的策略——培养思维的逻辑性

六何叙事，就是要求学生在口语表达的时候注意完整回答六个关于何的问题，即何人（who）、何事（what）、何时（when）、何地（where）、如何（how）以及为何（why）。英语中有很多时候会要求学生介绍事情或描述一位人物，遇上这类叙事性的话题，教师就可以要求学生应用六何叙事的策略。以六何问题为口语文章的组织结构，把六何问题回答好了，学生的口语表达也基本上能做到逻辑清晰、表述清楚了。

四、结语

教师要加强高中英语口语教学，并在教学过程中关注学生思维品质的培养和发展。教学中真正宝贵而有价值的东西是学生的经历、体验、感悟、状态，是思维、思想、见解、眼光、境界，而不是知识的容量和进度。建构主义教学法提倡情景化教学，主张学习内容要与学生生活贴近。只有学生熟悉并感兴趣的话题，才容易激发他们表达的欲望和思考的兴趣。突出思维能力培养的高中英语口语课堂要依托主题，在真实的话题情境中借助丰富的口语活动和问题激活学生的已知。教师要选择与教材内容紧密结合的口语活动，要善于筛选贴近学生生活的有价值、有意义的热点问题，引导学生积极思维，一分为二地看待问题、多角度谈论问题，鼓励学生提出与别人不一样的观点和看法。尽管思维是动态复杂的，但只要借助恰当的、丰富而有趣的课堂活动和富有启发意义的问题，在高中英语口语教学中培养和发展学生的思维品质必定能够实现。

基于主题意义的高中英语单元整合教学策略初探

徐群英　徐洋羊

成都树德中学外国语校区

一、问题的提出

英语学科肩负着发展学科核心素养、落实立德树人的根本任务。随着课程改革的进一步深入，新的教学理念层出不穷，一线老师们积极学习各种教学理论并将新理念运用于教学实际当中，因而英语课堂教学质量看起来有了很大的提高。然而，在表面的热闹与繁荣背后，仍然存在不少的问题。首先，教师缺乏对单元目标的深入分析，导致教学停留在浅表层面，学生无深度学习体验；其次，教师容易忽略单元内部各章节或者模块之间的逻辑联系，按部就班地做流水线工作，缺乏主题语境、语篇的整合与整体构建，教学流于形式；再次，有老师忽略语篇的文本特征与语言特色，对不同的语篇进行模式化的处理，存在教学一刀切的现象，对不同的语篇采取一样的教学方式，如段落大意匹配、填表格、填单词等；最后，不能容忍的是教学内容的碎片化。我们的教材中每个单元的不同语篇都是基于某一个主题语境，相互之间存在很强的联系；而老师在备课的时候常常着眼于单篇课文的新内容，不管是词汇、语法教学，还是思维能力的培养，大都局限于本堂课。一个单元学完之后，学生得到的是破碎的、不成体系的知识碎片。学生的语言能力、文化意识、思维品质和学习能力无法得到系统发展。鉴于此，整合单元内容、将单元知识有机结合、促进学生语言知识和思维能力的融合发展成为发展学生学科核心素养的必由之路。

二、理论基础

《普通高中英语课程标准（2017年版）》（以下简称《课程标准》）指出："学科素养是学科育人价值的体现，是学生通过学科学习而逐步形成的正确价值观念、必备品格和关键能力。英语学科素养主要包括语言能力、文化意识、思维品质和学习能力。""实现英语学科核心素养的课程目标，必须构建与其一致的课程内容和教学方式。"《课程标准》提出了由主题语境、语篇类型、语言知识、文化知识、语言技能和学习策略六个要素构成的课程内容以及英语学习活动观。主题为语言学习提供主题范围或主题语境，它包含了人与自我、人与社会和人与自然三大主题。我们的英语课程应"以主题意义为引领，以语篇为依托，整合语言知识、文化知识、语言技能和学习策略等学习内容，创设具有综合性、关联性和实践性的学习活动""英语课程应该把对主题意义的探究视为教与学的核心任务，并以此整合学习内容，引领学生语言能力、文化意识、思维品质和学习能力的融合发展"（教育部，2018）。

深度学习（deep learning）相对于浅层学习（surface learning）而言，深度学习倡导通过深度加工知识信息、主动建构复杂概念、深度掌握内在含义，主动建构个人知识体系并迁移运用到真实情境中解决复杂问题，最终促进全面学习目标的达成和高阶能力思维目标的发展（张浩、吴秀娟，2012）。王蔷（2016）指出，教学要走向学生学科核心素养的发展，从意义出发，推动深度学习。

因此，在以主题意义为引领的课堂上，教师要通过创设与主题意义密切相关的语境，充分挖掘特定主题所承载的文化信息和发展学生思维品质的关键点，基于主题意义的探究，以解决问题为目的，整合语言知识和语言技能的学习与发展，将特定主题与学生的生活建立密切联系，培养学生的逻辑思维和批判性思维，引导学生构建多文化视角。在主题探究活动的设计上，要注意激发学生参与活动的兴趣，调动学生已有的基于该主题的经验，帮助学生构建和完善新的知识结构、深化对该主题的理解和认识（教育部，2018）。

三、实现主题意义下的单元整合的策略

单元是承载主题意义的基本单位。在高中英语教学中，教师的教学活动设计围绕单元的某一具体的话题以及语境展开。教师要积极引导学生运用语言技能获取、梳理、整合话题知识和话题相关语境知识，深化对话题的理解，在解决问题的过程中，比较和探究话题的文化内涵、汲取文化精华；同时，教师要鼓励学生合理运用各种学习策略，积极运用所学语言围绕话题创造性地表达个人意图、观点和态度，提高理解和表达能力。那教师该如何实现上述的目的呢？在课堂上，教师与学生最常见的互动方式就是提问与回答。提问是课堂教学最常用的策略之一，也是最富影响力的教学艺术（Taba，1984）。问答作为外语课堂中最普通的一种话语形式，对语言的习得有着很大的促进作用。几乎所有的课堂当中，我们都可以看到，教师提出一个问题，激发学生回答，然后教师回应这些问题。这些相关联的问题组成一个问题链，学生通过学习理解、应用实践、迁移创新等活动来发展学科核心素养。

问题链的设计一般可分为三个维度：设计一级问题序列，明确单元主题；设计二级问题序列，理解篇章结构、推断作者意图；设计三级问题序列，了解语篇内部句子之间的逻辑关系、语言特色、理清作者思路。

现以我校高中使用的教材《展望未来》第三册第8单元 Paths to success 为例，说明我校高二年级英语组老师在单元整合方面进行的尝试。

1. 定位单元主题内涵，设计能帮助学生整体理解主题意义的一级问题序列。

单元主题内涵是本单元的核心，教师要在充分阅读并分析单元语篇的构成及各章节之间的逻辑关系的基础上理解单元主题意义，跳出长期习惯的碎片式思维模式，从提升学生核心素养的单元整合教学维度去构建单元主题意义、理解单元主题内涵，最后从单元的角度设计教学目标与达成目标。

第8单元由 Job options, Preparing to work, Personal interviews 三个章节组成，属于人与社会的主题。从每一章的标题可以看出，这三个部分是层层递进的关系。从就业的选择，到为工作所做的准备

再到工作面试，每个章节环环相扣。教师在认真分析了三个章节的语篇的内在联系之后，确定单元主题的关键点在于：①工作对于个人的意义；②为了实现对未来工作的期许，我们应该做些什么；③如何定义工作的成功。教师设计的问题链如下：

(1) What is an ideal job? Among the jobs given, which one would you like to do? Why?

(2) How can you get the ideal job?

(3) If you do the job you like, does that mean you are successful? Explain your idea.

这几个问题基于主题语境，有逻辑性、层次性，贯穿单元的始终，有助于学生探究主题意义、了解知识内容、传递价值观念、关联自己的生活和认知，实现深度学习。学生在回答这三个问题的过程中，能积极运用所学语言围绕话题创造性地表达个人意图、观点和态度，提高理解和表达能力。

2. 依托语篇，设计二级问题序列，促进学生整合理解语篇类型。

语篇是表达意义的语言单位，通常以多模态形式呈现，包括口头语篇和书面语篇，也包括音频和视频，并以多种不同的文体形式呈现。语篇承载语言知识和文化知识，传递文化内涵、价值取向和思维模式。因此，在开展对主题意义探究的活动中，语篇不仅为学生发展语言技能和形成学习策略提供语言和文化素材，还为学生形成正确的价值观提供平台（教育部，2018）。教师要注重分析语篇的特点，设计能帮助学生整合语篇的问题链；避免过于注重某些单词、短语或是句型，造成知识的碎片化。

本单元的第一章节的语篇是一篇标题为 Careers Special 的阅读文章和一个听力材料。每个语篇都分为三个小部分，分别谈及三个人的职业相关话题。虽然一个是阅读材料一个是听力篇章，但这两个文本之间有着密切的联系，听力是阅读的一个延伸。教师设计了以下问题链：

(1) What are the jobs? Why are they special?

(2) Do they need any qualifications?

(3) Do they have any ambitions in their career?

这三个问题涵盖了语篇中关于职业生涯的 biography 所包含的三个要素，很好地回答了语篇主题 what、how 和 why 的问题。在回答了这三个问题之后，学生明白了在介绍时可以包含这三个方面的信息，为后面的迁移创新奠定基础。

3. 深入分析语篇文本，设计三级问题序列，明晰语篇内部句间的逻辑关系。

英语语言能力是构成英语学科核心素养的基础（教育部，2018）。教师应该以语篇文本内容为切入点，设计整体理解语篇结构特征和语言表达特点的问题链，帮助学生理清语篇内部语句之间、段落之间的逻辑关系，帮助学生形成整体结构化的表达能力。

同一单元第三章节的语篇为一篇听力材料，是一个 interviewer 和 interviewee 之间的对话。整个对话的篇幅长、语速适中、新的语言知识少。针对其特点，教师将重点放在了入职面试的话题交流与技巧上，提出以下问题链：

(1) What makes a successful interview?

• What topics are covered in the interview?

(2) How does an interview go smoothly?

追问

• How do you know the interviewer transfers to a new topic?

• How do you tell if the interviewer is interested or uninterested in what you say?

• How do you ask for repetition?

• How do you ask for explanation or clarification?

• How do you correct yourself?

第一个问题要求学生能将听到的内容进行归纳、分类。第二个问题则是关注功能性语言，即让学生明白如何自然、合理地将众多话题有逻辑地联系在一起，要求学生既要读懂言内之意，还要明白言外之意。例如交谈时如何引出话题、如何知道要转移话题、如何知道对方对你的谈话感兴趣与否、如何请求解释和重说、何时插话等。以适时插话为例，这篇语言材料为学习者提供了一个很好的范本。在交流过程中，双方可以通过对方语调的变化，适时且礼貌地打断对方；同样，说话人也能够运用自己的语调礼貌地阻止对方插话。尽管语调变化并不影响词汇本身的意义，但它却直接影响着语言的交际。

四、单元主题意义整合的重点

1. 在单元整合中重点关注对学生文化意识、思维品质的培养。

《课程标准》明确指出，思维品质是指思维在逻辑性、批判性和创新性等方面所表现的能力和水平，它体现了英语学科核心素养的心智特征。思维品质的发展有助于提升学生分析和解决问题的能力，使他们能够从跨文化视角观察和认识世界、对事物做出正确的价值判断。文化意识是指对中外文化的理解和对优秀文化的认同，是学生在全球化背景下表现出的跨文化认知、态度和行为取向。文化意识体现英语学科核心素养的价值取向，文化意识的培育有助于学生学会做人做事，成长为有文明素养和社会责任感的人（教育部，2018）。

2. 引导学生根据单元语篇内容，自主梳理知识、归纳总结，为输出做好准备。

英语学习除了要重视思维能力与文化意识的培养以外，语言知识也不可或缺。在三个章节内容学习完成后，教师针对本单元的语言知识点提问：How do you talk about your ideal job? Can you put the words and expressions we have learnt in this unit into categories? 要求学生将三个章节里面出现的有用的短语和句型分门别类归纳总结。

在整理过程中，学生将本单元所有目标知识点重新梳理了一遍，并将不同话题的表达法根据其内在的共同点归纳在了一起。通过这样的活动，学生的学习能力得到了提高，同时知识的结构化与体系化也为之后的输出奠定了扎实的基础。

3. 以整合性输出任务作为实现学生学科核心素养发展的落脚点。

在单元教学中，教师需要实施"以主题为引领、以语篇为依托、以活动为途径的整合性教学方式"。整合性教学方式需要教师设计单元整合性输出。整合性输出活动是指学生基于单元主题语境，在多种技能的实践过程中整合多个语篇学习所获得的主题词汇、语法、语篇知识、文化知识和主题表达视角，通过对比分析或问题解决等活动表达自己对主题意义的理解与评价的学习活动（李宝荣等，2019）。

在完成了第8单元的学习之后，教师布置了两个任务：第一个应用实践任务：口语任务——学校辩论社正在招聘新社长，你对此很感兴趣，准备应聘。请你和你的同桌：Make a job interview with your desk mate covering necessary topics and using proper functional languages if necessary. 学生们在应用实践中自主体验，在体验中内化单元主题内容。第二个任务：写作——假设你已经工作，现用英文写一篇关于工作经历的传记。要求包括最初的理想，为取得资格而进行的学习经历，你想达成的工作成就等。要完成此任务，学生需从本单元的各个文本中提取信息、语言、表达视角体现出基于多个文本学习理解、应用实践到迁移创新的学习过程和学习成效。

尽管学生们还没有工作，这个经历是假象出来的，但是高二的学生马上就要进入高三，面对大学和专业的选择，这些选择都要以自我职业规划为依据，学生们已经开始思考就业相关的问题，他们有话可说，也愿意借这个机会更加细致地描绘自己的未来，因此效果更好。

五、结束语

基于主题意义的单元整体教学"以解决问题为目的，整合语言知识和语言技能的学习与发展，将特定主题与学生的生活建立密切关联"（教育部，2018），在主题意义的探究过程中，以主题意义为中轴，以单元—语篇—语言三级问题链为主线，以主题对学科育人的价值为落脚点，循序渐进、层层深入地引导学生构建和自主构建主题语境下的语言知识、文化意识和思维品质，促进学生学习能力的提升。在整合、理解和建构、内化和升华主题意义的过程中实现了深度学习，有效避免了以往教学的碎片化、孤立化、唯语言为重等问题。长期坚持，学生的英语学科素养能得到融合发展，真正实现价值引领与学科育人。

高中英语口语教学初探

——如何调动学生在口语练习中的主动性

刘文静

成都外国语学校

教育部颁发的《普通高中英语课程标准》指出：基础教育阶段英语课程目标是以学生语言技能、语言知识、情感态度、学习策略和文化意识的发展为基础，培养学生英语综合语言运用能力。要求教师要鼓励学生通过体验、实践、讨论、合作、探究等方式，发展听说读写的综合技能，要创造条件让学生能够探究他们自己感兴趣的问题并自主解决问题，特别强调要使学生在人际交往中有效地使用英语。这就要求教师不断更新观念，改变过去过分重视语法和词汇知识的讲解与传授而忽视学生实际语言运用能力培养的状况。本文将结合课堂教学实际，探讨在英语口语教学中如何调动学生参与口语课堂练习的主动性。

一、学生在口语课堂上不能主动参与的原因分析

新版外语教学与研究出版社的教材口语部分话题广泛，涉及科学、文化、体育、艺术等社会各个方面的话题。这就要求学生有很广泛的知识。部分外地学生与成都的本地学生相比知识面普遍要窄一些，对教材中的某些话题（如西方节日）熟悉度较低，所以无从下口。口语课上，他们无法开口说。

本套教材所选语言素材具有时代性，反映了当代青少年的生活和精神面貌，并且具有较强的跨学科性质，如科技成就、农业、环境保护、文化、宗教等，但不是所有的学生对这些话题都感兴趣，所以，口语课上有部分学生不想说。

新教材口语部分很少提供示范性的对话，更多的是专题性会话的语言素材，如对某个话题发表评论、交换看法、展开辩论等。说的活动改变了让学生听读、背诵对话的方法，提供主题、情景和功能意念项目，让学生根据所提供的语言素材、情景与任务要求，自己组织语言，进行说话、讨论、辩论、采访或报告等。这对学生的语言表达能力有较高的要求，所以，学生不知道怎样去说。

部分学生性格相对比较内向，平时不爱说话，或当众说话就紧张。这类学生更不敢站起来用英语当着全班的面说话。

二、调动学生在口语练习中的主动性的方法

（一）利用网络资源

学生不了解的话题可以事先让他们通过网络查阅相关的信息，了解相关内容。以教材第五册（上）Module 4 Carnival 为例，学生对 Introduction 中的几个国外的节日不熟悉。如果不提前让学生查阅资料，只让学生通过看图讨论并回答课本上提出的问题，实际上这个讨论是无效的。如果老师直接按课本的要求，让学生看图，然后回答问题，最后学生只能猜答案。教材问题示例：

Look at the pictures of these festivals and discuss the following questions with your partner.

（1）Do you know the names of the festivals?

（2）Do you know which countries the festivals come from?

（3）What are the people in the pictures doing? Why are they doing this?

所以，在上新课的前一周，我就让学生利用网络从以下几方面了解这三个节日、其他的一些他们常听说的国外节日以及中国的重要节日，并回答书上提出的三个问题。

(1) When is the festival celebrated?

(2) Who celebrates the festival?

(3) How do people celebrate it?

(4) Why do people celebrate it?

(5) What are some important themes, for example "family" and "peace"?

(6) How old is the festival?

通过预习，学生熟悉话题背景，课堂讨论参与度显著提升。

（二）利用多种教学活动调动学生的学习兴趣，来激发他们说的欲望

1. 借助收看影视片段让学生了解相关话题。

以高一（上）Module 6 Film and TV programmes 为例。在学习本单元时播放 Jaws，Jurassic Park，ET 和 Harry Potter 的影片片段，然后再让学生回答书上的三个问题：

(1) What did you see in the screen?

(2) What happened before the scene?

(3) What is going to happen?

动态的画面让学生一下就提起了精神，视觉和听觉相结合使他们对不熟悉的电影也变得有话可说了。

2. 通过收听录音机，让学生熟悉话题。

以高二（下）Module 4 Music Born in America 为例。本单元谈论的话题是美国音乐。要求学生交流自己最喜欢的音乐。大部分学生本来就对音乐比较陌生。直接让他们谈论，肯定不行。所以在上课之前我先准备了一些美国比较出名的音乐让他们听，让他们试着猜音乐类型和出自哪位音乐家，然后再让他们谈感想。

3. 通过表演，让学生参与课堂。

比如在学习高二（下）Module 3 Literature 一课时，为了让学生能参与课堂，在了解文学作品的基础上训练口语，学完本单元后，我就让学生自己找搭档、写剧本、准备道具、在台上演出。我还请了科任老师当评委，从语言、表演、服装几方面打分，对优胜组进行奖励。这样就能调动学生的表演欲。

4. 通过辩论，让学生自由地说出自己的看法。

例如学习高二（上）Module 5 Cloning 时，我要求学生就克隆技术的优点和缺点发表自己的看法。克隆技术利弊并存，比较适合作为辩论主题。学生通过小组合作或个人思考可初步表达观点。但如果采用辩论的形式，学生就可以通过相互间的语言碰撞来激活思维，所以学习本课时我设计了一个辩论话题：Debating— To clone or not to clone。

（三）给学生介绍一些提高口语的方法，指导他们正确地组织语言

(1) 注意学习和运用教材中提供的日常交际用语和常用结构，将学习过的表达方法和新的表达方法结合使用，重新组织语言表达。

(2) 观察并模仿范例中的语言，注意语法结构和语言的准确性，尽量模仿与记忆整块的语言。

(3) 注意语言的得体，多了解英语国家人士的思维方式与习惯表达方法，懂得在什么时间、什么场合、对什么人说什么话，并注意观察英语国家习惯的体态语言，以增加表达力。

(4) 增加"输入"，多听多看英语录音和录像，扩大学习资源范围。

(5) 运用好 Speaking 部分所提供的 useful expression。

通过这些，让学生知道怎样去提高口语。

（四）对于内向的学生可以采取下列办法

（1）课堂上，此类学生回答完问题后一定要鼓励、表扬，让他们从回答问题中找到自信。
（2）如果单独回答问题太紧张，可以以小组的形式抽问，这样有人和他做伴可以减轻他的心理压力，逐渐建立自信后就可以单独抽问。
（3）课后多与此类学生谈心，让学生消除对老师的畏惧感，增加教师的亲和力。
对于此类学生要多从心理方面下功夫。

三、结语

针对学生学习实际，在口语教学中调动学生参与的积极性，体现了新课标培养学生英语综合语言运用能力的要求。这样也才能真正在口语教学中体现学生的主体地位。

浅谈新课程理念下的初中英语听力教学

苏丽平

成都外国语学校

践行新课程标准，我们对课堂教学有了新的理念——始终"以学生发展为本"，即教学过程中应突出学生的主体地位，充分发挥学生的主动性和积极性。在初中英语教学的"听力教学"中，我们更应该营造宽松、和谐的学习氛围，激发学生的学习兴趣和求知欲望，以期达到提高听力教学质量的目的。首先让我们一起来探究中学生英语听力理解困难的原因，其次才能找到解决的措施。

一、中学英语听力理解困难的因素

（一）学生自身的语音素质不高造成理解障碍

听力是听和理解的总和。听力理解过程是人们运用各种知识和技能的过程。学生没有掌握正确的发音、充足的词汇量及相关的语法。学生因发音不标准导致辨音困难；或者没有掌握好语音、语调、单词发音在句中的变化，如连读、同化、弱化、不完全爆破等。这些都有碍于听力能力的提高。

（二）英语的词汇量不够

词汇量较大的学生，其听音理解水平自然也较高；而词汇量少的学生，面对听力材料中过多的生词，从而影响其听力理解。听者在听到生词时往往会中断听的思路，把精力集中在回忆、搜索生词的意义上，而置后面的内容于不顾，结果影响对整个句子或语篇的正确理解。因此教师要时刻告诫学生，尽量扩大自己的词汇量。

（三）综合理解障碍

听力的最终目的是达到对句子、篇章等的综合理解。如果仅有语音、词汇、语法等基础而没有良好的听力技巧，仍然很难有效提高综合理解能力。有的学生不善于抓关键词和掌握篇章大意，总是把注意力集中在单词、单句上，结果一篇200字左右的短文，学生自以为听懂了到头来却没有记住所听内容，出现听了后句忘了前句的现象。还有的同学遇到生词便停下来苦思冥想；更有甚者，每听一句便将其译成汉语，自认为是懂了，殊不知这种翻译过程影响了下文信息的输入，听到的只是支离破碎的英语，即使翻译得再好也不能实现对文章的综合理解。

（四）文化差异对听力的影响

学习一门语言，不能仅限于学习单词、词汇、语法，还应了解相应的文化常识。学生因文化背景知识不足，对英美社会文化理解有限，这在一定程度上影响其英语听力效果。

（五）心理障碍

心理障碍主要表现在听音时过于紧张和注意力不集中两个方面。注意力不集中会导致信息输入出现断层，从而影响听力效果；过于紧张会使脑子出现短暂空白，这种状态下的听力理解难以保证其连续性和正确性。在听力训练时要保障良好的心理状态，一般指做听力训练时，学生的心理要放松，但注意力要高度集中。保持良好的心理状态，是一个习惯培养的问题，需要学生长期、自觉地去关注、调节和控制，最后养成一种条件反射。

二、提高听力理解效率的应对策略

在努力提高学生英语听力水平的过程中，总受到这样或那样因素的影响和阻碍。因此，我们必须针对上述因素，寻求恰当的方法，通过有效的途径加以解决，达到事半功倍的效果。

（一）思想重视，激发兴趣，培养习惯

（1）思想上加以重视。不但要求教师自身做到，也要要求学生做到。在七年级上学期刚接触英语听力时，就要对学生进行思想动员，让他们明白听力的重要性。在以后的英语学习中，还要不间断地提醒，让学生始终保持对听力的兴趣与重视。只有深刻认识到其重要性，才能让学生对英语产生很强的求知欲，从而对英语萌生兴趣。

（2）激发学生兴趣，增强学生的学习信心。如何培养听的兴趣呢？首先，要明确听的目的。结合学生的语言水平，由浅入深、由低到高地进行，逐渐培养学生听的欲望，并使之成为学生的一种爱好、一种兴趣。其次，引入竞争机制。在课堂上，教师可采用抢答的方式，激发学生听的兴趣，刺激学生的大脑反应，活跃课堂气氛。最后，注意培养学生的自信心。教师可选择一些符合学生实际语言能力、趣味性较强的听力材料，比如经典英文歌曲或英文电影片段。在教学中，要注重教学方法的多样化、灵活性、趣味性。学生有了听的兴趣，便为听力能力的培养提供了前提条件。因此，教师能否激发学生的兴趣是英语听力教学的关键因素。

（3）培养学生良好的发音习惯。在日常的教学中，我们可以让学生听录音进行规范性模仿，接触标准规范的语音、语调，同时注意多音节的重读、连续及原音弱化、发音近似词的辨音、英美发音上的区别等，力求打下良好的语音基础。

（二）联系教材，精选听力材料

初中生所学的语言知识太少，各种听力材料又参差不齐。因此，选择适当的听力材料对学生尤为重要。为了使所选材料既有一定的难度，又使学生能理解和接受，并能提高学生的学习兴趣，老师可以广泛收集各种听力材料，并筛选一些内容和题型较好的材料供听力课使用。老师在选择时，要注意吃透现行教材，掌握其内容、词汇量、语法项目，把握教材的难点、重点以及教材进度。教师所选的教材要基本和学生课本进度同步，难易程度相近，并注意控制一定的生词量。

（1）注意教材的思想性和趣味性。要寓教于乐，对学生进行思想品德教育，激发学生学习英语的兴趣。

（2）重视学生的会话能力，注意扩大学生的知识面，注意教材的交际性和知识性。

（3）尽量选择外籍人士朗读的录音带，使学生习惯听比较地道的、标准的英语。

（三）通过各种途径，加强听力训练

（1）教师应引导学生充分利用碎片化时间听英语，可以利用早读、早自习、午休、课外活动、晚自

习等时间播放听力材料，创设环境让学生身临其境。

（2）教师应引导学生通过各种途径去听英语，不仅在课堂上听老师精选的听力材料，还可以在回家后听广播、收看电视，有条件的还可以在网上听。总之，学生应多渠道地给自己创造听的机会，力求每天能做到听音1小时。

（四）搞好课堂教学，充分发挥学生的主体作用

在教学过程中，教师要坚持用英语组织教学，促使学生多听多说。在课堂上，对听音不同的意见，可以让学生展开讨论、各抒己见、多问几个为什么，让学生不仅知其然，更能知其所以然。教师提问时，要面向全体学生，鼓励学生大胆发言，并要注意尊重学生、维护学生的自尊心，让学生真正成为课堂的主人。为了调节和活跃课堂气氛，在以听音为基准的前提下，利用实物、多媒体设备等提供形象的语音环境，让学生置身其中，愉快地学习英语。同时，教师可以设计各种各样的练习以活跃学生的思维，让学生在听的过程中根据练习抓住侧重点，如缺词填空、听对话回答问题、根据文章大意听写段落等。通过丰富多彩的练习，学生熟悉了各种试题类型，目标明确了，接触面广了，将来面对考试就比较自如了。

（1）教师要坚持用英语授课，尽可能地让学生多听英语、感受语言信息的刺激；寓听力教学于说、读、写之中，教材的每个单元还设有专项听力训练，这都是训练听力的好素材。

（2）充分利用学生喜爱英文歌曲的现象，将英文歌曲用于听力教学。在上听力课时，我尝试将一些内容难度不大的英文歌曲引入课堂，一则可以激发学生的兴趣，满足学生听歌的愿望；二则可以让他们自然学习语言，提高听力；还可通过歌曲内容复习已学知识，为学习新的语言材料作铺垫，可谓一举多得。通过网络，可以找到很多好的听力录音，加强听力训练。随着网络的普及，学生接受多媒体教育的机会增多，利用网络训练听力，既可提高学生的听力水平，又可提高他们的英语整体水平。

（3）重视听力技能训练，培养学生的综合能力。

①培养良好的测试心理素质。在进行测试时，学生必须稳定情绪、集中精力、保持良好的心态。

②培养学生用英语思维的习惯。教师要尽量地用英语解释，辅以图片、体态语等方式，培养学生用英语思维的习惯，摆脱母语的干扰。

③培养快速浏览、预测内容的习惯。重视听力技巧的训练是提高学生听力理解的有效措施，教师要培养学生对所听内容的检索、预测和判断能力。

④培养捕捉信息、速记要点的习惯。听力训练的特点是时空的限定性、信息接收的被动性和材料内容的保密性。教师要通过训练，帮助学生捕捉听力材料中的关键词，边听边记，并对所听信息进行适当的编码，培养学生听信息的习惯。教师要培养学生的短时记忆力，使其正确分配注意力。

三、总结

英语是一门语言实践课。通过多年的教学实践，我们发现要突破英语听力难关不单单是听力的问题，还应充分利用自身的文化背景知识，掌握语音知识及听力技巧，让学生牢固掌握语音、语汇，灵活运用语法。教师辅之以必要的背景知识介绍，在听力课上运用有效的方法调动学生的学习积极性，提高课堂教学效率，这样定能使学生的英语听力理解水平上一个新的台阶。

浅谈高中德语"零起点班"
——针对 DSD 一级考试的教学经验

辛丽川

成都外国语学校

一、什么是 DSD 考试

DSD 考试德语全称为 Deutsches Sprach-Diplom，中文译为德语语言证书，是德国教育适应国际化的一项改革。它是 1999 年德国 16 个州教育部长常设会议做出的决定。DSD 证书由德国联邦与 16 个联邦州共同管理，具体由德语证书管理委员会中心组织、实施、认证、保证质量及语言证书的管理。我校德语学生分别在高一和高三年级参加 DSD 一级和二级考试。通过 DSD 一级考试，加上高考成绩达到 525 分或国内 211 大学录取通知书，即可申请德国公立免费预科；通过 DSD 二级考试，加上高考成绩达到 525 分或国内 211 大学录取通知书，即可申请德国所有大学的所有专业。目前除了通过 DSD 项目赴德留学，其他的方式都需要到德国驻华使馆文化处留德人员审核部（简称 APS）进行严格的审核，中国高中生如果有意愿到德国留学，选择 DSD 考试是目前最简单高效的方式。

二、高中德语"零起点班"的基础设置

（一）高中德语"零起点班"的教学目标

由于高中德语"零起点班"的学生都是在了解 DSD 项目的前提下参加德语学习的，所以本班的教学目标非常明确：①教授学生德语语言知识至 B1 水平；②辅导学生通过 DSD 一级考试，达到 B1 等级。

（二）高中德语"零起点班"的课程设置

由于要在高中一年半的时间内达到 B1 水平，所以本班放弃了初中的启蒙教材《快乐德语》，选用更加适合高中生的德语引进教材《交际德语》。特别值得一提的是，由于时间紧迫，教学压力大，我们经过对比 DSD 一级 B1 级别要求和教材内容，做出了考级前最少可以只学到《交际德语 A2》的决定，为 DSD 一级考试留下了充分的备战时间。另外，由于"零起点"学生不能放弃英语学习和高考，为了不影响学生日常行课，所有德语课都安排在每周五、周日以及寒暑假。

三、高中德语"零起点班"教学中的困难

（一）教学时间太集中，语言习得过程不连贯

"零起点班"学生的学习时间集中在每周的周五、周日以及寒暑假，在学校正常行课的周一至周四，高中"零起点"学生无法系统地进行德语课堂学习，而第二语言习得的必要条件之一是语言接触。Krashen 提出的输入假设（The Input Hypothesis）认为：人类习得语言的方式只有一种，那就是靠理解信息、靠接受"可理解性输入"。也就是说，外语学习者必须持续接触很多用来交流、传递信息的语

言输入，才能建立用来构成他们最终使用这门语言的心理语法特征。因此，不连贯的德语课堂势必会对高中德语"零起点"学生的语言习得产生负面影响，尤其是在口语学习方面。

（二）德语习得难度较大，学生容易产生畏难情绪

由于德语多辅音发音，名词有阴、阳、中三性，语法中有一、二、三、四格以及第一和第二虚拟式等难点，德语习得比高中"零起点"学生更早接触到的英语在难度上高出不少，导致一些学生在接触德语初期无法适应，因此而放弃的学生不在少数。高一上学期班上共有13人参与学习，到高二上学期参加DSD一级考试的共有8人，5人因德语难度较大放弃。

（三）近年DSD一级考试的要求提高，过级难度增大

DSD一级考试分为口语、听力、写作和阅读四大板块，每个板块满分24分，考生每个板块都达到12分即能达到B1级别。随着中德关系深入发展，越来越多的中国学生希望通过DSD项目赴德留学，因此德国国外教育司在近年酌情将阅读和听力部分的分数要求提高至14~16分，加大了过级难度。一部分"零起点"学生无法达到新的要求。

四、高中德语"零起点班"问题的解决对策

（一）细化每日自主学习内容，防止德语学习中断

为了解决"零起点班"德语课时过于集中的问题，高中德语"零起点"学生必须保证每天都在不断接触德语知识，每天的自主学习内容必须进行比德语行政班更为严格细致的制定，否则学生很容易就忘记在无课的四天里进行德语学习。我们以DSD一级考试要求为导向，从听、说、读、写四个维度出发，每天给学生布置科学的、适量的自主学习内容。

经过细致制订的自主学习计划和严格要求交作业时间能够激发学生的积极性，产生较强的约束力，有效解决学生"学两天，丢五天"、到周五就基本忘记前一周所学知识的困境。

（二）了解德语国家文化，不断激发学生学习热情

虽然高中德语"零起点班"要在三个学期内完成德语B1级别的学习，时间紧、任务重（六年制英德双语班要经过7个学期的学习达到B1目标），但在"零起点"学生学习德语期间绝不能一味填鸭式地给他们塞入语言知识，否则学生极容易产生厌倦心理从而放弃德语学习。因此，笔者在每个学期都会穿插一定课时的德语国家风土文化和时事主题讨论，通过观看电影、观看新闻视频、课堂辩论和课堂短报告等方式进行。通过形式丰富的课堂活动激发学生的学习热情，效果显著。随着学生对德语国家的了解越来越深入，他们中的大部分都能够更加持之以恒地学习德语。

（三）坚持词汇量和相关知识拓展，加强学生语言深度

在近几年DSD一级B1级别提分的情况下，抓住得分的关键是辅导"零起点"学生的重中之重。而听力和阅读的得分关键点在于词汇量的拓展和对考题所涉及的主题的理解深度。因此，笔者在教学过程中抓住以下两点。

1. 横向拓宽听说宽度。

在拓宽听说宽度方面，首先，在全面掌握课本课文的基础上寻找符合DSD一级常考主题和难度的新闻视频、报刊文章等资料，并按照文章难度级别设定相符合的题型让学生练习；其次，要求学生整理归纳练习资料中所出现的B1级别词汇，结合语境进行记忆；最后，为学生设计每个主题的单词思维导图（The Mind Map），在月末及期末令学生进行导图填充，即可验证学生对这一主题相关单词的掌握。

2. 纵向加深思考深度。

在加深思考深度方面，首先，在学习每个主题时，要由浅入深地进行，对于基础的词汇、定义等，

要让学生扎实掌握才能在后续学习中深入思考、透彻理解，不要妄想一蹴而就；其次，在引导学生对某个主题进行思考的时候可以从辩证型问题入手，培养学生的审辩性思维，这也是 DSD 一级考试的重要要求；最后，老师在不断提出问题的过程中要注意问题层次的逐渐深入，并引导学生在下一个主题中自主提问，这对于 DSD 一级口语考试的第一、二部分都是非常重要的训练。

浅谈全语言教学法对提高英语课堂口语 presentation 有效性的指导实践

余志丹

成都外国语学校

presentation 是历年来流行于我国英语课堂的一种口语练习活动，一般安排于正课前几分钟，由一位学生完成特定内容的英语演讲或值日报告。根据多年的教学实践结果来看，其重要性已无须赘述。随着时代发展，如何使 presentation 不流于形式，在有限时间内最大限度地锻炼学生的各项能力，是值得每个英语教师深思的问题。经过近几年的探索，结合"全语言教学"理念的启发，笔者在课堂教学中创新此活动设计，在优化 presentation 并提高课堂口语练习的有效性上做了一些有意义的尝试。下面笔者将从现存问题、理论指引和优化策略上作具体阐述。

一、现存问题

presentation 开展至今，目前主要存在以下几个方面的问题。

1. 内容死板，形式单一。

由于时间有限，通常的口语展示都由一名学生完成。为了省事，绝大多数学生都采取演讲的形式，事先写好命题作文并当众背诵一遍，再例行提几个问题。英语课堂之所以开展 presentation，最主要目的是训练学生口语，创造机会让学生表达自己的思想，这种纯粹"背作文"的方式在训练写作和训练口语上都不能发挥最大功用，懒点的学生干脆连自己写稿的这一步都跳过，直接找一篇现成的文章背。当口语练习像这样流于形式的时候，学生的兴趣会越来越小，最后可能发展成为随意找篇文章念、敷衍完成任务。

2. 缺乏引导，杂乱无章。

有的教师为了鼓励学生积极参与，对内容和形式不做任何要求，一味无为而治，导致学生误将此活动当作课堂轻松一刻，唱唱英语歌，放放电影小视频，再简单总结两句完成任务。课堂气氛貌似活跃了，然而离我们所真正追求的目标相去甚远，在热热闹闹几分钟之后，学生自己都不知道真正收获了什么。由于缺乏老师正确的引导，学生在实际操作中常常不受控，整个活动要么死气沉沉要么起哄不止，增加了课堂管理的难度。

3. 难度参差不齐，学生参与度不高。

班上学生英语水平有高有低，优异者侃侃而谈，往往用词生难、语速很快；学困生磕磕巴巴，往往用词简单、句式单一。这种因为个体差异导致下面学生听不懂或者不耐烦的情况时有发生，而一旦其他学生产生看热闹、无所谓的心理，真正能得到锻炼的仅仅是台上的 presenter 一人，下面的学生因参与度不够导致宝贵的几分钟白白浪费掉，从而让课堂口语练习的有效性大打折扣。

二、理论指引

为了高效利用这必不可少的课堂环节，笔者课余时间翻阅了很多相关资料，其中从肯·古德曼

(Ken Goodman)的全语言教学理论（Whole Language Approach）中受益最多。"全语言教学"融会了语言、语言学和语言教学的基本理论，虽产生于美国、加拿大等国的幼儿母语教学实践之中，但随着多年的研究发展，已经被广泛应用于第二语言的教学。这种模式倡导课堂教学交际化，教学形式多样化，学习内容主题化。古德曼（1986）认为："语言并非先天禀赋，也不是靠模仿学会的。""语言学习的过程是一个人际交往的过程。人们总是在不断地用自己构造的语言去与外部世界进行交流，同时这些由自己构造的语言也在不断地受到外部世界的检验、修饰、扬弃或完善。"平时我们课堂的 presentation，虽然初衷是创造机会让学生开口表达，但在实际操作过程中，如果仅仅追求流于表面的"开口"，而忽视了学生间、师生间的交流互动，让学生上演独角戏，他们自身的语言就不能得到相应的检验和完善。

古德曼（1986）指出，语言教学应是一个通过语言学习使学生受到全面教育和全面发展的过程。因此，教师在教学过程中"要考虑到学习者归属感，被需要、被尊重以及获得自我实现的需要"（翟莉，2004）。全语言教学理论将语言教学的意义拔高到另一个高度，这对笔者是一个很大的启发，既然现有的 presentation 模式不能很好地实现优化功能，那何不跳出口语训练的固有思维，将它还原为"人"的交际环节呢？

三、优化策略

笔者在教学实践中做了很多新的尝试，经过不断摸索，现将行之有效的优化策略总结如下。

1. 力求话题形式多样化与适当延长报告时间。

三五分钟的时间对于学生而言，要做稍微深入的交流实在太短，因此，干脆将时间延长到每次 15 分钟左右。时间保证了，接下来就是具体形式的改进了。为了兼顾多样性与有序性，笔者将每周的课堂口语 presentation 划分为几个大板块。周一要求学生做跟课文内容有关的 presentation，笔者一般会提前给出两三个 topic 可供选择，学生可利用周末时间去图书馆或者网上搜寻资料，充分准备讲稿和 PPT；周三是针对《21世纪英语报》上的文章进行讨论，有时也会处理成小型辩论赛的形式；周四是当场给出 topic，学生经过两三分钟的准备之后做即兴演讲，这就杜绝了学生一味依赖事先准备的讲稿而不能真正张口就说；周五的分享会旨在鼓励学生积极参与、乐于分享交流所得，一般 topic 不做设定，不过对放视频或音频有严格规定，不能超过一分钟。如果是特别生僻的话题，会要求 presenter 在课前预先将出现频率高的生难词写在黑板上，以帮助同学们理解和做单词拓展。

笔者对每周的口语 presentation 板块进行动态管理，根据教学进度和内容适时调整板块。比如在加入《典范英语》学习后，每周或隔周增设 role play 板块；在学习课本第 2 单元 Information 的时候，要求学生做 interview，可为求职面试也可以是一般性采访；在学习第 7 单元 Development 时，让学生为某样产品打广告，以表演的形式或者新闻发布会的形式展示出来；学习第 11 单元的时候，结合 Holidays（1）中的练习 4，让学生做气象预报。其实只要用心，presentation 的形式可以多种多样，不管哪一种形式，笔者都要求学生有问答和纠错的环节，使得每一位学生都能够参与进来，而不是仅仅被动接受口语展示者的信息。

2. 力求整合资源，充分调动个体和小组的积极性。

由于一人轮值报告循环周期太长，学生准备时的工作量较大，特别对于基础本身较差的学生，久而久之会更加畏难不愿参与。为改变此状态，笔者将传统的 presentation 由个人变为小组，将全班分为四个组，每组都安排有优中差三个层次的学生，每天的轮换顺序由组长牵头协商。每天可以是每组派一个代表演讲，也可以是小组集体角色扮演。组合之后，学生的参与度和主动性大大提高，小组成员间可进行有效的分工合作，每个学生都可以找到自己的用武之地。曾经我们班有一位英语成绩不理想但是特别擅长表演的女生，每次 role play 的时候都是其他组争相抢夺的外援，在一次次的活动中，该女生也变得自信起来，学习英语的积极性越来越高，最后成绩的提升也让大家刮目相看。随着话题的变化，学生之间的组合也会做相应调整。那些语音语调不标准、表达能力一般的学生在 presentation 中找到了适合自己的舞台，这不仅使他们有了成就感，而且大大提高了他们的课堂参与热情，增强了他们学好英语的决心和信心。同时，这种将个体与小组的主动性同时调动起来的方式，既培养了学生的团队协作精神，又在无形中促进了个体间和小组间的良性竞争，使整个班级的学习气氛更加浓厚。

3. 根据学生水平变化作阶段性、分层次性话题设置和要求。

从初一进校到初三毕业，学生不光英语能力会逐年提高，心理状态和思想情感上也会有所变化。如果老师忽视这些潜移默化的改变，对presentation始终一个要求到底，肯定无法实现其在英语课堂上的最佳优化作用。以笔者所在的学校为例，初一刚进校最开始是系统的音标和日常用语学习。初始阶段的presentation，学生因为能力有限，无法侃侃而谈几分钟，而且初来乍到，同学间还不是太了解，所以笔者将整个环节分为三个部分：①自我介绍；②互相问答；③相互纠错。问答部分，除了要求presenter依据自己的报告内容提问，也要求学生问答所学日常用语，或者是音标词抽读。在学生单词量有限的阶段，可充分利用课前几分钟，将presentation与常规复习相结合，最大限度地提高课堂有效性。在进入《看听学》阶段后，学生接触的语言更丰富，既有日常用语和双课句型，也有情景性很强的单课课文，此阶段笔者变化了presentation的形式，鼓励小组将这三方面的内容整合，进行课本剧改编和表演。初一阶段的孩子，活泼好动，模仿力强，role play无疑是激发他们学习兴趣的良好手段。然而随着年龄增长和课程负担加重，特别是进入初三之后，学生对role play的兴趣会有所降低，客观上也没有足够的时间和精力进行认真编排。高年级阶段，学生语言知识积累和思想深度上都达到了初中阶段的巅峰，笔者适时改变主题，将presentation的内容设置为更注重思辨性的话题辩论或者以参考模拟联合国的形式开展，要求也由低年级阶段对音量、肢体语言、语音语调等说话良好习惯的培养过渡到对报告结构、遣词造句和思想深度的培养。笔者注意到，在根据学生的实际情况对presentation做适时变通之后，无论在什么阶段，学生都能积极参与到活动中来，课堂有效性大为提高。

4. 变泛评为量评，变单一的教师总结为师生共同参与的多元评价。

大卫·纽南（2001）指出，课堂评价是教学的重要组成部分，决定教学的走向，影响教学的效果，它是任何课程设置中不可或缺的一部分。有效的课堂评价应该及时、中肯。presentation作为英语课堂一个成熟、独立的口语练习环节，也同样需要老师认真对待，而不是将其弱化成为一个表面热闹的"show"。通常值日报告结束后，老师会简短发表个人感受，总结利弊，然后立即进入正课环节。这种以鼓励为主的简单小结，往往会演变为几句无关痛痒的套话。随着课堂活动的完善和学生输出质量的提高，教师的这种"伪鼓励"型总结，已无法对学生的付出和所取得的进步给出全面有效的评价。根据《义务教育英语课程标准》所提倡的评价主体多元化的理念，笔者调整了之前的评价模式：

（1）量化评分细则，将评分标准与半期和期末的试要求挂钩，这将促使学生从思想上重视presentation，使评价有理有据。评分细则包括：content（40'），pronunciation & intonation（15'），structure（15'），fluency（10'），loudness（10'），body language（10'）。

（2）评价内容和评价主体多元化。

一个良好的评价体系不应只落脚于分数名次，而应及时让presentation的参与者得到反馈，以便下次改善。这种反馈评价由于时间限制，无法在短短十五分钟内一一展开，但是坚持值日报告中的纠错环节，可以最大限度地扩大参与面，是老师评价的一个良好补充。从初一进校伊始，笔者便要求学生在presentation过程中，记录presenter的不足和闪光点。在学生评价阶段，全班同学均可及时帮助presenter指正语法或语音、语调等具体错误，分享他/她在思路上或者语言上的闪光点。这在量化评分细则的基础上，更加注重了评价的及时性，这种反馈既可以帮助presenter提高表达能力，也双向带动了全班同学的积极性，让每个人都能参与到话题中来，对其他同学的听力和口语同样是一个很好的训练。除此之外，师生评价也可以多元化。依据评分表，当日可评出最佳小组和最佳reporter，根据形式的多样化，比如role play，还可以评出the best actor/actress/director/playwright；比如讨论或辩论，可评出the best debater/sharp thinker。教师和学生们一起在每日、每月、每学期对presenter进行评选，给予获奖者适当的奖励。初中阶段的孩子，对这些荣誉是很看重的，当个人或小组通过努力赢取奖项的时候，他们都会为自我价值的实现而高兴，学习的积极性也提高了。多元的活动评价使更多的学生得到及时纠错和肯定，而这种鼓励和肯定不是老师单一的套话，能让学生就自己的表现得到多角度的评价。评价更有效，反过来会促使presentation朝着良性循环的道路发展。

四、结语

综上所述，合理运用 presentation 不仅可以提高英语课堂口语练习的有效性，还可以培养学生的听说读写综合能力、创新思维和合作精神。这也正是"全语言教学"向来所倡导的，要求语言教育研究者及教师把语言学习的重点从只言片语的语言结构本身转移到语言的实际应用与社会功能上来。以上只是笔者受全语言教学理念的影响，在日常一线英语教学中对于提高课堂口语 presentation 有效性的非常有限的思考。教师如果能真正从学生实际出发，有针对性、计划性地充分利用好课堂上的宝贵口语练习时间，让其成为学生感知英语表达思想的重要平台，学生定会从中获益良多。

利用游戏软件（游戏 App）帮助中学生背单词

张欣欣

成都外国语学校

对于学外语的人来说，单词的记忆是一项长期的斗争，如何帮助学生在背单词的过程中更加轻松高效，需要我们教师不断努力尝试和研究。如今的时代是信息技术高速发展的时代，使用信息技术帮助教师教学、帮助学生学习是必然的发展趋势。

一、利用游戏软件的原因

（一）背单词的重要性

单词是外语的基础，是句子的血肉，其重要性不言而喻，无论是学外语还是教外语的人，都深知单词的重要性。在此，我想着重强调"背"单词的重要性。既然单词如此重要，而我们大多数人又不具备过目不忘的本领，那么怎么才能让学生的大脑"装"进更多所需的单词呢？"装"的方法各种流派都有，各有各的好处，什么自然习得式的、情景领悟式的，那么多招式中我却强调最原始的"背"，是因为效率问题。

中学生要学习的科目众多，时间有限，花 40 分钟进行欢乐的活动，从而领悟 5 个单词，这种事情实在是太奢侈了。以英语为例，中考所需词汇量大约 1600 个，高考 3000~3500 个，托福 6000~7000 个，雅思约 7000 个。在日语方面，高考 3000~4000 个，日语能力测试 N2 级别约 8000 个，N1 级别约 10000 个。无论英语还是日语，即使在这些所需词汇量中只算核心词汇，数量也是相当可观的。要在中学 3 年或 6 年的时间内，学习各个科目的同时，还要学好外语，能用于往大脑里"装"单词的时间实在是有限，要高效率地"装"，必然需要"背"。

（二）背单词的难度

"背"这个字本身就容易让学生产生畏惧心理，因为他们要背的各科内容实在是数量庞大，再加上"死记硬背"这个词给人带来的对"背"字的偏见，一说"背单词"，学生就容易有点抵触或畏难情绪了。根据遗忘曲线、干扰理论和学生个人意志力水平，坚持背单词和有效的背单词难度确实大。

（三）中学生的天性与游戏

美国著名未来学家，简·麦戈尼格尔（Jane McGonigal）在《游戏改变世界》一书中阐述其观点：人类生性喜欢游戏。而游戏的本质就是自愿接受一些困难的设定和限制去努力完成一个目标，以获得回馈带来的快感。中学生是成长中的人，自然具备人类所共有的天性，其年龄特点决定"游戏"对他们具有极大的吸引力。

（四）游戏软件的应用条件分析

先是对所在班级的学生进行问卷调查，从调查结果可知，班级的学生具备使用游戏软件帮助他们背单词的条件。从他们对手机和电脑的使用情况分析，学生回家后使用手机或电脑的平均时长并不低，如果能够通过教师的引导，将其中的部分时间用于使用教师筛选好的游戏软件进行外语学习，不但对学生外语学习有利，还能减少学生玩其他游戏和看连续剧或动漫的时间。教师可对自己所教班级的学生进行调查了解，如果全班都具备相应的硬件条件，即每个学生都有可使用的手机或电脑，那么就可以选择使用游戏软件来帮助学生背单词这种方法来引导全班同学进行学习；反之，如果班上有学生没有可用的手机或电脑，哪怕只有一个学生没有，这种方法就只能作为一种课外活动推荐给学生，由学生自愿进行而不能要求全班都进行，否则会给没有手机或电脑的学生造成心理上的负担或对其家庭造成经济负担。

（五）利用游戏软件背单词的好处

如前文所述，中学生的天性使其容易与游戏亲近，用游戏软件来背单词，学生听到"游戏"二字，就容易降低对"背单词"的抵触或畏难情绪，可谓给这种"背单词"活动开了个好头。除了听上去很美，游戏软件还有实际的好处。

1. 趣味性和刺激性。

游戏往往有许多困难的设定和限制，玩游戏则是接受这些困难的设定和限制去完成一个目标，以获得回馈带来的快感。从科学的角度来说，当大脑获得奖励机会时，会释放神经递质——多巴胺。多巴胺会激励人为了获得快乐而努力付出。单词游戏软件中有一个又一个的小任务，完成任务的过程中，有的软件还提供了有趣的图片、声音等帮助学生理解单词，整个过程比对着书上的单词表死背有趣，完成了任务又有多巴胺给使用者带来快乐的感受，其趣味性明显强于传统方法。

2. 利于坚持。

使用背单词游戏软件，首先不用克制学生想玩手机或电脑的念头，能给学生多剩点意志力。其次从抱着书本到抱着手机或电脑这种形式上的转变，可以给学生一种调剂的感觉，就像校园笑话中所讲的那样：语文学累了换做数学题休息休息。虽然本质还是在学习，体会却不同。再次，软件中一般可以明确地选择要背的单词范围，比如：中考词汇。然后选择每天要学多少个，软件就会显示需要多少天可以完成，让学生做到心中有数，并且会有任务提醒、成果分享等功能，便于学生坚持自己的学习计划。

3. 可以分享。

如今，多数使用手机或电脑的年轻人都在使用微信、微博、QQ等社交软件。这些软件均具备分享生活的功能。以微信朋友圈为例，晒自拍、晒美食、晒当天走路步数、晒跑步公里数等都表现出渴望受到他人关注的需求，在晒出这些内容后，来自好友的点赞、评论等可以激励分享者继续进行"晒"的行为，并且为了追求他人的肯定，晒的内容质量还会不断提高。利用这种心理，具备分享功能的背单词游戏软件可以给学生提供分享自己单词完成量的机会，同学、教师、家长的点赞或评论，同学间的任务完成量竞争，又可以促进学生继续完成更多的任务。通过分享获得认同和快乐，利于学生将背单词坚持下去。

4. 便于检测。

（1）学生自测。

好的背单词游戏软件可以提供多种功能，方便学生自测。比如，每次学生完成学习任务的同时就可以快速测试当天的掌握情况，软件还会明确标记出错的词；有的软件还可以自动把这次出错的词纳入到下次的学习任务，方便学生进行复习；有的软件还可以提供随时选择阶段性自测的功能，针对学生已学的词汇进行检测，生成定制的试题。个别软件还具备在学习和测试过程中去掉自己完全掌握的词汇的功能。

（2）教师或家长监督。

正如前面所述，软件具备分享和监督功能，教师或家长可以定期知道学生的进度、掌握情况等。周末和假期，特别是假期，教师或家长不在学生身边也能及时进行监督。

5. 合理占用时间。

学生在家时间的时长相对固定，可自由支配的时间也有限。当他们使用背单词游戏软件的时间增多时，那么使用手机和电脑其他功能的时间也就相对减少。但这并非意味着我们要想方设法把学生的时间都占用了，学生也需要放松、需要获取其他的资讯、需要学习社交、需要玩他们想玩的。我这里所说的"占用"，是指对于花了太多时间在网络聊天、看连续剧、看动漫、玩其他无学习意义游戏上的学生而言，能够从他们的这些时间中分出一点用于外语知识学习，这不失为一件有益的事。

二、游戏软件的筛选标准

既然要慎重选择给中学生用的背单词游戏软件，那么就需要教师自己寻找并亲身使用，将多个软件进行比较，挑选出适合自己学生的软件。下面是我总结的一些选择标准。

1. 范围合适。

不同的背单词软件所含单词范围不同，教师要结合学生的需要，选择范围合适的软件，内容过于简单或过难的软件都会造成对学生时间的浪费。

2. 简洁美观。

要结合学生的年龄特点、审美需求等，选择简洁美观的软件。

3. 费用问题。

知识是有价值的，知识产权也是有价值的，所以能够找到免费软件当然好。但使用适当付费的软件，既是对知识的尊重，也往往能获得更好的使用体验，如没有广告、范围更全、功能更多等。当然这也不能一概而论，并非付费的就好、不付费的就不好，需要教师先行使用和体验，从而进行比较、进行取舍。

4. 功能方面。

要达到教师预期的效果，那么软件中有些功能是很重要的：

(1) 自己设定学习计划的功能。

(2) 复习功能。

(3) 检测功能。

(4) 分享功能。

(5) 本地化功能。

有的功能并不是必须要有，毕竟软件不是我们自己订做的，但如果拥有这些功能的话会给学生带来更多的便利，比如：

(1) PK（对战）功能。

(2) 真人语音功能。

(3) 消除词语功能。

除了软件需要具备的基本功能外，还有一项功能需要教师格外留心。有的软件为了方便外语学习者交流，除了分享功能外，还有可以实时和网络在线使用者语音或文字交流的功能。对于大学生及以上的成年学习者，这个功能比较实用，可以和他人对话，其中甚至是和外国人对话，从而省去了去外语角的时间；但对于中学生而言，这项功能弊大于利，网络使用者鱼龙混杂，中学生是未成年人，判断能力、自控能力有限，使用这个软件具有一定的风险。所以在选择软件时，笔者建议教师选择没有这项功能的，如果实在选不到没有该功能的软件或某软件其他功能特别好，那么笔者建议教师推荐使用该软件时不对该功能进行介绍，尽量淡化学生对该功能的注意。

三、指导学生使用游戏软件的注意事项

任何事物都具有两面性，好东西用得不好也有可能起反作用，所以在指导学生使用背单词游戏软件

时，教师需要注意以下问题。

（一）时间管理

软件的单次使用时间并非越长约好，时间太长学生不仅会注意力下降、视觉疲劳，还容易产生厌倦。虽然有的孩子可能可以坚持长达几个小时地打其他游戏或看连续剧，但并不代表他们可以坚持玩几个小时的单词游戏，这毕竟是一种学习，而且时间太长，效果也并不好。因此，教师在学生中推广使用软件时，要帮助学生进行任务计划的制订，单次学习时间以 30 分钟为宜，包含检测、分享对战等环节，总时长不超过 1 小时。

（二）学习进度跟踪

教师要及时跟进学生的使用情况，例如，引导学生在假期使用，最好要求学生每周分享一次自己的进度，每两周可请学生自由选择一个时间进行自测并把结果单独分享给教师。在学生自发地在朋友圈等地方分享了学习成果时，教师如果能够看到，最好能给予学生点赞或好评。

（三）家长配合

首先，教师要将软件的使用目的等充分告知家长、获得家长的理解和支持，并且要明确告知家长使用计划、使用时间限制等，防止学生以使用该软件的名义用手机或电脑玩其他的游戏。其次，教师要教会家长监督的方法，例如，如何查看游戏任务完成情况。但要注意：①教师可要求家长每周或每两周查看一次完成情况，不要过于频繁地检查，尤其不要每天检查；②教师要明确告知家长，软件自测功能用于学生自测，自测结果可以不告诉家长。对于特别关心成绩的家长，可允许其一个月使用一次自测功能检查孩子的掌握情况。以上两点的目的在于保障游戏软件对于孩子的趣味性，不要让软件成了孩子的又一个枷锁，让孩子产生厌恶的情绪。另外，教师可以鼓励有条件的家长与孩子同步进行软件的使用，相互分享任务进度、使用心得、互相 PK 等，既是一种亲子活动，又能对学生起到示范和促进作用。

（四）及时奖励

使用软件后，可以每过一段时间进行一次奖励或组织一个小活动。例如：每个月评出任务完成量最多的"游戏达人"，和上一次比完成情况进步最大的"赶超之星"等。还可以组织班级软件 PK 大赛，同学们利用周末的某两天进行 PK，根据赛况每月或每学期公布 PK 结果的前 3 位、前 10 位等，并冠以学生喜爱的名字，如"PK 大神榜"等。

以上是在利用信息技术帮助学生学习方面的一点探索，时代在变化，教师也必须保持不断地学习和探索，以跟上时代的步伐、满足学生更新的学习需求。

微型语料库在高中英语课堂教学中的应用

周　霜

成都外国语学校

一、引言

2010 年，国务院印发的《国家中长期教育改革和发展规划纲要（2010—2020 年）》明确指出，信息技术对教育发展具有革命性影响。教育部发布的《教育信息化十年发展规划（2011—2020 年）》提出，要实现信息技术与学科教育的深度融合，强调教育与技术的双向融合，这意味着要把信息技术灵活运用于教学之中，让技术服务于教学的实际需求。《普通高中英语课程标准（2017 版）》（教育部，2018；以下简称《课程标准》）提出，普通高中英语课程应重视现代信息技术背景下教学模式和学习方式的变革，充分利用信息技术，促进信息技术与课程教学的深度融合。

二、理论基础

1. 基于"主导—主体"结合的建构主义学习理论。

建构主义学习理论认为学习是学习者在与环境交互作用的过程中主动地建构内部心理表征的过程，知识不是通过教师讲授得到的，而是学习者在一定的情境即社会文化背景下，借助其他辅助手段，利用必要的学习材料和学习资源，通过意义建构的方式而获得的（何克抗，2002）。基于"主导—主体"的建构主义学习理论强调教师的引领作用和以学生为学习中心的课堂教学模式，注重学生自主的、积极的学习，优化以教师讲授为主的传统教学形式。

2. 语料库语言学。

语料库语言学作为一门新兴学科，起源于20世纪60年代的英语国家（如英国和美国）。从20世纪60年代起，小型语料库的规模通常是100万词。从80年代起，大型语料库的规模是以往的数十万至数百万倍。至90年代末，动态语料库开始兴起。到2005年，网络语料库和多模态语料库开始不断发展。语料库语言学以大量精心采集而来的真实文本为研究素材，主要通过概率统计的方法得出结论，因此语料库语言学从本质上来讲是实证性的。常用国际语料库有美国当代英语语料库（COCA）、英国国家语料库（BNC）、柯林斯英语语料库（BOE）等。

语料库语言学（Corpus Linguistics）主要研究机器可读的自然语言文本的采集、存储、检索、统计、词性和句法标注、句法语义分析，以及具有上述功能的语料库在语言定量分析、词典编纂、作品风格分析、自然语言理解、机器翻译等领域中的应用。

三、微型语料库的建构与操作流程

1. 微型语料库的建构步骤。

首先，教师对目标语料的TXT文档进行清理与格式校对，保证文档中没有拼写或格式错误，然后以ANSI格式保存TXT文件；其次，教师基于教学目标，对语料库中的文档进行标识，如说明文的专项教学就需要教师在语料中的说明文题目旁使用<>符号和英文名的大写缩写进行标识，如<EXPO>；最后，教师根据不同类目将目标语料存储在具体的文件夹中，使用微型语料库时，学生可以迅速提取目标语料。

2. 微型语料库的操作流程。

首先，教师引导学生打开微型语料库软件AntConc；其次，点击"File"并选择"Open File"的选项；然后，点击并选择目标语料文件夹及TXT文档；最后，在检索栏录入标识符可得出目标知识点的语境和例句。

四、微型语料库的教学实践应用

1. 在词汇教学中的应用。

高中学生需要在高中阶段掌握核心词汇3500个，认知词汇5000个。在常规英语教学中，教师多采用课前查字典、课中讲解、课后造句或听写等方式完成词汇教学。传统的词汇教学多缺乏语境共现，学生单靠死记硬背，学习效率不高；而基于词汇教学所建构的微型语料库具备多种优势，如提供语境例句、查找词频或制作词汇练习题等。

2. 在短语教学中的应用。

高中阶段，完形填空题是一道学生较易失分的习题，其原因在于很多学生不能清晰地分辨相似动词短语的含义。在日常教学中，对于动词短语的教学基本依靠学生自行背诵教学参考书、教师例行听写等方式。学生只能依靠教参中较少的例句和反复复习来记忆，缺乏大量输入性和巩固性的练习来真正内化动词短语的意义和变形；而微型语料库，无论是基于教材文本还是高考真题的语料库，都能为师生提供大量真实的包含动词短语的句子以教授或学习理解。

3. 在教材语篇教学中的应用。

在高中阶段的常规教学中，教师的授课进度多依据教材本身的单元划分，按照数字顺序和教材排版进行课堂教学。这样的教学安排能减轻教师的备课压力，但无法激发教师授课的创造性和独特性。而基于学科主题所划分的学习资料能够为学生提供大量互文互异的文章，这些文章可从文章主题、语篇类型、语篇模式、考试题型等方面进行分类标识。教师在备课时，出于具体的教学目标，可搜索并选用恰当的文章，然后开展基于全文的深度教学。

教师可以根据语篇文体类型和试题题型对日常教材语篇或试题语篇进行标识，从而建构可以快速提取的微型语篇语料库和试题语料库，以提高备课或解题技巧训练的效率。学生既可以通过对比相同或不同的语篇类型，总结常见文体特征，也可以通过反复大量练习相同题型，总结考查重点，学习解题技巧。

4. 在写作教学中的应用。

写作教学，包含写作技巧及要求的教授以及作文的批改、评讲和订正等环节，给一线教师造成的工作负担较重，因此，在日常教学中，写作教学中的全批全改、个性化点评等方面落实不到位，学生的英语作文写作水平提高较慢；而微型语料库可整合学生写作样本与范文资源，可根据英语作文的题目类型和学生常见错误进行标识和收集，用于写作专项教学或者是作文错误集中处理，可极大地提高英语写作教学的针对性、减轻教师备课负担。

教师可将学生日常写作中常见的错误进行归类和编码，设定年级组或课题组通用的标识符。例如本文中笔者收集了自己学生的作文错误，然后分类标识，在作文错误专项评价的时候，可以快速提取学生的错误例子，方便学生订正和学习。

五、结语

基于现代教育技术辅助的学科教学是未来教育的发展趋势。本文从宏观层面介绍了微型语料库在高中英语课堂教学中的具体应用，如操作步骤、教学片段和成果，包含词汇教学、短语教学、教材语篇教学以及写作教学等方面。微型语料库将极大地提高教师备课的效率和教学的针对性，而学生也可以通过大量真实的语料与语境进一步提高自身英语语言水平。微型语料库在英语学科教学中的使用能真正落实基础教育阶段师生信息技术素养的培养，树立对现代教育技术辅助新型教育范式的信心。

初中生英语自主学习方法技巧探索

刘　曦

成都外国语学校

随着"新课改"的实施与推进，传统的课堂教学已然无法适应当前教育的需求。另为了促进综合教学质量的提升，教师一方面要关注对有效教学方法的研究与实践，另一方面要培养学生良好的自主学习习惯，并不断鼓励学生主动探索、积极进取。为此，教师可以从不同阶段抓起，在循序渐进中引导学生掌握自主学习的方法和技巧，使学生在实践摸索中形成一套自学体系。

一、课前预习

课前预习是学生展开自学的重要环节，能够使学生在"先学"的基础上了解课程重难点和自身学习情况，使教师的"后教"更具针对性和有效性。以下是"I'll help to clean up the city parks"课程学习中所采用的一些方法。

1. 导学单。

导学单的作用是引导学生展开针对性学习，实现对学生的导读、导听、导思、导做。为了发挥出导学单的最大效果，教师要精心设计导学单，其内容不仅要具有梯度性，还应具有启发性，以确保学生能够按时完成学习任务。导学单的内容包括对重点词汇的认读、对基本句型的总结、对教材阅读文本内容的了解等。学生通过导学单进行预习，可初步掌握课程内容。

2. 生词查阅。

初中英语中涉及诸多生词，学生在不了解生词的基础上很难展开有效的自主性阅读，所以教师要强调课前的生词查阅，让学生对新课将要学习的生词有一个初步的了解，如此才能在课上有效展开对比性学习并主动质疑问难。

3. 背景补充。

在学习新知识之前，学生都需要对单元主题有一定了解，所以进行背景知识方面的补充非常必要。教师一方面可以有意识地点出相关内容，另一方面可以鼓励大家自己查阅资源、补充背景。

二、课内外学习

学生自主学习能力的提升和自主学习习惯的养成需要一个循序渐进、不断积累的过程。加强学生的课内外自主学习锻炼非常有助于学生掌握自主学习技巧，并能有效提高学生的自主学习能力。

1. 多看：扩大阅读面。

多看能够扩大学生的阅读面，使学生接触更多与英语相关的优秀文本，这对于学生英语阅读能力的提升也具有积极影响。为此，教师可以根据学生情况进行推荐，或者教给学生寻找英语阅读文本的方法，如此才能在循序渐进中扩大学生的阅读面。

2. 多听：增强语感。

英语作为一门语言学科，首先要保证学生能够听懂，只有了解大家用英语所表达的意思，才能给予回应。因此，教师要强调多听，课内外都要听，一旦养成良好的听英语的习惯，才能在听的过程中不断增强语感并进一步提高自身的阅读能力。

为了在教学中增强学生的语感，除了进行范读、跟读外，我还提前找到了音频，让大家去听、去感受，再尝试去反复地读，感受其音调以及人与人交流时的语气状态。在课上听时，我经常会使用暂停功能，及时与大家交流和讨论。在课后，我会安排大家自主搜集不同音频进行对比和总结，这不仅增强了学生语感，也培养了学生自主找、自主听的习惯。

3. 多说：增强口语能力。

由于缺乏英语交流的语言环境，"哑巴英语"的问题一直都备受关注。为了增强学生的口语能力，教师不仅要为学生创设良好的英语交流环境，让学生多说，还应该开展一些口语交际活动，充分锻炼学生的口语能力。

在课堂教学中，为了给大家提供更多交流的机会，我在设置任务时进行了分层。基础较差的学生可以结合教材内容进行句型方面的交际练习；英语能力较强的学生可以自主确定话题，进行交际练习。这种方式不仅让不同层次的学生都得到了口语上的训练，还能增强学生的自信心，使大家一步步变得想说、敢说。

4. 多练：增强实践经验。

学生自主学习能力的培养是一个循序渐进的过程，需要在一次次的实践与锻炼中获得提升。多练能够让学生更多地熟悉相关英语学习材料、提高英语理解能力和应用能力，这对于增强学生的实践经验、提高学生的自主学习能力都具有重要作用。

为了增强学生的实践经验，我在讲到第二个短文时便将主动权交给了大家，并出示多媒体课件中的问题，让大家在较短的时间内找到答案。在问题的引领下，学生结合之前自身所了解的阅读方法和技巧进行了快速的阅读，一边理解一边猜测，从而完成了这一自主阅读过程，并得出了相应的答案。除此之外，我还安排大家在课后练习，尝试将英语阅读文本转化为汉语小故事，从而有效提高了学生的英语综合能力。

三、课后夯实

课前、课中、课后都不容忽视，引导学生在课后进行自主夯实，能够实现学生对课程知识的有效内化。以"An old man tried to move the mountains"为例，通常会进行如下安排。

1. 勤朗读：练习英语听力。

课后夯实要勤朗读，只有读得多了，才能提高学生自身的口语交际能力。教师可以要求大家在课后对教材文本进行朗读，还可以上传一些朗读音频，供学生参考和模仿。在这一过程中，学生的朗读能力和英语听力都能够获得较大提升。"An old man tried to move the mountains"这一单元的主题是"传说与故事"，我在安排课后学习任务时要求大家勤朗读，并在读的过程中思考"英语朗读和汉语朗读"之间的区别和感受，使大家在对比中找到了阅读的乐趣，也体会到了中国传统故事中所蕴含的深刻含义。同时，我还让大家下载我提前准备好的音频，让学生仔细听、仔细读，借此锻炼了学生的听力，还增强了学生的朗读兴趣。

2. 勤背诵：巧用错题集。

英语学科中需要背诵的内容多种多样，从词汇到短语再到句型，都需要通过背诵进行巩固和强化。为了提高时间的利用率，教师可以引导学生从错题集出发，寻找自己的弱点和缺陷，再展开针对性地背诵和学习，从而在提高学生自主学习能力的同时促进教学质量的提升。

在该单元教学的最后阶段，我一直强调学生对查漏补缺内容的记录，同时要求学生在做课后习题时将错题记录在本子上，以便及时进行查阅。我经常要求大家在课后翻看自己的错题集，根据错题内容进行背诵和强化，这对于有目的、有计划地展开自主学习起到了重要作用。

3. 勤总结：整理学习笔记。

整理学习笔记也是学生在课后进行自主夯实的一种方式。在整理的过程中，学生能够经历一个查漏补缺的过程，了解到自己哪些知识已经掌握、哪些知识还未掌握。在明确自身学习情况的基础上，学生的夯实才会更具效果。

该单元虽然主要是给学生讲故事，但是在语言方面涉及连词 unless、as soon as 以及 so ... that ... 的结构用法，还涉及 "How does the story begin""What happened next" 等句型。因此，我安排大家在课后进行总结、整理学习笔记并标出自己未掌握或还需深化的知识，再进行针对性巩固和夯实。培养学生良好的自主总结习惯，能够有效深化学生的自主性学习效果。

4. 勤练习：精选习题。

在培养初中生自主学习能力的过程中，教师绝不能忽视学生对习题的精准练习。在课后进行练习是巩固、夯实所学知识必不可少的环节。为了使练习更具针对性和效果性，教师要精选习题，加强学生的课后练习强化。同时，教师还要对学生的练习成果进行激励性评价，有效提高学生的自信心和积极性，从而使学生将课后练习当作一种习惯。

综上所述，初中生自主学习方法与技巧的培养既需要教师的引导，也需要学生自主、自愿地参与其中。所以，教师要做好自身的引导工作，从不同层面出发帮助学生找到切入点，并能给予大家足够的时间展开自主性学习与探究。长而久之，必然有助于初中生自主学习能力的提升，并能有效提升学生的英语核心素养。

浅谈词义概念与高中英语教学中深层阅读能力的培养

马虹芸

成都外国语学校

学习能力是英语学科核心素养的"关键能力"之一，发展学习能力是一个异常复杂的问题。阅读是读者从书面材料中获取信息，对词语、句子、段落甚至是对整个文本的理解过程，也是影响其非智力因素的过程。外语阅读是一个很复杂的心理认知加工过程，涉及解码与理解能力的发展观、用语言做事的功能观、内容理解的层次观、内在（内容）的因素观等。阅读教学是培养阅读理解能力的重要方式，英语教材是教学性阅读的主要内容。

一、深层阅读概念及其教学内涵

深层阅读是读者以某种方式解读文本、品味文本、实现自我意义建构、达到一定的程度和水平的阅读。深层阅读是有高度、有深度、有温度的阅读方式。有高度，即从不同角度分析文本、理解文本的意义；有深度，即对文本内容进行质疑、解疑和释疑，提出个性化的观点；有温度，即理解文本内在的情感和意味，获得思想启迪、审美乐趣和文化积淀。

深层阅读又称深度阅读或批判性阅读（Critical reading）。批判性阅读是指读者通过阅读文章，能够阐明作者的论点在逻辑上的缺陷，并且能够找出证明论点缺陷的证据；从更深层意义上看，批判性阅读是指读者在阅读过程中为了更好地理解文章并吸收其精髓，为自己创造了一定的阅读程序、模式、问题甚至是理论。对于中学生而言，英语阅读能够从不同角度客观地看待同一事物、会提出疑问、有独立的观点并能从文本中找到支撑自己观点的证据，就达到了简单意义上的批判性阅读了。

英语教学何以进行深层阅读呢？2010年美国颁布了基础教育《共同核心州立标准》。该标准特别强调阅读教学从表层阅读转向深层阅读，描述了分级阅读中应当从哪些方面阅读、理解重点在哪里、读到什么程度、完成哪些阅读任务等。根据"目标设计贴近学生、问题导向推进阅读、课堂教学注重过程、把握文本审美理解"的课程理念，提出了深层阅读的五个策略性教学原则：示范性原则，即教师应当给学生一些阅读示范；指导性原则，即指导学生阅读重要的片段；训练性原则，即训练学生正确的阅读行为（如标记和批注）；欣赏性原则，即师生一起仔细品味片段，体会文字所蕴含的内容和感情；问题性原则，即提出三层次问题，如理解性问题（这些文字说了什么）、探究性问题（这些文字表达了什么意思）、开放性问题（这些很重要吗）。

邹为诚在论述由浅层进入深层的阅读教学中提出了"三个有意义层面"的观点。一是读者能够读懂文章大意，获得基本的事实性知识，如故事的人物、事件发生的细节等，这种阅读的心理层次很低，读者没有产生深度的语言加工；二是读者从已知和经验出发，阅读中进行独立思考和判断，提出对事件的认识和看法，这种阅读的认知投入比较高，读者进入了批判性思维的层面；三是读者不仅能够对作品人物、事件等表达自己的看法和意见，对故事采取评判性的立场，还能够看出故事背后的意义来，这种阅读达到了最高境界，具有极高的教育价值。必须说明，第一个层面是浅层阅读，即阅读由浅入深的起步环节，也是有意义的；但阅读教学不唯浅读、浅教、浅学，教师应当引导学生从第一层面进入第二层面，进而深入第三层面。

二、词义概念与英语深层阅读教学

（一）词义与词义动力学

维果茨基把词义（Word Meaning）作为考查思维和语言之间关系的工具，并指出"一个词的意义代表一种思维和语言的结合，很难说清词义是一种言语现象还是一种思维现象"。在他眼里，词义可视为一种言语现象，因为词是言语的基本单位，词义是词的不可分割的组成部分；词义也可视为一种思维现象，因为每个词的意义是一种类化或者一种概念，而类化和概念同属于思维活动。简言之，词义是言语和思维的联结，词义反映了思维和言语的整体活动。

维果茨基还提出了"词义动力学"（Dynamics of Word Meaning）概念，指出上下文语境是词义变化的动力源，词从上下文中通过意思获得多样性的词义，这是语言和思维的基本规律。他认为，词和词义既是彼此独立的单位，也是相互结合的统一体；词义是动态结构，而不是静态结构；一个词真正的意义，取决于该词的上下文语境；处于上下文中的一个词要比处于孤立状态中的一个词多些词义或少些词义——所谓多些词义，因为它在特定的语境中会获得新的内容；所谓少些词义，因为它的意义会受到上下文的限制而显得精确。显然，语境会调节词义，它可以让一个词的词义增多，也可以让一个词的词义减少。由此可见，"动力学规律揭示的事物之间的规律性关系是一种一一对应的确定联系，即一种事物的存在必定导致另一种确定事物的发生"。词义及词义动力学理论具有语言学和思维学双重价值，词义概念在阅读教学中能够发挥积极的作用。

词义是对现实的概括反映，观察学习者对词义的理解或概括，就可以观察其思维活动和言语活动。比如，要求用一个关键词概括某一个段落大意，这一思维型活动需要认知思维技能的参与，学习者的言语和思维之间会进行交流与碰撞，在解决认知冲突的过程中大脑产生了运动和张力，此即词义动力系统的作用使然，阅读教学特别需要这种词义能力。词义能力的发展意味着语言和思维能力的发展，但词义的发展不是自发的，而是有赖于记忆、比较、分类、抽象、概括等思维技能的参与，因为"词义的发展是思维性的"。发展学生的词义能力，有赖于为思而教的设计和学思结合的活动。据此，阅读教学中的"词义概念"包含两层意思：一是观察学生对文本词义的理解，看是否能准确把握、符合作者意图，考查其语言和思维的能力；二是通过词义理解活动训练学生的学思能力以及情感和认知能力。

词义概念和词义动力学原理对于深层阅读的文本解读有积极的指导意义。文本解读的本质就是理解上下文语境中词的意义即词义。一个词从句子中获得它的意思，句子从段落中获得它的意思，段落从语篇中获得它的意思。如果把阅读比作学习的"杠杆"，那么语境就是"支点"，词义就是"用力点"，它能够较为省力高效地撬动文本阅读。可以说，抓住了词义就等于把握了文本的核心要义。

（二）基于词义的深层阅读教学探索

词义是言语和思维的结合体，理解词义的过程就是言语和思维活动的过程。准确把握词义是阅读理解的应有之义，也是深层阅读的教学目标。根据示范性、指导性、问题性等策略性教学原则以及有意义的阅读理念和阅读的杠杆原理，利用标题、段落、语篇制造词义动力源，从学生"实际的学习可能性"出发，设计"词义点题、词义概括、词义牵线"的思维化活动，有利于发展学生的语言能力和思维品质。

1. 词义点题。

"点题"是指用扼要的话把文章的中心意思说出来。"词义点题"即利用词义点明文章的主题，打开作品的"文眼"，抓住文本的主旨大意，产生"四两拨千斤"的阅读效应。

人教版高中英语必修模块四第一单元 Women of Achievement 阅读课 A Student of African Wildlife，讲述主人公简·古道尔（Jane Goodall）把一生学习和工作的时光献给了非洲野生动物的研究事业。值得一提的是，旧版课文标题用 protector，新版改用 student。教师应当引导学生解读这两个词的意义，分析编者的意图和文本的意义。protector"保护者"（a person who cares for persons or property）是关照他人或财产的人，旧版课文 protector 是把 Jane 视为守护野生动物的人，该词义不能涵盖主人公观察和研究野生动物习性的事迹；而修改后的 student 则不同：其字面意思是"学生"（a person who is studying at a school or university），通过学习获取博士学位（gaining a doctor's degree），内涵意义是"热情求知者"（someone who is very interested in a particular subject）和"有学问的人"（a learned person）。这里，一词多义的 student 体现了 Jane 丰富多彩人生经历的同时，也揭示了科学家矢志不渝的探索精神以及她杰出的学术地位。一字之变，画龙点睛，彰显了编者的修改意图，凸显了课文的主题思想。

2. 词义概括。

"词义概括"是指用某个词或词语的意义来概括某一段落或篇章的大意。词义是言语思维的单位，阅读教学应该促使学生用显性的词义"暴露"其隐性的思维活动，从他们所选择的词义来考查其言语和思维水平。

人教版高中英语必修模块一第五单元 Nelson Mandela—A Modern Hero 阅读课 Elias' Story，该文是新闻记者报道 Elias 的口述故事：黑人 Elias 家境贫穷、少年辍学、生活艰难，在曼德拉的热心帮助下，他改变了自己一生的命运；报道还描述了曼德拉对白人统治的不满，并转述了曼德拉使用法律武器为黑人赢得权利而斗争的思想。教学中教师引导学生静下心来、持续默读课文，在整体理解文本之后，组织一个词义概括活动——用一个词概括课文主题。有的学生用 experience 表示 Elias 的个人经历，有的用 freedom 意指黑人对自由平等的渴望，还有的用 fighting 表达曼德拉为民族解放而斗争的行为。实际上，用 change 体现"变化"（cause to become different）的主题最适切。老师提示核心词后，再启发学生深入思考两个问题："是谁在主导改变？""改变了什么呢？"根据单元话题和课文内容，不难发现课文主题是"曼德拉改变了一个人，改变了一个国家"。接着，教师引导学生从文本中找出支持曼德拉改变 Elias 人生轨迹以及改变南非的言语证据。Elias 变化的证据在文本中可以找到，而南非变化的是"言外之意"，这一层面意义应从曼德拉的话语中挖掘他作为民族英雄的单元主题。活动中总结了 Elias 的变化表现在：他改变了生活状况，改变了生活的信心，改变了为自由而斗争的态度；南非的变化体现在：改变了黑人的生存环境，改变了社会的政治生态，实现了民族和解。

3. 词义牵线。

"词义牵线"是指利用词义之间的逻辑关系梳理语义脉络、牵引一条文本意义主线，为重构文本和复述课文搭建结构性支架。课文教学不限于寻找文章段落主题句、讲解文章语言的联结性知识，而要组织解读文本结构的智力活动，在解构、重构文本中获得探究性理解，促进读后的创造性表达。

笔者再以 Elias' Story 阅读课教学为例，说明词义牵线的操作应用。本单元的话题是 Nelson Mandela—A Modern Hero，高中生对曼德拉的生平事迹比较熟悉，如果再介绍曼德拉的背景性知识，既会加大课堂容量，又会占用文本探究的时空。阅读无边，解读有界。教师要在文本边界和学生边界内，从课文字里行间中解读词义和思想，探寻深层阅读的突破口。我们把 HERO 作为缩略词，每个字母分别代表一个曼德拉品格的形容词，启发学生从故事内容中提取曼德拉的人格品质。前三个词比较容易，很快就达成一致——H-helpful, E-enthusiastic, R-responsible；第四个词颇有争议，有的学生说 offer（给予），有的说 optimistic（乐观的），还有的说 out-of-work（失业）。困惑之中教师解惑释疑：用 open-minded 来概括曼德拉的开放心态和博大胸怀，彰显曼德拉非暴力的斗争策略、"用特赦换取真相，用真相换取和解"以及"没有宽恕就没有未来"的政治智慧。教师接着要求学生从文本中找出能支持 HERO 四种品格的证据，在此基础上，用自己的言语描述这位 modern hero 的形象，进行个性化表达或评论。

影响阅读能力的三个变量因素分别是读者、文本和任务。文本是基本因素，阅读教学以教材内容为主，在话题的思想性、题材的多样性、文本的难易度和内容的趣味性等方面有一定的保障；任务是关键因素，也是教学方法的体现，词义点题、词义概括和词义牵线等任务能够制造认知冲突，把学生"卷入"解决问题的活动中，有助于改变他们的阅读心态和思维方式，进入深层阅读的境界；读者是核心因素，需要教师深入观察学生的学习行为状态，发现学生个体的差异性，分析群体共性发展的需求，组织个性化的独立阅读，如让学困生在课前充分预读教材，在课堂上更广泛地调动他们参与活动。

三、教学思考与建议

以词义概念为主导的深层阅读教学，要求教师反复研读课文，运用自己的知识和经验，解读文本、深耕文本，体现教学的立意和力度。在获取事实性知识的基础上，需要"读懂、读通、读破"课文。读懂，即通过揣摩语言领悟隐含在文字中的含义，如用 student 的词义点明课文的主题和 Jane Goodall 的人文精神；读通，即进入文本整体的内部，注重从结构上理解和发掘文本中所隐含的丰厚意蕴，如通过 Elias 的故事领略伟人曼德拉的政治智慧和人格魅力；读破，即把课文读到"烂熟于心""了然于胸"，读出自己的见解、丰富自己的思想，如用缩略词 PEARL 揭示小说的深刻内涵和现实意义。

深层阅读教学有赖于教师的创造性。首先，要设计符合学情的教学目标，学情分析不能停留在感性的静态层面，教师要在解决问题的动态过程中调整目标，这样才能根据学生实际的学习可能性组织适合学生语言和认知能力的活动。其次，要以文本问题化推进词义理解，既要善于设置批判性问题，也要培养学生自问自答的问题意识，如"哪个词义让我感到意外？""哪句话证实或改变了我的词义猜测？""哪个词的词义最能反映课文主题？"最后，在解读词义中引导学生了解文本体裁，理解人物事件或思想，关注言语措辞和表达技巧，梳理文本结构和语义脉络，分析作者写作意图，审视探寻、群思求真，在语言的、认知的、情感的活动中获得阅读体验。

基于高中英语学科核心素养的语法教学设计
——以非限定性定语从句教学为例

孙雪慧

成都外国语学校

一、引言

《普通高中英语课程标准（2017 年版）》（以下简称《课程标准》）指出：普通高中英语课程的具体目标是培养和发展学生在接受高中英语教育后应具备的语言能力、文化意识、思维品质、学习能力等学科核心素养。英语课程内容是发展学生英语学科核心素养的基础，包含主题语境、语篇类型、语言知识、文化知识、语言技能和学习策略这六个要素。其中，语言知识是构成语言能力的重要基础，而语法知识则是语言知识的重要组成部分。《课程标准》倡导以语言运用为导向的"形式—意义—使用"三维动态语法观，指出在教学中，教师应重视在语境中呈现新的语法知识，在语境中指导学生观察所学语法项目，巩固所学语法知识，并围绕"形式—意义—使用"来开展多种教学活动以帮助学生学会应用语法知识理解和表达意义。可见，语法教学一定要依托语篇，在具体的主题语境下进行，以培养学生的英语学科核心素养为目标。

当前的高中英语语法教学主要存在以下问题：教师讲解语法规则多，学生探究语法规律少；学生语法知识记忆多，语篇情境探究少；机械操练多，主动体验少；单一语言知识操练多，综合语言运用能力训练少（刘正芳、尹恒，2020）。这并不符合《课程标准》提出的语法教学要求，而且会造成语法课堂教学效率低下，难以激发学生对语法学习的兴趣，制约学生语言运用能力的提升，阻碍学生英语学科核心素养的培养。

二、基于高中英语学科核心素养的语法教学实践

1. 语法项目分析。

新标准英语选择性必修一 Unit 1 中的 Grammar 板块介绍了非限定性定语从句的用法。该语法现象在这一单元之前的课文中已多次出现，并在语法板块提供的"幸福的奥秘"和"幽默笑话"这两个语篇中进行了运用和延伸。虽然是讲语法，但是语法的呈现和学习总是离不开主题语境和具体语篇的。为了增强语法课的语用性，备课团队自编了一篇 clown doctor Larry 的日记，以便带领学生在真实语境中围绕语法的"形式—意义—使用"开展不同类型的学习实践活动。

通过对该语法板块的学习，学生可以在真实的语境中通过分析问题、解决问题来探索幸福的奥秘，在理解他人并表达关切的活动中学习非限定性定语从句；在给 Larry 写建议信的具体语境中深度聚焦语法的意义和功能，掌握非限定性定语从句的用法；在分享自己的幸福小贴士的同时加深对单元主题的理解，学会更好地管理自己的情绪、保持愉悦的心情。

2. 学情分析。

该语法板块面向高一的学生，他们在之前的学习过程中已经掌握了限定性定语从句的基本用法，但是却不清楚什么是非限定性定语从句。基于之前的学习，他们对于本堂课涉及的话题没有认知上的障碍，有话可说，而且他们在进行主题探究时思维活跃，但是他们缺乏在语境中探究性学习语法和运用语法的意识。

3. 教学目标。

基于以上语法项目分析和学情分析，备课团队希望通过本课的学习，学生能够使用非限定性定语从句在书信写作中给他人提供关于如何保持幸福的建议。达成这个具体目标的同时，对标英语学科核心素养，在语言能力方面，学生可以总结出什么是非限定性定语从句；在文化意识方面，学生可以理解和认同小丑医生的工作，并亲自去体验当一名小丑医生；在思维品质方面，他们可以提升分析问题和解决问题的能力，保持健康、乐观的心态；在学习能力方面，学生可以逐渐养成探究性学习的习惯。

4. 语法教学实践。

基于新课标提到的英语教学语法观，语法的学习要依托语篇在具体的语境中进行，所以备课团队为本堂课设计了两条主线。一条是同学们根据已有知识完成关于 Larry 的 summary、阅读 Larry 的日记、分享保持幸福的奥秘、给 Larry 写建议信这条故事线；另一条则是在一系列活动中发现语法的形式、了解语法的意义、最终正确使用语法的语法线。

（1）基于主题，依托语篇，初步感受目标语法项目。

教师让学生在快速复习之前所学课文之后，完成关于 Larry 的总结。

该活动可以激活同学们关于 Larry 的背景信息，在具体语境中初步感受定语从句的使用。教师应引导学生在语境中学习和运用语法知识，认识英语语法的基本体系及其特征；在具体语境中恰当地运用所学语法知识来理解和表达意义，进一步增强英语语法意识（教育部，2018）。

（2）围绕主题，释疑探究，归纳总结目标语法项目。

教师让学生找出文中出现的所有定语从句；然后以同伴合作的形式从定语从句的关系词、信息的必要性和有无逗号这三方面来分析、比较这些定语从句，并完成学案上的表格；最后全班同学一起来讨论、分析、总结出什么是非限定性定语从句，为什么要使用非限定性定语从句。

该活动可以帮助同学们从形式、意义、使用这三方面来全面地认识非限定性定语从句。在教学中，教师应重视在语境中呈现新的语法知识，在语境中指导学生观察所学语法项目的使用场合、表达形式、基本意义和语用功能，在语境中学会应用语法知识理解和表达意义，发展英语语法意识和能力（教育部，2018）。

（3）深入主题，感知理解，实践内化目标语法项目。

当全面了解了目标语法的形式、意义和使用规则之后，我们回到了另一条主线，即故事线。同时以故事线作为语法学习的语境和载体来进行操练。

教师引导学生阅读 Larry 的日记，弄明白 Larry 不开心的原因，理清楚今天要解决的问题——日记中出现的非限定性定语从句，在真实语境中体会非限定性定语从句的用法。

在知道了 Larry 不开心的原因之后，教师要求学生给 Larry 写一封建议信。在写信之前，教师引导学生阅读书上已有的一些建议，并将它们改写为非限定性定语从句，然后由学生提出更多更好的建议。

在集思广益之后，同学们以小组合作的形式给 Larry 写一封建议信，通过给他提供一些建议来帮助他缓解压力、保持积极乐观的心态。考虑到真实课堂时间有限，信的首尾已给出，同学们只需四人一组，分工合作，在关注信件的交际功能的同时每人负责给 Larry 提供一条切实可行的建议，并尝试使用非限定性定语从句来表达。

通过小组合作进行语篇写作，同学们在帮助 Larry 的同时也在具体语境中强化了对非限定性定语从句的使用，将课堂学习发展出的能力迁移到分析与解决实际问题中，而且还培养了他们的团队合作意识。

有了恰当的语境，语法学习才能鲜活；学生也只有置身于一定的语境中，才能准确理解语言所表达的真正含义，并选择恰当的语言结构来表达（沈佳，2017）。程晓堂（2009）指出，语言总是在一定的情境中使用的，如果学生能在相对完整、真实的情境中接触、体验、理解和学习语言，那么他们就能更好地理解语言的意义和用法，也能更好地掌握语言的形式。

（4）拓展主题，自评互评，迁移运用目标语法项目。

在完成了写作之后，同学们将根据评价标准进行组内自评和组间互评，并选其中两组的作品来进行全班展示、分享和评价。这一环节可以巩固同学们对非限定性定语从句的掌握，检验他们学习的成效，通过组内自评和组间互评来进行深度学习，培养他们评价、批判、反思的能力，提高课堂教学实效和学生学习的质量。最后，教师建议同学们利用周末或假期的时间去国际医院，将自己的笑话用英语讲述给病人听，既能学以致用，又能帮助他人。

三、结语

高中阶段英语语法教学的目标是使学生在进一步巩固和扩展已有的语法知识的基础上，在具体语境中恰当地运用所学语法知识来理解和表达意义，进一步增强英语语法意识（教育部，2018）。通过对本节课的分析我们可以发现，教师在进行语法教学时遵循语言运用能力发展的规律，以学生为中心，运用一定的语法教学策略且围绕语法的"形式—意义—使用"来开展一系列的活动，能更好地激发学生的学习兴趣、调动学生的学习积极性，使语法课堂变得生动有趣且意义深远，最终达成教学目标。

巧设问题链，培养学生思维品质

孙雪慧

成都外国语学校

一、引言

《普通高中英语课程标准（2017 年版）》（以下简称《课程标准》）提出了思维品质的概念，并将其与语言能力、学习能力、文化意识列为英语学科四大核心素养，从而把对学生思维的培养提升到了一个全新的高度。思维品质是思维在逻辑性、批判性、创新性等方面所表现的能力和水平。高中阶段应达成的思维品质目标是：能辨析语言和文化中的具体现象，梳理、概括信息，构建新概念，分析、推断信息的逻辑关系，正确评判各种思想观点，创造性地表达自己的观点，具备多元思维的意识和创新思维的能力。

阅读是人们获取信息的重要途径，是读者利用来自文本材料的信息，从语言材料中接受、提取信息，通过与自己大脑中的已有认知相结合，建构意义的过程（王笃勤，2012）。思维既是英语学习的目标也是英语学习的过程。英语学习的核心不仅是知识和文化本身，更是人的发展、人的文化解码能力和跨文化交际能力，而这一切需要以思维作为桥梁。问题可以引导学生拓展思维（刘妍，2018）。

问题，作为"脚手架"，是启发学生阅读过程中思维的工具，能够引导学生的思维由较低层次向较高层次发展，促成学生评判性等高级思维能力的形成（梁美珍等，2013）。

二、阅读教学中问题设计的现状

1. 问题设计停留在浅层信息的获取。

英语阅读对于发展学生的思维能力意义重大，而阅读课则承载着发展学生思维能力的重要作用。然而，在日常教学中，部分教师在阅读课上过度关注学生对单词的记忆、对语法的掌握、对浅层信息的理解。教学活动往往停留在浅层信息的获取，如让学生提取信息填表格是教学中较为常见的操作（王蔷，2016）。这就使得学生在阅读课上无法关注到文本的内涵，进而导致学生发展高阶思维受阻。

2. 问题设计缺乏主线。

阅读教学是教师帮助学生理解文本、拓展内涵、发展思维的一个连续进展的过程，问题设计一定要凸显整节阅读课的核心主线（梁美珍等，2013）。在实际教学中，教师虽然能够关注到段落大意、文章结构，但是对于作者的行文思路和文章的发展脉络把握不准，因此设计出来的问题相对独立，彼此之间缺乏联系。这就导致学生不能形成对文本的整体认识，自然也不能达到良好的教学效果。

3. 问题类型单一、比重失调。

教师应依据布鲁姆认知领域的教育目标分类，在英语阅读教学中有层次、递进式地设计问题，以问题引导学生学习，以问题体现教学的重点和难点（周里理，2014）。但在实际的教学过程中，有些教师针对文本设计过多的展示型问题，只让学生获取事实信息，事无巨细，一网打尽，阅读思维停留在较低层次；有些教师在对文本信息轻描淡写之后，马上就转入脱离文本主题内容的拓展延伸。没有适量的参阅型问题的铺垫，学生对文本内容的理解出现断层，思维拓展和提升无法达成（梁美珍等，2013）。

三、概念界定

1. 问题链。

问题链是教师为了实现一定的教学目标，根据学生已有知识或经验，针对学生学习过程中将要产生或可能产生的困惑，将教材知识转换成为层次鲜明、具有系统性的一连串教学问题；是一组有中心、有序列、相对独立而又相互关联的问题（王后雄，2010）。问题链是教师引导学生解读文本、获取信息、理清文章脉络、体会作者思想感情、升华文章主旨、树立正确的三观的有效途径之一。

问题链并不是简单的教师提出问题、学生回答问题，而是教师引导学生通过解答层层递进的问题链，对文本进行逐渐深入的加工，进而引导学生探索文本的内涵、作者的态度。在这个建构的过程中，教学的主体是学生，这个过程是学生独立思考、探索发现、与文本和作者对话的过程。

梁美珍等（2013）在该认知层级模式的基础上，把阅读教学中的问题分为展示型问题、参阅型问题和评估型问题，并提出问题是学生在阅读过程中的思维工具，教师一定要关注学生的思维活动内容和层次，由浅入深，循序渐进。

2. 布鲁姆教育目标分类理论。

美国教育学家布鲁姆在1956年提出了教育目标分类理论，随着课程教育的不断发展，安德森等人基于布鲁姆的理论将认知领域的教学目标修订为记忆（remember）、理解（understand）、应用（apply）、分析（analyze）、评价（evaluate）和创造（create）六个层次（安德森等，2008）。该模式基本与《课标》中提到的英语学习活动观对应，记忆和理解对应学习理解；应用和分析对应应用实践；评价和创造对应迁移创新。其中，记忆、理解和应用在思维层次上属于 LOTS（Lower Order Thinking

Skills），而分析、评价和创造则属于 HOTS（Higher Order Thinking Skills）。

四、课例分析

本文在以上理论的指导下，以外研社多维阅读系列第 15 级 Chicken Beat 一文为例来探讨如何借助读前、读中和读后问题链，帮助学生提升分析问题和解决问题的能力，增加他们思维的广度和深度，培养他们的思维品质。

1. 文本分析。

本语篇是校园故事类记叙文。Betty 不喜欢自己的名字，也不喜欢自己因过人的身高而成为"异类"，遭受同学们的排挤。同学们总是哼唱愚蠢的顺口溜，取笑她的身高，还自认为很酷。多才多艺、很受欢迎的 Ella 对于同学们排挤 Betty 的行为，虽然不喜欢但也从来没有制止过。有一次，Ella 在爷爷家目睹了遭受同类排挤的可怜的小鸡，这一幕触动了 Ella 的内心，她开始采取行动、改变现状。于是 chicken, Ella, Betty 和其他同学都发生了一系列的改变，最后同学们共建乐队，形成了一个平等、和谐、友爱、积极向上的校园小团体。

2. 读前问题链——巧设情境，激活思维。

在读前阶段，教师应激活学生与阅读话题相关的已有经验和背景知识，引导学生利用文本特征对文本内容进行预测，了解文本大意和关键词汇。教师可以通过设置问题来吸引学生的注意力，聚焦阅读话题，引发学生对文本的思考，进而预测文本内容。提问是培养学生读前预测习惯的重要手段，也是激发学生阅读兴趣和活跃学生思维的有效途径（陈胜，2017；转引自黄建良，2018）。

（1）教师可以引导学生解读标题，根据他们已有的生活经验对文本内容进行预测，激发学生的阅读兴趣，激活他们的思维。A 教师是这样设计读前问题链的：

Q1：What do you think you can beat?

Q2：What comes to your mind first when you see the title "Chicken Beat"?

Q3：What do you think the passage will talk about under the title?

首先从标题中的 beat 着手，引导学生思考他们通常可以 beat 什么，紧接着着眼于整个标题 Chicken Beat，这是什么意思呢？敲打小鸡、战胜小鸡，还是说小鸡敲打什么东西，又或者是小鸡战胜了什么东西？最后，教师引导学生基于标题对文章内容进行预测。通过这个读前问题链，学生对标题进行了充分的解读，对文本做出了多样的预测，有效激活了思维。

（2）教师可以创设合理、恰当的情境，激发学生的阅读兴趣、激活他们的思维，为顺利过渡到文本阅读做好铺垫。B 教师是这样创设情境的：

Q1：Have you ever been laughed at?

Q2：What have you been laughed at?

Q3：How did you feel when you were being laughed at? And what did you do?

Q4：Do you move on now or still get bothered?（Do you want to get it over?）

B 教师创设了一个既与文本相关又与学生的生活相关的情境，通过问题链引导学生回想自己被别人嘲笑的经历，这样他们会对文本内容产生极大的兴趣，激发思维的同时也能更容易、更准确地理解文中 Betty 和 chicken 的遭遇。

3. 读中问题链——抓主线，理脉络；与人物深度对话。

在阅读教学中，教师在设计问题时应把握文章结构和主线，掌握各部分的内在联系，紧扣主题设计问题，将学生置于问题情境之中，培养他们的积极思维（黄建良，2018）。

（1）抓主线，理脉络。

在读中环节，A 教师设计了两个问题链来帮助学生抓住文章的主线、理清脉络。

About Betty：

Q1：Why didn't Betty like herself?

Q2：What are the similarities between Betty and the poor chicken?

Q3: Why did Betty decide not to change her name at last?

通过这个关于 Betty 的问题链，学生能提取 Betty 的相关信息，理解她的蜕变过程。同时，教师要引导学生正确认识自我成长，学会认识自我、丰富自我、完善自我。其中，第一问属于展示型问题，学生可以通过阅读在文中找到答案，涉及的思维活动为记忆和理解，属于学习理解的范畴。第二问和第三问属于参阅型问题，学生需要进行比较、分析和总结才能得出答案，涉及的思维活动为应用和分析，属于应用实践的范畴。

About Ella：

Q1: Why didn't Ella stop the kids making funny chants about Betty?

Q2: What effects did the poor chicken have on Ella?

Q3: How did Ella help Betty to find confidence in being herself?

通过关于 Ella 的问题链，学生能进一步提取 Ella 的相关信息，理解她的转变过程。同时，教师要引导学生学会正确和同学相处，树立正确的价值观。

学生通过解答这两个问题链，由浅入深、由表及里地梳理清楚了文章的主线，即两位女孩的蜕变过程。一步一步地走进文本，理清了文章脉络，即 Betty 和 Ella 各自蜕变的前因后果。该过程中设计的问题主要是展示型问题和参阅型问题，学生需要在理解文本的基础上对文本进行分析和整理，主要培养学生学习理解和应用实践层面的思维品质。

（2）与人物深度对话。

在理清文章的主线和脉络之后，A 教师继续引导学生与文本中的主要人物进行了深度对话，具体操作如下：

Group work：

Q1: What's the change of Betty's personality?

Q2: What's the change of Ella's personality?

Q3: What's the change of the chicken's personality?

最终学生通过小组合作、查阅字典、求助老师等途径画出了思维导图。

这一组问题链围绕 change 展开，小组讨论为学生提供了合作学习的机会，为学生养成合作意识和培养英语口语交际能力搭建了平台。这一环节主要涉及分析和评价的思维品质，通过再次分析文本，小组成员之间展开热烈的讨论，他们的语言表达能力和思辨能力都得到了有效的锻炼。

4. 读后问题链——关注情感，升华主题。

真正有效的阅读教学不是为学生提供文本或解读文本，而是让学生在阅读中获取信息，建构知识，联系自己的生活，解决生活中的问题。也就是说，阅读教学必须"打通"文本与生活之间的关联，提升阅读为生活和学习服务的能力。为了"打通"文本与学生的生活之间的关联，A 教师设计了以下读后问题链：

Q1: If you have a similar story like Ella and Betty, are you willing to recommend Betty as the leader? Why?

Q2: In your daily life, is it common to give someone a nickname just because he/she is different from others in appearance? What do you think of this phenomenon?

Q3: What kind of person would you like to be?

教师引导学生想象如果自己处于类似文本主人公的情境中会做出何种选择，反思日常生活中是否有因为人的外表与众不同而给人取外号的现象，以及思考到底应该做一个什么样的人。迁移式问题链的设置把文本信息迁移到了日常生活中，其目的是帮助学生联系个人生活实际，培养正能量的文化价值观。这一阶段主要培养学生鉴赏、评价、创造的思维品质，有效拓宽了学生思考的宽度和深度。

五、结语

英语阅读教学不能仅仅满足于学生对文本基本信息的获取，教师应挖掘语篇的育人价值、培养学生的思维品质。问题链可以用在读前、读中或读后环节。其中，读前问题链可以激活学生的思维，为阅读做好准备；读中问题链可以帮助学生抓住主线、理清脉络，并与文本深度对话；读后问题链可以关注学生的情感，挖掘文本的育人价值。同时，问题链的设计应由浅入深，由表及里，符合英语学习活动观，符合学生的思维层次。

基于核心素养的高中英语听说课教学实践
——以必修五模块二的听说课为例

林　源

成都市龙泉第二中学

《普通高中英语课程标准（2017年版2020年修订）》明确指出，学科核心素养是学科育人价值的集中体现，是学生通过学科学习逐步形成的正确价值观、必备品格和关键能力。英语学科核心素养主要包括语言能力、文化品格、思维品质和学习能力四个方面。要实现核心素养教育目标，也就意味着学生在接受教育后应该具备上述核心素养，所以教师不仅要教书，更要育人，这在很大程度上要通过听说教学来实现。因此，教师可以在英语听说课这一重要教学载体中从四个方面入手，将学生核心素养的培养融入日常教学中，最终提高学生的自学能力以及适应社会不断变化的能力。基于上述考虑，作者结合自身所任教高中的英语课程，设计实践了如下一堂基于核心素养的高中英语听说课。

一、课程背景及分析

1. 课例背景。

本课例教学，授课时长为40分钟。

2. 教学分析。

（1）教学内容分析和学情分析。

①教学内容分析：本课为必修五第二模块，本模块的主题是求职与人类社会的贡献。本节课是一堂听说课，教学内容为 Listening and speaking，具体内容是先听两段关于 Claire 找工作的材料，听懂材料内容，然后学生能对面试和求职的句型做出相应的口头输出。重点词汇有：apply for, temporary, qualification, interview。本部分旨在培养学生的听、说能力，帮助学生正确掌握其中涉及的英语日常用语，使其在实践中学会运用。

②学情分析：授课对象为高二5班。该班为理科平行班，学生整体外向开朗、思维活跃，但大部分学生英语基础薄弱、词汇量很小。本课时为本模块的第四课时，学生经过了 introduction, reading 以及 cultural corner 的学习后，已经掌握了与传统职业相关的词汇和对部分职业的简单描述，因此这节课着重培养学生如何运用面试和求职的句型。整体来看，该班学生能用英语提取信息、处理信息，简单表达自己的观点，但是连贯地运用英语描述事件、进行对话以及表达观点的能力都比较弱。

（2）教学目标。

①学生学习并掌握重点单词和短语：interview, apply for, temporary, qualification, 并能够将本节课所学的词汇运用到情景对话中，达到词汇的附带习得。

②学生能够获取所需信息，并对所听到的内容作出相应的回答。

③学生能够将本节课学到的 job interview 的谈话方式用于实践，提高求职交谈技巧。

④学生通过本节课的学习能够明白有志者事竟成；凡事要全力以赴、提前做好准备。

（3）教学重难点。

本节课教学重点是引导学生听两段关于 Claire 找工作的材料，积极主动地展开口语练习。教学难点是学生将面试和求职的句型用在特定语境中的口语表述。

(4) 教学设计思路。

教师在教授内容和学情分析的基础上，设计发现问题、寻求方法、实践运用三个具体可及的教学目标，通过音频进行学生所需信息的语言输入，通过小组活动及口头表达进行语言输出，加以词汇附带习得，从而达到听、说、读、看的语言技能的有效操练；通过思维导图的形式帮助学生归纳面试和求职过程中涉及的问题，为学生接下来的情景对话搭建好脚手架；通过语言运用培养学生的语言能力和思维品质，引导学生明白"凡事预则立不预则废"的道理。

二、教学设计及实践

具体的教学阶段设计情况及实践过程主要分为以下几个部分。

1. Activity1 Brainstorming。

新课导入在某种程度上直接决定教学的成功与否。成功的导入不仅能激发学生的学习兴趣、使学生主动参与学习活动，而且能帮助学生预先感知即将学习的内容。

[教学片段] 教师抛出问题：What do you want to be when you grow up? 采用"头脑风暴法"，首先调动学生的兴趣，让他们畅所欲言，活跃课堂气氛。然后，引入与听力主题有关的一个问题：What steps will you take to find a job? 引发学生思考，为了降低难度，教师利用思维导图的形式为学生展示出了找工作的四个步骤，学生思考后给出答案：interview，这也是本节课的重点词汇之一。这个环节采用 Brainstorming 引入话题，以激活学生头脑中的相关知识和已有经历，使其对话题有初步的感知。

[设计意图] 思维品质是英语学科的核心素养之一，思维导图可以有效培养学生的逻辑推理能力，学生根据导图提供的信息可以迅速找到事件整体与各部分之间的联系，这样也可以提高学生思维的有序性和流畅性。

2. Activity2 Listening。

本环节是学生的听中活动，主要是培养学生获取所需信息的能力。该部分将听中活动分成了三个步骤，第一遍听音是让学生对听力材料有初步的感知，听出 Claire 要准备找什么工作，并引入本节课的重点短语 apply for 和重点词汇 temporary；第二遍听音是让学生听面试的听力材料，并获取相应的信息完成表格内容；第三遍听音是让学生听求职的听力材料，在这一环节，仍然让学生完成对应表格内容，进一步检测学生对细节的掌握情况。

[设计意图] 现有高中英语教材中，每一模块的设计思路基本都是先听说后读写，这符合语言的认知规律，所以听中活动的设计要遵循由易到难的原则。第一遍听音的目的实际是让学生对听力材料有一个初步的感知，为接下来正确地掌握听力材料的内容打下基础，以进一步达到语篇理解。第二、三遍听音才是训练学生精听的能力。实际上现今的英语听力教学容易出现缺乏系统指导、目标混淆的状况，学生们普遍认为听力提高主要依靠多做多练，没有得到系统性的策略和技能指导，更没法涉及学科核心素养的培养。基于这样的考虑，我在本环节设计了选听、精听、复听三个环节，其目的就是能有策略且有效地培养学生的听说能力和核心素养。

3. Activity3 Exercise。

本环节是让学生根据听力内容回忆对话中 Claire 和 manager 各自问的问题。

[设计意图] 学生通过精听、选听、复听，已经掌握了听力材料的主要内容，接下来就是要让学生模仿和套用句型，进行机械性训练的口语输出。此部分设计成客观题，就是要让学生对教学任务中的语言知识获得充分的感性认识，为能够熟练运用重点表达方式打下基础。

4. Activity4 Practising and Speaking。

本环节是本堂课的重点和难点，教师让学生根据所给出的句型，分小组进行角色扮演。

[设计意图] "新课标"提出了指向学科核心素养发展的英语学习活动观，明确活动是英语学习的基本形式。在语言运用过程中，各种语言技能往往不是单独使用的，理解性技能和表达性技能可

能同时使用。因此，在设计听、说、读、写、看等教学活动时，教师既要关注具体技能的训练，也要关注技能的综合运用。本环节活动需要学生之间相互合作，在合作中比较信息、探究学习并寻求解决问题的途径。

5. Activity5 Situational dialogue。

语言教学要从学生的兴趣、生活经验和认知水平出发，倡导体验、实践、合作和交流的学习方式，尽可能地多为学生创造在真实的语境中运用语言的机会。教师在本环节设计了让学生当面试官、教师当面试者的场景。

三、实践反思

本节课为一节听说课，采用先听后说、以听促说的方法，帮助学生将面试和求职的句型运用在情景对话中，最后以书面编写对话的形式加以巩固，为听说课提供了具有可操作性的教学模式。本节课有以下几个值得进一步深化推广的要点。

1. 听说有机结合，培养学生语言能力。

本节英语听说课从结构上主要分为听前、听中、听后三个阶段。教师善于运用语言材料，通过感知、理解、迁移的几个步骤，克服听说教学的单一性，为学生的学习搭建脚手架，帮助学生理解和掌握听说课中的语言知识。本节课各环节设计中听、说有机结合，并教授学生听说技能，能有效培养学生的语言能力。

2. 精心组织追问，提升学生思维品质。

本节课教师遵循发现问题、寻求方法、实践运用的教学目标设计了课堂教学。教师在听前设计了问题：What steps will you take to find a job? 引发学生思考怎么找工作；教师在听中通过听力练习为学生展示了面试过程中面试官问的问题以及面试者提出的问题；听后教师从学生实际出发，模拟了比较真实的语言场景，让学生对本节课的句型做口头输出。整个教学环节中，教师先是通过启发学生发现问题，再激发学生解决问题的欲望，从而提高学生的学习技能和参与活动的热情，让学生的思维由低阶稳步向高阶发展。

3. 巧用思维导图，建构学生学习能力。

在英语听说教学的过程中，教师要始终扮演"脚手架"的角色。因此在听前的导入环节，教师结合教学需要设计了思维导图，帮助学生理清了找工作的四个步骤，为接下来的教学做好准备。到听后环节，教师又设计了在面试过程中面试官和面试者会从哪些方面提问的思维导图，帮助学生总结自己对话中会涉及的问题。思维导图的一个重要特点就是它能帮助人们理清思路，让人们知道自己的表达步骤是怎样的。在英语口语中，知道自己下一句说什么非常重要。利用思维导图，理清自己的逻辑。只有思路清晰了，才能表达清楚自己想说的东西，进而保证英语交流的顺利进行。

4. 渗透德育，教书育人。

在教学中，教师不仅要传授知识，还要善于捕捉思想品德教育因素的闪光点来点燃学生"求知识、学做人"的火焰，培养品质优良的新型知识人才。本节课是一堂以找工作为主线的听说课，教师在课堂结束时对学生进行了德育渗透，让学生明白找工作不易，需要提前做好充分的准备。

浅谈在高中英语教学中的德育渗透
——以阅读理解中的"爱国主义"情感培养为例

胡琳云　罗　强

四川省成都市武侯高级中学

一、德育教育

"德育为先，五育并举"，德育作为素质教育中最重要的组成部分，不但会对各阶段学生思想道德水平产生直接作用，还会直接或者间接地影响其综合能力的发展，从而对其终生发展产生巨大影响；而人才的素质更是直接与国家未来发展挂钩，因此对德育的关注在当前形势与要求下是必要的更是必需的。北宋政治家、史学家司马光曾说："才者，德之资也；德者，才之帅也。"在知识传播的过程中，要注重结合思想品德教育，二者并行、相辅相成，才能最大化实现教育的作用。德育即思想品德教育，通常指三个层面的养成和塑造，分别为行为习惯层面、精神情感层面以及世界观、人生观、价值观层面。高中英语阅读教育中的德育渗透主要立足于第三层面，笔者选取爱国主义教育作为本文的主要分析点。

二、高中英语阅读教学中爱国主义情感渗透的可行性

在新课程改革推进过程中，英语学科教育的德育渗透有着不可忽视的作用。英语除了是一门实践运用型人文学科外，本质是知识情感文化的载体。其在被广泛且长期使用的过程中积累了非常庞大的阅读素材。在互联网技术蓬勃发展的当下，阅读素材除了有体量大、种类多的优势外，紧跟时事更新的速度也极具优势。阅读课作为英语教学课中最常见的教学形式之一，表面上可以反映出学习者目的语的知识能力，深层次可以表现出其情感态度价值观。高中英语教学以阅读为载体，可展开至词汇教学、语法教学、写作教学、思维训练等多方面，此中的每一个分支都可在教师的设计下完美与德育相结合（周卫卫，2020）。

三、高中英语阅读教学中爱国主义情感渗透的必要性

（一）课改和新课标的要求

《全日制高级中学英语教学大纲》指出，教师应该遵循英语教学规律，寓思想教育于德育中，在课堂教学改革过程中，既要注意遵循语言教学的规律，巩固并扩大学生的基础知识，发展听、说、读、写的基本技能，培养他们的交际和阅读能力，又要注意将思想品德教育贯穿于外语教学之中。而高中英语教材中的阅读素材本身就涵盖了很多可以用来渗透德育教育的文本，教师在一定程度上加以利用可以收到很好的德育效果。英语教师在备课过程中可以恰当地选择切入角度和素材的重组、补充，以确保能够在完成教学目标的基础上实现德育的有效渗透。同时，在新一轮课改的背景下，教育部明确指出在学科教学中渗透德育就是"要将社会主义核心价值体系融入中小学教育，牢牢把握课堂教学这个主渠道"（教育部，2003）。《教育部关于培育和践行社会主义核心价值观　进一步加强中小学德育工作的意见》也明确指出，中小学德育工作要充分体现时代性，各级教育部门和中小学校要大力开展公民意识教育，增强国家认同，改进课程育人，将社会主义核心价值观的内容和要求细化落实到各学科课程的德育目标

之中开展学科德育精品课程展示活动，引导各学科教师依据课程标准和学生实际情况，设计相应的教学活动，在传授知识和培养能力的同时，将积极的情感、端正的态度、正确的价值观自然地融入课程教学全过程。

（二）中学生爱国主义教育的必要性

中学生的成长对于一个国家民族的发展至关重要，此时通过爱国主义教育，培养他们的爱国主义情怀，增强民族凝聚力，帮助他们树立正确的世界观、人生观和价值观，认真学习科学文化知识，自觉肩负起实现中华民族伟大复兴的重任，为祖国的发展贡献自己的力量，显得格外重要和必要（李庆杨，刘晓鸥，2012）。

（三）学科语言教学的必要环节

语言学科尤其是英语学科已经从过去的传统知识型教学转型进入以语言知识为载体，传递文化、交流感情和树立价值观的新阶段；而丰富的高中英语阅读文本素材也促使高中英语教师提炼升华文本所传达的思想和价值观，去伪存真。在此过程中，如何培养出积极乐观、拥有正确的符合社会主义核心价值观、具有高尚的爱国主义精神的人才是语言教学的必经且必要的环节。

（四）爱国主义情感培养的现状

由于核心素养在高中英语教学中的提出，许多英语教师已经开始逐渐摸索并探求有效的方式进行爱国主义情感的渗透和培养；但其过程中暴露出缺乏策略、升华方式单一的问题，因此渗透的方式以及有效性，阅读文本和爱国主义情感之间的自然衔接方式等还需要教师进一步探索。此外，班级学生的整体理解和感悟能力并不在同一层面上，所以教师还需解决的难点是如何让能力不平均的孩子皆可被德育渗透（蒋蕊，2020）。

四、具体措施和案例分析

高中英语教材和外文网站、期刊的两部分补充材料为我们提供了大量可用素材，方便教师们根据需求进行提炼和加工组合，以便达到我们进行课堂爱国主义情感培养的目的。总体说来，我们可从以下几个点实施。

（一）利用现代教育技术，唤醒学生爱国主义情感

信息技术高度发达的今天，我们在进行教学活动时已经可以充分利用现代多媒体教学，如手机投屏等先进方式从多角度唤醒学生的爱国主义情感。相比于纯文字性的传授，教师在唤醒学生爱国主义情感、传情达意时使用各种手段，如视频、音频、图片、微课等将在唤醒学生心底的爱国情感、达成情感体验方面起到事半功倍的效果。

以外研版教材必修三 Module 5 "Great people and Great inventions of Ancient China" 为例，聚焦中国古代的重大发明和著名人物，阅读课部分聚焦了中国的四位在哲学史上声名赫赫的大哲学家——孔子、老子、庄子和韩非子，论述了他们在中国以及世界哲学史上产生的重大影响。这篇文章可以在教学中充分调动学生对中国文化的骄傲以及对祖国的热爱情感。下面，笔者结合具体的教学实例论述如何利用图片等信息手段在恰当环节凸显爱国主义主题。

（二）通过阅读技巧的训练提升学生对文本的深入理解

高中英语阅读文本都不是一串文字符号的简单排列，作者在字里行间传达着自己的情感与态度。通过阅读技巧的训练进行细读和品味并在此基础上通过设问层层递进将会引导学生用心感悟，细心体会文本所蕴含的强烈爱国情结；而这样的阅读体验对学生爱国主义情感的培养和提升具有深远的意义。笔者在实际教学中感到细读文本是渗透德育的重要手段，通过推敲文字，咀嚼出其中的味道，体会出文本蕴

含的思想，从而与心灵产生共鸣，爱国情结自然形成。这就要求教师对于蕴含着德育素材的文本，尤其是那些附有隐性爱国主义情结的文本，一定不能泛泛而读、仅限于获取信息与事实，而要透过现象究其本质。下面，笔者仍然以外研版教材必修三 Module 5 "Great people and Great inventions of Ancient China" 教学部分场景为例，说明细读文本并层层设问的重要作用。

在细读环节中，笔者采用寻找体现四大哲学家影响力的关键词和关键事实句的方式，让学生感知四大哲学家在世界范围内的影响，并通过翻译他们的哲学学说，体会并反思不同的哲学家的不同主张对人们世界观和人生观的巨大影响。

（三）开展多样化的课堂活动，深化德育渗透

高中英语阅读教学本质上就是通过文本的阅读获取有效信息的一个过程，而在此过程中，采取不同的阅读方式不仅可以提升教学效率，还可以通过活动加深学生对文本的理解、最终升华自己的情感。例如，教师可以组织学生对文章内容进行复述，开展主题讨论或佳句、佳段赏析背诵等课堂活动；而主题讨论和佳句赏析就可以与爱国主义情怀紧密结合，使学生在掌握词汇和语法知识的基础上，升华自己的爱国情结。

五、结语

德国哲学家卡尔·西奥多·雅斯贝尔斯曾说过："教育就是一棵树摇动另一棵树，一朵云推动另一朵云，一个灵魂唤醒另一个灵魂。"通过高中英语阅读课进行爱国主义情感渗透是对学生进行德育的重要渠道之一，同时通过高中英语阅读训练渗透爱国主义情怀也十分符合素质教育的要求。在高中英语阅读教学中，教师应注重选择有效的方式自然而然地渗透和升华学生的爱国主义情怀，由知识教育目标逐渐过渡到育人的价值层面，这样才能更好地践行立德树人的教育目标。但愿你我都能成为影响别人的那一棵树、一朵云、一个灵魂，在三尺讲台上影响千万个他。

多模态教学策略在高中英语教学中的探索

黄 捷

四川省武侯高级中学

现代技术的应用在逐渐改变着高中英语的传统教学方式。在《普通高中英语课程标准（2017 年版 2020 年修订）》（以下简称《课程标准》）准中，语言能力作为学科素养中的重要一环被提出。什么是语言能力？它是指在社会情境中，以听、说、读、写、看等方式理解和表达意义的能力。在信息时代的背景下，多模态教学应运而生。作为信息技术教育在英语教学中的具体实践形式，它符合英语教学发展的潮流与趋势，受到了广泛的关注；同时因为其灵活多变、丰富多彩的教学形式也受到学生的欢迎与喜爱。

英语传统的教学方式是从听、说、读、写四个维度开展的，围绕这四个维度的学习，我们采取了相应的教学方式。传统教学存在这样的问题：为了听而听，为了读而读。学生没有进行有意义的听读练习；而在输出环节的说和写，多会陷入没有实质、只有花架子的说和机械的反复练习写的套路。传统的听说课、读写课已不能适应"新课改"下英语教学的需要。创造性地使用信息技术，通过多模态的形式批判性地识读和理解多种媒介信息的能力成为解决上述问题的方法。下面笔者就从高中英语学习的各个方面，以笔者的亲身实践为例，对多模态教学在高中英语实践中的运用予以探究。

一、多模态教学在英语词汇教学中的应用

词汇是英语学习的基础，而在传统的词汇教学中，教师多采用讲授法从词汇的读音、词性、意义、

用法等方面对词汇进行全面的教学。这种方法的优点在于其信息量大、内容丰富,教师能够在一节课中进行大量的输入;而它的缺点更为明显,一节课容量大,课后学生易陷入死记硬背的循环,效果可想而知。运用多模态教学策略可以解决传统词汇教学的问题。从 linguistic 词汇学、visual 可视化、aural 可听、gestural 手势信号、spatial 空间化的维度以多种方式对单词进行解释,从而增强词汇学习中学生对词汇的记忆认知程度。比如,在讲到 festival 这一话题的相关词汇时,笔者先从网上下载了介绍国内外传统节日的短片,通过后期制作,对在短片中出现的重点单词进行标注,并加入字幕。然后放映短片,使学生以视觉的方式感知并熟悉该话题下的相关词汇。接着笔者会以思维导图的形式让学生总结和归纳重点词汇的意义和用法。同时,笔者也会制作词汇课件。课件里会对词汇用文字进行解释和说明,同时也配有图像和符号,以图文结合的方式对重点词汇进一步解释和说明。在课堂中,笔者会让学生模仿视频中词汇的使用方法遣词造句。同时要求学生背诵长难句和经典美句。著名语言学家林语堂曾指出,学习英语必须做到耳、目、口、手并用,耳闻、目见、口谈、手抄缺一不可。在当前信息技术时代,笔者相信,各种资源都可以为我们的学生所利用,以达到增强英语词汇学习效果的目的。

二、多模态教学在英语语法教学中的应用

如果把词汇比作英语的血肉,那么语法就是英语的骨骼。英语语法的重要性在英语学习中不言而喻。笔者认为,学习语法应遵循以下的步骤:观察—比较—理解—运用。将多模态教学应用于语法教学中,可以高效实现以上步骤。在进行语法教学时,笔者在课前使用微课让学生完成观察和比较阶段的任务。现以笔者所教授的翻转班的一节讲授"非谓语动词"的英语课为例,谈谈多模态在语法教学中的应用。首先,笔者录制了一段 5 分钟的微课。在微课中,笔者从非谓语动词的定义、类别以及如何判断"非谓语动词"这三个方面对这部分语法的基础知识进行了解释说明,并通过经典例题的反复操练,让学生清楚了定义、比较了类别、熟悉了方法。通过要求学生反复观看微课,完成课前的预习,同时也为课中讲解节约了时间。在课中阶段,笔者通过慧学云平台给学生发布任务。在课中采用了小组合作、真题讲练的方法,学生会在平板电脑上完成相应的课堂任务,实现课堂实时师生互动。通过平台,笔者可以及时收集学生做题的情况,以图表的形式公布任务完成情况,并根据学生的答题情况迅速锁定语法难点,让学生先讲,同时反思错误原因,之后老师补充,强化学生的做题技巧。课后,笔者会布置竞技任务,让学生进行 PK,激发他们的学习动机和增强其成就感。让他们在学习知识的同时,体会合作与竞争的乐趣。在复习现在进行时这部分语法时,笔者发现歌曲 *I am sailing* 是较好的学习资源,通过在课前欣赏歌曲,使学生理解了进行时态使用的情景和时态所传达的感情信息,不仅调动了学生的学习兴趣,还使他们掌握了时态的语法意义,一举两得。视觉和听觉的结合也充分反映了多模态教学策略灵活多变的特点。

三、多模态教学在英语语篇教学中的应用

《课程标准》指出,语篇类型是指以记叙文、议论文、说明文、应用文等不同类型的文体,以及口头、书面等多模态形式的语篇,如文字、图示、歌曲、音频视频等。首先被笔者应用于实践的是语篇超文本可视化教学。如在选修八 Oliver Twist 的教学中,笔者首先播放了一段介绍作者 Dickens 的纪录片。在制作短片的过程中,笔者通过网络收集了大量关于作者的图像影音资料,结合文本信息,为学生勾勒出作者的生平,同时为了降低难度,笔者还在视频下方加入了字幕。可视化视频能让学生通过直观印象了解作者,了解小说发生的社会背景,进而体会小说的内容。接着笔者通过制作课件,对文章进行了重新整合,完善了语篇所想要传递的信息。笔者通过加入图片、链接影片的方式为学生还原了伦敦老城区的城市面貌,使学生的想象和主人公 Oliver Twist 的悲惨经历联系起来,感同身受;同时使学生通过学习语篇所承载的文化和价值观,在欣赏语言的同时,能体会多模态语篇的意义,丰富生活体验,树立正确的世界观、人生观和价值观。

四、多模态教学在英语写作中的应用

写作是英语语言学习的高级输出形式。在传统英语教学中,文本信息是主要教学模式。而运用多模态教学,可以把文本信息以小报、幻灯片、短视频、微课等形式呈现。这种呈现形式是双向的,既可以是教师运用多模态的写作任务和范例,也可以是学生以个性化的方式呈现自己的作品。在写作资源中,来自教师和学生学习生活的影音和图片更能拉近双方的距离,激发创新思维在英语写作中的出现。身处信息时代,诸多智能软件为写作多模态教学提供了可能,如 VUE、小影、一闪等软件,都可成为教师进行英语写作多模态教学的助手。在写作评价方面,教师可以利用互联网,展示创作或汇报学生的学习成果,鼓励学生使用平板等智慧教育手段,开展作品互评互改,充分调动学生学习的积极性。

五、多模态教学在其他高中英语模块中的应用

基于主题意义的英语单元模块教学,在现阶段高中英语教学中得到了广泛的认可。理论的有效实施需要技术手段作为支撑,多模态教学方法的应用无疑满足了现阶段英语课改的需要。音乐、视频、App的使用,都是优秀的教学资源和平台。诸如 App 百词斩在英语词汇记忆方面的应用,批改网在英语写作方面的使用等,都是很好的例证。如今,教师也拥有了各种资源和平台。在学校,引入了以智慧教育为平台的教学资源平台。在该平台上,教师不仅可以分享和发布教学资源,也可以设计自己的多模态教学课件与练习。在课件中,笔者就尝试利用图形和表格来进行语篇的分析,通过直观形象使学生对文章的结构有更深刻的理解。同时,笔者也尝试把自己的生活视频融入基于主题意义的话题复习中,如在讲到 travel 这一话题时,笔者就插入了自己旅游时的生活照片,一下子拉近了与学生的距离,充分体现"教育即生活"的理念,使学生更好地融入语言学习的氛围。

六、关于多模态教学的反思与展望

作为一名奋战在高中英语教学一线的普通教师,我深深地感受到现代教育技术革新带来的挑战,但同时也看到了机遇。作为教师,持续学习是进步的动力源泉。我惊喜地发现,学生对多模态教学也具有很强的适应能力,特别是在现代教学技术的应用方面,他们完全可以成为教学的主体。

通过一段时间的尝试,笔者发现,学生的学习效果和学习兴趣都得到了很大的提高,这也使作为一线教师的我体会到了教学的乐趣。更重要的是,在使用信息平台和网络软件进行教学的过程中,笔者的信息技术教学能力得到了提升,真正地实现了教学相长。随着网络技术的进一步发展,笔者相信,丰富的网络资源在教师创造性的利用之后都能成为未来教学的助力。

当然,机遇与挑战并存,现阶段开展多模态英语教学也存在很多困难。首先便是教师自己的信息技术能力的问题,对于大部分教师,特别是教龄比较长的老师来说,信息技术需要经过培训才能熟练使用,因此,广大一线教师迫切需要专业的培训来丰富自己的教学手段。其次,现在的资源平台和软件技术更新换代的速度较快,往往在教师熟悉了一种平台或技术的使用方法后,这一教学软件已经过时。运用多模态教学,必然需要资源和技术平台加以支撑,而资源技术平台种类繁多,加之教师平时繁重的工作压力,很难从纷繁的信息资源软件中选择合适的加以利用,这无形中又制约了多模态教学在实践中的推广。最后,笔者一直致力于整合教材内容,并尝试以多模态形式呈现,但毕竟能力有限,在多模态教学和教材内容之间有时很难整合衔接,而网上这方面的资源也比较少,因此还处在探索之中。

基于网络平台的高中英语语法教学

李 琼

四川省成都市武侯高级中学

教育的信息化，赋予了传统的高中英语语法教学新活力。网络平台丰富了学生的学习内容，激发了学生的学习兴趣。一线英语教师早已尝试整合网络资源、借助网络平台，优化高中英语语法教学模式，力求语法教学的课堂落地、高效。

笔者所在的学校创设了智慧校园，教师和学生可以利用平板进行翻转课堂，借助大数据，实现高效的教学。笔者发现，摒弃以教师为中心的高中英语语法教学后，教师开始进行基于网络平台的教学设计，学生开始自主探究、合作学习。课堂形式由沉闷的讲解、练习转变为以学生自主性学习为主。笔者将自己的初步探索梳理如下。

一、教师的角色

（一）准备微课，激发兴趣

进入高中后，英语语法体系相较于初中会更详细和全面。因此部分基础薄弱的学生在高中英语语法课上往往听着听着无法理解就走神，课堂效率低下，没有成就感。

对于这部分学生，微课就显得很重要。考虑到学生的认知水平、学习基础以及兴趣，在语法课前，教师借助微课视频，清晰呈现本次语法课的主干知识和框架。视频有的是笔者自己精心制作，时长在10分钟以内；也有的是笔者整合、筛选、编辑海量网络视频资源形成的。总之，笔者以学生为中心，进行教学设计，力求促进学生的全面发展。

例如，在讲授定语从句的语法前，笔者制作了一个5分钟左右的微课，借助flash动画，通过学生有可能感兴趣的几个场景，让学生体会定语从句的使用情境，理解相关核心术语：先行词、连接词。借助慧学云平台，学生观看微课视频后，完成预习任务。这样，学生在课前的自主学习中，可以调动在初中学习的知识，充分理解定语从句的功能、结构，在微课的不同语境中强化认识，最终通过预习任务，进行检测和提炼。

通过实践，笔者发现，教师在应用微课进行语法辅助教学时，要尽可能地保证微课画面生动形象、内容短小精准，促使学生积极探索知识、不断完善自我。在视频中适当涉及启发式问题，激发学生学习欲望的同时，逐步引导学生主动思考、开展深度学习。

（二）搭建支架，启发探究

课前，学生观看教师录制的微课或编辑的相关视频、完成预习自测后，教师引导学生将自己的疑惑带到课堂，积极主动探究。而教师在慧学云平台上收集到预习反馈后，也应及时调整教学设计，给学生搭建合适的学习支架，设计相关问题，积极引导学生开展相互学习、共同研讨的课堂形式。这样教师以参与者的身份，鼓励学生探究预习中存在的疑问，能最大限度地调动学生的创造性以及学习热情。

例如，在教学将"虚拟语气"应用于写作时，课前学生已经通过视频了解到虚拟语气可以表达丰富的情感。学生积极反馈，虚拟语气可以表达遗憾、后悔、感谢、责备、建议等语气。笔者在课堂借助高考真题，引导学生进行检测和反思。随后笔者分别给学生提供不同的情境，在感谢信、道歉信、投诉信、建议信中可以运用虚拟语气的语句，不断拓展学生思考、促使学生彼此交流，通过自我探究，加深对虚拟语气语法规则的理解，并能在写作中灵活应用。最后，笔者给学生在课堂上展示了一个微课视频，引导学生一起回顾和总结，体会语法和写作相结合的方式，不断练习，提升语言的综合运用能力。

通过实践，笔者发现，传统的高中英语语法课堂，教师很容易"满堂灌"，课堂效率低，学生也毫无兴趣。借助信息技术和网络平台，学生学习的模式变得多样。更重要的是，学生的学习情况，可以及时准确地被反馈在网络平台上，教师搭建的支架针对性强，能较科学地提高课堂效率、调动学生的主观能动性。

（三）课后巩固，拓展延伸

学生间存在个体差异，对语法课堂上知识点的理解和运用自然不同。因此，课后教师可以借助网络平台，给学生创设研讨学习任务。在这个过程中，学生可以质疑、答疑，教师也可以在线与学生交流，进行有针对性的解惑，让学生们逐渐构建完整的语法知识体系；同时，在互帮互助的氛围中，学生能够体验到获取知识的喜悦，重拾英语学习兴趣。此外，教师还可以根据研讨学习中学生的留言反馈，录制或编辑微课、视频等，给予学生更多学习资源，帮助学生真正掌握目标语法。

例如，笔者在教授"现在进行时"这一语法课后，布置了一个研讨学习任务，鼓励学生围绕"未来的计划"用英语表达、分享。规定用 be doing 得 1 分，用 will do 得 1 分，用 will be doing 得 2 分。学生们兴趣高涨，纷纷参与分享和互相评价。笔者也会在线上及时给学生留言，给予正面反馈，在指出有可能漏洞的同时，积极鼓励、肯定学生。

在整个语法课程设计中，教师从教学内容的呈现者转变为共同学习者，真正实现了师生共学、教学相长。

二、学生的角色

（一）开展个性化学习

传统的高中英语语法课堂上，学生活动多以做语法练习为主。通过课堂观察，笔者发现学生积极性不高，部分学生性格内向、自尊心极强，当遇到理解困难时，不愿意主动提问，对未曾理解的语法项目囫囵吞枣。课堂活动单一，课堂气氛沉闷，且课堂效率低下。

教师开展基于网络空间的语法教学后，学生在课前被视频激发学习兴趣，随后在教师布置的课前预习检测任务中积极思考，带着问题进入课堂。同学们彼此进行交流、互助，体验学习、解惑的过程和快乐。课前检测出的知识疑问，教师进行有针对性的指导。课堂上学生组建学习小组，开展探究学习，分析和解决遇到的问题。教师在把握课堂节奏的同时，将主动探究和自主学习的机会交给学生。课后的研究性学习中，学生乐于分享，敢于在学习平台上提出暂时依旧疑惑的内容。

（二）实现语法的深度学习

2014 年，教育部提出了"核心素养"这一重要概念。英语学科核心素养主要涉及语言能力、思维品质、文化意识和学习能力。当核心素养的概念提出后，一线高中教师更注意在日常教学中培养学生的英语学科素养。

借助网络平台，教师对语法的讲授正是基于核心素养进行的精心设计。这有助于学生在课前养成预习习惯，培养自主学习意识和能力。在语法课堂学习阶段，学生们以掌握基本的语法知识为基础，树立学习英语的信心。师生共同学习，促进学生深度学习语法，而不局限于做语法练习。学生能够结合丰富的语篇，理解目标语法，并及时运用、表达。在课后反思阶段，学生通过互评、总结拓展，培养了思维品质，提升了学生英语综合应用能力。

总之，基于网络平台，即便学生初中阶段语法基础不扎实，进入高中阶段后，语法学习也不再枯燥、难以理解。学生成为学习活动的主导者，有机会积极探究与合作学习。

笔者基于网络平台，借助信息技术，对优化高中英语语法教学进行了实践和探索。笔者认为，在信息化的发展和新高考逐步推开的背景下，高中英语语法教学可以更加优化。除了教授基本的语法知识外，培养学生的学习策略和思维能力也极为重要。将信息技术引入高中语法教学，赋予单一的知识讲解活力。教师借助信息技术、网络平台，在不同学习阶段，给学生搭建合适的支架。英语教师致力于构建高效且具有操作性的语法课堂，探索具体教学方案，实施个性化的教学并及时给予学生反馈。如此一来，学生在培养英语学习兴趣的同时，能够深入学习语法知识。学生不仅获得了语法知识，也学会了自主探究、合作学习，提升了英语综合语言能力，促进了英语学科素养的养成。

立足生活　聚焦文化
——基于主题活动下的小学英语居家课程设计

秦　楠

四川师范大学附属上东学校

一、什么是主题活动

主题活动是指具备主题标识和主题意义的活动，一般会有一个鲜明的主题。在主题下有不同的分支，教师围绕主题进行任务的布置和分层，学生则围绕主题对任务进行必选和辅选。学生通过个人独立探索和小组团队合作，在规定时间内完成并分享。主题活动的学习内容和语言学习素材取材于生活，所学内容由学生自身出发，在学习过程中实现自我意识的提升，增进彼此生活的关心，用自己的知识去传递和实现情感所学内容由唤醒，将语言学习过程与生活认知整合。通过系列任务实现学习目标，达到有目的有意义的阐出，最终在知识、语言、能力、思维、文化品格这五大层面实现提升，为学生的终身学习能力储备力量和产生影响。

二、如何开展主题活动

其一，学校教育为居家自主学习提供了条件支撑。

随着各种在线课堂的涌现和各种教学任务的推进，教师摇身一变成为"主播"，家长难免产生担忧与惊慌，其教育意识和行动也随之改变。这一切无疑是因为教学形式的变化，令他们有所思考、有所忧愁。在"停课不停学"的背景下，一系列问题接踵而至：教师教什么？学生学什么？家长该怎么做？教师如何检测和反馈学习效果？一时间，大家感到不知所措。但是静下心来仔细思考：教育应回归本质，不忘初心，尊重教育的本真状态。

学校教育通常以课堂教学为形式，课后进行作业布置及辅导，传统以教师为主导的课堂也逐渐转向以学生为主体的课堂。在自主学习能力发展的驱动下，师生角色发生的有效转变不仅促进了学生课后学习能力的提升，还使学习任务的指向性更好理解，推动学生课后和自主学习能力的提升。在课后及各类假期，通过学校教育主体的变化，无形中提升了学生综合素养的提升。在本次"停课不停学"的实践中，学习习惯和学习能力俨然成为孩子们作为学习主体的有力见证和重要驱动力。

其二，主题活动的具体内容。

基于英语学科知识能力层面和围绕英语核心素养，为了适合学生个体的学习情况和权衡家庭的实施条件，主题课程有以下两大主菜单可选。

菜单一：围绕英语学习任务的六大主题：①听音朗读；②绘本阅读；③绘本分享；④歌曲、电影赏析；⑤书写练习；⑥主题表达。

菜单二：基于主题任务的4大项目活动：①口袋主题词卡；②口袋绘本制作；③主题手工制作；④主题剧表演。

其三，主题活动的开展途径。

主题活动的开展通过以下5个层面实施：

（1）探究指导：通过"任务链"实现主题活动的探索；通过项目学习单，即一份以任务为导向，提供给学生能够进行主题活动的导向题单，对项目执行后的产出标准做出具体的规定，引导学生完成学习过程，分享学习成果，同时也为教师提供一个可自评估的依据。凭借这一方式，学生明白任务并能够清楚任务指向，积极主动地参与到主题活动中。

（2）探究方式：在任务导向的驱动下，学生围绕核心问题自主开展探究学习，深入了解主题任务、实施内容和实施途径。在此过程中，学生通过查阅知识、借助新闻媒介和利用家长资源等方式来进行探究性记录与学习。同时，根据实际情况，在家庭成员间开展讨论与分享。教师则通过微信等网络进行答疑解惑和任务指导。

（3）探究反馈：学生对探究成果进行归纳整理，制作主题简报，海报作为活动主题的汇报整理和分享交流的重要媒介，在主题探究过程中可反复使用，帮助学生内化知识和发现更多问题，促进深入思考。学生通过分享汇报的方式进行，对照任务达标指向完成任务，并将成果分享给老师。在微信小组群内进行分享交流，选取代表进行全班分享，实现认知共享或阅读共享。此外，学生需完成自我监测评价表，及时与教师沟通，完成阶段性自我评估。

（4）探究达标：对探究达标的标准进行详细说明，为学生的自行评价和家庭参考提出多维度的达标依据。

（5）素养指向：围绕英语核心素养开展，促进学生综合素养的形成与发展。

第四，开展主题系列活动。整合活动，孩子们通过海报展现自己对主题的认识，借助海报进行有效的表达和分享。

三、主题活动的评价反馈及开展意义

在实施主题课程时，教师需要有完善的评价反馈方式，以便及时了解学生的学习情况，并做出补充性评价反馈：探究指导—探究方式—探究达标—评价反馈—素养指向。在主题活动开展过程中，要关注主题活动的意义性与生活实践性，教师的辅助措施，学生的学习体验和实践表达，促进学生批判性思维的发展，以及在学习过程中的德育浸润和跨文化理解，以全面促进学生核心素养的发展。

在主题活动中，学生是生活经验、兴趣表达和行动的主体。教师应根据学生生活经验选择学习主题，组织参与性强的教学活动形式，激发学生的行动意识，助力学生行动能力的发展。通过学生行动表征展开评价，引导学生进行自我评估与反思。从行动意识、行动能力、认知和情感四个方面，让学生自觉主动参与到主题活动中，促使他们对自身言语表达能力、任务规划能力以及任务的目标性和程序性进行反思和评价，推动语言知识、社会文化认识及规则意识的形成和约束，进而激发学生乐于参与、积极贡献、坚持观点的行为，对其社会参与和人际交往中的规则判断产生影响。

居家主题活动的开展，既不是脱离学校教学体系，也不是任由学生自主居家学习，而是充分发挥学校在校自主学习的主动学习本领，将单一的活动和基础的知识进行综合整理，开展结合当前形式的主题活动，改变由学校为群体的课堂实施形式转变为以家庭社区和网络师生伙伴为群体的活动模式。在对生活事件的记录与分享中理解、应用目标语言，展开目标语言的语用实践，以解决生活问题，交流生活经验为目的，促进学生在语言学习过程中理解待人接物的方式与礼仪。通过语言学习，学生能够对不同文化进行理解、反思，并在此基础上能够具备良好的生活实践能力、社会交际能力及生存能力，进而实现核心素养的形成和发展。

让我们的英语课活起来

晁忠芬

云天化中学

活跃的英语课堂气氛要求教师在语言教学中，以语言兴趣为中心，伴随语言学习的各种游戏和全身性的反应活动，帮助儿童掌握语言的基本知识与技能，加强儿童运用语言的能力，培养儿童活泼的个性。培养学生的创新精神与创新能力，就必须从小抓起，从课堂教学抓起，让课堂教学"活"起来。只有让学生充满激情、思维活跃、勇于探索，真正成为学习的主人，才能表现出自己的特点，发挥自己的长处，获得更多的成功机会。

那么，怎样让英语课活起来呢？首先就要把学生的兴趣调动来，让学生体会到学习英语的快乐。英语不同于其他学科，有着它自己的特色，就是在玩中学，在实践中学。而我要做的，就是要把这个特色在课堂上发挥得淋漓尽致。

一、活的课堂需要有趣的课堂活动和设计让学生动起来

1. 趣味导入，抓住学生的思维兴奋点，创造良好的课堂气氛。

刚上课时，由于种种原因，学生们的思维兴奋点往往不在与本课有关的内容上。如果教师在这时能巧妙地应用教学游戏，就会使学生的情绪逐渐安定下来，把学生的兴趣慢慢地引到英语课堂学习上来。根据教学内容你还可设置一个悬念吸引学生，或提出一个发人深思的问题以抓住学生的兴趣，也可借助直观教具和演示开始教学。善于利用教室中的人和物、歌曲、故事、简笔画等导入新课，设置情景。语言总是与情景紧密相连，脱离情景的语言难以让学生留下深刻印象。声形意有机结合，学得才有趣，掌握才准确。

2. 体态语的模仿功能在英语课堂教学中的作用：模仿是英语课堂教学艺术的发端。

在英语课堂教学中，教师若能恰如其分地运用体态语的模仿功能精心处理教学内容，就能激活学生学习的情绪，增强课堂教学的效果。具体流程为：教师先用英语呈现要教授的内容，并用肢体动作来表示其含义，接着让学生模仿教师的动作，随后教师下达指令，学生依指令做动作，以此调动学生参与学习的积极性。通过参与体验，学生能够高效学习一堂课的内容。例如，我们在上《仁爱版》七年级上册 Unit 2 Different Looks 这一单元时，我通过肢体语言来教学 head, shoulders, legs, feet, eyes, ears, mouth, nose 等单词，同时要学生跟着我一起来 touch。老师说"Touch your mouth, touch your eyes"等，在老师演示的同时，学生参与进来一起做。一堂课下来，学生们在积极参与中完成了学习任务，学习热情高涨，学习兴趣浓厚。

3. 运用游戏活动进行教学，是激发中小学生英语学习兴趣的另一种有效方法。

心理学研究表明，中小学生注意力集中的时间一次仅能维持 30 分钟左右。所以课堂教学过程中，学生的大脑肯定会出现阶段性疲劳。这时，教学游戏可以很好地调节课堂气氛，提高学生的学习兴趣和学习注意力。在教学中，比较容易组织的游戏活动很多，如 Passing Down, Big Wind Blows, Simon Says, Draw and Color 等小游戏，或设立比赛性游戏、真实情景法、小组讨论活动、操练法等。例如，在教学七年级上册 Unit4 Where's my backpack 一课时，学习介词 in, on, under 时，我们可以玩找东西的游戏。以找 eraser 为例，老师让一名学生暂时回避，然后把物品放入一学生的抽屉，再让那名学生来找。在找的过程中，其他同学就以"eraser"这个单词来给予提示，同学说 eraser 的声音越大，说明你越接近目标物品，然后在你认为可能的地方提出询问，你可能会用到"Is it in the drawer? Is it under the book?"等句子。通过这样的活动，学生可以保持很高的学习积极性和学习注意力，让课堂效

率大大提高。

4. 歌曲、说唱是活跃中小学英语课堂气氛的一把好钥匙。

我们中小学英语儿歌一般都短小、生动、有趣，它特有的音调节奏，不仅可以提高学生学习的主动性，还可提高学生的口语能力、培养英语语感。一首优美动听的英文歌曲既能使学生们集中注意力、提高兴趣、乐于求知，又能使学生们迅速地投入英语学习的氛围中来，这样便能使我们的英语教学产生事半功倍的效果。传统的教学模式中，我们可能通过播放英语歌曲磁带并辅以教师和学生的动作表演完成。

二、活的课堂需要建立和谐融洽的师生关系，以师生间情感激活目标

"亲其师方能信其道"。融洽的师生关系是教师传授知识的桥梁和润滑剂。情感是教师和学生之间相互作用的桥梁和纽带，是打开人的心灵的一把金钥匙。美国教育学家布卢姆曾说过："一个带着积极情感学习课程的学生，应该比那些缺乏感情、乐趣或兴趣的学生，或者比那些对学习材料感到焦虑和恐惧的学生，学习得更加轻松，更加迅速。"我们在英语教学中应该"挖掘"出学生的情感，使学生的认知因素和情感因素得到和谐的统一，这样才能进一步增强英语教学效果，真正提高学生的英语水平。

1. 从关爱学生入手。

苏联教育家苏霍姆林斯基说过："没有爱，便没有了教育。"一个成功的老师必定是爱学生的，对待学生，要像对待荷叶上的露珠一样，小心翼翼地保护学生幼小的心灵。晶莹透亮的露珠是美丽可爱的，却又是十分脆弱无助的。一不小心露珠落下就会破碎，不复存在。孩子是天真可爱、脆弱无助的，如果学生连对任课老师的基本认可都没有，那么活的课堂又从何谈起？

2. 加强与学生的沟通。

教师要相信每个学生都有无限发展的潜力，都可以通过教育和社会的影响朝着美好的方向发展。要想在课堂教学中使课堂活跃起来，建立良好的师生关系、赢得学生的信任，是有必要的。改善与学生的关系，不仅要从课堂抓起，更重要的是通过课后与学生谈心达到与他们沟通的目的。

3. 建立公正、客观的评价体系。

有句古话："数子十过，不如奖子一长。"在评价学生时，要根据学生的自身特点进行。课堂上，教师要特别注意在对学生提问时，不仅范围要大，而且要关心学习困难的学生，让他们大胆开口，甚至课前告知将对其提什么问题，让其提前准备。一旦他们能正确回答时，一定要及时做出评价，诸如"Very good""You're clever""You're great""Well done"。学生听到表扬后课堂参与的劲头就更大了。我们对学生要实行"三镜"教育，即用显微镜看学生的优点、用放大镜看学生的成绩，这样学生才能用望远镜看他们的未来。

建立和谐融洽的师生关系，增强课堂教学趣味性，通过游戏活动、体态模仿、情景创设、说唱表演等方式，能够减轻学生的压抑感，使学生的学习积极性倍增，课堂气氛空前活跃，学生在轻松、愉快的环境中获取知识。在平时教学中，教师要发挥主导作用，注重学生兴趣的保持，如此方能取得良好的课堂效果、保证教学质量。

数学类

构建主题式课程，促进学生深度学习

肖维肖

成都高新区芳草小学

《义务教育数学课程标准（2022年版）》指出："综合与实践"是一类以问题为载体、以学生自主参与为主的学习活动。它需要学生"综合"前期所学，以问题驱动"实践"。在日常教学中，这类课程往往需要给予学生更多的时间与空间来探索完成。疫情期间，学生在家学习。笔者尝试将疫情数据与北师大版数学教材五年级下册第八单元"数据的表示和分析"相结合，构造具有生活味、时代性的主题式课程"数系疫情，健康同行"，让学生以数学的视角去关注疫情、关注健康。

一、深挖教材，问题驱动，链接真实场景

笔者查阅了北师大版数学教材五年级下册第八单元"数据的表示与分析"第二课"复式折线统计图"，发现这部分知识正好对接了每天发布的疫情趋势图，为课程的展开找到了知识支撑点。

课程该如何开发，才能让学生以数学的眼光观察这一事件？怎样的课程，才能激发学生用数学进行理性的思考？怎样的课程，才能促进学生的深度学习？怎样的课程，才能让学生将思考有效地表达？根据以上疑问，笔者设计了如下的主题式课程：

"数"系疫情，健康同行
——读懂数据的好伙伴

亲爱的孩子，学习愉快！在这特别的日子里，相信你对疫情已经有很多的思考，作为数学探索者的我们可以做些什么呢？下面，就让我们一起尝试着用数学的视角来关心此次疫情吧！

【学习提醒】

1. 独立学习：自学教材第82~86页，初步了解复式折线统计图的相关知识。
2. 小组合作：小组成员共同探讨如何完成学习要求（电话、视频均可）。

【作品提交】

1. 自己准备所需图片。
2. 采用画、写等形式；需要视频介绍的部分可以录制视频，并在相应部分做出文字说明。
3. 将完成后的作品配以图文，装入Word文档。

【学习要求】

1. 观察相关复式折线统计图。它们是按照什么标准分类的？每类统计图的设计有哪些共同点和不同点？为什么？
2. 选择你最感兴趣的一个统计图进行详细分析，并记录下来。
3. 通过分析尝试对未来情况进行预测，说明理由，并和你的亲人、朋友交流你的看法。
4. 追踪数据变化的情况，验证自己的预测，并根据相关信息进行分析。

以上课程的设计，完全尊重、依托教材内容，以教材为起点开发和链接真实场景。这一内容的确定，能让学生在任务卡的问题驱动下深度学习，并在深度的信息加工中提升数学素养。

二、放大空间，大胆实践，促进深度学习

任务卡发布后，学生有了更加广阔的"空间"——可以查阅的时间、借助的方法等更加丰富。为了让学生最大化地探索思考，笔者要求学生一周内上交作品。在收到的29份（全班共计29人）作品中，

有11份完成了任务卡学习要求的前两点；有18份完成了全部要求，但质量不一。

在完成任务卡学习要求前两点的学生中，没有出现知识性错误，因为这两点是自主学习后的换场景"练习"，是对知识的回忆、理解与应用。学习要求的最后两点是为促进学生深度学习而设计的，是对事件的分析、评价与创造。

通过案例调查与分析，部分学生不仅非常好地自主学习了知识，而且还能结合实际提出自己的思考，把自己的思考用问卷等形式呈现，再次获得数据进行分析。这些数据虽然没有用复式折线统计图的形式再次呈现，但是我们可以看出学生已经在对知识进行内化，在对表的展现形式进行选择、对表格内容进行分析思考。

三、深度参与，体验过程，提升综合素养

此次课程还有很多精彩作品，在此不再一一呈现。深度参与体验后，家长和孩子几乎都表达了对此次活动的感受。

学生谈道：把枯燥和普通的数据用复式折线统计图呈现出来，更形象和直观，更能看出发展趋势，让人一目了然，很有趣。在做的过程中，我感受到了祖国的团结和强大，平凡人勇于奉献的精神。这次疫情，让我更坚定了成为一名医生的理想！

家长谈道：这一次的活动，孩子统计数据，加深了对疫情进展情况的了解，更有社会责任感。更可喜的是，这次宅家陪伴，我发现孩子一个很突出的优点：能坚持把一件事情做好，不会轻言放弃。寓教于乐，贴近生活，通过分析数据的变化，孩子对疫情中的逆行者表示钦佩，是学习的榜样，对孩子形成正确的价值观、人生观和世界观有很大的助力。

【解析】以上节选的小片段，能看到孩子的心路历程：从"枯燥"到"有趣"，从"作业"到"家国情怀"，从"知识习得"到"坚定志向"；能看到家长的思考感悟：从"知识技能"到"责任担当"，从"有趣"到"有意义"，从"发现优点"到"助力三观"。这些来自另一方的声音，无不体现了其因此次主题式课程，任务式驱动、深度体验参与后对数学、对事件、对自身、对世界更深刻的认识。这是此次活动提升综合素养的更大意义！

四、结语

数学是什么，能做什么？数学还能是什么，还能做什么？这是此次课程带来的思考。数学是一门理性的学科，用心去探索开发，它也可以是一门温暖的学科。从知识育人到学科育人，数学的路还可以走得更远！

注重学以致用，"强调转化化归"，减缓数学焦虑
——以七年级上册教学设计"习题课：动点问题"为例

李 诚

成都市石室联合中学校

在数学课堂上，多数七年级学生因为对数学的恐惧心理而不敢去思考难题，教师需要善于关注学生的学习情绪，让学生敢于去尝试运用转化的思想，将难题转化为简单题、将陌生的问题转化为熟悉的问题，由此来提升学生的学习效率，并发展学生相应的学习能力、提高学生的核心素养。本文将以七年级上册的一篇教学设计"习题课：动点问题"为例，来阐述教师如何在教学过程中潜移默化地运用转化与化归的思想和数学模型的思想来让学生减缓对难题的畏惧心理，树立学好数学的信心。

一、内容分析和教学任务分析

"习题课：动点问题"是在北师大版七年级数学上册完成第四章基本平面图形的教学任务之后所设计的习题课，在此之前，学生已经学习了数轴、绝对值、整式及其加减、一元一次方程等内容。从知识的相关性角度看，数轴上的动点问题既是对之前所学知识的横向整合，也是今后研究学习动角、旋转的三角形、函数图像上的动点等知识的基础。本节习题课从数轴上两点之间的距离到单点运动、多点运动等简单问题入手，通过对这些问题的分析，最终归结为用代数式来表达两点之间的距离，进而用方程来表示等量之间的关系，也就是经历从问题到建立数学模型的过程，从而让学生初步感受数学模型的普遍性，更好地突出数学作为刻画现实世界的有效模型的意义，理解运动的本质，为后续其他类型运动问题的学习铺路搭桥。

二、教学过程设计案例展示

下面笔者以"习题课：动点问题"为例，探讨一下如何在日常教学过程中以情感教学、学以致用等措施，潜移默化地运用转化与化归的思想和数学模型的思想来帮助学生克服数学恐惧，激发学习兴趣。

1. 第一环节：志存高远，自然引入

教师展示如下试题，同时告知学生该题为某次期末考试 B 卷的压轴题，要求学生直接浏览第（3）问，并请学生回答粗览题目的直观感受，进而教师总结：压轴题不可怕，可怕的是你的畏惧之心。

展示题目：已知数轴上两点，A、B 对应的数分别为 -1、3，点 P 为数轴上的一动点，其对应的数为 x。

（1）用含 x 的式子表示 PA、PB。

（2）在数轴上是否存在点 P，使 $PA+PB=5$？若存在，请求出 x 的值；若不存在，请说明理由。

（3）点 P 以 1 个单位/s 的速度从点 O 向右运动，同时点 A 以 5 个单位/s 的速度向左运动，点 B 以 20 个单位/s 的速度向右运动，在运动过程中，M、N 分别是 AP、OB 的中点．试问：$\dfrac{AB-BP}{MN}$ 的值是否发生变化？请说明理由。

这一环节的设计结合刚步入中学的七年级学生的心理特点，以阅读量较大、涉及动点的试题唤醒学生对数学恐惧心理的同时，及时给予"此题不可怕"的心理暗示来鼓励学生，由此激发学生的挑战欲。

2. 第二环节：千里之行，始于足下

这一环节的教学例题如下：

例1 填空：（1）已知数轴上两点 A、B 对应的数分别为 1、3，则 $AB=$ _____，AB 的中点所对应的数为 _____；

（2）已知数轴上两点 A、B 对应的数分别为 -1、3，则 $AB=$ _____，AB 的中点所对应的数为 _____；

（3）已知数轴上两点 A、B 对应的数分别为 -1、-3，则 $AB=$ _____，AB 的中点所对应的数为 _____。

知识小结：①已知数轴上两点 A、B 对应的数分别为 a、b ($a<b$)，则 $AB=$ _____，数形结合直观描述：_____；②数轴上 A、B 对应的数为 a、b，则 AB 中点对应数为 _____。

例2 （单点运动）点 P 以 3 个单位/秒的速度从数轴上表示 -2 的点向右运动到点 P'，则 2 秒后点 P' 所表示的数为 _____，此时 $PP'=$ _____，PP' 的中点所对应的数为 _____。

知识小结：_____。

变式练习：点 P 以 3 个单位/秒的速度从数轴上表示 -2 的点向左运动到点 P'，则 2 秒后点 P' 所表示的数为 _____，此时 $PP'=$ _____，PP' 的中点所对应的数为 _____。

知识小结：_____。

例 3 （双点运动）已知数轴上两点，A、B 对应的数分别为 -1、3，点 M 为 AB 的中点，点 A 以 5 个单位/s 的速度向左运动 x 秒到点 A'，点 B 以 20 个单位/s 的速度向右运动 x 秒到点 B'，在此运动过程中，M' 是 $A'B'$ 的中点，则请用含 x 的式子填空：

① M 点所对应的数为 _____；　　② A' 点所表示的数为 _____；
③ B' 点所表示的数为 _____；　　④ M' 点所表示的数为 _____；
⑤ $A'B' = $ _____；　　　　　　　⑥ $MM' = $ _____。

例 4 根据题意列方程：

A、B 两点在数轴上的位置如图，现 A、B 两点分别以 1 个单位/s、4 个单位/s 的速度同时向左运动。

```
         A              B
    ─────●──┼──────────●──────────→
        -3  0          12
```

（1）几秒后，原点恰好在两点正中间？

设：_____，
列：_____；

（2）若 A、B 两点分别在原点两侧，那么运动几秒时恰好有 $\dfrac{OA}{OB} = \dfrac{1}{2}$？

设：_____，
列：_____。

思考：在第（2）问中，如果删去"A、B 两点分别在原点两侧"这一条件，那么运动几秒时恰好有 $\dfrac{OA}{OB} = \dfrac{1}{2}$ 呢？

从简单问题入手，调动学生的积极性，教师展示例 1。从两正到一正一负再到两负的设计，教师设置低起点的问题，降低学习的入门难度，让学困生也能够顺利完成填空。教师再请学生归纳，将 A、B 两点所对应的数分别改为 a、b，利用字母代替数进行运算，提高学生的符号意识、模型意识。

在例 1 的基础上，展示例 2，先引导学生求 2s 后 P' 点所表示的数、PP' 和 PP' 的中点所对应的数，然后在条件不变的情况下将"向右运动"改为"向左运动"，最后引导学生从运动问题的基本公式"路程＝速度×时间"出发，通过图示法在解决问题的同时思考并归纳得出：向右运动需要加路程，向左运动则是减路程。

在例 1 和例 2 的基础上，展示例 3，引导学生用含 x 的式子依次表示点 M、点 A'、点 B'、点 M' 所表示的数以及 $A'B'$、MM' 的值。这个例题采用"学生独立思考→个别学生先分析→学生独立完成→小组合作交流→教师讲析相结合"的方法，教师要向学生不断渗透将新问题转化为旧问题的转化思想。学生完成例题后，教师抛出问题：为什么出题人会按照这个顺序命题？这样的设计，让学生亲身参与将下一个问题转化为上一个问题的过程，能够直观地感受到模型的顺序性。

最后展示例 4，引导学生思考几秒后，原点恰好在两点正中间？例 4 在例 3 的基础上进一步延伸，需要学生先运用前面的数学模型去表示出两点间距离后再根据题意列方程求解。教师在这一环节中引导学生不断地根据前面的解题步骤来尝试解决此题，加深学生对这类问题的方法与步骤形成数学模型的印象，以便下一环节的归纳总结。

3. 第三环节：总结归纳，形成体系。

教学中教师应引导学生经历自主总结归纳的过程，如果教师直接讲授、学生被动接受，一般不会在学生脑海中留下深刻印象，不能深刻体会数学化归的思想。因此，这一环节教师需要引导学生回顾例题，感受 4 个例题之间的层层递进的内在联系，同时由学生自己提炼思想方法、总结归纳通法，从知识的学习、方法的领悟上去引导学生。在这一过程中，对于总结全面的学生，教师应给予鼓励；对于总结不完整的学生，教师要肯定他的想法，并及时提示、全面回顾。同时由教师提炼并点评学生对本节课的总结归纳，为学困生建立解决此类问题的"三部曲"通法：①左减右加找落点；②以右减左求距离；③根据题意列式子。

4. 第四环节：再度回首，"衣锦还乡"。

教师引导学生去回顾本课伊始的那道压轴题，让学生们去尝试完成当时心有畏惧的第（3）小问。这一环节中，教师先引导学生从前面所总结的方法中明确解题步骤，然后让学生去独立完成。经历从畏惧到解决、从无法下手到步骤明确的过程，能够较好地缓解学生们对阅读量较大的又包含动点的题目的恐惧情绪，帮助学生们逐步树立学好数学的信心，同时引导学生们进一步体会模型思想。

5. 第五环节：转化化归，埋下伏笔。

教师提出问题，这一节课学习了这类动点问题的解法，点能够在数轴上运动，角的一边能够绕着角的顶点进行运动，引导学生课后去思考：动角问题又怎么解决呢？与这一节课所讲的动点问题有没有相似的模型呢？或者说能否通过类比的思想将动角问题转化为这一节课所讲的动点问题呢？通过问题串的形式，激发学生的认知冲突，去引导和鼓励学生思考问题，在持续培养学生转化与化归思想的同时，也为下一节课"专题课：类比动点的动角问题"埋下伏笔。

三、结语

数学的归纳并不是简单地从"特殊"向"一般"的跃迁，而是一个需要经历逐步建构的认知过程。教师在教学过程需要尊重学生的认知规律，如这一教学设计中例1到例4层层递进的设问方式，通过"搭梯子"的方式来引导学生先感受后归纳。

新课标提出数学基本活动经验的主要目的是培养学生的创新能力。培养学生的创新能力，需要让学生经历演绎推理与归纳推理的过程，尤其是归纳推理过程，从中积累经验，这是数学基本活动经验提出的初衷。同时数学活动经验的目的在于帮助学习者创造自己的数学认识和数学情感，因此在教师的数学教学过程中，应重视培养学生归纳能力、关注学生的情绪状态、帮助学生消除数学恐惧。

分享式教学在小学数学除法起始课的应用

张潆文

成都市锦江区大观小学

一、案例背景

"分物游戏"是北师大版数学二年级上册第七单元第一课时的内容，本节课是在学生已经初步了解乘法的意义、学会了2~5的乘法口诀的基础上进行教学的。"除法的初步认识"在小学低年级计算教学中是非常重要但比较难的教学内容。对于二年级的学生来说，除法是比较难理解的数学概念，其意义是建立在"平均分"基础上的。要突破学习除法的难点，关键是理解"平均分"的具体意义。因此，教科书安排了3次从简单到复杂的分物活动，而本节课是第一次分物——"分物游戏"（分桃子、分萝卜、分骨头），通过对小数目实物"分一分"的操作活动，学生能初步体会平均分的意义、积累平均分物的活动经验，为后面正式学习除法打下基础。

教科书提出了3个问题，引导学生一步步加深对"平均分"的理解，初步建立"平均分"的概念。第一个问题：教材以连环画的形式创设了小猴子分桃子的情境，通过把这些物体分成几份，在各种分法中，突出"每份分得一样多，就是平均分"，建立"得到的一样多"与"平均分"的等价性。第二个问题：通过分萝卜，体会平均分分法的多样性。分几次把萝卜分完，每次分几根萝卜都可以不同，但只要每次每只小兔分到的萝卜一样多，就能确保它们最终分到的萝卜一样多。第三个问题：借助解决分骨头问题，学习用画图的方法表示平均分的过程与结果。重点理解第三种画法的意义，它沟通的是平均分与重复减法之间本质的联系。本课以实际操作为主要教学方式，通过操作引导学生逐渐理解"平均分"的意义。教育应顺应学生天性：好奇、探究、秩序、分享。教育要让我们的学生学会"问题—思考—分享"。"问题、思考、分享"三者的关系是相互依存、不能分割的。学生根据情境提出问题，思考时又会遇到新问题，分享交流中也会碰撞出新问题，问题贯穿始终；同样，学生提问、探究和分享，从头到尾都必须思考；分享也如此，问题需要分享，思考中的困惑和方法也要分享，分享也是自始至终的。因此，本节课很适合运用分享式教学，让学生真正参与到课堂中。

二、案例简述

（一）创设情境，激趣导入

师：小熊乐乐要过生日了，它特地邀请小伙伴们来家里做客，准备开一个生日晚会，看看都有谁来了（出示：2只小猴、3只小兔、3只小狗），乐乐为小伙伴们准备了它们最爱吃的食物，可它现在却发愁了，这么多食物，该怎么分呢？聪明的孩子们，你们愿意帮乐乐分一分吗？（愿意）那我们就一起来玩玩分物游戏吧！（板书课题：分物游戏）

（根据数学学科特点和小学生好奇、好动的思维特点，创设故事情境，激发学生的求知欲，让学生处于高度集中状态，让生动的故事情境去吸引学生，唤起学习兴趣。）

（二）动手操作，探究新知

1. 活动一：分桃子。

（1）师："4个桃子要分给2只小猴，可以有几种分法呢？用2个圆代替2只小猴，用4根小棒来代替4个桃子，自己动手分一分。"

学生先动手分一分，然后说一说是怎么分的。

生："有3种分法：①分给左边的小猴1个桃子，分给右边的小猴3个桃子；②分给每只小猴2个桃子；③分给左边的小猴3个桃子，分给右边的小猴1个桃子。"

（2）讨论：如果把这3种分法分成两类，你会怎么分？

学生发现分类标准：分到的桃子是否一样多。

师："哪种分法才能让两只小猴都满意呢？"

生："第二种，因为两只猴子分到的桃子一样多。"

（分桃子。两只猴子分4个桃子，让学生想一想可以怎么分。然后指名让学生汇报，用教具在黑板上贴出学生汇报的结果。让学生认识到当两只猴子分得同样多是公平的。让学生通过分桃子，初步体会平均分。）

2. 活动二：分萝卜。

（1）师："淘淘希望能把12根萝卜公平地分给3只小兔，分的时候应该注意什么？"

生："每只小兔分到的萝卜的数量一样多。"

（2）师："小组合作分萝卜，用圆片代替小兔，用小棒代替萝卜，小组内1人分，其他3人扮演小兔。"

（3）组织学生交流分的过程和结果：怎么分的？几次分完的？结果是什么？

生："①每次分1根，分了4次，最后每只小兔得到4根萝卜；②每次分2根，2次分完；③第一次分2根，第二次分1根，第三次分1根，3次分完；④每只小兔分4根，1次分完……"

师："观察一下这些分法有没有什么发现？"

生："每次分得根数越少，分得次数越多；每次分得根数越多，分得次数越少。但不管怎么分，最后每只小兔都得到了4根胡萝卜。"

（4）师小结："刚才我们给小猴分了桃子，给小兔分了萝卜，虽然我们分的过程不同，但最后让它们都很满意，因为分完后它们分得的都一样多，像这样，每份分得同样多，我们就把它叫作平均分。"

（体会到不同的分法，可以得到相同的结果，体会分法的多样性和结果的一致性，加深对平均分的理解。）

3. 活动三：分骨头。

（1）15根骨头平均分给3只小狗，每只小狗分到几根？

讨论：平均分给3只小狗是什么意思？

生："平均分给3只小狗，是指每只小狗分得同样多。"

（2）小组合作分一分。

分：用学具分一分，摆出分的过程。

画：用简单的符号记录分的过程。

说：把你的分法说给同桌听。

（3）汇报：投影展示学生画的过程，学生汇报，用什么表示什么，怎么分的。

（4）理解书中的第三种分法，说一说是什么意思。

4. 小结。

师："刚才同学们帮助淘淘用平均分的方法给小动物们分了好吃的，虽然同学们分的次数有多有少，但最后小动物们对分的结果都特别满意，因为分完后它们得到的食物的数量都怎么样？"

生："一样多。"

（三）组织练习，巩固新知

在基本练习插花的活动中，结合分骨头环节中的最后一种画法，圈一圈，插进3个花瓶，每次圈出3朵花，圈了3次，所以每个花瓶里插3朵花。

（四）课堂总结

师："今天这节课你有哪些收获？"

师："在生活中我们经常会遇到平均分的情况，虽然有的时候我们分了1次就分完了，有的时候分了2次、3次甚至更多次，但是分到最后每一份是一样多的，这就是平均分。"

师："回家和爸爸妈妈一起找一找，生活中还有哪些地方会用到平均分。"

三、案例反思

本节课的第一个活动是分桃子，把4个桃子分给两只猴子，学生通过动手分一分，探索出3种分法，然后学生分享分的方法，老师在黑板上张贴实物图，在这一过程中让学生认识到当两只猴子分得同样多是公平的，从而让学生初步体会平均分，课堂中学生首先想到的就是每只猴子分2个，没有出现不公平的情况，这里的引导不太准确，问题的指向性不明确，导致学生没能及时得出我设想的答案，耽搁了一些时间，今后我要学会根据课堂学生的实际情况灵活地及时调整。

第二个活动是分萝卜，把12根萝卜公平地分给3只小兔，让学生体会到不同的分法，可以得到相同的结果，体会分法的多样性和结果的一致性，加深对平均分的理解。在这个活动中，需要学生小组合作探究分法，4人小组一人扮演小熊淘淘，其他3人扮演小兔，用小棒代替胡萝卜来演示分的过程，让孩子们真正参与到其中，成为学习的主体、知识的发现者和建构者。小组讨论完成之后，小组分享交流，分的方法对孩子们来说并不困难，较为困难的是如何去表达这样的方法。在学生上台展示的时候，先充分给予孩子时间，让他自己去表达，对于说得好的要及时表扬，说的不好的纠正之后再让孩子试着说一说，真正让孩子学会数学表达。

第三个活动是分骨头，这个环节要让孩子学会用简单的符号去表示分的过程和结果，先让孩子们自己画，然后跟小组内成员说一说，最后请同学拿到讲台上投影出来，并给大家讲解自己的画法，用什么表示的什么、怎么分的以及结果怎样。这个环节第一个上来的孩子就表达得非常完整，老师及时地做出了具体的评价：不仅说出了用的什么符号表示的什么，还说出了分的方法和结果。有了这样的评价之后，后面的孩子也学会这样表达了，因此分享比较有效、课堂气氛活跃，孩子们也在快乐中学到了平均分的知识。

除此之外，还有许多需要改进的地方：第一，提出平均分的时间偏早了，应该在分萝卜环节之后提出，分桃子时只是渗透一样多，分萝卜后再提出平均分。第二，分萝卜环节应该多留一些时间，把它展开一些，可以打印3套完整的萝卜图片，把3种分法都在黑板上呈现，这样就很容易观察出规律。第三，分骨头环节的活动导航太多了，直接让孩子们在纸上画出来分的过程即可。在讲解教材中的第三种画法时，可以讲解得更细致一点，每圈出一个，就在圈的上面标上数字，圈了几次，小狗就得到了几根，因为每圈一次，每只小狗就能得到1根骨头。这个方法在后面的练习中就能直接应用了。第四，练习的量偏大，前面分萝卜环节节奏偏快，需要调整一下课堂节奏。

"逆向符号化"在解答"n型"客观题中的应用

刘路娟　刘　伟

成都棠湖外国语学校

一、逆向符号化

"n型"客观题，即题目中的数字较大或者数字与年份有关（如$n=100$，$n=2020$等），其结果不易直接计算的客观题。《普通高中数学课程标准（2017年版）》提出，"数学是研究空间形式和数量关系的科学，是刻画自然规律和社会规律的科学语言和有效工具"。高中阶段，"n型"客观题重点考查学生发现数量关系并且运用数量关系的能力。基于此，笔者特提出了"逆向符号化"的思想，结合特殊值法，可以轻松地解决"n型"客观题。"逆向符号化"结合特殊值法，即将试题中的某些复杂的数字进行逆向代换，换成字母，得到一般性命题，然后再对字母取比较容易计算的特殊值，检验是否正确，就可以判断原命题的正确性。整个思维流程可以表示为：复杂的数字结论 $\xrightarrow{\text{符号化}}$ 一般的字母结论 $\xrightarrow{\text{数字化}}$ 简单的数字结论；从培养学生数学核心素养的角度来看，可以表示如下：复杂的数字结论 $\xrightarrow[\text{(合情推理)}]{\text{特殊到一般}}$ 一般的字母结论 $\xrightarrow[\text{(演绎推理)}]{\text{一般到特殊}}$ 简单的数字结论。整个思维过程贯穿了逻辑推理的两个重要部分，是培养中学生逻辑推理核心素养很好的一个思维过程，以下用例题来具体说明。

二、例题与练习

【例题1】 以下数表的构造思路源于我国南宋数学家杨辉所著的《详解九章算术》一书中的"杨辉三角形"。

```
 1   2   3   4   5  …  2013  2014  2015  2016  2017
  3   5   7   9  ……     4027  4029  4031  4033
    8  12  16  ……          8056  8060  8064
      20  28  ……              16116  16124
        ……
```

该表由若干行数字组成，从第二行起，每一行中的数字均等于其"肩上"的两数之和，表中最后一行仅是一个数，则这个数为（　　）

A. $2018×2^{2016}$　　　　B. $2018×2^{2015}$　　　　C. $2017×2^{2016}$　　　　D. $2017×2^{2015}$

调查统计结果显示，学生做题大致有三种情况：第一，"猜"，因为完全不会做，只有猜；第二，定性+半定量，算了一部分值（半定量），然后根据计算结果，尝试找规律（定性），选择答案；第三，老实做，解答如下：

数表的每一行都是等差数列，且第 1 行公差为 $1=2^0$，第 2 行公差为 $2=2^1$，第 3 行公差为 $4=2^2$，……，第 2016 行公差为 2^{2015}，故

第 1 行的第一个数为：2×2^{-1}，

第 2 行的第一个数为：3×2^0，

第 3 行的第一个数为：4×2^1，

……

第 n 行的第一个数为：$(n+1)\times 2^{n-2}$，

第 2017 行只有 M，则 $M=(2017+1)\times 2^{2017-2}=2018\times 2^{2015}$。

从答题结果来看，把这道题做对的同学相对较少。从考试的实际角度和培养高中学生的逻辑推理素养出发，我们在课堂教学时，可以对第二种方法加以改造，轻松解题，即"逆向符号化"联姻特殊值法。

具体而言有以下几个要点：

（1）定性分析（逻辑推理的前提）。

①选择题答案必然在 4 个选项中；

②题目所给的 4 个选项有明显的规律；

③通过题干信息可知，答案只与第一行（最后一个）数据有关，因此答案必然与"2017"有关。

（2）逻辑推理。

④逆向符号化（合情推理），把题干中的"2017"换成"n"，选项中的"2018"换成"$(n+1)$"，"2016"换成"$(n-1)$"，"2015"换成"$(n-2)$"，则 4 个选项分别为

A. $(n+1)\times 2^{n-1}$ B. $(n+1)\times 2^{n-2}$ C. $n\times 2^{n-1}$ D. $n\times 2^{n-2}$

⑤符号特殊化（演绎推理），把上一步得到的字母"n"用特殊并且简单的数字替换，比如，令"$n=2$"，则得到如下图所示的实线倒三角的结果，即最后一行的唯一一个数字是"3"，同时，上一步的 4 个选项中的"n"全部代入"$n=2$"，则 4 个选项分别为

A. $(2+1)\times 2^{2-1}=6$ B. $(2+1)\times 2^{2-2}=3$ C. $2\times 2^{2-1}=4$ D. $2\times 2^{2-2}=2$

由此可见，只有 B 选项正确。

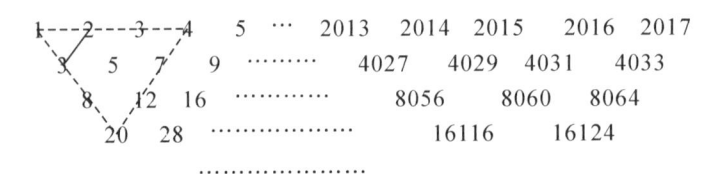

```
 1   2   3   4   5  …  2013  2014  2015  2016  2017
   3   5   7   9  …       4027  4029  4031  4033
     8  12  16  …            8056  8060  8064
       20  28  …                 16116  16124
          …………
```

本题解答到这里，可能有的学生有眼前一亮、曲径通幽的感觉，也有的同学感觉不可信、不可靠等，其实我们还可以让同学们多代入几个简单的特殊值，比如"$n=4$"，结果为"20"，仍然只有 B 选项正确（图中虚线倒三角）。

（3）小结。

⑥通过定性分析选择题的特点和本题的数字特点，作为逻辑推理的前提，然后运用半定量巧妙地进行合情推理和演绎推理，使得复杂问题简单化，同时这样的解题思路清晰、实际操作简单可行。

我们再看一个例题。

【例题 2】若 $(1+x)^{20}=a_0+a_1x+\cdots+a_{19}x^{19}+a_{20}x^{20}$，则 $a_0+a_1+\cdots+a_9+a_{10}$ 的值为（　　）

A. 2^{19} B. $2^{19}-\dfrac{1}{2}C_{20}^{10}$ C. $2^{19}+\dfrac{1}{2}C_{20}^{10}$ D. $2^{19}+C_{20}^{10}$

这次我们只展示【例题 1】中的要点④和⑤。

④逆向符号化（合情推理），把题干中的"20"换成"n"，选项中的"19"换成"$(n-1)$"，"10"换成"$\dfrac{n}{2}$"，则 4 个选项分别为（　　）

A. 2^{n-1} B. $2^{n-1}-\dfrac{1}{2}C_n^{\frac{n}{2}}$ C. $2^{n-1}+\dfrac{1}{2}C_n^{\frac{n}{2}}$ D. $2^{n-1}+C_n^{\frac{n}{2}}$

⑤符号特殊化（演绎推理），把上一步得到的字母"n"用特殊并且简单的数字替换，比如，令"$n=2$"，题干变为"若 $(1+x)^2 = a_0 + a_1 x + a_2 x^2$，则 $a_0 + a_1 = ?$"，显然 $a_0 = 1$，$a_1 = 2$，故 $a_0 + a_1 = 1 + 2 = 3$，则 4 个选项分别为（　　）

A. $2^{2-1} = 2$　　　　B. $2^{2-1} - \frac{1}{2}C_2^2 = 1$　　　　C. $2^{2-1} + \frac{1}{2}C_2^2 = 3$　　　　D. $2^{2-1} + C_2^2 = 4$

由此可见，只有 C 选项正确。此外，如果将本题中的"20"改为"2020"，做题方法依然不变，因此，逆向符号化对"n 型"客观题是普遍适用的。

【例题3】已知数列 $\{a_n\}$ 满足递推关系：$a_{n+1} = \frac{a_n}{a_n + 1}$，$a_1 = \frac{1}{2}$，则 $a_{2017} = $（　　）

A. $\frac{1}{2016}$　　　　B. $\frac{1}{2017}$　　　　C. $\frac{1}{2018}$　　　　D. $\frac{1}{2019}$

这次仍然只展示【例题1】中的要点④和⑤。

④逆向符号化（合情推理），把题干中的"2017"换成"n"，选项中的"2016"换成"$n-1$"，"2018"换成"$n+1$"，"2019"换成"$n+2$"，则 4 个选项分别为（　　）

A. $\frac{1}{n-1}$　　　　B. $\frac{1}{n}$　　　　C. $\frac{1}{n+1}$　　　　D. $\frac{1}{n+2}$

⑤符号特殊化（演绎推理），把上一步得到的字母"n"用特殊并且简单的数字替换，比如，令"$n=1$"，则 4 个选项分别为（　　）

A. $\frac{1}{0}$　　　　B. $\frac{1}{1}$　　　　C. $\frac{1}{2}$　　　　D. $\frac{1}{3}$

显然，只有 C 选项正确，这样就轻松解题了。

下面给出 1 个 "n 型" 客观题，供读者练习。

【练习1】已知 $\{a_n\}$ 中，$a_1 = 1$，$(n+1)a_n = 2na_{n+1}$，则 $a_{2020} = $（　　）

A. $\frac{2020}{2^{2020}-1}$　　　　B. $\frac{2020}{2^{2019}}$　　　　C. 2020　　　　D. $\frac{2021}{2^{2020}}$

参考答案：B。

三、小结

综上所述，在解答 "n 型" 客观题时，可以运用 "逆向符号化" 将复杂的数字结论符号化、一般化，再运用特殊值法，将符号化的一般结论变为简单的数字结论、特殊化，从而快速而准确地求解，整个过程体现了合情推理和演绎推理的有机搭配与整合。因此，"逆向符号化"联姻特殊值法作为一种新的思想和方法，不仅可以快速解题，还可以有效地培养高中学生的逻辑推理素养。

新课改下初中数学课堂信息化的思考与探究

黄 伟

成都外国语学校

在新课程改革的要求之下，建立高效的数学课堂是目前的关键所在，那么同时在信息化的影响之下，数学课堂既要在改革中变得更加适应时代的发展，也要让课堂内容更加丰富多彩。高效的数学课堂是目前课堂信息化发展推动的结果。新的课程改革要求推动数学课堂更加信息化，在数学课堂信息化之后，也能促进高效的数学课堂的形成。在初中阶段，让同学们真正地对数学感兴趣，增强课堂的参与度。本文将对新课程改革要求下初中数学课堂信息化进行思考和探究。

一、目前初中数学课堂教学的现状

在目前新课程改革的要求之下,当前初中数学课堂处于变革期,在大部分中学当中,初中数学课堂的变革已经呈现了基本的方向和框架,主要改变就是更加重视预习、复习和学生接受老师的讲解,其中最大的一部分也就是原来的老师讲解部分,已经由原来的枯燥无味的单一知识讲解逐渐转化为学生自主学习、自主提问,即以一种交流的形式进行课堂知识传授。随着时代的发展,相关课堂信息技术也在不断地发展,数学课堂已呈现出信息化发展趋势,但是部分教师却没有跟上这种趋势。他们没有在课堂上注重以将内容知识与信息化技术相结合的方式进行知识的讲授,仍然坚持着原有的教学方式,虽然这样能够便于老师教学,但是在当下变革中,如果不适应新型的教学方式,就不利于数学课堂更加高效的发展。信息化技术被目前部分教师难以接受的主要原因是应用问题,部分教师不具备相关设备的使用能力,他们担心因为设备应用不熟练,反而导致课堂教学当中出现问题,影响课堂教学成果。为了避免这种问题,他们就直接放弃使用多媒体设备。

此外,目前有些初中学校不具备大范围应用多媒体设备的能力,有一些学校在多媒体设备的安装和应用上存在问题,检修能力较差,缺乏相关的维修和培训人员,也就导致了设备难以在课堂上长久应用,一旦出现问题,维修就较为困难。同时,学校不重视对教师的日常培训,大多让教师自己摸索使用多媒体设备,所以教师就只能把多媒体设备作为一种摆设。多媒体设备不能应用到课堂当中,也就使得数学课堂信息化发展被遏制。

二、初中数学课堂信息化的影响

初中数学课堂更加信息化,有利于教师让课堂变得更加高效。当教师运用多媒体课件进行课堂知识展示时,他们就有更多的时间将精力放在同学们所提出的问题上,而不是更加注重自己的板书和课堂结构的构造。

通过数学课堂信息化的发展,让学生在学习时对学习充满兴趣,并在学习的过程中能参与到课堂的讨论中去。数学知识是对基本概念的理解以及公式的推导,当老师讲解到这一部分的时候,可能会让同学们感到十分枯燥无味,这时结合多媒体进行展示,创设的相关情境会让同学们更有融入感和参与感,也能让同学们感受到数学的趣味性,从而充分地加入课堂学习当中来。同时,教师通过运用多媒体进行教学,也能增加学生的学习积极性和学习兴趣;将更加抽象的几何图形、函数图像,通过多媒体的方式更加直观地表示出来,让同学们加深对数学知识的理解,以这样一种更加生动形象的形式,让同学们的想象能力得到提升,能更好地促进课堂教学工作的开展。

三、促进初中数学课堂信息化的策略

(一)多媒体展示教学

要积极通过多媒体进行展示教学,以更加直观的幻灯片的形式向同学们展示本节课的内容,可以用幻灯片来动画模拟一些抽象的概念,如函数图像、几何图形演化等,让同学们在抽象的概念当中能够清晰地看到具体的知识。以这样更加生动形象、直观的方法促进同学们的理解,提升同学们的想象力和探索力。这种方法多用于几何题型的讲解,既可以让同学们将抽象的知识更加具体地理解,也能让同学们理解到一些特殊的概念和推演过程。

(二)整合教学资源

教师可以利用课堂信息化的要求,积极地整合网络等优秀教学资源,并利用这些资源来促进自己课堂的高效教学;同时也可以利用网络信息进行课堂的交流和学习,在网络上学习教学资源相对较好的地区的一些教学方法。这样不仅有利于学生学习的知识变得更加广泛，也有利于学生学习的知识更加符合实践应用，并能以基本的框架结构来学习数学知识。此外，教师也可以通过这一过程不断地进行学习和交流，拓展自己的视野，丰富自己的知识，提升自己的教学水平，以更加优秀的教学方法来讲授知识，让学生在其中得到知识的升华和数学素养的提高。

（三）创设情境，辅助教学

利用课堂信息化来创设相关情境、辅助教学，能够促进同学们提升融入感和参与度，让同学们真正在课堂上达到一种交流的状态，能够充分地了解到教师所要讲授的知识并对所学习的知识产生兴趣，更加愿意去学习不懂的知识并改变对数学的原有看法。通过这样一种情境教学，让同学们在潜移默化中接受知识的传授，避免强化记忆的方式。

四、结语

通过采用多媒体展示教学，以PPT的形式向同学们展示课堂教学内容，让同学们以更加多彩的形式观看到实际的知识点，能吸引同学们的注意力、调动同学们的积极性，同时也能留下较好的复习资料，便于同学们课后的复习。教师通过整合教学资源，能够在网络上采取资源交流的方式获得更多更好的教学方法，也能与更多的老师进行交流合作。这些方法充分地利用了数学课堂信息化的趋势，能促进数学课堂更加高效地发展。因此，数学课堂信息化作为一种潮流，有助于同学们进行数学知识学习，如果能充分地应用在数学课堂当中，将促进初中生数学素养的形成和个人能力的提升。

"问题导学"课堂教学模式下的教学实践与思考
——以"等腰三角形的概念与性质"教学为例

王体桥

四川大学附属中学西区学校

"问题导学"课堂教学模式是当前流行的一种新教学手段，是指教师在教学的时候依照实际内容进行提问，之后学生根据问题展开思考，然后教师引导解决问题。此教学手段可以消除传统教学方法存在的弊端，充分挖掘出学生的内在潜能，提升学生的思考能力，培养学生的发散思维与深入探究思维，目前已经被广泛应用于各个地区的中小学的课堂教学中。如何在问题的驱动下培养学生的数学核心素养，已经成为当前初中数学教学研究的重要课题。

下面就以北师大版数学教材八年级下册第一章第一节内容"等腰三角形的概念与性质"为例，进行深入的分析和阐述问题导学课堂教学模式具体应如何实施和应用。

一、教材分析

（一）教材中的地位与作用

本节内容以全等三角形判定与轴对称知识为基础，主要探索等腰三角形"等边对等角"和"三线合一"的性质。本节内容既是前面知识的深化和应用，又是今后学习等边三角形的预备知识，同时还是证明角相等、线段相等以及两直线互相垂直的重要依据。因此，本节内容在教材中占有非常重要的地位，起着承前启后的作用。

(二)三维教学目标

根据新教学大纲和素质教育的要求,我认为本节教学应达到以下目标。

(1)知识与技能目标:了解等腰三角形的概念,并掌握其性质,能运用其性质进行证明和计算。

(2)过程与方法目标:通过学生亲身经历观察、猜想、证明的过程,探究等腰三角形的性质,锻炼逻辑推理能力。

(3)情感态度和价值观目标:让学生探索、猜想并大胆展示,增强其自信心,使学生敢于发表自己的观点,感受数学来源于生活并应用于生活。

(三)学情分析

八年级学生在认知基础上已经具备了一定的探索几何、认识新知的能力;在自主探究与合作交流学习方面已经初步积累了一定的经验;在情感方面具有强烈的求知欲,为本节课的新知教学提供了情感基础。本节课在问题导学的基础上对学生主动参与、自主发现、自主探究与合作交流等因素进行了全面的探寻和研究。

(四)教学重点、难点

教学重点:等腰三角形性质的探究和证明。教学难点:等腰三角形性质的证明。

二、教学过程设计

(一)提出问题,导入新知

问题1:一张长方形A4纸,是轴对称图形吗?思考:如何找出它的对称轴?

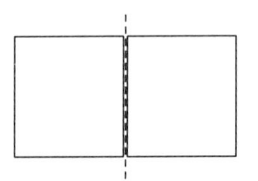

设计意图:复习轴对称性质的同时,用折纸活动的形式激起学生学习的求知欲,使学生处于学习知识的饥饿状态。

问题2:拿出提前准备好的A4纸,按下图方式折叠与裁剪。裁剪后,你能得到一个什么图形?

设计意图:课程标准早就对数学学习提出了从学生实际出发的具体要求,等腰三角形概念、性质、定理的发现从学生熟悉的简单剪纸出发更加容易实现。

(二)动手操作,得出猜想

活动:做等腰三角形。让学生把长方形纸片对折一次、剪一次得到一个等腰三角形,并描出折痕,标出等腰三角形的各部分名称。

设计意图:首先让学生独立做,然后让学生教学生,体现了分层教学。通过折、剪等活动,培养了动手操作能力,同时使学生积累了数学活动经验,让学生标出来是为猜想性质做铺垫。

问题3:折叠、观察等腰三角形,猜想等腰三角形的性质。

让学生沿折痕折叠等腰三角形,并解答以下问题:

(1)剪出的等腰三角形是轴对称图形吗?

(2)找出其中重合的线段和角,并填写下表:

重合的线段	重合的角

(3) 根据填写的结论，你发现了等腰三角形有哪些性质？把猜想的结果用语言表达出来。

自主探究后，让学生直接解答第（1）（2）个问题，对于第（3）个问题把得到的结果在组内交流，以小组为单位说出猜想以及猜想的理由。比一比，哪个小组的猜想最准确。小组间的同学进行评价和补充，在教师的引导下，进一步规范和完善，从而得出了性质的以下两个猜想：

(1) 等腰三角形的两个底角相等。
(2) 等腰三角形顶角的平分线、底边上的中线、底边上的高线互相重合。

设计意图：由学生自己动手折纸，根据等腰三角形的对称性，大胆猜想等腰三角形的性质，结合课堂上学生的灵敏程度，给出启发性问题，让学生有计划、有目的地发动思考，并通过讨论交流的形式，让学生互相发表自己的看法，真正把课堂还给学生！

（三）动手操作，得出猜想

这是本节课的教学难点。难点1：用几何语言表示已知和求证；难点2：证明时辅助线的添加。为了突破难点，我先后出示了3个阶梯性问题。

(1) 找一找：命题的已知和求证。
(2) 想一想：怎样证明两个角相等？
(3) 怎样构造全等三角形？（提示：联想折叠等腰三角形）

设计意图：问题（1）的目的是引导学生进一步掌握文字叙述的几何命题的证明方法，同时使学生顺利地用符号语言写出已知和求证。

问题（2），用来引导学生的解题思路。

问题（3），为了突破添加辅助线这一难点，教师给学生提示：联想折叠等腰三角形，并让学生动手折叠，认真观察。学生会直观地发现两个全等的三角形，教师及时设问：如何添加辅助线才能构造出这两个全等的三角形来呢？在自主探究的基础上让学生进行小组讨论。学生对知识的发生、发展有了充分的了解，得到了以下3种方法：①做底边上的高；②做底边上的中线；③做顶角的角平分线。教师让学生挑选其中一种方法完成证明，从中挑选有代表性的进行投影，规范证明过程。

设计意图：本环节让学生经历证明的过程，增强了理性认识，体验性质的正确性和辅助线在几何证明中的作用，在学生的合作交流中突破了教学难点、培养了演绎推理能力。

教师和学生一起反思辅助线的添加方法，引导学生分析性质1的应用，得到证明角等的又一种方法，培养了学生的反思意识并积累了解题方法。

三、"问题导学"教学模式实践反思

(1) 本节课在教学方法的设计上，以轴对称图形为切入点，把重点放在逐步展示知识的形成过程上，提出一系列由浅入深的问题。先让学生通过实物图片抽象出等腰三角形；再通过折纸猜测等腰三角形的性质；最后运用全等三角形的知识加以论证。通过学生动手实践，以小组合作的方式，观察分析、猜想证明、解决问题，完成了从感性认识到理性认识的知识发生、发展的过程，使学生的思维由形象直观过渡到抽象的逻辑演绎，层层展开、步步深入，真正实现以学生为主体的教学宗旨。

(2) 在教学实践中，学生对动手操作和观察猜想很感兴趣，可以最大限度地调动学生参与，提高学生的积极性，尤其在展示环节，部分平时不太积极的同学都跃跃欲试。

(3) 不断强化几何书写格式，让学生模仿全等格式，规范等腰三线合一的格式，帮助学生理解"知一推二"的逻辑关系。

（4）本节课提出的一系列问题，不仅将课堂氛围有效地调动了起来，整节课的教学环节也因为这几个问题的提出得到了很好的串联与过渡。在学生深入探究某个问题以后，拓展以及探讨步骤变得十分重要。在本节课的教学过程中，我始终重视学生对问题的探究与解决，充分激发了学生动手动脑的能力。

（5）在问题导学的课堂教学背景下，以小组合作的方式，努力打造分享型学习课堂，让学生充分参与到探讨当中，这样学生能够掌握自己的思维方式并且与同学共同分享自己的想法，进而营造一个良好的初中数学课堂学习氛围。

综上所述，由于数学是一门逻辑性非常强的学科，仅依赖传统教学方法难以有效提升学生的数学核心素养。因此，作为教师，在初中数学课堂教学过程中灵活运用问题导学的教学方法，让学生围绕教师的提问进行思考，可以充分培养学生的发散思维、提升学生的数学核心素养，让学生更好地掌握数学与知识。

分类剖析"二次函数中图形的面积问题"

曾发群

四川省广安友谊中学

二次函数中图形的面积问题，通常情况下是求最大面积问题或根据面积关系求坐标问题，一般来说涉及的图形主要是三角形和四边形。常规的解题思路是：设出这个未知点的坐标，表示出这个三角形或四边形的面积，然后列方程求解。遇到此类型的问题，主要的难点是如何表示出三角形或四边形的面积。下面笔者将以三角形为例分类进行说明（四边形中只要有三个定点，则可以转化为三角形的问题）。

类型一：公式法（适用于有一边在坐标轴上或与坐标轴平行的三角形）

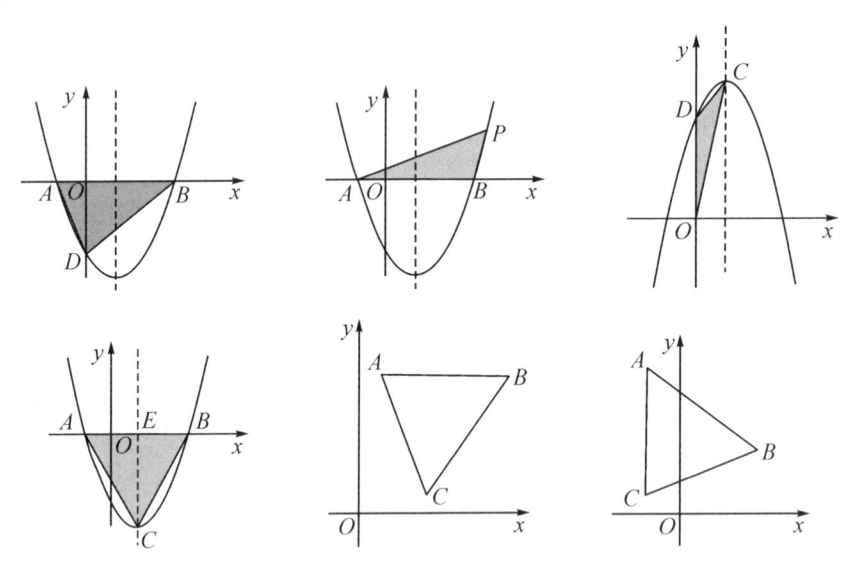

方法：以坐标轴上线段或以与轴平行的线段为底边，以第三点到该轴的距离为三角形的高，根据公式求面积：$S_\triangle = \dfrac{1}{2} \times 底 \times 高$。

例1 已知直线 $y=kx-2$ 与抛物线 $y=x^2-bx+c$（b，c 为常数，$b>0$）的一个交点为 A（-1，0），点 M（m，0）是 x 轴正半轴上的动点。

（1）当直线 $y=kx-2$ 与抛物线 $y=x^2-bx+c$（b，c 为常数，$b>0$）的另一个交点为该抛物线的顶点 E 时，求 k，b，c 的值及抛物线顶点 E 的坐标；

（2）在（1）的条件下，设该抛物线与 y 轴的交点为 C，若点 Q 在抛物线上，且点 Q 的横坐标为

b，当 $S_{\triangle EQM}=\dfrac{1}{2}S_{\triangle ACE}$ 时，求 m 的值。

【解析】(1) ∵ 直线 $y=kx-2$ 与抛物线 $y=x^2-bx+c$ （b，c 为常数，$b>0$）的一个交点为 A （-1，0），∴ $-k-2=0$，$1+b+c=0$，∴ $k=-2$，$c=-b-1$，

∴ 直线 $y=kx-2$ 的解析式为 $y=-2x-2$，

∵ 抛物线 $y=x^2-bx+c$ 的顶点坐标为 $E\left(\dfrac{b}{2}，\dfrac{4c-b^2}{4}\right)$，∴ $E\left(\dfrac{b}{2}，\dfrac{-4b-4-b^2}{4}\right)$，

∵ 直线 $y=-2x-2$ 与抛物线 $y=x^2-bx+c$ 的另一个交点为该抛物线的顶点 E，

∴ $\dfrac{-4b-4-b^2}{4}=-2\times\dfrac{b}{2}-2$，解得 $b=2$ 或 $b=-2$（舍），

∴ 当 $b=2$ 时，$c=-3$，∴ E （1，-4），故 $k=-2$，$b=2$，$c=-3$，E （1，-4）；

(2) 由（1）知，直线的解析式为 $y=-2x-2$，抛物线的解析式为 $y=x^2-2x-3$，

∴ C （0，-3），Q （2，-3），

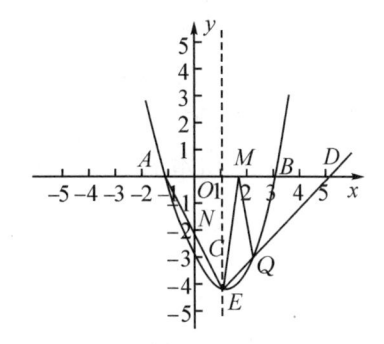

如图，设直线 $y=-2x-2$ 与 y 轴交点为 N，则 N （0，-2），∴ $CN=1$，

∴ $S_{\triangle ACE}=S_{\triangle ACN}+S_{\triangle ECN}=\dfrac{1}{2}\times1\times1+\dfrac{1}{2}\times1\times1=1$，∴ $S_{\triangle EQM}=\dfrac{1}{2}$，

设直线 EQ 与 x 轴的交点为 D，显然点 M 不能与点 D 重合，

设直线 EQ 的解析式为 $y=dx+n$（$d\neq0$），则 $\begin{cases}2d+n=-3\\d+n=-4\end{cases}$，解得 $\begin{cases}d=1\\n=-5\end{cases}$，

∴ 直线 EQ 的解析式为 $y=x-5$，∴ D （5，0），

由公式法得，

$S_{\triangle EQM}=S_{\triangle EDM}-S_{\triangle QDM}=\dfrac{1}{2}DM\times|-4|-\dfrac{1}{2}DM\times|-3|=\dfrac{1}{2}DM=\dfrac{1}{2}|5-m|=\dfrac{1}{2}$，

解得 $m=4$ 或 $m=6$.

类型二：铅垂线法（适用于斜三角形）

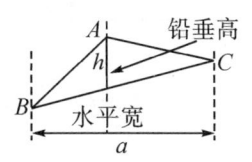

方法：如图，过 $\triangle ABC$ 的三个顶点分别作出与水平垂直的 3 条线，外侧两条直线之间的距离叫 $\triangle ABC$ 的"水平宽"，中间的这条直线在 $\triangle ABC$ 内部线段的长度叫 $\triangle ABC$ 的"铅垂高 h".

三角形面积计算的新方法：

$$S_{\triangle}=\dfrac{1}{2}ah=\dfrac{1}{2}\times水平宽\times铅垂高$$

即三角形面积等于水平宽与铅垂高乘积的一半。

例 2 如图，在平面直角坐标系中，已知抛物线 $y=x^2+bx+c$ 与直线 AB 相交于 A，B 两点，其中 A（-3，-4），B（0，-1）.

(1) 求该抛物线的函数表达式；

(2) 点 P 为直线 AB 下方抛物线上的任意一点，连接 PA，PB，求 $\triangle PAB$ 面积的最大值。

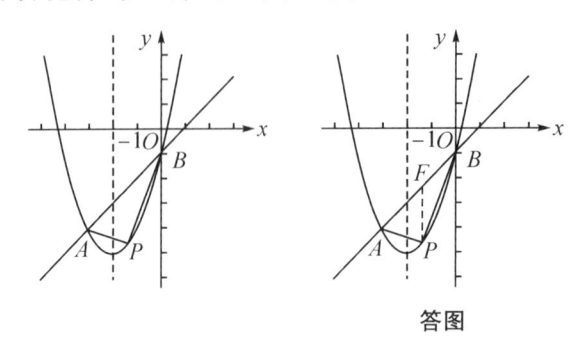

答图

【解析】(1) ∵抛物线过 $A(-3,-4)$，$B(0,-1)$，

∴ $\begin{cases} 9-3b+c=-4 \\ c=-1 \end{cases}$，解得 $\begin{cases} b=4 \\ c=-1 \end{cases}$，∴ $y=x^2+4x-1$；

(2) 设 $y_{AB}=kx+b$，将点 $A(-3,-4)$，$B(0,-1)$ 代入 y_{AB}，∴ $y_{AB}=x-1$，

如答图，过点 P 作 x 轴得垂线与直线 AB 交于点 F，

设点 $P(a, a^2+4a-1)$，则 $F(a, a-1)$，由铅垂定理可得，

$S_{\triangle PAB}=\dfrac{1}{2}|PF|\cdot|x_B-x_A|=\dfrac{3}{2}(a-1-a^2-4a+1)=\dfrac{3}{2}(-a^2-3a)=-\dfrac{3}{2}\left(a+\dfrac{3}{2}\right)^2+\dfrac{27}{8}$，

∴ $\triangle PAB$ 面积最大值为 $\dfrac{27}{8}$.

类型三，平行线法：适用于根据面积关系求点的坐标。

方法：先平移定底找最大高，形成与二次函数图像只有一个交点，然后利用一次函数与二次函数图像只有一个交点，联立出一元二次方程解根的判别式等于零，进而求出一次函数解析式，交点坐标可求.

例3 如图，抛物线 $y=ax^2+bx+c$ 经过 $A(-1,0)$，$B(4,0)$，$C(0,2)$ 三点，点 $D(x,y)$ 为抛物线上第一象限内的一个动点.

(1) 求抛物线所对应的函数表达式；

(2) 当 $\triangle BCD$ 的面积为 3 时，求点 D 的坐标。

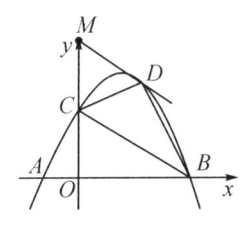

【解析】(1) 将 $A(-1,0)$，$B(4,0)$，$C(0,2)$ 代入 $y=ax^2+bx+c$ 得：

$\begin{cases} a-b+c=0 \\ 16a+4b+c=0 \\ c=2 \end{cases}$，解得 $\begin{cases} a=-\dfrac{1}{2} \\ b=\dfrac{3}{2} \\ c=2 \end{cases}$，故抛物线的解析式为 $y=-\dfrac{1}{2}x^2+\dfrac{3}{2}x+2$.

(2) 如图，过点 D 作 $DM\parallel BC$，交 y 轴于点 M，设点 M 的坐标为 $(0,m)$，使得 $\triangle BCM$ 的面积为 3，$CM=3\times2\div4=1.5$，则 $m=2+1.5=\dfrac{7}{2}$，∴ $M\left(0,\dfrac{7}{2}\right)$。

∵点 $B(4,0)$，$C(0,2)$，∴直线 BC 的解析式为 $y=-\dfrac{1}{2}x+2$，

∴DM 的解析式为 $y=-\frac{1}{2}x+\frac{7}{2}$，联立抛物线解析式 $\begin{cases} y=-\frac{1}{2}x+\frac{7}{2} \\ y=-\frac{1}{2}x^2+\frac{3}{2}x+2 \end{cases}$，

解得 $\begin{cases} x_1=3 \\ y_1=2 \end{cases}$ 或 $\begin{cases} x_2=1 \\ y_2=3 \end{cases}$

∴点 D 的坐标为（3，2）或（1，3）。

总之，对于二次函数中的图形面积问题，其研究思路为：先分析图形的成因，然后识别图形的形状，最后找出图形的计算方法，所有问题便可迎刃而解。

浅议"切线的判定及性质"在中考中的解题方法

任银芳

四川省广安友谊中学

圆的切线的判定与性质是初中几何的重要知识点之一，也是中考重点考查的热点内容，一般包括结合圆的切线的判定与性质考查角度或线段长的计算、线段关系或角之间关系的证明、进行几何综合探究等。

类型一：切线的判定之无公共点

方　法：作垂直，证半径

例1 如图，在菱形 ABCD 中，连接 BD，AC 交于点 O，过点 O 作 OH⊥BC 于点 H，以点 O 为圆心，OH 为半径的半圆交 AC 于点 M。

（1）求证：DC 是⊙O 的切线；

（2）若 AC=4MC 且 AC=8，求图中阴影部分的面积。

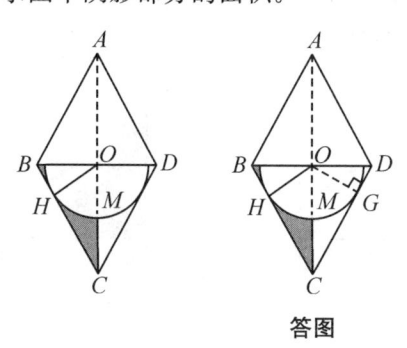

答图

【解析】（1）如答图，过点 O 作 OG⊥CD，垂足为 G，

在菱形 ABCD 中，AC 是对角线，则 AC 平分∠BCD，

∵OH⊥BC，OG⊥CD，∴OH=OG，

∴OH，OG 都为圆的半径，即 DC 是⊙O 的切线；

（2）∵AC=4MC 且 AC=8，∴OC=2MC=4，MC=OM=2，

∴OH=2，在 Rt△OHC 中，$HO=\frac{1}{2}CO$，

∴∠OCH=30°，∠COH=60°，∴$HC=\sqrt{CO^2-OH^2}=2\sqrt{3}$，

$S_{阴影}=S_{△OCH}-S_{扇形OHM}=\frac{1}{2}CH\cdot OH-\frac{60°}{360°}OH^2=2\sqrt{3}-\frac{2\pi}{3}$；

类型二：切线的判定之有公共点（证明与已知垂线平行）

方　　法：连半径，证垂直（角分＋等腰得平行）

例2 如图，AB 是半圆 AOB 的直径，C 是半圆上的一点，AD 平分 $\angle BAC$ 交半圆于点 D，过点 D 作 $DH \perp AC$ 与 AC 的延长线交于点 H.

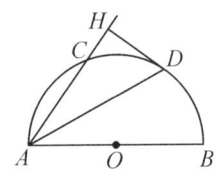

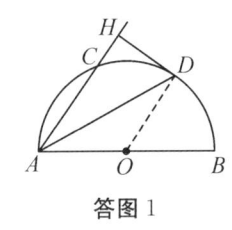

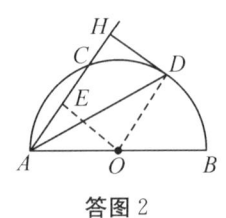

答图1　　答图2

(1) 求证：DH 是半圆的切线；

(2) 若 $DH = 2\sqrt{5}$，$\sin \angle BAC = \dfrac{\sqrt{5}}{3}$，求半圆的直径。

【解析】(1) 如答图1，连接 OD，

$\because OA = OD$，$\therefore \angle OAD = \angle ODA$，$\because AD$ 平分 $\angle BAC$，$\therefore \angle CAD = \angle OAD$，

$\therefore \angle CAD = \angle ODA$，$\therefore OD \parallel AH$，$\because DH \perp AH$，$\therefore OD \perp DH$，

$\therefore DH$ 是半圆的切线；

(2) 如答图2，过点 O 作 $OE \perp AH$ 于点 E，由(1)知，四边形 $ODHE$ 是矩形，

$\therefore OE = DH = 2\sqrt{5}$，在 $Rt\triangle AOE$ 中，$\because \sin \angle BAC = \dfrac{\sqrt{5}}{3}$，$\sin \angle BAC = \dfrac{OE}{OA}$，

$\therefore AO = \dfrac{OE}{\sin \angle BAC} = 2\sqrt{5} \times \dfrac{3}{\sqrt{5}} = 6$，$\therefore AB = 2OA = 12$，$\therefore$ 半圆的直径长为 12.

类型三：切线的判定之有公共点（证明与已知直角相等）

方　　法：连半径，证垂直（全等证明直角相等）

例3 如图，AB，AC 分别是 $\odot O$ 的直径和弦，$OD \perp AC$ 于点 D，过点 A 作 $\odot O$ 的切线与 OD 的延长线交于点 P，PC，AB 的延长线交于点 F。

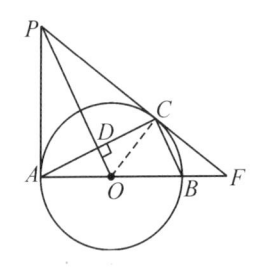

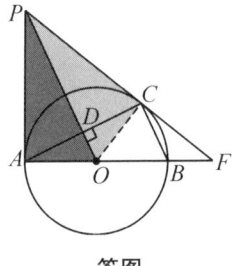

答图

(1) 求证：PC 是 $\odot O$ 的切线；

(2) 若 $\angle ABC = 60°$，$AB = 10$，求线段 CF 的长。

【解析】(1) 如答图，连接 OC，$\because OP \perp AC$，$\therefore OP$ 平分 AC，$\therefore OP$ 是 AC 的垂直平分线，$\therefore PA = PC$，易证 $\triangle POA \cong \triangle POC$，$\therefore \angle PCO = \angle PAO = 90°$，$\therefore OC \perp PC$，$\therefore PC$ 是圆 O 的切线；

(2) 若 $\angle ABC = 60°$，则 $\triangle OBC$ 是等边三角形，$\therefore \angle BOC = 60°$，$OC = OB = 5$，在 $Rt\triangle OCF$ 中，$CF = \sqrt{3} OC = 5\sqrt{3}$，故 CF 的长为 $5\sqrt{3}$.

类型四：切线的性质（遇切线）

方　　法：连切点与圆心，构垂直

例4 如图，在矩形 $ABCD$ 中，E 是 AB 上的一点，连接 DE，将 $\triangle ADE$ 进行翻折，恰好使点 A 落在 BC 的中点 F 处，在 DF 上取一点 O，以点 O 为圆心，OF 的长为半径作半圆与 CD 相切于点 G。若 $AD = 4$，则图中阴影部分的面积为 _____．

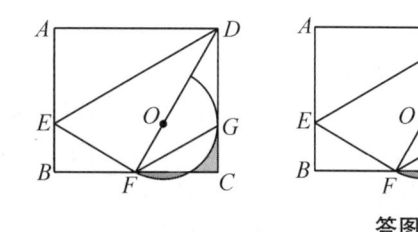

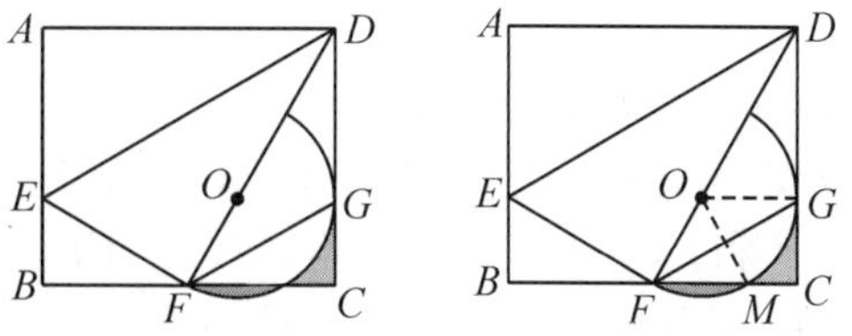

【解析】如答图，连接 OG，OM，设圆的半径为 r，$\because CD$ 是圆的切线，$\therefore OG \perp CD$，$\therefore \triangle DOG \sim \triangle DFC$，$\therefore \dfrac{OG}{FC}=\dfrac{DO}{DF}$，由翻折可得 $DF=DA=4$，$\because CF=BF=2$，$\therefore \dfrac{r}{2}=\dfrac{4-r}{4}$，$\therefore r=\dfrac{4}{3}$，$\therefore OD=\dfrac{8}{3}$，$\therefore \sin \angle ODG=\dfrac{OG}{OD}=\dfrac{1}{2}$，$\therefore \angle ODG=30°$，$\therefore \angle DFC=\angle FOM=60°$，$\triangle OFM$ 是等边三角形，$\therefore \angle DOM=120°$，$\therefore S_{阴影}=S_{\triangle DFC}+S_{扇形FOM}-2S_{\triangle FOM}-S_{\triangle DOG}-S_{扇形GOM}=\dfrac{2\sqrt{3}}{9}$。

类型五：判定与性质的综合（与切线有关的证明与计算）

方　法：构造直角三角形，利用直角三角形的性质（勾股定理、三角函数等）进行计算和证明

例5　如图，在 $\triangle ABC$ 的边 BC 上取一点 O，O 为圆心，OC 为半径画 $\odot O$，$\odot O$ 与边 AB 相切于点 D，$AC=AD$，连接 OA 交 $\odot O$ 于点 E，连接 CE，并延长交线段 AB 于点 F.

（1）求证：AC 是 $\odot O$ 的切线；

（2）若 $AB=10$，$\tan B=\dfrac{4}{3}$，求 $\odot O$ 的半径；

（3）若 F 是 AB 的中点，试探究 $BD+CE$ 与 AF 的数量关系。

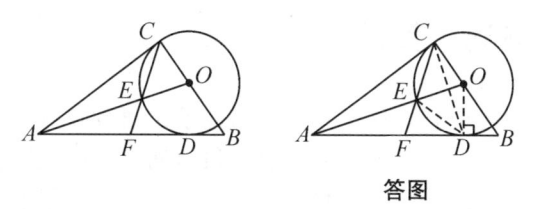

【解析】（1）证明：如答图，连接 OD，$\because \odot O$ 与 AB 相切，$\therefore \angle ADO=90°$，

在 $\triangle AOC$ 和 $\triangle AOD$ 中，$\begin{cases} AC=AD \\ AO=AO \\ CO=DO \end{cases}$，$\therefore \triangle AOC \cong \triangle AOD$（SSS），

$\therefore \angle ADO=\angle ACO=90°$，$\therefore OC \perp AC$，

$\because OC$ 为 $\odot O$ 的半径，$\therefore AC$ 是 $\odot O$ 的切线；

（2）设 $OD=4x$，在 $\text{Rt}\triangle OBD$ 中，$\tan B=\dfrac{OD}{DB}=\dfrac{4}{3}$，$\therefore BD=3x$，

$\therefore OB=\sqrt{OD^2+BD^2}=5x$，$\therefore BC=OB+OC=9x$，

在 $\text{Rt}\triangle ACB$ 中，$\tan B=\dfrac{AC}{CB}=\dfrac{4}{3}$，$\therefore AC=9x \cdot \dfrac{4}{3}=12x$，$\therefore AB=\sqrt{AC^2+BC^2}=15x$，

又 $\because AB=10$，$\therefore 15x=10$，$\therefore x=\dfrac{2}{3}$，$\therefore r=4x=\dfrac{8}{3}$，即 $\odot O$ 的半径是 $\dfrac{8}{3}$；

（3）探究关系结果：$AF=BD+CE$，理由如下：

如答图，连接 ED，CD，$\because AC$，AD 为 $\odot O$ 的切线，$\therefore AO$ 平分 $\angle COD$ 和 $\angle CAD$，

$\therefore \angle COE=\angle DOE$，且 $\angle COE$ 及 $\angle DOE$ 均为圆心角，$\therefore CE=DE$，$\therefore \angle ECD=\angle EDC$。

在 $\triangle OCE$ 和 $\triangle ODE$ 中，$\begin{cases} OC=OD \\ OE=OE \\ CE=DE \end{cases}$，$\therefore \triangle OCE \cong \triangle ODE$（SSS），$\therefore \angle CEO=\angle DEO$。

设∠CAO=α，∠CEO=β，

∵AC=AD，且OA平分∠CAD，∴OA⊥CD，

∴∠CAO+∠ACD=90°，又∵∠ACD+∠OCD=90°，∴∠OCD=α，

∴∠ECD=β−α，又∵∠AEF和∠CEO互为对顶角，∴∠AEF=∠CEO=β，

在Rt△ACB中，因为C是斜边AB中点，∴BF=AF=CF，∴∠CAF=∠ACF=2α，

∵∠CEO为△ACE的外角，∴∠CEO=∠CAO+∠ACF，∴β=3α，

∴∠ECD=β−α=2α，又∵∠FED是△CED的外角，∴∠FED=∠ECD+∠EDC=4α，

∵∠EFD是△AEF的外角，∴∠EFD=∠OAD+∠AEF=α+β=4α，

∴∠FED=∠EFD，∴DE=DF，∴EC=ED=FD，

又∵BF=BD+DF，且BF=AF，DF=CE，∴AF=BD+CE.

总之，我们要灵活掌握切线的判定及其性质的综合运用，在涉及切线问题时，常连接过切点的半径。在证明切线时常用以下两种方法：一是连半径，证垂直；二是作垂直，证半径。同时要注意切线长定理的灵活运用，掌握三角形和多边形的内切圆、三角形的内心以及直角三角形的相关性质的综合应用。

浅谈高三数学复习怎样回归教材这个"根"

谢红琼

四川省成都市龙泉驿区第二中学

一、一轮复习中"细读"教材

第一轮复习中都有配套的复习资料，这个复习资料几乎是跟着教材同步编写，有的教材一节复习资料一节，有的教材两到三节、复习资料一节。复习资料每节均含知识梳理板块，但部分教师仅通过填鸭式讲解或直接核对答案完成教学。这是脱离教材的处理方式，学生收获不大。其实这一板块就是要学生掌握本节课程内容的所有知识点，这是学生回归教材最好的时候。我一般是先让学生拿出教材，仔细阅读教材所对应的内容，包括例题，有时甚至要求学生连标点符号都不要错过。学生把教材认真看完后，合上教材，再来填复习资料上对应的知识梳理的全部内容，如果遇到不会填的或者有疑问的，再打开教材找到相应内容阅读，直至找到正确答案。这样的一个处理过程，既让学生回归了教材，也培养了学生的自学能力和归纳总结能力。

二、二轮的专题复习：选好书上的例题和习题

教师在使用其他复习资料上的题的时候，一定不要丢掉书上好的有代表性的例题和习题。教材上的例题、习题具有一定的基础性、针对性、示范性和研究性，教师应结合考纲和学生实际情况，剔除过难、过偏的题，同时适当地拓宽教材、深度挖掘课本例题、进行重新组合。比如我在给学生复习解析几何的时候，就这样处理了书上的例题和习题：

(1) 线段AB的端点B的坐标是$(4,3)$，端点A在圆$(x+1)^2+y^2=4$上运动，求线段AB的中点M的轨迹方程。

(2) 已知点M与两个定点$O(0,0)$，$A(3,0)$的距离的比为$1/2$，求点M的轨迹方程。

(3) 设点A，B点坐标分别为$(-5,0)$，$(5,0)$，直线AM，BM相交于点M，且它们点斜率之积是$-4/9$，求点M点轨迹方程。

(4) 点$M(x,y)$与定点$(4,0)$的距离和它到直线$l:x=25/4$的距离的比是常数$4/5$，求点M的轨迹。

（5）圆 O 的半径为定长 r，A 是圆 O 外一个定点，P 是圆上任意一点，线段 AP 的垂直平分线 l 和直线 OP 相交于点 Q，当点 P 在圆上运动时，点 Q 的轨迹是什么？为什么？

（6）圆 O 的半径为定长 r，A 是圆 O 内的一个定点，P 是圆上任意一点，线段 AP 的垂直平分线 l 和半径 OP 相交于点 Q，当点 P 在圆上运动时，点 Q 的轨迹是什么？为什么？

上面 6 个题都是求轨迹的题型，题（1）利用反解反代的方法，在解析几何中也是一个很典型的方法。题（2）（3）条件类似，但又有不同，所求出的轨迹也不一样，方法是设点的坐标、根据等量关系建立方程，特别要注意排除不满足条件的点，这也是学生最容易忽视的。题（4）给了圆锥曲线的第二定义，教师借助它归纳出第二定义，比值不一样，曲线的轨迹也不一样。题（5）（6）也是相似题，区别就在于点 A 一个在圆外，一个在圆内，这两个题要转化成圆锥曲线的第一定义求解。通过这 6 个题，给出了解析几何中 4 种求轨迹的方法，让学生先做，再分析比较，总结出不同的题型用不同的方法。

三、最后一个月：再读教材，把书读"薄"

高考前最后一个月，学生进入自主复习阶段。这时再让学生拿出教材再读一次，与第一轮不一样的是：第一轮是一节一节地读，而这次是一章甚至几章一起读，比如，解析几何，就可以把直线、圆、圆锥曲线三章一起读。光读还不行，读完要合上教材，在作业本上写出所有知识点，并找到知识点之间的相关性，把重点知识和易错知识用红笔标出来。这样下来，高中的 8 本书最后就变成几页笔记，学生就不用每次把 8 本书带上，这就是把书"读薄"的过程。

总之，课本是几代人集体智慧的结晶，具有很强的权威性、指导性、规范性。我们作为教学的主导者，应该引导学生回归教材，在不同阶段的复习中充分利用好教材，有时还需要重新组织教材，让学生进行更大范围的组合知识，找到知识点间的联系。这样既可以避免让学生陷入无休止的"题海"战术，也培养了学生的综合概括能力，何乐而不为？

高中数学作业分层设计

杨 磊

四川省成都市龙泉第二中学

一、高中数学作业分层设计的研究背景

作业是学生进行学习的一种活动形式，学生数学概念的形成、数学知识的掌握、数学方法技能的获得、创新意识的增强、实践能力的培养，都离不开数学作业这一基本活动。随着新课程标准的深入实施，目前教师都比较重视课堂教学的改革与创新；但是，除了数学教学要面向全体学生，作业也应该面向全体学生。现在的高中数学作业，普遍机械练习多、探究体验少，简单划一多、分层要求少，"一刀切"的作业模式已经不能提高学生的数学成绩了。尤其是我所在的普通高中，学生能力差异明显，学生对数学知识的接受和掌握的差异也比较大。同样的作业，"优生不够吃，差生吃不完"。如果不能充分考虑学生的个性差异、能力差异，不能做到因材施教，就不利于学生的数学学习，甚至会出现严重的两极分化。因此，实行数学作业分层设计势在必行。数学作业的设置是否得当，直接影响到课堂教学的效率和学生基础知识的掌握、基本技能的形成。

二、高中数学作业分层设计的基本原则

高中数学分层作业是指在大纲统一要求下，针对学生不同的知识基础和接受能力，将学生分为几个

不同的层次，设计多层次的数学作业，充分调动不同层次学生的积极性和主动性，使每个学生都能在各自的"最近发展区域"内得到充分的发展，从而达到大面积提高教学质量的目的。分层数学作业的层次设计，是为了适应学生认识水平的差异，以便"面向全体，兼顾两头"，逐渐缩小学生间的差距，达到提高数学能力、增强学习数学的兴趣的目的，从而提高数学成绩、提高学生的数学素养。因此，数学作业分层设计要坚持以下几个原则。

1. 适度性原则。

适度性原则体现在以下两个方面：

（1）作业"量"要适中，做到质与量的兼顾。过分追求数量，易使学生丧失兴趣、产生厌学心理，导致消极情绪滋长。但是，作业量如果太少，也达不到巩固、掌握和应用知识的目的。

（2）基础知识的占比要适中。作业的设计要突出基础知识的训练，应把主要的作业量放在基础知识的训练上。基础知识如果太少，不利于巩固学生所学，好高骛远不利于数学能力的提高。在设计作业时，要使作业有助于学生对基础知识的理解和基本技能的掌握，侧重于训练学生的思维方法。

2. 多样化原则。

多样化原则是指作业除了要体现在层次的不同上，还需要体现在形式的多种多样上。设计作业时，教师要设计多样化的、灵活多变的作业形式，让学生真正地参与到作业完成中；要把书面作业与实践作业相结合，提高学生的数学学习兴趣和求知欲望。

3. 针对性原则。

教师设计作业时，首先要认真对教材进行分析，明确教学目标，把握教学重点、难点，从整体上把握作业习题设计的内容，尽量做到不机械重复、又落实双基。教师要针对学生的认知结构、思维层次等来设计作业，明确目标，作业设计意图明确清晰，增强作业设计的目的性，考查的知识点或技能点要符合学生的学习需要以及发展需要，使设计的数学作业最大限度地发挥它的作用、收到最好的效果。

三、高中数学作业分层设计的具体做法

1. 对学生进行分层要求。

教师要准确地把握学生层次，深入了解全班每个学生的数学基础、学习能力、学习态度、学习成绩的差异，将全班学生分为 A、B、C 三个层次。

按照一定比例进行分层：A 层是优等生，基础知识掌握牢固，对难题有较强探索精神，能独立完成习题，也能完成补充的综合题型，还能帮助其他同学；B 层是成绩中等的学生，知识掌握相对牢固，但是缺乏对难题进行探索的精神，能独立完成简单作业，在教师、同学的帮助下能完成较为综合应用的习题；C 层是学习有困难的学生，基础知识掌握不扎实，只能做最简单的习题。教师应指导每位学生实事求是地评估自己，根据学生情况进行合理分层。

2. 对作业进行分层设计。

（1）基础作业（基础题）：是指需要学生理解和记忆的知识点，是以数学基础知识、基本技能为主要内容的作业。设计作业时，重点放在基础知识的训练、基本概念的掌握和基本技能的提高上，要求学生做到能够简单应用。此类作业面向全体学生，要特别考虑基础薄弱的学生，注重学生对知识的内化。

（2）提高作业（中档题）：是指以基本知识为基础，需要学生具备一定的归纳、推理、总结等能力才能完成的作业。设计作业时不仅要在简单题型的基础上着重强调数学知识和技能的掌握，还要求学生对数学知识的形成过程有所了解，掌握数学的思考方法。

（3）拓展作业（偏难题）：是指有一定灵活、综合性的题目，通常以某一类知识为起点、把与其有联系的相关知识也容纳进来而设计的作业。作业设计具备一定的创新性和思考性，能够培养学生的创新能力，设计作业时，要重视拓展学生的知识，加深学生对某一类知识全面、深入的了解，让学习优秀的同学能够对数学知识进行强化。

3. 鼓励学生跨级别完成作业。

分层作业的实施，能够使每个级别的学生都获得与之相对应的成功体验，提高学生的学习兴趣；但

我们的目的并不仅限于此，通过合理安排各个层次作业的量与难度，在找准学生的最近发展区的基础上，教师要鼓励学生"跳一跳、够一下"，进一步挑战更高级别的习题。

4. 作业评价分层。

教师从学生的作业中可以获取学生掌握知识、形成技能等各种信息。教师对学生作业的及时反馈能帮助学生及时纠正学习中的错误。针对不同层次的学生，教师需要依据具体的情况来进行不同的分析和评价，统一的评价标准会导致学生情绪低下、对作业缺乏积极性和主动性。特别是对于C层学生，应该以鼓励为主；对于B层的学生来说，鼓励和引导兼备；对于A层的学生，更多采用引导的方式。教师在此基础上提出更高的要求和改进措施。让学生及时了解自己作业的质量，也得到正面的评价，激励学生努力学习，为他们的学习指明方向，从而达到事半功倍的效果。同时教师也可以及时发现问题，调整教学，设计新的有针对性的作业。

四、数学分层作业研究成果

数学作业分层能有效地促进数学教学质量的提高，不仅是学生的成绩得到了提高，教师的教学能力、教学水平同样也得到了提高。

1. 教师方面。

传统的教育教学中，教师布置的作业主要来源于课本和练习册，针对学生学情设计的作业较少。教师的主要精力放在了课前备课和课堂讲解上，对作业的批改也是统一一个标准。开展分层作业设计之后，教师备课时，既要对教材进行认真研究，又要对学生的思维层次、知识掌握情况作分析，并在此基础上进行作业设计。

通过数学分层作业的设计，教师优化作业设计的意识增强了，布置作业除了重视量的适中还要重视质。设计的作业需兼具针对性、典型性和必要性。绝大部分学生能更加关注基础、量力而行，并进行适当的拔高，思维能力大大增强。

2. 学生方面。

帮助学生树立了学习数学的信心。传统作业讲究"题海战术"，大量重复性的作业，会导致学生产生不同程度的厌学情绪。统一的要求对学生的学习积极性有很大的打击，教师只是一味地要求学生必须按时按量完成作业，其结果可能因为作业太多，有的学生不能按时完成；也可能因为题目太难，部分学生无从下手，失去信心，应付了之，导致完成的作业质量太差；还可能因为题目重复性较高，部分成绩优异的学生觉得枯燥无味。优化作业设计做到了既激发优秀生的创新与探究，又兼顾中等生的巩固与拓展，还照顾学困生基础知识和基本技能的训练，使不同层次的学生体验到了成功的喜悦，树立了学习数学的信心，促进了学生数学能力的提高。

五、高中数学作业分层设计的反思与总结

学生存在个体差异，也有着不一样的家庭背景，更有着不一样的经验、思考模式、接受知识的能力。因此，教学实践活动面对的是具有差异的个体。对数学老师来说，应精心选择数学作业、合理布置数学作业、切实提升数学作业的高效性，使各个层次的学生通过做数学作业提高学习成效。

设计好分层作业的题目，需要我们教师花更多的时间和精力，需要对所教内容的知识点有非常深刻的理解和把握，这样才能设计出适合各个层次学生完成的作业，从而增强学生做数学作业的兴趣、提高数学作业的质量，进而提高数学教学的质量。教师不但要有驾驭教材的能力，而且要有较强的设计能力。事实证明，这样的作业大大地提高了学生学习数学的兴趣，使学生掌握了数学的思想和方法，进一步培养了他们的探究能力和创新意识。

希望通过有效的作业分层设计，逐渐消除高中数学学习存在的两极分化现象，让学生能够在高中阶段提高自身学习成绩的同时，培养自己的兴趣爱好，提升数学核心素养。作业分层设计有利于学生学习成绩的提升、体现个性化教学，能为学生将来更好的发展打下坚实的基础。

高中数学课堂中学生学习心理培养探究

王治国

四川省成都市武侯高级中学

一、培养学生的期待心理

学生在以往的学习中，学习数学概念、公式、定理，获得解题的方法，多次练习已经在他们的心理品质中稳固下来，形成一种心理定势。他们在学习新知识、解决新问题时往往会和这些稳固下来的方法直接联系起来，影响新思路的形成，因而会表现出对新知识接受的被动性和畏惧感。此时迫切需要教师进行心理辅导，借用学生生活中熟悉的非数学问题创设学习情境，将新概念、公式、定理的本质属性嵌入学生熟悉的生活、生产情景中，再提出来。

例如，在讲授"等比数列前 n 项和"的公式之前，可通过下述故事来激发学生的学习热情：印度国王打算奖励国际象棋发明家，让他任意选择奖品，发明家请求按棋盘上的格数赏给他米粒，但须第一格给 1 粒米、第二格给 2 粒米、第三格给 4 粒米，以下每格给的米粒数为前一格所给米粒数的 2 倍。国王同意了。结果发现，将全印度的粮食都拿来也不能满足发明家的要求。事实上，棋盘上有 64 格，因此，发明家要求得到的米粒数为：

$$S = 1 + 2 + 2^2 + 2^3 + 2^4 + \cdots + 2^{63} = 2^{64} - 1$$

通过上述问题，引发了学生学习新知识的兴趣，并满腔热情地开始了等比数列前 n 项和公式的学习，从而培养了学生学习的期待心理。

二、培养学生的求异心理

求异即与众不同，是创新能力的具体体现，在完成某些操作后，鼓励学生提出自己的见解，即使是错误的见解，也要给学生报以微笑、加以赞许。只有十分重视学生提出的问题，才能培养他们的求异心理。

例 1 已知 $\sin x + \sin y = a$，$\cos x + \cos y = b$ $(b \neq 0)$，求 $\cos(x+y)$。

解法一：由 $\sin x + \sin y = a$，$\cos x + \cos y = b$，得

$$2\sin\frac{x+y}{2}\cos\frac{x-y}{2} = a \quad ①,$$

$$2\cos\frac{x+y}{2}\cos\frac{x-y}{2} = b \quad ②,$$

① $\div$ ②得：$\tan\frac{x+y}{2} = \frac{a}{b}$。

$$\therefore \cos(x+y) = \frac{1 - \tan^2\frac{x+y}{2}}{1 + \tan^2\frac{x+y}{2}} = \frac{b^2 - a^2}{a^2 + b^2}。$$

解法二：将已知式平方得

$\sin^2 x + \sin^2 y + 2\sin x \sin y = a^2 \quad ①$

$\cos^2 x + \cos^2 y + 2\cos x \cos y = b^2 \quad ②$

①+②得：$\cos(x-y) = \dfrac{a^2+b^2-2}{2}$ ③

②-①得：$\cos 2x + \cos 2y + 2\cos(x+y) = b^2 - a^2$，

即 $2\cos(x+y)[\cos(x-y)+1] = b^2 - a^2$，

把③式代入上式得 $\cos(x+y) = \dfrac{b^2-a^2}{a^2+b^2}$.

三、培养学生的反思心理

认知心理学和课堂实践都表明，对容易受负迁移影响的概念和容易形成肤浅认识的理论，与其给学生交代、正面引导，不如反面出击，效果更好。例如，当我们把等比数列的求和公式推导出来以后，应注意些什么问题？接下来，教师可以出几个题目让学生思考，然后可以静静地坐下来等候学生的自我反思。

出题：1. 常数列是否属于等比数列？能否使用等比数列求和公式？

2. 求和：$1 + \dfrac{1}{a} + \dfrac{1}{a^2} + \cdots + \dfrac{1}{a^n}$。

学生：2，2，…，2也是等比数列，能否用此公式？

教师：常数列公比 $q=1$，代入公式可知分母为0，分式无意义。因此，当数列为常数列即公比 $q=1$ 时，不能用此公式。

学生：题2是不是直接套用公式就行了？

教师：同学们观察此数列各项，根据其公比 $q=\dfrac{1}{a}$ 可知，$\dfrac{1}{a}=1$ 即 $q=1$ 时，不能用此公式，需要我们分类讨论。

数学教学中，要像这样精心设计陷阱，让学生在按常规思维思考中不自觉地掉入，然后鼓励学生去发现、探索，找出失误的原因，从而培养他们的反思习惯。

四、培养学生的探索心理

注意解题后的研究和探索，是要对习题、例题提出新问题，探索新题目，从不同角度观察，分析问题，拓宽思维，完善解题方法，探索解题规律，使思维在一定程度上形成新的定势。

例2 已知 $A+B = \dfrac{\pi}{4}$，求证：$(1+\tan A)(1+\tan B) = 2$。

可通过变化条件或结论让学生去探索：

(1) 已知 A，B 都是锐角，且 $(1+\tan A)(1+\tan B) = 2$，求 $A+B$。

(2) 已知 $(1+\tan A)(1+\tan B) = 2$，求 A 与 B 的关系。

由上可知，数学学习心理的培养，应贯穿于数学教学的每个环节，渗透到数学学习的全过程。只有这样，才能磨炼学生的学习意志，提高他们的学习效率，达到培养人才的目的。

总之，教师如果能掌握学生学习数学的心理特点，在教学中加强数学学习心理的培养，设置适应的难度，使学生在轻松愉快的学习氛围中对数学学习产生浓厚的兴趣，那么学生的数学学习能力就会增强，也能提高他们的学习效率。

有效导引，注重实践
——"导引—生成"理念下的高中数学新授课的教学策略和方法简析

郑 权

四川省简阳中学

一、研究背景

近年来，随着新课程改革的不断深化以及高考数学考试大纲的变化，学校越来越注重学生核心素养的发展。以"文化基础、自主发展和社会参与"为核心素养框架下的教育始终坚守以个人发展和终身学习为主体的个体化教育理念。在立足培养学生基础知识和技能的同时，更要注重拓展学生的创新思维以及综合数学素养。传统的"满堂灌""一言堂"等教学模式已经不再适应现在的高考和培养学生核心素养的初衷。在这样的背景下，我校开展了"以问题为导向、以学生为主体、以小组合作探究为主要方式"的"导引—生成"教学模式。"导引—生成"课堂教学理念坚守"学生发展是学校一切教育教学的归宿"。在此背景下，我校努力"协调课堂内各种教学因素"，并针对本校的具体情况开展了一些实践活动，例如，对教师进行培训，纠正传统教学观念中的某些误区，从"教师中心"转向"学生中心"，让学生从"要我学"变成"我要学"，使他们从"不会"到"学会"再到"会学"；建立学习小组，并对学习组长进行培训；改变教学流程，形成统一的导学案模板。

《义务教育数学课程标准（2022年版）》在前言中明确指出：有效的数学学习活动不能单纯地依靠模仿与记忆，动手实践、自主探索与合作交流是学生学习数学的重要方式。在日常的教学活动中，甚至一些教学示范课上，笔者却发现了以下的一些现象：教师备课充分，课堂组织有序，师生互动和小组合作探讨也开展得非常热烈，教师课上得非常流畅，课堂形式呈现得很完整，但是教学效果却并不理想。为什么会出现这种情况呢？笔者认为主要有以下几个原因。

（一）过于注重形式，课堂的教学流于形式

在公开课或者平常的教学活动中，为了展示一堂"完美"的课、为了维持课堂形式的完整、为了在有限的四十分钟完成预定的教学目标，不得不压缩某些教学环节的时间。比如在学生的小组合作、自主探究阶段，有的教师为了在课堂上完成既定的教学目标，不考虑学生的实际情况，在学生的探讨、实践环节"浅尝辄止"，走个形式。学生要想理解和掌握知识、学会理解和应用，实践是一个必不可少的过程，绝不能在这里节约时间。"纸上得来终觉浅，绝知此事要躬行"。我们在日常教学中要尽可能地为学生创设探索、求知的教学环境，让学生积极参与探索新知识的教学活动，通过观察和分析，让学生自主判断、推理、验证以及对实践中遇到的错误进行反思和改进，从而使学生真正掌握基础知识和基本技能，达到发展学生核心素养的目的。

（二）课堂缺乏有效的引导

"导引—生成"理念下的教学是以问题探究为核心、以生成为目的教学活动，教师要善于引导学生运用已有的知识和技能解决实际问题，所以设置的问题要有深度和指向性，并且能随时根据学生的实际情况灵活调整。因此，教师必须具备过硬的专业知识和引导技能，以避免学生思维出现混乱、茫然的状态，从而降低了课堂的有效性。

二、"导引—生成"理念下的高中数学课堂教学特征

"导引—生成"理念下的高中数学课堂教学的一个明显特征是以教师为主导、以学生为主体、以问题为导向,通过有效的师生互动,让学生获得知识技能、完善自己的知识结构。"导"是"引"的前提,"引"是"生成"的基础和条件,"生成"是"教学活动"的目的。"导引—生成"是有效完成教与学的两个不可或缺的相辅相成的组成部分。"导引"是教的艺术,"生成"是学的升华。"导引—生成"理念下的新授课的教学活动主要有以下几个环节:"创设情景、引入新知→问题引导思维,共同探究→注重实践,生成新知→总结引申反思"。整个教学活动中,我们要尤其重视有效引导和学生实践两个环节,教师不仅要给学生必要的时间去思考、探讨,并对活动中产生的问题进行引导,更要敢于放手让学生去合作、探究和实践,保证学生有必要的探究时间和实践的机会,千万要避免为了"节约时间"而压缩学生的探讨、实践时间,从而使整堂课流于形式。

三、实施"导引—生成"理念下的高中数学新授课的教学策略和建议

导引课堂主要是指学生利用授课教师事先精心编写的导学案预先完成新课的预习,并完成导学案上的学习任务。教师遵循导引生成的教学理念,对学生自主讨论、探究等一系列实践活动中遇到的问题及时给予正确指导。因此在教学中,教师需要学会放手,把时间还给学生,充分发挥学生的主观能动性。学生通过探讨、猜想、验证等一系列实践活动得出自己的结论。同时,教师要把控好整个课堂活动,并对学生的成果进行点评,在活动的最后引领学生反思总结。在此,我以人民教育出版社 A 版数学教材选修 2-1 第二章第 2 小节的《椭圆及其标准方程》为例做一个简要探析。

(一)设置情景,引出课题

在具体的教学过程中,我首先通过生活中的热点——"神舟六号"的运行轨迹,调动学生的注意力,让学生对椭圆形成初步的直观印象;再利用多媒体,展示生活中随处可见的一些椭圆,进一步加深学生对椭圆的直观感受;然后让不同的学生回答:生活中还有哪些物体是椭圆?不同的学生有不同的回答;最后老师引导:那什么是椭圆呢?椭圆的本质是什么?又如何能画出椭圆?层层引导学生探索椭圆的本质。

(二)小组合作,形成概念

在接下来的环节中,让学生分成不同的小组,选取图钉、绳子、橡皮筋等工具合作画椭圆。学生完成各种椭圆的画法后,我请不同的学生进行展示。在这些展示中,有的学生成功了,有的学生失败了。针对这些案例,我们一定要对各种失败的案例进行分析,帮助学生找到画不出的原因;而针对准确画出椭圆的案例,逐步引导学生的思维,发现它们的共同点,引出椭圆的定义。通过让每个学生都参与这一过程,从而理解椭圆的本质,并得出以下三个结论:

$|MF_1| + |MF_2| > |F_1F_2|$　　椭圆

$|MF_1| + |MF_2| = |F_1F_2|$　　线段

$|MF_1| + |MF_2| < |F_1F_2|$　　不存在

再次设问:当点 M 移动时,F_1、F_2 位置有移动吗?点 M 的轨迹为椭圆时应当满足什么条件?最终引导学生生成椭圆的定义。

接下来,针对同学们的实验,利用几何画板等多媒体工具,动画演示椭圆的形成过程,并归纳出椭圆的定义:平面内与两个定点 F_1、F_2 的距离的和等于常数(大于 $|F_1F_2|$)的点的轨迹叫作椭圆。这两个定点叫作椭圆的焦点,两焦点的距离叫作椭圆的焦距。

在本环节中,学生亲自动手实践,教师通过精心设置的问题对学生形成有效引导,让学生逐步得出自己的结论,对椭圆的形成和定义有了直观、深刻的感受和理解,凸显了有效引导和动手实践的重要性。

（三）椭圆标准方程的推导

回顾：求曲线方程的一般步骤。

提问：如何建系，并推导出椭圆的方程？

各小组展开热烈讨论，各组分别推举出一种方案。不同小组肯定有不同的建系方案、有不同的表达式，各组同学进行展示。有的学生以 F_1、F_2 所在直线为 x 轴，以线段 F_1F_2 的垂直平分线为 y 轴，建立直角坐标系并得到方程：

$$\sqrt{(x+c)^2+y^2}+\sqrt{(x-c)^2+y^2}=2a$$

学生也许会问：这是椭圆的方程吗？教师应该引导学生：它是椭圆的方程，但不是标准的椭圆方程。

教师接下来应该马上问出关键性问题：

(1) 这个方程含有根式，我们如何处理根式？

(2) 这个方程形式比较复杂，我们如何处理能使其结构更简单呢？

从而逐步引导学生完成对椭圆标准方程的推导，并学会选择最佳方案简化方程的形式。通过这一细节，让学生的综合素质和综合能力得到了极大的发展，培养了学生的核心素养。

（四）总结问题，学生反思

在学生完成椭圆标准方程的推导后，教师要及时对学生在推导过程中出现的问题进行正确的引导，并寻求对策。最后，一定要留五分钟左右的时间对本堂课进行内容梳理、总结以及反思。因为学生层次不同，对于综合素质好一点的班级，教学活动进行到这里还有比较充裕的时间继续本堂课后面的环节；但是对于能力稍微弱一点的班级，课堂活动进行到这里时可能下课时间已经快到了，我们怎么办呢？这时，教师不要盲目追求课堂形式的完整，也不要盲目追赶课堂进度，而应该在完成椭圆的普通方程的推导后停止下一个环节的开展，并对方程的推导精心总结和反思。椭圆的标准方程教学中，只有真正让学生掌握椭圆标准方程的推导方法，才能达到教学目的。

四、结语

总之，"导引—生成"理念下的高中数学新授课的教学活动中必须注重两个环节：①引导的有效性。教学过程中设置的问题要具有明确性、引导性和有效性。②注重实践。教学过程中要学会大胆放手，给学生必要的时间，让学生充分参与。"导引—生成"课堂教学改革正努力将各学科理念相互渗透、融入教育之中，以体现"核心素养是一种跨学科素养"。

尊重儿童认知规律，加强问题意识培育

毕 运

四川师范大学附属青台山小学

《义务教育数学课程标准（2022年版）》中明确指出："数学教学活动，特别是课堂教学应激发学生兴趣，调动学生积极性，引发学生的数学思考，鼓励学生的创造性思维。学生应当有足够的时间和空间经历观察、实验、猜测、计算、推理、验证等活动过程。教师教学应该以学生的认知发展水平和已有的经验为基础，面向全体学生，注重启发式和因材施教。"

由此可见，小学数学教学的目的不仅仅是解决一个或几个问题，而是要立足儿童学习规律让学生经历发现问题（勤于思考、敢于质疑）、提出问题（语言表述、符号表达）、分析问题（研究数量关系、空间形式）、解决问题（模式化、符号化）的全过程。

一、梳理数学问题的基本类型

数学问题是以数学为内容，必须运用数学概念、理论或方法才能解决的问题。数学问题具有非常规性，不是一问一答就能解决的，它必须借助数量关系、用数学表达式或运算结果数据来反映；数学问题具有情境性，给出一种情境、一种实际需要，它必须借助生活经验去应对生活问题数学化；数学问题具有探究性，它必须通过对数量关系的发现、分析、确认后做出解题策略选择和优化，用不同的数学方法和数学表达来解决。根据教学实践，笔者梳理了以下几类数学问题：

（1）模型化问题。数学模型是指在分析的基础上将数学问题符号化，并确定其中的关系，写出由这些符号和关系所确定的数学联系，用具体的代数式（算式）、方程和相关的图形、图表等将这些关系确定下来，就形成了数学模型。数学问题要能够给学生提供尝试建立数学模型的机会，让学生通过观察、实验，尝试用数学思想以归纳、类比等方法得出猜想、进行验证，将生活等社会活动中的实际问题化为数学问题，然后用数学思想方法来解决问题。

（2）探究性问题。通过一定的探究、研讨去深入了解认识数学对象的性质，发现规律和真理的问题。对小学生而言，这虽然是前人工作的一种重复式再发现，但知识形成、发展过程的意义则被学习者重新建构，培养了学生的数学思维能力。

（3）开放性问题。这类问题旨在培养学生思维的灵活性、发散性，利于创新精神和意识的培养，它在生活问题数学化、数学信息搭配、数量关系的转化及解题策略选择等方面均具有相当大的灵活性。

（4）学生的问题。在数学学习过程中，学生生成的问题和需求也可视作数学问题。它在很大程度上能引起学生的共鸣、争议和分享，利于学生自主发现、主动探索、合作学习、深度研究。

二、构建问题解决的教学活动

笔者认为"问题"始终是学生学习的起点，有了问题学生才会思考，所有学习活动都是围绕问题而展开。这些"问题"不管是老师提出的，还是学生自己发现、提出的，都要组织学生在正确表述问题的基础上依托问题解决活动来进行主动学习。涂冬波等的研究表明，语言复杂性成分（包括语义关系复杂性和问题语言陈述结构的复杂性）和数学关系复杂性成分（包括运算步骤数、问题隐含条件数和数字计算的复杂性）存在于问题表征和问题解决两个认知活动之中，影响着儿童对问题的认知加工。因此，笔者尝试将实践教学中的一些思考和感悟进行梳理，形成可供参考的问题解决教学思路，以促进学生问题意识的培育。

（一）创设情境，体验数学问题生活化

教师在教学中借助主题图创设生动有趣的情境，把抽象的数学知识和生活实际联系起来。值得注意的是，低年级学生观察事物零乱、缺乏系统性，对所观察事物做出整体概括的能力较差，观察主题图时常常分不清主次，看到哪里就是哪里；排除干扰能力较差，往往注意各种无价值的特征而忽略了有价值的特征。北师大版教材对学生观察的分辨力、判断力和系统化能力有较高的要求，某些主题图往往会一次性地呈现大量的图或文字信息，这无疑增加了低年级学生观察和学习的困难。针对这一问题，我们可以结合教学目标及儿童认知发展特点进行适当调整，将主题图分步呈现、层层推进，使原本复杂的图变得简单明了、有层次，让学生的学习过程由旧入新、由易入难、循序渐进。

（二）挖掘信息，提出有价值的问题

数学信息不同于一般信息，它是运用数学基本概念、数据、数量、数量关系、图形特征、图表等数学标识来传递的一种特殊信息。传统数学教学中的已知条件是为解决某个问题而设置的充要条件，一般指向性都比较单一，加之传统教学方式的一些弊端，局限了部分学生的思维，使解题方法比较单一。数学信息不但完全具备"已知条件"的功能，而且内涵更为广泛，学生获取的新信息与

头脑中原有的信息相结合形成的信息系统，使他们的思维更加灵敏、开放，利于解题策略的选择，形成解题方法多样化。

小学数学中数学信息大致可分为数量信息、关系信息、相关信息、关联信息、隐含信息等。低年级的学生应该先学会把物体变成数，用数表示物体个数，形成数量信息这个概念；然后能发现数量信息，并能根据两个数量信息提出有关解决和、差、积、商的简单数学问题；最后明确数与数之间有等、小、大三种关系，进而认识关系信息，知道两量间谁与谁比、谁大谁小，提出数学问题，确定解题方法。同时在此基础上借助生活情境、生活经验学会信息组合，识别相关信息。

（三）合作探究，经历生活问题数学化

"探索与发现"是现行教材和课程标准提倡的主要教学方式之一，旨在在教学过程中构建具有教育实践性、操作性、创造性的学生主体活动；鼓励学生主动实践、参与探索、勤于思考、合作分享，以实现学生多方面能力为核心的教学形式。小学生，尤其是低年级学生，他们天生对学习保持着一种好奇和兴趣，喜欢表达和分享、善于模仿，虽然有效沟通能力欠佳，但并不妨碍他们坐在一起讨论和研究。

合作探究作为一种学习方式，一是指在问题解决的过程中，充分发挥团队的智慧，在全员参与、分工协作下，制订恰当、可行的解决问题的策略、方式、方案，以达到解决问题的目的；二是指在解决问题的过程中，先让学生独立思考、自主探索、寻求结果，然后在团队内交流问题解决的思路、策略、方法，集思广益，优化数学表达，完成解决问题的目的；三是指借助前置学习让学生主动发现问题和尝试解答一些问题，然后在团队内交流各自的发现、汇总并分享学习成果。根据不同年段和学情，采用比较多的合作探究形式，有同桌之间、小组之内、全班展示、寻伴交流等。

探究式教学并非是一种教学模式，而是融入教学的每一环节的一种理念。其功能和目标对学生来说是促进学生的发展，学生在探索过程中通过思考交流、合作分享等实践活动完善数学思维、优化数学思维、促进自身发展；对课堂来说是重建课堂新秩序，使课堂更加开放、和谐、灵动、生气勃勃。

（四）反思评价，形成解决问题的策略

当得出结论后，教师要引导学生对问题解决的过程进行回顾和反思，完整地回顾、分析和思考问题解决的过程，例如：反思解决问题的方法，你是怎样想的？为什么要用这种方法？还有没有其他方法？通过追问，让学生进行反思。尤其是低年级的学生，一开始时可能说不清楚或不知道怎么说，教师要示范和树立榜样。同时，教师要组织同桌之间、小组之间、师生之间开展积极有效的评价，让学生通过评价他人解决问题的过程形成自己对问题的见解，不断积累解决问题的经验，逐步内化为解决问题的策略。解决问题的策略不仅仅是为了解决一个问题或是一种具体的方法，而是一种思维方式。在低段主要有两种策略：一种是以生活情境为载体，按事情的发生、发展、变化、结果，有序呈现情境全过程，让学生在有序、有条理的思维过程中寻求数量关系（部分数与总数），有效地解决问题；另一种是找准数学信息与数学问题之间的联系，使分析与综合两种数学逻辑思维方法协调一致，有效地解决问题。

总之，学生问题意识的培育应从低年级开始。面对不同年段、不同地域、不同思维水平的学生，教师的教学活动应做出适当调整，以帮助学生在问题解决的过程中生成解决问题的策略和方法，构建解决问题的基本模型，学会用数学眼光看待事物、用数学思维分析事物、用数学方法解决问题。即：培养学生良好的问题解决的思维习惯，养成看书、看图的习惯，掌握整体观察、局部观察、方位观察、换位观察、变式观察的方法，形成用数学眼光看问题的能力；养成说的习惯，学会说思路、说想法、说问题、说疑点、说需求，形成用数学语言表述的能力；养成动手、动脑操作的习惯，掌握摆一摆、画一画、试一试、做一做、算一算、估一估等方法，形成用数学思维和数学方法解决问题的意识。

浅析小学数学学困生的成因及转化的对策

刘 露

四川师范大学附属上东学校

在时间的河流中，关于"教育"这个古老的话题，古今中外的教育家们都阐述过自己独到的观点。针对儿童的教育教学，所有的教育行为都是以尊重个体、给予关爱为根本的出发点，用教育者特有的"爱心、耐心、责任心"，对受教育者进行深切的人文关怀。"是花蕾，就一定会绽放"应成为当下教育追求的境界。根据"木桶原理"，只有让学困生这朵花蕾美丽开放，才有可能真正地让全体学生全面发展，让每一位学生感受生命的无限精彩。

针对"数学学困生"的定义，不计其数。其广义是指因身心的某些障碍而未能充分发挥自己数学方面的潜能的学生（如获取数学信息、加工和运用数学信息、保持数学信息等）；狭义是指由于学习习惯与学习方法的不当，严重阻碍了小学数学知识的学习，影响了学习的效率。

按照新课标的要求，教学中必须以学生为主体，尊重学生的个体差异，让学生建立学好数学的信心；促进小学学困生有效发展也是新课程改革的重要课题，有助于树立正确的教育价值观，有利于建立新的理念。因此，教师要认真细致地分析每一位数学学困生的成因，采取相应有效的矫治方法，让他们感受到数学的美与乐趣、提高数学的应用能力，使他们早日走出数学学习的困境、体验数学学习成功的喜悦。

一、小学数学学困生的特点及形成原因

1. 小学数学学困生的特点。

在一个班级里，每个学生的智力因数和非智力因数都不同，儿童来自各个不同成长背景的家庭，从而导致了小学数学学困生的个性特点、思想和心理等方面表现出不同的类型，具体表现为学习方法不得当型、知识链断裂型、贪玩懒惰型和情感停顿型。

（1）学习方法不得当型。

不科学的学习方法会导致不良的学习效果。这类学生智力正常，学习也比较努力，但往往死背数学中的公式、定理、法则，不会灵活运用，知识迁移能力、理解能力差。由于没有形成一个比较综合的知识体系，从而缺乏概括、归纳、总结等能力，遇到难题时就无从下手，学起数学来特别吃力。

（2）知识链断裂型。

由于儿童个人心理和身体素质不同，家庭环境的变化、社会的不良风气等都可以影响到他们对基础知识的学习和把握，数学知识点就会出现缺失，新旧知识连接会特别困难。五六年级的学生更会把对教师的好恶迁移到数学学习上，从心理上去抵触、讨厌数学。这样即使是衔接好的知识链也会出现断裂，对于系统性特别强的数学来说，后续的新知识学习就无法进行。

（3）贪玩懒惰型。

这类学生生性好动，十分贪玩，自控能力极弱；智力正常，但缺乏学习的目标和动力；依赖性强，独立性差。如果有人要求他们坐下来学习，就会心情烦躁，浑身不舒服。他们对教师布置的作业只图快，不会认真读题和仔细思考，不会考虑正确与否。

（4）情感停顿型。

对于小学生，思维主要还是以想象和具体形象为主导地位，他们天性喜欢有趣和生动的事物，而数学学科的严密逻辑性、科学性与儿童这一特点相矛盾，造成他们学习数学知识时产生厌恶的不良的情绪体验，学习屡屡失败，感受不到成功的喜悦。他们开始不愿学习数学，甚至讨厌数学教师，学习数学

的情感和师生关系的情感将会中断。

2. 小学数学学困生的形成原因。

任何事物都不是单一而独立存在的，正如造成小学生学习数学困难的原因，不仅仅限于学生自己，还有来自家庭、社会环境的影响和教师、学校文化的感染。自身的原因在于个人能力素质的差异和心理上的偏差（非智力障碍），体现在理解语句和题意的能力非常差，过分依赖感性的认识和学习数学的态度不端正，认为数学学习没有用处等；家庭中的不和谐的氛围、没有一个良好的学习环境和不良的社会风气会让学生产生学习的误区，不能从小培养好的学习习惯；学校的文化和教师的一言一行也会给学生带来潜移默化的影响，小学学生具有向师性和模仿性，一些不合时宜的行为和氛围势必会造成小学生的不能自主认真学习，从而出现知识断层，新旧知识不能衔接，没有一个系统的综合性的数学知识体系。

二、小学数学学困生的转化对策

数学学习困难的学生的转化涉及生理学、心理学、教育学等多学科，它们都可能为其提供热爱数学进而刻苦钻研数学的契机，都会给他们一种无形的力量。对于数学学困生的矫治，教师应抱有花蕾心态，相信每一个孩子都"会学习、会学好、会成才"。根据数学学困生的不同情况，采取一些有针对性的措施和指导训练方法，因材施教，同所有的数学学困生共同克服困难，体验学习数学成功的乐趣，一起描绘美丽的数学未来。

1. 带着爱心，走入学生的内心世界。

学困生在学习过程中往往会出现情感障碍，一方面由于学生每次都以失败者的心态去学习，学习无兴趣，消极对待；另一方面，由于戴上无形的学困生帽子，班级里的事许多都不能沾边，失去参与的机会，与教师、与班集体自然而然地形成了鸿沟，从而导致情感交流的中断。情感是人们认识活动的强大动力，许多成功的教育家在总结其对人才培养的经验时，很重要的一点就是在教育中要"以情感人、以情动情"。教师要把爱生和知生有效结合起来，用爱"浇灌"迟开的"花蕾"，以真诚"唤醒"他们"沉睡的心"。要善于挖掘、发现他们的兴趣爱好和闪光点，一旦发现就应积极为他们创设条件、热心扶持、正确引导、助其发展，并应多表扬、多鼓励，让他们品尝到成功的喜悦，进而使他们在学习上萌发出获得成功的欲望，只有这样才能让他们敞开心扉，主动接受教育，去争取学习上的成功。

2. 鼓励表扬，点亮学生进步的心灯。

实施数学赏识教育，帮助学生树立成功的自信心。学生数学学习困难是一个相对长期的过程。在学习上屡遭挫折，使他们心灵受到严重的"创伤"，有了一种失败者的心态，学习自信心差。教师应充分相信学生发展的可能性，帮助学生不断成功，提高学生自尊自信的水平，逐步转变失败心态，形成积极的自我学习、自我教育的内部动力机制。数学赏识教育主要体现在数学教师对儿童的评价。教师不光是知识的传授者，还肩负着促进学生人格健康发展的重任。教师对儿童的评价，哪怕是一丝微笑、一句表扬、一个鼓励的目光、一次表现机会的给予，他们都能从教师的一个眼神、一个手势、一个语态中了解到教师对他们的期望、爱和信任。

3. 激发兴趣，弹动学生的积极旋律。

灵活运用教学方法和教学手段激发学生的求知欲，是转化数学学困生的重要因数。实践证明：数学课一味地讲授，容易养成学生的惰性和由此产生的抽象乏味的感觉。数学学习困难的学生的心情大多处在厌烦的抑制状态。学习数学常常感到无聊、枯燥无味，学习没劲头，学习数学只是为了应付差事、免受家长及教师的责备；故会逐步丧失学习的原动力，对学习的厌恶和抵制则愈加严重。我们知道，绝大多数学生对新鲜事物都有敏感性、好奇心，具有强烈的自我表现欲望和好胜心理。根据这种心理，应改变传统的讲授方法，设计出新颖的教学过程，把枯燥的数学知识转化为激发学生求知欲望的刺激物，创设问题情境，引发其产生进取心。

4. 善用教法，与学生共扬奋进风帆。

（1）采用"从点滴入手"的训练。

学困生中极大部分是由于知识系统的某项残缺造成学习新知识的障碍，因而教师必须完善他们的知识结构，从补缺补差着手，有效地进行个别学习指导和适当补课。采用"小目标、快反馈、速矫正"的方法见效比较快。

一是做好新授知识的掌握和巩固：①把握学困生的最近发展区。对新授课后的作业及时进行批改，发现错误马上进行面对面的指导，使学困生能及时巩固新知识。②实施单元达标反馈。学习一个单元后及时进行达标训练，出现问题及时补救，不留"夹生饭"进入下一单元的学习。③课堂教学做到三多。多提问、多指导、多板演，以便及时反馈学困生新知是否掌握的信息，及时调整课堂教学策略。

二是做好旧知识的查漏补缺：①对已学知识进行分类检查，明确每位学困生需要补缺的内容。②学习新知识前，利用中午或放学的课余时间分别对学困生进行与新知识直接关联并需要补缺的旧知识的补习，为新知识的学习做好铺垫。

（2）认真负责指导学生做好"三环""五到"工作。

学困生的课前预习能力较弱，教师要给予正确指导。指导学生认真预习、学会复习，帮助他们在重难点处做上记号，使其听课时能更加集中精力解决问题。上课时，必须做到五到：眼到、耳到、脑到、心到和手到。学困生的自控能力差，教师应善于捕捉和关注，让他们逐步养成良好的听课习惯。

（3）培养学困生良好的学习习惯。

学习困难的重要环节。养成良好的学习习惯，是学生后续学习的基石，也会让学生终身受益；但是，学生良好学习习惯的养成并非一朝一夕，而是要靠教师长期而耐心的指导和培养，要贯穿于数学教学的全过程。

5. 互动交流，共同勾勒美丽的未来。

帮助学困生早日走出困境，不仅仅是家长与孩子间进行沟通，还需要家长与教师共同合作。因为家长是孩子的第一任老师，家长对孩子的态度直接影响着孩子的学习。我们教师要和家长做朋友，经常联系沟通，共同培养学生的良好的学习习惯和行为习惯，了解学困生的内心感受和外在表现，帮助家长用积极的心态、赏识的目光来发现学困生身上的优点，并不断放大。同时给家长介绍科学的家教方法，引导家长帮助学困生战胜学习上的困难，不断提高数学学习成绩。

当然，也可以采用结对子的方法。同学之间兴趣爱好相仿，易相互沟通。在课余时间要有目的地将学习成绩好的学生与学困生结成对子，让他们多在一起玩耍，让学习好的学生给学困生辅导作业和练习、给其讲述一些数学知识，加深对知识的理解和消化，以逐步让这些学困生树立起学好数学的信心。

布鲁纳说："人的灵魂深处都有一个根深蒂固的需要，那就是希望感到自己是一个发现者、研究者和探索者。"通过对小学数学学困生的形成原因的分析和采取相应的转化措施可知，及时关注与研究数学学困生、培养他们学习数学的自信心，是每一个数学教师必须而迫切需要解决的问题。

疫情背景下突围小学数学"问题解决"教学困境

——以北师大版四年级下册"数学好玩之烙饼问题"为例

陈 华

四川师范大学附属上东学校

《义务教育数学课程标准（2022年版）》（以下简称《课程标准》）明确说明："问题解决"的学习目标是能尝试从生活或经验中发现和提出简单的实际问题，探索分析和解决简单问题的有效方法，掌握解决问题的基本方法，经历与他人合作解决问题的过程，提高解决实际问题的能力。《课程标准》中提到的问题既可以是纯粹的数学题，也可以是非数学题形式的各种问题。在小学数学教学中，"问题解决"是一个重要内容。它既是展开小学数学特定课程内容的有效方式，又是发展学生数学思维、培养学生数学素养的课程目标。疫情背景下启动"停课不停教、停课不停学"，线上线下联动式学习成为教师教和学生学的主要方式。由于学生的思维认知和自律意识的限制，这个教学内容成为教师教和学生学的一个难点。

一、疫情背景下"问题解决"教学的困境

在小学数学教学中,"问题解决"教学是指教师根据给定的教学情境,基于学生已有认知基础和生活经验,通过发现和提出问题、分析问题结构和建立数学模型、应用和拓展模型以达成解决实际问题的教学目标的教学行为。"问题解决"内容本身具有"有具体情境、有名词术语、有数量关系、有结构特征"的特点,学生生活经验缺乏、认知基础受限、思维方式仍处于直观形象思维占主导地位的阶段,在学习时存在一定的困难。在疫情期间,受到多种主、客观因素的影响,教学的困难倍增,其主要表现在以下几个方面:

第一,线上教学阶段,即前置教学阶段,首先,教师和学生是联网隔空教学,仅通过平板、电脑、手机等智能设备的投放或展示,很难使学生对"问题解决"知识内容中的相关名词了解充分、对结构特征理解准确。其次,教师关注不到学生真实的学习状态,如是否认真听讲、跟进思考、主动练习等。由于缺少线下授课的面对面的师生互动,不能组织开展自主探究、合作学习、动手操作等学习行为,教师对"问题解决"教学中的核心环节,如关系的分析、方案的运筹、策略的实施、模型的建构等,做不到有效突破,也使学生达不到深度学习。

第二,线下教学阶段,即课堂教学阶段,传统的"问题解决"教学采用的是"教师讲、理策略、变式练"的教学方式,按"一读、二想、三列式"开展教学,即组织学生读题明意、分析数量关系、规范列式解答,整个过程指向的是学生的解题技能和答题技巧的提升。《标准》指出,问题解决不能等同于"解决问题",特别是不能等同于仅仅通过"识别题型、搜索解法、套用例题"等非思维活动就能解决的解题教学。学生在这种教学模式下学习"问题解决"更像是在学"解应用题",在课堂 40 分钟内进行问题的信息整理、例题的讲授学习、习题的强化训练,教学比较程序化,学生长期在这种教学模式中学习"问题解决"会产生枯燥感、厌烦感,对教师所教学的内容不是很主动思考、所组织的活动不是很积极参与,进而直接影响到"问题解决"整体教学效果的稳定和提升。此外,传统的"问题解决"教学更多关注的是教会学生分析策略和解题技能,而对于学生应用意识和能力的培养关注不够,对于把信息技术与"问题解决"教学有机整合、解决问题的探究性和直观性的认识不够。

二、疫情背景下"问题解决"教学的突围

疫情期间,教师教的方式和学生学的形式发生了很大变化,基于信息技术支持,一系列的教与学的变革方式,如云课堂、前置微课、钉钉直播、白板录课、班群答疑、线上作业等,充分释放了资源优势,为"问题解决"教学带来新的创新必要性和可能性。

李光树认为,小学数学"问题解决"作为儿童的一种认知操作活动,从其对问题的感知和明确到对问题的分析和解决,要经历一系列复杂的心理和思维过程。儿童学习"问题解决"要经过感知、明确问题阶段——抽象、分析问题阶段——建模、解决问题阶段,这三个阶段是一个完整的思维过程。"问题解决"教学要结合儿童生理、心理的发展特点,遵循"创设情境,发现和提出问题——自主探究,分析和解决问题——建构模型,应用和修正模型"的教学原则,组织线上前置教学、线下探究学习、线上作业完成等主动建构知识、形成能力的过程,在活动中探求解决问题的方案,在深度学习中建构解决问题的模型。

(一)学生发现和提出问题:教师在课前线上教学,组织学生自主预习

对于"问题解决"教学,教师要引导学生正确地感知、明确问题,即在大脑构建起对问题的正确表征。这就需要充分借助信息技术的支持,创设多种动态、直观的教学手段,将问题中的文本、图片、声音等素材合在一起,为学生创设可读的、可视的、可感知的问题情境,激发学生兴趣,激活学生思维,引导学生理解问题情境、明确问题信息、准确表述问题含义、进入问题情境、发现和提出问题。

在课前，教师要把本堂课的问题"情境化"和"生活化"，结合班级学生的实际需要，做成一节时长10~15分钟的微课（微视频），通过图像、声音、动画等形式展示问题情境，组织学生在课前自主预习，对问题情境初步感知、对名词术语查询了解、对微课（微视频）中的信息内容进行整理与概括，转化成数学语言，抽象出数学本质。通过课前微课（微视频）的教学形式，学生能发现和提出情境中的问题。

疫情期间，线上线下联动式学习是学生的主要学习方式。教师要基于学情优选线上资源，要求学生在前置微课和前置学习单的指引下，学会自主预习，学会发现和提出问题。以"情境化""生活化"的微课（微视频）预习和精准的前置学习单指引取代传统性、封闭性的问题给定，培养学生发现和提出问题的能力，是突围疫情背景下"问题解决"教学困境的第一步。

（二）学生分析和解决问题：教师在课上线下教学，组织学生合作学习

对于"问题解决"教学，教师要指导学生准确地分析、抽象问题，找到本问题与已有认知结构的本质联系。教师要很好地利用有益于学生抽象、分析问题的信息技术，将抽象、分析问题的重难点做得可合成、可拆分或是可互动、可演示，借助直观地指导学生对问题中的数量关系进行准确的抽象和概括，对问题获得实质性理解，灵活尝试多种解题策略，找到解决问题的正确方案。

在"问题解决"课上，教师利用交互式电子白板出示课件、动画等教学资源，以学生在预习中发现和提出的问题为基础，运用电脑、白板等交互式设备，对复杂问题中的数量关系进行直观演示或教具实操，组织学生开展小组合作学习，利用一体机、投影仪、希沃白板等技术展示各小组合作学习的成果，实现"问题解决"的全班分享。

受到疫情影响，学生的自主学习能力、合作学习能力、自控自律能力有了一定程度的下降。学生不会自学、不会互学、不会展学，教师占据课堂中心，为达成知识技能目标搞"满堂灌"，课堂教学缺乏学生活动、缺乏线上资源，造成"问题解决"教学效益的降低和学生解决实际问题能力的下降。以交互式白板支持下的主动探究取代传统的"讲练"学习，最大限度地调动学生分析和解决问题的积极性，发动学生多感官、多角度地参与课上合作学习，是突围疫情背景下"问题解决"教学困境的第二步。

（三）学生应用和拓展问题：教师在课后发布线上作业，组织学生有效复习

对于"问题解决"教学，教师要积极利用信息技术辅导学生使用正确、合理的软件对问题进行应用和拓展，如指导学生在家利用智能设备在线联网，完成相应的线上作业和实践任务。教师根据课前自学和合作互学反馈的整体情况，科学、合理地布置本堂课的线上作业，即在课后利用手机、平板、电脑等智能终端完成，由教师在网上进行数据智能分析的新型作业方式。

在"问题解决"课后，教师可以根据学生在课前和课堂上的整体学习表现布置在线作业。互联网的云平台有大量优质的共享资源，如微课、微视频、微习题单等可供教师布置作业时合理选择。这些制作精良的优质在线资源符合学生的年龄特征和认知规律，教师可以根据实际需要，编排成不同层次的个性化作业向不同学生定点推送。以互联网支持下的优质线上资源取代传统的纸质作业和强化练习，是突围疫情背景下"问题解决"教学困境的第三步。

三、结语

疫情期间，如何进一步运用现代信息技术提高小学数学"问题解决"教学的质量、进一步整合线上线下资源提升小学数学"问题解决"教学，是一个非常值得研究的、很有意义的课题，对于扩充已有的小学数学"问题解决"教学理论系统，具有重要的作用和深远的意义。

做点"数学文化",感受数的发展
——"从结绳计数说起"课例分析

唐豪杰

四川师范大学附属上东学校

在实际生产生活中,古人产生了计数的需求,来明确猎物的数量和描述其他需要度量的事物,并逐渐抽象得到度量单位(一、十、二十……)。在不同时空下,世界各地产生的多种计数方法(象形数字、玛雅数字、算筹数码……),却在发展演变中呈现出相似的特点,从实物计数到符号计数,度量单位从最初的"一"到"十、十二、二十、六十……"来按"群"计数,再到产生多种进制方式,然后再统一为今天的自然数,这样的发展与演变是度量单位从多元走向统一的过程,其中蕴含丰富的数学文化知识。《义务教育数学课程标准(2022年版)》指出:要介绍数学发展史的有关材料,帮助学生了解在人类文明发展中数学的作用。学生要能通过课程的学习,知晓度量单位的发展,真正受到文化的感染。

一、教材:把握本质,创新设计

"从结绳计数说起"是北师大版小学数学教材四年级上册第一单元认识自然数的最后一个内容,是学生在对自然数总结性学习后,进一步了解这些自然数的特点和产生过程、了解十进位置值的形成过程,为后面数的扩充(如小数、分数)等奠定认知基础——"十进制"、数位及计数单位的无穷尽,从而建构数的知识体系。

纵观教材的设计思路,分为两个板块,第一个板块是了解多种古人计数的方式方法;第二板块呈现自然数的概念,并鼓励学生用自己的方法谈一谈对自然数的认识。第一板块先呈现了石子计数、结绳计数、刻痕计数等实物计数方式和古埃及象形数字、玛雅数字、中国算筹数码符号计数,让学生体会计数方式的演变和按"群"计数的必要性;再出示三种世界古文明中的符号计数方式,让学生了解多种进制;然后介绍印度-阿拉伯数字,让学生体会数字符号的优化。第二板块呈现世界通用的自然数,让学生感受自然数的特点,呈现以阅读理解为主的学习方式。为了增强学生对数发展的认识,疏通多种计数方法中的联系,从而对进制和位置值有一个深刻的认识。可以在阅读的基础上增加理解操作和交流发现环节,经历认识—理解—创造的过程,体会多种计数方法的进制和位置值,既能认识自然数的特征,又能用不同的计数方法表示数,还能用简洁的数学语言概括不同的计数方法的特征,让思维外显表达。

二、课堂:让数学历史关键节点重新发生

(一)情境导入,体会计数的实际需要

播放古人(石子、结绳、刻痕)计数微课视频。

师:远古时代,古人为了记录猎物的多少,采用了一些特别的计数方法,你能看懂吗?

生1:用一个石头表示1,有几个就用几个石头;结绳也是一样的,有几个物体就打几个绳结;刻痕就是有几个刻痕就表示几。

师:没错,这些都是用实物来计数,这些实物计数的方式有什么共同点?

生2:有几个石头就表示几,有几个绳结就表示几,刻痕也是一样的。也就是说,数和石头、绳结、刻痕的数量一样。

师：这种计数方式，一个对一个，我们可以说是逐一计数。

【设计意图】采用动画视频，激发学生的兴趣，让学生用自己的语言解读这些计数方法，发现这多种计数方法具有相同的特点：凭借实际物体采用一一对应、逐一计数的计数方式，为后面计数方式的发展找到基础"源点"。

（二）交流分享，感受不同计数方式的特征

1. 师：如果古人有 54 个猎物，或者更多的猎物呢？

生1：那需要好多的石头、绳结和骨头。那可能每天就在搬石头了……

师：看来这个方法要改进一下，于是根据实际生活的需要，在地球不同地方的古人们发明创造了不同的计数方法，开始用符号计数。前置学习中，同学们试着解读几种计数符号，你看懂了吗？请在小组中分享你的想法。

2. 小组合作交流。

（1）按顺序每人选择一种进行交流。

（2）先介绍这种计数方法，再说你是怎样表示数的。

（3）其他组员判断，补充。

（4）小组指定方法分享完成后，有补充计数方法的再向组内介绍。

3. 小组汇报展示。

（1）象形数字。

生1：我分享的是象形数字，这里1到9都是用几根竖线来表示，10就换成了像"n"这样的符号，11就是一个"n"加上1竖，12就是一个"n"加上2竖，20就用两个"n"，几十就写几个"n"，几百就用几个百这样的符号……我表示的数是15，是这样表示的：先画5根竖线表示5，再画一个"n"表示一个十，就是15。

师：对比象形数字跟前面的计数方式（石头、结绳和刻痕），你有什么发现？

生2：几个一都是一样的，画出几根竖线，到10这里换符号了，用了一个"n"。

师追问1：这里用不同的符号在表示什么？是否比结绳计数更先进呢？

生3：表示不同的计数单位，更好一些。一用竖线，十就用"n"，……这样要表示大数就不用一直刻痕了，用不同符号就好了。

师追问生2：请你想一想，如果要表示更大的数，怎么办？

生4：继续创造不同的符号。

小结：也就是说，象形文字和结绳计数这些计数方式相比，产生了不同的计数单位，用不同计数单位组合来计数，让计数变得更加方便了。

（2）玛雅数字。

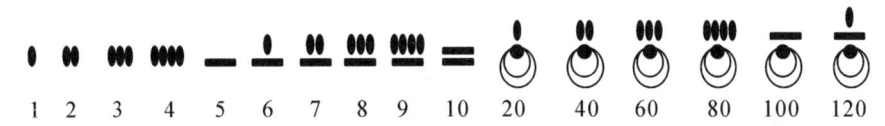

生1：玛雅数字用一个圆点表示1个一，当有5个以后就换成一横，6就是在一横上加一个圆点，一直加到10就换成两横。20就用 ⊖ 的符号，40就在上面打两个圆点，60就在上面打3个圆点，100就在上面画一横，表示有5个20。

师追问生1：这里用不同的符号在表示什么？满多少再改变符号？

生2：满20换符号方式，以20为一个计数单位。

师追问生 2：请你想一想，如果要表示更大的数，怎么办？

生 3：满 20 后又开始换其他符号。

小结：也产生了计数单位，用不同的计数单位组合来计数。

（3）中国算筹数码。

```
纵式  |  ||  |||  ||||  |||||  T  TT  TTT  TTTT   —|   —||   ≡T
横式  一  二  三  亖  亖   ⊥  ⊥  ⊥  ⊥
      1   2   3   4   5   6   7   8   9    11    12   146
```

生 1：中国算筹数码分横式与纵式，横式 1~5 用横线表示，6~9 就用一根竖线表示 5，并在竖线下方添加横线表示余数。11 就是十位 1 个一，个位 1 个一；146 就是百位 1 个百，十位 4 个十，个位 6 下方个一……

师追问生 1：刚刚不是介绍"一"这里表示是一，"一"在百位怎么又表示 100 呢？

生 2："一"在的位置不同，表示的计数单位也不同。

师追问 2：那 11 里面两个数位都是 1 为什么不都用纵式的 1 呢？

生 3：为了跟 2 区别，区别不同的数位，于是就有了横纵 2 套数码来区别数位。

师追问 3：那你觉得算筹计数跟什么有关？不同计数单位之间的关系是什么？

生 3：跟数位有关，相邻计数单位进率是 10。

小结：算筹数码也有不同计数单位，用不同数位表示不同计数单位，相邻计数单位之间的进率是 10。

【设计意图】对这几种计数方法的解读是本节课的难点，为了突破这一难点，让学生对这些计数方法的理解需要以多种方式分层完成，不断完善对这些计数方法的认识，在这个环节通过自主解读—创造表示—小组分享—全班交流（师生共学）对每一种计数方法进行深入的认识。其中，象形数字：符号计数、十进制计数方式和用不同符号表示不同计数单位；玛雅数字：符号计数、二十进制计数方式和用不同符号表示不同计数单位；中国算筹数码：符号计数、十进制计数方式和用不同数位表示不同计数单位。让学生体会符号计数与实物计数相比，不仅优化了计数方式，产生了计数单位，是计数方法的一种跨越式的进步，感受古人的智慧。对这几种计数方法的认识是总结、疏通几种方法的共性和不同的基础，这个环节的扎实推进，才能让评价总结环节深入下去。

（三）对比辨析，体会"进制"的意义

对比三种计数方法，看看你有什么发现？

生 1：都是符号计数，都产生计数单位，象形数字是十进制，玛雅数字是二十进制，中国算筹数码是十进制。

师介绍十进制和二十进制的由来。

生 2：象形数字和玛雅数字没有全部呈现，因为我们知道没有最大的计数单位，所以写不完。中国算筹数码还差一个"0"，再加一个零就呈现完了。

师介绍算筹的"0"的表示方法。

生 3：象形数字和玛雅数字是不断创造符号表示更大的计数单位，中国算筹数码是通过不同数位来表示不同计数单位。

师追问生 1：你觉得进制的产生对计数有什么特别意义？

生 4：产生了进制，简化了书写，更方便了。

小结：从实物计数到符号计数，不仅简化了书写，还进化了不同的计数单位，象形数字和玛雅数字用不同符号表示不同计数单位，中国算筹数码用不同数位表示不同计数单位。

【设计意图】在学生理解三种计数方法的基础上，对这三种方法进行比较分析，发现相同与不同，并尝试用自己的语言来描述这些发现。感受到世界各地古人的计数方式具有异曲同工之妙：产生进制——十进制和二十进制（古人数手指和脚趾计数，当满了 10 和 20 后，逐一计数受到局限）；而不同

的是象形数字和玛雅数字是不断创造符号，中国算筹数码是确定数位，后者用有限的符号就可以表示更多更大的数，进而让学生感受到中国古人的智慧和先进性，知晓位置值的由来。

（四）认识自然数，感受统一的必要性

介绍印度—阿拉伯数字，感受印度—阿拉伯数字的简洁和方便。

自学自然数的相关介绍。

同桌交流：关于自然数你知道了什么？

汇报交流、互动补充。

生 1：都是整数，且依次加一。

生 2：自然数从 0 开始，没有最大值。

生 3：自然数的表示采用十进制。

……

师追问：自然数是我们现在全世界统一学习的计数方式。但世界上有那么多计数方式，现在为什么都统一学一种了呢？

生 4：方便相互交流。

小结：没错，为了交流的需要，全球化的发展进程需要我们有统一的数学表达方式，所以这一种积聚众多优势的计数方式就成为我们共同的选择。

【设计意图】了解现在世界通用的数字是印度—阿拉伯数字，而现在通用的自然数计数方法就是以印度—阿拉伯数字为组成要素和十进制位置值的方式。关于自然数的内容呈现学生容易看懂，产生自己对自然数的认识。本环节可以开展自学和互学，在相互补充交流中，将自然数的一些特点特征进行了解。追问可以激发思考，让学生进一步感受人类文明发展就是一个从无到有、从有到优的不断优化革新的过程。

本节课是数学文化教学，教学的重点是感受数产生的必要性——体会优化变革的重要性——现今通用的价值和意义，以及进化变革中产生的核心要素——计数单位和位置值促进计数的进一步发展。这些目标很重要，需要给学生沁润，然而应该采用怎样的阅读方式才能达到这一目标呢？陶行知老先生给出了答案"做中学"，要让知识留下深刻的印象和能理解知识发展的过程。综上所述，本节课采用前置研究形成学生自己的认识，再通过自主课堂的模式探究交流，让知识从学生自主生成或者由教师启发生成，最后自主评析、优化。课程的设计模式类同于本节课的知识板块推进模式，目标的达成和学习的深度才能较好地完成，让学生在课堂有所创造才能在课堂之外有更多的创造。

基于情境问题串的学习过程，突破分数除法教学难点的课例研究
——以北师大版数学五年级下册"分数除法（二）"为例

张 丽

四川师范大学附属上东学校

一、研究动机

《义务教育数学课程标准（2022 年版）》中明确提出：在基本技能的教学中，不仅要使学生掌握技能操作的程序和步骤，还要使学生理解程序和步骤的道理。在小学数学中，学习分数不仅能够提高学生的计算能力，同时分数的学习也是让学生能够解决一系列实际问题的必要基础。众多中学数学研究报告显示：许多中学生甚至成年人在理解分数运算上都有困难，尤其是分数除法算理的理解，更是说不清楚、道不明白。

学生借助直观图、结合计算过程，抽象出计算方法，实际上也是建立数学模型的过程。学生结合图抽象出计算方法后，教师还要让学生说明和解释算理，将算理再次放回到直观图中，解释算式的过程也是算理深化的过程。

在实际教学中，学生能够很快记住分数除以分数（除以一个不为零的数）的计算法则，但要明白算理、讲清楚理由是非常困难的。

基于分数除法学习的重要性和困难性，我确立了本次研究的主题"基于情境问题串的学习过程，突破分数除法教学难点的课例研究"，该主题主要研究以下两个问题：

问题一：基于情境问题串的学习过程，如何突破分数除法的教学难点？

问题二：运用已学知识，学生如何多角度理解分数除法的算理？

二、相关研究

杭州师范大学巩子坤教授在基于皮亚杰的发生认识论、弗赖登塔尔的"四类理解"基础上，提出了"理解的类型层次模型"，试图既描述理解的各种状态，又描述理解的建构过程，并基于弗赖登塔尔关于运算学习的四种类型，提出分数除法运算理解的四个层次。

（1）程序理解：按照固定的程序，比如运算法则等来解决问题，给出正确答案。通俗地说，就是会计算。

（2）直观理解：用直观图像或现实情境来说明运算结果的合理性。

（3）抽象理解：用语言、算式等来说明结果的合理性。

（4）形式理解：用一个已知的规则、规律（相当于数学的公理、定理），基于逻辑推理，来证实运算结果的合理性。

巩子坤教授的理解层次理论可作为我们分析学生理解分数除法运算的理论依据。当我们请学生谈如何理解"除以一个不为0的数等于乘这个数的倒数"时，不管是上述哪个层次的理解，都可以说明学生对分数除法理解了，不过理解的层次有差别；而多种模型、多种角度则可加强学生对分数除法运算理解。

三、研究过程

本研究主要采用单组前后测的研究方法，以4个班级的学生为研究对象，进行相关的访谈和前测，了解学生知识掌握的真实起点，清楚学生学习的难点，从学生的实际情况出发，进行有目标的教学设计，并在课堂中重点观察学生的学习过程、学生独立自主解决情境中出现的情况以及在教师引导和同伴互助下的学习效果。实验后再通过后测分析来评价教学效果，最终说明学生是否理解了分数除法算理的这一教学难点，并能用自己的方式解释和表达算理。

四、研究结果

（一）访谈

1. 访谈情况分析。

从4个班级中随机选取优、中、潜能生各2名共计24名学生参加访谈。访谈题目中的3个题目都跟教材中的情境问题串的落点一致。

对于教材中的问题一：借助分饼的直观图及用算式记录的分饼的操作过程，在访谈的24名学生中，只有2名学生出错，其余学生都能通过观察给出分饼的过程与结果的图示，探索整数除以分数的算法及得到正确的结果。

教材问题二：教材用填空的形式，利用长方形的面积模型，让学生填出另外两种长方形的长和计算长的算式,检查学生是否真正理解了除以一个不为0的数的除法法则。在访谈的24名学生中,都能填出正确结果;但通过进一步的访谈,请学生谈理由,24名学生中只有7名学生能说明理由,其余学生回答的都是"我模仿前面的填空"。

教材问题三:尝试计算,说说分数除法计算时的注意事项。在访谈的24名学生中,超过一半的学生能正确计算。三道计算题的类型分别是:整数除以分数、分数除以分数、分数除以整数,出错的集中在第二道分数除以分数。

2. 访谈分析引发的教学思考。

(1)教材运用直观图形来"看"出结果,说明整数除以分数的计算学生是可以选择合理的途径完成的。几何直观能启迪思路,帮助学生理解和接受抽象的内容,为学生创造主动思考的机会。因此教学中我们一定要善于挖掘和捕捉几何直观的资源。

出错的学生并非看不出问题一的结果,而是没有很好地理解除法的意义。因此在课堂教学中,我们要引导学生再次回顾除法的意义,从而选择正确的方法解决这个问题。

(2)学生会填空并不代表学生真的读懂图了。因此在课堂教学中,我们要关注学生对长方形面积模型的理解。

(二)前测分析

前测题目的计算共3个类型,分别是分数除以整数(已学)、整数除以分数、分数除以分数。虽然第三个题目未学习,但超过一半的学生都会完成这道题目。由此可见,五年级的学生对于除数是分数的除法已经具备了一定的认知经验,当学生面对整数除以分数或者分数除以分数的计算时并不是毫无办法。

(三)课堂观察分析

教材情景问题串一共3个问题,第一个问题所有孩子在教材的提示下都能独立填写正确的算式并"看出"正确的结果。当执教教师追问一句"你是如何看出$4÷\frac{1}{2}=8$",学生也能结合图很好地回答。这说明通过直观的分饼图,学生能够"看出"整数除以分数单位的结果。

第二个问题:利用长方形的面积解释"除以一个不为零的数,等于乘这个数的倒数",你能看懂吗?在访谈中我们发现,大多数学生是模仿填写,并不能很好地解释这样做的理由。因此,可以在课堂中通过同伴互助,帮助学生深入理解这个模型,突破教学难点。以下是课堂教学片段中学生对这个问题的理解:

生:一个长方形的长有3份,两个同样大的长方形的长就有6份,所以长=2×3。

师:这是在求什么?你能结合图形谈变化吗?

生:这是已知长方形面积、宽,求长方形的长。根据长=面积÷宽,第一行面积是1,宽是$\frac{1}{3}$,长=$1÷\frac{1}{3}$。

师:这个面积为1的长方形模型在哪里见过?你能用前面学过的知识说明为什么$1÷\frac{1}{3}$等于3呢?

生:在学习倒数的时候,面积为1的长方形,长宽互为倒数,而$\frac{1}{3}$的倒数是3,所以$1÷\frac{1}{3}=3$。

生:第二行长方形与第一行长方形比,宽不变、面积扩大到原来的2倍,所以长也应该扩大到原来的2倍。第一个的长是3,所以第二个的长是$2÷\frac{1}{3}=2×3=6$。

通过深度对话,学生才明白了这样填的道理。因此,教材通过面积模型,能很好地帮助学生理解"除以一个不为0的数等于乘这个数的倒数"。

教材的第三个问题,学生基本都能正确计算,并能总结分数除法的注意事项。

（四）后测分析

由于前测中有 4 个计算题，后测中有 8 个计算题，因此个别班级计算正确率偏低，主要错误集中在 $5 \div \frac{2}{5}$ 这个题，错误类型包括直接约分或错误保留分母等。这说明从理解法则到熟练运用还有个过程。通过课堂学习，学生基本能解释整数除以分数计算的道理。对于开放性问题"你是如何理解除以一个不为 0 的数等于乘这个数的倒数"，能说清楚道理的孩子也明显增多。根据巩子坤教授分数除法理解层次理论，我将孩子们的答案做了如下统计：

	五 2 班	五 3 班	五 5 班	五 6 班	总百分比
程序理解	13.8%	0.0%	0.0%	10.7%	6.8%
直观理解	17.2%	0.0%	11.1%	10.7%	9.7%
抽象理解	17.2%	35.7%	16.7%	60.7%	34.0%
形式理解	51.8%	64.3%	72.2%	17.9%	49.5%

从表中可以看出，学生理解水平各层次的情况。当有学生提出"商不变的规律"这一形式表征后，学生形式理解的百分率有提升，说明借助商不变规律理解分数除法算理学生很容易接受。教师可以抓住这一形式表征，进一步提高学生的形式理解水平。

虽然直观理解的孩子相对较少，但几何直观不仅能帮助学生分析过程，还能帮助学生从"直观"过渡到"抽象"，逐步发现数学问题的本质、解决数学问题中的难点，使学生自然体会"数"和"形"的联系，因此我们也要引起重视。

五、结论与建议

结合课前访谈、课堂观察及后测，学习水平较高的学生能自主借助"情境问题串"完成学习，并且能够用自己的方式理解分数除法的算理；但大部分学生还存在不同程度、不同方面的学习困难，需要教师的引导、同伴的互助。

通过前测、后测结果分析，说明基于前测研究的教学设计对学生有一定影响。教学后，大部分孩子能用自己的方式解释算理，尽管理解水平有不同的层次。

突破分数除法计算教学难点有以下策略。第一，课堂上要重视学生自主探索计算方法的过程，探究后，学生之间要进行充分的交流，解释自己的思路，用自己的语言表达思维过程。每一种方法的提出都应该是学生自己经过了思考、蕴含了一定的道理，代表学生对数学不同程度和多种角度的理解，不能因追求多样化而人为"造出"许多方法。第二，从前测分析得出，学生在学习分数除法前已经具备了丰富的认知，部分学生甚至有较高的抽象思维能力。一方面我们可以借助教材中的直观模型，这能让绝大部分学生一眼看出结果，在教师的引导下去感受法则；另一方面，学生在探索和理解分数除法计算方法时的思维是多样而有个性的，直观模型并不一定适合全部学生，因此只让学生借助模型探究，个性思维将无法展现，让学生经历形式化、结构化的推理过程可能也有利用学生理解的内化和后续的发展。

浅谈思维导图在小学高段数学教学中的运用

——以"多边形的面积"复习为例

郑 燕

四川师范大学附属上东小学

小学数学新课标中，要求教师帮助学生树立数学学习意识和构建数学模型思想、建立空间观念，并逐渐形成数据分析的习惯，积累数学活动经验，为形成数学知识架构奠定坚实的基础。

一、思维导图简介

思维导图由英国教育学家托尼·博赞（Tony Buzan）于20世纪60年代首次提出，主要格式为知识点的联系层级图，一般情况下还会配上简短的文字。在表达关键主题与其各要点互相之间的关系时，用图形、颜色、线条、符号等来加以区分和连接，形成放射状的发散性图表。这种图文并茂的表现手法，加深了记忆的印象和对概念的理解程度，扩充了知识的囊括途径，协调了学生对于阅读、理解、记忆、重现等各受教环节的互通性。

思维导图包括中心主题、节点、连线、图像、符号、色彩等几个重要组成部分。在思维导图中，中心位置一般放教学主题，用直观鲜明的图形或是一些关键字作为标志，让人一看便能知道其想表达的主要意思；然后在中心主题下进行延伸，到次要的主体，继续延伸并罗列出一些细节要点，不需要过分考虑各细节要点的顺序和结构的限制；罗列出所有的知识要点后，全盘思考，大致整理一下思维过程，可以将逻辑顺序用简洁的数字标记出来，整合整个知识系统的走向，形成完整的知识体系。因此，指导学生有效运用思维导图能够有效促进其独立思考、提高学习效率，具有相当显著的实践意义。

二、思维导图在小学高段数学教学中的应用

1. 教学策略。

针对课堂教授的知识主体，教师可根据图1的应用模板，给出概念图，着重指出中心主题，引导学生提出二级主题，确定相关链接。

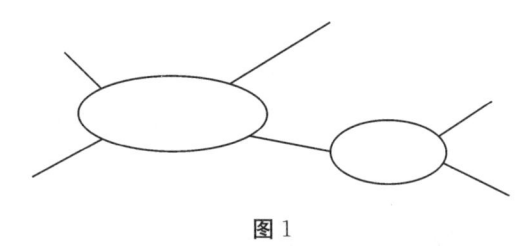

图1

在应用的环节，可以鼓励学生自由提出与中心主题相关联的概念或知识，利用基础的导图逐渐延伸，并用课堂知识标记每一级主题的主要特征。思维导图的最终运用应当具有独创性和自主性，因此在教学中教师的示范不宜过多，要让学生在充分领悟知识架构的基础上自由发挥、动手动脑、独自思考设计并独立绘制，激发其数感和符号意识，形成直观的推理能力，学会从数学的角度来认知并解决问题。思维导图既可运用于新课中某个知识点找前后联系，也可运用于某一单元的知识点整理，还可运用于某个知识体系的建立。

2. 思维导图教学案例。

以北师大版小学数学教材五年级上册第四单元"多边形的面积"的整理与复习为例，整整一个单元的内容，学生通过看一会儿书，怎么能完全记住呢？如何帮助学生对已经学过的知识进行重新回顾、综合梳理、结构重组，构建完整的知识体系，形成正确的认知结构，从而形成一个条理化、排列有序、知识之间关系清晰、可视化的系统呢？思维导图作为一种工具，可以让知识可视化，它仅用一些关键词、图形、连线并加上一些色彩等，就可以将一个单元的知识梳理并压缩在一张图上，重点清晰、难点清楚、知识形成结构，从而大大减轻了学生的记忆负担。在教学过程中，教师可以指导学生按照以下模式来完成思维导图，帮助学习：

（1）课前准备，生成初步的思维导图。

此环节主要在课前完成，学生先根据教师设计的基本问题进行课前独立的学习活动。问题设计如下：

问题1："多边形的面积"这一单元中学习了哪些图形？

问题2：这些图形的面积是怎么计算的（即计算公式是什么）？

问题3：这些图形的面积公式是如何推导出来的？

问题4：你还知道哪些关于多边形面积的知识？

通过这些问题，促使学生对本单元的知识进行简单的回忆和整理，学生在回答问题中也逐渐完成了对知识的沟通和梳理，形成初步的思维导图。

（2）课中通过各种学习活动，进一步优化思维导图。

在课堂上，通过各种学习活动，逐步完善思维导图，形成知识网络，达到知识结构化。首先是小组内先进行交流，说自己的想法并进行自我评价，组内成员间根据交流情况进行互相评价、质疑、及时补充；再到全班交流分享，全班同学共同探讨学习，并给出建议补充；最后教师对学生作品进行点评，促使学生反思，发现自己对知识点、知识块及它们之间的内在联系理解的不足，再对先前的作品进一步补充、优化，使知识体系趋于严谨、完善。

（3）课后根据自己的理解，再创思维导图。

教师提问、学生作答的模式有些束缚学生的思维，会使整个班的学生最终得到的思维导图大同小异。因此，教师还可鼓励学生根据自己对本单元知识体系的理解，结合课中讲解到的完善思维导图的方法，从不同的角度去思考，完成不同主题下的思维导图，找准知识点之间的联系，也能形成知识块。例如"多边形的面积"还可以从图形本身的联系出发，找准平行四边形、三角形、梯形几种多边形之间的内在联系：都有一组平行的对边，以梯形的面积为中心主题，平行四边形可看作是上底和下底相等的梯形，三角形可看作是上底为0的梯形，因此对于这3种多边形的面积的记忆只需要记住一个梯形的面积就可以了。

3. 思维导图指导学生学习，提升学习效率。

思维方式决定了一个人做事的方式和方法，因此，思维方式对于学生的学习效率和学习方法会产生重要的影响。思维导图可以教会学生一种科学的思维方式，找到恰当的适合自己的学习方法，从而提高学习效率。在教学活动中，学生可以通过以下几个方面运用思维导图，改变思维方式，找到科学的学习方法，从而帮助自身提高学习效率。

（1）用思维导图整理知识，有效帮助复习。

对于学生的学习来说，思维导图是一种非常有用且有效的思维工具，它是一种将思考过程图像化的技巧，也是将知识结构图像化的过程。因此，它是一种有效的复习工具，用它进行课后复习，可以厘清学习的思路。根据一项对运用思维导图进行复习、整理知识的调查发现，绝大多数的学生在使用思维导图来复习后，都认为其对梳理复习思路有很大帮助，因为思维导图能帮助学生整理杂乱的知识内容、理清思路，把零散的知识通过内部的联系处理得更有条理、更容易理解。思维导图不仅可以归纳整理知识点，还可以整理错题、扩展解题思路。

（2）用思维导图做笔记，提升学习效率。

小学高段数学教学中，课堂上会补充一些教材的知识拓展点、数学思想及运用的数学方法。相比较传统的简单的照抄笔记的方式，思维导图采用关键词的方式、占用的篇幅更少，而且用的时间也短。在课堂笔记、读书笔记以及预习笔记中，思维导图是一种不错的思维归纳法，用它做笔记相当有效，能提高学生的学习效率。

(3) 用思维导图做学习计划，合理安排时间，提高学习效率。

小学高段的学生还可以运用思维导图进行学习规划，制订学年计划、学期计划、月计划、周计划，运用一条线甚至还可以细到订立每天的学习计划。对自己每天要做的事、要达到的目标，以及对自己的学习情况全面掌握，学习进度非常清楚，学习方法了然于心。同时用思维导图制订学习计划可根据实际情况在需要时做出适当的调整，合理安排时间，提高学习效率。

三、思维导图在小学高段数学教学中运用的有效性总结

通过教学实践的验证，思维导图无论是在课前准备、课堂教学，还是课后归纳反思中的应用，其有效价值都得到了充分的体现。思维导图用思维想象作为线条，从中心主题出发，建立知识的发散框架，使概念更明确、更易掌握，提高了认知效率，疏导了沟通的渠道。总之，思维导图串联了零散的知识碎片，让学生能更轻松地统揽全局，帮助学生构建独立、自由、创新、严密的数学思维架构，对终身认知产生深远的影响。

试论小学数学教学中学生数学思维能力的培养

罗 郑

四川师范大学附属实验学校

在传统的小学数学课堂中，教师往往为了让小学生应付考试，只注重于将课本知识灌输给学生，忽略了对小学生的数学思维能力的培养，其结果往往是学生可能会做课本中的题目，但是转变到生活中的数学问题却感觉力不从心，甚至会觉得数学知识毫无用处。为了改变这一现状，小学数学教师必须从现在开始注重对小学生的数学思维能力的培养，并且寻找一切有效的方法来对培养小学生数学思维能力这一目的做出行动，从而实现小学数学高效教学，从整体上提高小学数学教学水平。

一、小学数学教学中提高学生数学思维能力的意义

小学数学是小学阶段的核心学科之一，其学习方法有很多种，但是最基本的就是要培养小学生的数学思维能力。较强的数学思维能力将会对数学学习提供很大的帮助，它可以将小学生在数学中遇到的问题具体化、统一化，在脑海中进行分析再加工，将相关知识进行联系与整合，最后输出。因此，作为一名小学数学教师，不仅仅要传授课本知识，更重要的是要培养小学生的思维能力。

二、现阶段小学数学的教学现状

（一）数学基础薄弱，缺乏学习兴趣

受传统教学思想与教学方法影响，数学基础知识学习始终成为师生的最主要困扰，不少学生对数学学习存在畏难情绪，更谈不上对学习有很高的积极性。学校师资力量有限，数学教师在教学方式上较为单一，依然以讲课为主，无法满足培养学生的创新思维能力的需求，无法提升数学学习效率。

（二）以学习成绩为主，缺乏数学思维训练

学生缺少足够的思维训练，仅依赖于教师的课堂教学，而大多数教师只围绕教材教学，学生缺少了思维训练，这些都是学生的数学学习成绩偏低的主要原因。此外，教师在教学方面较为松懈，学生对数学课堂的思维训练往往不够自觉，难以提高学习成绩。

三、创新思维能力培养的有效策略

（一）促进思维转变，培养创新助力

学习思维转变是学生学习能力提升的重要助力，在创新思维能力培养中，教师应格外注重学生数学思维、逻辑思维的转变，使学生在数学知识学习中更能深入分析和探究，增强创新思维能力建设。数学教师应从小学生学习能力和理解能力入手，认识到学生逻辑思维能力的基本情况。很多小学生以形象思维为主，看待问题常没有既定思路，教师在教学中可有意识地借助一些数学问题、借助一些典型的数学知识点应用，让学生对其加以抽象理解，逐渐认识到问题的本质所在；使学生在面对数学问题时，能够第一时间从逻辑思维角度看待问题，促进形象思维向逻辑思维过渡，为学生创新思维能力的建设提供更多有效助力。

（二）尊重学生个性，强化求异思维

不同学生在同一问题的分析中常会从不同角度入手，所以教师在教学中要格外重视学生的思维差异性，使学生在知识学习和问题分析中的求异思维顺利发展。所谓求异思维，简单而言就是在问题分析中不拘束于既定分析角度和分析方式，采取截然不同的问题探究模式，得到新的问题理解与认知，对学生创新思维能力的培养具有重要的促进作用。因此，教师在教学中要鼓励学生多角度分析问题，认识到学生的差异性，将课堂交给学生，让学生针对学习内容结合自己的知识理解与学习经验自主探究，大胆猜测、假设和推测，开阔学生的思维模式，灵活运用各种数学知识和解题技巧，实现学习能力的提升。

（三）营造学习氛围，提升探究兴趣

学习兴趣是促进学生创新思维培养的重要因素。在教学中，教师应多融入一些兴趣教学方法，提升课堂学习的趣味性，使学生更主动地参与探究学习，促进学生创新思维的有效培养。小学生活泼好动，容易受兴趣影响，教师可在教学中多创设一些学习活动，营造生活化的学习情境，增强学生学习过程中的熟悉感，积极融入问题分析与探究。同时，教师也要从教材中走出来，多结合一些生活中的数学知识，不仅有助于学生探究思维的拓展，也能促使学生养成在生活中学习与思考的意识，实现创新思维应用的常态化，对其创新思维能力的提升也具有重要作用。

（四）创设问题关联，引导学生思考

教师要先对学生学情有所把握，设计各种引导性探究问题，重在促进学生对问题和分析要点的理解，让学生获得新探究思路，而不是将问题的解答过程统统暴露出来。教师要让学生自己进行分析，并在学生创新思维能力提升后逐渐降低引导问题的深度，促使学生对探究思路进行自主分析，从而实现学生逻辑思维、创新思维的层层递进。

（五）数形结合，激发数学思维

数学是数字和图形相联系的一门学科，它不同于语文，要想学好数学就要牢牢抓住它的"形"这一特点。教师要在授课过程中将数与形相互联系，用"形"来表达"数"，又要学会以"数"来解释"形"，最后将"数"和"形"有机结合起来，帮助小学生更好更快更透彻地学习数学知识。伟大的数学家华罗庚曾经就对数学中"数"与"形"的关系提出过这样的见解："数缺形时少直观，形少数时难入

微，数形结合百般好，隔离分家万事休。"数形结合可以将数学问题简化，从而帮助学生更好地理解。

（六）情境导入，促进思维进一步发展

情境导入在当下社会发展以及教学阶段中有一定的优势，在基于网络教学的小学数学课堂中，小学数学教学应当充分利用情境导入的多元化优势，从而实现自身教学内容的开放和精彩。情境导入能够实现教学资源的开放应用，对于教材的利用和分析能够充分抓住其相应的教学特点，教师需结合情境导入的特点和优势，为学生创造相应的教学情境，从而加强学生的学习兴趣。除此之外，情境导入自身不受局限的优势，也可放大到小学数学教学环境应用当中，网络技术不再是教师的应用专利，学生也可通过网络资源的开放和创新发达，实现自身能力的有效提升，并完善自身的学习方式。受年龄特征限制，小学生往往难以形成持续的学习兴趣，因此教师在此种教学现状中，应当充分利用情境导入，为学生创造相应的教学情境，从而加强学生的学习积极性。

（七）联系生活实际，加强数学思维

数学来源于生活，鉴于我国教育水平的整体发展进程，对于目前小学生数学课堂来说，教师所采用的教学方法也较为单一和死板，小学数学课堂教学的效率也较低，学生只能终日在教师单方面说教的教学模式下机械地进行学习。联系生活实际能够有效改善教学的这一困境，将数学思维渗透在各学科教学中能够促使课堂教学变得更加多样化，利用生活中与数学相关的多种形式，既能够有效激发学生的学习兴趣，又能够提高课堂教学效率，使得学生的学习生活变得多姿多彩，同时还能够将课程重难点知识更加形象直观地呈现给学生。

（八）详细研读教材，科学设置任务

不仅是小学数学教学课程，任何一种课程在教学过程中都应当遵循教材安排的内容。因此，小学数学教师在授课当中，尤其是在提高小学生思维能力的情况下，更应当依照教材安排的内容，利用多媒体教学应用的多元化形式。教师也可实现对教材内容的拓展和创新，以教材内容为基础，将其所讲述的重点内容进行合理的情景创新，不仅能够加强学生的学习兴趣，还能够实现对教材的充分研读和教学把握。此种教学策略的应用在一定程度上充分考验了教师个人的专业资质能力，首先需要教师个人对教材内容的充分详细研读，并根据当前教学环境进行多元化改善，以此为学生设定相应的教学任务。除此之外，教师还可设定相应的自主学习应用板块，通过加强对教材的全面把握，以此实现学生知识面的累积和丰富。

四、结语

总之，在小学数学教学中，教师要促进学生创新思维能力建设就要多立足学生自主学习、充分发挥学生学习个性、尊重学生在思维认知中存在的求异思维，并重视教师的引导作用，激发学生在学习中的思维想象，避免公式、套路对学生造成思维束缚，结合多种趣味性教学活动，提高学生探究学习的主动性，逐步增强对学生创新思维能力的培养，为学生积极学习思维和学习能力的建设提供更多支持。

浅析计算教学中引导学生充分地进行操作的必要性

杨紫伶

四川师范大学附属实验学校

一、在计算教学中引导学生充分地进行操作，可以使学生喜欢数学学习

刚步入小学阶段的一年级新生具有好奇好动的心理特点，思维形式以具体形象思维为主。在计算教学中引导学生充分地进行动手操作，可以在活动中让他们自主发现、体验、感悟，可以把抽象的数学知识转化为简单易懂的方法，化繁为简、化难为易。比如12+3等于15，学生可以直接算出答案，但是为什么要"相同数位上的数相加减"，对于学生来说比较抽象。这时如果引导学生借助计数器、小正方体进行操作探究，可以很好地渗透"相同数位上的数相加减"的道理，让学生在感受位置值中明白算理。学生在操作活动中边玩边学，他们就会越来越喜欢数学学习。

二、在计算教学中引导学生充分地进行操作，可以使学生对算理的理解更具象深刻

教师引导学生充分地进行操作是学生计算学习中理解算理的基础，教师在巡视学生的操作实物时，要及时解读学生的操作思维，引导学生在具象思维的支撑下理解学习抽象的算法，借助具体的生活经验获得解决问题的方法。比如"摆一摆、画一画、算一算12+3"，从小棒到图式就是将抽象的"十几加几"的算式转化为具象思维，是数与形的完美对接，加法实际上就是接着往后数。学生通过充分的操作活动建立"一一对应"的数学思想，可以把数的认识与运算建立联系。通过充分的操作活动，学生可以结合具体的问题情境理解什么时候用加法、讲清楚每个算式是什么意思。笔者认为，这样要比他们直接算出答案更有意义。

再比如"9+几"是进位加法的起始课，也是后续学习进位加和退位减的基础。教师并不是直接将计算技巧教授给学生，而是让学生通过看懂"9+6=15"的思维图式（如图），再让学生结合小棒充分地进行操作，将摆一摆的过程探究对照题目中的思维图式，说一说"9、6、1、5、10"分别在哪里。接着反过来对照思维图式，说一说小棒操作过程中的9+6是怎样转化成10+5的。学生通过充分的操作活动与形象的思维图式相结合，可以对进位加法中的"进位"二字有更具象且深入的理解。通过操作，学生可能会产生"把9和1凑成十"的方法或者"把6和4凑成十"的方法，教师应肯定并鼓励算法的多样性，这些不同策略的交流可以使学生从不同的角度更好地理解计算的策略。教师的指导启发能让学生在操作过程中充分发挥主体作用，进位加法的计算学习自然就水到渠成。

三、在计算教学中引导学生充分地进行操作，可以更好地提升学生的思维品质

课堂上教师可以创设多种生活情境，从实际生活问题出发，从不同的广度和深度引导学生将数与物对应，锻炼学生说信息、提问题的表达能力。适时地给学生创设故事情境，不仅可以提升一年级学生的课堂专注力，还能激发学生发现问题、主动探索的积极性。接着教师要为学生动手操作提供充分的时

间，促使学生真正从感性认识上升到理性认识，不要为了"操作"而操作。"一共有 8 只企鹅，冰山的前面只看到了 2 只，冰山的后面有几只企鹅？"对于这道题 8-2=6，学生可以很快地算出答案，但是如果我们只追求这个结果，就看不到在这个问题背后孩子们多样化的理解与表达。引导学生充分地进行操作，让学生借助圆形的学具自己动手摆一摆再画一画，可以建立一一对应的关系，通过圈一圈、摆一摆这个过程，学生可以深刻地理解部分与部分、部分与整体之间的关系，也可以更好地理解 8-2=6 这个算式的含义。

课堂上引导学生充分地进行动手操作，结合教材的内容以及学情，我们可以安排在解决问题前帮助学生理解运算的意义、探索计算的方法，也可以安排在算出答案后，让学生借助画图、学具操作等活动，尝试用多种方式表达对数学问题的理解。

让我们在计算教学中引导学生充分地进行操作，引导孩子们在数学活动中快乐地学习吧！

浅议在核心素养视角下研读小学一年级数学教材

唐 柯

四川师范大学附属实验学校

经常听到两种说法，一种是"一年级的数学没有什么教（学）的，学生都会了，主要就是培养学习习惯"，这种说法主要来自家长和新上岗的教师；另一种说法是"一年级的数学不好教"，这种说法主要来自具有一定工作经验的教师。特别是完整地教过一至六年级的教师，等他们教到高年级时可能会发现，如果学生在低学段时有些数学思想和方法没有落实到位，那么就会造成他们无法将所学的知识和方法进行迁移。

那一年级的数学课究竟应该怎么上呢？作为一名工作了二十二年的教师，我的做法是：将数学的核心素养牢记心中，用核心素养的培养目标去研读一年级的数学教材。

《义务教育数学课程标准（2022 年版）》明确提出了 10 个核心素养：数感、符号意识、空间观念、几何直观、数据分析观念、运算能力、推理能力、模型思想、应用意识和创新意识。

那么怎样培养学生的数学核心素养呢？我认为，可以通过数学思想的渗透、数学方法的掌握、数学思维习惯的养成来培养。在数学学习的过程中，让学生学会用数学的眼光看问题、用数学的思想思考问题、用数学的方法解决问题、用数学的符号表达问题。

一、数形结合思想渗透符号意识

北师大版数学教材一年级上册第一单元"生活中的数"，主要内容是 0~10 的认识和书写。我所教的 2 个班的学生积累了一些数的经验，对 10 以内的数都会读、会写，有的学生还会两个两个数、三个三个数甚至五个五个数；但这种认识仅停留在直观地看着图片、实物数的阶段。进入小学后，需要把这种直观逐步过渡到抽象，用数学符号来表达。教材在安排 1~10 各数的认识与书写时，都是同一个过程：数实物数量—摆小棒表示数量—画图表示数量—用数字表示数量。

在 1~5 的教学中，我发现同学们画图表示数量都是排成一排的形状。在学习 6 的时候，依然是排成一排。这时，我提了一个问题：除了画成一排的形状，你们还可以把这 6 个图形排列成什么形状？马上有学生联想到三个三个数的方法，先画一排 3 个，再对着画一排，摆成这个形状就是 6 了（见图 1）；还有学生说两个两个画也可以（见图 2）。

图1　　　　　　　　图2

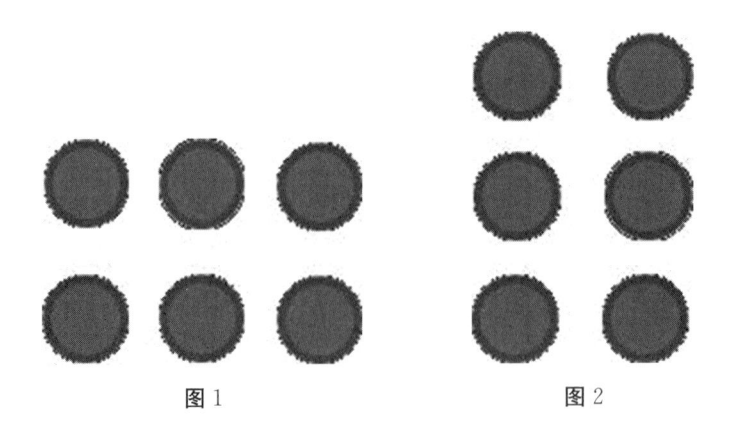

接下来，画 7 表示的数量时，有学生就知道，先画出 6 的形状，再添一个是 7。对于 8、9、10，孩子们创造的画法就更丰富了。

课程标准中强调：要重视直观，处理好直观与抽象的关系。离开了形象思维，抽象思维就像断了线的风筝。经历了这番创作后，相信每个数字所对应的形都能给同学们留下深刻印象，同时也能渗透出数学中有规律地排列可以让数数变得更简单。

二、在多种情境中建立模型思想

北师大版数学教材一年级上册第三单元"加与减（一）"，初步理解加与减的意义。对于加法模型的理解，同学们都知道是把两部分合在一起是多少，这时就可以把重点放在培养孩子们用数学语言完整表达数学信息和问题上来。对于减法模型的建立比较困难，为此，教材分了两部分来学习。

刚开始接触减法，教材用了学生易于理解的情境，有离开、拿走、飞了等动态，帮助他们建立"已知总数，拿走其中一部分，求剩下多少"是用减法解决的问题模型；但这并不全面，减法不只是解决还剩下多少的问题。所以在"猜数游戏 6 的加减法"这节课上，我安排了静态的情境图来继续学习减法模型。如果学生不能理解，还可以动态演示给他看。同时，教材中第一次把问号放在了一个部分数上，用 2 个情境图直观地表示了"已知总数和其中一部分，求另一部分是多少"用减法解决。由此，孩子们建立的减法模型，不管情境是动态还是静态，只需明确"已知总数和所分成的两部分，求未知部分"用减法的模型。

三、探索多种计算方法，培养运算能力

为了处理好运算的抽象性与学生思维的形象性之间的矛盾，教材设计在丰富的具体情境之中完成运算的抽象过程。教师可以在情境图上引导学生用"数数"的方法来确定结果。"数数"是学生已有的数学经验，如探索"3+2=?"，可以在情境图上指着图片从 1 开始逐一往后数，也可以从 2 开始两个两个数，还可以在 3 的基础上顺次往后数 4、5。教师引导一下，学生就能找出各种数的方法，从而明确计算的结果是怎么来的，逐步让学生体会到做加法实际上就是"继续往后数"的结果。到 6 的加法探索如"4+2=?"时，还可以借助已学过的"4+1=5，再添 1 个是 6"类推出结果，在新旧知识之间建立联系。

在学习了 6、7、8、9、10 数的合成与分解后，学生对于数的结构的多样性有了初步认识，也可以用来解决计算问题。

从 6 的加减法开始，教材编排就是加法和减法一起学习。这种编排非常直观地体现了加减的互逆关系，也可以用来解决计算问题。

多种计算方法的呈现，满足了不同层次学生的认知水平，总有一种或几种方法是他们能掌握的。在生生之间的交流分享中，同学们表达了自己的想法，在学习中收获了极大的自豪感和满足感，进而更激发他们爱思考、爱学习。

四、在解决问题中，建立数学方法，培养良好的解题习惯

一年级的题，教师不教都会做！

面对这种局面，教师的作用是什么？是不是学生知道答案，会做就过了呢？该怎样引领学生呢？

我始终坚持，学生在解决问题中，要明白他具有的知识和方法储备。

例如前文教材一年级上册第32页第5题填数。

| | 2 | 3 | 5 | | | 9 | 8 | | | | 6 | |

师生之间进行了如下对话：

师：这题与什么有关？

生：数数。

师：数数可以怎么数？

生：顺着数，倒着数，一个一个数，两个两个数，三个三个数……

师：你能分析出第1题是怎么数的吗？

生：从2和3我知道是顺着一个一个数的。

师：那第2题呢？

生：从9和8知道是倒着一个一个数的。

师：那第3题只有一个数6，怎么数呢？

生：可以顺着一个一个数，可以倒着一个一个数，可以顺着两个两个数……

这样确定了数的顺序和数的方法，学生就能完成同类型的所有题目。开放式的题目能呈现多种不同的填法。同学们对于一道题自己能写出多个答案感到欢欣鼓舞。

教材是一个丰富的宝库，作为教师的我牢记培养目标，用数学眼光去看每一幅情境图和每一道练习，以学生已有的认知发展水平和已有的经验为基础开展教学活动，让数学思维方式、方法在学生内心深处"扎根生长"，成为学习数学的自觉力量，形成良好的数学核心素养。

追求理解的单元作业设计初探

唐 柯

四川师范大学附属实验学校

追求理解的教学设计针对单元教学，要以逆向化（以终为始）的方式进行，分为以下三个环节。

环节一：确定结果。这一环节需要综合考虑学科核心素养、课程目标、学情和校情、学生的实际认知水平4个因素，是最为重要的一环。

环节二：进行作业设计，并设定评价标准。

环节三：设计学习经验和教学活动。

接下来，我以北师大版数学教材三年级下册"除法"为例，谈一谈我们的单元作业设计。

在单元教学目标中，除了教学内容，要重点关注核心素养和课程目标（见下表）。

	教学内容	核心素养	课程目标
1	经历平均分物的过程，探索并掌握两、三位数除以一位数除法的计算方法，知道0除以任何不是0的数都得0，进一步理解除法竖式计算的道理、感受除法与生活的密切联系	数感 运算能力	结合分物过程理解算理（理解竖式表达平均分的过程和结果，体会竖式表达方式的合理性）

续表

	教学内容	核心素养	课程目标
2	结合解决实际问题的过程，正确计算两、三位数除以一位数；理解并掌握连除、乘除混合运算顺序，同时能正确计算，逐步养成验算习惯	数感 运算能力 模型思想	会进行计算，会多种方法，并能寻求合理简洁的运算方法解决问题
3	经历观察、操作、推理等活动过程，提高解决相关除法问题的能力；能结合具体情境进行估算，发展解决问题的能力	应用意识 推理意识 几何直观 创新意识	获得分析问题和解决问题的一些基本方法，体验解决问题方法的多样性

我们在进行单元作业设计时，紧扣环节一的4个因素，让作业有针对性，发展学生核心素养，打造高品质数学课堂。具体分为以下6个类型。

一、需要迁移到新情境中的知识和技能

设计了以下作业来复习：分物经验，除法的意义，各部分的名称、关系、规律。

一、填一填。

1. 平均分就是要求每份分得（　　）。

2. 写出除法算式中各部分的名称。
   （　　）÷（　　）＝（　　）……（　　）

3. 在有余数的除法算式中，余数必须比除数（　　），
   被除数＝（　　）×（　　）＋（　　）

4. 把32本书平均分给4个学生，每人分几本？就是把32平均分成（　　）份，按照（　　）平均分，每人分（　　）本。

5. 45个本子，每人分5本，能分给几个人？就是把45按照5为一份平均分，有这样的（　　）份，就能分给（　　）个人。

6. 60÷3，把60看作（　　）个十，除以3是（　　）个十，也就是（　　）。

7. 200÷5，把200看作（　　）个十，除以5是（　　）个十，也就是（　　）。

8. 64÷2＝（　　）　圈一圈，算一算

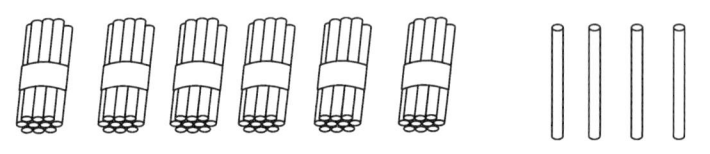

9. 18个桃子，平均分给2只猴子，每只猴子分得几个桃？
   算一算，写一写竖式中各部分的数分别表示什么？
   18÷2＝

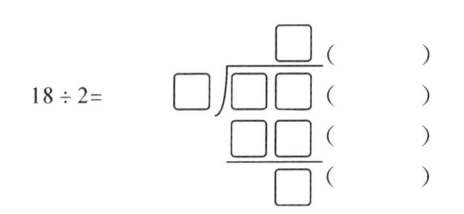

   答：_____

10. 从560里连续减去（　　）个8得0。

11. 一个数是24的5倍，这个数是（　　）。

12. 一个数的5倍是1000，这个数是（　　）。

13. 除数是几？

　　19÷(　　)＝3……1

　　23÷(　　)＝4……3

14. 商是几？

　　39÷7＝(　　)……4

　　46÷8＝(　　)……6

15. 被除数是几？

　　(　　)÷9＝5……4

　　(　　)÷10＝3……3

16. 当除数最小时，被除数是多少？

　　(　　)÷(　　)＝6……3

　　(　　)÷(　　)＝7……7

17. 当余数最大时，被除数是多少？

　　(　　)÷6＝5……(　　)

二、在类比迁移中发展学生的创新意识

在计算教学中，我们一直遵循：重意义、明算理、强算法（形成算法多样化）。

意义是理解算理的核心，明算理是强算法的基础。

本单元关于除法竖式教学有 6 节课（见图1），分别对应了几种类型（见图2）。

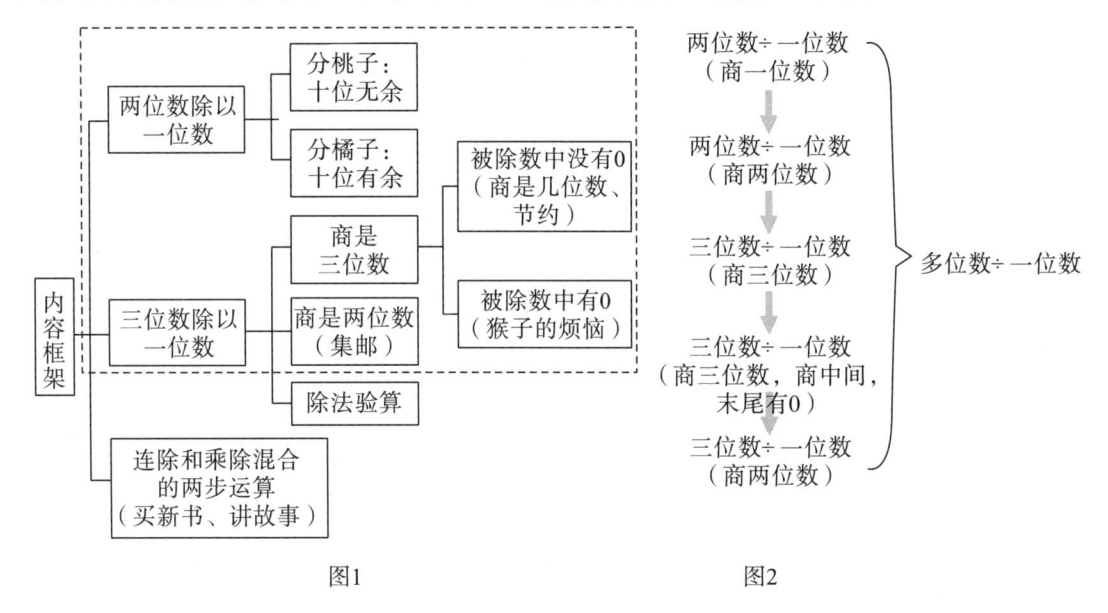

图1　　　　　　　　图2

我们用"怎么分""怎么表达"等核心问题来学习每一种类型，把分的过程跟竖式的每一步结合起来，并设计了以下练习：

（1）两位数除以一位数，分了两次，商是两位数。

（2）三位数除以一位数，分了三次，商是三位数。

孩子们在一系列的探索中，逐渐明白了"怎么分"、在竖式上"怎样表达"，并理解到：①分了有剩余，就与下一个计数单位的个数合起来再分；②不够分，就商 0 占位；③最后分到个位还有剩，就是余数。

明白了其中的道理之后，能够计算多位数除以一位数，还可以迁移到除数是两位数的除法。

三、发展数感、运算能力的练习

数感和运算能力密不可分。发展这两项能力，需要勤奋练习，同时在练习的过程中专注于理解和应用。

第一类：计算，把新旧计算类型融合在一起练习。每周至少一次。

第二类：会用多种方法计算，会根据运算符号、数据特征进行简算。

四、总结

在思维导图的评价中，既要看内容，又要看版面设计，甚至色彩搭配。这个作业让我们看到了孩子们的另一面。有的孩子在课堂上反应快、思维敏捷，作业正确率高，但是缺乏足够的耐心去看书、复习，完成整个单元的知识建构，需要培养改进；有的孩子，在课堂上反应没那么快，但是喜欢画画、喜欢美美的，他就会很有兴趣，很认真地去完成。

学生完成作业的过程，不仅仅是知识的重现，也是核心素养发展的过程。教师在设计单元作业的过程中不能只停留在知识技能考查的层面，而应该兼顾学生核心素养的发展，这也是新时代对教师的要求！

UbD 理念下，重视迁移性数学作业的设计

赵小平

四川师范大学附属实验学校

UbD 是"Understanding by Design"三个英文单词的首字母，翻译为"追求理解的教学设计"。在小学数学教学中，作业是教学的重要环节和有机组成部分，是学生学习最基本的活动形式，许多概念的形成、知识的掌握、方法与技能的获得、思维的发展和创新意识的培养，都离不开作业这一基本活动。在"新课改"的形势下，为了凸显新课程理念、赋予作业新的生命以适应学生发展的需求，结合小学生的年龄特点和兴趣爱好，在 UbD 理念下，重视迁移性数学作业的设计是新时代教育的需求。

一、UbD 理念下的迁移

理解是智力层面的建构，是人脑为了弄懂许多不同的知识片段而进行的抽象活动。如果学生理解了，他们就可以通过展示他们知道和能够做到的特定事情来证明自己弄懂了。比如教学完有余数的除法，同学们会遇到以下的题目：商店里的一袋大米重 5 千克，有 17 千克大米，需要几个袋子来装？同学们都会轻松地列出算式 17÷5＝3 袋……2 千克，而答案却会出现以下几种情况：需要 3 个袋子，需要 3 个袋子余 2 千克，需要 4 个袋子。为什么会出现这样的情况呢？就是因为同学们对有余数的除法仅仅达到了会做的要求，与理解还有一定的距离。

所谓迁移，是指一种知识、技能，甚至方法和态度的学习对另一种知识、技能、方法、态度的学习产生的影响。按迁移的效果来分，可分为正迁移和负迁移。其中，正迁移是指一种学习对另一种学习起促进作用的迁移。正迁移能使学生的数学学习过程变得更容易、更经济和更有效。负迁移是指一种学习对另一种学习起到干扰或阻碍作用的迁移。在平常的教学中，通过我们对同学们进行的一系列有针对性的训练，可以减少或者说有效防止负迁移。

UbD 理念下的迁移不仅仅是引入先前所学的知识和技能，更是通过理解一些关键的想法和策略、通过迁移创造新的知识并达到更深入的理解。我们来看如下的一个教学内容：口算 15－9 的 4 种算法。

作为教师，我们应该引领同学们深入理解这几种算法，从而达到迁移的效果。仔细分析理解这几种算法，就会发现它们是有内在联系的：都用到了10。第一种方法把一捆小棒打开，得到10根之后，再在15根小棒的基础上一根一根地去掉；第二种把15根小棒分成10和5，也用到了10；第三种，先把9分成5和4，用15根去掉5根也得到了10，再用10根去掉4根，从而得到结果是6。如果我们教师带着同学们深入理解这几种方法，找到其内在联系，把几种方法有机地融合，就会创造性地找到一种新的方法"减十加补法"。比如，用"减十加补法"来完成"12-7"，它就等于（12-10）+（10-7）=2+3=5，即12-7=2+3=5，孩子们通过理解关键的想法和策略，通过迁移创造出新的"减十加补法"，从而更加深入理解计算20以内的退位减法。最后一种方法"想加做减"，对于一二年级的同学们来说，要想充分地掌握好这种方法，教师就应该在UbD理念下，设计一些迁移性的数学作业，如基本的口算题型"直接写出答案""填算式的中间数"等。这些迁移性的数学作业能为以后的"想加做减"打下良好的基础。

二、迁移性数学作业的设计应建立在深入理解的基础上

对于小学生而言，能有效地进行迁移并不是一件轻而易举的事情。现代认知理论关于迁移的研究表明，学生学习的正迁移量越大，他们通过学习所产生的适应新的学习情境或解决问题的能力就越强。这种正迁移量的实质，是认知主体原有的认知结构，也就是学生对原有相关知识的理解程度。因此，学生原有知识的理解程度就成为学生顺利迁移的最关键因素。

三、迁移性数学作业的分类

计算能力是小学生一项重要的基本能力，是学习数学和其他学科的重要基础，小学生计算能力的高低直接影响着学习的质量。小数数学大纲指出：小学数学要使学生既长知识又长智慧，要把发展智力和培养能力贯穿在各级各类的教学始终。这些计算类的迁移性作业，在学生充分理解和掌握基本算法的基础上，引导学生通过观察和思考，探求合理的、灵活的算法，很好地训练了学生缜密的思维、严谨的态度、快速的反应等各方面的能力，为学生后继的学习和整体数学素养的提高打下了良好的基础。

教师根据儿童对周围事物充满好奇的心理特征，结合教学的需求，精心设计形式多样的、新颖有趣的、喜闻乐见的各种数学操作性的迁移性数学作业，通过操作活动解决一些特定的问题，这样能很好地培养学生思维的深刻性、灵活性，使整个数学教学焕发出生命的活力。学生通过操作活动获取的知识记忆会非常深刻，并能把这些方法和结果进行迁移，用于解决其他新的问题。

我们在注重基础知识的同时，也特别重视应用类的迁移性数学作业的设计。这样不仅能传授给学生"鱼"，而且能传授给学生"渔"，教给学生有效的方法，帮助他们获得开启智慧大门的金钥匙。应用类的迁移性作业不仅能让学生更牢固地理解基础知识，还能激发小朋友的学习数学的兴趣和求知欲，挖掘他们创造能力和研究的潜能。

数学知识来源于生活，又用于生活，生活既是学生学习数学的场地，也是学生运用数学知识解决实际问题的用武之地。教师把教学内容和生活实际有效地融合，设计出实践类的迁移性数学作业，让学生自己去看一看、堆一堆、分一分、掂一掂，能有效促使学生尝试从数学的角度，运用所学的知识和方式寻求解决问题的方法，体验数学在生活中的价值，使学生认识到生活中处处有数学、生活离不开数学，并培养学生用数学的眼光观察生活问题和分析生活问题。

在UbD理念下设计迁移性的数学作业是学校教育的一个重要内容，但这也只是多种作业形式的一种。因此，我们要从实际出发，在深入理解教学内容的基础上，充分利用教材资源，设计适合学生心理特点、年龄特征和学习所需的迁移性数学作业，真正地实现"追求理解的教学设计"的目标。

理化生地奥

深度学习视域下的初中物理概念教学
——以"功率"为例

赵仕芳

成都棠湖外国语学校

物理概念在中学物理基础知识中的地位不言而喻，它是初中物理基础知识中最重要、最基本的内容；然而，仍有部分教师认为直接给概念、大量习题巩固更为"高效"。事实上，物理概念是人们经由大量观察、实验获得感性认识，对现象及过程的共同特征加以比较、分析、综合、抽象和概括等思维活动的产物。建构概念，需要主动的、探究式的、理解性的深度学习，将新概念融入原有的知识结构中，在众多思想之间进行联系，并将其迁移到新的情境中。如果脱离生活经验仅以机械的背、记等浅层学习，难以真正地建构概念，更不必说在建构概念的过程中培养核心素养。那么，具体操作路径是什么？有别于规律教学又有哪些关注点？笔者将从物理概念建构的各环节入手，结合实际案例，针对这些问题进行探讨。

一、深度学习视域下初中物理概念教学的环节

深度学习是指学生围绕着具有挑战性的学习主题，全身心积极参与、体验成功、获得发展的有意义的学习过程。在此过程中，学生掌握学科核心知识，理解学习过程，把握学科本质及思想方法，形成积极的内在学习动机、高级的社会性情感、积极的态度、正确的价值观，成为既具独立性、批判性、创造性又有合作精神、基础扎实的优秀的学习者，成为未来社会历史实践的主人。其特征有：思维过程复杂，学习结果丰富，教学引导充分。要求学习者进行理解性学习、深层次的信息加工、批判的高阶思维、主动的知识建构及转化、有效的知识迁移及真实问题的解决。

概念的建构需要经历感性到理性、具体到抽象、简单到复杂、零散到整合等过程。课堂深度学习是课堂上在教师的引导下，通过对知识的理解与创造，实现知识结构完善、关键能力培养和复杂情感体验的过程。要促进深度学习的发生，物理概念教学同样需要遵循该过程。深度学习的外在表现为：学生有全身心投入学习的体验，能够将经验和知识相互转化，且能将间接经验迁移应用到生活情境中。基于此，促进深度学习的物理概念教学的环节如图1所示。

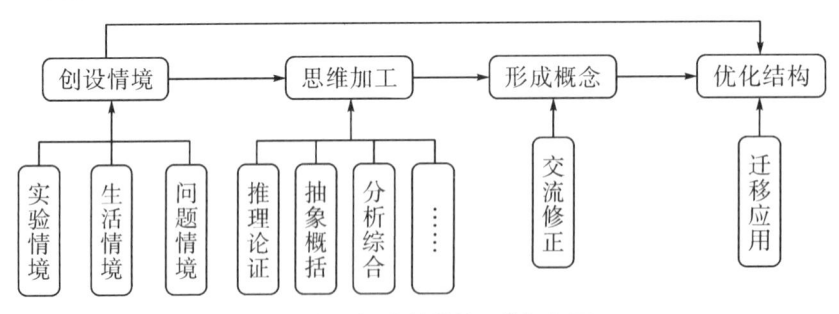

图1 物理概念教学的环节框架图

1. 创设情境。

深度学习的前提是学习活动能够唤起学生的感性经验，激发学生学习的兴趣，提高学生学习的内驱力。因此，创设情境理应是概念学习的第一个环节，并且贯穿课堂的始终。值得注意的是，选取的情境需要与学习主题高度相关、符合学生的认知心理特点，这样才能帮助学生建立已有经验与当下所学概念

之间的联系。

2. 思维加工。

思维加工是指利用归纳、演绎、类比、探究等各种思维方法，在抽象思维、形象思维和直觉思维的共同作用下，对观察到的实验结果和原有的经验等进行抽象概括，从而把握事物的本质，并建立事物本质的内在联系的深度加工过程。此过程是概念建构的核心环节，其成功与否直接影响着深度学习是否真正发生；其具体方式与所要习得的概念相关，教师在此过程中需要有效引领学生追本溯源、逐步深入。

3. 形成概念。

形成概念是指生与生之间、师生之间关于概念的交流与思维的碰撞，贯穿在整个学习过程中。学生在不同情境中通过思维加工建立起的初步概念往往不够全面和深入，甚至是片面的、错误的。通过思考、讨论、分析，给学生展示自己的思维过程的机会，在交流思辨中相互启发、不断修正、补充初步概念、明确概念的内涵与外延。在平等、宽松、合作、安全的互动氛围中，学生以全部的思想和精神去感受和体验学习活动的丰富复杂、细微精深，促使学生全身心投入教学活动、开展深度学习。

4. 优化结构。

优化结构是指将概念迁移应用。迁移是经验的拓展与提升，应用是将内化的知识外显化、操作化的过程。概念是否真正地建构完成，深度学习是否真正发生，需要在解决实际问题的过程中才能暴露、诊断，以便后期的纠正、完善和巩固。

二、促进深度学习的物理概念教学的案例

在具体概念教学中如何操作实施？笔者以教科版物理教材八年级下册的"功率"为例进行说明。

1. 创设多样情境，初步引入概念。

【活动】比一比：搬水比赛。

两名同学同时开始将放在地上的20瓶水拿起来放入置于桌面的筐子当中，看谁最先完成。

问题1：两位同学都对这些水做了功，他们各自做的功分别是多少？你有什么发现？

问题2：甲同学赢得了比赛，用的时间短，我们比的这个快慢实际上是什么的快慢？

问题3：除了做相同的功、比时间之外，你还有没有办法让他们分出胜负？

【设计意图】通过搬东西这一熟悉的事情，从认知层面拉近学生与所学知识的距离。采取比赛的形式，打破课堂的静态氛围，吸引学生的广泛注意。以活动为载体，在巩固"功"这一概念的同时，促使学生思考搬东西有快慢这一现象背后的本质：功除了有大小之外还有快慢之分。此外，还能发散学生的思维，从已有经验中找寻比快慢的其他方法，建立新知与已有概念的逻辑联系，从而让深度学习在建构概念的初步阶段萌芽。

【情境】超市需要将水搬运到仓库中，有两种叉车，甲1小时做功10^5J，乙2小时做功$4×10^5$J，我们该如何选择？

【设计意图】由人工搬水转换为机器搬水，需要比快慢来选择机器，通过真实情境，明确引入概念的必要性，增加学习的动机，在之前比快慢的基础上加深思考难度、逐步建立概念。学生对这一生活中的问题进行讨论交流，找到比较方法。促使学生深入思考，在潜移默化中将比值定义法迁移运用到新概念的建构中。

2. 多角度的思维加工，建立概念。

【思考讨论】（1）之前学过的描述快慢的物理量是什么？是如何定义的？如何描述功的快慢呢？（2）类比速度定义，如何定义功的快慢？其表达式如何？

【设计意图】参照速度概念的建立过程，通过类比速度概念的建立降低功率概念建立的难度。同时，提取原有认知结构中类似的知识，把学习内容与原有认知建立起恰当的联系，为概念的建构打下坚实的基础。在生与生之间讨论交流当中，在平等、合作的氛围当中，将科学方法融入功率概念的学习。让学生意识到功的大小变了、时间改变，它的比值可能不变。抓住本质特征，使学生对功率概念的建立顺理成章、对比值定义法的思维过程有更深刻的体悟，也能为之后学习电阻等概念打下基础。

3. 广泛的交流思辨，修正补充概念。

【讨论交流】

展示叉车的铭牌，铭牌上的功率分别是多少？哪辆叉车做功快？哪辆叉车做功多？

甲、乙两名同学同时从一楼出发将书包带到教室，甲的书包比乙的更重，乙先到教室，谁做功多？谁做功快？谁功率大？

【设计意图】从不同角度进行分析讨论，从功率概念进行辨析，已知功率比做功多少，已知做功大小比快慢。在比较辨析中，明确功率是描述做功快慢的物理量，与功的大小、时间的多少无关，进一步加深对功率概念的理解，修正初步建立的概念。此外，通过对铭牌上数据的分析，联系生活，让学生认识到机械铭牌上信息的重要性以及功率的意义。教师如果仅止于引导学生对概念的基本内容进行反复记背，缺乏科学推理、分析综合的思维过程，概念的建构将难以真正实现，深度学习也无法发生。教师创设情境，引导学生领会其中所隐含的科学方法，这样的处理能让学生更加彻底而全面地认识和理解概念内涵。

4. 原始问题中迁移应用，优化相关结构。

【讨论交流】

（1）一辆汽车以 72km/h 速度匀速行驶了 4min，汽车受到的阻力是 900N，请你计算出汽车的功率，与功率为 2000W 的乙车相比，谁做功快？

（2）功率概念使用了比值定义法，除此之外还有哪些概念的定义也用了这种方法？它们有什么共同特点？

（3）调查机械的功率，每台动力机械都有它的额定功率，常标在机械的铭牌上，请你至少调查两种，把它的型号和功率记录下来。

【设计意图】通过习题进一步厘清相关物理量的关系，完善原有的知识结构，也能重新梳理不同概念之间的联系，从而教会学生其他物理概念学习的共性方法，同时让学生体会到所学知识和生活的紧密联系，认识到功率这个概念的重要性。此外，形成新的知识结构不是学习的终点，要使物理概念重新回归到生活情境中，迁移运用所学概念，让认知结构更为完善，在横向迁移中提升综合实践能力。

三、深度学习视域下的物理概念教学的注意事项

深度学习的最终目的是在教师的有效引导下，促进学生主动参与整个物理量概念的建构过程，最终实现学生对客观事物的内在规律、本质属性及相互关系的深入认知。笔者认为在实施过程中应注意以下几点。

1. 情境创设过程中要避免以偏概全。

情境创设的目的是让学生全方位体验物理情境，激活学生的思维，并让学生逐步感受概念的形成。如果在教学中，教师局限于极个别的现象来建立情境，这样的教学虽然可以在三言两语中完成对概念的认识，但很容易让学生陷入误区。例如浮力概念，在概念的引入时教师大多选用氢气球腾空而起、漂浮在水面上的木头等，这些现象证明了浮力的存在，也说明了浮力的方向，但在生活中遇到浴缸下方的塞子拔掉后旋转的水流将原本漂浮在水面上的塑料片吸到水底的现象，会对学生造成一定的困扰。因此在概念建立之初，可让学生自主举例，探讨生活中的相应的现象，让学生找寻现象之间的相似性，进而完成归纳。

2. 基于内容与生情让科学思维贯穿始终。

深度学习强调知识的系统性，与表层学习相比更倾向于把握知识之间的联系与本质。部分教师急于求成，关注如何快速地得出概念，用大量的练习题去巩固概念，这种做法看似高效，实则忽视了学习的本质。很多物理概念的定义是从大量事实信息出发，经历信息深层次的加工、批判性高阶思维、主动建构与转化，再迁移至新情境中，如功率概念所用到的比值定义法、浮力概念中的模型法等。因此，在活动的设计与进行过程中需要充分地发挥教师的引导作用，提问的设计就需要指向明确、有梯度、有逻辑，让学生体验到概念的建立过程，感受其中蕴藏的科学思维与方法。

3. 立足学情多元设计以合作探究为核心的教学活动。

精准地定位学情，找到学生的最近发展区，是教学设计的起点。要想深度学习在课堂上真实地发生，学生思考和操作的学习对象必须能够满足建构新知识的条件。部分教师认为概念简单，能记住就能做题，忽视了学生的学情，学生就很难对概念进行全方位的认知和理解。教师需要立足学情，精心设计并呈现符合学情且带有教学意图的结构化材料，设计以学生自主合作探究为主、以教师讲解归纳及师生问答为辅的多元教学活动形式，如独立学习、小组交流、班级交流、教师引导等，在符合深度学习要求的教学活动框架下让物理学习更为有趣、有效。

四、结语

深度学习是初中物理学习的一个非常有效的学习方式，从深度学习的角度出发进行概念教学，不但是教学方式和学习方式的转变，而且对于学生自主学习、信息收集、思维加工、交流合作、应用迁移的能力的提升有着长远的意义。在物理概念教学中实施的深度学习还处于初级阶段，如何有效地实施还需广大教师不断地实践与探索。

高一化学学习障碍学生成因调查及融合教育研究

李高月

成都市武侯高级中学

化学是自然科学的一种，是在分子、原子的层次上研究物质的组成、性质、结构与变化规律并创造新物质的科学。世界由物质组成，化学则是人类用以认识和改造物质世界的主要方法和手段之一。它是一门历史悠久而又富有活力的学科，它的成就是社会文明的重要标志。高中化学对于培养学生观察分析能力、实验探究能力有着不可替代的重要作用。高中化学对比初中化学深度、广度明显加强，由描述向推理发展的特点日趋明显，知识的横向联系和综合程度有所提高，研究问题常常涉及本质，在能力要求上也出现了形象思维向抽象思维的飞跃。有的内容如"摩尔""元素周期律""氧化还原反应"等知识理论性强、抽象程度高，这些内容历来被认为是造成学生分化、学习困难的重点知识。相当一部分学生在高一阶段学习化学就存在学习障碍，觉得化学内容繁杂、综合应用难度大。

本文选取武侯高级中学高一900名新生作为研究对象，通过科学调查方法探讨学生在高一化学学习中存在学习障碍的原因以及让学习障碍学生融入正常教学的策略研究。

一、高一化学学习障碍成因调查

1. "学习障碍"的含义。

在我国，"学习障碍"是指智力水平发展正常和无感官缺陷的学生在学习过程中由于学习态度不端正、学习习惯欠佳、基础知识和基本技能缺乏等原因导致高考科目中的一门课程或多门课程的学习成绩显著低于平均水平，并没有达到课程大纲的标准。也就是说，"学习障碍"学生并非存在先天感官缺陷或者智力水平发展较低，而是在学习过程中由于种种原因导致了学习成绩欠佳。这种"学习障碍"是暂时的，是可以改变的。"学习障碍"学生存在以下特征：①这类学生的学习成绩远低于正常平均水平，也没有达到课程大纲和新课程标准的要求；②这类学生的生理和心理发展水平处于正常水平，并没有明显的发展障碍；③这类学生通过科学规范的教育可以转化为正常学业水平的学生，他们的"学习障碍"只是一种暂时的状态。

高一化学存在"学习障碍"的学生有可能在其他学科是"学优生"，说明这些学生并非存在生理和智力发展缺陷，而是由于没有掌握化学学习方法、对化学不感兴趣、没有形成化学学科思维等原因，造成高一化学"学习障碍"。化学学习障碍学生一般表现为：对化学课堂教学不感兴趣，昏昏欲睡或者漠不关心；对化学教师提问不主动回答，积极思考课堂教学内容；对课后作业敷衍了事、抄袭甚至不完成。不过这类学生在教师积极有效的指导下大多可以跟上正常的课程教学。

2."学习障碍"调查问卷设计。

调查问卷包括高一学生化学学习的学习动机、学习兴趣、学习意志、学习方法、学习习惯、对教师教学的看法、家庭环境及家庭教育状况等多个方面。

本调查问卷的调查对象是武侯高级中学高一年级学生，高一年级共18个班级，9个志远班，9个平行班，共900名学生，男女学生人数大致相当。选取"学习障碍"学生的主要依据为9月份的入学考试化学成绩以及10月份月考化学成绩，选取两次考试化学成绩均低于年级平均分15分以上的学生共120名，同时选取对照组的学生，选取标准为两次考试化学成绩均在年级前100名的学生共68名。120名"学习障碍"学生，68名"学有余力"学生，共发出188份调查问卷，收回170份，收回率为90.4%。

3."学习障碍"调查问卷结果分析。

（1）高一化学学习兴趣及学习动机分析（见表1）。

表1　高一化学学习兴趣及学习动机

题目	选项	"学习障碍"学生结果	"学有余力"学生结果
1. 你喜欢学习化学吗？	A. 喜欢	15.3%	85.2%
	B. 不喜欢	34.8%	1.7%
	C. 以前喜欢，现在不喜欢	18.1%	3.1%
	D. 不知道，没感觉	31.8%	10.0%
2. 你学习化学的目的是什么？	A. 化学知识对于社会发展和个人发展意义重大	3.2%	34.9%
	B. 在高考中取得好成绩，考好大学	78.3%	56.2%
	C. 学校开设了课程，不得不学	18.5%	8.9%

结果分析："学习障碍"学生和"学有余力"学生在化学学习兴趣方面差异较大，大多数"学习障碍"学生不喜欢学习化学，还有约三分之一"学习障碍"学生对于化学学习抱着无所谓的态度，而"学有余力"学生绝大多数表示喜欢学习化学。在学习化学的目的问题上，"学习障碍"学生和"学有余力"学生有共同点，两者都表示学习化学的主要目的是在高考中取得好成绩、考好大学，说明大多数学生的学习目标还是比较明确的。"学有余力"学生在化学对于社会发展的意义方面看法更加积极。

（2）初中化学和高中化学衔接分析（见表2）。

表2　初中化学和高中化学衔接

题目	选项	"学习障碍"学生结果	"学有余力"学生结果
3. 你觉得高一化学学习困难吗？跟初中化学比呢？	A. 差不多难度	4.3%	5.7%
	B. 高中化学难度大一点	14.2%	71.6%
	C. 高中化学难得多	68.7%	15.2%
	D. 不知道，没感觉	12.8%	7.5%
4. 你觉得初中化学和高中化学知识之间的联系紧密吗？	A. 联系很紧密，部分初中化学知识在高中得到了深入学习	23.2%	69.7%
	B. 联系不太紧密，结构比较零乱	38.3%	26.2%
	C. 没有什么联系，差别很大	38.5%	4.1%

结果分析：对比"学有余力"学生，大部分"学习障碍"学生认为高中化学比初中化学难得多，感到了学习困难。"学有余力"学生认为初中化学跟高中化学的联系十分紧密，高中化学学习是初中化学学习的延伸和深入，而"学习障碍"学生认为联系不太紧密甚至没有联系，可以看出，高一学

生的化学学习障碍很大一部分源于没有做好初、高中衔接学习，所以教师应当加强化学初、高中衔接教学。

（3）化学学习意志力分析（见表3）。

表3 化学学习意志力

题目	选项	"学习障碍"学生结果	"学有余力"学生结果
5. 每当遇到化学学习困难，你会怎么做？	A. 独立思考，争取解决问题	3.1%	34.8%
	B. 请教教师或者与同学讨论，争取解决问题	24.2%	61.3%
	C. 简单想一下，想不出来就算了	63.1%	3.2%
	D. 根本不解决	9.6%	0.7%

结果分析：大多数"学习障碍"学生的学习意志力较为薄弱，有63.1%的"学习障碍"学生遇到化学学习困难选择"简单想一下，想不出来就算了"，而绝大多数的"学有余力"学生会通过自己独立思考或者求助于教师和同学来解决问题。

（4）化学学习态度、学习习惯和学习方法分析（见表4）。

表4 化学学习态度、学习习惯和学习方法

题目	选项	"学习障碍"学生结果	"学有余力"学生结果
6. 你在上化学课之前，会进行预习吗？	A. 一直都会预习	6.5%	19.2%
	B. 经常预习	11.3%	45.1%
	C. 偶尔预习	21.0%	23.6%
	D. 从不预习	61.2%	31.3%
7. 化学课上你是怎么做的？	A. 经常走神或者睡觉	53.9%	0.9%
	B. 认真听课，但没有积极思考教师提出的问题，属于被动学习	43.7%	75.1%
	C. 积极参与课堂各个环节，主动思考教师提出的问题，属于主动学习	2.4%	24.0%
8. 你是怎样完成化学课后作业的呢？	A. 独立思考，认真完成并改错	3.2%	58.7%
	B. 独立思考，认真完成，没有改错的习惯	14.7%	13.5%
	C. 与同学讨论后完成	52.1%	18.9%
	D. 偶尔无法完成作业	30.0%	8.9%
9. 课后你会主动复习化学吗？你会自主选择化学资料书或者化学科普读物进行阅读吗？	A. 经常，有课后补充学习化学的习惯	5.7%	48.1%
	B. 偶尔，有学习热情的时候会补充学习化学	28.2%	36.5%
	C. 从不，对化学没有过多的兴趣	66.1%	15.4%

结果分析：化学"学习障碍"学生在学习态度、学习习惯、学习方法等方面均存在问题，有61.2%的"学习障碍"学生表示自己从不预习，53.9%的学生表示在化学课堂上经常睡觉或者走神，52.1%的学生表示要与同学讨论完成作业并且大多没有改错的习惯，66.1%的学生表示从来不会课后复习化学，也没有进行补充学习；而在这些方面"学有余力"学生都做得更好，说明"学习障碍"学生存在化学学习问题的本质原因在于学习过程中没有做好。

（5）对化学科任教师的评价分析（见表5）。

表5　对化学科任教师的评价

题目	选项	"学习障碍"学生结果	"学有余力"学生结果
10. 你认为你的化学老师应该怎样上课？	A. 多讲一些应用于实际生产生活的化学知识，能够帮助学生提高化学成绩	5.8%	42.3%
	B. 多讲一些生活中有趣的化学知识，能够提高学生的学习兴趣	62.4%	12.4%
	C. 教学方法多种多样，灵活多变	17.1%	21.0%
	D. 教学态度和蔼可亲	14.7%	24.3%
11. 你喜欢你的化学老师吗？	A. 喜欢	29.1%	60.5%
	B. 不喜欢	44.3%	15.4%
	C. 没感觉，无所谓	26.6%	24.1%
12. 你曾经受过化学老师的表扬和鼓励吗？	A. 经常	3.2%	58.7%
	B. 偶尔	14.7%	13.5%
	C. 从来没有	52.1%	18.9%

结果分析：教师上课的风格和对学生的态度会影响学生的学习情况，有62.4%的"学习障碍"学生希望教师的化学课堂能更有趣、提高学生的学习兴趣，有44.3%的"学习障碍"学生不喜欢自己的化学教师，有52.1%的"学习障碍"学生没有受到过教师的表扬和鼓励。几乎所有的学生都希望得到教师的表扬和鼓励，而受到教师更多表扬和鼓励的孩子更有可能取得好成绩。

二、高一化学"学习障碍"学生融合教育策略

1. 做好初中化学和高中化学的衔接教育。

教师应当充分研读和理解初中化学、高中化学新课程标准，明确初中化学和高中化学的教学内容和教育理念，找到初中化学和高中化学衔接教育的关键所在。教师应当通过阅读初中化学和高中化学教材、设计调查问卷调查学生学情等方式厘清有哪些知识内容和能力要求是初中化学已经要求学生掌握的；哪些知识内容和能力要求是初中化学已经涉及，而高中化学教材中没有明确提出但又要求学生掌握的；哪些知识内容和能力要求是初中化学已经提及，需要在高中进一步深入的。

2. 做好"学习障碍"学生的心理健康教育。

在高中这个特殊的学段，学生的学习压力很大，很多"学习障碍"学生承受着同伴的轻视和家长的失望，所以他们失去了学习信心和学习兴趣。作为他们的教师要多鼓励和关心这些孩子，给予他们更多的关注，帮助他们重拾学习化学的热情。同时，教师还应当积极引导他们，培养他们的学习意志，不轻言放弃。

3. 激发"学习障碍"学生的学习兴趣。

大多数"学习障碍"学生都属于被迫式学习，没有主动学习的学习兴趣，所以教师应当创设丰富多彩的学习情境，激发学生的学习兴趣。同时，教师还应当和学生保持良好和谐的师生关系，使学生在化学课堂感到轻松愉悦。另外，教师可利用化学学科的特点，充分开展探究实验，让学生在有趣的实验中培养化学学习兴趣。

4. 加强"学习障碍"学生的学法指导。

教师应当对"学习障碍"学生进行科学有效的学法指导，不同的知识内容要进行不同的学法指导，同时要培养学生的科学记忆法，提升学生理解和记忆知识的能力，从而帮助学生培养良好的化学学习习惯。此外，教师还要多鼓励学生提问，可以开展"每天一个化学问题"等小活动培养学生问问题的习惯。

"学习障碍"学生的融合教育是一个长期而复杂的问题，导致学生"学习障碍"的原因多种多样。我们教育工作者在科学分析学生"学习障碍"的各种因素之后，需要制订切实有效的措施来改变这些学生"学习障碍"的现状，但最为重要的是，我们要付出长久的耐心和爱心，对这些学生"不放弃、不指责"，让每一个学生都学有所得。

基于建构主义的元素化合物学习框架研究
——以"铝的重要化合物"为例

史婉君

成都市武侯高级中学

一、问题的提出

元素化合物知识是中学化学的基础知识，在中学教科书中所占比例较大，也是学生在今后工作和生活中经常接触、需要了解和应用的基本知识。在中学化学知识中，化学实验是对元素化合物知识的生动再现和认识，化学计算是对元素化合物知识的定量研究，而化学用语是对元素化合物知识的记载和描述。可见，元素化合物知识的学习极其重要。这些知识既可以为前面的理论知识补充感性认识的材料，又可以为今后元素周期表、元素周期律等理论知识打下重要的基础。然而，通过亲身的教学体会，笔者发现学优生和学困生在此节知识上的差距依然很大，甚至有持续增大的趋势。究其原因，对于刚升入高中的学生来说，大家会怀着满腹信心开始高中学习，与此同时，高中化学也由简单的初中知识转为抽象思维的建立与培养。在第一、二章化学实验与理论部分内容学习的过程中，因缺乏元素化合物知识，且理论概念抽象，学生普遍感觉较难，很多同学对化学学习的信心已受影响。如果在元素化合物知识的学习时，没有一个整体的知识框架，那么学生很有可能迷失在大量的性质及反应中。大部分学生会反映该部分知识"易学难记""量多面广"，这对以后的学习，包括对学生的学习信心和状态无疑是更大的打击。

此外，部分教师教学过于强调接受学习，死记硬背、机械训练的方式方法让学生觉得元素化合物知识的学习枯燥无味。《普通高中化学课程标准（2017年版2020年修订）》对元素化合物部分的教学，提出了明确的要求：将学习内容与资源和环境问题相联系，使学生掌握学习物质性质的基本方法，通过将科学精神和人文精神的结合，培养学生热爱大自然、热爱生命，树立可持续发展的思想。

因此，有必要对元素化合物知识的学习进行反思与研究。

二、建构主义学习理论对元素化合物教学设计的启示

针对上述存在的问题，本文以"铝的重要化合物"教学为例，探讨元素化合物知识如何体现知识框架的建立。建构主义的思想主要来源于皮亚杰、维果斯基、布鲁纳等的认知发展理论，吸收、融合自我建构和社会建构两种模式。建构主义理论和思想来源如表1所示。

表1 建构主义理论思想来源

思想来源	自我建构	社会建构
代表人物	皮亚杰	维果斯基
特点	个人建构、个体主动加工、已有经验、个体特性、个别差异	社会文化经验、情景，与他人互动协商
模式	同化、顺应、平衡	合作学习、交互式教学

建构主义理论认为知识是一种解释、一种假设，并不是问题的最终答案，也不是对现实世界的绝对正确的表征；强调不能对学生存在一致性假设；学习是一种意义建构的过程，学习的结果是围绕关键概念形成网络化的认知结构；教学要以学生为中心，教师作为学习者建构知识的引导者，职责是最大限度地促进学习者与情境的交互作用，主动建构，以取得最大可能的发展。建构主义学习理论的特点如图1所示。

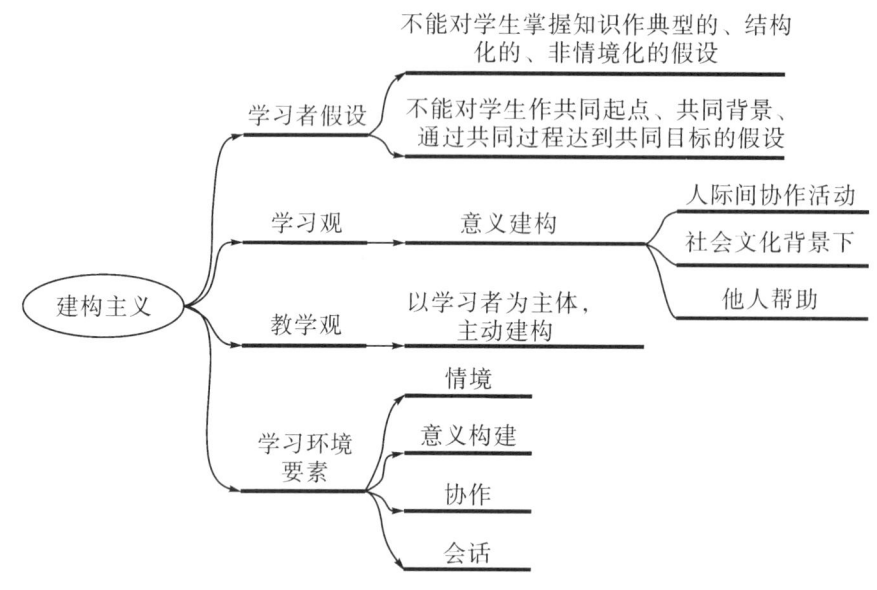

图1 建构主义学习理论的特点

基于此，在铝的重要化合物的学习中，教师应当尽量让学生参与学习，给学生创立有效的"学习"与"会话"情景。同时对于知识框架的形成，应是以教师引导、学生探究发现的模式呈现。

三、教学过程概述

1. 从宏观把握铝及其化合物可能具有的特殊性质。

【引入】在我们学过的金属里面，有一种金属不仅能和酸反应也能和碱溶液反应，你知道是哪一个吗？写出反应方程式。铝元素性质的特殊性与铝在元素周期表中的位置有关。本节我们来学习铝的化合物，看它们有没有这样特殊的性质？

【问题】铝是地壳中含量最高的金属元素，为什么人们发现和使用铝却比较晚？铝很活泼，那为什么日常生活中铝制品很多？

2. 铝→氧化铝，由一知三。

【问题】本节课我们就来研究铝的重要化合物的性质，首先来看我们比较熟悉的三氧化二铝。我们平时都在使用铝制餐具，由此我们能概括出它的哪些物理性质呢？颜色、状态、水溶性如何？我们也做了加热铝箔的实验，实验现象是什么？这又体现了氧化铝的什么性质？

【教师】我们说物质的性质决定其用途，也正因如此，氧化铝常常用来作为耐火材料，这是其物理性质。那么，它有哪些化学性质呢？还记得我们做过铝与盐酸、氢氧化钠溶液反应的实验吗？将铝条分别插入盐酸中和 NaOH 溶液中的实验现象是什么？为什么会有这样的现象呢？

【教师】铝条分别插入两溶液中并不立即产生气泡，都是过一会儿才有气体生成。因为铝表面存在一层致密的 Al_2O_3 薄膜，只有 Al_2O_3 薄膜被反应掉以后，才会看到气泡。也就是说，在没有产生气泡的那一段时间内是氧化铝在反应。那么，请同学们试着写出氧化铝与酸、碱的反应方程式及离子反应方程式。

【问题】上节课我们还学习了氧化钠，它是一种碱性氧化物。那么什么是碱性氧化物？酸性氧化物又是什么呢？氧化铝（Al_2O_3）是酸性氧化物还是碱性氧化物呢？

【生活化情境】只能与碱反应生成盐和水的氧化物称为酸性氧化物；只能与酸反应生成盐和水的氧化物称为碱性氧化物；Al_2O_3 既是酸性氧化物，又是碱性氧化物。Al_2O_3 是一种典型的两性氧化物。因此要温馨提醒大家：铝制餐具不宜用来蒸煮或长时间存放酸性、碱性食物。

【教师】其实可以给大家扩展一下。铝的性质之所以这么特殊，与它在元素周期表中所处的位置有关：铝在金属和非金属的分界线上，所以它既具有部分非金属性又具有部分金属性。

3. 氧化铝→氢氧化铝，学生探究实验。

【设疑】好了，接下来我们来研究铝的另一个重要化合物——氢氧化铝，看它具有怎样的性质。我们之前没有亲眼见过氢氧化铝，而现在实验室也未提供氢氧化铝，所以需要我们自己制备氢氧化铝，那么你将如何制备？可以从微粒构成的角度进行分析。

【理论指导实验】一分子氢氧化铝是由1个铝离子和3个氢氧根离子构成，也就是说从理论上讲最简单的方法是用铝盐和碱的反应来制取。那么现在同学们利用现有试剂制取氢氧化铝。铝盐溶液我们有 $Al_2(SO_4)_3$，还有强碱 NaOH、弱碱氨水。现在同组同学用不同试剂制备氢氧化铝。

【实验探究】一名同学往盛有 $Al_2(SO_4)_3$ 溶液的试管中滴入 NaOH 溶液，直至过量；另一名同学往盛有 $Al_2(SO_4)_3$ 溶液的试管中滴入氨水，直至过量。观察记录实验现象，填入表2。

表2 实验现象记录表

实验内容	往盛有 $Al_2(SO_4)_3$ 溶液的试管中滴入 NaOH 溶液，直至过量	往盛有 $Al_2(SO_4)_3$ 溶液的试管中滴入氨水，直至过量
实验现象		
反应方程式		
结论		

【问题】$Al_2(SO_4)_3$ 与 NaOH、$NH_3·H_2O$ 均可反应生成 $Al(OH)_3↓$，$Al(OH)_3$ 溶于强碱而不溶于弱碱。那么，实验室应选择 NaOH 溶液还是氨水？为什么？

制备：$Al^{3+} + 3NH_3·H_2O == Al(OH)_3↓ + 3NH_4^+$（同学板演）

【实验验证】在刚才的实验中，氢氧化钠容易过量，那么滴加盐酸我们还能得到氢氧化铝吗？我们来实验验证一下。

【教师】首先，刚才我们继续滴加氨水，沉淀不溶解；另一个试管继续滴加氢氧化钠，沉淀溶解，说明氢氧化铝能够和强碱继续反应。我们发现这样书写氢氧化铝明明是一个碱的形式，那么它应该也能和酸反应的。现在我们来做对比试验。

【对比实验】将制得的氢氧化铝分成两份，一份滴加盐酸，另一份滴加氢氧化钠，观察现象。

$Al(OH)_3 + 3H^+ == Al^{3+} + 3H_2O$

$Al(OH)_3 + OH^- == AlO_2^- + 2H_2O$（学生书写）

【教师】氢氧化铝对热也不稳定，受热分解为氧化铝和水：$2Al(OH)_3 == Al_2O_3 + 3H_2O$。氢氧化铝的性质我们已经了解，现在来看它的用途：明矾、复盐。

4. 构建认知模型。

铝元素所有存在形式的相互转化认知模型如图2所示，引导学生理解知识的认知规律及实质，弄清知识间的联系与区别，把握重难点，从而建立知识体系、激发学生内在学习动机、提升学生认知水平、建立学习框架。

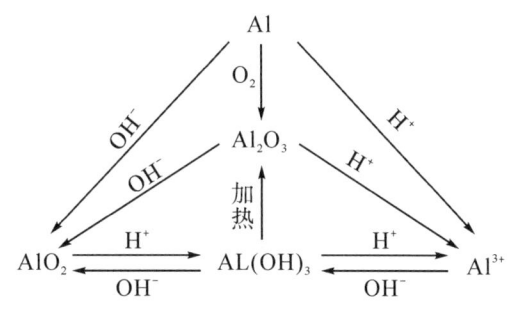

图2 铝元素所有存在形式的相互转化认知模型

四、教学反思

1. 联系生活实际，创设真实情境。

化学来源于生活，生活中处处涉及化学知识，从学生已有的生活经验出发创设真实情境，让学生对铝及其化合物的物理性质有生活化的认识，这对学生的记忆是很有帮助的。同时，使学生认识到化学与生活息息相关，让学生感受到化学就在他们身边，学习化学对生活是有帮助的，从而提高学生学习的欲望。

2. 宏观微观结合，梳理知识的内在联系。

先向学生拓展介绍铝在元素周期表中的位置，说明铝及其化合物可能也具有一些特性；再由前面所学铝与酸、碱溶液的产物，类推氧化铝和氢氧化铝的性质。教会学生建立元素化合物知识学习和记忆的知识框架。

3. 理论指导实验，学生自主地参与建模。

现代课堂学习观越来越强调学生在学习活动中的主体价值和能动作用，认为学生不是被动的、消极的客体，而是具有充分主动性和能动性的自主人。从实验让学生入手，自主探究铝的化合物性质，对学生的综合素养是有一定帮助的。

新课改下的高中化学高效课堂教学浅谈

李小英

四川省简阳中学

高效课堂的有效构建，仅依赖课堂教学难以实现高效目标，教师有必要充分利用好学生自习的时间进行课前的自主预先学习和课后的巩固拔高训练，课前课后协调统一、有效利用，实现教学效果的最优化。

一、建立明确的导学制度

通过大量的调查研究发现，学生的自主学习能力是非常有效的，一般来说，教材上的新知识中有七八成可由学生自主学习掌握。利用课前的自主预先学习，既可以培养学生的自我学习能力，又起到了有效充分利用课堂时间的作用，同时还对学生的自信心起到了增强的作用，可谓一举多得。建立明确的导学制度，有利于指导学生有效地自主、合作学习。

二、高效学习关键在课堂

现代教育倡导培养学生的创新精神和探究能力，在课堂教学这一环节上必须突出以学生为主体，让学生生动、活泼、积极、主动地发展。为达到这一点，优化课堂教学便是一个十分重要的任务。教学结构的优化通常包括以下几个主要部分：对原有的认知结构进行提炼，作为先行组织者，引起认知的冲突，引发学生的积极探索；对学生认知结构实行同化和顺应，以组建新的认知结构；利用新的认知结构去解决问题，达到促使知识迁移的目的。教师在充分研究和了解教材的知识结构和学生的认知结构的基础上，才有可能设计出优化的教学结构。这种教学结构充分地展现了"以生为本"的教学理念，采用更好的教学技法和模式，不断地巩固和提高学生的主体地位、智能水平、科学精神等。鉴于学生和教师的实际情况，再联系新课程标准和教材的需求，以及普通中学高效课堂教学改革的经验，我们采用了"问题讨论与小组合作式学习学案教学"的课堂教学模式。它的基本过程为：课前预习与展示，合作交流与讨论，课堂小结，课堂反馈，课后训练。做到以问题为线索，以学生为主体，以讨论为基础，以问题解决为目的，以能力培养为核心。

（一）巧妙启发，激活思维，使课堂高效

问题设计要从启发性和迁移性上着力，必须考虑设计的问题要具有梯度。在创设情境中，教师应联系学生的生活实际去引导出教学过程，让学生从实际生活经验和已有知识为出发点，创设生动有趣又能实现高效课堂的教学情景，指导学生进行观察、操作、联想、推断、讨论等活动，让学生在化学活动中，掌握化学的基本知识和技能，懂得从化学的角度去观察事物、分析问题，激发学生不断产生对化学学习的兴趣。

实验原理：

$FeCl_3$ 溶液遇到 KSCN 显红色，遇到 $K_4Fe(CN)_6$ 显蓝色，遇到 $K_3Fe(CN)_6$ 显绿色，遇苯酚显紫色。$FeCl_3$ 溶液喷在白纸上显黄色。

实验用品：白纸、毛笔、喷雾、木架、摁钉。

溶液：$FeCl_3$ 溶液、硫氰化钾溶液、亚铁氰化钾浓溶液、铁氰化钾浓溶液、苯酚浓溶液。

实验步骤：

（1）用毛笔分别蘸取硫氰化钾、亚铁氰化钾、铁氰化钾和苯酚四份液体，在一张干净的白纸上进行绘画操作。

（2）把纸晾干，钉在木架上。

（3）先取 $FeCl_3$ 溶液并将其装进小型喷雾机，再在第（1）步绘好图画的白纸上进行喷雾操作。

教师可以提问，图画为什么会呈现不同颜色？其原理分别是什么？以后我们用什么方法检验三价铁呢？通过这个实验，学生对三价铁离子检验方法的原理印象会十分深刻。

（二）用好互动协作，学会欣赏学生

互动不是师生的一问一答，"好""不好""对""不对"，表象上看气氛很好，但其实那是假互动。例如，在学习人教版教材必修一"Cl_2 性质"的时候，通常的做法为：①教师先展示一瓶在实验室收集的氯气，让学生近距离观察，再提问：Cl_2 的物理性质是哪些？学生就会从课本上勾画并念一遍。②教师在讲台上操作氯气与水反应的实验，问学生：Cl_2 与水的反应生成了什么？学生看书后回答。③分别向氯水中滴加几滴 $AgNO_3$ 溶液、石蕊试液等，学生通过现象试着推测氯水中可能存在的成分。这种形式称得上有效互动吗？这样能激发学生的学习兴趣，提高其学习能力，启发其学习思维，开发其想象力和创造性吗？

教师可以利用生活中的有关 Cl_2 的真实事件作为背景来进行教学设计。情景片段会立刻抓住学生的眼球、激发学生强烈的求知欲，教师再创设问题并不断地追问：Cl_2 到底是一种什么样的化学物质？它有哪些物理、化学性质？学生就会情不自禁地投入思考之中，视觉的观察体验，配以实验探究，便可轻而易举地掌握这节课的主要知识。

（三）善于倾听学生的诉求

课堂教学的有效性要想提高，教师必须充当好学生忠实听众的角色，在课堂上要乐于倾听、善于倾听。在课堂教学中，教师会以小组为单位，指导学生交流、讨论问题，这时教师要以真诚的态度去倾听、发现学生反馈出来的各种各样的信息，并对信息进行筛选和归纳汇总，不断指引和激励学生去发现、去思考、去探索知识，从而把课堂教学高效地向前推进。教师学会了认真倾听，师生、生生间建立有效的互动关系，学生新知识的建构、能力的提高就会实现，课堂的效果也会体现出来。例如，在学习"钠的化学性质"时，学生分组做演示实验，当将钠燃烧时本来会出现黄色火焰，但是部分学生会问，他们组做出的实验为什么还伴有黑烟呢？全班同学此时会产生强烈的探究欲望，这时教师不要直接说出"你们操作有问题"之类的话，而应该与全班同学一起看他们重复操作一遍实验过程，帮助他们共同找到原因，原来是表面的煤油未完全清除，这样的教学效果比直截了当地指出原因好得多。

（四）注重评价，保驾课堂

教师对学生要进行课堂学习效果评价。课堂学习效果评价要针对学生的学习表现情况作出全面考核和反馈，及时帮助学生发现在课堂学习中出现的疑问，及时地给予他们提示与帮助，从而达到使学生学习能力不断提升的目的。课堂学习效果评价则更多的是一种自我参照的评价，即把目前的评价结果与以往学生的表现进行对比总结，从而发现学生的进步与不足，并有针对性地进行激励表扬和提出补救措施。因此，用好课堂学习效果评价才能真正体现出"以学生发展为本"的新课程理念，让每一名学生都体验到学习成功带来的快乐，从而不断地激发学生的学习激情。

教师对学生课堂表现进行开放性评价。"开放"的内容主要有以下几方面：开放的评价内容、开放的评价标准、开放的评价主体。这里既有教师的评价，又有学生的自评与互评。把来自各个层面的观察意见汇总起来，最后作出既有定性又有定量的全面性评价，这样对整个课堂的教学效果才能做到有充分把握。

三、课后针对训练，强化教学效果

课堂教学的一个重要组成部分就是课堂练习，能检验学生对知识的把握情况并巩固课堂教学效果，也是将知识转化为能力的重要手段，更是对学生学习能力、开发智力有重要作用。一般来说，我们把练习的形式归纳为当堂训练和课后练习两种。

一般来说，教师会根据教学内容和教学目的，有计划、有目的、有针对性地安排学生进行课堂练习，也可以是在教学过程中穿插体现，对知识的理解、巩固、应用以及将知识转化为能力起着极其重要的作用。课堂练习是检验学生学习情况的一个很好的途径。因此，教师安排课堂练习的选择不仅应与课堂教学内容紧密联系，还要考虑其基础性、典型性和新颖性。特别值得教师注意的是，因为学生学习能力有差异，在做练习布置的时候要考虑分层规划，使各种层次的学生都能比较顺利地完成并获得发展，一定不要搞"一刀切"的模式。

课后训练是一个保质增效的过程，它既可以对课堂知识进行延伸，又可以强化、掌握知识内容。因此，教师在布置课后训练时，要做到精心选题，覆盖课堂全部知识点。与课堂训练一样，分层次发放作业，也不能搞"一刀切"的模式。同时，教师还要对作业完成情况进行重点检查，杜绝有"偷懒"的学生出现。对于作业中反映的普遍问题要进行全班讲解，个别问题可以单独找到几名学生予以解决，做到不积压当天的学习疑问。

总之，在当前"新课改"理念的教育形势之下，高效课堂在学校的推行势在必行，任重而道远。高效课堂不仅是教学的一种理念，而且是一种课堂价值的追求，一种教学实践的优化模式。我们必须针对班级学生的实际情况，充分地挖掘教育教学特长，专心研究，多加思考，广泛关注，大胆地去实践哪种教学模式更适合自己的课堂。其实，课堂本来就没有定式，适合自己的就是最好的。构建高中化学高效课堂，不仅要重视课堂之上，还要对课下时间进行充分把握、合理安排，只有做到课前、课中、课后有机结合，才能实现教学效果的最大化。

浅谈高中化学课堂情境创设策略

徐 欢

四川省简阳中学

情境教学法是指在教师在课堂教学过程中，有目的地引入或创设具有一定情绪色彩的、以形象为主体的生动具体的场景，引起学生一定的态度体验，从而帮助学生理解教材，并使学生的心理机能得到发展的教学方法。

课堂情境创设可以增强学生学习化学的针对性，有利于发挥人体情感在教学中的作用、激发学生的学习兴趣、提高课堂学习效果。在课堂情境创设中，应做到真实性、生动性、直观性和启发性。结合自身的教学情况，笔者总结出以下几点策略，供大家探讨。

一、善用情感教育，创设情境教学

人之所以能区别于动物，就在于人类具有丰富的感情和深度思考的能力。只有当与对方的人际交往达到情感共鸣时，彼此的交流才可以持续进行下去。在课堂教学过程中，教师和学生的互动也算是人际交往的一种形式，也要创设情境、产生情感共鸣，课堂才更加高效。我国是一个礼仪之邦，在古代就有"一日为师，终身为父""师道尊严"等观念，这样的思想显然能促使学生具备尊重师长的意识，但其弊端也会在课堂上面显现出来，可能会使得课堂气氛常常处于过于紧张、严肃的不利状态。从现代心理学研究的角度来讲，过于严肃、紧张的气氛对人的情绪会产生负面的影响。在教师的课堂教学过程中，如果课堂气氛过于严肃、紧张，也会影响学生思维的发散，影响学习效果。因此，教师在教学情境的创设中必须从学生的情感需求出发，不能引起学生的情感共鸣的教学设计，即使再好也不能真正有效地将学生引入化学学习情境中。

二、通过实验创设课堂情境

化学是一门以实验为基础的学科，实验是化学教学的重要内容和手段，也是进行科学探究的重要方法之一。通过化学实验不仅能够创设课堂情境、激发学生的学习本能，还能有效地提高学生的动手操作能力、观察能力、分析理解能力。

在化学实验课堂教学中，大多是教师的演示实验，一人在讲台上演示，或者是请少数代表同学共同演示、近距离观察，这样的教学给下面的同学带来的也仅仅是视觉冲击。反之，如果教师能将演示实验改为一些简单的微型实验、趣味实验、家庭实验，让所有同学都能有机会近距离接触，则能刺激他们的眼、耳、脑，使他们在课堂上始终处于兴奋的实验教学情境中。

例如，在学习人教版高一化学教材必修一"Na_2O_2性质"的时候，教师可以创设情境探讨：如何证明Na_2O_2能与H_2O、CO_2反应，而且是放热反应。按照教材实验就是向Na_2O_2中注入水，可以观察到有气泡产生，用带火星的木条置于试管口，木条复燃。这样的实验现象不太壮观，学生没能亲身体验，印象也不会太深刻，教学效果就会大打折扣。如果让学生探讨，用脱脂棉改进实验设计，验证Na_2O_2与H_2O、CO_2的反应，教学效果就会有所不同。

实验用品：Na_2O_2、脱脂棉。

实验器材：玻璃管、石棉网、药匙。

实验过程：用药匙取适量Na_2O_2粉末于脱脂棉中，请同学用玻璃管向载有Na_2O_2粉末的脱脂棉吹气，很快就能看到脱脂棉燃烧起来。

通过实验的操作，学生对"Na_2O_2能与H_2O、CO_2反应放出O_2，且放热"这一知识有了更深刻的认识。该实验适合学生大面积操作，简单可行，现象明显。学生通过亲身体验，知识掌握也牢固，能培养他们探索科学实验的能力，达到很好的课堂教学效果。

三、利用实物和多媒体创设学习情境

有研究表明，人们获得学习信息，80%通过视觉，11%通过听觉，而集文字、图形、图像、视频、声音、动画等于一体的多媒体技术将会满足学生这一需求。化学学习中的物质微观结构，不是光靠讲就能够让学生理解透彻的。例如金刚石的空间立体网状结构、石墨的层状结构、金属晶体的密堆积结构、分子轨道的杂化结构等，若能借助多媒体或者实物模型将这些结构的三维状态展现给学生，让他们既能够看见，也能够摸到，就能更加直观感受这是一种怎样的构型。

另外，多媒体教学中的PPT展示比传统的黑板加粉笔更加形象生动。例如，在学习SO_2引起的硫酸型酸雨时，插入一张"哭泣的乐山大佛"（被酸雨腐蚀的乐山大佛）或是一张"秃顶"的大树图片，带学生进入酸雨的情境教学中，让他们更加切实地体会到酸雨带来的危害。

四、通过设问创设情境

对于日常教学中的课堂设问，很多教师都会充满信心地说："这点我做得很好。"问题是在课堂上教师把问题提出了，但一定是有效的吗？如果没有，这种情况就是无效提问。例如，教师："该反应的类型是，氧化……"学生（拖着长长的声音）："氧化反应。"教师："其中碳元素的化合价……"学生（也是拖着长长的声音）："升高，失去电子，被氧化。"……这就是探究式教学模式中的有效提问吗？当然不是，这只是课堂上教师与学生的对白，学生通过对"升、失、氧，降、得、还"的认识，这样的回答只是他们在教师的语言带动下脱口而出，根本没有经过大脑的进一步思考，依然是填鸭式的教学形式，怎么会是有效的课堂提问呢？有效课堂提问是指教师积极地创设合理的层层递进的问题情境，让学生的知识得以不断拔高、思维得以发散的有建设性的提问。

如用有限提问的方式讲解"同位素"这一概念。

例如：PPT展示四组同位素。

$$^{1}_{1}H \quad ^{2}_{1}H \quad ^{3}_{1}H \qquad ^{12}_{6}C \quad ^{13}_{6}C \quad ^{14}_{6}C$$

$$^{16}_{8}O \quad ^{17}_{8}O \quad ^{18}_{8}O \qquad ^{234}_{92}U \quad ^{235}_{92}U \quad ^{238}_{92}U$$

创设连续性问题情境：

（1）什么是元素？

（2）什么是同位素？

（3）同位素的性质及实际应用有哪些？

（4）元素种类与原子种数的关系是什么？

（5）质量数、同位素的相对原子质量、元素的相对原子质量、元素的近似相对原子质量分别指什么？

这样的问题情境设计，由易到难，层层深入，逐步引导学生自己主动掌握知识，学生印象深刻，教学效果更好。

五、巧用新闻热点创设情境

化学、能源、材料、科学技术和日常生活密不可分，生活中所涉及的与化学相关的焦点非常之多。教材内容更新速率肯定不及新闻来得快，教师可以将实时热点新闻改进融合到日常的课堂教学情境之中，体现课堂教学与时俱进的特性。这样的情境设计必然会吸引学生的注意，激发他们学习知识的兴趣，同时建立起知识学习与应用之间的桥梁。例如嫦娥5号带回的1731克月球土壤，有人说月球有大量的氦–3，这是一种很神奇的燃料，100吨氦–3便能提供全世界使用一年的能源总量。以此为情境探究同位素的概念、特征、性质，能引起学生强烈的求知欲，引导学生思考、回答、解决，并在学生尝试性解释之后给予肯定和总结，再抛出新的问题以同样方式解决，利用问题情境不断促进学生思考，达到掌握知识与技能的目的。

综上所述，在化学教学中精心创设课堂情境，能更好地为学生提供良好的学习暗示或知识启迪。课堂情境的创设不仅有利于提高学生学习化学的积极性，使学习成为学生自愿进行的、快乐的事情，而且有利于锻炼学生的创造性思维，培养其学习化学的良好能力。此外，课堂情境的创设还会使学习更具针对性，在课堂教学中教师以学生为中心，充分体现学生的主体地位，能提高课堂教学的有效性、促进学生化学学科素养的良性发展。

"细胞的能量'货币'ATP"的教学设计

刘 茜

成都树德中学都江堰外国语实验学校

一、教材分析及设计思路

"细胞的能量'货币'ATP"是人教版高中生物学教材必修一第五章第二节的内容，包括ATP（三磷酸腺苷）是一种高能磷酸化合物、ATP与ADP可以互相转化、ATP的利用三部分内容。

（一）发布任务，先学后教

课前自学：重自主，约25分钟完成。

（二）自主学习，信息反馈

通过学案反馈，发现学生对于ATP与腺嘌呤核糖核苷酸的联系、ATP与ADP的相互转化不是可逆反应、ATP与ATP的相互转化总处于动态平衡之中、吸能反应与放能反应等内容的理解存在一些问题。

（三）二次备课，整理教学

（1）通过学生构建ATP的结构简式和结构示意图的模型、学生演示ATP水解成ADP，继续水解成腺嘌呤核糖核苷酸的过程。

（2）通过课件呈现ATP与ADP的相互转化过程，师生共同分析出：反应中的酶和能量不可逆，物质可逆。

（3）通过提供的资料创设情境、学生讨论等来帮助解决学生的问题。

（4）通过支票与人民币的关系的例子来理解糖类等能源物质与ATP的关系，从而引导学生理解ATP是直接能源物质、是细胞的能量"货币"，并最终点题而结束本节课。

二、教学目标

依据课程标准的内容要求并围绕培养学生核心素养的要求，制订如下教学目标：

通过ATP的结构简式和结构示意图的模型构建，从结构与功能观的角度认同ATP分子的结构与功能的关系，使学生形成结构与功能观的生命观念。

通过师生合作分析ATP与ADP相互转化的过程，明确能量的来源和去向，从物质与能量观的角度发展学生的科学思维能力。

三、教学过程

（一）课前准备

精心编写学案，仔细分析学情，反复修正"小组活动"的设计、模型构建的可行性及材料用具的准备。

（二）创设情境，引入新课

正式上课前先播放剪辑好的微视频"人体潜能"（53秒）。提出问题：视频提到的ATP分子的中文名字是什么？学生回答。再提问：为什么ATP是细胞的直接能源物质？引出本节课所要探究的问题。

设计意图：通过观看视频，引用视频内容提问，最后提出：为什么ATP是细胞的直接能源物质？这个问题能激起学生探索新知识的兴趣和热情，明确本节课的目标。

（三）构建模型，深入挖掘

任务：①ATP的结构简式的模型构建；②ATP的结构示意图的模型构建。

材料用具：白板（吹塑板）、文件袋（内有材料若干）、马克笔、图钉（固定）等。

要求：（1）每个小组完成其中一个任务（根据文件袋内提供的材料判断完成的是任务①还是任务②）。

（2）用图钉固定在白板上。

（3）文件袋内的材料要全部使用。

（4）需要用箭头等符号表示时用马克笔画出。

时间：3~4分钟。

其中有3个小组完成任务①，3个小组完成任务②。在黑板上分别展示出先完成的小组的两个不同的模型，其余没有展示出来的小组分别来纠正黑板上展示出来的模型的不足之处。

设计意图：通过动手制作模型，学生能更加清楚ATP结构简式与ATP结构示意图的区别与联系。这有利于培养学生建模的科学思维能力，将一些重点、疑点、难点简化，让学生对知识理解得更透彻。同时为下一步理解"ATP→ADP→AMP的过程"奠定基础。

（四）问题驱动，深入挖掘

"ATP水解后生成什么，如果继续水解，会生成什么物质呢？"

ATP水解后转化成_____。ADP的中文名字是_____，结构简式是_____，1个ADP中有_____个腺苷，_____个磷酸基团，_____个高能磷酸键。ADP水解后会转化成什么物质呢？

学生在构建的模型上边演示边解释"ATP→ADP→AMP的过程"，教师同步用PPT呈现。层层挖掘，师生共同剖析出：ATP与"腺嘌呤核糖核苷酸"（AMP）（一磷酸腺苷）（RNA的基本组成单位之一）之间的关系。

设计意图：让学生较深入地认识ATP的结构，并理解高能磷酸键不稳定、容易水解及"ATP→ADP→AMP的过程"等内容。

（五）剖析原理，拓展认知

让学生再次阅读教材第88页第二部分"ATP和ADP的相互转化"，注意5—5和5—6的示意图（3分钟）。然后教师分两步骤呈现"ATP和ADP的相互转化"的PPT的内容。随后学生写出"ATP水解成ADP"的反应方程式："（1）ATP水解的化学反应方程式：_____"。一个学生在黑板上写出，台下学生纠正。接着学生看着PPT上演示的"ADP合成ATP的过程"也小声叙述出该过程，并让一个学生上台写出"ADP合成ATP"的反应方程式："（2）ATP合成的化学反应方程式：_____"。同时另一个学生上台写出："（3）ATP与ADP相互转化的化学反应方程式：_____"。台下学生纠正。

教师接着提出问题：该反应是否为可逆反应？请说出理由。少数学生能回答出：不是，因为酶和能量不可逆。关于"酶"不可逆，因为有第5章第1节酶的知识的铺垫，学生比较好理解。关于"能量"不可逆，在教师的指导下：ADP合成ATP的能量来源的途径有哪些呢？学生回答。那ATP水解释放的能量又哪里去了呢？用于ATP合成了吗？学生回答：不是，用于生命活动。哪些生命活动呢？请举例说明。学生可能不能说出生命活动的例子。接下来，请同学们再次阅读教材第89页第三部分"ATP

的利用",注意图 5—7。然后再让学生举出例子。师生合作分析出该反应不是可逆反应,虽然物质是可逆的,但是酶和能量不可逆,场所也不同。

设计意图:从物质与能量观的视角分析 ATP 与 ADP 相互转化的过程,从而提高学生的科学思维能力。通过"场所不同"带出未知的知识,培养学生主动探索的学习习惯。

(六)归纳总结,拓展思维

总结:以上就是这节课我们一起合作挖掘出来的知识,哪一位同学来为我们解释一下上课开始时提出的问题——为什么说 ATP 是直接能源物质?教师适当引导(列出支票和不同面值的钞票的图片),学生能类比出 ATP 相当于不同面值的钞票,糖类、脂肪等有机物相当于支票。糖类、脂肪等物质贮存的能量不能被直接利用,释放的能量一部分先要形成 ATP,细胞中进行生命活动需要消耗能量时,由 ATP 水解提供。因此,ATP 是直接能源物质。

设计意图:通过本节课的研究,学生能够解释 ATP 是驱动生命活动的直接能源物质,从而达到本节课的课程标准要求。

四、教学反思

本节课内容较为基础,却是高中生物学中承上启下的重要内容,在某些知识层面上学生很难理解。在组织教学时,采取"先学后教、合作挖掘"的教学策略,在充分考虑学生所具备知识的基础上,以系列连贯的问题情境驱动学生思考,运用模型构建、讨论交流、归纳总结等方法。在实际教学中,针对学生的问题做到了有的放矢,有效地提升了课堂效率。

生命观念视域下的生物学试题的分析与思考
——以成都市 2020 年初中生物毕业会考试题为例

肖 杭

成都外国语学校

《普通高中生物学课程标准(2017 年版 2020 年修订)》中明确提出,生物教学要以培养学科核心素养为导向,以培养学生解决实际问题的能力为目标。生物学学科核心素养包括生命观念、科学探究、科学思维以及社会责任。生命观念是生物学科独有的核心素养,是科学思维和社会责任形成的基础,是生物学教学的价值体现。中学生物教学工作者应当把握生命观念的内涵,将生命观念融入教学实践中,真正实现育人的价值。

一、生命观念的基本维度

什么是生命观念?生命观念是生命现象经过证实后形成的观点,是对生命现象的高度概括,是人们在解决现实生活问题中表现出来的价值观念、学科素养和关键能力。生命观念的内涵主要包括四个方面:物质与能量观、结构与功能观、稳态与平衡观、进化与适应观。

生命观念中的四个维度具有紧密的关联性。生命的物质性体现在生物体的组成成分都是由有机物和无机物构成,这些没有生命的分子通过特定的方式有机地结合形成生命。生命系统的运转需要能量的驱动,物质的变化又伴随着能量的流动和转化。在生命的结构层次中,不同的结构具有不同的功能,结构与功能是相统一的。从整体上看,生命的各个要素之间,生命与环境之间又达到高度的稳定和平衡,这又是生物适应和进化的结果。

二、生命观念视域下的试题解读

2020年四川省成都市生物学科会考试题立足于最新课程标准，依托北师大版初中生物学教材基本知识体系。作者从试卷的分析中发现，与生命观念相关的题目占比高达60%以上。试题通过多角度呈现核心概念、基本原理和学科规律，体现了对学科特色核心素养的考查，彰显了生命观念，对初中生物学教学具有积极的引领作用。生命观念在试卷中具体的锚定点梳理见表1。

表1 生命观念在试卷中的锚定点

生命观念	初中课程标准的解读	试题编号	考查内容
结构与功能观	·结构与功能相适应。 ·结构与功能相统一，是适应环境的必然结果。 ·生物体的各个结构既独立又相互协作	3	运动系统的结构与功能相适应
		7	细菌的结构和功能相统一
		16	青蛙的呼吸方式与结构相适应
		20	基因工程改造生物体结构，从而影响其功能
		29	植物的结构与功能相适应
		32	人体生殖系统的结构与功能相适应
		33	新冠病毒的结构与功能
物质与能量观	·细胞的生存需要物质和能量。 ·物质的合成和分解伴随能量的储存和释放，光合作用和呼吸作用是最基础的物质能量代谢。 ·生态系统中的物质循环伴随着能量流动	6	动物在生态系统中作为消费者，能够推动物质循环和能量流动
		28	实现从有机小分子到有机大分子最后到原始生命的进化历程
		30	能量沿着食物链流动
		31	生态系统的物质循环和能量流动
稳态与平衡观	·生态系统中的各个部分构成的整体，使得生态系统能维持一定的稳定性。 ·人体内各个器官系统组成一个整体，人体内的稳态由各系统的配合来共同实现	18	生态系统的能量流动特点
		19	人类发展和生存环境的统一性
		31	生态系统具有一定的自我调节能力
进化与适应观	·适应普遍存在于生物体内，是自然选择的结果。 ·生物的进化是适应性的结果	9	鸟类的受精、生殖方式与生活环境相适应
		14	自然选择与生物进化的关系
		28	生物进化的方向从简单到复杂，从低等到高等，从水生到陆生
		34	植物的进化方向是环境适应性的结果

三、教学实践的启示

（一）思维导图是建立学科概念体系、形成生命观念的关键

概念是现象的凝聚和抽象，生命观念的组成要素是一些高度抽象的概念，它的形成与重要概念的形成方式是一致的，可以在一定程度上理解为生命观念是一种大概念。它既包含高度抽象的核心概念，又包含人类对生命现象的理解和本质的认知。重视概念教学，是形成生命观念的关键。生物学科概念较多且相对分散。梳理概念之间的关联，对学生形成知识体系、实现生命观念的培养目标尤为重要。

如何构建概念体系、形成生命观念？首先要把握概念间的内在联系，通过绘制思维导图，将概念碎片整合，构建起生命观念。例如，围绕"人的生殖和发育"这一课题，引导学生梳理概念之间的关系，把握知识点的内在联系，绘制概念图，对帮助学生建立结构与功能观、理解生命的发生和发展过程具有决定性的作用（见图1）。

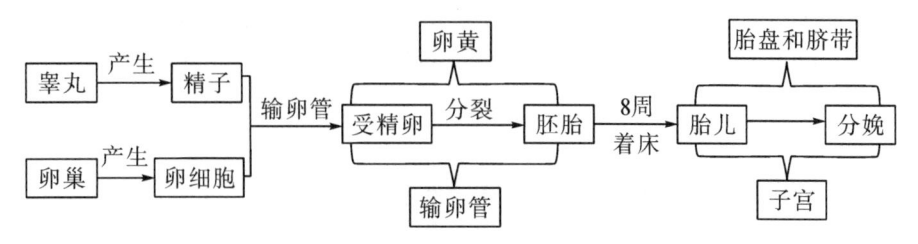

图1 生命的发生和发展概念图

在复习生态系统这部分知识时，教师可以引导学生将核心概念串联起来，从整体上把握生态系统的组成、结构和功能，进而形成生态系统中的结构与功能观、物质与能量观、稳态与平衡观。

（二）真实的教学情境，是点燃生命观念的引擎

有效的教学情境首先应该是真实而非虚构的，它能与学生已有的经验建立联系，进而引起学生情感的共鸣，激发学生思维活动。学生通过发现问题、解决问题，才能实现教学学科核心素养目标的落地。

创设情境的素材来源很多，包括突发公共事件、科学探究实验、热点新闻消息、图表数据、问题任务等。例如在讲"预防传染病"这一节内容时，可以将新冠疫情这一社会突发事件引入课堂，学生的注意力会立刻集中于疫情、聚焦在课堂。接下来提出有探究价值的系列问题引发学生思考：我们如何科学认识病毒？怎么做好自我防护？如何阻断传染源、切断传播途径？疫苗的研发具有什么重要的意义？最后引导学生认识到地球上所有生物有着共同的家园——生物圈，各种生物具有密不可分的关系，人与病毒应当协同进化，通过案例分析，引导学生形成稳态与平衡观的生命观念。

（三）课后活动体验，是萌发生命观念的土壤

生命观念的建立要与学生的生活实践相结合。教师在假期作业的布置上，可以采用新颖有趣的方式，将知识与生活相结合，让学生主动参与，既能提高学生的动手能力，又能培养学生的生命观念。例如主题"生物小博士"：繁忙的一学期结束了，同学们学习了很多关于绿色开花植物的知识，了解了大自然的奥秘。假期到来，你可以奔向自然，观察"动态"的自然之美，深刻理解"纸上得来终觉浅，绝知此事要躬行"。选择以下一项植物的生理作用（如光合作用、呼吸作用、蒸腾作用、运输作用、吸收作用等），根据自己所能找到的实验器具，明确你要验证的主题，设计相应的实验，并完成探究过程。用笔尖记录自己的探究过程，分享假期中你与植物之间的奇妙之旅，同时用拍照或视频的方式记录下该过程。期待你的作品！

学生借助已具备的相关生物学知识，可自主选择主题进行研究，仔细记录整个研究过程。教师在假期期间作适当引导、点拨即可，鼓励学生自主完成并完整撰写研究过程，或书写论文报告或拍照、录视频呈现。我们发现，通过课后的活动体验，生命观念的种子正在悄然萌发。

（四）推陈出新的课程评价体系，是检测生命观念的手段

考查学生学科核心素养的发展水平，是生物教育工作者的指挥棒。教学效果的评价体系需要切换新的模式，改变传统的考查背诵记忆，转化为多维度测量学生的核心素养水平。如在试题中给出真实的情境材料，设置问题，驱动学生思考情境中的问题。将情境与知识关联起来，考查学生的知识迁移能力，以及运用所学知识去解决现实生活问题的能力。

四、总结与展望

教育的使命不应该只有知识和成绩，更应该是生命的全面成长。生命观念是生物学核心素养的灵魂，是生物学科的价值体现。将生命观念融入生物教学课堂中，能建立学生良好的学科素养，让学生学会用科学的眼光看待世界，这对每个人日后的学习和生活将会产生积极而深远的影响。

简笔画融入高中生物教学策略的探究

肖 杭

成都外国语学校

一、引言

简笔画是指用极简单的线条和图形呈现具体生动的图像，展示事物的本质。生物学科是一门文理结合的学科，既需要严密的逻辑思维，也需要大量的识记内容。心理学研究表明，在某些刺激物的直接影响下，人会不由自主地把感觉器官转向这些刺激并试图认识它，这是一种无意注意，刺激物越新异，越容易引起无意注意。一幅幅栩栩如生的生物简笔画就是一种新异的刺激。本文利用简笔画开拓了新的教学思维和方法，将科学与艺术结合起来，化繁为简、化难为易，能够形象直观地呈现生物教学过程中的形态结构、生理特点、实验过程等，让教学过程"活"起来，提高学生的学习兴趣。

二、简笔画的作用

（一）直观呈现细胞内部的结构特点

细胞的亚显微结构、细胞器的精细结构较为复杂，分子层面上的DNA双螺旋结构与RNA单链结构等更难记忆，为更好地帮助学生了解并掌握这些结构特点，在理解的基础上记忆，可以采用边讲边画简笔画的方式较直接地呈现结构模式图。

（二）让学生理解生命的发生发展过程

生命的发生和发展过程在教材中往往以文字的形式呈现，学生普遍难以理解枯燥的生物学发展史，用简笔画可以将动态的过程用一幅幅直观形象的画面定格下来，让学生在动手描绘过程中很好地理解生命的发生和发展过程，有效突破教学过程中的这一重难点。

（三）让实验过程简单生动

生物学是理论和实验结合的学科，教材中有很多演示实验和分组实验，部分实验原理复杂、实验过程顺序容易混淆，使用简笔画将文字转变成流程图，容易在学生大脑中形成画面，有效提高记忆效率。

（四）提高学生的分析及解题能力

为考查学生的知识迁移能力，高考生物题目中有大量的文字背景信息，学生在读题过程中经常忽略题干中的隐藏信息，导致解题方向发生偏移。简笔画的应用，能将复杂的题干内容简化，明确分析的整体方向。教师在进行习题讲解的过程中，应先用简笔画处理文字信息、提取其中的有效信息，再关联到生物学考点，从而提高学生的思维能力、分析问题能力及解题能力。

三、简笔画在高中生物教学中的具体应用

（一）线粒体、叶绿体以及 DNA 双螺旋结构的教学示范

线粒体和叶绿体两种细胞器是高中生物教材必修一细胞结构的重点内容，两者结构相似、易混淆。线粒体具有双层膜结构，内膜向内折叠形成嵴以扩大膜面积，且内膜上附着有与呼吸作用有关的酶；叶绿体也是两层膜，不同于线粒体内膜的折叠方式，叶绿体内膜由类囊体堆叠形成基粒，扩大膜面积，内膜上附着有与光合作用有关的酶和色素，如图1所示。若直接讲授内容，抽象空洞，不易引起学生的兴趣。本文采用简笔画法授课，边讲边画，学生的印象比较深刻，总结对比两者的结构差异，并标注名称特点，小组互评。整个课堂学生参与度高、氛围活跃，学生在动手描绘的过程中也记住了细胞器的结构特征，教学效果良好。

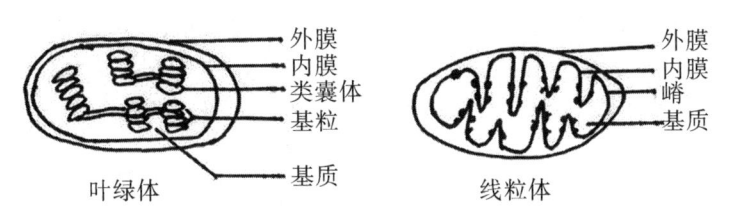

图 1　叶绿体和线粒体的结构

DNA 双螺旋结构也是一个教学难点，化学键链接方式上容易记错。简笔画从局部到整体、深入浅出地展现了脱氧核苷酸的结构层次，学生在描绘结构的过程中，潜移默化地记住了 DNA 双螺旋结构的链接方式和结构特点，如图 2 所示。

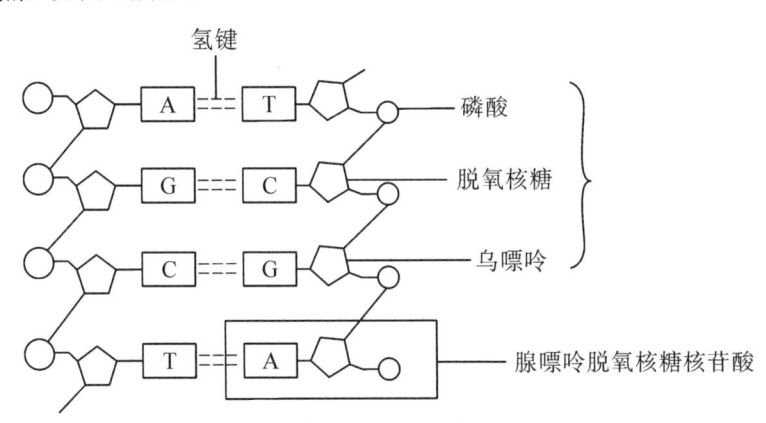

图 2　DNA 分子双螺旋结构

（二）解析细胞减数分裂中的可遗传变异

细胞有丝分裂和减数分裂是教材必修二遗传学的重点内容，相关的可遗传变异是教学难点，如基因突变、基因重组。简笔画教学能够有效突破这一教学重难点，帮助学生更好地理解过程。

基因突变是指在细胞第一次分裂前的间期，DNA 分子复制的过程中，若 DNA 复制出现碱基对的增添、缺失，导致基因结构的改变，则会引起基因突变，如图 3 所示。这种突变若发生在减数分裂形成配子的过程中，则能通过配子传递给下一代。

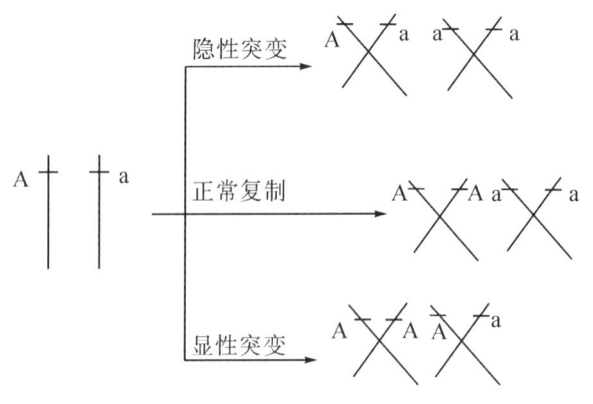

图 3 基因突变

基因重组是指生物体在进行有性生殖的过程中，控制不同性状的基因重新组合。一种类型的基因重组是在生物体通过减数分裂形成配子时，随着非同源染色体的自由组合，非等位基因也自由组合，如图 4 所示；另一种类型的基因重组发生在减数分裂形成四分体时，位于同源染色体上的等位基因随非姐妹染色单体的交换而发生交换而形成基因重组，如图 5 所示。

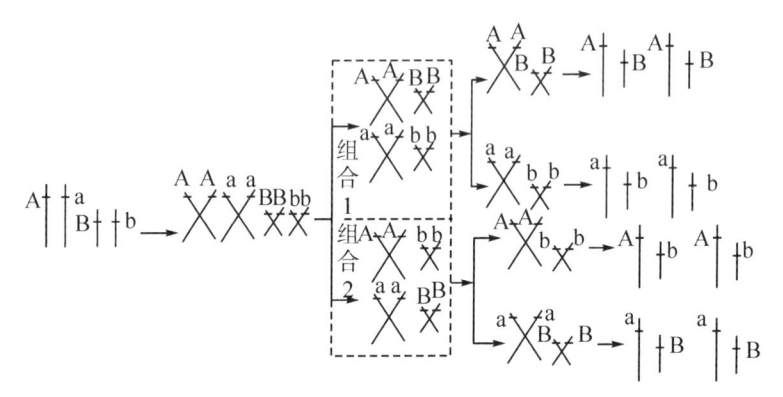

图 4 基因重组

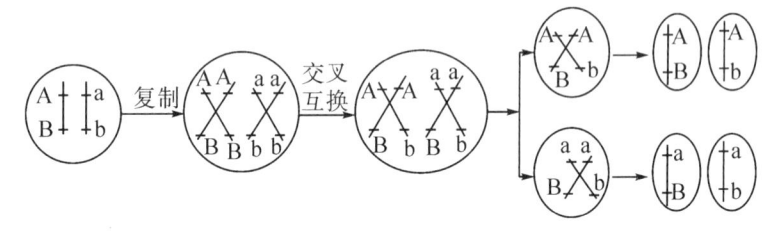

图 5 交叉互换

四、结语

简笔画比语言文字传递信息更生动形象，教师在课堂上应用简笔画不仅可以提高学生的注意力、提高学习兴趣，还可以使他们通过视觉获得更多的形象信息。学生课后完成简笔画作业，也能加深印象、巩固记忆。生物学科使用简笔画教学策略是一种提高课堂效率的尝试。

将思维外显化策略引入初中生物学概念教学

——以"生态系统及其稳定性"一章为例

周 琴

四川省成都市锦西中学校

概念是生物学教学中最基本的教学内容和形式,建构概念的过程从本质上来说是学生对大量生物学事实抽象、概括和归纳综合的理性思维过程,因此学生达成学科核心素养的发展要求与建构生物学概念的过程有着极高的相关性。在教学实践中笔者发现初中学生受其年龄和认知层次的具体情况所限,建构某些宏观概念时常常会表现出一定的困难,进而对概念的内涵理解发生错误。因此笔者尝试将思维外显化策略引入初中生物学概念教学的实践中,借力于外显化认知支架帮助学生建构正确的生物学概念。

一、思维外显化的意义

思维是人们把握客观事物本质和规律的能力活动,思维的层次、结构、方向等反映了学生认识事物的立场和视角,也决定了他们解决问题的思路和方向,对学生的学习质量和水平具有根本的制约作用。思维的内容和思维的方式是看不见的,教师并不能及时知道学生思维的内容是什么、如何思维的、思维过程中又遇到了哪些障碍。教师可以搭建思维外显平台,让学生通过语言表达、绘制概念图、制作模型等方式来描述自己的思维过程、解决问题的路径方法以及未决疑问,及时对学生思维活动的过程与结果进行分析和诊断,帮助学生了解自己的学习情况、修正错误的前概念,从而建构生物学的重要概念。因此,将思维外显化运用在概念教学中成为一种提升学生思维品质的重要策略。

二、思维外显化策略在概念教学中的具体运用

"生态系统及其稳定性"是北师大版生物学教材八年级下册"生物与环境"单元中的内容,其主要通过对生态系统基本概念的介绍来帮助学生理解生态学的基本规律。由于生态学的特殊性,本单元中宏观概念较多、知识结构较为松散,教师也较难设计出适合在课堂操作实施的实验活动,学生缺乏直观的感性认知,且由于其抽象思维能力水平的限制,较难做到通过分析生物学事实而归纳概括出理性的科学概念。教师可以引导学生通过语言表达、绘制概念图、制作生态瓶模型等外显化策略来促进概念建构的逻辑缜密化、系统化和直观化。

(一)通过语言表达促进概念逻辑缜密化

语言表达是思维得以具体体现的重要载体。将理解的概念知识"说出来",用自己的语言从不同的角度来阐述对概念的认识和想法,这是理解概念的一个重要标志。在用自己的语言表达对生物学概念内涵和外延的理解时,既能促进学生独立思考,又能通过与同伴交流、质疑和辩论,相互评判,发现自身在概念建构上的偏差并予以及时纠正,从而再思考、再建构。教师适当的追问,则可让学生进一步完善知识体系,促进概念逻辑缜密化,进一步拓宽其思维领域。

例如,在学习"生态系统的功能"这部分内容时,教师可通过分析具体实例,提供事实性知识来支撑学生理解"生产者通过食物链(网)将其转化、合成的物质能量传给消费者和分解者,在这个过程中进行着物质循环和能量流动"这一概念的内涵。教师以"漂流到孤岛的鲁滨孙先吃玉米还是先吃鸡"的

故事创设情境，引导学生思考讨论后提出两种策略：①先吃鸡，再吃玉米；②先吃部分玉米，同时用剩下的玉米喂鸡，待鸡长大后再吃鸡。针对以上两种策略，学生用简洁的语言来阐述理由。例如，学生联系前面所学的食物链等相关知识，寻找例证说明"吃"的目的是获得维持生存的物质和能量。教师追问：能量流动的过程中具有什么特点？学生通过分析"螳螂捕蝉、黄雀在后"这一食物链，构建"能量沿食物链各环节传递过程逐级递减"这一概念。教师再追问：能量传递时大约会以何种比例逐级递减呢？学生结合赛达伯格湖能量金字塔模型图，进一步分析发现，生态系统中的每一环节均要将一部分所获能量消耗于维持自身的各项生命活动，仅仅只能把所获能量的10%~20%传递给下一环节。通过上述这一系列师生讨论、生生辩论、教师追问等逻辑线索上层层深入的思维外显化活动，能及时帮助师生双方明确表达生物学概念，产生良好的教学互动。学生逐步内化建构起生物学的重要概念。

（二）绘制概念图将零散概念系统化

生物学的概念与概念之间都存在着一些必然的或间接的联系，找到这些关键联系点就可以帮助学生构建具有结构性、关联性的概念体系，而且这样的概念体系会更加持久和牢固。通过绘制概念图或思维导图等形式将学生思维过程外显，既便于同伴和教师帮助其发现知识间的逻辑联系，将头脑中零散的概念加以梳理和串联，又便于学生在不断的自我修正和完善中，用整体联系的眼光来整合各个概念的关系、关注知识的相关性和层次性，更有利于将概念知识建构成一个立体的知识体系。

例如，在学习生态系统的结构这部分内容时，教师可以通过创设问题串来开展概念图绘制活动，引导学生通过事实分析把生态系统中各组成成分的关系用概念与概念之间的关系来表述，用文字和符号突出各成分的主要特征和联系。例如可问：①在凯巴森林生态系统中存在哪些生物（如植物、动物、微生物）？②凯巴森林生态系统中除了生物以外还有哪些成分？③非生物环境与生物之间存在何种联系？④生物与生物之间又存在什么联系？⑤从生物在生态系统中作用的角度分析，不同生物在生态系统中扮演什么角色？学生讨论解答上述问题，并逐步完善自己绘制的概念图（见图1）。

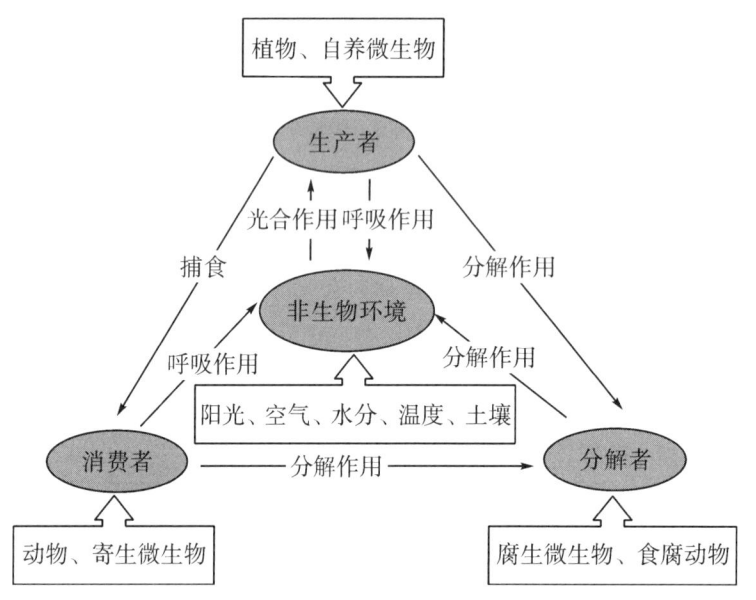

图1 生态系统的结构

（三）制作模型将抽象概念直观化

初中生物概念教学在揭示概念本质时还要考虑到学生的接受能力，具体可见的实物或图片模型可以直观地表达认识对象的特征，更容易被学生理解和接受。教师可通过引导学生尝试模型制作活动，将肉眼看不见的微观概念或难以想象的宏观概念形象化、具体化，通过模型支架来获得直观感知，从而建构概念。这样的"感性动手兼理性动脑"活动既有利于提高学生学习的兴趣，又有利于他们理解概念的本质内涵，更加符合初中学生的认知规律。

在学习完"生态系统及其稳定性"这部分内容以后，教师可指导学生进行生态瓶的设计和制作。通过小型生态系统模型的制作可帮助学生加深对重要概念"生态系统中生产者、消费者、分解者及非生物物质能量通过能量流动和物质循环，紧密联系，构成一个统一整体"的理解，促进学生思考如何维持生态系统的稳定性等问题。教师可根据实际情况设计从整体到细节的问题情境，引导学生就生态瓶设计方案的可行性进行讨论。例如，怎样使这个相对封闭的生态系统模型中的生物存活较长时间？需要为生物的生存提供哪些条件和物质？这个生态瓶如果长期放置在黑暗处，那么其内的生物还能够生存吗？为什么要使用经过晾晒后的自来水？……通过一系列逐步深入的问题，学生进行讨论、预测和解释，外显其思维过程与结果，教师也可及时对学生的预测与解释进行有针对性的评价。在制作出生态瓶后，教师还可指导学生就某些关键问题进行专项探究。例如，可将生态瓶遮光一段时间，也可以制作不同"水－空气"比例的生态瓶，观察其内生物的生存情况，记录其中生物的生存时间，观察记录至全部生物死亡后分析讨论生态瓶实验失败的原因。依据结构和功能相适应的原理，学生会发现生态系统的结构越复杂，其所能承载的功能也越多样，从而合理解释生态系统的稳定性，深入内化"生态系统经过长期的发展过程，逐步形成了生物与非生物物质能量之间，生物与生物之间相对稳定平衡状态"这一重要概念。在动手制作并直观观察生态瓶模型的过程中，学生逐步形成热爱大自然、爱护生物圈的情感，理解了人与自然和谐发展的意义，提高了环境保护意识，落实了"生命观念"核心素养的发展。

三、思维外显化策略运用的反思

根据初中学生的身心发展规律，建构概念要重视概念在学生头脑中的形成过程，即概念的形成需要例证的支持，需要运用科学方法进行抽象和概括，并以此训练学生的思维能力，获得清晰完整的概念。于学生而言，思维外显化的过程符合其认知规律，可以促进其独立思考、及时把书本概念进行内化；于教师而言，鼓励学生将其思维过程外显，用多元表达方式来阐述自己的认知，也有助于发现学生在理解概念的过程中的认知错误并予以及时纠正。因此，将思维外显化的各种策略适当运用到初中生物学概念教学中，既能帮助学生形成寻找科学例证支撑概念建构、有效内化概念的意识，又可以让学生理解各种概念的思维联系，学会一些生物学概念的特定表达方式，从而提升其科学理性的学科思维能力。

高中生物教学中生命观念的培养途径

张　斌

四川省成都市武侯高级中学

一、理论背景

《普通高中生物学课程标准（2017年版2020年修订）》提出了"核心素养"的概念。生物学核心素养体现在生命观念、理性思维、科学探究和社会责任等方面。其中，"生命观念"无疑是最具生物学学科特点的一点。"生命观念"是指对观察到的生命现象及其相互关系或特性进行解释后的抽象，是经过实证后的想法或观点，是能够理解或解释生物学相关事件和现象的意识、观念和思想方法，关乎如何看待生命世界的态度和价值取向。在分析和解决与生物学相关的问题时，科学的生命观念虽不能提供现成的答案，但会指明分析问题的思路和方向。作为一种形而上的东西，如何让它在高中生物学教学中落地，成为我们首先应该探索的问题。

二、"生命观念"在高中生物教学中的培养途径

（一）聚焦生物学大概念，培养学生的生命观念

概念是思维的基本形式之一，反映客观事物的一般的、本质的特征。大概念是反映学科本质及其特殊性的、构成学科框架的概念，能够解释和预测较大范围的物体、事件和现象。小概念可以连接到较大的概念，较大的概念再连接到大概念，而大概念的形成过程其实就是生命观念的形成的过程。下面笔者以神经系统概念模型图（见图1）进行说明。

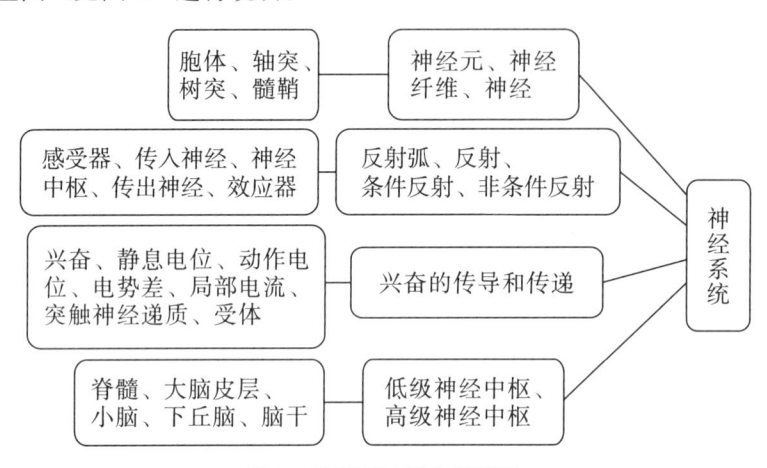

图1 神经系统概念模型图

图中，胞体、感受器、兴奋、脊髓等四类小概念，逐渐连接神经元、反射弧、兴奋、低级神经中枢等较大的概念，再到大概念——神经系统，它通过及时感知内、外环境的变化并作出反应来实现对机体的调节，实现人体内环境的相对稳定，使人体能够与环境和谐共处。通过这样的学习，能在学生的意识中逐渐上升并形成稳态与平衡的生命观念。在此基础上，还应设置一些从大概念的角度思考问题的机会，引导学生从系统、信息、稳态、平衡的角度去思考问题、解决问题。长此以往，学生就能从这些角度去认识世界，解决生活中遇到的实际问题，形成核心素养。

（二）创设情境，培养学生的生命观念

概念往往是高度抽象概括的，学生理解起来会比较困难，新颖的导入方式对于任何学习者来说都有促进作用，尤其是在生物学大概念的教学过程中。将生活、科学研究、科学史中的内容作为素材，积极创设情境，设计一个个引人入胜的环节，从而激发学生的好奇心和求知欲，使学生主动参与到组织设计的活动中来，有助于培养学生的生命观念。

在情境教学中，教育者依据所学知识创设特定的学习情境，帮助受教育者获得与真实生活情境中相同或相似的情感体验，在此基础上引发其思考，树立正确的生命观念。例如利用教材中有关的科学史，创设情境开展教学。笔者现以光合作用探究历程为例进行说明，见表1。

表1 光合作用发现历程事件表

	经典实验	结论	设问
1	亚里士多德的观点	植物增重部分完全来自土壤	我们如何验证其结论的是否正确？
2	赫尔蒙特实验	建造植物的原料是水	此实验结论是否正确？
3	普利斯特利的实验	植物可更新因蜡烛燃烧或小白鼠呼吸而变得污浊的空气	当时有人重复普利斯特利的实验，为什么有的人却得到完全相反的结论？

续表

	经典实验	结论	设问
4	英格豪斯实验	普利斯特利实验只有在光照下才能成功。植物体只有绿叶才能更新空气	
5	拉瓦锡发现空气的组成	绿叶在光下放出的气体是氧气，吸收的是二氧化碳	
6	梅耶的假说	根据能量转化与守恒定律指出，植物进行光合作用时，把光能转化成化学能储存起来	如果光能转换成化学能，那储存在什么物质中呢？
7	萨克斯实验	植物光合作用的产物除了氧气还有淀粉	光合作用的原料有水和CO_2，那么，光合作用产生的氧气中的氧到底是来自CO_2还是水？
8	鲁宾和卡门实验	氧气中的氧全部来自水而不是来自CO_2	光合作用产生的有机物又是怎样合成的呢？
9	卡尔文实验	卡尔文循环	

光合作用本质上揭示的就是物质和能量的变化过程，通过对光合作用发现历程的回顾，让学生"化身为小科学家"，去亲身探究、理解科学家是如何通过观察实验现象得出科学的结论。在这个思维加工过程中，学生自然而然就形成了"物质和能量观"这一生命观念。

（三）建构模型，培养学生的生命观念

模型是对所认识事物的一种简化的概括性的描述，包括物理模型、数学模型和概念模型等。模型构建则是运用借助一定的材料、工具或应用数学等将抽象的、难以理解的事实或过程等加以描述、概括总结的一种活动。

模型本身展示给学生的是非常直观、生动的印象，它使静止的文字变得活跃生动。在构建模型的活动中，学生亲自去想象、去思考、去动手，不仅学习兴趣大，同时也能体验到学会知识、成功建构模型的喜悦感、获得感、成就感。现以细胞器—系统内的分工合作的教学为例进行说明。在构建植物细胞模型中，同学们用到了各种材料，如礼品盒盖、剪刀、镊子、彩色带、黏土、沙、颜料、不同颜色的气球、胶水。选择不同颜色，质地的材料进行组合，将灰色的带子用胶水黏在盒盖上充当细胞膜；换黑色带子，黏在细胞膜外一圈充当细胞壁；用装有少量沙子的棕色气球，固定在细胞质基质中充当细胞核；用绿色的黏土做成椭球形，固定在细胞质中当叶绿体；将装有少量清水的白色气球打结充当液泡，用胶水黏在细胞质上……通过各种材料的选择、制作，学生在轻松快乐的环境中掌握了植物细胞的结构与功能，在愉快的体验中形成了生命观念中的结构与功能观。

三、结语

关注学生核心素养的发展不能仅局限于关注生命观念的发展，作为一线教师应该时刻关注教育改革的动向，认真思考学生学习生物究竟应该发展什么样的学科核心素养。只有提高教师自身的专业水平，才能在教学中更好地培养学生的核心素养。

如何突破血糖平衡调节的认知过程

文新明

四川省宜宾市第一中学校

血糖平衡的调节既是调节板块中高考的重点内容，同时也是学生理解和运用的一个难点内容。由血糖失衡带来的低血糖、高血糖、糖尿病等也是人们十分关注的健康问题。落实好课标和高考评价体系要求，抓住重点，引导学生分析问题、解决问题是突破这部分内容的关键。

一、构建一个模型

血糖平衡的调节过程非常复杂抽象，学生难以理解和掌握，而通过模型的构建能够使问题简明直观化。因此，构建血糖调节的模型是十分必要的。笔者指导学生认真阅读教材、熟练识别区分胰岛 A 细胞和胰岛 B 细胞的同时，深入理解了胰高血糖素和胰岛素的作用，在此基础上构建了下列模型（见图 1）。

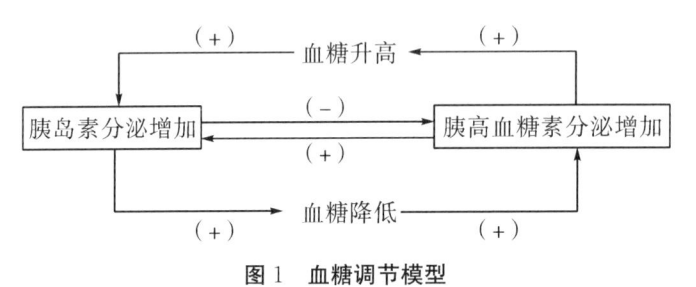

图 1 血糖调节模型

模型解读：当血糖升高（高于 1.2 g/L）时，促进胰岛素分泌增加，通过直接作用促进血糖去路、抑制血糖来源，同时抑制胰高血糖素的分泌增加而最终实现降低血糖浓度；而当血糖浓度降低（低于 0.8 g/L）时，促进胰高血糖素分泌增加，通过直接促进血糖来源（肝糖原的分解和非糖物质的转化）升高血糖浓度，同时促进胰岛素的分泌增加而抑制血糖浓度的持续升高。由此使血糖浓度始终稳定在 0.8~1.2 g/L 之间而保持着动态平衡。

二、明确两种调节

血糖平衡调节中包括两种调节，即体液（激素）调节和神经—体液调节。由于胰岛 A 细胞和胰岛 B 细胞能直接感受血糖降低和升高的刺激，当血糖浓度升高后能直接刺激胰岛 B 细胞使胰岛素分泌增加而降低血糖浓度；同样，当血糖浓度降低时会直接刺激胰岛 A 细胞使胰高血糖素分泌增加而升高血糖浓度。此过程中并未涉及有关神经活动，是单纯的体液调节，也是通常所说的直接调节。

神经—体液调节则需要先有相关的神经活动，再通过影响相应的激素分泌来调节血糖平衡。其过程为：当血糖浓度升高后刺激相应感受器，其兴奋经传入神经传到下丘脑某一区域，经下丘脑分析综合后，兴奋沿传出神经传到效应器——胰岛 B 细胞，再通过促进胰岛素分泌来降低血糖浓度。同样的过程是当血糖浓度降低时会刺激另外的感受器，其兴奋沿传入神经传到下丘脑的另一些区域，经分析综合后兴奋沿相关传出神经传到效应器——胰岛 A 细胞，再通过促进胰高血糖素的分泌来升高血糖浓度。相应的过程也作用于肾上腺髓质促进肾上腺素的分泌促进血糖升高。与直接调节不同的是：先要通过反射弧的神经反射活动，再有相应激素分泌及调节血糖的过程，属于神经—体液调节，即通常所说的间接调节。

由此可见，影响胰岛素分泌的因素为：①血糖含量的调节（最主要）；②胰高血糖素的影响，胰高血糖素可直接刺激胰岛 B 细胞分泌胰岛素，又可通过升高血糖含量而间接促进胰岛素的分泌；③神经调节。影响胰高血糖素分泌的因素是：①血糖含量的调节（最主要）；②胰岛素的影响，胰岛素可直接作用于胰岛 A 细胞，抑制胰高血糖素的分泌；③神经调节。

三、厘清三个作用

在整个血糖平衡调节过程中，体现出拮抗、协同、反馈三个作用。首先是胰岛素和胰高血糖素的拮抗作用，对于血糖浓度而言，胰岛素是人体内唯一降低血糖浓度的激素，而胰高血糖素是升高血糖浓度的主要激素，二者的拮抗作用有利于维持血糖的动态平衡。胰高血糖素和肾上腺素之间则存在着协同作用，二者可同时接受下丘脑的调节控制，两种激素的协同作用能促进肝糖原的分解、促进血糖浓度升高。同时必须明确在血糖平衡调节过程中还存在着反馈调节，即当血糖浓度降低时会反馈抑制胰岛 B 细胞减少分泌胰岛素，防止血糖浓度进一步地降低；同样，当血糖浓度升高时会反馈抑制胰岛 A 细胞减少分泌胰高血糖素，防止血糖浓度持续升高。

四、吃透血糖的三来三去及饭后三曲线

对于血糖的三来源和三去路要熟练理解，其中，第一来源"食物中糖类的消化"是主要来源，第一去路"氧化分解"是主要去路。食物中糖类的消化吸收不受激素的调节控制，只与食物的消化吸收过程有关。只有三来源与三去路通过调节达到动态平衡，血糖浓度才能保持相对稳定。同时，在此基础上熟练分析饭后血糖浓度、胰岛素、胰高血糖素三者之间的变化关系，如图 2 所示：

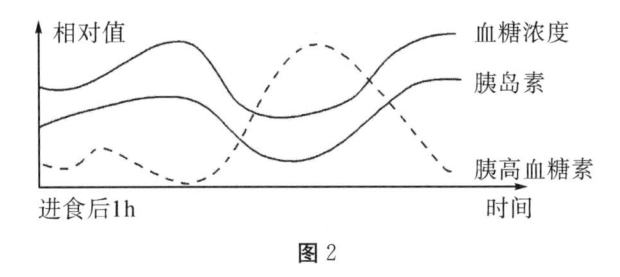

图 2

曲线解读：①血糖浓度高时，可降低血糖浓度的胰岛素含量增加，而升高血糖浓度的胰高血糖素含量相对较低；②当血糖浓度较低时，胰高血糖素含量增加；③胰岛素和胰高血糖素相互协调，共同维持血糖平衡。

基于地理实践力素养培养的景观图开发探究

曾晓利

成都市龙泉驿区第二中学

地理实践力是一种地理能力，是指人们在户外考察、社会调查、模拟实验等地理实践活动中所具备的意志品质和行动能力。地理实践力包括地理实验能力、地理观察与测量能力、地理调查与考察能力、地理问题分析与解决能力、地理信息技术运用能力等，强调运用地理学科知识解决现实的地理问题。当今人类面临人口、资源、环境和发展等多重问题，解决这些问题需要个体在实践中亲身体验，获得大量真实、有效、可信的直接经验，加深对自然与社会、生态与发展问题的理解，从而找到行之有效的解决方案。地理实践力素养的培养是一个漫长的过程，需要在长时间的潜移默化中使学生形成相应的地理能力。在这个过程中，学生不断地积累地理知识和生活经验。教材中的景观图是学生将地理知识和现实生活联系起来的直接纽带，景观图的数量、质量及其与教材的契合度都是教师在教学过程中应该重点思考的问题。

一、地理实践力培养中的问题

当前,高中教学过程中地理实践力的培养常出现以下几类问题:①缺乏完善的地理实践力评价机制。目前对学生的地理实践力的考查以实践活动结果为主,很少关注学生在活动过程中的表现、态度及探究能力。②学生缺乏将地理知识与生活联系的意识,不能运用地理视角来看待和解决地理问题。③地理实践活动开展受到诸多因素制约,如学校的硬件设施不完善、校外实践场所缺乏或管理问题。④教师在地理实践方面的经验有限,往往不能及时就实践活动中出现的问题给出专业指导。教材中景观图的开发是现阶段开展地理实践力培养的主要手段和材料,是解决上述问题的有效路径。

二、景观图的开发与应用

景观图是对教材文字的进一步诠释和呈现,是将书本知识与实际生活联系在一起的纽带,同时也是培养学生地理实践力的有力工具。景观图能将学生观察过的地理资源融入地理课堂中,即实现地理知识走出地理课本、走进学生的实际生活,让学生切切实实地感受到生活中处处充满着地理知识,从而认识到地理知识不仅是枯燥乏味的理论知识,还是与生活息息相关、对生活有实际意义且具有趣味性的有用工具。

景观图的开发是指对教材中的景观图进行深度教学并对契合度不高的景观图进行优化。

地理景观图是反映一定区域内自然、人文等要素相互作用而形成地域综合体的实物景观图像。在现代技术快速发展的条件下,地理景观图可以通过不同的技术方式获取,目前主要有拍照、素描、卫星影像等。地理景观图一般以插图形式呈现在教材中,出现的形式有单图景观、景观图组图、景观图与示意图组图、景观图与区域图组图、景观图与统计图组图等。所有景观图都是教师进行深度教学和学生进行深度学习的良好素材。

教师的深度教学主要包括识记、综合、组合三个层次。其中,识记层次的作用是使学生通晓学科知识结构、构建学科知识背景,但往往不能让学生理解知识间的关联性。综合层次的目的是帮助学生把握知识本质,理解知识间的相互关系。组合层次旨在引导学生把握知识规律,把握知识间广泛的关联性,实现知识的组合应用。学生的深度学习是指学生从符号表征学习走向逻辑结构学习和意义系统学习的统一。

需要注意的是,在不同阶段的教学中,景观图的使用是有所区别的。

在初次授课中,景观图主要用于培养地理实践力,可引导学生从不同范围感知地理事物的形态,提升其学习地理知识的兴趣。讲评例题与测验时,景观图可帮助学生提升对相应地理事物的进一步认知。一轮复习中,景观图可帮助学生从大范围感知地理事物,梳理景观图中地理元素之间的相互关系,分析主要地理元素的形成原因。二轮复习中,景观图以建构地理知识结构网络为主,可用于盘点地理事物之间的逻辑关系,强化地理知识的应用,引导学生逐步树立正确的环境观、价值观,为学生的终身发展提供基础。

深度学习和深度教学的最终目的都是构建地理知识结构网络,从知识网络中理解地理要素之间的相互关系和影响,将地理知识与生活实际相结合,为学生的综合思维的培养、地理实践力的培养、人地观念的培养、区域认知的培养奠定坚实的基础。

景观图在教材的应用中出现的问题主要有两方面:①地理要素指导性不强。一般的景观图同时包含了自然环境要素和人文环境要素,学生难以将所学的知识有针对性地迁移到对具体地理环境的分析判断中,导致其只能单纯地去"欣赏"景观图。②缺乏必要的注解与说明。在缺乏明确的指导性的注解和说明的景观图中,学生分析景观图时难免变得茫然,不知道从这幅图中能提取到哪些与教材相关的地理信息。

这样的景观图与教材内容的契合度显然是不够的。在教学时,为了让学生能贴近生活理解地理知识、进一步加强其对地理要素间相互联系和影响的理解或感知,教师应对教材中相应内容的景观图片进行一定的删减和增加。景观图的增加需要教师和学生通力合作完成。教师和学生可在日常生活中通过查阅图书、上网等多种方式收集景观图。

三、结语

地理实践力作为《中国高考评价体系》中"四层"中的重要考查内容，回答了高考"为什么考"。在教学过程中，我们会用各种教学策略、教学方法、教学用具、研学活动等帮助学生将课本中的地理知识和现实生活联系起来。在景观图的开发过程中，多采用学生身边的地理景观或学生自己感知到的地理景观来对知识点进行讲解与拓展，能让学生认识到地理是一门与生活息息相关的学科，也是对世界观、价值观有指导意义的学科。

高中地理问题式教学的策略研究

黄 伟

四川省成都市龙泉驿区第一中学校

过去，高中地理教学方法以课堂讲授和课后记忆为主，学生学习效果不佳。《普通高中地理课程标准（2017年版）》明确提出，高中地理教学不能局限于传统的教师讲授，而应当重视问题式教学。问题式教学更加注重知识的学习过程和能力的培养。新课程标准实施以来，许多高中地理教师采用了问题式教学法，结果表明该方法在激发学生地理学习兴趣、提高学生的学习能力上取得了比较好的效果。

一、问题式教学的概念

问题式教学是指从学生学习需求出发，用问题在学生与知识之间架起连通的桥梁，使学生通过问题有效了解并掌握知识内涵。这需要教师结合教学内容和学生的兴趣特点来设计恰当的教学问题，以引起学生的学习兴趣，调动学生的思维活动，以达到培养和提高学生的核心素养的目的。

二、问题式教学的构建

1. 梳理逻辑，创设教学问题。

问题式教学的实施关键在于梳理知识逻辑，创设科学、合理、有效的课堂教学问题。这就对高中地理教师提出了更高的能力要求，要求其不能完全按照教材进行讲授，而应更加认真研读课程标准、吃透教材内容，积极思考和创设相应的教学问题。一方面，提出的问题要紧贴教学核心内容，使其能够引领整个教学活动；另一方面，提出的问题要兼具合理性和趣味性，能激发学生的兴趣，并引导学生进行深层次的思考。

地理在高中阶段虽然属于文科，却有许多知识与理科有关，知识点的内在逻辑性较强。这就要求教师提前查阅相关资料，认真备课、精心备课，梳理知识点之间的逻辑关系。上课时，教师要适时提出相应问题，层层递进，有条理地把知识点之间的逻辑关系展现给学生，让学生觉得清晰易懂。同时，问题的设计要考虑学生的知识基础与认知水平，否则就起不到好的效果。在知识的梳理阶段要抓住核心问题，聚焦重点知识，使教学效率更加高效。问题的设计还要有阶梯性，由浅入深、由易到难，做到循序渐进。这样既能引起学生的兴趣，又能促进学生积极思考。此外，问题的设计还可考虑加入一些时事新闻和前沿的科学研究的介绍，以充分引起学生的兴趣、开阔其视野。这样的问题设计，定能引起学生的学习兴趣，并提升学生的地理学习能力和地理核心素养。

以讲授锋面气旋这一天气系统为例。锋面气旋，又称温带气旋，是指出现在中高纬度地区中心气压低于四周且具有冷中心性质的近似椭圆形的斜压性空气涡旋，其能量主要由冷北水平面上的空气温差（冷暖气团的温差）所造成，而冷暖气团易在低压槽中交汇形成锋面，因此温带气旋常与锋面结合形成锋面气旋系统。温带气旋易导致大风大雨、强对流天气。教师在讲授该内容前，要查阅该天气系统的相关资料，收集近期的天气新闻，完成课前的各项准备工作。教师可以结合近期的天气变化，对这一天气系统进行讲解，引起学生对于锋面气旋的思考，指导学生探讨西侧和东侧低压槽分别会形成何种锋面、雨带如何分布、中心空气如何运动。这样一来，抽象的天气系统会变得形象化、具体化，学生可以轻松掌握锋面气旋的形成过程及其影响。这样的问题设计，以常见的天气新闻为背景，能较好地调动学生的积极性，并帮助其更好地理解和掌握知识。总之，高中地理教学不能单纯地讲解书本知识点，应该注意其与现实世界的联系，理解知识的内在逻辑和事物的形成过程，有效提升学生的核心素养。

2. 提出问题，引发思考。

问题式教学的第一步是提出合理的问题，将学生引入地理知识的学习中。在这个过程中，教师要重点关注如何激发学生思考。如果教师提出的问题太简单，学生会觉得无趣，便不会认真对待。如果教师提出的问题太难，学生则会感觉很茫然，无法进行深入思考。只有教师提出的问题能引发学生原有认知与新知识的冲突时，才能有效引起学生的注意，才能调动学生积极思考、激发学生的学习兴趣。需要注意的是，问题的设计要具有层次性，要在旧知识的基础上层层递进、过渡到新知识的讲解上，使新旧知识之间的联系得到凸显，让学生知其然，更知其所以然。由于旧知识是学生已经较为熟悉的内容，学生在最初的解答中并不会太困难，这有助于学生在课堂学习中获得成就感，增强其学习地理的兴趣和信心，从而更轻松地进入新知识的学习与理解中。

此外，教师还可以组织学生进行小组合作讨论，使全体学生都积极参与到问题的思考中，通过思维的碰撞得出比较新颖的答案。

3. 解决问题，点拨升华。

问题抛出后，学生的脑海里会产生困惑，其原有的知识已不足以解决新的问题。学生内心迫切需要学习新的知识去解决问题，这时教师便可以依据问题对新的知识点进行讲解。学生通过已有知识和课堂新学习的知识将问题解决，从而得到真正的提升。教师的讲解不能只针对该问题，而应该以该问题为支点，把新内容进行适当拓展和延伸，并结合旧知识形成一个知识体系，构建完整的逻辑框架。在这个过程中，教师要给学生充足的时间去理解这些问题，构建新的知识体系。如此，学生心中对于所学知识才不会感到茫然，才能掌握完整的逻辑结构和知识体系，才能实现知识的升华。

三、结语

问题式教学弥补了传统教学方法的不足，让学生带着问题学习，主动思考，寻求答案，建构知识体系，感受学习新知识的快乐。为深化课程改革、提高教学质量、提高学生分析问题和解决问题的能力，教学应遵循指向问题解决的教与学的思路，在问题式教学道路上走得更远。这需要高中地理教师不断摸索、不断实践、不断反思。

高中地理教学中的导课艺术

向丹丹

四川省成都市武侯高级中学

一、引言

现代英语、法语、德语中的"教育"均来自拉丁语"educare"，意为"引出、导出"，因而西方的教育可被理解为：智慧的种子早在人的灵魂之中，教育就是把存在于灵魂、心灵中的智慧回忆，引导出来，以此完善人的一种活动。德国教育家第斯多惠曾经说过这样一句话："教育的艺术不在于传授本领，而在于激励、呼唤、鼓励。"导课是教学过程的第一步，导课艺术具有与其他艺术一样的共同的本质特征——审美性、形象性、情感性、灵活性和创造性。除此之外，导课作为课堂教学的开场白，是教学的一个重要起点，是学生和知识的桥梁。高超的导课艺术可以有效指导学生的学习方向，为课堂教学奠定成功的坚实基础。

高中地理导课教学是一门艺术和技术，这种导课艺术具有多元化的特点，要求教师创新教学方法，设计符合教学目标的导课形式。同时，教师要根据学生发展特点凸显课堂活力、吸引学生注意力、提高教学有效性与教学质量。经验丰富的教师非常重视课堂中导课的精心设计，良好的课堂导入可以激发学生的好奇心和内在学习动力，并为学生提供最佳的学习机会。

二、写作目的

导课是课堂教学环节的第一步，有效的导课对学生学习是一种激励，能引导学生快速进入教师创设的教学情境中，开始深入学习。有效的导课需要教师掌握一定的导课艺术，结合学情，设计符合教学目标的导课形式。导课艺术的运用不仅是每位教师必备的素养，更需要教师通过不断的实践不断提升自我的导课艺术水平。纵观地理教学课堂，不难发现导课艺术常出现在示范课、观摩课、评优课以及表演课中，平常的教学中教师经常忽略导课的艺术，或者是因为采用的导课方式比较单调、缺乏新意、形式呆板等，使得导课缺乏感染力，难以激发学生学习的积极性，也很难让学生进入思考与探究中。教师也就自然而然地选择了跳过这一环节。本文通过对国内课堂导课研究现状及国内地理课堂导课研究现状做一些介绍，旨在强调导课艺术的重视性，提高教师对于导课艺术的理论学习，并能将其真正地运用到日常的地理课堂教学中，构建地理教学高效课堂。

三、国内课堂导课研究现状

1. 课堂导课功能的研究。

20世纪90年代，陈献芳研究了课堂导课的功能，她认为课堂导课有助于激励学生并帮助他们养成正确的学习习惯，为了让学生理解学习的目的，必须确定主题。徐洁以课堂导课为研究对象开展了一系列研究，她认为课堂导课可以提高学生对学习的兴趣和对知识探究的强烈渴望，增加学生学习的动力，是提高学习效率的基础。郭友指出，课堂导课应该具备明确的目标导向，它由集中注意、引起兴趣、明确目标、进入课程四个方面构成。王秀蕾认为，适当的课堂导课可以促进学生积极学习。如果在教育的早期阶段学生对学习产生了兴趣，那么他们就可以将被动变为主动，快乐学习。王伯达解释说，教学的目的在于引入一门新课程，增加新的知识，激发兴趣，提高学习动机，解释教学目的，并创造一个良好的课堂环境。换句话说，课堂上的学习可以归纳为对学习的兴趣增加、启发研究思维和提高学习的主动性三个方面。

2. 课堂导课作用与效果的研究。

在21世纪，张学敏以学生为中心，表达了课堂导课的作用，阐明了学习任务，激发并促进了学习和认知结构的发展。蔡联洁建议课堂导课应该简洁、现代和新颖。简短而精练的课堂导入可以提高教学效率，对学生来说非常有价值。有趣的课程可以引起人们对学习的积极参与和关注，充分发挥出课堂导课的功能。赵洪芳认为，通过在课堂上运用课堂导课的方法，可以提高课堂的专注度和效率，将学生融入课堂的最佳学习状态，并以学生为主导。徐洁认为，通过进行课堂导课，可以有效地提高学生的学习兴趣，并且会影响教室中学生的注意力。总的来说，大多数关于课堂导课的理论研究都是从宏观角度进行的回顾和研究，且研究仅停留在表面，没有人表明课堂导课如何影响学习，以及什么样的课堂导课对学习产生的积极影响最大。也就是说，有很多关于高中地理课堂导课的文章，但是关于课堂教学实践经验的系统评价没有多少。他们根据自己在课堂上的经验来总结课堂导课的目的，但缺乏统一的推理，没有系统地总结；一些学者解释了课堂导课的功能，但没有系统地分析；一些学者总结了课堂导课的关键要素，但没有系统地总结课程，这表明课堂教学的实际应用还需要不断加强。

四、国内高中地理学科课堂导课的研究

1. 高中地理课堂导课理论研究。

李家清解释了高中地理课堂导课的作用、类型和原则。他认为,课堂教学应该自然、动人,有目的性和说服力。陈诚和段玉山认为,高中教师的教学旨在提高学生的学习兴趣并提高学生对课堂的专注。姜晔总结课堂导课的问题,指出课堂导课仍然存在一些弊端,如在课堂上高中地理教学质量差、高中地理教学导课时间比较长等。

2. 高中地理课堂导课实际运用研究。

1985年,袁国明首先提出高中地理课的成功就是增加学生的兴趣,然后强调了高中地理课堂导课的多种教学方式,并进行了一系列课堂导课的研究。从那以后,一些学者开始研究高中教育课堂导课的问题和方法。2010年,我国学者针对中学地理课堂导课的文献有所增长,在2016年达到顶峰。例如,孟小平就以"农业的区位选择"为例子,利用"水稻种植在哪里"的问题,说明如何进入高中地理课堂导课环节,以改变课堂氛围,并简要说明其与实际应用的联系。于春宁根据实际学习经验,提出了多种学习方法。其中,小组分享导课法和板书投影导课法适合习题课,问题导课法和过程导课法适合教授新知识,共享导课法适合复习课。一些学者对于不同的学习内容提出了各种教学方法,并给出了综合分析。有些文章针对各种学习方法对特定知识点的影响分析了课堂导课的功能。对于高中地理课程,学者提出了许多建议,每种方法都有其优势。关于高中地理教学策略,潘财华认为,一种生活化的高中地理导课方法非常有效,也可以帮助学生建立高中地理与生活之间的联系。熊晓月认为,高中地理课的设计应遵循针对性、启发性、迁移性、趣味性和互动性五个原则。他还说,高中教师应具有扎实的专业知识基础和广阔的视野。马云飞建议应从学生、教师、教材和教学资料分析,关于地理课堂导课对高中地理学习的影响,重点介绍了影响高中教育的因素。他认为,学生在课程中的兴趣和态度、教师的教学风格、教科书的组织结构等都会影响高中教育的有效性。有关学者完成了中学地理教学中课堂导课的一系列评论和研究。王会琴认为,高中地理课程堂课存在一些问题,高中地理课堂教学教材的设计缺乏针对性,高中地理课程的选择应该合理,高中地理课堂的学习、教学材料和其他问题有关。杨新智认为,高中地理课堂的设计应基于课程和教材,教师要更新教学观念,根据不同的教材和学生的个人差异选择课堂导课方法。近年来,越来越多的前沿教师和学者致力于高中地理课堂导课教学的研究。

五、结论及启发

导课是课堂正式开始的必要步骤,教师应以最有效的方式进行课堂导入。有效的课堂导入,可以在极大程度上提高学生的学习兴趣。在高中地理教师的教学中,教师必须根据案例研究智能导课和情境导入,发展自己的教育,以激发学生的学习动机和有效学习能力,同时确保课堂学习的有效性并提高教学的质量。因此,在实际教学中,教师应运用针对性、趣味性、简洁性、可行性、独特性、创造性的导课艺术,吸引学生注意、激发学生的学习兴趣、点燃学生的学习激情,利用教学技巧满足学生的学习需求,从而有效提高高中地理课堂的教学质量。

用实验和链式追问　培养学生地理实践力
——以"水土流失实验"为例

王海霞　胡　霞

四川省简阳中学

水土流失实验可以使水土流失的形成过程具体化、动态化、形象化，让学生能直观地看到在不同的影响因素（植被状况、土质、坡度、降水强度）下水土流失情况的差异性，从而让书本上抽象的知识，变得形象生动、更容易理解。

在实际教学过程中，笔者发现绝大部分学生能准确地描述实验现象，但普遍缺乏对实验现象背后进一步的思考，这就需要教师利用链式追问，引导学生再次回顾实验过程，从实验中寻找答案。"模拟实验＋链式追问"的授课形式有助于锻炼学生的动手能力、提高学生观察总结地理现象的能力并强化其团队合作意识，从而提高学生的地理实践力、培养其实事求是的品质。

一、实验目的、原则及内容

1. 实验目的。
（1）了解黄土高原的自然特征，理解影响水土流失的自然因素。（2）掌握水土流失实验的基本步骤。（3）培养学生的学科思维能力和实事求是的品质。

2. 实验原则。
（1）唯一变量原则：每组实验只探究一个自然因素对水土流失的影响，通过采取统一的实验器材来控制唯一变量。（2）实验器材环保、可重复原则：选取日常生活中的物品，如废旧矿泉水瓶、花生种子、饮料杯、木架等作为实验器材，做到易得且环保，学生在课下可以自我重复实验。

3. 实验内容。
水土流失实验内容选自人教版地理教材八年级下册第六章第三节"世界上最大的黄土堆积区——黄土高原"。实验内容主要包括四个方面：①植被覆盖率高低与水土流失的关系；②土质（沙土和黏土）与水土流失的关系；③坡度（陡坡和缓坡）与水土流失的关系；④降水强度（暴雨和小雨）与水土流失的关系。

二、实验器材

废旧矿泉水瓶（1.5 L 矿泉水瓶、550 mL 矿泉水瓶、300 mL 矿泉水瓶），自制木架，花生种子（提前 7 天种入沙土中），沙土，黏土，自来水，烧杯，铁架台，透明饮料杯（大孔径、小孔径等）。

三、实验步骤

(1) 实验器材摆放如图1所示。

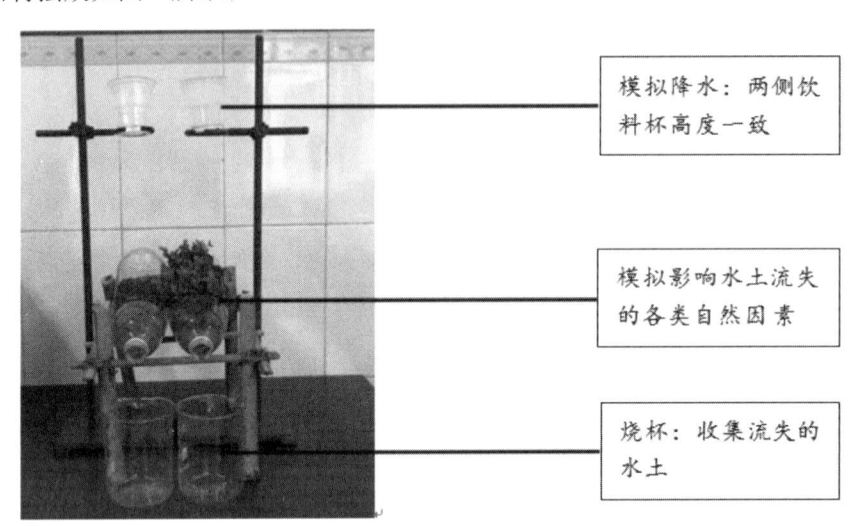

图1 实验器材摆放示意图

模拟降水：两侧饮料杯高度一致

模拟影响水土流失的各类自然因素

烧杯：收集流失的水土

(2) 调整实验唯一变量。

实验①，植被覆盖率对水土流失的影响：一个矿泉水瓶的沙土中种有花生苗，另外一个矿泉水瓶为无植被覆盖的沙土。

实验②，土质对水土流失的影响：两个矿泉水瓶分别装有等量的黏土和沙土。

实验③，坡度对水土流失的影响：一个矿泉水瓶倾斜15°，另外一个倾斜45°。

实验④，降水强度对水土流失的影响：选取孔径数量少且小的饮料杯及300 mL自来水模拟小雨，选取孔径数量多且大的饮料杯及550 mL自来水模拟大雨。

(3) 将自来水倒入饮料杯中，模拟降水。

(4) 仔细观察矿泉水瓶及烧杯中泥土、水量情况。

(5) 填写相应的实验报告（见表1），并汇报实验结果。

表1 水土流失实验报告

实验类型		植被状况		土壤类型		坡度		降水强度	
		良好	裸地	黏土	沙土	缓坡	陡坡	小雨	暴雨
烧杯情况	水量								
	泥沙量								
水土流失情况									

注：①水量和泥沙量的描述均用"较大"或"较小"；②水土流失情况的描述均用"严重"或"轻微"。

四、教学过程

教学过程见表 2。

表 2　教学过程

教学过程		师生活动
导入新课		【师】这是黄土高原的地貌景观图，我们能用哪些词来描述它的样子？造成这种现象的主要原因是什么呢？ 【生】观看图片，思考问题。
实验准备		【师】接下来，我们将通过实验的方式来探究黄土高原水土流失的自然原因。准备实验器材：木架、铁架台、花生苗、黏土、沙土、烧杯、300 mL 和 550 mL 自来水、三种型号饮料杯（孔径相同、大孔径、小孔径）、纸壳（模拟坡度）。 为了更好地进行实验，教师将同学们分成 A、B、C、D 四个学习小组。其中，A 组探究植被与水土流失的关系，B 组探究土质和水土流失的关系，C 组探究坡度与水土流失的关系，D 组探究降水强度和水土流失的关系。 【生】观察实验器材，小组合作，做好实验前的准备工作。
实验过程	① 植被与水土流失	【师】教师引导学生完成实验（或其他学生提实验意见）。 【生】A 组实验员完成实验，汇报实验结果。其他同学观察实验，完成实验报告。 追问1：为什么植被能减少水土流失？ → 学生回答：植被有根，能固定土壤。 追问2：请示范根是如何固定土壤的？ → 学生回答：直观展示花生苗丰富的根系对于土壤的固定作用。 追问3：除根系外，植物的叶子是否会影响水土流失？如果有影响，请根据实验现象说明。 → 学生回答：实验后发现，花生苗的叶片可分散雨水冲击力，减少地表径流，从而减少水土流失。 借助花生苗的根系和叶子，帮助学生进一步理解植被能减少水土流失。
	② 土质与水土流失	【师】教师引导学生完成实验（或其他学生提实验意见）。 【生】B 组实验员完成实验，汇报实验结果。其他同学观察实验，完成实验报告。 追问1：请根据触感，描述沙土、黏土分别有什么特点？ → 学生回答：沙土很软，很疏松；黏土很硬，成块状。 追问2：哪种土质更容易造成水土流失？原因是什么？ → 学生回答：沙土更容易造成水土流失。因为沙土的土质疏松，有很多孔隙，易溶于水，更容易受雨水冲刷。 学生对比沙土和黏土的触感，得出沙土更容易造成水土流水的结论。

续表2

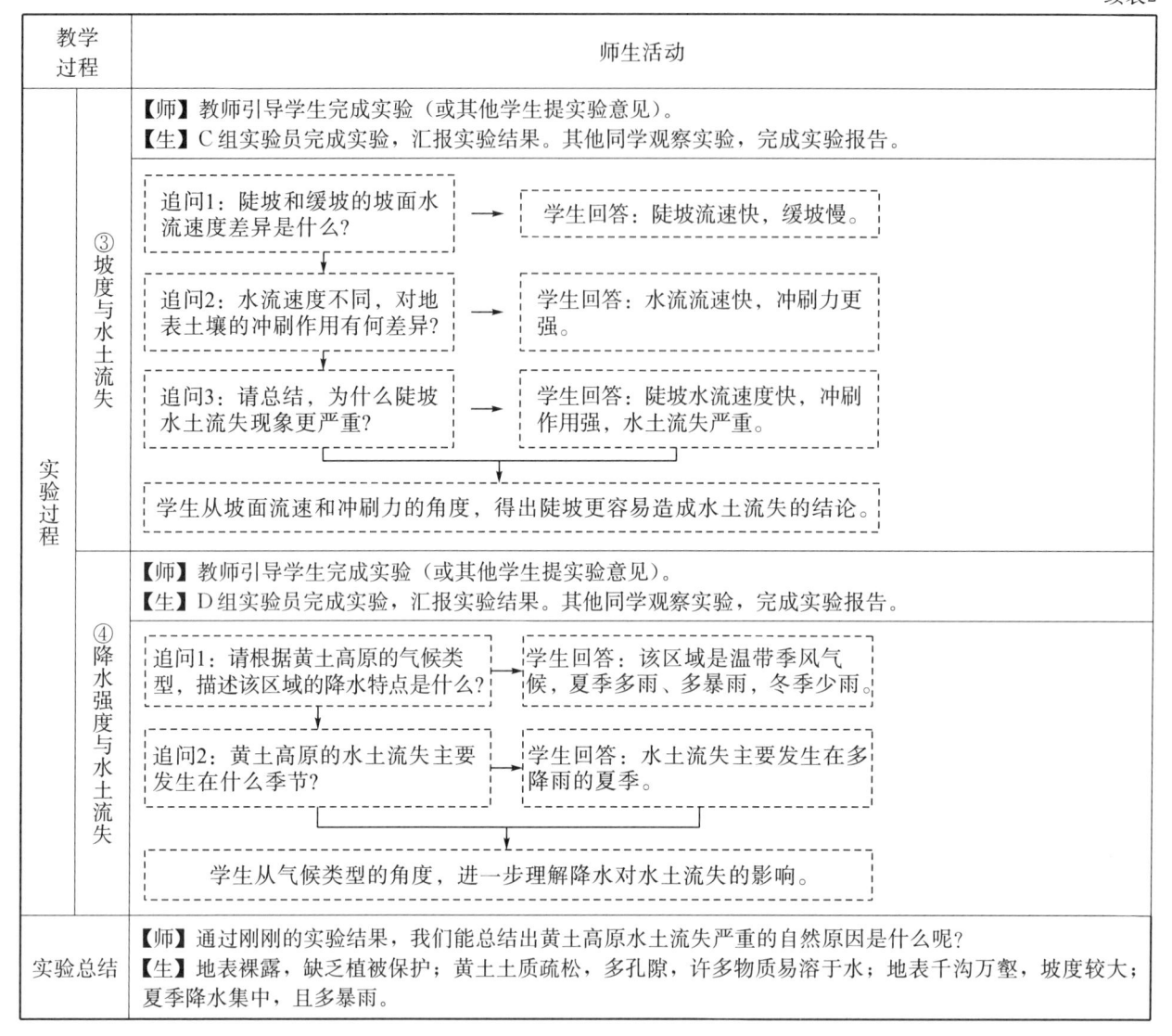

教学过程		师生活动
实验过程	③坡度与水土流失	【师】教师引导学生完成实验（或其他学生提实验意见）。 【生】C组实验员完成实验，汇报实验结果。其他同学观察实验，完成实验报告。 追问1：陡坡和缓坡的坡面水流速度差异是什么？ → 学生回答：陡坡流速快，缓坡慢。 追问2：水流速度不同，对地表土壤的冲刷作用有何差异？ → 学生回答：水流流速快，冲刷力更强。 追问3：请总结，为什么陡坡水土流失现象更严重？ → 学生回答：陡坡水流速度快，冲刷作用强，水土流失严重。 学生从坡面流速和冲刷力的角度，得出陡坡更容易造成水土流失的结论。
	④降水强度与水土流失	【师】教师引导学生完成实验（或其他学生提实验意见）。 【生】D组实验员完成实验，汇报实验结果。其他同学观察实验，完成实验报告。 追问1：请根据黄土高原的气候类型，描述该区域的降水特点是什么？ → 学生回答：该区域是温带季风气候，夏季多雨、多暴雨，冬季少雨。 追问2：黄土高原的水土流失主要发生在什么季节？ → 学生回答：水土流失主要发生在多降雨的夏季。 学生从气候类型的角度，进一步理解降水对水土流失的影响。
实验总结		【师】通过刚刚的实验结果，我们能总结出黄土高原水土流失严重的自然原因是什么呢？ 【生】地表裸露，缺乏植被保护；黄土土质疏松，多孔隙，许多物质易溶于水；地表千沟万壑，坡度较大；夏季降水集中，且多暴雨。

五、教学反思

一堂优质的实验课离不开在实践中的反复打磨，在多次实践中，每次出现的问题各不相同，课堂生成也各不相同。关于水土流失实验课，其中以下4个问题值得教师深入思考。

1. 选择最接地气的实验器材。

水土流失实验器材的选择，最好是节约环保又方便易得的。本次实验的矿泉水瓶、饮料杯、花生苗等均是生活中常见的，学生即使在课上没能直接参与实验，课后仍然可以自己动手。

本次实验器材的亮点有两处：①用花生苗代替常规用的草皮。提前7天左右播种花生种子，利用花生的根和叶子，能直观地解释为什么植被能减少水土流失。②准备了黏土和沙土的标本。学生直接触摸，对比标本差异，从而发现土壤性质对水土流失的影响。

2. 选择最适合的实验组织形式。

实验的组织形式直接关乎学生的有效参与度。笔者分别对多个班级随机采取了两种实验组织形式中的一种组织教学，并在多次实践后对比教学效果及优缺点（见表3），总结如下：示范实验中，虽然学生的参与度有所降低，但因在讲台的位置较高，绝大部分学生能看到四组实验的过程、结果，并能在教师的追问下积极思考，教学效果更佳。

表 3　两种实验方式对比

实验方式	小组人数	小组组数	组织形式	优点	缺点
组内实验	6~7	8	（1）教师准备每组实验所需器材； （2）小组合作，完成实验； （3）由一名实验员做实验报告	学生能近距离参与实验、观察实验，实验参与度高	实验器材有限，每个小组只能选做一个自然要素对水土流失的影响，其他要素对水土流失的影响只能通过他组汇报了解实验结果，缺少对整个实验过程的观察
示范实验	13~14	4	（1）组内讨论实验所需器材和实验步骤； （2）小组派 2 个实验员选取器材，完成实验； （3）由一名实验员做实验报告	能充分锻炼学生的实验能力并培养小组合作意识。依托实验目的，通过小组讨论自主选择相应实验器材。学生能观察到每组实验的具体操作过程和实验结果	每组派两名实验员在讲台上做实验，其余学生实验参与度较低

3. 教师链式追问，让实验更有意义。

绝大部分学生潜意识里认为，能模拟实验过程，能表述实验结果，实验任务就结束了。事实上，实验过程中还可以生成很多新的课程资源，这就需要教师充分利用"链式追问"这一环节，督促学生在问题的引导下再次回顾实验过程。学生回答问题的过程就是对实验的再解剖，并在这个过程中建构自己的知识体系。

4. 不足与提高。

用塑料杯模拟降水器时，孔径偏大，如降水强度对于水土流失影响中，暴雨约在 40 秒的时间内降水 500 毫升，这与黄土高原实际降水有差异，可能对于实际结果有影响。要想进一步提高就需要查阅黄土高原夏季降水量，采取与实际降水相符合的降水模式。

在实验结果判读上，都是依靠观察，主观性强。要想进一步提高可以读取烧杯中泥沙和水的高度数据，或者用电子秤称烧杯的重量，依托客观数据对比不同实验要素的结果差异性。

地理学科创意教学模式探究
——以地理必修一为例

肖慈凤　谭　勇

四川省简阳中学

一、地理学科创意教学的基本原则

1. 紧贴时代性。

随着时代的迅猛变化，新时代对国民素质和人才培养提出了新的要求。因此，地理学科创意教学坚持反映时代要求，紧跟时代步伐：教师及时更新教育思想和理念，无论是教学设计过程还是授课过程都在关注学生个性化、多样化的学习和发展需求，着力培养学生的核心素养；教师实时更新教学内容和教学手段，选用最新的教学素材创设教学情境，激发学生的学习积极性和主动性。

2. 实现有效性。

教学能否准确把握住学生的学情特点，极大影响着教学有效性的实现。世界上找不到两片相同的树叶，不同的学生有不同的学情：首先，每个学生有各自的发展水平，他们对已有知识基础的掌握情况具有差异性；其次，每个学生在不同学习阶段有各自的学习方式，并不是千篇一律的；最后，不同的教学内容不能用同一种教学方式"灌到底"，而是应根据教学内容的特点采用最适宜的教学方式。因此，教师在设计创意教学时应综合考量学情和教学内容特点，选择最适宜的教学方式实现创意教学的有效性。

3. 达成有用性。

教师在平时要有意识地搜集生活中的教学素材，在进行创意教学设计时充分利用生活中的教学资源，要让设计的教学内容贴近生活。因此，大部分创意教学设计会引导学生体验身边的地理，从体验中去探索、感悟，学习有用的地理知识。

4. 展示新颖性。

创意教学采用新颖的材料和设问角度、采取多种教学手段、匹配多样的多媒体辅助，让课堂焕发生机，易吸引学生的注意力，让学生乐于参与教学之中，真正成为学习的主动者。

二、课堂教学范式

地理创意教学设计范式为"情境贯穿、主题引领"式，即自主预习、落实基础—活动导引、设置悬念—合作探究、层层质疑—总结反思、巩固提升。

要运用"情境贯穿、主题引领"式创意进行教学设计，设计者要根据课程教学目标确定相应主题、创设真实有效的教学情境，贯穿整个教学过程，依托教学情境设计一系列有机联系的梯度性问题链，引导学生层层深入探究。

例如，"山地的形成"创意教学设计流程如图1所示。

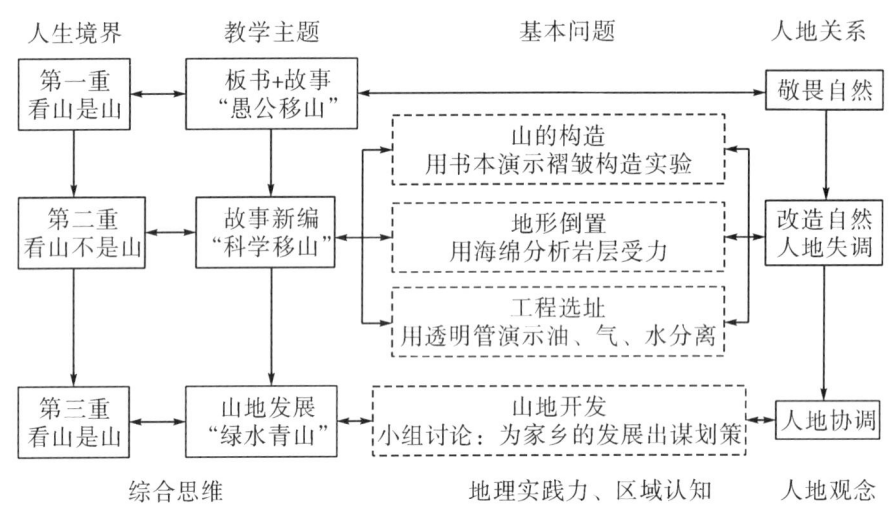

图1 "山地的形成"创意教学设计流程

【评析】该教学设计中用"移山"作为故事主线贯穿课堂，主题新颖鲜明。通过"愚公移山""科学移山""绿水青山"三个案例主题活动将整节课串联起来。

三、创意教学三类课型

1. 新授课。

新授课流程如下：

（1）自主预习，落实基础。

大部分教师会区别对待教材中不同类型的内容，即重点内容和一般内容，对不同类型的内容投入不同的教学力量。一般内容具有基础性、易理解性，学生通过自主学习即可掌握。因此，在创意教学设计中，教师让学生在课前自主学习一般内容，课堂上抓住重点内容进行精讲，利于节约课堂时间、提升课堂效率。

（2）活动导引，设置悬念——"情境加问题"模式，诱发学生参与教学。

"好的开始等于成功的一半"，导入新课环节很大程度上决定了本次教学是否能够抓住学生的注意力、催化启动学生的学习内驱力系统。因此，导入新课是整个教学过程中十分重要的环节。创设符合学生心理特点和与学习内容相关的一个导入情境活动，找出情境与本节教学内容的关联点，提出一个问题导入新课，给学生设置悬念，诱发学生在情感上的参与意识。

（3）合作探究，层层质疑。

创意教学课堂上，教师会设计出一系列具有梯度性、逻辑性的情境化问题链，利于激起学生的学习兴趣，引发他们的探究热情，从而引导他们步步深入，探究知识、掌握知识。小组合作探究、交流分享的环节，可以激发学生的发散性思维，帮助他们打开思想的开关。

（4）总结反思，巩固提升。

建构主义学习理论认为，学习的过程是主动建构知识的过程。因此，在学习的过程中，教师应重视总结反思环节，引导学生厘清本节知识的逻辑和结构、绘制思维导图、建构属于自己的知识网络。同时，学生在建构知识网络后应进行知识的应用与实践，达到巩固提升的效果。在设置课后习题时可分层创意布置，按照学生学习水平和习题难易进行分层，如 A、B、C 层，不同层次学生完成的习题类型不同。基础层次学生仅需要完成基础题型，中级层次学生完成基础题型和拓展题型，高级层次学生在完成基础和拓展题型的基础上还需要完成拔高题型。分层布置课后习题让不同层次的学生"吃得对味""吃得饱"。

2. 复习课。

笔者通过研究复习课案例，总结出复习课模式的类型主要有以下两种：一是遵循先后的知识罗列进行复习；二是增加复习内容的难度、强度。无论是哪一种复习课模式都很容易造成学生出现心理倦怠。

创意教学复习课模式则是通过重组复习内容、创设有效情境，引导学生深入思考，培养和提升学生的地理核心素养能力。创意教学复习课模式避免了知识的简单罗列，使复习课像新课一样让学生有新鲜感，保持学生的学习兴趣。

复习课流程如下：

（1）自主复习，落实基础。

学生根据自己的具体情况提前自主复习，将未掌握到位的基础内容进行落实和巩固，利于节约课堂时间、提升课堂效率。

（2）活动导引，设置悬念。

创设符合学生心理特点和与学习内容相关的一个导入情境活动，找出情境与本节教学内容的关联点，提出一个问题导入新课，给学生设置悬念，诱发学生在情感上的参与意识。

（3）合作探究，层层质疑。

创意教学复习课堂上，教师应避免简单罗列知识进行复习，通过设计出一系列具有梯度性、逻辑性的情境化问题链，激起学生的复习兴趣，引发他们的探究热情，从而引导他们步步深入，回顾知识和应用知识。

（4）总结反思，巩固提升。

教师引导学生厘清知识逻辑和结构，重新绘制思维导图，补充和完善已经建构的知识网络。同时，学生在完善知识网络后应进行知识的应用与实践，达到巩固提升的效果。在设置课后习题时可分层创意布置，按照学生学习水平和习题难易进行分层，如 A、B、C 层，不同层次学生完成的习题类型不同。

3. 讲评课。

传统的讲评课主要存在两个问题：第一，教师往往根据自身教学经验选择讲评重点或者不分主次逐题讲解。因此，这些没有根据学生实际答题情况进行的讲评课，不仅效率低下，而且很难真正剖析出学生解题存在的问题。第二，就题论题，着重于核对答案，全程以教师讲解为主，形式单一，针对性差。

讲评课流程如下：

（1）课前考情诊断。

讲评课创意教学注重课前对学生考试情况的统计和分析，了解学生答题情况，从而有针对性地进行讲评，而不是不分主次、眉毛胡子一把抓地进行讲评。通过考情诊断，教师能够针对典型错题提前筛选出变式题型（即变角度、变层次、变背景的题型），举一反三，迁移应用。

（2）课上对症提升。

预留一段时间给学生自主订正答案，分析失误的原因，如知识记忆不过关、审题不清、语言表达错误等。通过自主审查分析，学生明确自己的不足后立即进行纠正，有针对性地查缺补漏。如果学生对某些题或者选项等无法理解，可在小组内部进行讨论，共同分析、解答，最终得出探究成果。每组推选代表展示本组的纠错情况，重点展示有疑问的地方及探究成果。教师根据小组反馈的情况，在学生未明或者未思之处进行有针对性的追问点拨，对症下药，不仅能充实讲评课的容量，还能有效训练学生思维的纵深度。同时，以试卷上的题目为中心链接变式题型，举一反三，进行知识的纵深迁移。

（3）课后总结提升。

每个学生根据自己的答题情况，对试卷上的错题从相似知识点、解题方法、错误原因等方面进行归类，以便于温故知新、总结提升、避免重蹈覆辙。

初中地理活动情景教学的深度学习与实践研究
——以"北方地区区域特征"为例

兰爱君

四川师范大学附属第七实验中学

情景教学法是教师为了让学生尽快参与到课堂学习中，事先有目的地创设一个个生动形象的场景，吸引学生的注意。通过真实的情感体验方式，激发学生的学习情绪，发挥学生的主观能动性，取得良好的教学效果。情景创设的方式多种多样，我近期观摩学习了活动情景教学，加上自己的多次活动设计和实践，我对活动情景教学的设计和开展有了一定的感悟和收获。

一、活动情景教学的内涵

17世纪30年代，捷克教育家夸美纽斯编著了《大教学论》，强调教学要准确把握、教得彻底、使人学得愉快，教师应当用一切可能的方法去主动激发学生的求知欲。这种教育理念发展到20世纪60年代，由英国应用语言学家正式提出并发展形成了"活动情景教学"。教师预设一个个趣味活动，将知识精心挑选、整合，形成具体的活动项目，让学生身临其境地去体验，使学生学得开心。通过一个个活动项目的开展实施，激发学生主动去探求知识、深入学习，进而从感性知识中顿悟到理性的规律，彻底掌握要点。

当今世界正处在教育思想大发展、大变革时期。各地都在轰轰烈烈地开展课堂教学改革。作为新时代的地理人，既要广泛学习、对多方面有所涉猎，又要深度学习，对某一教学模式展开深入研究，学得"精"，习得精髓。2016年，教育部发布的关于核心素养的研究成果中，六大素养之一的"实践创新"要求当今中学生应当有解决问题的热情，能够依据特定条件和情景，合理配置，选择或制订出合理的方案，并能够有效实施、解决问题。显而易见，活动情景教学模式与国家对中学生的核心素养培养要求不谋而合。因此，深度学习活动情景教学顺应时代和国家的教育新要求，也是我们地理人探索教育教学、追求课堂生命新高度的一条合适的道路。

二、创设活动情景的原则

创设活动情景时，需根据具体的教学内容注意一些关键问题与事项。

（一）适宜性

由于教材内容的不同，教师应该认真阅读课标和教材，仔细研究内容特点，根据每一课的独特性，发掘新思路和突破点，创设适宜的活动情景。例如地球和地图认识类就可以采用地理模型制作的活动形式。在课堂上要求学生利用准备好的乒乓球、细铁丝、彩色细皮筋、橡皮泥等材料制作简易地球仪。按照认识地球仪的形状、地轴、南北两极、重要的经纬线等内容，要求学生按步骤依次制作或描出。学生通过动手制作，获取了直接经验，有利于知识的吃透与掌握。

（二）连贯性

在创设活动情景时，要注意活动的连贯性、连续性。有的教师在一节课中使用几个活动情景，零散出现、缺乏整体性，不但不能充分体现活动情景创设的效果，反而显得课堂教学不连贯，增加学生负担。因此，在活动情景创设时，应该有一个主题中心。通篇把握内容，创设一个完整的活动情景贯穿课堂，一气呵成、环环相扣、思路清晰明了。

（三）生活性

地理本就与生活息息相关，与学生的生活距离很近。教师要充分利用此优势，在创设活动情景时，要贴近学生生活实际。整得"高端大气上档次"，不如"低调奢华有内涵"。距离学生实际生活太远，不能引起学生的共鸣，就不能激发他们的兴趣和积极性，这个活动情景就是不成功的，低效甚至无效的。

依据创设原则，笔者采用故事体验的活动形式设计出了"北方地区区域特征"一节的教学设计，并经过了课堂实践。

三、初中地理课堂活动情景的教学设计与实践

（一）"北方地区区域特征"的教学设计

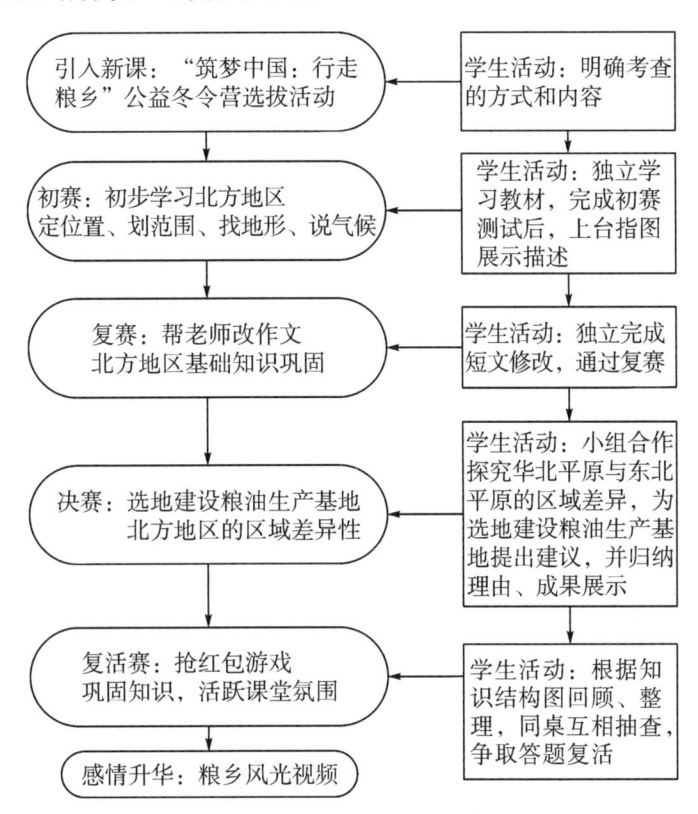

```
引入新课："筑梦中国：行走          学生活动：明确考查
粮乡"公益冬令营选拔活动            的方式和内容

初赛：初步学习北方地区              学生活动：独立学
定位置、划范围、找地形、说气候      习教材，完成初赛
                                    测试后，上台指图
                                    展示描述

复赛：帮老师改作文                  学生活动：独立完成
北方地区基础知识巩固                短文修改，通过复赛

决赛：选地建设粮油生产基地          学生活动：小组合作
北方地区的区域差异性                探究华北平原与东北
                                    平原的区域差异，为
                                    选地建设粮油生产基
                                    地提出建议，并归纳
                                    理由、成果展示

复活赛：抢红包游戏                  学生活动：根据知
巩固知识，活跃课堂氛围              识结构图回顾、整
                                    理，同桌互相抽查，
                                    争取答题复活

感情升华：粮乡风光视频
```

（二）教学实录

1. 引入新课："筑梦中国：行走粮乡"公益冬令营选拔活动。

教师：前些天，我收到了一张神秘的邀请函。原来，"中粮集团"发起了一个"筑梦中国——行走粮乡"公益冬令营活动，打算从广安市的初中生中选拔100名优秀的地理学科代表参加。大家想参加吗？今天，我就和我的朋友——模拟考官李老师带大家先来体验一下整个选拔过程。

（语音）考官李老师：同学们，你们今天的挑战内容将来自教材八年级下册"北方地区区域特征"。在这次挑战中，你们将经历初赛、复赛和决赛三轮挑战，获胜者将获得入选资格。现在，我宣布初赛的考查内容和形式。

……

教师板书课题，并引导学生自主学习课本第6页图6-1-1、第7页内容和图6-1-2，初步认识和记忆北方地区的基础知识。

（利用冬令营选拔活动创设一个贯穿全课的活动情景，吸引学生注意，增加趣味性和新颖性。由选拔活动引出本节的学习内容。）

2. 初赛：定位置、划范围、找地形、说气候。

学生独立学习教材后完成初赛测试，教师巡视。

教师：为了检验测试结果，请同学上台给大家指图描述北方地区位置。

学生：相对位置：位于大兴安岭、青藏高原以东，内蒙古高原以南，秦岭、淮河以北；海陆位置：东临渤海、黄海。

教师指图，学生抢答北方地区主要省级行政区的简称，掌握北方地区的范围。

学生：内蒙古、黑吉辽、京津冀、陕甘宁、晋鲁豫，再加皖和苏。

教师：主要包括东北三省、黄河中下游的大部分地区。

……

（通过初赛题，要求学生带着明确的目标，自主完成北方地区的区域特征基础知识的学习，培养学生的自主学习能力及读图用图能力。）

3. 复赛：帮老师改作文。

【复赛】帮老师改作文

我家住在哈尔滨，寒假期间，我和爸爸妈妈一起去旅行。第一站来到了长春，我们看到了广阔的华北平原和美丽的雾凇景象。然后来到了东北平原上的石家庄，可是倾盆大雨一连下了好几天，一点也不好玩。后来我们向西跨过长白山来到了"红色旅游胜地"延安。在这里，我们看到了厚厚的黑土地，还品尝了各式各样、丰富美味的特色面食。这真是一段难忘的旅行！

（语音）考官李老师：恭喜大家顺利通过初赛，现在准备迎接更大的挑战吧！复赛题：请结合前面所学，修订下面这篇短文中的地理常识性错误。

学生看短文，并独立完成短文修改。

教师配以北方地区的景观图片，讲解其地形、气候特征。

……

（通过复赛题，巩固基础知识，灵活运用，体现地理的生活性，提升学生的生活品位。）

4. 决赛：选址建设粮油生产基地。

（语音）考官李老师：恭喜大家进入最后的决赛阶段，现在的挑战更有难度、竞争更加激烈，你准备好了吗？决赛题："中粮集团"拟在东北平原和华北平原选地建设粮油生产基地，请大家认真研读提供的材料，并结合所学内容，向集团选地提出合理化建议并给出充分理由。

小组合作探究，选地建设粮油生产基地，然后派代表上台展示成果。

教师补充说明华北平原和东北平原的限制性因素，简单介绍国家重要的商品粮油基地，拓展春小麦、冬小麦知识。

......

（选址活动充分体现了学生的主体地位，能培养学生的合作探究能力以及从资料中获取地理知识、分析问题的能力。引导学生从地理的视角综合思考问题，体现地理的生活性和实践性，使学生逐步形成人地协调观和可持续发展观。）

5. 拓展升华：播放粮乡风光视频。

教师："少年智则国智，少年强则国强。"少年是国家和民族未来的希望。过去，勤劳的先辈们用智慧和汗水将"北大荒"变成了"北大仓"，为数十亿中国人提供了生活保障，功业千秋。希望大家能继承和发扬这样的精神，努力学习，报效祖国。虽然今天我们还小，虽然今天的所有场景都是模拟，但若哪一天真正的挑战到来，希望大家能脱颖而出！

（增加学生对北方地区的感性知识的了解，为后面学习黄土高原、东北三省、北京做铺垫，课堂情景活动圆满结束。）

四、专业成长展望

活动情景教学注重高效地理课堂的构建，通过真实的情感体验方式，发挥学生的主观能动性，激发学生的学习情绪，培养他们解决实际问题的能力。教无定法，课堂情景创设的方式多种多样，活动情景不过是冰山一角。无论何种情景教学，只要适宜，都能让学生积极主动地探究新问题、吃透知识点，取得满意的教学效果。我们还要继续探索有效的课堂情景创设，可以跨学科整合，开启初中地理课堂教学的新局面！

像科学家一样思考
——科学课分享式教学模式探讨

陈道雪

成都市锦江区大观小学

我们一线科学教师不能把每个学生都培养成科学家，但是我们可以教会每一个学生如何像科学家一样思考。科学探究的基本步骤可概括为三个步骤：①观察并提出问题；②形成假设；③验证并得出结论。我把这三个步骤融入科学课中，提出了分享式教学科学课的教学模式。

一、观察现象——分享观察到了哪些现象

观察需要多角度与多元化，而分享能更好地实现这一点。多角度就是要站在不同的立场、不同的角度去分析事物，不能只从单一角度出发，不能只相信一面之词，而要学会多听不同意见。把不同人的观察综合起来再进行分析和预测，就更加理性。多元主要是指不同的价值观念。观念不同，就是从同一个角度看问题，也可能有不同的观察结果。

例如：学生在观察大树和小草时，有的观察到叶的颜色、形状、大小等不同，有的观察到茎的粗细、长度、软硬等不同，有的观察到果实和种子的特点，有的观察到了气味不同，有的观察到大树和小草所需要的土壤和阳光不同，有的通过长期的观察记录了大树和小草生命的长短。在同学们的分享中，我们汇集了更多的信息。

二、提出核心问题——分享想研究的问题

一个好问题是具有建设性的，是富有创造力的，它能激发人们的好奇心、让人不断思考。能够提出

一个好问题，是一种能力，而这种能力，一方面来自知识的积累，另一方面来自提问的技巧；而分享正好能够融合多人的知识积累，展现多种提问的技巧。在分享式教学中，分享出自己想研究的问题后，可以得到同学们的进一步追问，在听取他人的问题后，也能激发自己对问题的进一步追问。最终，学生能够确定一个核心问题。

例如：在研究水生植物时，以水葫芦为例，大部分学生观察到水葫芦能浮在水面上，提出了"为什么水葫芦能浮在水面上"这个问题；然后结合同学们的观察，水葫芦有一个体积较大的叶柄，有的同学提出了"水葫芦的大叶柄是否能帮助它浮在水面上"的问题；接着有同学结合自己的知识经验，有的大西瓜放水里是沉的，不是越大就越能浮起来，于是提出"水葫芦的大叶柄具有什么特点"这一问题。通过分享与追问深化问题探究，这样能帮助学生确立一个核心问题。

三、提出假设——分享对问题的假设

科学探究要提出假设，假设从哪里来呢？一是从生活经验中找线索，它不是凭空而来的，很多时候生活经验中有许多线索能够启发我们提出假设；二是根据已有的相关知识，提出假设；三是观察归纳共同的特征，启发提出解释现象的假设。当学生提不出假设时，分享能够汇集同学们的生活经验、能够提供更多的相关知识、能够收集汇总观察到的现象，从而归纳出共同的特征。因此，分享式教学更有利于学生提出假设。

例如：在研究衣服能否提供热量这一问题时，大部分同学都有穿上衣服后感到暖和的生活经验，所以这部分同学非常肯定地认为衣服能提供热量，而在分享中，有的同学夏天很热时抱过棉被，刚刚接触棉被时并不热，反而感觉棉被比体温凉，过一会儿后，才感觉到棉被被自己抱热了；有的同学看到过运输蔬菜的大车，蔬菜上有冰块，冰块上盖着厚棉毯。之前直接把穿衣服变暖这一经验当成是结论的学生心里开始有了疑惑，提出衣服能提供热量是一个假设，同时要证明这一假设是否成立需要去设计实验、收集更多的证据。

四、实验验证——分享与合作实验

实验设计时我们要考虑四个问题：一是选择哪些变量来做实验研究；二是要控制哪些变量，如何控制它们；三是如何创设实验条件；四是用什么办法观测变量。

小学科学课标中，在小学一、二年级要求在教师指导下，了解科学探究需要制订计划；在三、四年级要求能基于所学知识，制订简单的探究计划；在五、六年级要求制订比较完整的探究计划，初步具备实验设计的能力和控制变量的意识，并能设计单一变量的实验方案。从课标中我们可以看出，无论是低年段还是高年段，要达成课标要求，对学生制订计划的理解能力、学生原有知识基础以及对问题的分析能力要求较高，而分享式教学可以降低学生达成这一目标的难度。在分享中，一、二年级的学生参考同学们对探索计划的认知，可以建立自己对计划的理解；三、四年级的学生可以完成一份小组的实验计划；五、六年级的学生能找出更多影响实验的变量，得出更多控制变量的方法，从而设计出更科学的实验方案。

例如：在摆的研究中，大部分同学能猜测到影响摆的快慢的因素可能与摆线的长短、摆锤的重量有关，少部分同学认为与摆幅有关。在有关摆的研究实验中，必须找出这些影响摆的所有实验变量。在设计控制变量如摆幅这一因素时，如何控制得更精确，有很多方法。在分享式教学中，只想到部分变量的同学听取其他同学的分享后会恍然大悟，而在讨论中可以确定选择哪一种方法更容易操作控制变量的方法。

五、分析实验结论——分享对实验结果的分析过程以及结论

科学探索中学生实验后需要处理信息，能用语言、图示符号、统计图表等方式记录整理信息，陈述证据和结果，再运用分析、比较、推理、概括等方法得出科学探究的结论，判断结论与假设是否一致。

分享式教学在这一过程中的优势也很突出，因为每个学生能力发展程度不同，分工合作时，取长补短，善于图表记录的学生可以把自己的记录分享给大家，善于分析、比较和推理的学生可以在分享交流时把自己思考的结果分享给同学们，而善于言语表达的学生可以更清晰简洁地概括出结论。

例如：在探究轮轴作用的实验中，实验记录表中记录了轴上和轮上的钩码个数，在分析实验结论时，有些学生能够发现每次提起轴上的钩码时，挂在轮上的钩码个数总是比挂在轴上的钩码个数少，有些学生能从现象中得出实验结论：在轮上用较小的力就能平衡轴上较大的力。在分享讨论中，有人会追问为什么轮轴在轮上用力比较省力、在轴上用力比较费力，善于推理的学生会从杠杆原理去思考；然后同学们会发现轮和轴固定的中心相当于杠杆的支点，在轮上用力的位置相当于杠杆的用力点，在轴上用力的位置相当于杠杆的阻力点。用文字去讲，其他学生会觉得比较复杂，善于画图的学生会画出简单的示意图，再分享展示出来，其他学生看到图后就非常清晰明白了。最后善于概括表达的学生会总结出：轮轴其实可以看作是一种变形的杠杆。

六、思考如何改进实验——分享对实验的评估，共同找出缺陷和改进方法

科学课中思考如何改进实验是不容忽视的重要环节，在科学研究中反思和改进至关重要，所以我们一定要让孩子学会如何去评估和改进实验。方法有以下几种：一是分析和讲解实验方案的缺陷，针对缺陷提出改进方法。二是用问题引导孩子评估和改进实验方案。对实验的评估和改进是一个很开放的问题，涉及的知识和能力要求更多，分享式教学在这一环节优势更明显。分享小组内群策群力得出小组共同的改进意见，各小组代表在全班分享后，全班的同学都可以对此小组的实验改进提建议，共同探讨，最后可以形成更科学的改进方案。

综上所述，分享式教学更有利于在科学课中培养学生像科学家一样思考，更有利于促进学生科学思维的发展。

思政类

《有多少浪费本可避免》分享式教学的反思

周 幸

成都市锦江区大观小学

在传统的教学中，最常见的课堂形式有两种：一是教师讲授知识，学生被动接受知识；二是教师提问，学生回答，师生形成互动。在部编版《道德与法治》四年级下册第六课《有多少浪费本可避免》的教学中，我主要采用了新的教学模式，即分享式教学。

分享式教学是指在教师的指导下，学生经过感知、质疑、探究、创新，得出思考成果，最后在全班进行分享的一种新型教学方法。分享式教学有很多优点：其一，分享式教学有利于培养学生自主高效的学习，学生经过交流分享和思维碰撞，萌生灵感，能加深对知识的理解和掌握；其二，分享式教学顺应学生的天性，能增强学生对自己的价值认知和成就感，培养其探究精神和创新思维。分享式教学主要侧重于两点：一是激发学生的主动思考；二是提升其学习成就感。学生只有积极主动地思考，才能更好地培养他们分析问题和解决问题的能力以及敢于质疑的精神。通过分享，学生之间可以交流学习过程中的心得体会，激发灵感，开阔思路，取长补短，共同进步；通过分享，学生会意识到学习的过程并不孤单，而是充满了思维的碰撞和贯通；通过分享，学生能在学习中不断获得成就感，从而保持前进的步伐。

在实施分享式教学前，要让学生知道，学习过程中要参与分享、要树立参与分享的意识。我们都知道"不在其位，不谋其政"的道理，大多数人都有投机心理，都会分外关注自己的事情。当分享不能成为每个人必须完成的任务时，学生就会抱有一定的侥幸心理，从而影响思维的投入。

为了让学生能够参与到分享的过程中，需要保证所有学生都有可分享的内容。这就要求学生在学习前就带着分享的意识，带着任务和职责投入学习的过程中，以便获得可分享的成果。分享的成果应该是学生自己思考和创造的结晶，而不是书本内容或者教师已讲述内容的简单重复。为此，教师需要把课堂的主体让位给学生。在完全以教师为主体的讲授式课堂上，学生的思考过程难以充分展现。而在以问题指引为主的课堂上，学生只在教师问题的引导下进行思考，其思考空间受限，导致大部分学生在分享时很难有积极的表现。

以学生为主体的课堂，其教学流程和传统的以教师为主体的课堂有很大的区别。《有多少浪费本可避免》的分享式教学模式基本结构是：教师启发—学生探究—小组交流—成果分享—反馈评定，详细教学流程如图1所示。

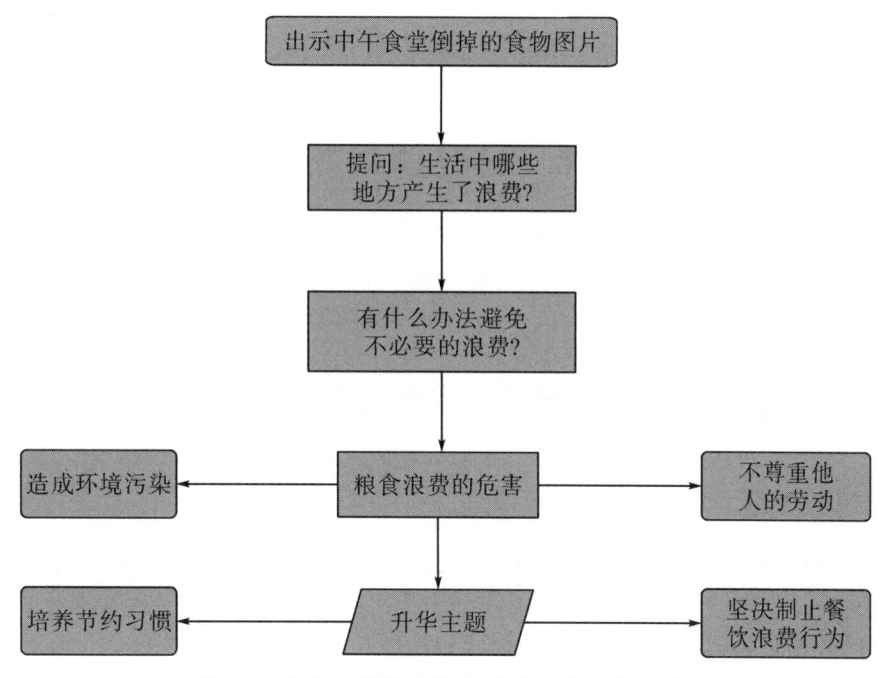

图 1 《有多少浪费本可避免》分享式教学流程图

首先，以图片的形式导入课堂，展示昨天同学们倒掉的午餐的图片，让同学们初步了解到学校食堂会产生那么多的浪费，再让学生与同桌说一说在生活中还有哪些地方产生了浪费。教师顺势提出问题"有什么方法可以避免这些不必要的浪费呢？"，让学生小组讨论并汇报讨论的结果。

接下来，让学生深入阅读《一瓶水背后的辛劳》，思考食物的浪费除了浪费了人们的劳动力还会导致什么浪费的后果。最后让学生写下一份珍惜粮食的行动承诺书。

分享式教学是把自主学习的权力还给学生，把课堂交给学生。因为课堂是以学生为主，所以他们学会了质疑，学会了提出问题，学会了在独立的思考和小组合作中解决问题，并能把成果分享给全班同学。在分享的过程中，其他同学可以对分享者提出疑问，这样的学习可以使同学间的兴趣更浓厚，也可以增强同学间的合作探究能力，提高学生的当众表达能力和叙述技巧。教师还可以让学生在调查中借浪费的事例谈谈自己的感受，看到浪费粮食的结果想想有什么解决的办法，阅读课本的相关资料再结合自己的生活实际，加深学生的体验，让浪费的危害不仅仅停留在一些数字的呈现，而要成为令人反思促进成长的催化剂。

引导学生反思自己的浪费行为，帮助他们养成勤俭节约的良好习惯，要让学生从小在心中种下勤俭节约的种子，使他们能够发现身边潜在的浪费现象，这样才能时时提醒自己。这堂课真正让学生体验了把知识和生活实际相结合、把自律和他人的监督相结合。

大中小学思政课一体化课程开发的实践探索

胡 霞 饶玉萍 何海燕

成都市树德中学

一、大中小学思政课一体化课程开发的必要性

（一）学校思政课是立德树人的关键课程

"为党育人、为国育才"是每个教育工作者的使命，更是每个思政课教师应有的政治担当。2018年9月10日，习近平总书记在全国教育大会上的讲话中指出："我国是中国共产党领导的社会主义国家，这就决定了我们的教育必须把培养社会主义建设者和接班人作为根本任务，培养一代又一代拥护中国共产党领导和我国社会主义制度、立志为中国特色社会主义奋斗终身的有用人才。"学校要培养担当民族复兴大任的时代新人、培养德智体美劳全面发展的社会主义建设者和接班人，离不开思想政治课的熏陶与教化。青少年是国家的未来和希望，青少年的价值观关系到社会繁荣发展和意识形态安全，青少年处于价值观形成的关键时期，最需要积极引导。思政课具有鲜明的意识形态属性，贯穿大学、中学、小学各个学段，是对广大青少年进行思想政治教育的主阵地，在红色基因传承、价值观塑造和核心素养培养方面发挥着不可替代的作用，是立德树人的关键课程，在"为谁培养人"方面承担了重大历史责任。

（二）大中小学思政课一体化课程开发是一项重要工程

思政课一体化是指大中小学的思政课要按照立德树人的根本任务总体设计安排，形成有机整体，以实现不同学段之间的顺序性、连贯性、衔接性。在教学内容、教学目标、教学方法等方面进行综合布局、科学分工。

2019年3月18日，习近平总书记在学校思想政治理论课教师座谈会上指出，"在大中小学循序渐进、螺旋上升地开设思想政治理论课非常必要，是培养一代又一代社会主义建设者和接班人的重要保障"，同时还强调"要把统筹推进大中小学思政课一体化建设作为一项重要工程"。

立德树人是一项系统工程，作为知识教育和价值观教育并重的思政课，大中小学思政课程只有进行整体开发，才能最大限度发挥思政课的合力。然而，大中小学思政课一体化课程开发方面还存在以下几个突出问题：一是课程内容重复；二是育人目标脱节；三是教学方法与学生认知特点和理解水平不匹配；四是大中小学思政课教师之间缺乏沟通。这导致大中小学思政课之间存在一定程度的割裂。这种割裂严重阻碍着思政课的高质量发展，而思政课一体化课程开发则是破解这一发展难题的一剂良药。

二、成都树德中学大中小学思政课一体化课程开发的实践过程

（一）建立一套完善的组织协调机制

关于大中小学思政课一体化课程开发，学术界已经进行了初步研究，取得了一定的研究成果，一线思政教师在教学中也在积极思考和践行一体化的思想。大中小学思政课一体化课程开发涉及诸多方面，从主体上看，涉及党政领导、教育职能部门、学校、思政课教师、学生等；从客体上看，涉及课程目标、教学内容、教师队伍、人才培养、教学评价等。一体化课程开发需要统筹各方面的力量和资源。正

是因为这是一个庞大的系统工程,所以真正有组织地在进行大中小学思政一体化课程开发的主体还较少,特别是西部地区。

四川大学、西南交通大学、成都树德中学、成都市实验小学已经进行了多年的思政课校本课程、选修课程的开发,但都是立足于自己学段进行的。中学阶段作为大中小学的中间衔接阶段,是大中小学思政课一体化建设中承上启下的关键环节。在成都树德中学党委书记、校长胡霞的召集下,四个学校的领导经过充分研讨后,决定打破学段阻隔、打通学段联系,启动大中小学思政课一体化课程开发项目,并建立一套完善的组织协调机制,如图1所示。

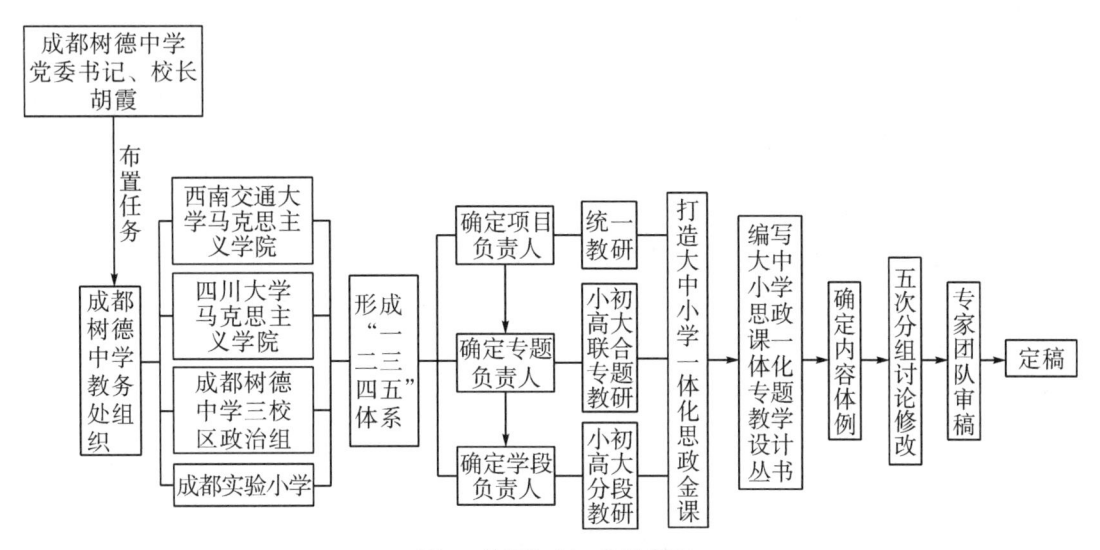

图1 协调机制工作流程图

(二)坚持在统一性、进阶性两大原则下建构项目

针对当前大中小学思政课涌现出的学段内容交叉重复、学段教学目标不明确、教学方法杂乱、学段衔接不紧密等突出问题,项目组提出了统一性、进阶性两大原则,坚持统一性原则统帅、决定进阶性原则,进阶性原则体现、反映统一性原则。统一性原则强调大中小学思政课教学核心内容一致、教学目标一致、教学理念及教学方法一致。进阶性则突出不同学段的特点,做到螺旋式上升。小学阶段重在启蒙道德情感,初中阶段重在打牢思想基础,高中阶段重在提升政治素养,大学阶段重在增强使命担当。同时协调好不同学段的衔接,体现小初高大的区别与联系。在整个教学研讨中注重教学内容、目标和方法纵向上的层次性、逻辑性和完整性,横向上的一致性,从而形成上下贯通、左右连接、结构完整的大中小学一体化教学设计方案。

1. 教学核心内容的统一性与进阶性。

(1)教学核心内容的统一性。

习近平新时代中国特色社会主义思想是大中小学思政课一体化课程开发的核心指导思想,是思政课建设的根本遵循和主要内容。我校给每位老师订购了最新版的思政教材,仔细研读各个学段的新教材后,项目组找出各个学段教材中的共同内容,再结合学生全面发展的需要,选择具有核心思想政治教育功能、更贴近新时代、学生最关心的内容,将大中小学思政课一体化课程开发内容确立为经济与社会、政治与法治、文化与哲学、中国特色社会主义、人类命运共同体五大领域,十八个专题,分两期进行。

(2)教学核心内容的进阶性。

面对同一主题内容,如何既设计出不同学段的特点同时又做好不同学段的衔接是最大的难题。为了突出学段特点,我们在每个学段都用一个副标题概括出自己的学段特色。通过一系列符合各学段学生身心特点的教学活动,引导学生对核心价值观的梯度式的系统学习与探究,准确把握核心价值观的基本内涵,深刻认识培育和践行核心价值观的重大意义,坚定价值观自信,增强培育和践行核心价值观的责任感、使命感，做社会主义核心价值观的积极践行者。

2. 教学目标的统一性与进阶性。

（1）教学目标的统一性。

思想政治教育承担着培养什么样的人、如何培养人以及为谁培养人的根本使命。新时代我国思政课教育的整体目标和任务是"加快推进教育现代化、建设教育强国、办好人民满意的教育，努力培养担当民族复兴大任的时代新人，培养德智体美劳全面发展的社会主义建设者和接班人。"

（2）教学目标的进阶性。

大中小各学段要依据教育规律和学生发展实际对思政课教学目标进行分段设计。不同学段的思政课教学要考虑课程教学的科学性和系统性，遵循梯次展开、循序渐进的原则，从启蒙到认知、从认知到认同，逐步深化对思想政治理论的理解。具体表现为：小学培养学生的学习和生活习惯，注重学生良好道德品质的养成。初中阶段引导和帮助学生在知识、能力、情感、态度、价值观上有所发展，培育正确的思想观念并提升道德品质。高中阶段学习了解马克思主义基本观点，通过知识理解，提升政治素养，培养具有政治认同、科学精神、法治意识、公共参与素养的公民。大学思政课的主要目标是塑造。学生通过对理论的深入学习，牢固树立中国特色社会主义道路自信、理论自信、制度自信和文化自信，实现思想政治理论内化于心、外化于行的统一。简言之，在教学目标方面，小学、初中、高中、大学四个阶段，分别实现四个层次的目标：感知现象、知其然、知其所以然、知其必然。

3. 教学理念、方法的统一性与进阶性。

（1）教学理念、方法的统一性。

现代教育强调以人为本、全面发展、素质教育、创造性、主体性等理念。在大中小学思政课一体化建设中，我们特别强调以生为本，坚持"整合育人，整合教学"，以全面开发学生的素质潜能，促进每位学生在德、智、体、美、劳等方面的全面发展与完善，以造就全面发展的人才为己任。我们坚持以学生为中心、以活动为中心、以实践为中心，坚持创新教育与创业教育融合，努力培养创新、创业复合型人才。这些教学方式的落实，是新时代课程与教学改革的重要方向，也是我们在大中小学思政课一体化建设中积极使用的教学方法。

（2）教学理念、方法的进阶性。

我们充分考虑不同学段学生的学情，既坚持本段思维、考虑学生的年龄特点，又兼顾前段思维、考虑学生已经学过的知识，还坚持后段思维，给高学段留下教育空间，不越俎代庖。真正做到从学生实际出发，以学生为本来探寻适合各个学段、具有不同特点的教学方法。比如小学生对教材中出现的"社会主义""共同理想""共产主义"等抽象概念是很难理解和感知的。这就需要根据小学生的生活实际，将这些抽象的概念和观念采用直观的教学媒体形式（比如视频、音频、图画、动画等）和丰富的教学手段（如讲故事、情景模拟、案例教学、诗文朗诵、参观游学等）生动形象地展示出来。

即使普遍适用的教学方法在各学段的运用也有其具体特点，应保持每个学段的针对性。小学学段以活动课为主，通过实践体验帮助学生感知社会现象。初中学段主要采用活动课、综合实践课的形式，让学生形成基本概念，解决是什么的问题。高中学段主要采用议题式、情景探究式教学，引导学生理解为什么、怎么办的问题。大学学段主要是采用案例教学，深入分析发展历程，探寻规律，把握必然性。

（三）项目建构

我们提出了大中小学思政课一体化实施的"一二三四五体系"，据此建构了共18个专题的教学研究与设计方案（见图2）。

```
                大中小学思政课一体化实施的"一二三四五"体系
一个中心  ──────→  以立德树人为中心
两个原则  ➡  统一性原则        进阶性原则
三个结合  ➡  教学核心内容的    教学目标的        教学理念、方法的
              统一性与进阶性    统一性与进阶性    统一性与进阶性
四个学段  ➡  小学学段    初中学段    高中学段    大学学段
              启蒙道德情感  打牢思想基础  提升政治素养  增强使命担当
              4个学段18个专题72个教学设计方案
五大领域  ➡  经济与社会  政治与法治  文化与哲学  中国特色社会主义  人类命运共同体
              4个专题    3个专题    5个专题    3个专题          3个专题
```

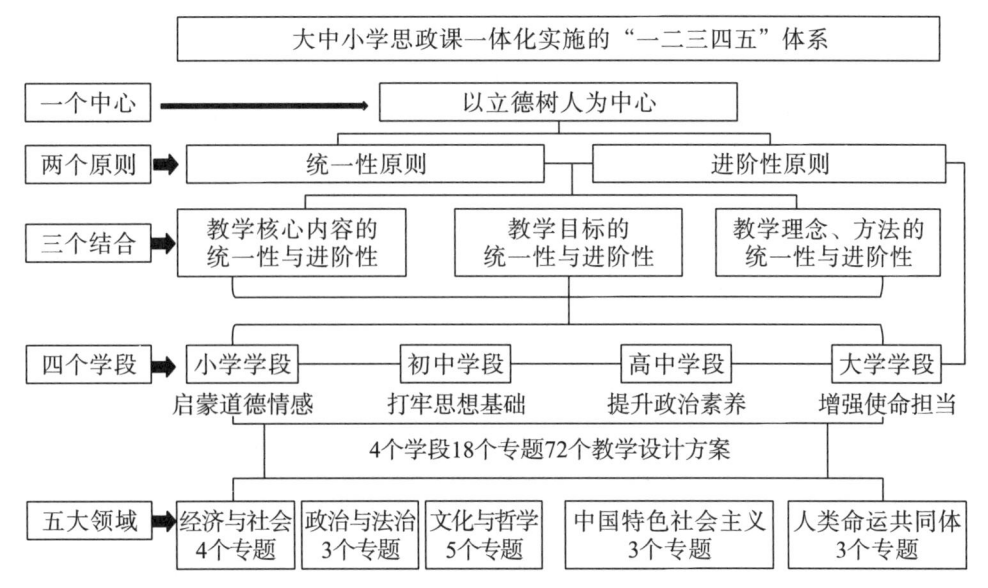

图2 教学研究与设计方案

（四）项目实施

由于教学方案设计分为两个阶段进行，因此，课堂教学与教研也分为两个阶段进行：

第一阶段：经济与社会领域、政治与法治领域、文化与哲学领域的课堂教学与教研；第二阶段：中国特色社会主义领域、人类命运共同体领域的课堂教学与教研。

1. 统一教研——四校四学段统一思想，凝聚共识（前课堂教学阶段）。

树德中学主导召开四校四学段统一教研，四校思政备课组大中小学结对子，统一思想，深入理解大中小学思政课一体化的"一个中心"（立德树人）和"两个原则"（统一性与进阶性原则）。凝聚共识，深入落实思政一体化在不同学段教学核心内容的统一性与进阶性、教学目标的统一性与进阶性、教学理念与方法的统一性与进阶性。

2. 分专题、学段教研——在同一专题下分段授课，打造思政金课（现课堂教学阶段）。

首先，各校各学段先进行问卷调查。教师根据统一教研阶段形成的前段应有知识能力，以及现阶段学生实际学情，制作学生调查问卷，分析问卷，做到有的放矢。其次，各校各学段思政课教师根据实际开展基于情境与问题导向的互动式、启发式、探究式、体验式等课堂教学，实现本学段的教学目标。再次，各校各学段思政课教师形成课后反思，以便改进和完善。最后，打造思政金课。选择同一个领域的专题内容，通过"空中课堂"等现代化教学手段、平台，四学段教师在同一情境下对四学段学生授课。

3. 统合教研——四校四学段统一整合，物化成果（后课堂教学阶段）。

在成都树德中学的组织下，四校四学段进行统合教研，对各学段思政课教师的专题教学方案设计与实施进行总结和反思。按专题进行四学段的统一打磨，反复调整和改进不同学段统一性和进阶性的具体细节，形成物化成果《大中小学思想政治理论课一体化专题教学设计丛书》。

三、成果和影响

（一）形成两大原则

形成了大中小学思政课一体化课程建设的两大原则：统一性原则、进阶性原则，有力破解了当前思政教育的痼疾——学段间、课程间内容过度重复，学段间衔接性不高，大中小学教师"各管一段"等问题。

（二）形成系列成果图书

编写了"大中小学思想政治理论课一体化专题教学设计丛书"，为大中小学循序渐进、螺旋上升式展开思想政治理论课提供了实际操作的借鉴。

"大中小学思想政治理论课一体化专题教学设计丛书"共5本，包括18个专题，72个开放共融、有序衔接、螺旋上升的专题教学设计方案。

（三）产生较大的社会影响

成都树德中学大中小学思政课一体化课程开发实践活动引起了社会各界的广泛关注。光明网、新浪网、搜狐网、四川发布、四川手机网、广西文明网等纷纷对此进行了报道。

2021年4月17日，由国家社科重大课题"立德树人的落实机制研究"课题组（华东师范大学教育学部主任、终身教授袁振国主持）、华东师范大学教育部中学校长培训中心等联合主办的全国"立德树人的落实机制研究"优秀案例研讨会在浙江师范大学（萧山校区）召开。成都树德中学政治教研组组长、成都市特级教师饶玉萍代表成都树德中学在研讨会分论坛上做交流发言。我校报送的案例"大中小学思政一体化课程开发与建设"在全国1180份案例中脱颖而出，被评为"全国优秀案例"。华东师范大学基础教育改革与发展研究所所长、华东师范大学教育学部教授李政涛等与会专家对我校案例给予了高度评价。他们谈到，关注统一性和进阶性是一体化研究的关键，成都树德中学课题组的研究和实践既凸显了本段思维，又强调了前段思维和后段思维的贯通，为思政一体化研究提供了重要实践路径。

"大思政"观视域下的高中思想政治课培养学生跨学科思维品质路径探索[*]

饶玉萍　何海燕

成都市树德中学

结合学生发展核心素养的共同性，考虑到高中生的特点和综合学习发展趋势，2017年10月，在周昌鲜老师的主持下，本课题组以"普通高中学生学习思维品质培养的跨学科研究"为课题申报了全国教育科学"十三五"规划课题并经全国教育科学规划领导小组办公室同意立项（FHB170590）。四川省成都市树德中学政治组认真践行习近平总书记提出的"大思政"观，同时申报了该课题的子课题"高中思想政治课培养学生跨学科思维品质的实践研究"，在加强"思政课程"的同时，着力"课程思政"建设，促进各类课程与思政课相互配合，挖掘其他课程和教学方式中蕴含的思想政治教育资源，打通两类课程之间的关系，使非思政课与思政课同向同行，形成互促互进的协同效应。经过三年半的研究，本课题组真正实现了思维上的跨学科融合，为跨学科思维品质的培养提供了可复制、可推广的方法。

一、完成高中思想政治学科思维内容的梳理

根据教育部颁发的高中思想政治学科发展核心素养四大维度：政治认同、科学精神、法治意识、公共参与，本课题组梳理出具有普通高中思想政治学科鲜明特色的七大思维：科学社会主义理论思维、社会历史性思维、辩证唯物主义思维、民本思维、法治思维、财商思维、系统思维，构建了"高中思想政治学科七大思维"模型，见图1。

---

[*] 本成果是"全国教育科学规划单位资助教育部规划课题'普通高中学生学习思维品质培养的跨学科研究'（FHB170590）"的成果之一。

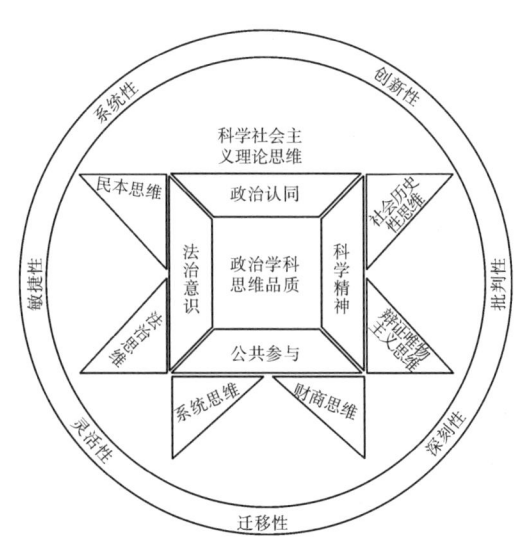

图 1 高中思想政治学科七大思维

这七大思维是我们高中政治学科思维的内核，是高中政治学科思维的灵魂。高中思想政治课必须以之为中心来探寻与其他学科思维的契合点，培养学生的跨学科思维品质，增强学生思维的迁移性、灵活性、敏捷性、系统性、创新性、深刻性、批判性，并推动其由低级向中级、高级不断提升。

二、形成普通高中思想政治课培养学生跨学科思维品质的实施途径

（一）学科内混搭

1. 利用大单元概念教学进行政治学科内综合。

思想政治学科内综合主要指制定学习目标，创设大单元概念，进行议题式教学。从经济、政治、哲学、文化的不同视角提供素材，设置系列问题，设计议学活动，鼓励学生运用相关学科知识和技能表达不同见解、提出不同角度的解决方案。

首先，坚持以小见大，培养法治思维。其次，坚持以点带面，培养社会历史性思维。最后，坚持由近及远，培养系统思维。

2. 其他学科思维＋思想政治理论教学。

思想政治课程理论性强、内容抽象，会给学生带来一定的认知困难。在政治课堂教学中，教师可以运用其他学科的知识和思维方法，帮助学生更好地理解思想政治理论。根据兴趣特长，将学生分为不同学科小组，如物理组、数学组等。教师将政治理论预设成问题，学生以分组探究的方式运用本小组学科的知识和思维方法，理解思想政治理论，并当众表达与分享。如数学组的同学利用数学思维方法来突破《经济生活》中的计算难题，归纳出计算题技巧三步法：

（1）找出设问与变量的关系。（2）正比用乘法，反比用除法；提高用加法，降低用减法。（3）切忌主观猜测和心算，最好是分步骤运算。

同时还把一些计算题的方法总结成数学公式。如商品价格与货币升贬值（$x\%$）的计算、商品价格与通货膨胀（通货紧缩）率（$y\%$）的计算：

现价＝原价÷（$1\pm x\%$）

现价＝原价×（$1\pm y\%$）

又如，为了突破需求价格弹性系数教学中，引入数学斜率概念辅助理解，见图 2。

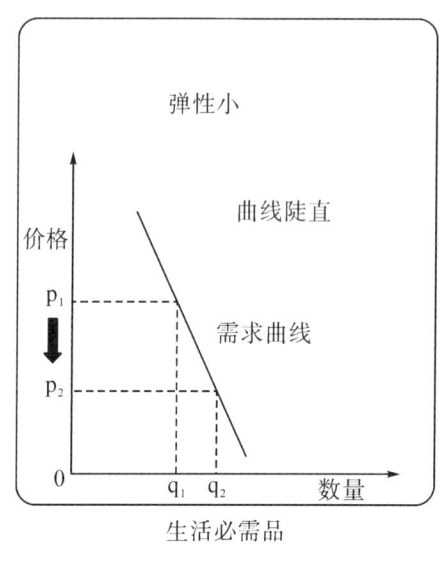

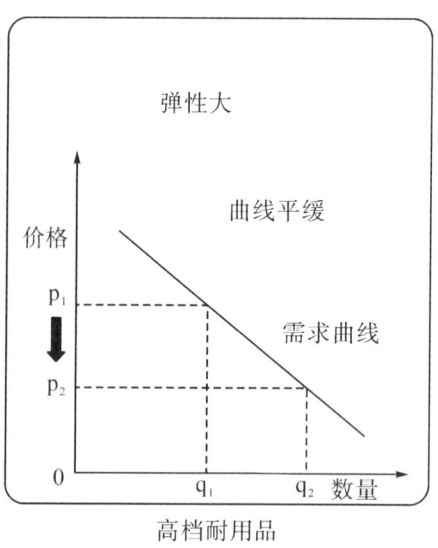

图 2　需求弹性

这样，借助于同学们熟知的数学公式和图示，找到了新的思维途径，从已知世界走向未知领域。

3. 思想政治思维+其他学科现象教学。

运用政治学科的思维分析其他学科现象，帮助学生理解其他学科的知识和思维。可采用学生主导项目的方式，以小组为单位提出任务，任务内容需要运用思想政治学科思维去分析其他学科现象。

（二）学科间跨界

本课题组致力于构建体现学科逻辑与实践逻辑相统一、理论知识与生活关切相结合的跨学科活动型课程，探索形成了以下两类学科间跨界的途径：

1. 认识型跨界。

根据教学实施的不同空间、时间，认识型跨界的跨学科思维品质培养途径有两条：

（1）共同设计，分堂教学的协作课堂模式。

协作课堂模式的特点是将各科目仍保留为独立学科，但各科目教学内容的安排注重彼此间的联系，是螺旋上升式的学科间跨界。协作课堂模式与学校目前的课堂模式很相近，但最大的区别在于前者需要不同学科之间的教师对课程安排进行详细、周密的协调和计划。这种模式简便易行，贯穿了整个课题研究过程。

（2）一体设计，合堂教学的融合课堂模式。

融合课堂模式的特点是各学科在空间上不分区、在时间上无先后，是交叉融合式的学科间跨界。该途径同样需要不同学科的教师共同确定议题，创建学科间的大概念来支撑跨学科思维品质的培养，合堂教学对一体设计的要求更高。

首先，一体设计的前提是学科内容精准、选题真实。这是完成跨学科的基础，学科不扎实，跨学科也就无从谈起。其次，对于学科间跨界的跨学科思维品质培养而言，要找到不同学科知识点、思维之间的连接点与整合点。按照跨学科思维品质培养的需要将问题逻辑结构化，以问题为核心，通过序列化的问题有机串接起各学科的知识和思维，使课堂上的跨学科思维要素形成有机联系和有机结构。

2. 实践型跨界。

实践型跨界是从高中学生适应社会的角度选择典型项目进行结构化设计，让学习者在体验和完成项目的过程中习得蕴含于项目之中的跨学科思维品质。基于项目的学科间跨界必须立足学习者的需求，注重知识的社会功能，以知识经济社会所需的知识与技能为核心整合多学科知识，然后以项目设计与实施为载体，将学术性的学科知识转化为可解决实际问题的生活性知识，将单一的学科思维提升为跨学科思维品质。

思想政治跨学科思维品质培养的实践型跨界实施主要有两条途径：项目式教学（财商教育）、综合实践活动课程。

（1）项目式教学：财商校本课程。

本课题组将财商教育与高中校本选修课程相融合，主要通过自主开发校本课程、充分利用校内和校外的财商教育资源，进行项目式学习，例如"学生公司"课程、ASDAN（英国素质教育发展认证中心）模拟商业比赛、企业承担社会责任的调研等。这些项目成为联系各个学科的纽带，学生在教师的引导下进行基于真实项目的探索式学习，在完成项目的过程中进行知识和思维的建构和深化。我校学生创立的模拟公司项目多次获得亚太地区奖项。

（2）综合实践活动课程。

综合实践活动课程，主要指走出校门的行走活动课程。在生涯发展规划教育中，学生走进职场或社区，进行社会实践活动，培养社会问题解决能力，将多学科知识融合到真实的社会性项目中，在项目活动中寻找各学科思维的整合点和创新性思维的生长点。

综合实践活动课程强调开展基于真实问题情景下的探索式学习，将知识和育人蕴含于情境化的真实问题中，调动学生主动积极地利用各学科的相关知识设计解决方案。跨学科思维有利于提高学生解决实际问题的能力，强调"做中学""做中思"。

三、形成普通高中思想政治课培养学生跨学科思维品质的培养范式

"总"——教师建构大概念。先由两科老师共同商议建构一个大概念，以不同的学科视角，设置大概念下分学科的核心思维主题。

"分"——学生分组领悟学科思维方式。不同学科的教师以主题为引领，提供教学资源链接，设置情境，预设学科结构化系列问题，学生分组讨论，找到本学科分析该主题现象的切入点，归纳本学科解决该主题问题的思维方式。

"融"——学生融会贯通进行跨学科思维。首先，在课堂上进行学科思维方式发言总结，学生共同分享不同学科解决主题现象的思维方式；其次，分组交叉分析或解决问题，探究把另一学科思维用以解决本学科问题的创新方式，形成跨学科创新性解释或者成果。

"评"——评价学生的跨学科创新性解释或者成果，过程性评价与总结性评价相结合，注重发展性评价。

四、制定衡量高中学生跨学科思维品质的评价量表

《中国高考评价体系》强调"改进结果评价，强化过程评价，探索增值评价，健全综合评价"。本课题组认为，在实施跨学科思维品质培养时，要让学生理解知识演进的脉络，找寻知识的关联，从一个学科迁移到另一个学科，形成系统的知识建构。与此同时，知识建构的过程，就是学生思维的迁移性、灵活性、深刻性的形成过程，也是思维的敏捷性、批判性、系统性、创新性得以提升的过程。围绕如何判定学生思维所处的层次、如何判定学生思维是否提升及提升了多少的问题，本课题组从七个维度三个层次制定了衡量高中学生跨学科思维品质的评价量表（见图4），让学生在评价中发现自身跨学科思维品质形成过程中的优点与不足，发扬优点、改掉缺点，不断进步。

	思维的迁移性	思维的灵活性	思维的敏捷性	思维的深刻性	思维的批判性	思维的系统性	思维的创新性
初级	面对简单的跨学科问题情境，能够提取并运用所学理论知识去解决问题。	面对简单的跨学科问题情境，能够理解并熟悉理论知识，可以运用理论知识来解决实际问题。	面对简单的跨学科问题情境，能够接收和正确地理解问题，能够思考和组织所学知识来解决问题。	面对简单的跨学科问题情境，能够理解到问题存在的浅层原因，并解决部分问题。	面对简单的跨学科问题情境，能够理解分析问题，并提出自己的观点。	面对简单的跨学科问题情境，能够从整体性上把握知识，简单地分析问题各要素及其相互关系，并解决问题。	面对简单的跨学科问题情境，能够从常规角度方式去思考问题，从正面进行分析，并能够运用所学知识解决问题。

续表

中级	面对一般的跨学科问题情境，能够将已经掌握共性的理论运用到客观实际中去解决个性问题。	面对一般的跨学科问题情境，在理解与熟悉理论知识的基础上，能够结合实际情况，较为灵活地解决实际问题。	面对一般的跨学科问题情境，能够较快地接收和正确地理解问题，能够较快地思考和组织所学知识来解决问题。	面对一般的跨学科问题情境，能够理解问题存在的深层次原因，能够深入分析问题，并解决问题。	面对一般的跨学科问题情境，能够独立分析、质疑和评价问题。	面对一般的跨学科问题情境，能够较好地从整体性上把握知识，并分析问题各要素及其相互关系，在分析的基础上重新对问题进行初步综合，并解决问题。	面对一般的跨学科问题情境，能够尝试从新角度新方式去思考问题，从不同的方向、不同的例面、不同的层次进行简单分析，能够运用所学知识，较为创造性地解决问题。
高级	面对复杂的跨学科问题情境，能够熟练将已经掌握共性的理论运用到客观实际中，触类旁通，去解决个性问题。	面对复杂的跨学科问题情境，在理解并熟悉理论知识的基础上，能从书本和权威中解脱出来，依据客观条件的复杂多样和发展变化，灵活机动地处理所发生的事情。	面对复杂的跨学科问题情境，能够快速准确地接收和正确地理解问题，能够迅速地思考和组织所学知识来解决问题。	面对复杂的跨学科问题情境，能够由表及里抓住问题的本质和规律，善于归纳演绎，洞察问题内部精微处的原因，并从根本上解决问题。	面对复杂的跨学科问题情境，能够在具体实践中进行主动判断与创造。	面对复杂的跨学科问题情境，能够很好地从整体性上把握知识，并分析问题各要素及其相互关系，在深入分析的基础上重新对问题进行系统综合，并解决问题。	面对复杂的跨学科问题情境，能够习惯从新角度新方式去思考问题，从不同的方向、不同的侧面、不同的层次进行分析，能够运用所学知识，创造性地解决问题。
自评								
互评								
师评								

图4 高中思想政治跨学科思维品质评价表

为了便于学生自评、互评和教师评价，增加可操作性，我们对相关概念进行了界定：

问题情境是指教师通过设置相应的问题，构建出特定的教学情境，以此激发出学生的问题意识，并将这些问题与学生原有的认知经验联系在一起，加深学生对相关知识的理解，并形成相应的学科素养，提升学生的思维品质。以情境是否为学生熟悉、情境的不确定程度的大小等为标准可以分为简单问题情境、一般问题情境、复杂问题情境三类。

当然，由于本课题聚焦的高中思想政治课跨学科思维品质的培养路径本身具有很强的创新性，跨学科思维品质自身具有很强的复杂性，又涉及多学科的融合问题，路径探索还不可避免地存在着一些问题，需要进一步讨论，并在以后的研究中逐步加以改进。

"跨界"和"混搭"[*]

——高中思想政治课培养学生跨学科思维品质的意义和方法

饶玉萍

四川省成都市树德中学

STEAM 教育是国际新兴的跨学科教育理念，强调科学、技术、工程、艺术与数学的融合。其目标是培养学生的创造力和综合应用多学科知识解决实际问题的能力，是发达国家为了培养适应现代社会需求的综合型创新人才而采取的新举措。结合当前的学生发展核心素养的共同性，考虑到高中生的特点和

---

[*] 本文是"全国教育科学规划单位资助教育部规划课题'普通高中学生学习思维品质培养的跨学科研究'（FHB170590）"的阶段性研究成果之一。

综合学习发展趋势，2017年10月，在周昌鲜老师的主持下，我们以《普通高中学生学习思维品质培养的跨学科研究》为课题申报了全国教育科学"十三五"规划课题并经全国教育科学规划领导小组办公室同意立项。作为总课题主研、子课题负责人，我组织我校政治组的五位教师同时申报了该课题的子课题《高中思想政治课培养学生跨学科思维品质的实践研究》。经过理论学习和多次探索后，我们确定该课题研究主要从两大角度入手：一是"跨界"——通过与其他学科的跨学科融合性课程来培养学生跨学科思维品质。二是"混搭"——在高中政治的课堂内运用其他学科知识及思维方式，特别是文科教学中借用理科思维来培养学生跨学科思维品质。下面我就分别从上述两个角度谈谈我们进行该课题研究的意义和方法。

一、"跨界"——通过跨学科融合性课程培养普通高中学生跨学科思维品质

跨学科思维的知识体系是一个整体，是融会贯通的，在解决问题的时候，不是局限于单一学科的思考，而是把不同学科领域的知识合乎逻辑地融合在一起，并高效完成任务。

跨学科融合性课程是为了帮助学生对那些超越单一学科界限或学科实践范围的问题加深理解，由团队整合来自两个或多个学科（专业知识领域）的信息、材料、技巧、工具、视角、概念和理论，进行跨学科课堂教学实践。跨学科融合性课程有三个特性：意图性、学科性和整合性。跨学科融合性课程旨在通过多学科视角深化对问题的认识，即提高我们理解问题、解决问题和发现问题的能力；跨学科融合性课程要基于学科知识，不仅仅是学科研究的成果，还包括它们的思维模式特点；跨学科融合性课程重在整合而不是并列各种学科视角，要达到部分之和大于整体的效果。

以往关于学生思维品质的研究、培养多是单学科进行的，跨学科的研究、培养领域几乎是空白。在知识经济时代，通过跨学科融合性课程培养高中学生跨学科思维品质显得尤为必要。

（一）培养学生跨学科思维品质是课程改革的着力点和痛难点

单学科学习是当前学生学习的主要课程形式。学科的划界确实方便了教学，同时也人为地分割了知识之间应有的联系，进而限制了学生创新思维的发展，不利于培养学生的系统性、灵活性、敏锐性、深刻性、批判性等学习思维品质。打破这种人为的分科限制，实行跨学科综合课程教学，已经成为信息全球化背景下"新课改"的必然选择，跨学科融合性学习将逐步成为基础教育的重要课程形式。

跨学科融合性课程并非要放弃学科性质与学科边界，而是借助学科与生活的链接、学科与"人"的关联，让学科课程变得更有生活气息、更有人文情怀、更有应用空间、更好地实现学科的育人目标。跨学科融合性课程必须做到知识链条的自然通畅，最主要的是便于学生的思维发展和信息接收。我们主要是采用芬兰的"现象教学"模式。我们与地理、历史老师沟通后，确定以"一带一路"为主题开展跨学科融合性课程教学周。三科老师通力合作将学科知识重新编排，形成学科融合式的课程模块，并以这样的课程模块为载体实现跨学科教学。围绕"一带一路"的主题我们设计了如下课程模块："丝绸之路的前世今生"（政治历史学科融合）、"'一带一路'下的能源、资源开发"（政治地理学科融合）、"'一带一路'筑梦中国""促进区域协调发展，构建人类命运共同体"（政治历史地理学科融合），由两科融合到三科交融，最后我们要求学生以"千年丝路与我的思路"为主题画出思维导图。这样的跨学科融合教学，三科教师找到交叉内容、聚焦热点问题，减少了因单学科教学内容重复而导致的资源浪费，并且使学生的综合思维能力得到提升。

（二）培养学生跨学科思维品质是课堂教学的核心价值诉求

目前不少课堂学生活动虽然丰富，但没有真正调动学生的思维活动。生活课堂不仅致力于学生思维品质的培养，而且结合生活现象，通过学科融合，将学生的单学科思维能力提升到跨学科思维水平。如我们组的蒲老师与美术李老师的跨学科融合课程"文创·梦想·财富——宽窄巷子文创公司模拟新品发布会"，采取任务驱动型的项目式学习方式，通过五个环节的任务：公司亮相—创意设计—产品展示—

营销推广—社会责任，使学生思维能力培养的指向不是停留在学科学习层面，而是致力于经济和文化生活现象的发现、认识与探究。

（三）通过跨学科融合性课程促进学生学习方式的转变，形成"深度学习"的新的实践模式

以当前教育改革的理论与实践来看，基于"深度学习"的教与学变革正成为一个聚焦点。"深度学习"强调学生的探究、体验、感悟与创新。如何引导学生深度学习，单学科的研究性学习是初始阶段较好的"深度学习"模式；但是随着单学科研究性学习的深入，跨学科研究性学习必然成为新的"深度学习"模式，因为思维品质培养的问题涉及多方面，所以从多个视角来看问题才能把握问题的实质。如我们组与心理组老师的跨学科融合课程"经济全球化与大国崛起"，通过一个模拟七大国用随机工具、资源完成标准收购图形的主题活动，体验大国是怎样崛起的。学生通过团队合作完成一系列制作图形换取积分的任务。通过深度参与，学生更好地理解了现代社会是一个竞争与合作的社会，不仅应具备竞争意识，更应具备合作意识，竞争与合作是统一的，没有竞争的合作是不能带来效益的，而没有合作的竞争是孤独无力的，只会两败俱伤。共赢的基础就是合作，而合作的达成需要相互信任。

（四）通过跨学科融合性课程培养学生跨学科思维品质是培养学生核心素养的必要路径

核心素养最重要的问题是"如何培养"。想要提高学科素养就不能将课程设置仅仅局限于一个学科内容中，应当有跨学科意识，引导学生突破当前单学科学习的思维局限性，在跨学科融合式综合性学习中，优化学生的思维品质，提升学生的创新思维能力。如我们组的何老师与历史陆老师的融合课程《北魏孝文帝改革蕴含的价值判断与价值选择》，通过对北魏孝文帝改革的背景、内容、目的的价值观角度分析，有利于引导学生树立科学的世界观、人生观、价值观，培养学生敢于怀疑的精神和坚持真理的信念，提高学生分析问题和解决问题的能力，培养学生虚怀若谷、兼容现实的品质，有利于正向引导学生的人格成长。

二、"混搭"——高中思想政治课堂内运用其他学科知识及思维方式培养学生跨学科思维品质

从长远看，培养学生跨学科思维品质是促进学生适应社会竞争、成为复合型人才的需要。长期以来，在应试教育的驱动下，基础教育学科逐渐走向分科和专业。在传统教学模式下，学生所学的知识具有片面性，缺乏综合运用知识解决问题的能力。教师往往也是只关注本学科知识教学而忽略不同学科之间的知识关联性，长此以往，该教育模式势必不利于学生的智能多元性发展。

培养学生跨学科思维品质，其实就是为了减少错误。社会的知识结构是有机组成的，多学科之间的缝隙常常会出现极其惊人的谬误。跨学科思维品质有助于提高学生的综合素质和创造力，将来进入社会后，这样的思维能够帮他们少犯错误、少走弯路，更好地解决很多现实中的问题。社会竞争越来越激烈，复合型人才是当今社会最需要的，特别是在事关人类生存与发展的重大基础性问题的科学探索上，跨学科思维人才的优势十分突出。

从当前看，培养学生跨学科思维品质有利于学生更好地理解政治学科知识，提高学生综合能力。政治教学内容抽象、理论性强，给学生带来一定的认知困难。在教学中教师如果只照课本宣讲，必然出现学生感到枯燥昏昏欲睡的课堂窘况，久而久之学生对政治课就会有一种厌烦感。提高教学效果就成为一句空话，更谈不上培养学生的思维能力了。如果利用一些其他学科领域的知识及思维方式，就有利于改变这种状况。即政治课堂中在解决某一方面的问题时，思考的时候不要局限于政治的思维圈子里，可以与其他学科的知识综合起来解决问题。比如恰当利用数学思维来突破经济生活中的计算难题。

当然"他山之石"还有很多，如物理、化学、音乐等学科知识和思维方式都可作为素材，但要遵循

的原则就是引进跨学科知识是作为辅助的教学手段，要做到恰到好处，不能替代或冲淡政治课理论的教学。

新的时代，新的挑战。政治教师只有不断提高自己的跨学科思维能力，成为一专多能的复合型教师，才能助力学生提高跨学科思维品质。

浅谈高中政治教学中的生活化教学

胡 苏

四川省成都市龙泉第二中学

随着新课程改革的推进，为体现政治核心素养、促进知行合一、凸显政治课教学的实践性和参与性，高中政治课程教学更重视开放性、实践性，很多教师都在探讨政治课堂教学的优化措施。高中政治承担着德育、智育的职责，其教学目标是"知、行、信"，但实际教学时我们对于"知"这一目标过于重视，通过灌输式的教学手段让学生学习课本上抽象的知识，以达到通过考试的目的。新课程改革更重视高中政治课生活化的目的，主张通过丰富的形式帮助学生展开自主学习，并促进学生将理论知识运用于实际生活。

一、高中政治生活化教学内涵

高中政治生活化教学内涵包含两方面：第一，生活化教学应从生活中来，并且服务于生活。高中政治生活化教学的出发点应为生活，这是由于政治知识是在人们生活、生产中逐步形成的，故而政治课堂也应围绕生活中的实际问题展开，帮助学生探索社会，提高其解决问题的能力，并在学习中不断培育其政治认同、科学精神、法治意识、公共参与等核心素养。第二，在高中政治教学中，高中学生为教学价值主体。高中时期学生的思想还处于逐渐形成的重要时期，这时让学生通过政治课堂加深对生活的认识，就体现了政治和生活的互相交叉、互相促进。另外，教师通过生活化教学，可提高学生兴趣，同时增强与学生的情感交流，展开互动，有利于师生情感的增进。

二、高中政治生活化教学现状

目前我国部分高中虽然展开了政治生活化教学，但是还有很多不足之处。主要表现在：一，高中政治生活化教学还处于初期，缺少经验总结，因此在应用中教师极易忽视生活化教学的内涵，导致生活化教学流于表面，难以提高教学效果、达到应有的教学目的。二，目前很多学校在政治生活化教学中，对成绩过于重视，却忽略了评价。目前新课程标准虽然提出了价值观、情感知识方面的教学要求，然而在传统教学思想的作用下，很多教师并未真正理解生活化教学，过于重视学生成绩的提高而忽略了对学生展开全面评价，这与学生全面素质发展的培养目的不符，也谈不上核心素养的培育。三，有的教师为了追求生活化教学的实施，过于重视教学新技能，而完全抛弃了老技能，这种极端思想极易影响生活化教学的效果，也会影响课程教学的发展，更谈不上教学质量及学生素质的提升。

三、高中政治生活化教学策略

（一）形成生活化教学理念

首先，教师应正确认识生活化教学这一方式，培养生活化教学理念。政治知识涉及的范围十分广泛，其发展方向为生成性、多元化，在实际教学中，教师应将课程内容融合到生活中，通过生活中的案例引导学生学习，让学生通过直观可感的案例体会到政治知识。如在对政府职能进行讲解时，让学生观看两会，从政府工作报告中直观深刻地理解政府到底是做什么的；和最新时事结合，让学生从国家、身边发生的事例入手进行总结，理解得更形象深刻。这样既提升了学生的兴趣，也在一定程度上避免了课堂教学的沉闷。

（二）创设生活化教学情境，激发学习热情

高中生具备一定的生活经验，同时也形成了自我判断能力。学生对于生活的体验和认知是理解政治知识和相关理论的基础。在教学过程中，教师可对这一点充分应用，展开教学设计时，可先对学生已有的生活经验加以分析，并对其适当整合、包装，将学生的生活经验和政治理论知识结合在一起，为学生营造有趣的课堂情境，进而提高学生的学习兴趣。在对"人民代表大会"这一知识点进行讲解时，引入电视台中关于国家和本地人大会议的新闻图片、视频等报道，通过影音资料为学生创设真实可感的情境，获取学生注意力，之后通过针对性问题展开课堂导入，如提出："在我国政治体系中，全国人大具有什么地位？其作用是什么？""县级人民代表大会的职权与职责是什么"学生可带入这些问题去观看视频，自行思考，激发求知欲与好奇心，从而提升学习兴趣。

（三）精心选择生活化内容，应用生活化教学方式

思想政治课程与学生的文化生活密切相关，具有开放性、实践性、针对性及时代感，因此其教学内容更应贴近生活。教师应对生活化教学内容精心选择，深入挖掘政治理论知识使用的生活案例，特别应注意选取高中生能够接触到的生活案例，如时事政治、社会热点、家庭生活、学校生活等，将思想政治和学生的生活拉近。在讲解民主决策、监督时，通过公民参与的诸多新形式，如政务微博、市长热线等，让学生体会到政治并非遥不可及，就是自己身边的事，这样，高深的理论立马就变得生活化了。

政治生活化教学还需应用生活化教学方式，可采用资料演示、演讲、分组辩论、分组讨论、社会调查、讲座、汇集事例、模仿模拟等诸多教学方法，创新课堂教学。在带领学生学习"文化传承和创新"这一知识点时，为了让学生了解我国传统文化对于实际生活的作用，可组织班级内的学生设计一些展板，展示我国服装风格、艺术和建筑的变化，将传统和现代结合的美予以展示。需注意的是，生活化教学并不是采用烦琐的教学方式，而是在有效时间内高效设计、科学实施的教学。

（四）展开生活化实践

政治教学的目的是让学生在实际生活中运用学习的理论知识，并解决生活中常见的问题。教师可组织学生积极参与到生活实践中，可采取实地参观或调查报告的形式增强学生的认知。如在进行"劳动者"这一内容教学时，笔者组织学生离开课堂，通过调查问卷的方式去调查目前的就业状态，分析失业原因，探讨解决对策，并鼓励学生分析调查结果，将之以报告的形式呈现出来。通过这样的举措，学生对于政治知识的实际应用价值会有更深刻的体验，同时学生的思维、视野也会更加开拓，这对于学生的能力发展有着重要的价值。

同时，教学资源也不应局限在政治课本方面，教师应主动开拓课程资源，可采用和高中政治相关的多媒体资料、影视作品、图片及书籍；并在政治教学上坚持让学生观看《新闻联播》，了解国际国内最新时政等。

（五）展开生活化评价

在对学生评价时，不宜只采用考试结果这一单一的评价方式，而应采取多种评价形式，如可通过个人成长记录、学生自评和互评、项目评议、描述性评语、谈话观察等方式展开评价。注意对学生评价时应客观、全面，特别要注意学生在价值观、态度、情感方面的体验。

四、结语

政治离不开生活，而生活化教学对于教学效果、学生能力的提高均有重要作用。在高中政治生活化

教学中，教师应对学生主体地位给予充分尊重，引导学生形成"生活化"理念，让学生结合生活经验去理解政治知识，引导学生将理论知识和实际生活联系起来，进而提高学生的能力、促进学生发展。

思想政治教育专业青年教师教学实践能力研究

秦 燕

四川省成都市武侯高级中学

"百年大计，教育为本；教育大计，教师为本。"教师是教育实践的主要力量，只有教师充分发挥教学能力才能发挥教师在教育实践中的主导作用。因此，我国对中小学教师的质量要求在教育不断发展的情况下不断提高。思想政治教育专业青年教师只有具备良好的教学实践能力，才能培养高素质的人才，才能成为中小学教师中良好的中坚力量。研究思想政治教育专业青年教师在教育实践中教学能力的情况，发现问题，分析原因，找到解决方案，可以使高等师范院校重视青年教师教学实践能力的培养，从而提高师范生的培养质量、提升师范生的整体素养，为教育事业培养合格的教师队伍，给未来的思想政治教育专业青年教师提供教学经验，为其他同质师范类大学培养高质量的教师提供一定的思路与方向，从而提高整个社会的教学质量与教育水平。

一、思想政治教育专业青年教师教学实践能力的含义

在李诚忠主编的《教育词典》中，将教学实践能力定义为完成教学实践的能力。冯善斌在《教师教学实践能力的生成》中指出教学实践能力是即时性行动品质。王延文指出教学实践能力包括教材处理能力、课堂教学能力和教学评价能力。刘晓茜认为教学实践能力是为了从事教学活动而掌握的利用教学知识和技能解决教学问题的能力。以上研究的共通之处是：教学实践能力是一种综合性的特殊能力，是在教师的一般性能力的基础上发展起来的。笔者认为思想政治教育专业青年教师教学实践能力包括随着课堂实际情况调整教学流程的能力、呈现教材的能力、课堂组织管理能力、教学应变能力、教学表达能力等。

二、思想政治教育专业青年教师教学实践能力不佳的原因分析

笔者通过对四川省某高校思想政治教育专业2015级青年教师及个别学生进行问卷调查、访谈、教学观察，总结出思想政治教育专业青年教师教学实践能力不佳的原因。

（一）自身意识与行动的缺失

多数青年教师将教学实践能力局限于备课与授课环节，较少关注教学反思、研究和评价能力。

从访谈记录中可看出，大部分思想政治教育专业青年教师不会以文本的方式记录教学反思，一般只会对课堂进展不顺进行简单总结，没有良好的教学反思习惯和意识。从"你是否经常研习优秀的教学案例来增长教学经验"这一问题的回答中发现，大部分思想政治教育专业青年教师不会主动学习优秀的教学案例，这表明思想政治教育专业青年教师对于提高教学实践能力的意识与行动在一定程度上的欠缺。正是因为自身没有提升这方面能力的主体意识和行动，导致青年教师教学实践能力较低。

（二）学院对教育实习的监管与指导力度不够

在问卷调查中，有15％的学生对校内指导教师的指导情况不满意，有部分学生指出，学校为其配备的指导教师不专业、没有责任心，指导教师只是把学生带到实习学校，之后再也没有指导过青年教师，更不要说定期检查实习情况。这导致思想政治教育专业青年教师很少严格要求自己，实习工作敷衍了事。

从调查的结果来看，6%的受访学生对校外指导教师的指导效果不满意，部分校外教师因担心青年教师的教学能力，只会安排少数新课给青年教师，即上课时间不多；有的教师对青年教师的监督也不够，不管是到岗时间还是教学要求方面，由于校外教师要求不严格，青年教师经常散漫拖拉。这很容易导致教育虚有其表，教育实习是提高师范生教学实践能力最有效的方式，如果这一环节出现懈怠，那师范生的教学实践能力就会受到影响。

（三）学科课程设置轻"师范性"

我国高等师范学校在培养未来的教师时一直存在重视"学术性"、轻视"师范性"的现象。在政治、外语、计算机、体育、学科专业课程和教育类课程的理念中，存在着严重的"重学术而轻师范"倾向，学校课程中缺少操作性课程，走上讲台讲课的机会少之又少，师范生认为导致他们教学实践能力较低的原因是"教学实践的机会少""缺少师范教育类操作性课程"，选择这两种原因的人占大多数，为78%和70%。重学术而轻师范，这导致理论与实践脱节，学生没有太多实践机会，学习到的理论知识没有内化成自己的东西，在实习教学工作中遇到问题很容易不知所措。

三、增强思想政治教育专业青年教师教学实践能力的建议

（一）在教师教育类课程设置中加大教育操作性课程比重

政治课、外语课、体育课、学科专业课程和教育类课程都较为看重课程的学术性，较少重视师范性。思想政治教育专业也不例外，教育类课程是师范生培养其教学实践能力的重要方式，但因为这类课程重理论轻实践或理论与实践脱离太多，导致思想政治教育专业师范生对此类课程的评价不高。

在研究调查问卷、个别访谈与教学观察结果的基础上，笔者了解到师范生对本校的教育类课程感到失望的主要原因在于课程类型单一化，只有教育学、心理学、学科教学法及短期的教育实习；其次，此类课程提供的实践机会与平台不多，对实际教学的建设性意义不大，所以不能帮助师范生发展其教学实践能力。因此，笔者提出如下改善方案：

1. 在课程体系中加入教学技能大赛。

组织教学技能大赛可以丰富师范生的学习生活，督促师范生提升自己，促进师范生教学语言表达能力、随机应变能力的提高；但在一般情况下能参加大赛的师范生较少，因此，可以在教育实践类课程体系中加入教学技能大赛，即每个学院都开设此课程、定期举行比赛。

2. 增设贴近中小学的教学专题课程，加深了解。

师范生对于当前中小学教学实际情况的了解越多，今后的工作将会越顺利，这对教师教学实践能力的提高具有重大意义。当下师范教育所开设的教育教学类课程中，对于中小学教学情况和政策讲述太过粗略与浅显。这样会导致师范生没有掌握中小学教学情况，并不明确自己需要在教学实践能力方面做到何种程度，定位不准致使教学技能水平不佳。

依据上述分析，可以增设中小学教学实践专题课程，在该课程中主要给师范生介绍中小学教学实际情况，这样做有两方面的优点，一是认识自己在教学实际中的劣势，克服自身的缺点；二是让师范生了解怎样才能做好一位教师，为日后的实习奠定扎实的基础。

（二）学校完善教育实习环节，增加更多时间和机会参与教学实践

师范生的师范教育过程中最重要的环节是教育实习。在教育实习时，真实的学生、课堂和教学环境会完全呈现在师范生面前，这时，学校所学的知识与技能会在教学活动中发挥最大的作用。师范生的教学实践能力在这时会有明显的提升。

在针对四川省某高校思想政治教育专业师范生的相关研究基础上，笔者了解到师范生的教学实践能力在实习阶段有大幅提高；但在实习时，真正上台讲课的时间太短，在教育基地获得的教学实践机会少，一部分实习基地教师不认可青年教师的教学能力，因此不愿意让青年教师讲课，加之指导教师对实

习的要求与督促力度不够。如此一来，师范生多方面的能力在实践中就得不到有效锻炼，从而违背教育实习的初衷。针对以上问题，可以从以下几个方面改善：

1. 制定完善严格的实习纪律，并给予一定的惩罚措施。

高等师范学校要严格制定实习纪律，并说明违反后的惩罚。严格要求师范生的实习工作，给出阶段性检查的要求。师范生定期汇报实习情况，对教学、班主任工作及教育研究工作进行总结与改进；行为规范要符合师范生的要求。

2. 加强对青年教师的指导与监督。

学校实习带队教师与基地导师要加强对青年教师的指导与监督。实习带队教师必须是与青年教师专业有一定关联的教师，要定期给师范生做阶段性指导。实习基地中也要为师范生安排专门的教学指导教师，重点负责师范生在教学方面的问题，青年教师必须定期向教师汇报实习工作并按照指导教师的意见进行改进。

3. 延长实习时间，给予思想政治教育专业师范生更多实践机会。

针对不少师范生反映的实习时间太短这一问题，本科院校可适当延长实习时间，给予思想政治教育专业师范生更多的实践机会。青年教师在实习基地以积极的态度对待实习工作，让基地教师看见青年教师的能力，从而能够争取多上课、多参与教学实践的机会。在对师范生进行教育实习评价时，笔者认为可以与实习基地教师一起评价，可以考查上课次数，评价"教学技能汇报"的表现，校内指导教师们通过青年教师展示课评价其教学实践能力的学习情况。其次，教案、教学反思、教学日记、听课记录等过程性材料需纳入考核体系。

（三）提高思想政治教育专业师范生主体实践意识

首先，思想政治教育专业师范生对于提高教学实践能力的意识与行动有所欠缺。师范生需要从日常学习中去改善，从大一到大四渐渐培养好的学习习惯，在教育见习、模拟课堂等学习后，要收集师范生的反思总结，长此以往，可以更好培养师范生的学习习惯。

其次，师范生缺乏主动学习和意识。需要让思想政治教育专业师范生认识到提高教学实践能力的重要性与迫切性，辅导员及相关科任老师可以对学生进行思想政治教育，提供一些学长学姐提高教学实践能力的例子，从而鼓励并警示师范生，让其能够主动学习。

（四）加强师范生基本功练习，培养学生教学技能

教师语言是一门艺术，实际上，师生交流信息的过程就是教师的课堂教学活动。教师课堂教学活动最基础的传播方式是语言表达与板书设计，语言表达是以抑扬顿挫的声音来传授知识，导入语、插入语、过渡语、结束语可以保持课堂的完整性，为课堂增添独特的魅力，一旦教师用语使用恰当，将会给学生不同的课堂体验，激发学生的学习热情，毋庸置疑，作为师范类专业的学生必须熟练掌握教师用语。至于"写"这一方面，会带给学生直观的视觉感受，板书设计对于教学活动不可或缺，规范且有新意的板书将提高知识传播的效率，帮助学生更好地理解知识。

为此，可以加强师范生的普通话训练和毛笔、钢笔、粉笔字训练与检测。高等师范院校开设书法、写作、教育技术等课程，定期指导学生的作业，达到督促学生不停进行技能训练的效果，形成一种学习习惯，而不仅是为了应付考试和考取证书，如果在讲与写方面给予更多的重视，这将会提高师范生的教学基本功，为工作后的教学实践活动打下坚实的基础。

（五）培养学生的研究意识

依据对思想政治教育专业青年教师的问卷调查和访谈，得出其教育教学研究能力较低的结果。在课前课后没有一套规范的教学研究体系，也没有定期的教学研究，这将会导致恶性循环，长此以往，青年教师面对教学活动中的可研究课题视若无睹，将很难发现研究课题，不了解教学研究的相关步骤、研究方法与注意事项，笔者在研究中了解到这是由于研究意识较弱，以及缺乏相关的指导、监督与课程。

所以，为提高思想政治教育专业青年教师的教学研究意识，在教师培养中要改善教育科研类课程教

学、培养学生教育研究的意识，教师要指导学生的研究过程，包括研究的步骤、方法、操作的注意事项等。对教育科研类课程进行成绩考查，以此督促学生在学习中不停地进行研究训练，挖掘身边的研究案例，通过不断的练习，了解研究的过程、方法的具体操作和注意事项等，从而达到培养学生研究意识的目的。

高中思想政治教学中渗透美育的实践探究

陈　彬　余仪苇

四川省广元中学　四川省广元市元坝中学

　　美育是美学和教育学的"合金"，是思想政治教育的重要组成部分。"没有美育，就不可能有个性充分的全面发展。"学校美育工作是落实立德树人根本任务、促进学生全面发展的重要途径。高中思想政治教学中渗透美育，可以提高思想政治教学实效、培养学生的审美能力。本文就美育在高中思想政治教学中渗透的实践意义和实践路径进行探究。

一、美育与思想政治课

　　美育是在欣赏自然美、社会美和艺术美的过程中进行的，通过情感活动的体验、判断和选择，培养学生正确的审美观点和鉴赏美、创造美的能力，并将审美体验内化为自身的情感和品质，达到性情和心灵陶冶塑造的目的。

　　"高中思想政治课是一门以立德树人为根本任务、以培育社会主义核心价值观为根本导向的德育课程，它是帮助学生树立正确的政治方向、提高学生的思想政治学科核心素养、培养学生正确的社会认知能力和参与能力的综合性课程。"高中思想政治课中渗透美育，是指政治教师根据国家对于教育教学工作的基本指示和教育方针，深入挖掘教学资源，选择正面素材，丰富教学内容，采用灵活的教学方法和策略，倡导合作学习和探究学习，使学生经历体验美、发现美和创造美的过程，自觉认同和接受自然美、社会美和艺术美，从而提升学生的审美素质，形成正确的审美观点和鉴赏美、创造美的能力，实现全面发展。

二、思想政治课中实施美育的实践意义

（一）美能激趣，提高政治课堂教学实效

　　常言道："知之者不如好之者，好之者不如乐之者"。美育具有"以情动人"的特点，在引导学生追求美的过程中，要把知识内容转化为学生愿意接受的意识和自觉。在学习"揭开货币的神秘面纱"时，我在课前播放了纪录片《货币》，引用了其中的一句独白：它熟悉而又陌生，人们都知道它从何处来，却又不知道它将向何处去。紧接着又设置新的悬念：货币的神奇之处在于它可以丈量并体现世间万物的价值，那么货币到底是如何产生的，货币为什么没脚却可以走天下呢？在有趣的导入中，学生的兴趣感油然而生，学习热情得到调动，愿意接受思想政治教育，从而增强思想政治教育的实效性。

（二）美能导善，实现知情意三者的有机统一

　　在高中思想政治课上有意识地进行美育，不仅可以使学生接受学科知识、培养审美能力，而且可以在审美的同时培养和升华自己的人生观、价值观和世界观，潜移默化地培养学生良好的道德品质。在学习"培育和践行社会主义核心价值观"时，我利用多媒体展示了感动中国十大人物的先进事迹，随机抛出问题："这些人物为什么让我们心生感动？""你的身边是否也有让你感动的人物形象？""我们如何感

动身边人?"通过一系列问题,培养学生的道德情操和积极的审美情趣,促进学生的全面发展。

(三) 美能怡情,提升学生的生活品位

美育可以纾解情绪、保持心理平衡、促进身心健康发展,从而提高学生的审美情趣。美育还有助于培养学生高尚的情操、爱护美好的事物、形成良好的品格。在学习"创新是引领发展的第一动力"的内容时,我播放了纪录片《厉害了,我的国》的视频片段,展示了新中国在新时期所取得的伟大历史性创新成就,使学生在美感的共鸣中熏陶思想、陶冶情操、提升品位。

三、思想政治教学中渗透美育的实践路径

(一) 政治教师加强美育学习,树立美育意识

在思想政治教学的过程中,政治教师作为美育渗透的主导因素,应重视在教学过程中通过美育内容来丰富学生的审美体验,使学生获得美的感受和熏陶、养成良好的审美情趣,促进学生情感的陶冶和升华。要在课堂上充分发挥美育的作用,思想政治教师必须提高自身的美育素养,拥有扎实的专业知识和深厚的美育知识基础。在实际教学过程中,政治教师既要对教材知识研究透彻、融会贯通,也需要通过各种平台(如大学慕课、网易公开课等)积极学习有关于美育的知识,从而提升自身的综合素养和审美能力,并努力将最新的教育知识理念、美育思想融入到实际教学过程中,更好地实现在思想政治课教学中的美育渗透。

(二) 政治教师提高美育素养,助力美育渗透

政治教师要提高语言表达能力,体现教学语言美。在思想政治课堂教学上,幽默风趣、严谨准确的教学语言是思想政治教师进行美育渗透的重要方法。政治课堂教学中注重教学语言美,既可以传递理论知识,还可以通过教学语言展示学科美、生活美。思想政治教师提高教学语言美,要求在课堂教学之余自主钻研学习、勤加练习,采用多种方式提升自己的教学语言表达能力,此外,政治教师还应该注意教学语言的准确性、严谨性、生动性和形象性。

政治教师也要提高板书能力,展现教学板书美。板书是教师进行教学的基本手段,在实际教学过程中,高中思想政治教师应根据教学内容进行教学,设计合理的板书语言,让学生在通过板书内容了解该堂课知识内容的同时收获美的感受,实现更好的教学效果。

政治教师还要提高课件设计能力,呈现教学课件美。思想政治课是一门探究性很强的学科,教学过程中需要呈现大量的情境,多媒体课件是思想政治教学的重要辅助工具。在思想政治课教学过程中,要渗透美育,必须使用好多媒体课件,在展现知识结构的同时更要注意多媒体课件之美。

(三) 政治教师加强美育教学设计,构建美育课堂

思想政治课教师应确立合理的教学目标,实现教学目标审美化。在教师教学设计中,教学目标的制定是一个非常重要的内容。在教学过程中,教学目标始终伴随着教学活动,所有教学环节都紧紧围绕教学目标实施,同时,是否完成教学目标,也是评价教学效果的一个重要指标。在思想政治课教学中渗透美育,必须从教学目标的审美导向入手,制定更加明确的美育目标,以便于在教学过程中可以有目的性地完成美育渗透的任务。

政治教师要设计生活化的教学活动情境,实现教学资源审美化。在教学活动中,教学内容是教师开展教学的基础,是师生进行交流互动的桥梁。在思想政治课中渗透美育,政治教师必须从教学内容入手,深入挖掘教材中的美育资源,引导学生去有意识地获得情感体验,发现美、感受美。同时,在选择审美化的教学内容时,要关注学生的个体差异和已有生活经验,尽可能使美育资源和情境生活化,鼓励学生自己去发现隐藏于教学内容之中更丰富的审美意义,满足学生不同层次的审美需求。

艺体类

论门德尔松《春之歌》的创作特点

冯思懿

成都市锦江区大观小学

《无词歌》又称《无言歌》，由德国作曲家摩西·门德尔松创作的，指的是像歌曲一样的抒情钢琴小曲，包含了歌曲性质的旋律和相对应的伴奏。虽然没有歌词，但旋律就能表达创作者想要表达的一切。其体裁与夜曲性质较为接近，是浪漫主义音乐创作的重要体裁。在这部作品中，门德尔松巧妙地将"古典主义"的严谨和"浪漫主义"的柔美结合在一起，其旋律单纯、曲式简单、音域宽广。《春之歌》这首作品是《无词歌》中最具代表性的一首作品，笔者此次主要研究《春之歌》的音乐特点及其在作曲技法、演奏技法上的特点和运用。

一、《春之歌》的音乐风格

（一）创作背景

门德尔松出身于德国犹太人家庭，他不仅仅是作曲家、钢琴家，还是风琴弹奏家、乐队指挥家，也是德国近代最重要的浪漫派音乐家之一。门德尔松所创作的作品种类多样，大多以管弦乐为主，最具代表性的管弦音乐作品有《意大利交响乐》《苏格兰交响乐》和《仲夏夜之梦》序曲。他还创作了许多钢琴作品，其中最具代表性的是《无词歌》。《无词歌》这部作品一共有48首，作者根据歌曲的体裁及展现的形式特点创作了许多器乐曲。这部作品中的每一首乐曲虽然篇幅短小，但是其旋律优美动听，让人仿佛置身在极具诗意的意境当中。

《无词歌》中很多歌曲都拥有朗朗上口的旋律和简单的伴奏。作品通常采用二段体或者三段体的形式，通常以钢琴为主，在一些节奏的作用下使主旋律更加明显。《无词歌》是器乐曲，所以它的音域要比声乐更加宽广。

其中《春之歌》是《无词歌》中具有流水般轻柔的作品，虽然其曲式单纯，但是会使欣赏者沉浸在音乐的魅力中。曲子运用了大量的装饰音，且运用钢琴将其音乐性展现得淋漓尽致，同时也凸显了浪漫主义时期的音乐特质。《春之歌》是以大自然为题材而创作的音乐作品，曲子中那动人心弦的旋律就如同春天那撩人的微风，富有诗意。曲子大量运用了分解和弦式的琶音，突出了曲的灵动，体现了作品的轻盈活泼。旋律中间又让人感受到一丝丝淡淡的哀愁，其间又加入了许多复倚音的音型，让人听完颇觉心旷神怡，忘却烦恼忧愁。《春之歌》这首作品被广为流传，其展现形式多样，有改编成管弦乐、轻音乐形式的，也有改编成小提琴曲以及其他乐器独奏曲目的。总之，整首作品给欣赏者带来的不仅仅是旋律的享受，更是对其意境的感受与欣赏。

（二）音乐风格及特点

《春之歌》是门德尔松众多作品中最具影响力的一首作品，这首歌既保留了古典主义音乐的庄重严肃性，又极具想象力的梦幻色彩。《春之歌》曲式结构方面保留了古典主义中曲式结构对位工整、旋律清晰、乐句与乐句之间旋律规律且简洁的特点；也保留了浪漫主义时期音乐作品中旋律的流畅与其丰富的色彩。其创作风格独具特色，也给后世音乐人的创作之路带来了灵感与想象。

曲子用简单的伴奏将其简单随性的风格展现得淋漓尽致，同时采用了很多旋律，这为其风格展现增添了浓墨重彩的一笔。门德尔松被誉为"抒情风景画大师"，他所创作的作品长期被各国民众喜爱，对浪漫主义时期音乐的发展产生了重要影响，在他之后的浪漫主义时期的其他作曲家都写过旋律优美的

《无词歌》，例如法国的夏尔·卡米尔·圣-桑、俄罗斯的彼得·伊里奇·柴可夫斯基等。

《春之歌》这首作品由钢琴演奏，曲子中独具特色的旋律及意境让后人产生了无限遐想。其运用钢琴的独特性，抒发了作曲家想要阐明的情感以及难以表达的意境，展示出更加宽广、有深度的思想境界。这首作品在自身情感的变化中没有过多的跌宕起伏和难以言说，反而是这种波澜不惊的情绪在丰富的伴奏音型的点缀和衬托下，更凸显了其优美动听、极具歌唱性的旋律特点。

《春之歌》这首作品虽然是一个简单的再现单三部曲式，但是作者就是用这种简单的曲式结构创作出了让人喜爱的作品。在旋律创作上，作者也赋予了这首作品特点，使作品听起来非常活泼灵动。

作品中 A 段的旋律线条明显且流畅，旋律的音域在十四度之内，是女高音的音域范围，旋律线条的起伏不大，就仿佛是歌者在草原上将春天即将到来、草长莺飞的景象娓娓道来。B 段在 A 段的基础上进行了升华，旋律线条起伏逐渐变大，情绪也逐渐热烈起来，就好像是歌者迫不及待地想要把春天到来的消息传达给听众。

A1 段是 A 段和 B 段的主题再现，其中 A1 段旋律不断地向上发展，以一种递进的方式将曲子的情绪推向了最高点，最后在结尾的地方用连续琶音结束，这种方式给人意犹未尽的感觉。总之，《春之歌》这首作品，门德尔松在创作时不仅仅是将主旋律通过伴奏音型的衬托凸显出来，同时也突出了作品的意境与创作者想要通过这首作品传达给听众的感情。虽然《春之歌》这首作品是器乐体裁的作品，但是创作者用钢琴这个乐器将其旋律的歌唱性恰到好处地凸显了出来。

二、歌曲《春之歌》的音乐分析

《春之歌》这首曲子的曲式结构用了再现单三部曲式结构，作品是 A 大调的再现单三部曲式，四二拍，速度为优雅的小快板，是带伴奏的独唱曲风格。这首作品没有引子，开门见山地呈现出了作品的主旋律，整首作品没有跌宕起伏的情感变化和激烈的矛盾冲突。

其中 A 乐段中的 a1 乐句运用了离调，使其和 a 乐句产生了不一样的和声效果，这里使用离调的作曲方式使得歌曲旋律更加丰富、旋律的层次性更加明显。具体见谱例1。

图 1　谱例 1

B 乐段也是由两个乐句构成，分别是 b 乐句和 c 乐句，其中左手部分的低音旋律有一个下行半音线条，这让左右的伴奏有了更加明显的旋律走向，使音乐听起来更加有层次。同时 B 乐段与 A 乐段相比运用了倒影发展手法，使得两乐段在旋律线条上有明显的对比，也丰富了作品的旋律。具体见谱例2。

图2　谱例2

这部分大多是在 E 大调的基础上进行，从第三十五小节到第四十九小节是补充变连接的部分。其中，第二乐句加厚了织体并且运用了离调模进。从第四十三小节的第二拍开始变成连接，最后回到 A 大调上。具体见谱例3。

图3　谱例3

A1 乐段是一个再现乐段，是由 a+a1+c1 三个乐句组成。在第六十三小节通过一个 DD-D-T，同时第六十五小节的第一拍到 T 上出现了整首曲子中的最高音，并且在力度上也达到最强，在最高音出现时力度达到 sf，让曲子达到了全曲情绪最高的高潮部分。具体见谱例4。

图4　谱例4

尾声部分以主和弦持续音巩固调性，一直到最后结束部分，再次强调了这首乐曲的调性。具体见谱例5。

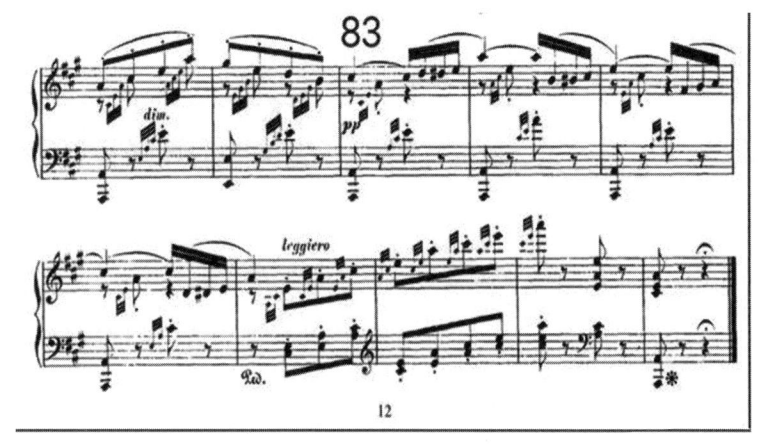

图 5 谱例 5

三、《春之歌》的演奏技巧及情感表达

《春之歌》这首曲子在演奏技巧上非常新颖，比如从头到尾大量地使用复倚音记号，这种大篇幅的使用装饰音记号的情况在作品创作中是很少见的，但也是这种特殊的创作手法让《春之歌》这首作品更加具有自己的特点、更能够吸引听众。所以，我们在弹奏的时候，倚音的时值要短促、不能增加其弹奏的时值；先弹奏倚音再弹主音，要求演奏者的指尖力量要集中，快速且轻盈地由倚音带到主音上，不能同时弹奏主音和倚音。作品中大量倚音的出现使作品的整体风格变得轻松活泼，也更加突出了作品的风格特点。

《春之歌》描写了春天到了、世间万物复苏的美好意境。曲子的主旋律清新优雅、自然脱俗，左手的伴奏中流动的琶音配合右手的主旋律将意境表达得淋漓尽致。曲子的开始部分，直接呈现出歌曲的主旋律与调性，将大调明亮、活泼的情绪表现了出来。在演奏时主要突出曲子的强弱对比，将欢快明亮的情绪表达出来，能使听者很快地被曲子中潺潺流水般的优美旋律所吸引。在中段曲子达到最高音的部分时，力度要与之前的力度做出对比，突出 sf 这个力度，从而使曲子的情绪达到饱满的状态。后面又渐渐地回归到曲子开始的情绪，弹奏力度又要迅速地与开始部分一致，这就要求演奏者对触键方法的熟练掌握以及对作品情绪变化的掌握。

作品并不是像歌曲那样将旋律局限在某一个音域之内，而是通过其宽广的旋律向听众传达作品想要表达的意境与思想内涵。作品的 A 段开始将主旋律呈现出来，伴着左手的不断向上的琶音将音乐的律动感以及旋律性凸显了出来，这给人耳目一新的感觉。同时，创作者在 B 段将音乐的旋律转到了另外一个调性的基础上，这让歌曲的意境到达了另一个状态，仿佛从开始的娓娓道来转变成热情诉说。然后到 A1 段的情绪回归，再次回到作品一开始时所表达的情绪，随之而来的又是全曲情绪的最高点，推进了情绪。

四、结论

这次通过分析《春之歌》的创作背景以及分析和声曲式结构，我了解到了更多关于音乐方面的知识，了解了浪漫主义时期音乐的特点。通过聆听和感受这首作品，我明白优秀的作品不在于它的曲式结构有多复杂、和声有多丰富，恰当的音乐旋律与合适的和声曲式形成的作品才是最优秀的。在论文的写作中，我的作品赏析能力得到了很大提升，同时在和声曲式方面也有了很多新的见解，也学习到了真正了解一个作品必须从多方面去挖掘、研究，这样才能真正地做到深入赏析作品。

浅谈《飞出这苦难的牢笼》演唱情感及艺术分析

王心琰

成都市锦江区大观小学

一、《飞出这苦难的牢笼》概述

（一）创作背景

《飞出这苦难的牢笼》是歌剧《草原之歌》第四幕首场的关键唱段，是女主人公侬措加的表演桥段。在音乐的创作上，作曲家进行了实地的采样和收集，把藏族地区的小众音乐进行整合，使整首歌曲在和声和调性上都呈现出藏族音乐的特征，主题也更加鲜明和突出。

整首歌曲都充满了藏族人民浓厚的生活气息。这首歌曲的旋律婉转优美，当时感染了许许多多心中怀有报国理想的年轻人奔赴边疆，纷纷投入到保卫和建设边疆的宏伟工程中去。这部歌剧包括六幕五场，创作者运用对比的方法将"幕"和"场"有效融合在一起。此外，作者还学习了一些西方的乐队编制，将各种新元素注入其中，使整个音乐结构更加丰富与完善、戏剧冲突更加深化与激烈、氛围更加自然与浓厚、主题也愈加鲜明和突出。这部歌剧不仅具有中国民族音乐淳朴的特点，又兼备国外的特色音乐元素，是一部内容真实、旋律明朗、风格浓郁、情感真挚的音乐作品。

（二）旋律分析

为了更好地表达对心上人的深切思念，歌剧的创作者在创作过程中采用了复合节拍的手法，在节拍上使用了单拍子、复拍子以及变换拍子。节奏上使用了大量的切分节奏和三连音，同时还运用到了附点节奏型来更好地表达情感。

该歌曲呈示部有着经典的主旋律，前两个乐段属于平行乐段，一直处于变化和重复的状态。第一乐段从低音区直冲高音区，在简短的几个小节中就实现了音域的八度跨越。在第三乐段里，作者运用了与传统手法不一样的特色写法，直接将开始的乐句结束到了主音。接着，再经过几个大跳使音乐的旋律有一些小波动，但总体的感情基调较为稳定。因为在这部分内容里，创作者只是给听众一个预警，让大家感受暴风雨来临之前的平静，马上就会有灾难降临，打破这美好宁静的生活。作者在主音上稳定歌曲情绪，为后面情绪的高潮奠定基础。这一小段中，G 大调的主音没有作为节拍的强音出现，因此在音效感觉上，能够造成对比差异，由此制造出不小的悬念。

在整个歌曲的第三乐段里，第六小节的旋律出现了平缓的层层递进，让音乐平添了许多流畅性，接着马上进入高潮；但是并不是从高潮部分立刻下跌，在这期间还有一些迂回的间奏，为曲折的音乐带来一些柔和感。歌曲对比部的旋律在音乐材料上各不相同，对于主题旋律来说其最为明显的特点是采用了旋律线条和基本动机的转变，此外，里面还有些许变化音的加入，体现了创作者对旋律的灵活把握以及自身卓越的作曲水平。

二、《飞出这苦难的牢笼》的演唱情况分析

（一）演唱情绪的把控处理

身为演唱者，全面理解作品的思想与情感后，在歌唱时需要对音乐的风格和特色有一个精准的认

识；还可通过此歌剧的其余剧幕，更进一步地去观看、学习和琢磨，去综合了解角色的思想情感。此外，还需要从全局的角度出发，对作品的思想和所要表达的内容有一个清晰的认识。

演唱音域由小字组的 b 到小字二组的 a，首个部分主要展开的位置在中低声区域；第二部分高音到低音的区域，中间声调高，结尾时也以高音为主。想将这部作品完美地演唱出来，则需要将高音、中音、低音协调好。

歌曲的第一部分交替使用 4/4 拍，第二部分主要使用 8/3 拍，与 4/4 拍交织，打破了单一使用 8/3 拍来完成这一部分的固定思维，呈现出了丰富多彩的节奏。学习掌握三连看和切分节奏，整首歌曲中有两种节奏贯穿首尾，三部曲的第一部分，意在展现女孩的美丽，因此演唱声音应柔和、圆润。

在情绪上，这首歌的情绪跌宕起伏，开始是与阿布扎相爱的回忆，歌声以舒缓的节奏和甜美的嗓音为主，接着转向痛苦的回忆，情绪开始转变为失落。第二部分，着重体现依措加内心的绝望和痛苦，声音上要有起伏感、细腻优雅、活泼且生动。在抵达高潮的时候，要迸发出像呐喊一样的情绪，然后重复三次，再经过七次持续性的递进，用高音作为结尾。出现的第一个"飞吧"要有张力，第二个"飞吧"要表现得热情奔放，第三个"飞出这苦难的牢笼"要更加嘹亮、笃定。在演唱上要展现出情绪的层层递进，将听众的情绪带入其中。

作品的序曲有 8 个小节奏，使用的节拍为 2/4 拍，节奏相对较缓，运用的是具有对称性的两节曲，歌剧中的附点节奏为整首歌曲的演奏奠定了沉重的基调。《飞出这苦难的牢笼》第一段"金雀银雀满天飞"，声音全部处于哼唱的位置，从弱到强，到"忽然暴风雨哟"，逐渐变得强烈，情绪变得非常激动，到"我被关在牢笼里"，情绪的激动使音量逐渐增加，发自肺腑地演唱出最后一句"谁来给我报消息"，用这种动态节奏来表达对阿布扎的想念。

（二）高潮部分的情感处理

第三部分是歌曲结束及其高潮部分。节奏从欢快活泼的 3/8 拍变成稳定的 3/4 拍。经过较短时间的停滞后，节奏则演变为 2/4 拍、3/4 拍互相融合的形式。最后一句重复了三遍，有 7 个连续的三重奏，音乐一步一步地进行着，最后以最强音结束。值得一提的是，在演唱"飞吧，小鸟儿……"这几句时，第一个"飞吧"要用沉重的情绪去演唱，气息要注重下沉，在唱"小鸟儿"的时候要带有一种温柔、怜惜的感觉；接着第二个"飞吧"和后面那一句"我的心，驾着云，乘着风"则应该唱出奔放、豪迈、悠扬的感觉，好像它已经飞向了广袤无垠的天空，营造深邃悠远的画面感。

"飞出这苦难的牢笼"是结束句，需要对 7 个三连音的部分提高警惕。演唱时的节拍和气息必须进行合理分布。歌词吐字应该清晰、流畅、稳固。侧重点在于三次重复演唱的声音比较，第一次比第二次更强，第三次则比第二次更弱，"牢"字的高音部分的演唱要深沉，音量需变大，形象展现出包括依措加在内的藏族儿女对爱情忠贞不渝的态度，彰显出西藏人民对和平美好生活的向往及其对革命斗争最终取得胜利的坚信与热切期盼。

三、《飞出这苦难的牢笼》艺术分析

（一）创作特征

歌曲《飞出这苦难的牢笼》以藏族音乐为主要风格，结合大小调和民族调式的交替使用，最后再融入一些戏曲元素创作而成。在这首歌曲中，创作者主要运用了第一人称将依措加内心焦急忐忑的心情淋漓尽致地展现出来，这种表现手法在歌剧中是很常见的，因为它可以让演员迅速进入角色，深入体会角色所处的环境以及角色本身的性格特点，同时也能让观众有很强的代入感，引起他们的共鸣。

作品第一段运用暗喻的手法用金雀和银雀来比喻依措加和阿布扎。第二部分的第 2 段是整个歌曲的高潮部分。此外，从音乐的宏观层面来看，曲调的音域较为宽广、旋律起伏较大，且情感的变化也很大、戏剧冲突也较强。作者之所以让音乐各个组成部分的变化如此之大，是想将依措加内心的情绪起伏极力凸显出来。此外，创作者为体现依措加对阿布扎深切的相思之情，采用了复合节拍的形式。在歌剧的副部，创作者在藏族特色的基础上，融入了戏曲元素，适当加入了变化音，使整首歌曲变得更加具有魅力和韵味。

（二）艺术特色

歌曲《飞出这苦难的牢笼》将音乐的变化和人物的描写有机结合起来，运用节奏、调式以及力度的变化将依措加的人物形象塑造得更加真实，让听众从音乐中感受到依措加是怎样从一个纯洁的恋爱少女成长为一个独具反抗精神、敢于冲击封建思想的新时代杰出女性。同时，在这个转变过程中，作者将依措加矛盾的性格特征刻画得非常全面。

在这首歌曲的故事中，观众可以看到依措加形象的相互交织，包括勤劳、勇敢、执着、深情与独立。她本是个天真的姑娘，却因为陷入爱情而遭到了现实的阻拦，最后逐渐成长为一个不屈服命运、敢于与苦难做斗争的坚强女性。作品无形中也映射出当时刚刚解放的藏族人民想要摆脱曲折命运的束缚、过上幸福美满生活的迫切愿望。

结　语

通过对歌曲《飞出这苦难的牢笼》的演唱和研究，笔者认为其创新之处在于用歌唱作为表现形式，着重表现人物的情感变化，富有内涵。它不仅传承了我国传统戏曲的精华和特色，还引入了国外歌剧的一些音乐风格，很好地掌握地民族声乐的演唱技巧，是歌剧学习中的一个重要环节。从实践中探索，进一步地挖掘歌剧人物内心的真实情感，以及如何展现给观众更好的人物形象，是民族声乐演员必备的能力。

浅析小学体育教学中分组分享教学法的运用

黄祖成

成都市锦江区大观小学

近几年，在我国经济快速发展的背景下，传统的教学方式已无法满足新时代的教学需求。在小学体育教学中，教师开始尝试应用分组分享教学法，这是教师对教学模式的一种创新与改革，同时也是提高教师教学水平和质量的良好方法。

一、分组分享教学法在小学体育教学中的应用

在小学体育分组分享教学的应用过程中，分组教学理论的依据并不是单一的，分组标准是多样化的。因此，分组分享教学也具有较强的探索性。在分组分享教学体系中，分组分为两个类型，分别是内部分组、外部分组，然后在此基础上，将其划分为不同的形式，ABC分组与灵活分组是教师常用的教学方法。

（一）ABC分组模式的运用实施

ABC分组模式主要是依据学生的能力等级来进行分组，通常情况下，A等表示最强能力，依次是B、C、D等。其考虑更多的是学生的体育能力、体质等方面，在应用的过程中，针对不同层次的学生，教师应用的教学方法也要不同，所以，这种教学方法，在一定程度上也体现了因材施教的教学方式，这样不同层次的学生在体育学习过程中都可以取得进步。特别是针对一些对身体素质要求比较高的体育运动，教师应用ABC分组分享教学方法，可以将学生划分成不同小组，然后确定小组的组长。基础能力较强、身体素质较好的学生在体育项目练习的过程中，对一些难度较高的动作会掌握得比较快；而针对

身体素质较差的小组学生,教师可以先让学生进行一些简单的基础动作练习,小组组长帮助教师协调学生的训练。通过这种针对性的个性化教学,能有效增强和提高学生的身体素质,同时有利于激发学生体育锻炼的兴趣,避免学生因受挫而出现厌烦的心理。

(二) 灵活分组模式的运用实施

灵活分组指的是先同后异、进行交互式的体育教学、是有助于教师掌握学生体育学习情况的教学方法,能加强学生间的交流、促进学生间的相互学习、提高学生的体育水平及学习能力。在当前小学体育教学中,这种教学模式应用得还是比较广泛的。比如,在小学体育舞蹈教学过程中,教师先随意划分小组,然后在对学生学习能力及体育水平有了一定了解后,再将同水平的学生分为一个小组,进而促进同能力水平学生的良性竞争。在学生能力水平提升之后,再打散学生,将学生分成不同的小组,加强学生之间的交流与学习,这样体育舞蹈动作规范的学生可以及时纠正动作不规范的学生,每个学生都可以根据自己的不足来针对性地进行训练。学习一段时间之后,教师针对学生的学习成果进行测试和评价,进而使学生都可以达到同一级别的水平,有效地实现体育教学目标。

(三) 其他分组模式的运用实施

除了灵活式与ABC分组模式,还有一种分组模式,就是一对一或者是一对多的分组模式。这一种分组模式在实际实施时是针对学习能力差及体质较弱的学生进行的,主要目的是让体育水平好的学生来指导和帮助体育水平差的学生,进一步加强学生之间的交流、优化学生间的资源共享。

二、分组分享教学法在小学体育教学中的意义

(一) 强化学生主体性,调动学生运动积极性

小组合作学习的方式,进一步改变了传统的体育教学模式,强化了学生的课堂主体地位。由于小组中每个学生体育能力不同,因此学生之间可以取长补短,将自身最大优势发挥出来。在分组之后,教师要让学生选出组长,然后再依据学生能力安排任务,做到分工明确。这样,学生的体育学习动力才会被激发出来。同时,小组组长要对小组内学生的实际学习情况进行总结,然后反馈给教师。分组分享学习不仅使学生更加团结,也让学生懂得了合作的重要性,在提高学生体育学习能力的同时也培养了学生的团结合作意识。

(二) 激发学习兴趣,提高学习效率

在应用分组分享教学法的过程中,教师要加强活动的丰富性、提高课堂学习的氛围,这样学生才会更加积极地投入体育教学活动中。在丰富的体育活动教学中,将学生主体地位体现出来,不仅是教学改革下的要求,同时也是培养和提高学生学习积极性的一个良好方式。学生体现出主体地位,才会更加积极地配合教师并表现自己。此外,教师在体育教学中,要多组织一些体育活动,激发学生参与的欲望。在活动中,教师要对学生进行观察,针对不足的地方给予指导,提高体育教学的有效性。通过丰富的教学活动,激发学生的学习积极性,让学生全身心投入体育教学中,进而提高学生的主观能动性、培养学生良好的体育精神。

(三) 培养合作意识,增强师生互动

在体育教学中应用分组分享法对培养学生合作意识有重要意义,能够使学生实现共同锻炼,更好地提高学生的体育能力。教师要主动走向学生、加强互动,提高体育教学的有效性,进而构建一个学生体育学习体系。教师在融入学生小组后,要明确自身的角色,每个小组情况是不一样的,因此,教师在不同小组中的角色也会有变化,但本质上还是引导者。在和学生交流时,要掌握学生理论知识的学习情况,并给出良好建议;要通过体育活动,树立一个良好的榜样,利用自身的行为让学生认识到体育实践

的重要性，进而提升学生的体育学习质量。

三、推动小学体育教学中分组分享教学法应用的建议

小学体育教学过程中，教师在应用分组分享教学时，首先要先对教学目标进行明确。比如，在体育短跑项目中，教师要明确的教学目标可能包括：让学生了解蹲踞式起跑动作；培养学生的体育特长；让学生知道怎样提高途中奔跑的速度。

在明确教学目标后，教师要在充分了解学生特点的情况下灵活选择分组模式，将学生划分成小组。只有了解学生个体差异，在分组时才能做到有的放矢，实现科学分组的目的，保障小组目标的有效实现。

教师应用分组分享教学法主要是为了针对性地教学。所以，教师在分组完成后，要针对性地开展教学活动，为班级的全面发展打下良好的基础。此外，教学评价也要重视起来，要找准问题、寻找原因，以提高体育教学课堂的效果。

四、结论

综上所述，在当前新时代教育背景下，传统教育模式已无法满足新的教育需求。因此，在小学体育教学中，教师通过应用分组分享教学方法，可以有效改变传统教学理念，将学生的课堂主体地位凸显出来；通过开展针对性的体育教学，进而提高体育教学水平。所以，教师在体育教学中，要有效地结合分组分享教学法，培养学生良好的体育学习兴趣和体育精神，提高体育教学的效果。

分享式教学在小学体育课堂中的应用

梁银权

成都市锦江区大观小学

现阶段，部分小学体育课程更加注重增强学生体质，因此教师群体也将培养目标定位于提升小学生的身体素养，不过大多数教师在选取教学方法时脱离学生实际，缺乏科学性与趣味性，导致教学模式走向"极端化"，最终不利于师生和谐关系的建立。分享式教学能够将当代教学和早期教学加以融合，高效处理教学模式脱离生活实际以及时代发展的问题，在第一时间弥补了小学阶段体育教学的不足，为今后提升教学质量、培养学生能力奠定了重要基础。分享式教学，指的是在教师帮助之下，学生能够不断进行感知、探索、创造并获得结论，之后在整个班级范围内加以共享的教学模式。

一、小学体育课堂中分享式教学的可行性与优势

（一）小学体育课堂中分享式教学的可行性

第一，体育课堂本身的"游戏性"为分享教学的使用提供了可行性平台。游戏是开展小学体育课堂教学的关键一步，借助游戏的形式充分运用各种教学资源，开展教学活动，引导小学生在轻松安全的游戏环境下获得体育知识、增强身体素质。游戏本身的价值在于团队协作以及良性竞争。严格来说，其核心在于互动价值的体现。正是基于此，学生才能够在耳濡目染的过程中做到分享。

第二，体育课堂本身的"实践性"为分享教学的使用提供了可行性渠道。相较于课堂内的教学，户外的体育课更加注重锻炼学生的实践精神、提升实践能力。

第三，体育课堂本身的"扩展性"为分享教学的使用提供了可行性空间。通常而言，体育课堂渗透

在小学生生活的方方面面。无论是在学校，还是社会、家庭中都可以适当开展相应的体育活动，这也决定了体育课堂的扩展性。

（二）小学体育课堂中分享式教学的优势

1. "教"和"学"的相互融合。

首先，教师的"教"至关重要。教师要做到理论和实践的相互融合，应通过实践的方式帮助学生更深入地理解知识。通常而言，在早期教学过程中，很多教师易忽视学生的主体地位，过于注重自身的主导作用，但分享式教学可以真正发挥学生的主观能动性，让学生参与到教学过程中来，真正实现面向全体学生。这也是提升体育教学水平的重中之重。

其次，学生的"学"也不可或缺。小学生身心发展尚未成熟，仍以具体形象思维为主，无法通过自身的学习高效掌握体育知识与技能；但分享式教学的运用，可以在基于学生身心发展特点上，充分融合教师的帮助以及学生之间的互助，进而提升体育成绩。其中，主动学习是开展分享式教学的核心与关键。在不断提升学生自主学习水平的基础上帮助学生主动地进行学习、培养学习积极性，进而提高体育课堂的教学效果。

2. 教师引导，明确学生的主体地位。

由于学生间具有差异性，因此教师在教育引导时不能千篇一律，必须要根据学生的特点因材施教。这就需要教师具备丰富的教学经验以及多样化的教学手段。这样，才能够在有效引导学生的基础上提升学生的学习成绩、培养合作能力、促进其综合发展。

3. 加强分组交流，便于教师掌握学情。

合作学习指的是有共同的任务的前提下以责任分工的方式进行互助性学习。通过此种方式，可以在学习过程中营造轻松愉快的学习氛围，让学生畅所欲言，进而提高学习效率，同时也可以培养学生的合作意识与协作能力，这在很大程度上体现出了分享的价值。在此期间，教师要充分发挥引导与帮助的作用，当学生在小组合作与讨论过程中出现疑难问题，需要在第一时间加以解答。此外，教师也可以作为讨论的一分子融入学生的讨论过程，站在学生的角度设身处地地讲授知识，同时也可以对缺乏信心的同学进行鼓励与表扬，增强其自信心，以循序渐进的方式学习知识，为此后达成教学目标奠定重要基础。

二、小学体育课堂中分享教学法的应用

（一）把握小学体育合作，分享教学目标

在开展小学体育教学的过程中，教师需要选取合作分享的教学模式来提升教学效果。通过此种方式可以不断引导学生加以合作，在合作过程中分享自身的收获，加深彼此对于知识的理解与掌握，最终实现小学生综合素养的提升。除此之外，教师还需要培养学生对于体育知识的学习积极性，注重选用学生易于接受且充满兴趣的教学内容。兴趣是最好的老师，因此培养小学生对于体育知识的学习兴趣至关重要，这是决定其能否进行高效自主学习的关键所在。最后，可以让学生在合作学习之前进行提前分组，当小组划分好之后，可以给每个组别甚至每个小组中的个人进行职责划分，这在解决问题的过程中势必会事半功倍、提高学习效率。不仅如此，这种方式也可以不断加深同学之间的情感互动与交流，提高分享效率。

（二）明确小学体育合作，分享教学原则

在小学体育课堂教学过程中，必须制定科学合理的三维教学目标，并针对目标中的如何增强学生体质来制订科学化的教学方案，并选用合适的教学原则。因此，为了高效达成教学目标，就应该侧重于选用分享式教学方式，遵循分享原则，注重学生在学习过程中的主观能动性，充分认识到学生是学习的主人。在进行合作分享教学的过程中，教师必须充分发挥引导作用，在引导的基础上促进学生积极主动学习。当学生遇到学习难题时不要在第一时间给出答案，应该在启发式教学的基础上，引导其积极探索与

思考，最终获得知识与技能。古人云"不愤不启，不悱不发"，便是这个道理。

（三）落实小学体育合作，分享教学过程

在进行合作分享教学时，教师必须关注合作过程中的诸多细节，例如如何分组、如何进行分享以及学生分享之后如何加以评价等。在进行小组划分的过程中，教师必须秉承科学性原则，不仅要充分对课程内容加以考量，同时也需要结合小学生的身心发展特点以及个体差异性进行分组。如此一来，才能够在充分发挥学生个人优势的基础上提高分享效果。在实际进行合作分享的过程中，教师需要积极引导学生参与到合作过程中，并真正进行知识与经验的分享。在此期间，可以将组长作为关键点，进而在组内营造良好的分享氛围，带动小组成员畅所欲言。在最后的评价过程中需要做到评价方式多样化，既要有传统的师评方式，也需要融入学生自评、同学互评等方式。如此一来，便可以提高评价的公正性与客观性，进而提升分享效果。

三、结语

综上所述，分享式教学模式对于改进小学体育课堂教学具有积极作用，但同时也应该注意到，并非所有的小学体育项目都适合这一模式，教师还需要综合学生、教材、环境等限制条件，制定"校本课程"视域下的可行性方案。同时教师要严把教学目标、教学原则和教学过程，将分享教学的学生主体、教师引导、分组合作、分享共进等教学理念贯彻到整个小学体育课堂中，让学生真正地通过自主学习、合作学习来学习体育技能、提升个人体能。

美术分享式教学
——以"赏石艺术"教学为例

罗雪连

成都市锦江区大观小学

一、"赏石艺术"分享式教学的意义

首先，"赏石艺术"为国家级非物质文化遗产项目。从广义上来讲，凡是具有观赏价值的自然石都可称为奇石，是大自然的美丽造化，是人类的共同财富。石文化在中国历史悠久、内涵博大精深。它拥有丰厚的文化教育资源和强大的生命力，能在育人中凸显民族文化特色。

其次，"赏石艺术"教学过程能充分彰显美术课程独有的特征，也是美术课程应有的面貌。根据《义务教育艺术课程标准（2022年版）》中各学段的阶段目标，美术课程应重视对学生想象能力的培养，采取多种方法使学生思维想象的流畅性、灵活性和独特性得到发展，最大限度开发学生的创造潜能。想象力是学生美术创作多样化的关键，而石头本身具有丰富多变的视觉形象，正是学生感受、理解和创造的绝佳素材。

二、"赏石艺术"分享式教学的课例

（一）课例一——"卵石动物造型"

美术课能让孩子体验不同的媒材，激发其想象力与创造力，发展其美术构思与创作的能力，培

养学生的创新意识与造型能力。美术教育不仅能培养孩子们对生活和美术作品的感受力、表现力，还能发展儿童的观察能力、想象能力、创造能力。利用熟悉的卵石进行绘画练习，能激发学生的学习兴趣、丰富学生的绘画经验、提高学生的美术兴趣，能培养学生观察生活、热爱生活、美化生活的良好习惯。

（二）课例二——"滴水穿石"

向学生展示因为水力的作用在石头上形成孔洞，由此发散讨论柔软的水如何将坚硬的石头滴穿。随后，以上一学期线描写生创作的《石光片羽，线描太湖石空灵之美》，引入古代线描山石的画法，让学生清晰认识山石勾线的多变，了解几条规则：第一，画大体轮廓，要注意整体脉络走势，外为轮廓、内为石纹，画细节要注意褶皱的开合，可以用枯笔简单地皴擦，初显出凹凸关系；第二，线条要疏密相间，线条的浓淡是一幅优秀作品的关键；第三，石与石之间要有虚实关系，一幅画一般都是画几遍才能完成，这个过程就是一遍一遍地找明暗虚实的过程，实的石头线条用笔要坚硬、肯定、用墨浓，虚的地方用墨要淡。

（三）课例三——欣赏评述"我是一颗小小的石头"

引入国外关于石头价值的故事《宠石》，让学生知道，玉不琢不成器，同样是一块石头，有人只是将它作为武器，有人却将它用作传情达意的礼物，只要有发现的眼光和聪慧的头脑，自己看重自己、热爱自己，生命就有意义、有价值。

（四）课例四——设计应用"石头大变身"

卵石的形态、纹理、色彩各异。经过学生大胆的联想、巧妙的设计，充分发挥材料形质的特点，或绘画或拼摆成形，可以使卵石作品具有一定的观赏性，进而成为精美的工艺品。让学生使用水粉工具，巧妙利用卵石的外形特点进行动物形象联想，用随形、组合、装饰等方法，设计制作出美观可爱的卵石动物造型作品，不仅可以提高学生对适形图案的绘画能力，还可以从中体验设计和制作的乐趣。

（五）课例五——观赏石欣赏评述

让学生从形、色、质、韵等方面发现石头的美，学习和掌握欣赏奇石的方法，能通过想象和联想在欣赏过程中注入自己的感悟，并通过语言文字或绘画表达，尝试完成《慧石轩石谱》。

（六）课例六——石头与科幻画

让学生从石头中汲取灵感，展开想象绘制科幻画，可参考下图。

三、"赏石艺术"分享式教学的目标

（一）显性内容与目标

了解国家级非遗"中国观赏石艺术"项目的相关知识，了解石文化是中国传统文化中历史悠久、内涵丰富且独具特色的文化之一。

学习和掌握欣赏奇石的方法，能通过想象和联想在欣赏过程中注入自己的感悟。

（二）隐性内容与目标

在教学体验活动中让学生感受各种石头的美感，培养学生热爱传统文化的情感，以四川的长江石艺术为主要内容带领学生了解"赏石艺术"，观察长江石的形、色、质、纹，体会长江石的意蕴。

四、"赏石艺术"分享式教学的实施步骤

结合《义务教育艺术课程标准（2022年版）》"欣赏·评述"学习领域的相关要求与分享式教学在美术课堂的推进，分享式教学的具体步骤应该包括：

第一步，学会观察。观察是获取知识的主要来源，美术属于视觉艺术，尤其需要我们带领学生用眼睛观、用心去察。

第二步，学会分享。运用谈话、提问、讨论等方法得出结论，并结合教师运用多媒体的教学，让学生对作品产生更浓厚的兴趣，使课堂更生动有趣。

第三步，学会评述。完成"观石录"表格，表达出自己独特的认识和情感。让学生做到用词恰当、语言丰富、评述准确生动。当学生评述一个作品时，往往只会用"画面很美"等一些简单句子来回答，这时候，教师就需要循循善诱："美在哪里？可不可以从形、色、纹、质方面来谈谈，或者发挥你的想象从画面主题上来评述。"经过启发，大家通过欣赏，参考教师口头提供的词汇，久而久之，积累的美术词汇就会越来越多，词汇就会用得更加灵活、贴切，评论的水平也会越来越高，对长江石的欣赏兴趣也会越来越浓。

五、小结

如何带领学生观石、赏石、完成对长江石的欣赏评述？笔者尝试运用美术欣赏的方法，对观赏石进行赏析，认识赏石文化的艺术特点，和学生一起共同提高艺术鉴赏能力及审美情趣。艺术与生活完美融合，如何运用一切资源上好美术课，是值得继续努力的课题。

大观小学在学校的有限条件下，创建以美石欣赏和创作为主的美术工作坊，让孩子们可以在学习之余，亲近大自然并开拓视野。建立美术工作坊需要带领孩子们了解我国各地、主要是长江流域有代表性的石头，了解其形、色、质、韵，还有它的文化意义。此时，需要的不仅是石头的图片，还要让孩子们能够亲手触摸到石头。我目前收集到的大概有三百多颗石头。鉴于个人能力有限，希望更多的孩子参与和支持。愿更多的孩子喜欢上这大自然的神奇造物，去发现和开创更美好的实践。

我们的主题性赏石艺术实践，就是将每一个学生心灵深处的美好情怀唤醒出来，进而获得诸如诗情画意、旷达自在的精神感悟。积极地探索美术教学新的内容元素，拓宽自己的视野，充实自己对美术课程性质的理解，不断在尝试中完善，将想法变成做法，让心动变为行动。

分享式教学在小学体育教学中的应用技巧研究

朱昱东

成都市锦江区大观小学

近年来,"新课改"的成效逐渐凸显出来,使得小学体育教学水平具有较大的提升,在众多的小学体育教学模式中,"合作分享"的教学模式尤为突出。从教师层面来看,"合作分享"这一教学模式不仅有效提高了小学体育教学质量,还极大地提升了教学效率;从学生层面来看,这一教学模式不仅能把学生放在教学的主体地位进而提升学生的学习兴趣,还能锻炼学生的团队协作能力、竞争意识等综合能力。

一、分享式教学的概念

一般来说,分享式教学就是让学生在平时与他人的交往中分享自己的心得、经验等。学生成长,是一个互相学习、互相尊重的学习过程。具体来说,分享式教学就是一种行之有效的教学方法,其本质是以问题为出发点;其方法是让学生在学习中、生活中去感悟、思考,并与同学分享、交流自己的想法和经验等;其目的是让学生互相学习、互相成长,从而形成一种良性循环。将分享式教学方法运用到小学体育教学中,完美地顺应了学生的本性,正是由于分享式教学是以学生为主体,顺应了学生的认知规律。小学体育教学着重体现在对小学生体育学习兴趣的养成以及良好学习习惯的培养。分享式教学是以小学生为中心、适应其天性的一种小学体育教学模式。在分享式教学过程中,教师需要尊重学生的情况,教学工作要符合学生的认知,合理利用学生爱好分享的天性,从而使得课堂具有自主性、生动性等特点。

二、分享式教学在小学体育教学中的优势

在传统的小学体育教学中,由于个体差异,不同学生对于体育技术、技巧动作的掌握程度不一。长此以往可能会导致这些技术技巧掌握程度差的学生对体育学科产生厌学情绪;而在体育教学中引入分享式体育教学法,就可以很好地解决这一点,使得每一个学生都可以很好地融入课堂中,从而提升课堂教学效率。此外,分享式教学法强调多维互动,包括师生互动及生生互动,因此可以在很大程度上活跃课堂气氛,使得学生能够在更加轻松的课堂氛围中学习。最后,由于分享式体育教学法是以生为本进行教学,可以很好地贯彻国家关于生本教育的指导理念,对推动小学体育改革具有一定的积极意义。

三、互助式分享在小学体育教学中的应用技巧

互助式分享教学是教师通过组织学生在小组内分享自己的学习收获成果,促进学生之间互相帮助、互相进步。在互助式分享中,不只是分享者单独讲述,还需要倾听者进行倾听。互助式分享主要存在于学习小组之间,教师可以将两个或者多个学生分为学习小组,让小组成员在学习过程中将自己的学习成果分享给他人。这样,小组内每一位成员都可以共享到学习成果;此外,互动方式也由以往师生之间的互动变为了学生之间的互动,学生之间更加容易进行深入交流,因此互动效果更好,可以促使学生更好地掌握体育动作要领与方法。

（一）确定分享范围

在小组学习成果分享的过程中，需要教师对分享的话题进行规定，然后对需要讨论的内容进行提炼。因此，在分享活动开始前，需要教师提前进行预设。例如，在展开一年级小学体育教学"快速跑"时，就需要教师先组织学生进行三十米快速跑的练习，到练习结束之后，组织学生进行话题讨论与分享：在进行快速跑的过程中，自己的身体是直的还是向前倾的？哪一种姿势更容易跑得快速一些？然后组织学生展开讨论。

（二）规范分享过程

分享属于交际行为的一种，在分享过程中不但有分享者还有其他组员。所以，在分享过程中，不但需要对分享者的行为进行规范，还需要对被分享者的行为进行规范。这样才可以使学生在互相分享的过程中能够得到启发以及提高。对于分享者而言，不能只关心自己所讲的内容，要在讲解的同时关注其他组员的情况，重视同伴的反应并调整自己的分享方式与内容。

四、展示式分享在小学体育教学中的应用技巧

展示式分享是在全班范围内举行分享式教学。在授课之后，让学生进行初步的练习，当学生初步掌握了动作的技术技巧之后，教师让学生推荐优秀的同学来展示自己的学习成果，使其成为其他同学的参考对象。展示式分享在小学体育教学中的应用主要需要把握分享难点、引导分享互动等。

（一）掌握分享重难点

在展示式分享教学中，教师让优秀的学生进行展示。其主要目的是利用优秀学习成果的展示，促使没有完全掌握技术的同学掌握技术动作要领。因此，在展示式分享体育教学的过程中，教师需要组织学生围绕着学习中的难点进行分享。例如，在展开踢毽子的教学中，可以先为学生做示范性讲解，当学生掌握基本的技术要领后，组织学生进行比赛，然后挑选出表现优秀的学生，让优秀学生示范复杂的技术性动作，然后向其他学生分享自己的学习经验以及重难点动作的掌握技巧。

（二）引导分享重互动

在基于分享式教学方式的小学体育教学过程中，教师指导学生进行展示式分享时，不但需要给予分享学生充分的鼓励，还要考虑到其他学生对优秀学生所分享成果的吸收情况。此外，还需要更多地重视学习效果不理想的学生，积极引导这些学生更多地和优秀学生深入互动，让优秀的学生可以潜移默化地影响到学习效果不理想的学生。

五、结束式分享在小学体育教学中的应用技巧

简单来说，结束式分享就是学生要将分享延续到课后，将课堂中的学习成果展示、分享给身边的人。这样一来，不仅能加强、拓展体育课堂上的学习成果，还能增加学习兴趣。结束式分享不受时间、空间的影响，可以随时随地进行，例如，在家中跟父母分享、在课间跟同学朋友分享。

（一）分享立足清楚

结束式分享的第一要义是明确规范体育动作，只有规范地讲解清楚，才能使结束式分享事半功倍。这就要求教师强调分享的方法以及对动作正确的指导。例如，在"平衡木上不同形式的走"这一教学课程中，教师对学生的动作加以指导，并提出结束式分享的方法，即课后与朋友一起玩耍时，可以在安全的人行道上等地方进行不同形式的平衡木行走，并且教会朋友，在教朋友时要用正确的方法，交代注意事项，还要着重强调两人在一个平衡木上相遇时如何安全通过，最后再跟朋友比试一下，看谁能够更加

熟练地掌握关于走平衡木的技术技巧。

（二）分享力求透彻

对于班级中身体素质不高以及协调能力较弱的学生，还应增加课外指导。此外，我还采用一对一帮教的模式，让能力强的学生带着一个能力稍弱的学生，起带头作用，并且要求能力强的学生讲解方法、技巧，能力稍弱的学生要多看、多练习、多问。体育技能仅仅利用课堂时间学习是不够的，还需要在课外进行练习。结束式分享这一教学方式对于分享式学习来说是必不可少的。结束式分享、展示式分享以及互助式分享一起贯穿于整个学习过程。分享式学习方式是行之有效的，使学生作为学习的主体，提升学生的学习积极性，由被动学习转变为主动学习，提升学生自主学习的能力，引导其构建知识体系，符合学生的认知规律。分享式学习转变了传统的教学模式，使学生互助学习，教学现场更加灵活多变、生动有趣，能满足学生的学习需求。

六、总结

本文展开了对分享式教学概念的阐述，探究了分享式教学在小学体育教学中的优势，着重分析了分享式教学的三个不同种类，即互助式分享、展示式分享、结束式分享。互助式分享在小学体育教学中的应用技巧为确定分享范围、规范分享过程，展示式分享在小学体育教学中的应用技巧为掌握分享重难点、引导分享重互动，结束式分享在小学体育教学中的应用技巧为分享立足清楚、分享力求透彻。总之，分享式教学运用到体育教学中是十分必要的，能提高学生的学习兴趣，符合学生的学习规律，从而提升体育教学水平。

新课程改革下初中体育教学创新实践探究

陈绪伦

成都外国语学校

对于初中体育的教学工作而言，教师需要跟随时代的变化以及最新的教育要求及时地进行创新实践，以便于促进教学工作更好地开展。教师需要通过更加科学合理的教学措施，在提高学生体育成绩的基础上提高学生对社会的适应能力；通过创新性的教育实践，为社会培养更多的综合性人才。

一、初中体育的教学现状

在如今的初中体育课堂上，虽然教学质量已经较以往取得了相当大的提升，但同时仍然不可避免地存在一些现象，需要及时地进行改革和完善。

一方面，体育课堂上仍存在教学形式单一的现象。在教学的过程中，往往是以教师的口头讲述以及示范为主，缺少对学生主观能动性的开发。在实际的教学工作中，学生的主体地位没有得到很好的体现，从而导致学生的积极性不高、参与性不强。

另一方面，学生的实际学习质量有待提高。部分学生上体育课的目的主要是为了应对考试，以及从"题山题海"中暂时解放出来，实际上对于体育的重视程度仍然比较低。这些都是影响学生学习质量的因素。

只有针对这些具体的现象及时地进行科学处理，才能促进体育教学质量的不断提高、促进学生体育水平的不断进步，从而让学生得到更好的成长和发展。

二、"新课改"下初中体育创新教学的重要性

在"新课改"的背景下，除了对学生的体育成绩有基本要求外，更加注重对其体育精神、身体素质、体育技能等方面的培养。因此，教师需要积极响应"新课改"的号召、积极完善教学方法，以便于促进学生体育综合能力的提升。尤其是在初中这一关键时期，教师更需要结合学生的成长特点以及发展现状，在体育课上开展相关的素质教育。通过创新教学的措施对学生进行培养，不仅可以很大程度提高初中学生的体育成绩，同时也能促进初中学生在综合素质方面有更好的发展；而且，这对于体育教师提高授课课堂的质量与效率而言，也具有十分重要的推动作用。

三、"新课改"下初中体育教学的创新实践

（一）充分发挥教师的领头作用

作为一名体育老师，需要十分注重言传身教的作用。在实际的教学工作中，教师通过自身的形象为学生做出良好的榜样，对于学生而言将会产生很深的影响。对于体育老师而言，更需要注重对自身素质的锻炼，保持良好的体育能力以及精神面貌。初中学生往往具有很强的模仿能力，因此体育老师对于学生而言是一个很好的参考对象。

教师可以通过师生竞赛的形式以增加师生之间的交流。同时，这样的方式也能激起学生的胜负欲以及竞争心理。学生会通过积极的锻炼以及认真的学习来促使自己尽力与教师达到一样的体育水平。另外，在一些体育活动以及比赛中，教师也需要注重自身的影响。通过优秀的人格、丰富的体育知识以及卓越的体育能力，为学生做好教育的榜样。

（二）充分发挥学生的主体地位

在体育教学工作中，教师要注重发挥学生的主体地位、注重学生的参与程度以及表现力。教师需要通过引导以及辅助的方式，让学生掌握课堂的主动权，从而更好地发挥学习的主观能动性。如，教师可以请一些男生为大家讲讲 NBA（美国男子职业篮球联赛）最新的比赛进展，同时对一些篮球明星的拿手技能进行讲解与演示。与传统的"教师讲解示范、学生开始练习"的方式相比，这种方法显然具有更大的优势。通过这样的方式，不仅能够让课堂氛围变得十分活跃，而且也能够激起其他学生的兴趣以及表现欲；而且，这样的形式也能够让学生更多地参与到课堂教学工作中来，从而极大地提高学生的上课积极性。让学生对自己拿手的篮球动作进行示范，这样的形式不仅满足了学生的荣誉感，同时也提高了学生的自信心。需要注意的是，当学生演示和讲解完一些篮球动作以及要领时，教师需要进行统一的总结，从而让学生形成一个系统的印象。最后，教师可以让学生通过自由练习的方式，来巩固相关的体育知识以及技能。这样的方式不仅可以让学生更好地掌握相关内容，同时也能够提高学生对体育课的上课兴趣。

（三）不断丰富教学形式

丰富多彩的教学形式，是教师进行创新教学的重要手段。与传统单一的教学方式相比，丰富多彩的教学形式更容易激发学生的锻炼兴趣，从而提高体育教学工作的质量。田径是一项相对枯燥而且体力消耗较大的工作，因此对于学生而言往往具有一定的难度，而且也容易引起学生的抵触心理。因此，当教师进行"田径"以及"耐力跑"相关内容的授课时，可以采用多样化的教学手段展开授课工作，以便于学生产生更加浓厚的兴趣，从而得到更为理想的教学效果。

例如，教师可以采用"班级马拉松大赛"的形式，来达到锻炼学生体质以及传授田径知识的目的。对于获得比赛冠军的学生，教师可以给予一定的物质奖励。这样不仅增加了比赛的真实性，同时也能提高学生的积极性。

（四）不断完善教学评价

在体育教学中，多元化的体育评价对于学生有着积极的影响。在评价形式方面，教师可以以口头评价以及身体语言评价的形式，也可以以书面评价的方式。在评价内容方面，除了常规的考核成绩以外，还要注重对学生体育素养以及综合能力的评价。这样不仅能够增加评价的公平性以及全面性，同时也能让学生对自己有一个更加客观与全面的认知。这对于提高学生的学习热情以及查漏补缺而言，具有重要的价值。同时，这对于提升学生的体育基础知识与能力而言，也有积极的影响。

四、结束语

总而言之，在"新课改"的背景下，采用创新教育的方法开展教学活动具有重要的意义。它不仅能够很好地锻炼初中学生的身体素质，同时也能够培养学生的体育精神；而且，它对优化初中学生的体育成绩以及完善初中学生的体育素养而言，也有十分积极的影响；同时，它对于初中老师构建更加高效的授课课堂而言，也有相当大的推动作用。

如何提高初中生上体育课参与运动锻炼的积极性

罗永利

四川师范大学附属青台山中学

初中体育课程教育倡导"以人为本"，以学生为主体，让学生通过自主学习、教师引导进行体育学习，在体育活动中获得体育知识和运动技能。因此，培养学生运动的积极性和主动学习性在初中体育教学中尤为重要。提高初中学生上体育课的兴趣和参与度，让学生在运动过程中体验到运动的乐趣。培养学生的主动学习能力，使学生由被动地参与到体育活动中转变为主动参与到运动中。在教学中培养学生良好的学习习惯，使学生有竞争意识和团结协作、积极向上的精神。有了良好的运动习惯，学生的身体素质在体育教学中必定会得以提高，从而更好地促进学生的全面发展。

一、初中体育教育现状

一节成功的体育课，可用三个字来衡量："汗""会""乐"。学生在体育课中出汗的情况，技术动作的掌握情况，是否体验到了运动的快乐。这里的"乐"，不仅仅是指能在体育课堂中感受到运动的乐趣，还指学生能够乐于自主学习。

在初中体育教学活动中，学生仅仅是依照教师的动作进行模仿，未加入自己的思考和理解，不能领会锻炼的意义和目的，这样的学习效果是差强人意的。在新体育中考背景下，初中学生上体育课的表现不尽相同，有的学生是想在体育课中认真锻炼，从而提高自己的运动技能和体育学习成绩；有的学生则是能少活动便少活动，能不活动就不活动，上体育课积极性不高，也不认真完成练习。

目前，在初中体育教学中普遍存在学生参与运动不积极的现象，想方设法地逃避体育锻炼，或者锻炼自行减量、动作做不到位，敷衍了事。有的学生为了躲避活动和锻炼，甚至找借口说自己生病了。现在有许多研究和调研表明，我国初中生的体质健康水平呈逐年下降的趋势，体质健康急需增强。提高初中体育课堂的教学效果，将体育课堂的 40 分钟发挥到最佳的效果，让学生在体育课堂学到更多的体育知识、达到较好的锻炼效果，最好的方法便是让学生主动积极地参与学习，从被动的学习和参与转变为自发地参与到体育课堂运动练习中。在日常的体育教学过程中，应不断加强学生的思想教育，让学生树立正确的体育观，认识到体育锻炼的作用和功能。通过不同的教学手段和创新的教学形式，培养学生对体育锻炼的兴趣，让学生提高对体育学习的积极性。

二、初中生的身心特点

（一）初中生的生理特点

从小学走向初中，是从儿童过渡到青少年的过程。初中阶段是人生长发育最旺盛的时期，在这个阶段，学生的速度、力量、耐心方面都有很大的变化。采用科学的体育锻炼方法，初中生在初中三年将会奠定很好的运动基础。在人的一生中，各种体能均有着各自的发展曲线。敏感期是指曲线的最高峰，各种体能发展的敏感期多出现在少年时期。错过了体能发展的最佳时期，想要快速地提高便很困难了。因此，在体育教学中，要充分利用体能发展的关键期。

（二）初中生的心理特点

初中阶段学生步入青春期，逐渐追求独立，渴望有自己的空间和秘密，不希望被教师和父母干涉，希望得到他人的尊重和引起他人的注意，会做一些引起他人关注或者赞美的事情。初中生情感多变，认识问题尚不全面，自我评价有了初步的发展。了解初中生的心理变化和心理特点，更有利于展开体育教学工作。

三、提高初中生体育课运动积极性的方法

（一）量化标准，给参照

在体育教学中，教师应提供一个量化的标准，让学生有参照。比如，在收腹跳的练习中，教师可以采用弹力带或者小栏架，根据学生自身的实际情况，由学生选择适合自己的高度进行收腹跳。在有了参照之后，学生的练习将变得可操作。学生可以进行分层练习，同时也具备了挑战性，能让学生在体育锻炼中感受到成就感和运动带来的乐趣。

在体育教学中采用量化的手段和方法，激发学生自主锻炼、主动地投入体育锻炼中，让学生发自内心地爱上体育课，激发学生的兴趣，体会到运动带来的成就感。

（二）讲规则，说要求

明确学习目标。从开学的第一堂课开始，就要告诉学生：为什么而学？为什么新中考改革？为什么体育在中考的分值中占比越来越重？明确告知学生，上体育课的要求，体育课需要如何完成练习，参加体育锻炼的目的。

任何体育活动都是有规则的，培养学生的规则意识，引导学生遵守规则和约定、践行契约精神。通过活动育人，普及科学锻炼身体的方法，使学生了解体育的目的和功能，以及体育在自身成长过程中和自我完善过程中的重要性；使学生通过体育确立科学的学习目标和良好的学习动机，端正体育学习态度，从而养成自觉锻炼身体的习惯。

（三）培养好小组长

在体育课堂上，教师的精力和关注力是有限的，可以培养体育课上的小组长，做到关注所有学生。小组长要具备一定的组织和管理能力，善于沟通，能够领悟教师的意图，懂得怎样组织自己的小组成员进行学习，鼓励同学进行锻炼。让学生在小组长的带领下，进行体育锻炼和练习活动。让学生管理学生，发挥学生的主体作用和主动精神。小组长可以带领本小组的同学进行高效率的体育锻炼和活动，且能更多地关注其他同学的情况和状态，并及时给予指导和帮助。在合作学习中小组长是一个至关重要的角色，其作用与职责的发挥直接影响小组合作效果甚至整个课堂合作的氛围和质量。

（四）不批评个人，利益集体化

将学生分组，每一次表扬或者批评不针对个人，表扬小组做得好或者批评小组没有做好，将利益捆绑化。分组之后，按照小组表现进行评价。同学之间相互监督和引导，更好地进行体育锻炼。把所有同学的利益集体化，在这样的情况下，学生参与运动的积极性会提高。没有同学愿意因为自己影响整个小组的评分。当个别同学存在懒散现象时，组内的同学也会及时提醒并监督。

初中是发展学生体能的关键期，初中体育课程非常重要。体育教师要上好每一堂体育课，赋予每一堂课充分的仪式感，同时引导好学生积极参与体育锻炼，让学生理解体育运动的意义和作用，让体育老师和学生成为体育的引领者和实践者。通过一些好的方法培养学生锻炼的良好习惯、培养学生终身体育锻炼的意识，提高学生身体素质，增强学生的体质，全面提升学生的综合素质。

浅谈四川凉山彝族歌曲在小学合唱教学中的传承与应用[*]

解焕昌

四川师范大学附属上东学校

中国的民族音乐历经五千年的文化积淀，是世界独具魅力和精神价值的艺术瑰宝。近年来，随着"新课改"的推进及民族音乐文化的发展，如何将民族音乐教育理念和内容融入到小学音乐教学中，是教育界、音乐理论界共同关注的问题。近年来，国家重视音乐教学与民族文化的融合，越来越多经典的少数民族歌曲被应用到课堂教学中，成为小学音乐唱歌课、鉴赏课的经典曲目，但目前国内民族音乐中小学教育研究多集中于代表性民歌的研究，一些经典的歌曲未能引起重视。

四川凉山彝族音乐是享誉中外的少数民族音乐，彝族音乐是彝族人在长期的劳动中所创造出的，经过多年沉淀发展，将地方风俗与音乐形式融合，展现真实情感与感悟，是珍贵的文化艺术形式。本文对凉山彝族歌曲教学的研究，对于传承彝族音乐文化具有现实意义。

一、四川凉山彝族歌曲概况分析

（一）四川凉山彝族歌曲概况

以"山鹰组合"为代表的当代彝族原创音乐，在20世纪90年代风起云涌的中国当代歌坛上异军突起，其首张专辑《走出大凉山》以突破80万张的发行量在中国歌坛声名鹊起。凉山彝族音乐是代表彝族文化的一个特殊点。彝族音乐风格朴素，表达形式多种多样，拥有众多的民族风情和特色民族乐器。彝族民众载歌载舞的常态化生活使得到访者深深地感受到当地的文化氛围。可以说，彝族人的生活不能没有音乐，他们喜欢用音乐来表达生活。四川凉山彝族音乐历史悠久，但目前也存在失传的风险，为了更好地继承四川凉山彝族歌曲，必须充分借助现代音乐教育手段。

（二）四川凉山彝族歌曲表现形式

1. 内容和题材。

凉山彝族歌曲内容和题材多样化，从曲调上分为爬山调、吃酒调、娶亲调、哭丧调等，从内容上划分有叙事歌、山歌、情歌、舞蹈歌、儿歌等。叙事歌多为风俗歌曲，用于祭祀礼仪、民族活动等，旋律

---

[*] 项目基金：本文为2018年度国家社会科学基金教育学重大课题"教材建设中创新性发展中华优秀传统文化研究"的子课题"音乐学科传承中华优秀传统文化研究""大中小学音乐课程一体化研究"（项目编号：VFA180003-07，VFA180003-13）的阶段成果；课程教材研究所（教育部基础教育课程教材发展中心）。

变化较小，结构相对短小，具有宣传性和直叙性特征。山歌类主要有四大腔类型，结构相对复杂，篇幅较大，是民歌中比较少见的类型。部分彝族歌曲因为内容和题材的特殊性，只能在限定的环境中演唱。另外，内容和题材也与节日等相关。喜庆的日子演唱欢快的民歌，在封建思想的影响下，有的歌曲属于单性演唱类目，即仅能男生唱或仅能女生唱。

2. 旋律与节奏。

凉山彝族自治州因地域文化、环境特征等不同，音乐存在相对明显的风格差异。尽管旋律多强调大起大伏、结构规整有特色，但有的歌曲曲调起伏相对平稳且稳中带着跳进，有的则注重口头文字的说唱。节奏上，有的比较强劲，有的比较平稳。山歌大多高亢明亮、节奏欢快；生活歌曲相对轻松、喜悦；苏尼歌旋律相对简单，且音量与速度存在动态变化，甚至速度也有时快时慢的特点。

3. 音乐结构。

音乐结构上的差异性表现在多个层面，包括句式上的长短排列，以及每句短句的时间长短、歌词内容。凉山彝族男女老少都喜欢民歌，其长期以来成为彝族歌曲的重要内容。以两人以上的合唱音乐为例，结构相对复杂，音色相对温和，演唱类型独具审美风格。有的歌曲结构注重演唱的声情并茂以及演唱方式的运用，如控制张嘴的范围、控制声音的集中、明确换气点等。

（二）四川凉山彝族歌曲面临的现状

1. 乡土音乐教师资源欠缺。

四川凉山彝族人民由于大都居住在山脉中，且民族之间分散较广，没有丰富的乡土音乐教师资源，且地方学校对乡土音乐的推广意识较欠缺，没有完善的乡土音乐教育体系。同时，年轻的音乐教师大都对流行音乐认知深刻、对传统的民族音乐理解和认识不够，且对乡土音乐缺乏较深的认同感。同时，因为彝族乡土音乐的多样性，所以适合学生学习的歌曲并不是很多。因而，四川凉山彝族的乡土音乐传承有很大的阻碍。

2. 现代音乐对乡土音乐的冲击。

现代经济的不断发展、网络化时代的到来以及外来音乐的传播，都给乡土音乐带来了极大的冲击，使青少年一代逐渐选择追逐现代、摇滚等音乐形式，从而忽略了对传统乡土音乐的选择。因此，乡土音乐渐渐淡出了人们的视野。

3. 其他阻碍因素。

在进行乡土音乐的文化传承时，受传承人的个人喜好及利益需求等影响，乡土音乐存在部分内容缺失的情况。同时，随着经济的发展，外界的诱惑逐渐增多，年轻人要么努力学习奋斗，为自己的将来赢得一个好的条件；要么早早地离开山区、外出打拼，很少再有人热衷于传统的乡土音乐，因此，传统乡土音乐的传承人严重缺乏。

二、四川凉山彝族歌曲在小学教学中的传承

（一）加强师资力量，保护传承乡土音乐

四川凉山彝族自治州当地的学校要培养并引进乡土音乐歌曲的师资力量，教师在教授音乐课程时，可以融入当地的乡土音乐，让学生感受当地的民族特色和人文特色，从根本上延续对于彝族文化的保护和传承。同时，教师自身也可以参与到彝族乡土音乐的收集、整理和编写创作中来，对彝族文化进行一定程度的保护，让彝族的乡土音乐留下珍贵的音乐资料，让后代可以一直将四川凉山彝族自治州的乡土音乐传承下去。

（二）丰富课堂教学

学校可以在音乐的课堂上融入乡土音乐的教学，还可以邀请民间艺人进入音乐课堂进行教学，让学生亲身体验到乡土音乐的优势。在日常的教学过程中，潜移默化地让学生长期与乡土音乐进行接触，随

着对乡土音乐的了解，会出现一大批对乡土音乐感兴趣甚至热爱的学生，进而以兴趣为基础，逐渐发展成传承人，去宣传推广四川凉山彝族自治州的乡土音乐。

（三）探索传承新途径

对于四川凉山彝族自治州的乡土音乐的保护与传承来说，离不开一定程度的理论研究。乡土音乐作为国家的非物质文化遗产，受到了各界人士的关注，在对乡土音乐进行研究的同时，可以为乡土音乐的传承提出合理可行的方案，可联合政府的相关职能部门对凉山彝族的乡土音乐出台相关的保护政策，以达到保护和传承的目的。

三、四川凉山彝族歌曲在小学合唱教学中的应用

（一）开发具有彝族特色的音乐教材

在音乐教材编写中，应融入彝族特色文化，加入当地文化风格与民族特征，包括跳歌、跳乐等表现形式；加入民歌审美理念，彝族民歌合唱应包含内容丰富、结构朴素、讲求押韵、旋律优美等基本特征，同时也要充分表现出感情粗犷的特征，对于小学生的演唱风格及习惯，应适当协调民歌粗犷的形式。另外，音乐课程内容应加入探索具有彝族特色的教学元素，开发浸润、体验、学习等教学目标，遵循小学生音乐认知心理和学习规律。

（二）丰富彝族歌曲合唱教学内容和方式

应丰富合唱教学内容，引入民族特色文学、舞蹈、表演等综合艺术。在教学中，应明确教学目标，培养学生聆听音乐的习惯，让学生了解彝族的民俗文化，鼓励学生珍视少数民族文化。教学方式上，首先，教师要充分利用好多媒体教学资源，在课堂上播放歌曲音频，并提问学生对歌曲特点的看法，引导学生跟着节奏边唱边跳。其次，可以结合歌舞形式，引导学生对彝族音乐进行多元化的感知和学习，包括对音乐演唱技巧的学习、对舞蹈表演的基本学习以及对服饰制作的了解，来感受彝族民族文化特色以及他们的歌曲风格，从而领会彝族合唱乐曲的精髓。同时，教师还可以采用游戏的方式进行创新教学，引导学生分组比赛演唱、制作服饰、编舞等，充分展现彝族文化特色，在表演中加深歌曲合唱印象、提高音乐教学质量。

（三）拓展彝族歌曲课外实践教学

彝族歌曲本身具有地域性特征，因此教师在教学开展过程中，不能仅仅注重课堂理论教学，还应当带领学生在彝族居住地区探索学习，近距离感受民族乐器演奏、服饰、舞蹈等。教师可以带领学生参与凉山彝族文化活动，亲身感受彝族民歌的粗犷、快活。对于彝族合唱音乐的教学，本质上不仅在于教导学生演唱民族歌曲、提高民族歌曲合唱技能，也重在引导学生学习、认识和传承民族文化，要让学生在合唱学习中深刻感受彝族的生活习性、文化特征，在学习中传承文化，在文化传承中学习。

浅析川剧胡琴唱腔的艺术特色及素质教育

李雅儒

四川师范大学附属上东学校

川剧中的胡琴唱腔（亦称皮黄腔）借鉴京剧的"二黄"和"西皮"唱腔。川剧博采众长，汲取了"二黄""西皮"唱腔在京剧表演中的特色和优势，产生了胡琴唱腔。胡琴唱腔在川剧中自成一格，别具特色。胡琴唱腔，既有京剧唱腔中的磅礴大气，又有川剧的细腻和活泼。

一、川剧胡琴唱腔的艺术特色

胡琴唱腔的伴奏乐器是被统称为"小胡琴"的胡琴，这种乐器音调清越婉转，善于传情达意，在为胡琴唱腔伴奏时尤其能体现出其独有的特色。据史料记载，胡琴唱腔最初起源于清朝乾隆年间，并很快发扬光大。

一般来说，胡琴唱腔主要分为正调（二黄）、阴调（反二黄）、老调三个基本类别，在实际的表演中，通常情况下，正调（二黄）一般用于表达一些较为和缓、严肃、深沉、愉悦的情绪。阴调（反二黄）大部分时候被用来表达某些悲凉、悲壮、沧桑、愤怒、凄怆的情绪。在一些曲目里，胡琴的阴调（反二黄）能够非常生动地表达出戏曲的神韵，情绪饱满，符合意境。老调在胡琴唱腔中的运用也很多，大部分时候用来表达激昂、慷慨、饱满的情绪。

胡琴唱腔为"西皮"和"二黄"两大唱腔的统称，也结合了两者的特色和优点，一般来说，西皮腔调更为洒脱、随性、精炼、简洁；而胡琴唱腔正是结合两者的优点，在情绪表达和艺术处理上更加的细致和生动。

二、川剧胡琴唱腔与素质教育

为了进一步将传统文化艺术推向全社会、将川剧艺术发扬光大，让传统文化艺术能够生生不息、源远流长，川剧胡琴唱腔艺术在地方基础教育中尤为重要。中国传统器乐在小学课堂教学的研究也是本文讨论的话题之一。笔者结合《义务教育音乐课程标准（2011年版）》的指导纲领，以小学音乐课堂为研究对象，基于胡琴唱腔传统艺术经川渝地区民间传承的特点和符合基础教育教学纲领的前提下，试着讨论川剧胡琴唱腔艺术与基础素质教育结合的问题。

（一）川剧胡琴唱腔与小学器乐教育

在如今的小学音乐课堂中，音乐器乐教育发展不平衡，西洋乐器的教学占有比例较高于中国传统乐器，同时，器乐教学种类相对单一。在此背景下，地方传统乐器应被大力引入整个音乐教育链中，使其完整且具有更多的文化教育特色，让地方器乐不再是校外培训机构的专长。胡琴作为传统地方器乐，不仅仅是一种演奏音乐的乐器，其本质意义应该是地方传统音乐文化的载体，应当进入到小学音乐课堂之中。

与小学器乐教育之间的衔接是川剧胡琴唱腔艺术的传承能顺利进行的关键所在。要将川剧胡琴唱腔艺术中相关的胡琴伴奏器乐与学校教育相结合需打破很多隔阂，二者之间应包容并进、各取所长，并将一些川剧师徒教学中口传心授的传统经验带入课堂教学之中。此举也符合当下时兴的"戏曲进校园"的传统文化发展风向。

（二）川剧胡琴唱腔在素质教育中的价值

川剧胡琴唱腔艺术具有本土化、方言化等特色，川剧胡琴唱腔的演奏和演唱需掌握川渝方言和简谱记谱法，该音乐艺术的表演能充分体现中国地方音乐中的方言音感、音色和文字韵味。在小学的素质教育课堂中，普通话已经是校园交流的基础，但是对于地方老方言中的字词传承也不能止步。川剧胡琴唱腔音乐能使学生通过当地方言唱诵歌词，培养地方化的语言节奏，同时将川渝方言等西南官话方言文化进一步传播给年青一代，培养学生爱国、爱家乡、爱传统文化的情操。

在学习川剧胡琴唱腔音乐的过程中，学生在读谱、记谱、唱谱的同时能够增强他们视、听、说的能力。在对于传统唱本的学习之中，学生能接触大量方言拟音化的生僻字，提高记忆能力和表达能力，对于语文的学习也有所帮助。

川剧胡琴唱腔艺术中，存在着即兴表演的技巧成分。不同于西方精准的记谱方式，中国传统音乐注重感情感悟和"举一反三"的思维表达模式。对于中国传统音乐的未来，应加强人才队伍建设，培养一批德艺双馨的川剧行业从业者。通过将地方曲艺文化融入当地素质教育和文化教育的社会宣传之中，由上而下地发展一批在浓厚本土文化教育滋养下的川渝胡琴唱腔人才。

三、结语

作为一种进入了国家级非物质文化遗产名录的戏曲形式，川剧既承接了深厚的历史文化底蕴积累，又在日积月累的发展和普及的过程中融合了各种优秀戏曲的优点和特色。胡琴唱腔作为川剧的艺术表现形式，经过历史的沉淀和无数表演者的实践传承了下来。生动地将川剧虚实相生、遗形写意的精粹呈现出来，是川剧要发展、要持续推进的基础和动力来源。

传统戏曲的发展不仅依赖于戏曲本身的历史，还要依靠来自国家层面、人民群众、表演艺术家、学界研究者等多方面的支持，只有这样才能继续将川剧艺术发扬光大，让川剧艺术的魅力和精粹源远流长、生生不息。

四川民歌的音乐（旋律）形态研究[*]
——以《太阳出来喜洋洋》与《放牛山歌》为例

蒲俊铭

四川师范大学附属上东学校

近年来，越来越多宝贵的民歌被挖掘出来，深受老百姓的喜爱。四川民歌占有很大比例，而山歌是四川民歌的重要组成部分，所展现出的民族音乐艺术特点具有巨大的研究价值。本文主要从四川代表性民歌《太阳出来喜洋洋》《放牛山歌》的音乐旋律形态、音调、节奏、结构、核心唱腔方面来论述四川民歌的音乐风格与特点，让人们对于四川山歌的音乐风格和特点一目了然，更能深入地去了解四川山歌。

一、四川山歌的风格与特点

总体来说，四川山歌给大家呈现的特点是比较嘹亮奔放、衬词鲜明、短小活泼、自由高亢。在音乐特征方面，四川山歌多用五声徵、羽调式，有的山歌结构比较严谨，节奏也很规范，有的则旋律自由。旋律技法以渐进为主，音域范围较高较窄。四川山歌的演唱方式一般有独唱、缀句联唱、帮腔、穿唱等，包括"罗儿歌""彝族山歌"等，大体可分为"高腔唱法"和"平腔唱法"，拖腔委婉动听，很有特色。山歌的内容表现方面也比较广。有对劳动进行赞美的、表现美好生活情趣的山歌，有表现反对封建社会题材的，还有歌颂男女美好爱情生活的。

四川山歌在语言衬词方面非常独特，带有浓郁的四川方言特色，许多衬词有规律的会形成一种清新的风格。比如，《太阳出来喜洋洋》中的衬词"罗儿""欧郎罗""郎郎扯""光扯""欧罗罗"和《放牛山歌》中的"岩""啥""哥""村"就是典型的四川方言。

二、四川山歌的旋律形态特点

研究四川民歌的旋律形态是为了总结四川民歌尤其是山歌的分析及创作经验，从而给我们在创作民

---

[*] 项目基金：本文为 2018 年度国家社会科学基金教育学重大课题"教材建设中创新性发展中华优秀传统文化研究"的子课题"音乐学科传承中华优秀传统文化研究""大中小学音乐课程一体化研究"（项目编号：VFA180003-07，VFA180003-13）的阶段成果；课程教材研究所（教育部基础教育课程教材发展中心）。

族风格旋律时提供参考。

旋律主要包括节奏和音调两方面的要素。它们相依相存。旋律中的节奏以音点的组合形态存在。在五线谱中可以形象地看到每个乐音的符头就是一个音点。旋律中的音点与几何学中的点不同，它主要具有音长的功能。

旋律中的音调以音线形态存在。将五线谱中的符头用线连接起来就形成了高低起伏的旋律曲线。在对旋律线条的研究中，可将它分为"上行线""下行线""拱形线""波浪线""锯齿线""曲折线"等。

《太阳出来喜洋洋》《放牛山歌》这两首四川民歌分别由27个及74个疏密相间、起伏交替的音点组成，把符头用线连起来，就形成了一条波浪形的曲线，生动地表现出四川民歌委婉迂回的特点。为了能看清旋律中点和线的构成形态，笔者现将这两种旋律中的基本要素分解出来介绍。

（一）节奏形态

四川山歌的节奏大多自由、灵活，以散腔居多，即使板眼较规整，也常运用延长记号，让歌手自由发挥。乐句的节奏大多前短后长、句末有充分的长音是山歌节奏的显著特点。《太阳出来喜洋洋》《放牛山歌》这两首民歌的节奏都是自由处理，有的是散板，有的是自由延长，大多有句末长音的形态，为山歌抒发情感创造了条件。

民歌中为了使旋律更曲折、动听，常将每拍的音点密集组合，有一拍占有两个音点、三个音点、四个音点，甚至更多的。从每拍音点的音长组合形态看，常见的有以下三种：第一，平均点组合形态。每拍由相等的两个音点或四个音点组成。这两首民歌中多次出现的两个音点组合形态常给人流畅、委婉的感觉。第二，长短点组合形态。每拍由一长两短或两短一长的三个音点组成，《放牛山歌》中运用了长短点组合，给人跳跃、活泼的感觉。第三，切分点组合形态。每拍由一长一短的两个音点或两头短中间长的三个音点组成，还有一些改变音序和扩大时值的变形。这些组合都打破正常的平均划分的强弱律动规律，可一并称为切分点组合。例如，《太阳出来喜洋洋》出现了八分音符及用连音线形成了跨拍延音切分；《放牛山歌》出现了附点及切分节奏组合，打破了正常平均划分的强弱律动规律，可一并称为切分点组合。这种形态常给人不稳定的动感。

民歌旋律的音点运动有着一定规律，体现出平和、规整的特点。具体包括：第一，趋长规律形态。短音点动感强，长音点稳定感强。民歌中大多是先紧后松、先短后长的音点布局。乐句或乐汇从短音点组合开始，形成一定的紧张度，然后趋向于某种长音点，达到相对稳定，产生了句读感，这种趋长的音点运动规律，使旋律的音势得到平衡，也使旋律的结构清晰。这两首民歌个别乐句的音点运动形态是先短后长的布局，从短音点开始产生紧张度，到进入长音点达到相对稳定。尤其是《放牛山歌》旋律的内在发展动力，就是这样周而复始地形成。第二，趋同规律形态。旋律中较短的乐句节奏形态或较长的乐句节奏形态，都有着趋向相同的发展规律。一方面是音点运动中潜伏的惯性趋向，另一方面是旋律发展中强调统一的趋求。由于旋律中的音点运动常表现出趋同规律，所以每首民歌都表现出鲜明的节奏特点，从而能加深听众对旋律的印象。音点运动的两个规律在民歌中常同时体现，使节奏形态严谨规整、句读清晰、特点鲜明。

（二）音调形态

山歌大多是由嗓音条件较好的民歌歌手演唱，所以，旋律大多具有华彩性的特点。由于山歌是在田野中演唱，大多是高起低落的音区布局。山歌旋律大多音势跌宕。《放牛山歌》《太阳出来喜洋洋》这两首民歌的音调高起低落、跌宕起伏，高亢时热情奔放，低回时委婉缠绵。劳动题材的山歌，旋律特别优美动听。

民族风格的旋律，其音线的形态比音点的形态更丰富多变。形形色色的民歌旋律，其根本区别在于音调。我们民族崇尚旋律的线性美，特别讲究曲调的韵味，起伏跌宕、蜿蜒曲折是民族风格旋律的基本特征。

由于旋律中的每一个音点都有一定的音高，时而平进、时而级进、时而跳进，形成了一条条形状各异的旋律曲线。从局部的几个音点的连接轨迹看，音线的形态有许多种，包括：音线连接形态

（平线形态、斜线形态、弧线形态），音线组合形态（以平线为主的组合形态、以弧线为主的组合形态）。

从《放牛山歌》《太阳出来喜洋洋》两首素材山歌的一些音线形态可以看出，四川山歌音线常以一种线态为主，有时运用其他线形，使音线总体表现出曲折、起伏的特点。两首民歌旋律是由局部的一条条音线连接而成，总是表现出波浪形的形态。由于音长和音高不同，音线的曲折程度有时高起、有时低伏，有时平静、有时动荡。这些音线的形态为四川民歌风格的形成创造了条件，也是四川民歌旋律的鲜明标志。

三、四川山歌的基础结构——La Do Re 核腔

我国各地民歌在音乐结构上都存在一个具有典型意义的"基础结构"。这种"基础结构"是每首具体作品中音乐结构的核心部分，它是曲调群体中重复率最高的歌腔。正是由于"基础结构"这种内聚力，才形成了民歌音乐的类型化特征并由此显示出民歌的地方色彩和民族风格。因而，"基础结构"可以说反映了我国民歌音乐的一个具有共性的特点，值得加以研究。四川山歌《太阳出来喜洋洋》与《放牛山歌》这两首民歌的音乐结构，都贯穿着 La Do Re 这一核心歌腔，构成该歌曲的三组三音列之核心——"羽、宫、商"三音列在这音线中又均呈现，从而使旋律形态之间相互作用、互为依存、共为一体。

为了深入了解这两首四川山歌的内在结构，笔者从核腔观念出发，以探其特有的曲式结构，下面提出"核腔"这一概念来统一表示，其意义是：民歌音乐结构中，由三个左右的音构成的具有典型性的核心歌腔。核腔的基础性特点，使它与音组织的若干范畴紧密相关。从静态角度来说，音乐"结构"是对音乐形态进行平面研究的结果，这里可将结构定义为："音乐内部各组成成分及其结合方式。"民歌的结构成分一般包括最小的乐汇、乐节、乐句及最大的乐段，大多以乐段为表现内容的完整结构单位也常有"单一乐套"的结构，但大多是由同一乐段的反复（或变化反复）构成，实质上仍属于乐段结构。作为基础结构体，核腔在民歌作品整体结构中通常处于乐汇或乐节的结构位置。其中结构的每一较大成分都与其前较小成分有着密切的血缘关系，最终可以简化归结为一个有机细胞——核腔。

这两首四川民歌都是由单纯三音核腔 La Do Re 构成乐汇，并有机变形为乐句、乐段之范。其结构动力和内聚性是借助于核腔的不断再现及其延伸变形。核腔在每首具体作品中的样式和变形手法也常因曲因人而异，各有简繁不同，却是民歌结构成分中最基本的有机细胞，占有最核心的地位。它经常通过变形和发展来完成各种结构成分。

四、结语

本文对四川民歌《放牛山歌》及《太阳出来喜洋洋》的音乐旋律形态、音调、节奏、基础结构方面进行了深入的探究分析。在研究分析过程中发现四川山歌之所以具有广泛的影响力和久唱不衰的群众基础，不仅是因为它有悠久的历史渊源，还因为它内含巧妙精当的民族地域旋律特色。其中所凸显出的核心三音列歌腔（即核腔）逻辑控制结构特征的具象效应，使该曲表达思想情感时在结构上、曲体功能的运动和形式上富有组织性、章法性，并由此彰显出四川山歌独特的地域性曲调风格和民族唱腔特点。

从课例《砸酒歌》磨课看青年教师的专业成长发展[*]

唐亚竹

四川师范大学附属上东学校

"磨课"是青年教师通过在一定的时间内多次磨课，在理论实践、反思实践的循环中深入学习和研究，促进青年教师专业意识的形成。"磨课"的内容包括了各种课前准备内容，其中较为重要的几点分别是：课前完成备课、按时上课、课堂与学生进行有效的讨论、课后及时评课、课后完成课堂和自我反思等过程。"磨"的形式也非常多样，包括课前公开磨、校本磨、以青年教师为中心磨、项目操作磨等，为青年教师的专业成长提供了良好的平台。在这些"磨课"活动中，通过专家指导、同伴帮助、自主反思等方式，对青年教师的专业理念、专业知识、专业能力和专业情操都是一种有益的提升和巩固。

一、磨课"砸酒歌"教学设计

羌族文化离学生的生活较远，微课《砸酒歌》以视频观摩的方式引领学生走进新北川，感受羌族热情好客的酒歌文化。通过学说一句羌语、学跳两个羌舞动作、学用羊皮鼓伴奏以及跳起羌族圆圈舞的形式，初步融入羌族语言文化和音乐舞蹈文化的氛围之中，教师用明亮的歌喉、婉转的羌语范唱，更能让学生浸润在原汁原味的羌族歌舞文化之中，使学生深刻体会羌族歌舞之美、感受羌族人的热情奔放和羌族文化的独特魅力。

（一）抓住关键，精细备课

《砸酒歌》为口头传唱曲，在当地没有特定曲谱，歌名也有多个，如《清亮亮的咂酒》《砸酒歌》等。酒歌有着非常丰富的歌唱形式，其中包括了二重唱、独唱以及合唱，大多数酒歌节奏的表现十分缓慢，而且音域也比较狭窄，但是它们有着动人的旋律。本课例选用的尔玛依娜版本的《砸酒歌》，音乐层面和文本层面都保持了羌族的独特性，是羌族酒歌中最具代表性的一首。

（二）集体磨课，专业引领

一节好的优质课，需要不断地磨炼，思考并解决每一次课上存在的问题。在此次课例的磨课设计过程中，我尽可能搜集了关于羌族酒歌、咂酒以及羌族这个民族的相关资料。第一次备课首先明确了这节课的目的：学用羊皮鼓伴奏，以羌族圆圈舞的形式初步融入羌族语言文化和音乐舞蹈文化的氛围之中，重要的歌唱和饮酒场景可以积极参与音乐体验和表演，在酒歌的氛围影响下，激发了学生的学习兴趣，学生感受到了丰富多彩的风土人情。考虑到创新教学设计，加入了流行说唱形式。备课之后，在与其他青年教师及资深教师的教学探讨中，围绕着教学设计目标的概念，每个人都表达了自己的观点，并对原有的设计做出了重大的调整。

（三）深刻理解教材，进行拓展解读

在磨课后，针对此歌曲的音乐要素继续深入探究。羌族音乐是古典而原始的音乐，有五声调式和六声调式；但在小学教学中，调式调性的学习多为感受体会，无需针对调式的专业音乐基本知识学习。在

---

[*] 基金项目：本文为2018年度国家社会科学基金教育学重大课题"教材建设中创新性发展中华优秀传统文化研究"的子课题"音乐学科传承中华优秀传统文化研究""大中小学音乐课程一体化研究"（项目编号：VFA180003－07，VFA180003－13）的阶段成果；课程教材研究所（教育部基础教育课程教材发展中心）"中华优秀传统文化传承项目"研究成果；"大成国学基金"支持。

此课例的学唱中，学生通过找音、指音、唱音三个步骤，进行了歌曲的旋律学习。歌曲的旋律较短小、分三段歌词形成，所以学生在学唱上是比较好掌握的，最大的难点就是气息的把控及换气的规范，需要多进行学习。

二、磨课在青年教师的教学理念发展成长中的作用

（一）提升自我教学理念

教学理念决定了教师上课的教学水平及对这门学科的认识。在课堂教学实践中，有正确的教学理念、针对新课标进行合理的教学设计是教师最根本的教学目标；但是，对于如何形成正确的教学理念，是需要在平常的课堂教学中不断地去反思总结、不断地去学习的，用自主学习能力、合作探究等方式来教育学生是实践的智慧。在此次课例最开始的磨课中，我对整节课的重难点抓得不够精准，感觉整堂课的教学目标是模糊的，以及在这首《砸酒歌》中引入流行音乐元素作为教学补充。在最开始的自我教学定义中，是想通过流行说唱的不同表现形式，让学生体会歌曲在不同表现形式中情绪及速度的变化，体会歌曲经过音乐要素的改变后变成不同的音乐风格。但集体磨课后，有专家点评道：这是一首地方性民族歌曲，这堂课对民族音乐的音乐要素挖掘有多少？对学生传承民族音乐能起到什么样的作用？这两个问题，课后我反复思考。在之后的磨课中，我以四年级学生为主体进行学情分析，四年级已经有了一定的音乐基础技能、有良好的音乐聆听习惯，探索性、自主性学习相对较好。本次课例加入了羌族特色乐器伴奏、羌族舞步律动、羌族语言学习等，以激发学生对民族音乐的热爱之情、对羌族特色文化的喜爱之情。通过肢体律动，加入民族特色吆喝声，让学生通过体态动作去体会其节奏难点，对吆喝声的学习会更容易。教师以羌族民族特色为主题，让学生通过自身的活动感受，去深切了解羌族民族文化特点。任何青年教师都需要不断在"磨课"中建立和完善自己的专业思想，对每一堂课的教学目标、重难点把控得当。这对学生、青年教师、师生关系、教材理解、教学设计等都会有新的认识和理解。

（二）提高并拓展自身专业知识

一个教师自身拥有广泛而丰富的专业知识是良好教育的前提，是教师技能发展的基础。教师不仅应该具备自身专业的相关技能，还应该懂得如何将自身专业融入课堂设计中，并结合学情进行分析等。本课例设计中，笔者还通过自身专业特长进行教学环节设计，用唱"羌语"的形式让学生对《砸酒歌》进行不同语言的感受，去体会羌族民歌中原汁原味的音乐特点，并在学习一句羌语中感受羌族人民的热情！

要想上好一节课，尤其是一节民族音乐课，更多的是需要去探索、了解这个民族。为了上好这堂课，我联络了当地的音乐教师进行了解，针对此民族音乐文化特色、这首歌的由来等问题进行探讨。此后，我选择了当地音乐文化中最具代表性的一种乐器和一种舞蹈进行学习，再围绕本首音乐的"酒歌"特点学习了一句代表饮酒氛围的羌语"干杯"，增强了本首音乐的民族特色。由此可见，"磨课"为青年教师提供了一个学习平台，并有机会快速有效地提高他们的技能。其次还应该针对音乐本身存在的音乐要素，进行深层次的挖掘提炼，其中也包含民族文化特色、民族音乐文化特点等。这样，不仅提升了教师对于本首音乐的感受，还使其对音乐作品的背景及文化领域等有了了解。如果再在此基础上，进行本土音乐文化的学习，就是对自身专业能力的一种提高。

（三）团队合作意识增强

对于一个青年教师来说，一节好的优质课是在一次次"磨课"中形成的，其中不仅仅是一个教师的努力和付出，背后还有多个同行教师们的智慧结晶。每一次"磨课"后，教师们都会进行教学建议梳理；每设计一个教学环节，都会进行深刻的探究及尝试。不止于教学环节的把控，更精细于教学语言的得当，这对于任何一个学科教师团队来说都是一种合作能力的增强。这不是一个教师的成果，而是整个学科团队的教学成果。通过"磨课"提高的不仅仅是本次授课教师的教学能力，整个学科团队的教学能

力及团队合作意识都有所提高。

三、结语

"磨课"作为一项促进专业发展的教学科研活动，有向新课程改革方向发展的趋势，这与当前青年教师的专业发展是一致的。通过《砸酒歌》多次"磨课"的教学，教学环节变得更清晰、语言层次进一步加深、教学目标更明确。在"磨课"中，只有一步一个脚印，经历"磨课"、享受"磨课"、用坚毅和耐心重复"风霜的磨炼"，才能在专业成长的道路上"闻得一路梅花香"。

四川彝族民歌在小学音乐课堂中的传承路径研究
——以《阿依几几》为例

杨路索

四川师范大学附属上东学校

在小学音乐课堂教学中，教师需要在传授学生音乐知识和技能的基础上，加强对学生审美素质、道德品格等各方面的培养。作为国家非物质文化遗产，彝族民歌对彝族民风民俗、生产生活等文化进行了记录，探索民歌演唱实践能使学生了解民族文化精髓、感受民族音乐魅力，从内心产生学习民族音乐的兴趣，从而得到审美能力的发展。学唱拥有典型彝族风味的民歌，能够帮助学生加强对民族音乐的认知，在深刻感悟中产生民族音乐崇拜心理，获得美好情感，为民族音乐教育的实施奠定良好基础。学会欣赏彝族民歌，能够使学生身临其境地体验民族音乐塑造的意境，促使学生广泛涉猎音乐形式，艺术视野得到开拓，从而得到艺术鉴赏力、感受力和创造力的培养。演唱优美的彝族民歌、配合运用民族乐器，可以使学生在掌握歌唱技巧的同时产生学习音乐的兴趣，使学生对民族音乐的热爱程度得到提高，继而使民族音乐得到更好的传承与发展。

一、从采风到课堂

四川彝族民歌带有"川腔蜀韵"，将当地民俗文化与音乐有机结合在一起，能展现彝族精神风貌和气质。在四川彝族民歌作品中，歌词来源于地方方言，运用地方音调唱出来显得自然。透过歌词，能够体会到当地民众对美好生活和劳动的向往。唱四川彝族民歌，要求做到自然，无论是呼吸、共鸣还是情感表达，都要求不能矫揉造作，追求纯真状态，加入当地舞蹈形式，给人以原生态的感受。

《阿依几几》为典型彝族民歌，从歌词上可以看到使用了彝族的民族语言。歌词内容围绕一个主题，在音乐上没有跨度，从头到尾一个格式。这首民歌在感情上可以随意发挥，歌曲旋律优美，所以笔者从课堂的角度出发，设计《阿依几几》时，在歌曲唱会唱好后进行二次创造，改变了歌曲的音乐要素，加快了歌曲的速度，使得情绪更加欢快。歌曲采用一段式结构，带有彝族山歌、儿歌音乐音调特点，节奏明快，旋律流畅且短小简洁。在教学期间，需要融入民歌背后的文化、语言等，通过说、唱、奏、演等方式加强音乐艺术表现和创造，使学生音乐审美情趣得到培养，并深刻感受音乐魅力，在音乐实践中充分发挥想象力和创造力。

在实际教学中，需要指导学生运用彝族民歌演唱技巧进行歌曲演唱，并学会运用民族乐器和简单的彝族舞蹈动作等各种音乐要素进行表演。在学生感受彝族音乐风格后，需要引导学生尝试完成民歌简单的二声部合唱呈现。

二、民歌课堂教学

在小学课堂教学中,教师可以尝试加入乐器伴奏实现民歌表演创新,如教师可以采用彝族月琴进行伴奏,使民歌中的情感得到较好抒发。月琴音色明亮清新、声音缺乏连贯性,演奏时教师还应不断调整音量、音高和速度,充分体现乐器委婉动听的音色,使学生爱上这种民族乐器,同时也为民歌演唱增色。

在学生对歌曲旋律有所体会后,教师可以带领学生尝试进行民歌演唱。教师在示范演唱的过程中,还应加强曲调分析,确保学生能够从中感受到彝族风情。彝族民歌旋律主要包含高腔和平腔两种,前一种声音明亮,音域较宽,音在两个八度之上,装饰音较多,需要用两个乐句重复变奏,拖腔长,节奏自由。平腔旋律舒缓,曲调平稳,音域在十度左右,能够展示节奏形式。在教学中,教师还要引导学生感受歌曲的不同腔调,促使学生掌握歌曲学唱要点。

在律动声势活动中,教师还可以带领学生用身体的动作感受音乐的恒拍、旋律、乐句、音高的概念,学生围圈加入彝族达体舞的舞步,在此基础上,又能让学生感受到乐句的变化和划分。

教师在组织学生表演的过程中,可以采用合作方式引导学生加强民歌学习,让部分学生尝试演唱歌曲;部分学生学习如何运用民族乐器进行简单伴奏,比如彝族口弦,它的发声方法就是通过左手将口弦簧牙靠近嘴唇,右手弹弦片,吹气鼓动簧牙产生的音响和弦片本身固定的音韵交织在一起,形成柔和婉转、非常接近口语的音乐旋律;部分学生进行歌声和达体舞的结合展示。在表现歌曲时,像彝族晚会一样进行,分多圈呈现,内圈进行民歌与口弦的结合,外圈进行民歌与达体舞的结合。

三、民歌实践活动

(一)创新思路

在开展常规教学的基础上,教师可以组织学生开展创新实践活动,深入实现彝族民歌的学习。在奥尔夫教学法、柯达伊教学法等各种教学方法得到运用的背景下,小学音乐课堂教学形式日渐丰富,教师应引导学生共同进行民歌创新探索,在丰富课堂教学形式的同时培养学生的音乐创造力。目前在小学音乐课堂教学中,合唱比较普遍,但在运用四川彝族民歌时却不能随意合唱,彝族传统中,合唱多用于婚丧仪式等特定场合。此外,彝族民歌以即兴演唱为主要创作形式,以此来表达人们当下的心境,较难用合唱完成。因为许多作品是根据演唱者的情感体会即兴完成的,无固定歌词内容,给合唱带来了较大难度。伴随着彝族民歌新形式的出现,演唱形式也更加丰富,由一个人演唱开始向多人表演方向转变,合唱时多采用手拉手、达体舞等舞蹈形式完成,带有天真活泼和生动的特点,促使彝族民歌具有了较强的观赏性。因此,教师可以组织学生探索《阿依几几》的合唱方法,引导学生加强音乐交流与学习,得到音乐素养的培养。

(二)创新活动

在组织学生进行《阿依几几》合唱时,教师可以采用奥尔夫音乐教学法,指导学生运用彝语学习歌曲,并通过身体加强音乐律动,使歌曲得到完满呈现。

在学生能够基本掌握句子节奏变化后,教师可以组织学生进行呼吸练习,尝试小声哼唱。在中低音混淆方面,教师应注意帮助学生加强民歌演唱训练,使学生保持头腔直立,利用胸腔共鸣完成从低音到高音的转换,在中低音演唱中始终维持哼鸣状态,直至高音时停止,重新加强气息控制。在均匀气息的带动下,声带可以自然运动,促使学生借助流畅的声音转换完成真假声过渡。在假声演唱时,需要加强声带位置处理,实现头腔共鸣,保证气息得到稳定支持,并在此基础上滑落到真声。在解决音准难点和分清容易混淆的部分后,教师可以进行典型节奏叠加,示范高音部分的演唱,用手势引导学生聆听并让学生用小声哼唱的形式加入,使学生获得反复体验。

（三）表演组织

教师适时加入二声部叠加部分，用原生态唱法进行《阿依儿儿》演唱，能够使学生感受到彝族姐妹比美的热闹场景、学会运用典型的卡农式叠加演唱歌曲，实现彝族民歌再创造。通过身体感受音乐的方式，学生可以感知和体验音乐、把握音乐动机和旋律，逐步进行"卡农式二声部"旋律练习。教师运用图片完成彝族词汇提炼，帮助学生记忆读音，并组织学生进行角色扮演，利用头帕道具强化彝语的语境，能够使学生对音乐的抽象记忆转化为形象内容，突破民歌合唱难点。在教师指导下，学生用鼻音模仿彝族唱歌的味道，并配合语言、动作、情景等完成音乐故事编创，能够创作出全新的《阿依儿儿》。

四、结语

综上所述，四川彝族民歌带有明显的地方民族特色，在小学音乐课堂上组织学生开展演唱实践有助于提高学生音乐审美能力、创新能力等各方面素质能力的发展。在实践教学中，教师还要结合民歌特点进行教学设计并组织学生加强民歌创新实践探索，带领学生实现民族音乐文化的传承与发扬，从而在提高音乐教学水平的同时推动学生全面发展。

"立德树人，五育融合"美术课堂教学改革探索
——以四川师范大学附属实验学校美术课课堂教学改革为例

陈亭如

四川师范大学附属实验学校

教育的意义深远，义务教育阶段更是人格塑造的黄金时期，学生需要在这个阶段树立正确的道德观，如果没有在这期间得到德智体美劳全方位的发展，对学生的成长非常不利。美术具有思想性强、知识面广的特点，是对学生进行德育的有力工具。美育可以让美感、行为、美德一起作用于教育教学，许多优秀的艺术作品被纳入教材中，这些作品的美感与艺术家的人生观、创作态度，在教师的正确引导下会转化为学生的精神力量，润物细无声，促进学生情感与智力的共同成长。目前，美术课程在现行课程体系中课时占比相对较少，美术教师五育融合的教学意识也相对薄弱，这也让美术课堂教学改革显得尤为重要。

一、美术课堂教学改革的实施基础

（一）唤醒学生接受五育的需求

每个孩子都有成长的需求，如若激发孩子自己的需求，学习的动力更能得到保持。大部分学生对美术极感兴趣，艺术正是以美来启迪真理、化美为善，以美塑造人的心性，使人在世事激荡中体现尊严、自爱和责任感，从而实现全面发展。因此，我们应该思考，如何在艺术体验和艺术创作活动中，使得每一个教学环节都能承载着提升道德修养的功能，每一次审美体验都关系到学生品格的培养。如果能细致入微并保持敏锐的感受，艺术教育就能实现最大的作用。

（二）树立教师形象

"芝兰生于深林，不以无人而不芳，君子修道立德，不谓穷困而改节。"教师是导师，引导学生思想进步、促进学生学识增长，其言行对学生的影响不可小觑，所以教师要在各方面做出表率，自觉做到率

先垂范。美术教师不只是传播美的知识，更是育人的重要角色，要以良好的精神面貌、以健康的审美观念和高尚的师德师风来为人师表，与学生建立良好的情感纽带，亦师亦友。

二、美术课堂教学改革的实施路径

（一）观念驱动，优化课堂教学策略

1. 单元化教学。

首先，要以核心素养为本位，建设美术单元化的课程教学。为了提高知识学习的有效性、促进学生核心素养的形成，围绕核心概念、基于对"五育并举"的教育思考和观念引领，团队集体学习和教研备课，设计课程学习内容，组织单元化的课程内容，在不同的年级重复这些概念，随后不断探索出基本模式的雏形。

"大单元"或"主题式"教学是课程统整教育理念在课堂教学层面的具体反映和实践应用，是着眼于整个教学大纲要求和所有教材课时的，是宏观角度的课程建构思想和教学设计思路。要求在大单元教学过程中，不断地对学习内容进行统整或在更大范围内有效迁移、整合和删减。不是追求绝对的"知识覆盖型"教学，要更多考虑学生在学习过程中的深入性、完整性、丰富性，而非学习内容的"经典、权威和重要"。

2. 立足欣赏课。

"人们欣赏优美的事物时，不能不受到其崇高的内在道德和人格的进一步完善。"艺术作品的美往往能激发人们的伦理信仰和价值追求，影响着每个人的人格成长。

（1）充分利用美术鉴赏课程。

"欣赏·评述"是美术新课程标准中的重点学习领域。欣赏的时候，教师应该在讲授之前先让学生自由地表达他们对艺术创作者的看法、对作品的理解。例如，在欣赏名画《父亲》时，可以向学生提问，激发学生对父亲的讨论，进而对学生的讨论进行正确引导，重视学生对长辈的尊重、对亲友的感恩，并弘扬中华优良传统文化。

（2）特殊意义美术作品教学实例。

艺术作品的内容非常丰富，教学中，教师可以挖掘作品中的思想，让学生了解历史，在这个过程中逐步形成崇尚文明、珍视优秀文化遗产的态度，尊重世界多元文化，还可以将不同的主题相结合。

（3）德育作品欣赏引导。

"造型·表现"和"设计·应用"的学习领域是艺术课程内容中最广泛的部分，不仅能培养学生对艺术的基本态度和行为方式，提供最直接、最有效的表达情感和思想的途径，还能联系社会现实和生活实际，充分调动学生的注意力。在美术教学实践中，对德育作品的欣赏和引导，是从艺术作品的实际作用出发，探索教育的切入点。比如在欣赏环境、景观等艺术作品时，教师可以将环保理念融入艺术作品的教学中，有意识地针对人口、资源、环境等社会行为规范进行教学，组织学生创作各种形式的宣传作品。

3. 多学科内容渗透。

学科之间的互相渗透与整合教学是现代课程改革的必然趋势。教师应选择具有现代精神的教学内容，并不断去丰富完善，注重挖掘各学科精华，结合审美活动，找准育人的切入点，努力做到教材内容与教学结构的辩证统一，提高教学知识水平，注重技能的发展和人格的培养。

（二）增加学生的情感体验

教师应当本着"心在前，课在后"的理念，从挖掘学生精神美的因素入手，以关注学生的情感体验为出发点，站在学生的角度寻找有效教学的最好方式，在课堂上创设有趣和吸引人的教学情境，营造轻松和谐的学习氛围。

1. 把握课堂教学的"境"与"意"。

通常我们都将"境"和"意"这两个字连起来，说成"意境"，指作品所描绘的生活画面与所表达

的思想感情相结合而形成的艺术境界。它的特点是情在景中、景在情中，情与景的互通与交融。"意"是情与理的统一，"境"是形与神的统一。为了营造良好的"境"，教师可以采取不同的教学策略来激发学生的学习兴趣，但这并不是说非常夸张的表演做作。第一，要想明白；第二，必须讲清楚。让学生能够听明白和理解到位，并且能够说得出来，是对教师课堂最基本的要求。

2. 注意学生学习的"感"与"情"。

刚才我们讲到"意"是情与理的统一，但是"情"和"感"是不一样的。情，是发自内心，是人有所欲求的、隐形的动力，是个体的主动。感，动人心也，使人心动，是个体的被动。情与感略相似但是会有不同，教师如果注重学生自己主动产生的情感态度、价值观，那就很不错。如何判定课堂的"感"和"情"是否被调动起来了呢？我们可以有两个参考指标：课堂里的掌声、课堂里的笑声。

（三）强化实践活动课，强调参与性

《义务教育艺术课程标准（2022年版）》提出了"综合·探索"学习领域的教学目标。它强调通过综合探索活动，保护学生的个性、培养学生的合作精神，倡导在情感体验的基础上激发学生的学习动力。

比如，可以鼓励学生参与到自己的校园建设中，每个学生都成为校园文化的建设者。这个过程中也充分发挥了美术学科的社会教育功能性。考虑定期组织学生去参加必要且有意义的社会公益活动，让学生把学习转化为自己的实际行动。

（四）加强与文化和传统内容的融合

近年来民族传统内容不断被强调，我们需要注意传统文化在艺术教育中的渗透，还可以充分利用各种节日作为教育的载体，丰富教学内容。例如，在"春节""劳动节""母亲节"等节日，组织学生为家长和教师制作自己的艺术作品，附上小纸条，带上学生们最真挚的情感。

三、结语

综上所述，教师必须结合学科特点合理设计教育教学，在教学过程中灵活运用各种教学方法，耐心细致地去引导学生，一方面注重学生审美意识、艺术创作能力的提高，另一方面需要注重学生综合素质的培养。教师要以身作则、耐心细致、因材施教、力求实效，力求做到"立德树人，五育融合"的美术教学。

信息技术类

浅谈在信息技术课堂中小组合作的策略

梁 悠

成都市锦江区大观小学

一、让学生充分认识小组合作学习

我校学生从一年级开始就在接触分享式教学，小组合作学习在学校中已成为一种风气，并且大部分学生能够理解什么是合作学习，但三年级新生对信息技术这一学科的合作学习仍较为陌生。因此在三年级新生的第一堂信息技术课中，教师要对信息技术课的合作学习进行详细讲解，让学生能够理解其是如何开展的。例如：一般的4人小组如何组合？小组成员如何分工？小组长如何确立？小组长的具体职责有哪些？怎么让小组成员进行有效的沟通？只有让学生充分理解小组合作学习并树立团体意识和合作意识，才能让其在课堂上提高学习效率、实现小组合作学习的优势。

二、对学生进行合理的分组

（一）确定人数

小组合作学习往往出现在需要探讨交流、完成团队任务的教学环节中，此时所有同学均参与到学习中，共同完成某项任务，达成共学的目的。在三年级新生刚进入信息技术课堂时，信息技术教师尚不了解学生的学习情况，因此可先沿用语文、数学课堂设置的小组并进行适当的调整。

随着信息技术课的开展，不同学生在学习信息技术方面的差异便会慢慢体现出来，此时教师应根据学习情况进行合理调整。在这个过程中，学生们也会慢慢适应这门学科的小组合作学习，在学习过程中互相帮助、共同完成学习目标。同时，在不同的学习任务中，根据难易程度的不同，教师可对小组成员数量进行适当的调整。

（二）异质分组

随着时间的推移，信息技术教师对班级学生有了较深的了解，不同学生在掌握信息技术方面的差异性也进一步体现出来了，要让不同层次的学生都得到相应的发展，可以采用异质分组的方式对小组进行调整。要通盘考虑学生的学习进度，并结合学生的个性、思维能力、表达能力、操作能力、观察能力等因素，合理组合具有不同特性的学生，让其充分发挥各自的特长。每隔一段时间，教师可根据实际情况调整小组，每一次调整都能增强学生之间的交流、充分发挥合作学习的优势。

在分组时，可根据学生的不同特性为小组成员编号。例如，将思维能力较强的学生编为1号，将表达能力较强的学生编为2号，将操作能力较强的学生编为3号，将观察能力较强的学生编为4号。小组成员在合作时就有了明确的分工，可以相互影响，实现均衡发展。

（三）设立组长

学生刚进入三年级，还有许多低段的特点，好动、自制力差、纪律意识淡薄，接触一门新的课程，难免会出现许多状况。此时想形成良好的合作学习氛围，教师要引导其建立本学科的规则意识，设立一位自制力好、责任心强的组长是很有必要的。小组组长应关注本组学生的学习情况、控制组内纪律、组织小组成员进行合作学习，同时也要及时跟教师汇报组员的学习情况。一段时间后，如果有组员在小组中进步明显、表现出较强的组织能力,教师可引导学生进行组内或跨组的组长竞选。

(四)评价激励

评价激励对小组合作学习起着导向与促进作用,有利于让各个小组充分展示自己的成果,并吸纳他人之长、及时做必要的优化。评价激励可以分为小组自评、组间互评等形式,同时可结合小组内部的成员评价,使小组内形成互动、互助、互勉、互进的局面。通过评价激励,学生既能自我分析问题、总结经验,又能实现取长补短、互相促进。评价激励还有助于强化学生的集体荣誉感、合作意识,激励所有成员主动承担责任,全面提升整体素质。

通过几年的教学实践,笔者得出了有关小组合作学习的一点心得,还有很多不足之处,需要继续完善。希望学生通过小组合作学习习得与他人合作交流的能力,从而能够利用信息技术作为支持自己终身学习和发展的一种手段。

信息化背景下高中语文微课存在的问题及优化策略研究

罗晓彤

四川省成都市武侯高级中学

"微课"是指教师以十分钟左右的视频为主要载体围绕某个知识点或者重难点进行讲解的短小课程。它只讲解一个知识点,因此重点突出、针对性强、短小精悍、使用方便,而且能够不局限于时间和空间,所以越来越受到教师的青睐。在信息技术高速发展的当下,越来越多的教师将微课用于教学实践,甚至将其运用于导入与总结环节。

"工欲善其事,必先利其器"。利用微课赋能语文教学是非常有益的一件事,微课就是课堂的有机组成部分,即课堂的"支架";但当前语文教学中也存在微课泛滥、为了微课而微课等问题。例如,有的教师或不顾教学流程、或不顾语文学科的语言属性与思维属性、或不顾学生的特点,随意播放微课视频;有的教师"一微到底",整节课都播放微课视频,导致学生在传统课堂中始终在观看视频,容易产生视觉疲劳和思维倦怠,从而大大降低微课的使用效果。

那么如何改善上述问题呢?笔者认为可从如下几方面着手。

一、立足学情,形成基于问题的教学策略

微课的主要服务对象是学生,因此必须基于学生的问题去制作微课。可以说,了解学情、了解学生真正的问题是非常重要的。笔者在讲解补写句子题时,发现学生即便能大致读懂全文,但在答题过程中依然会出现思维不够严谨等问题,因此笔者制作了一节微课"如何思维更严密地补写句子",聚焦学生的疑问,切入点更小、针对性更强,在学生最容易出问题的地方进行针对性训练。设计微课前,先找到学生的易错点,再在微课中针对典型错误进行点评与分析并开展训练,往往能起到事半功倍的效果。

二、整合知识点框架

当前微课存在内容零散的问题,因此必须结合学科的特点提升学生的核心能力,建构完整的知识体系。以语文微课为例,成语辨析教学可以给学生讲解辨析方法,如抓主语、抓重点、结合上下文等;古诗词教学可以进行不同题材诗词的意象特征分析和阅读方法总结,以及古诗词表达技巧、字词品析技巧的总结;文言文阅读教学可以给学生讲解判定实词、虚词的方法,断句技巧,文学常识的归纳总结。尤其是辨析和归类知识,特别适合依托微课进行整合,让学生形成立体的知识体系。微课中涉及的内容还可以是基于大量语言经验和实践活动的总结与归纳。

三、明起点，定终点，选择合宜的教学内容

微课不可能做到面面俱到，需要选择一个点进行重点突破。徐杰老师认为一节微课，有且只能有一个"选点"，整节微课应围绕这个"点"，左右勾连，步步推进。这里需要强调的是，微课的教学起点，是一个"逻辑起点"，是所选"突破点"的起点，而不是微课涉及的课程的起点。譬如，他认为利用微课进行《孔乙己》的辅助教学时，如果微课的选点为"笑"，那么其教学起点就是分析描写"笑"的几个片段，也就是"谁笑""为何笑"等，而不是让学生从默读或朗读全文、分析主题开始。

笔者认为，我们的微课不仅要明确"逻辑起点"，还需要明确要抵达的终点和目标，选择合宜的教学内容，明确在课堂中利用微课的时机。例如，经常有教师在讲小说《祝福》时播放同名电影，讲戏剧时播放《雷雨》同名戏剧等。在课前播放这些微课虽然的确能提升学生的兴趣，但是在帮助学生理解文本上起到的作用微乎其微。假使在学生对情节和人物有了初步的把握之后，再播放相关微课视频，并引导学生明确观看微课的目的，这样就可以让学生对比分析电影情节与小说原著有何不同、为何不同。

四、立足情境和活动，教学策略多元化

《普通高中语文课程标准（2017年版2020年修订）》在课程内容方面提出了"使课程内容情境化"的要求；在课程学习方式方面提出了"要创设运用语言文字的真实情境，形成有意义的互动学习环境，帮助学生有效投入语文实践"的要求；在课程学习评价方面提出了"重点考查学生语文学习过程中的体验和感受、学习策略，以及梳理、探究能力，尤其是基于社会情境的阅读、表达与交流的能力""考试、测评题目应以具体的情境为载体，以典型任务为主要内容"等具体要求。

毋庸置疑，情境化教学是要求，而微课正是创设情境的良好载体。符合学生需要的情境导入能激发学生的学习兴趣，促进学生的学习能力、探究能力以及解决问题能力的提高，有利于增强学生的创新能力。制作微课时，教师可通过搭建背景故事将学科知识嵌入相关情境中、将学科知识与生活进行有效的连接，从心理上拉近学生与新概念的距离，促进"迁移"的发生。

《登高》是杜甫的经典之作。很多教师分析其首联"风急天高猿啸哀，渚清沙白鸟飞回"这一句时，认为"风急天高"予人孤凄之感、"猿啸哀"令人泪下、"渚清沙白"予人温馨之感、"鸟飞回"令人鼓舞。部分教学参考资料认为该句"描绘出一幅明丽清爽的峡江秋景图，让人耳目为之一新"。但笔者认为，以上认识均存在割裂诗句与诗句之间的联系、未能进行整体把握的问题，这也是学生容易犯的错误。须知正因"风急天高"，鸟在急速的风中无法栖身，才不得不"鸟飞回"，悲凉之意贯穿全句。

此外，许多微课一开始就是展示与《登高》有关的场景，引导学生进入诗境，或者直接向学生提问："渚清沙白鸟飞回"营造了何种意境？笔者的微课却先展示了鸟儿悠闲地飞翔在洁白沙滩上的场景，再让学生结合《登高》点评上述场景，使得学生顿时兴趣大增、讨论非常热烈。

五、聚焦思维品质，提升学生思维素养

《普通高中语文课程标准（2017年版2020年修订）》提出："语文学科核心素养是学生在积极的语言实践活动中积累与构建起来，并在真实的语言运用情境中表现出来的语言能力及其品质；是学生在语文学习中获得的语言知识与语言能力，思维方法与思维品质，情感、态度与价值观的综合体现。主要包括'语言建构与运用''思维发展与提升''审美鉴赏与创造''文化传承与理解'4个方面。"因此，好的微课同样需要聚焦思维方法和思维品质。徐杰老师认为好的微课，要"尺水兴波"，要在极其有限的时间内安排有层次的课堂活动。所谓的"有层次"，就是"走一步，再走一步""一步一步向上走"。徐杰老师的《孔乙己》微课教学设置了三个活动：一是朗读课文，读出"笑"的味道，这是"语言感受"，是思维的第一个层级；二是补出孔乙己被"笑"时的心理，这是"人物分析"，是思维的第二个层级；三是对比分析掌柜的"笑"与酒客的"笑"，这是"主旨探究"和"手法欣赏"，属于思维的第三个层级。这样的设计层层递

进，而不是停留在知识梳理上，既能不断提升学生的学习兴趣，也有助于提升学生的逻辑思维。

当前形势下，如何利用微课提升教学质量是我们教育工作者不可忽视的问题，对于语文微课教学，我们仍然需要博学之、审问之、慎思之、明辨之、笃行之，不断实践、不断优化。

线上"453"高效智慧教学行为探究

赵 阳

四川省成都市武侯高级中学

一、研究背景

2020年初，教育部下发了《关于在疫情防控期间有针对性地做好教师工作若干事项的通知》，明确指出：各地教育部门和学校要严防死守，始终把师生生命安全和身体健康放在第一位……做好'停课不停教、不停学'组织部署工作，结合当地线上教学平台和各校实际，因地制宜组织教师开展在线教学，注意青少年身心健康。

在严峻的形势下，如何采取有效教学手段切实保障师生生命安全和身体健康，如何转化危机、有效促进学校教育教学工作的可持续开展，如何有效利用多元智慧平台实现教师线上的精准教学和学生的高效学习，如何整合线上线下资源有效落实师生"心理关怀"行动，这些问题对智慧教育改革深入推进提出了新的挑战，也为学校智慧教育的发展带来了新的机遇。

二、线上"453"高效教学行为模式的构建

在智慧教育的背景下，如何借助智慧手段构建高效教学行为模式、促进学生学科核心素养的有效培养是当前的热门议题。笔者根据课前、课中、课后三个教学环节，基于智慧教育的背景，在智慧平台硬件和软件的支持下，充分利用线上线下教学资源，构建了线上"453"高效教学行为模式（见图1），进行了该模式下的化学教学实践。

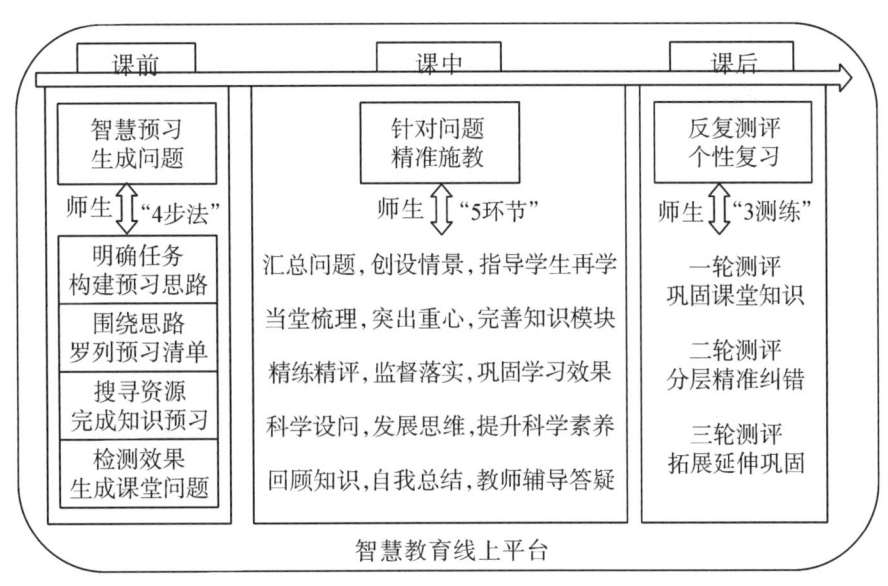

图1 线上"453"高效教学行为模式

（一）课前智慧预习，生成问题

首先，教师需要明确任务，为学生构建预习思路、安排预习任务，让学生明确预习主题，思考其在教材中的地位及性质特点。然后，学生根据预习任务，自主搜寻资源，完成知识预习，并将其已经学会和没有学会的知识进行分类，整理好后通过智慧平台发给教师。最后，师生共同检测预习效果，生成系列课堂问题。学生还可通过完成教师在智慧平台中发布的预习题，检验自己的预习效果。

（二）课中针对问题，精准施教

1. 汇总问题，创设情景，指导学生再学（10分钟）。

该环节由设问、独学、合作、展评等几部分构成。设问：教师点评预习情况，并汇总课前预习中学生存在的问题。独学：学生结合自己课前完成的预习任务，通过再读教材找出与本节课主题相关的知识。展评：小组展示、互评学习成果，最后由教师集中解答未解决的问题。

2. 当堂梳理，突出重心，完善知识模块（3~5分钟）。

该环节最重要的是教师要及时梳理当堂知识、明确学习重难点，帮助学生构建完整的知识体系。教师展示当堂知识清单，并对重难点进行强调和补充。

3. 精练精评，监督落实，巩固学习效果（10~12分钟）。

首先，通过智慧平台发布训练，要求学生按时完成，以此检验学生自学效果。然后，教师进行精评，展示整体完成情况，引导学生进行自我检查。注意此时教师不要急着讲评，给学生一点时间寻找错因，让学生的思维能力在不断碰撞中逐步提升。最后，师生共同完成纠错，并对错误率较高的题进行巩固训练。借助智慧平台的功能实现"小循环、快反馈、强矫正"，可有效提升学生的学习水平。

4. 科学设问，发展思维，提升科学素养（10分钟）。

首先，开展问题探究，让学生通过复习找到突破点，并通过上网查询确定解决问题的理论依据。然后，引导学生通过相互讨论设计实验方案并进行验证和总结。最后，教师发布限时训练，学生完成后再进行精讲精评。

5. 回顾知识，自我总结，教师辅导答疑（5分钟）。

学生结合预习、课堂学习进行总结，同时反思本节课自主学习过程中的得失。教师现场或者在线辅导答疑，解决学生仍然存在的疑问。通过该环节，不仅教师能够一对一地解决学生的疑问，学生也能通过自我反省发现一些隐藏的问题、找到薄弱环节、提高自主学习能力。

（三）课后反观测评，个性复习

1. 一轮测评：巩固课堂知识。

针对重难点和易错点，通过智慧平台发布10道作业题，要求学生当天在规定时间内完成并上传答案，巩固课堂成果。学生完成后，教师应及时批改并评估学生的完成情况，以便开展第二轮分组纠错。

2. 二轮测评：分层精准纠错。

结合一轮测评，通过智慧平台推送纠错作业（教学视频、错题解析和相似题训练），并跟踪学生的改错过程，直到所有人成功掌握对应知识和解题方法。

3. 三轮测评：拓展延伸巩固。

构建专题网络限时训练，巩固学习成果。在本轮测评中，应适度拓展深化，训练学生的综合分析能力，使其逐渐适应常规考试要求。学习能力强的学生，可以按照最新考纲的要求进行自主延伸学习。

三、"453"模式教学案例

本文以人教版高一化学教材必修一第三章第二节"几种重要的金属化合物"第2课时"金属的氢氧化物"为素材，构建智慧教学背景下"453"高效教学模式教学案例。

一、课前

(一) 教师明确任务，构建预习思路

【预习任务】

1. 掌握氢氧化铝、氢氧化铁、氢氧化亚铁的制备方法。
2. 了解氢氧化铝、氢氧化铁、氢氧化亚铁的性质和应用。
3. 熟记有关反应的化学方程式。

【思路和方法】

用实验法和对比法进行相关化学知识的预习。

(二) 围绕预习思路，罗列预习清单

【预习清单】

1. 氢氧化物的制备方法。

(1) 对比铝、铁的氢氧化物的制备实验并形成记录表格（表格略）。

(2) 明确制备不溶性碱的一般原理：_____＋_____。

2. 氢氧化物的性质对比。

(1) 对比铝、铁的氢氧化物的性质并形成记录表格（表格略）。

(2) 以上三种氢氧化物共同的性质：

①溶解性：均不溶于_____，可溶于_____。

②难溶性：氢氧化物受热均_____，会发生反应：_____。

(3) 以上三种氢氧化物常见的用途有_____。

(三) 搜寻资源，完成知识预习（学生）

步骤：学生按照教师提供的预习思路，通过阅读教材、观看微视频、查询资料等来完成预习任务，并将自己已经学会和没有学会的知识分类整理后发给教师。

(四) 检测效果，生成课堂问题（师生）

【预习检测】

略。

二、课中

(一) 汇总问题，设置情景，指导学生再学（10分钟）

1. 设问：教师先展示学生预习成果并点评完成情况，接着呈现本节课探究学习的主题：(1) 归纳制取 $Al(OH)_3$ 的多种途径和 $Fe(OH)_2$ 的实验室制法探究；(2) $Al(OH)_3$ 的两性探究和应用。

2. 独学：学生结合预习情况，再读教材必修一第三章第二节内容，并通过观看教学视频、上网查询资料、动手进行实验探究等方式自主学习本节课的主题。

3. 合作：学生带着独立学习过程中的成果和问题参加小组学习，与小组同学分享学习成果，相互探讨学习中的问题，最终由小组集体梳理归纳学习成果和仍未解决的问题。

4. 展评：小组展示学习成果，小组间相互评价和解答学习中彼此存在的问题，最后由教师集中解答上述过程中仍未解决的问题。

(二) 当堂梳理，突出重心，完善知识模块（3~5分钟）

1. 教师展示知识清单。

(1) 制取 $Al(OH)_3$ 的三种途径（包括原料、反应原理和注意事项）。

(2) $Fe(OH)_2$ 的实验室制法（包括实验装置、步骤和注意事项）。

(3) $Al(OH)_3$ 的两性探究和应用。

2. 教师结合清单内容对本节课重难点进行强调和补充。

(三) 精练精评，监督落实，巩固学习效果（10~12分钟）

1. 精练。

教师发布定时训练，包括两道基础题、两道应用题、一道能力拓展题。

2. 精评。

(1) 展示整体完成情况，引导学生自我检查错题。

(2) 引导学生分析错因（先请未做对的学生分析错因，再请做对的同学进行订正，最后进行教师点评）。

3. 纠错。

教师对全班错误率较高的题进行巩固训练。

(四) 科学设问，发展思维，提升科学素养（10分钟）。

1. 问题探究。

(1) 在实验室中能否用强碱来制备少量的氢氧化铝？向氯化铝溶液中滴加氢氧化钠溶液至过量会出现什么现象（如发生反应，写出离子方程式）？

(2) 实验室中硫酸亚铁溶液应该怎样制取和保存？如何将氢氧化亚铁保存较长的时间？

2. 设计实验方案。

学生首先复习铝铁化合物的性质，从中找出有用的知识作为突破点；然后通过上网查询等方式确定解决问题的理论依据；最后通过相互讨论设计实验方案并进行验证和总结。

3. 巩固训练。

学生定时完成课堂练习，教师完成精讲精评。

(五) 回顾知识，自我总结，教师辅导答疑（5分钟）。

1. 学生总结课堂内容。

2. 教师现场（在线）辅导答疑。

三、课后

(一) 一轮测评：巩固课堂知识

在课后教学反思中发现学生对于 AL^{3+} 和 OH^- 以及 ALO_2^- 和 H^+ 相互滴加的过程还存在一定的疑惑，所以就此发布 10 道作业题进行巩固训练。

(二) 二轮测评：分层精准纠错

通过批改第一轮作业发现有 4 位同学仍然没有完全掌握 AL^{3+} 和 OH^- 相互滴加的过程，而有 3 位同学没有完全掌握 ALO_2^- 和 H^+ 相互滴加的过程，所以通过智慧平台对这 7 位同学推送纠错作业（教学视频、错题解析和相似题训练），并通过平台跟踪他们的改错过程，直到所有人成功掌握对应知识和解题方法。

(三) 三轮测评：拓展延伸巩固

1. 测试。

略。

2. 拓展。

学习能力强的学生还可以按照高考化学最新考纲要求——了解 Al、Fe 金属及其重要化合物的制备方法，掌握其主要性质及其应用，进行进一步拓展训练（拓展训练略）。

四、结语

当前，线上智慧教育获得了广泛的关注，也让一线教师、教学管理者看到了智慧教育在未来教育中的潜力，不得不重视智慧技术在现代教育教学中的重要价值。智慧教育背景下构建的线上高效教学模式和创新的教学理念不仅适用于线上教学，同样可以结合学校实际情况应用于线下教学，充分发挥智慧教育高效的优势。笔者希望本文提出的智慧教育高效教学行为模式可供广大教育工作者参考借鉴，也期待能为未来教育改革创新提供一些思路。

大数据背景下的学习资源网格化精准配置的实践研究

曾聪颖

四川省简阳中学

随着教育大数据时代的到来，学习资源作为学习过程中不可或缺的组成部分，呈现出海量、碎片、多元与高速增长的特征。海量、多元的学习资源为学生提供了丰富的学习方式，能提高学生的学习效率；但碎片化的学习资源为学生带来了信息迷航与过载的问题，阻碍了学生精准定位适合自己的学习资源，使得预期学习效果大打折扣。如何在海量、碎片化的学习资源中为学生快速匹配适合的优质资源以提高学习效率，是信息化教育必须突破的难题。当前许多学校的学习资源投放存在主观粗放、载体混乱、精度不高、层次不强等问题，严重影响了学生的学习效率。基于此，本文提出"学习资源网格化精准配置"这一新模式，以期实现学习资源的精准使用、高效产出。

一、学习资源网格化精准配置的内涵

（一）学习资源网格化

学习资源是支持学习的资源，包括支持系统、教学材料、学习环境等。广义来说，学习资源包括能够帮助学习者有效学习的任何因素。目前，网络中存在海量学习资源，形式多样、类型丰富、质量参差不齐，学生难以进行有效区分与使用。对网络中大量异构的学习资源进行网格整合，可以规避各种资源信息的海量性、重复性与复杂性，成为解决学习资源信息迷航问题的新途径，可以最终实现资源和信息的全面、深度共享。学习资源网格化是指一种依托大数据技术，对学习资源按学科、类型、层次等维度进行网格划分，以实现信息整合、运作协同等的资源数字化管理模式。其目的在于快速、高效地为学生提供精准匹配的学习资源。

（二）学习资源的精准配置

学习资源的精准配置是指通过对学习资源和学生进行网格划分，实现二者在同一学科、同一知识点、同一水平层次的精准匹配。为了能够在繁多的学习资源中快速为学生匹配其所需资源，不仅要将资源网格化，还需要了解掌握学生的水平层次及个性化需求。有研究发现，影响学生使用学习资源的主要因素有学习目标、知识水平、教师推荐、资源类型等。其中，知识水平与资源类型的使用偏好具有显著的个性化特征，教师推荐在学生使用资源过程中起到了主导作用。因此，要实现学习资源的精准配置就必须对学生学情及学习资源进行网格化处理，且需要学科专业教师亲自参与到学习资源的精准配置过程中来。

二、学习资源网格化精准配置的模式

（一）学习资源网格化精准配置系统的结构设计

学习资源网格化精准配置系统由学情网格化系统、学习资源网格化系统、资源精准配置平台、评价监督系统四部分组成。学情网格化系统的职能是采集学情信息，并将其按学科、知识点、水平等维度进行网格化分层，为每个学生提供唯一的学情网格信息和精准的培养计划。学习资源网格化系统的职能是采集学习资源，并将资源按学科、知识点、水平等维度进行网格化分层。资源精准配置平台的职能是通过对学情网格信息和资源网格信息的整合，明确学生对学习资源的精准需求，从而实现学习资源的精准投放。评价监督系统的主要职能是监督学情网格化系统、学习资源网格化系统和资源精准配置平台各环节的运行情况，并根据学生层、资源层、管理层的反馈意见及时调整运行策略。

（二）学习资源网格化精准配置系统的运行流程

1. 网格划分。

将搜集到的学习资源和学情按照学科、知识点、水平等维度进行网格划分，并对每一个网格进行单独编码，如"G1－YW－WYW－A－20200413"，其中"G1"代表高一，"YW"代表语文学科，"WYW"代表文言文类，"A"代表资源或学生处于A档水平，"20200413"代表网格划分时间。网格分层是实现学习资源精准配置的前提。

2. 信息匹配。

对编码后的学情网格信息与资源网格信息进行信息匹配，可以快速实现学生和学习资源在同一学科、同一知识点、同一水平层面的精准配对，为下一步学习资源的精准投放做好准备。这是学习资源网格化精准配置系统的核心。

3. 精准投放。

结合学生的个体差异（能力、风格、偏好、需求等），精准配置平台既可以直接根据学情网格与资源网格的匹配信息进行学习资源的常规投放，也可以根据个别学生对学习资源的独特需求申请进行资源的个性化投放。通过给不同学生投放不同形式、不同数量、不同层次的学习资源，可以真正做到因材施教、精准高效。

4. 效果反馈。

学习资源网格化精准配置系统可以利用大数据技术智能记录学生的学习过程，对学生的资源使用情况进行数据挖掘和深入分析，提供具有说服力的过程性评价和总结性评价。此外，学习资源的投放与使用效果可以由网格员进行监督反馈，也可以由学生通过网格员或平台进行自主反馈。

5. 网格更新。

学情网格与资源网格应保持动态性和开放性。系统会根据效果反馈，每月对学情及学习资源进行更新。学生也可以根据自身水平变化，向网格员提出网格变更申请，系统确定其符合变更条件后对学生的学情信息进行网格更新，并及时为其匹配新的网格资源。

（三）学习资源网格化精准配置系统的配套机制

学习资源网格化精准配置系统的正常运行需要一系列配套机制，包括资源审查机制、学情研判机制、评价监督机制、奖励刺激机制、网格管理机制五部分。

1. 资源审查机制。

资源审查既要关注学习资源网格的初步划分是否符合标准，也要随时关注资源网格的优化更新。利用大数据技术，参照由专家审查团队制定的资源分层标准，可以实现对学习资源的智能审查与更新。

2. 学情研判机制。

通过对学情进行充分而准确的研判，可以实现学生的网格化精准分层。充分掌握学生各学科、各知识点的能力水平和对学习资源的个性化需求是实现教学资源精准投放的前提。

3. 评价监督机制。

通过对资源配置各环节和系统参与者进行评价监督，可以确保学习资源投放实现纵向到底、精准到位、全面覆盖，并保证学生对个性化资源的申请需求得到快速响应、及时反馈。

4. 奖励刺激机制。

通过转发有奖、共享优先、电子徽章等奖励措施，汇集广泛的资源用户，建立多层次的资源建设共创共享主体，促进学习资源库不断完善更新；通过评定网格之星、平台通报表扬、奖励优质资源等措施，刺激学生不断提高资源使用效率和自身学习水平，实现网格跳跃升级。

5. 网格管理机制。

在明确网格系统工作流程和管理员基本职责的基础上，打造一支由班主任、教研组、科任教师、小组长等构成的网格管理员团队。通过部门划分、线上培训、考核评价等措施，可以促进网格管理员积极参与网格的管理与维护、资源投放的监督评价、资源使用的效果反馈等各环节，保证学习资源网格化精准配置系统的正常运行。

（四）学习资源网格化精准配置的注意事项

1. 严控资源质量。

作为精准配置系统的原料和产品，学习资源的质量决定了该系统的质量，优质资源能帮助学生达到事半功倍的学习效果。因此，必须加强资源审查和学生反馈的双向联动，严格把控学习资源质量。

2. 关注学生需求。

学习资源网格化精准配置模式须以服务意识关注学生的个性化需求，以大数据技术掌握学生的资源偏好，以提供最适合的学习资源。这是对"以生为本"和"因材施教"等教育理念的践行。

3. 保持网格开放。

学习资源及学情是动态变化的，保持网格的开放性可以不断更新学习资源和学情信息，以保证信息匹配和资源投放的精准度。

三、结语

学习资源的精准投放可以提高资源的针对性及使用效率，使学生从书山题海中脱离出来。本研究建立了学习资源网格化精准配置的理论模式，提供了一个创新视角，具有一定的参考价值。相信随着人工智能和大数据技术的普及，实现学习资源的精准配置指日可待。

信息技术支持下以听说促整体的英语教学初探

康晓林　张 衬

四川省简阳中学

信息技术作为认知工具，在高中教学中既可用于培养学生的信息素养和实践操作能力，又能为课堂教学提供技术支持和多媒体信息服务、提高教学的深度和广度；然而在实践中，信息技术与英语教学的融合遇到了一定的挑战。2020年初，学校成立课题组，经过两个月的实验，得到了显著的效果。现将2020年2月到2020年3月底课题组开展探究的具体情况总结如下，希望能给一线的教师以启发和帮助。

一、案例介绍

（一）精挑细选，解决资料问题

用网络资源填补学生英语学习资料的不足。在听说资料的筛选中，应遵循以下原则：
（1）主题应与学生息息相关，与考纲紧密相连。在筛选歌曲、文学作品和电影的时候，教师应考虑语篇是否具有典型性，是否有助于提升学生的语言能力，是否有助于引导学生分析和审视事物和人物的真、善、美，评判不同的价值观，实现对主题意义的深层理解。（2）词汇要参考课标和考纲词汇。高考语篇以考查学生关键能力和学科素养为主要目标，应针对这一特点进行选择。（3）主题要多元化、个性化。鉴于学生不同的听说水平和兴趣爱好，除了直接筛选一些资料给学生，还可给学生推荐相关获取渠道，开拓其视野、保持其学习的兴趣，满足个性化需求。

（二）分析现状，确立"以听说为切入口"的指导思想

网上学习资源丰富，同学们可以通过网络走进名师课堂，还可以利用多元化的资料进行自主学习。但在使用过程中，其不足之处也逐渐表现出来：

（1）资源的极大丰富，增加了学生挑选的难度。面对良莠不齐的网课和其他资源，如果不能准确定位自己的现状、明确自己的需求，学生很可能会在不停地挑选和调换学习资源的过程中浪费时间，且其学到的知识难免零碎。

（2）长时间盯着屏幕，有损学生视力和健康。以我校学生为例，他们一天要上六节课，每节课50分钟，课后还有很多电子文档需处理。对于不具备打印条件的学生，他们一天网上学习的时长估计可达9个小时。随着时间推移，学生身心疲惫。

（3）容量过大的网课和课后网上作业，增加了学生的负担，降低了学生的积极主动性。由于网络授课的特殊性，教师应对网课的课堂容量进行适当调整；然而实际上，网课的容量和课后作业量相对较大，以至于部分学生对网课学习存在抵触心理。

基于以上情况，课题组制定了寒假自主学习"以听说促整体"的思路。在网课学习中，教师积极引导学生欣赏、学唱歌曲，听名著朗读音频，观看赏析电影，将学习策略的培养融入语言学习活动中。其次，以"listen and view"的方式输入文本，不仅让学习变得更直观、生动而有趣，也可以让学生的眼睛得到适度的休息、减轻学生的负担。

（三）整合时间，合理安排，力求节时高效

1. 晨读"听—默—背"经典作文模式。

晨读，是学生背记知识的主阵地。对于即将参加高考的高三学生来说，现阶段最重要的是进行专题复习、建立体系。晨读是背记作文，建立作文体系的黄金时间。课题组构建了"晨读'听—默—背'经典作文模式"，其实施步骤如下表1所示。

表1 晨读"听—默—背"经典作文模式

教师活动	1. 将不同年份的高考英语作文题进行分类，如邀请信、申请信、告知信、求助信、答疑解惑类回信、感谢信、通知等。 2. 搜集、编写作文范文。根据作文类型，力求打磨出得体、连贯、句式多样、词汇丰富、要点具体的模板。 3. 录制作文朗读音频。朗读作文范文时，注意重音、音变、弱读、连读、省音和节奏，力求给出优秀示范。 4. 将音频文件及范文文档通过数字平台分享给学生（学生完成指定任务后方可查看范文文档）。
学生活动	1. 在数字平台中下载音频文件。 2. 通过听写，将作文范文写到作文积累本上并拍照提交到作业程序中，提取范文，核对修正自己的听写版本。 3. 边听边看范文文本，并逐句跟读二至三遍。 4. 背诵作文模板。 5. 录制背诵音频或视频，通过数字平台提交给教师点评。
评价	1. 点评学生作业时，以鼓励为主，适当指出不足，维持好学生的学习兴趣，增强其自信心。 2. 对于个别需要帮扶的学生，通过数字平台及时进行交流和点评。

2. 特色网课。

根据多年教学经验和对学生的问卷调查，课题组了解到学生最难突破的题型莫过于完形填空以及阅读理解中的主旨大意题、猜词题和情感态度题。这些题要求学生有很强的观察力、判断力及共情能力。课题组因此打造了特色网课，引导学生赏析文学作品、电影、歌曲，了解时事新闻，帮助学生培养观察力、鉴赏力、批判思维、共情能力和审美情趣。其实施步骤如下表2所示。

表 2　特色网课模式

教师活动	1. 通过互联网平台，筛选歌曲、新闻和电影。 2. 利用软件剪辑新闻和电影。 3. 制作 PPT 和简明导学案。 4. 通过数字平台实施教学。
学生活动	1. 在数字平台上下载视频、音频和导学案，完成教师规定的预习作业。 2. 观看视频或收听音频，在教师指导下一步步完成导学案任务。 3. 通过数字平台提交作业给教师点评。
评价	1. 点评学生作业时，以鼓励为主，适当指出不足，维持好学生的学习兴趣，增强其自信心。 2. 对于个别需要帮扶的学生，通过数字平台及时进行交流和点评。

3. 语法微课。

"微课"是指以视频为主要载体记录教师在课堂教育教学过程中围绕某个知识点或教学环节而开展的精彩教学活动的全过程。要学好语法，除了背记条款，更重要的是理解，并在此基础上实现运用和内化。高三的学生要注重梳理，建立语法体系。微课作为一种新的教学方法，打破了传统的教学模式，学生可根据自己的需求选择对应的语法微课，自主决定观看速度和次数，查漏补缺。

二、案例创新点

（一）以学生为主体，以听说为切入点，实现整体发展

网课多以教师讲授知识的模式展开，因此教师不能很好地与学生互动、不能及时了解学生学习状况。课题组采用"听说带整体"的思路，不仅能切实体现学生学习的主体地位、把学习时间还给学生，还能监测每个学生任务的完成情况、及时给予评价反馈，有利于落实教学目标、促进学生英语的学习。

（二）整合时间，利用信息技术打造特色假期学习模式

（1）晨读"听—默—背"经典作文模式。
（2）特色网课。
（3）语法微课。

三、案例效果与评价

（一）优点

1. 学生英语学习兴趣提高，作业提交率优于其他学科，英语成绩得到明显提升。通过音频、视频等形式，带动学生动耳、动手、动口、动脑，学生的听、说、读、写能力得到同步训练，提高了学生学习的专注力和学习效率。
2. 减少了学生看屏幕的时间，有助于保护学生视力。
3. 多样的网课形式，寓教于乐，有助于培养学生的逻辑思维，提升其审美情趣，帮助其树立正确的人生观、价值观。
4. 教师的综合素养也得以提升。教师在备课过程中开阔了视野，其信息技术得到了显著提升，在与学生的互动中增进了彼此的感情。

（二）不足

从搜集加工素材、实施到最后点评，教师工作量很大，难以实现可持续发展。

四、反思与改进

首先，教师之间应加强团队合作，根据教师特长进行分组，实时共享资源、交换意见。只有教师间互帮互助、形成合力，才能最大程度优化教学、减轻备课负担。

其次，学生间应加强互助合作。教师将学生按英语水平进行分组，每组兼顾不同层次的学生。教师引导小组自主选出组长，由组长组织组员轮流批改和点评作业。这不仅解放了教师，还使学生有机会取长补短、实现共同成长。

最后，师生间应加强沟通，充分调动学生的积极性。教师还可引导喜欢看电影、听英语歌曲的同学成立特别分享团，让他们分小组推荐影视或歌曲素材。这不仅给学生提供了展现自我、提升自我的平台，还能促进学生之间的了解和交流。

五、结语

将信息技术与高中英语听说训练有机结合、以"听说"的形式培养学生的核心素养是科技带给我们的便利，是时代带给我们的福利。信息技术高速发展的便捷时代，把信息技术与教学结合，将前所未有地实现学习在时间、空间、内容上的个性化。在以后的教学工作中，课题组会努力寻找信息技术与英语教学新的结合点，相信我们的英语教学会做得更好、走得更远。

浅析信息技术与英语现代化教学

廖 静

云南省昭通市云天化中学

一、信息技术与英语现代化教学整合

（一）整合背景

学校教育信息化的进程日新月异，现代信息技术在教育教学中的应用愈来愈广泛。同时这也是基础教育课程改革、深入开展创新教育的需要。新的英语课程标准突出强调在英语教学中要积极利用现代信息技术、合理利用及积极开发课程资源，要充分利用信息技术和互联网、积极创造条件，为学生提供内容健康、贴近时代和学生实际生活的课程资源，努力拓展学生学习和运用英语的渠道。因此在英语学科的教学过程中，教师需要有效地利用信息技术这一现代教育技术手段。

（二）英语现代化教学理念

1. 强调学习过程，重视语言学习的实践性和应用性。

现代外语教育注重语言学习的过程、强调语言学习的实践性，主张学生在语境中接触、体验和理解真实语言，并在此基础上学习和运用语言；鼓励学生在教师指导下，通过体验、实践、参与、探究、合作等方式，发现语言规律，逐步掌握语言知识和语言技能，不断调整情感态度，形成有效的学习策略，发展自主学习能力。

2. 丰富课程资源，扩展英语学习渠道。

语言学习需要大量的输入，丰富多样的课程资源对英语学习尤其重要。英语课程应根据教和学的需求，提供贴近学生、贴近生活、贴近时代的英语学习资源，积极利用音像、广播、电视、书报杂志、网络信息等扩展学生学习和运用英语的渠道。

二、信息技术在英语现代化教学中的具体应用

（一）字母、词汇教学

1. 字母教学。

传统的字母教学为教师教读、黑板上板书，学生跟着写，但这种方式往往存在弊端，会有部分同学因为座位位置看不见板书；而现代信息技术的引入提高了教学效率，给课堂教学注入了新的生机与活力。譬如，笔者在教授字母的书写时就采用了动画演示，动态演示字母笔画笔顺，并展现了字母在四线格中的位置。同时笔者还利用课件设置了一些小游戏，如看图猜字母、寻找与字母长得像的图片等，加深学生对于字母的理解与记忆。

2. 词汇教学。

词汇教学的呈现方式较为多样，笔者在教学中常用的方式为图片呈现、歌曲呈现、电影呈现。在教授新单词时，笔者常常通过相应图片帮助学生完成理解与记忆，如在教授"slim"（纤细的）这个单词时展示身材纤细的人物图。课余时间，笔者喜欢给学生播放一些英文歌曲，英文歌曲在帮助学生放松的同时也可以促进学生更加有效地学习。英文歌曲中会出现许多生词，学生刚接触时可能并不容易理解，但在之后的学习中他们却能更容易掌握这些单词。学生也会因此变得更加自信。英语活动课中，笔者常播放英语电影并布置一些简单的任务，如记录数个单词或简单的句子等。学生们看完电影后都会乐于分享，也乐于完成那些简单的任务。多次实践表明，学生以歌曲或视频形式掌握单词的方法非常有效、印象更为深刻，而这些都需要借助信息技术才可以实现。

（二）阅读教学

随着信息化技术在教育领域的不断普及，中学英语阅读教学已经不仅仅局限在传统英语阅读文本学习的框架内，还广泛涉及学生能力发展的英语阅读小剧场、英语绘本阅读、英语思维导图等相关知识体系的构建。信息技术的辅助不仅为课堂提供了物化的教学手段和教学资源，还从教与学两个方面营造出自由、民主、高效的英语课堂。

阅读课教学中的导入环节非常重要，在阅读中想要唤起学生的阅读期待、调动其阅读热情，需要借助信息技术帮助学生构建对文本的初步印象，加深其对文本的理解。譬如，教材中存在以京剧为主题的阅读内容，笔者便在导入环节播放有关京剧历史以及表演的视频，让学生对京剧形成一定了解。

在学生产生阅读期待进入教师设置的教学情境后，就需要围绕文本进行深入的讨论学习。譬如，在通过数字平台布置阅读任务时，笔者常会隐去文章中的部分关键词，让学生通过阅读进行补充。笔者还经常利用信息技术制作清晰明了的思维导图，以帮助学生理清思路。

（三）写作教学

课件是教师上写作课常用的一种辅助教学工具。教师会根据不同的写作主题，搜集相关材料，制作成多媒体课件在写作课上播放，从而发挥其图、文、声、形并茂的特点，引导学生带着任务去听、去看、去感受，于无形中丰富学生的写作素材。优秀的多媒体课件能激发学生的写作欲望。利用多媒体课件进行英语写作教学，大大降低了学生写作英语作文的困难。

三、运用信息技术优化英语教学

（一）合理使用信息技术

避免过度依赖及"形式主义"。在当前教学形势下，信息技术日益成为教学的重要组成部分，因此教师要合理地使用信息技术，在应用信息技术作为辅助教学手段的同时，不能忽视传统的教学辅助手段。此外，也有一些教师因为过于重视信息技术的融合，反而忽略了知识讲解的重要性。其实，信息技术归根到底是手段，而不是目的，因此在教学过程中绝不能忽视教学的实际需要，否则便容易导致知识讲解模糊不清，使信息技术在课堂中产生副作用。因此，一线教师一定要认清信息技术只是辅助教学的手段。

（二）从实际出发，因材施教

在利用信息技术进行教学时要从学生实际出发。教师一定要牢固树立以学生发展为本的教学思想，从学生已有的经验、兴趣和认知水平出发实施教学，既要面向全体，又要兼顾学生的个体差异。要根据教学对象的需要创造性地理解和使用教材、积极开发课程资源，因此，教师在制作课件之前需要有明确的信息技术和英语学科的整合目标。

（三）平衡课堂中的"双主地位"

在课堂中要注意教师的主导地位、学生的主体地位。因此，运用信息技术优化英语教学，要坚持教师的主导地位，即教师是教学过程的组织者和领导者，教师要引导、辅导、指导学生。同时还要坚持学生的主体地位，以学生为本，不能喧宾夺主，让技术代替学生成了主角。教师应认识到，课堂教学是由教和学两方面构成的。因此教师在应用信息技术进行教学时，要根据学生的实际充分发挥好教师的主导地位、学生的主体地位。

四、信息技术对于英语现代化教学的意义

（一）学生层面

1. 提升学习兴趣。

兴趣对学习产生的动力是不言而喻的；而信息技术在激发学生的学习兴趣方面，有着得天独厚的优势。它可以多种手段，"化远为近""化虚为实"，把大量的材料直接展现在学生眼前，使教学内容变得更加具体、生动、形象。这较之教师的抽象讲解、有限的板书，更容易诱发学生的求知欲、激发学生的学习兴趣，使学生能轻松、快速地进入教师创设的学习情境之中。

2. 开阔视野。

信息技术还能帮助教师从多种层面延伸教学内容、开阔学生视野。譬如，笔者在讲解有关奥林匹克的课程内容时，就通过信息技术整合了许多有关北京奥运会的资料，让学生快速了解了北京奥运会开幕式的盛大、中国人为奥运会做出的各种准备等。

（二）教师层面

1. 提升课堂效率。

利用信息技术可以做到高密度的知识传授，大大提高课堂效率。传统课堂教学离不开教师板书，但板书的过程极其浪费时间，而信息技术很好地解决了这一问题。在课堂讲授过程中合理地利用各种信息技术支持教学，可以从多种感官角度生动形象地呈现知识内容，吸引学生的注意，有利于学生直观地感知、理解教学内容，建立知识与经验之间的联系，激发学生的联想，有效降低认知的难度、化解教学内

容的重难点。

2. 促进资源共享。

科技进步使每个人的知识储备都显得十分有限。现代英语教学涉及天文、地理、历史、人文、政治、环境等各个方面，而信息技术为教师之间的资源共享搭建了平台，有助于一线教师节省备课时间、拓展备课思路。

现代信息技术在初中英语教学中的应用刍议

谢 娟

云南昭通市云天化中学

在信息时代，传统的英语教学模式已经无法满足现代学生对英语知识的需求和渴望。信息技术将抽象的英语知识和文化更加生动地展现出来，为学生们营造了一个良好的学习氛围，不仅提高了课堂教学质量，而且提高了学生们学习英语知识的能力。将信息技术科学地融入初中英语教学中，能有效激发学生的学习兴趣、提高学生的英语综合运用能力。

一、信息技术与英语教学结合的重要性

（一）提供丰富的学习资源

在信息时代，教师可通过互联网搜集到各种各样的教学资料，并将其中的精华与教学方案融合在一起，制作出许多实用精美的多媒体课件，让学生在学习过程中对英语知识产生更深刻的认识。同时教师也可以结合课本内容给学生寻找相关内容、组织交流活动，这样既可以开阔学生的视野，又能提高学生的听说能力和日常交流能力。

（二）促进学习方式的转变

现如今，学生的学习方式正发生着很大的变化。除了传统课堂，学生还会在课余时间主动利用网络平台进行延伸学习。譬如，学生可以利用网络平台去预习即将学习的知识内容，遇到不会的难题也可以上网搜索求解，复习时也可以在网络平台下载各种资料和练习题。有些学生还会根据自己的学习情况在网络平台学习相关课程，通过线上学习弥补自己的不足。总之，学习方式的转变和优化让学生们提高了学习质量、学到了更多知识。

二、信息技术在英语教学中的应用

（一）有利于信息技术在英语语法教学中的应用

对于刚升入初中的学生来说，由于学习难度的增加，许多学生对抽象的语法学习产生了畏惧心理；然而语法知识的学习是初中英语学习的重难点。为了帮助学生重新树立信心、重拾对英语语法学习的热情，教师在教学过程中可借助信息技术将抽象的语法知识更直观地展现给学生，让学生深入理解语法知识。

（二）有利于信息技术在英语听力教学中的应用

听力是学生英语综合能力的重要构成部分，在早期的英语听力教学课堂中，教师播放的听力内容都是英语教材的配套内容，本身较为枯燥，容易使学生提不起兴趣，其听力水平自然无法得到有效提升。

信息技术的融入可以帮助教师筛选不同场景的听力内容和材料进行听力教学，使得教学内容更加生动有趣，让学生自主积极地投入学习。课余时间，教师还可以给学生们播放英语新闻、歌曲、电视、电影等，这不仅能调动学生学习的热情，还能使其了解英语国家的文化和风土人情，开阔学生的视野。

（三）有利于提高学生的英语写作水平

英语写作是对学生认知能力、语言运用能力和思维能力等多方面的综合考查。在传统的英语写作课堂中，不少学生对写作对象不了解，只能通过给出的标题去"生搬硬套"，缺少对写作内容的理解和创新，这就使其在写作中常出现"文不符题""千篇一律"等情况。借助信息技术，可以很轻松地在英语写作课堂中通过多种方式呈现写作对象，让学生真正了解写作对象、快速形成写作思路并通过写作表达出自己最真实的情感。将信息技术与英语写作教学相融合，能有效提升英语写作教学的针对性、激发学生的写作热情，最终提升学生的写作能力。

（四）创立教学情景，提升学习兴趣

传统的初中英语教学常是单一地教授课本知识，往往无法结合现实形成生动讲解，学生对一些抽象的知识内容难以理解，这会使学生在学习过程中出现畏学、厌学心理，导致其学习兴趣降低。教师借助信息技术，采用创新的教学模式，优化教学内容，能为学生们营造良好的教学环境，有助于在课堂教学中训练学生的创新思维能力和实践能力。同时，这还有助于学生积极适应初中英语教学模式，培养自身对初中英语的学习兴趣。

三、信息技术与英语教学有效整合的途径

（一）充分利用信息技术拓展教学途径

想要提高课堂效率和教学质量，教师必须坚持以学生为中心，培养学生自主学习和自主探究的能力。教师可结合实际教学情况，向学生展现英语的魅力，让学生深刻认识英语这门语言并爱上英语。如果教师发现有学生对某些知识掌握不牢固，也可在课余时间通过信息技术辅导学生。

（二）充分利用信息技术，促使学生体验知识形成的过程

英语作为一门语言，其知识较抽象且内容较复杂繁多，涉及的领域也很广泛，所以教授英语和学习英语知识都是一个漫长的过程。很多学生在小学阶段未接触过英语，对英语较陌生、基础知识不牢，这需要教师对其多加指引、激起其对英语学习的兴趣。因此，教师传授学生新知识的同时更要重视对旧知识的巩固，将新旧知识进行互相联系，才能让学生掌握得更加透彻。充分利用信息技术的优势，对教学方式进行改革和创新、对教学形式进行深度拓展，可帮助学生充分体验知识形成的过程。

（三）充分利用信息技术完善评价体系、提高教学效率

教师要注意自己的教学行为，充分借助信息技术，利用多元化的评价体系促进学生知识水平和能力发展的提高，从而实现有效的课堂教学。教师还可借助信息技术，帮助学生在课后进行查漏补缺，并在各个阶段针对学习情况不同的学生挑选一些不同层次的练习题。这有利于做到因材施教。在英语教学中，更好地运用评价体系，可以提高教学质量和效率，可以更好地了解学生，从而帮助到学生、促进学生的成长成才。

（四）创建英语教学信息技术应用综合平台

目前，许多学校正借助信息技术，让教师在教学过程中利用更先进的教学手段为学生提供更加优质的学习环境。因此，学校应大力促进信息技术的发展，将更加专业的教学资源和教学内容通过信息技术分享给学生，让学生可以更加有效地完善知识体系。教师通过信息技术可精准掌握学生的学习情况，实

时发现学生的不足，从而对其学习状态进行更好的干预。教学理念要根据信息技术的不断发展去进行改进和创新，这不仅要求教师要主动提升使用信息技术的能力，还进一步要求教师将信息技术继续融入全新的教学理念和教学模式中，充分发挥其在英语教学过程中的独到作用。

四、结语

总而言之，随着信息技术的飞速发展，其运用领域也越来越广泛。信息技术与英语教学的融合已成为趋势，这要求广大一线教师结合实际的教学内容，利用信息技术的优势为不同的课堂、不同的学生制定不同的教学方案，这样才能全面提高和加深学生们对英语知识的掌握程度。信息技术的合理应用为学生当下和今后的英语学习奠定了良好的基础，继而促进了初中英语教学的持续发展。

心理健康类

抗拒—释怀—重生
——一个体育生向好的故事及其启示

刘 伟

成都棠湖外国语学校

一、抗拒

罗 RZ 同学是一名体育生，高三被分配到艺体班，我成为他的新班主任。高二上学期，该生因玩手机、打架等违规违纪事件被学校给出"留校察看"处分，在大多数教师眼里，罗 RZ 同学算得上是很不听话了。我通过其他教师了解到，罗 RZ 经常是一副桀骜不驯的样子，对教师的批评与教育也是抗拒的，即不管教师讲什么，他都低头不理，或者以"嗯"回应，有时候还"回怼"教师。通过平时观察可以发现，他和同学关系相对较好。总之，此时的罗 RZ 最大的问题是没有高三学生的学习冲劲，且对教师的态度是抗拒的。

二、释怀

共计通过一次随机"谈话"（失败）、两次有准备的"谈心"（成功），终于让该生释怀。

（一）一次随机"谈话"

高三下学期返校后，第二天上课罗 RZ 就出现了很多违纪违规的行为，我就利用课间找他"谈话"，果然像其他教师说的那样，他几乎无表情，低头"嗯"回应，这次"谈话"可以说是基本失败了。虽然是一次失败的谈话，但是好在整体上他对我这个新班主任不反感，因此我准备找一个合适的契机再和他交流一次。

（二）第一次有准备的"谈心"

我在巡堂时发现他在英语课上"写数学练习题"，作为一个数学教师，我感觉这是一个契机，于是有了第一次"谈心"。上次"谈话"是他犯错后我指出他的错误，因此没有听到他的心声。这次是看到他偏爱数学，所以我改为"谈心"。第一步，我肯定了他——"你很有头脑，自学数学都能做对……"；第二步，表现出欣赏——"我很欣赏和尊敬喜欢数学的人"……没等我说完，他忍不住了："刘老师，你要夸我就直接说嘛，绕这么大一个弯！"我笑着回应："好了，我说完了，谈心嘛，我说了我的心里话，该你了？"他思考了大约三秒，"我有什么好说的"，鞠了个躬就走了。

这次，我感觉到他牢不可破的心理防线有了缺口。总体而言，第一次"谈心"，算是基本成功了。

教育也有时效性，应该"趁热打铁"，借着这次突破，我想乘势击溃他的心理防线，走进他的心理世界，于是我着手准备第二次"谈心"，争取让他主动多说点。

（三）第二次有准备的"谈心"

首先，我向该生家长了解情况，得到非常多的有用信息：罗 RZ 小学及初中阶段表现优异，考入高中"实验班"，高一下学期开始出现厌学、反感所在班级某些教师等情况。一个曾经优秀的学生，为何现在如此"叛逆"，我必须让他自己讲出来，否则，这可能会是他心里的一根刺，永远刺痛着他。

这次我利用他迟到了 5 分钟的情况，把他叫到办公室，深情地说了三点：第一，虽然有很多人都看不起艺体生，但是我从来没有，我尊重你们！第二，可能有的人已经放弃你了，但是我从来没有，我在尽最大努力帮助你！第三，我向你父亲了解了你之前是多么优秀，你要是块普通的石头，我都懒得理你，可你是一块铁矿石，可以炼成钢的啊！……他有点伤感的样子，哽咽着说："刘老师，我想谈心……"这次"谈心"共花了约 1 个小时，基本都是他主动讲述、我作为倾听者。当他讲完这些事的瞬间，我能感觉到他内心的放松，那种完全释怀的心情。总的来说，第二次"谈心"，成功了！至此，该生释怀了。

三、重生

这三次谈话之后，他变化真的很大，学习很积极；但是，没过三天，他就没坚持住，又开始上课开小差、和同学讲话，我也通过恰当的方式提醒他。他这个年龄，加上之前本来就积累了很多坏毛病，虽然他心里很想马上改正，可是，有那么容易吗？所以，俗话说：扶上马了，再牵着马绳送一程，直到他自己能驾驭。事实上，后期他确实犯错频率更低了，学习动力也相对充足。

冲刺阶段，该生成长了、沉稳了，状态还不错，有了高三学生的冲劲。最后高考成绩也上了体育类本科线，我第一时间告知了他本人和他家长，他家长特别高兴，感谢着说："是您让这个孩子获得了重生"。

四、启示

通过对罗 RZ 德育个案"抗拒—释怀—重生"的分析，可以得到以下启示：

第一，谈心需要伺"机"而行。"机"即特定的、有利的时机和场合等。师者，本就具有仁爱之心、忍耐之心、坦诚之心；但是教育也讲究机缘，需要契机，建议德育工作者平时多观察学生，用教育者的眼光和思维去发现和抓住教育契机，利用好教育契机教育学生。

第二，谈心需要因"势"利导。"势"即一般学生身心的阶段特点和特定学生近期的发展变化。针对罗 RZ 这类学生，他们往往在"低龄阶段"（小学、初中，因人而异）表现优秀。根据"皮亚杰的认知发展理论"，小学生和初中生处于"具体运算阶段"，大脑思维对外界具体事物依赖性强；高中生处于"形式运算阶段"，他们"能监控和内省自己的思维活动"，即高中生有一定的反省认知能力。即在低龄阶段这类学生自主意识还没有觉醒，基本都是乖乖地接受家长和教师的指令，不会对这些指令进行独立思考，也就不会怀疑，也就是我们通常所说的"非常听话"；但是到了"高龄阶段"，特别是高中阶段，他们自主意识已然觉醒，又处于生理上的青春期，个人容易发生"重视外在形象""谈恋爱""搞个性""分不清课余爱好和学习的重要性"等现象。接受德育时，他们不再对家长和教师的话"言听计从"，经常抗拒家长和教师的教育。针对这类学生，德育工作者可以尽可能详细地了解学生的过往，特别是对该生的认知和性格具有转折意义的重大事件，然后才能有计划地走进他们的思想世界，个性化地对学生进行引导教育，因"势"利导地谈心。诚然，很可能该生刚开始会抵触，但是学生相对还是很单纯的，我们需要很耐心、分步骤地、因势利导地突破这类学生的心理防线，最后才能走进学生的心灵，才能在恰当的位置浸润、施肥，帮助学生心灵健康成长，助力学生学业成长。

第三，谈心需要有"备"而来。"备"即教师充分的专业准备、信息准备、心理准备，甚至过程准备、环境准备等。首先，教师得准备好对学生无私的爱，这是最核心的准备，并且通过恰当的方式让学生感受到"师爱"。其次，细节方面，教师不说带刺的话语、不含沙射影地批评学生、在恰当的时机正面引导学生、不要随意发火等。最后，教育者也要具有"服务"意识。当代教育家李镇西先生专门论述过教师的教育工作也可以看成是一项服务工作。时代在进步，师者不应该总觉得自己高高在上、学生就应该"言听计从"，案例中这类的学生其实很反感"高高在上"的老师。从各类学生反馈的信息来看，当今的学生其实普遍接受具有亲和力的教师，这些教师往往自己对学生宽严有度、语言虽温和但直击要点。所以，在可能的情况下，建议教师们向"服务型"教师过渡。

情景记忆在课堂教学中的积极作用
——以多通道体验为例

张简丽

四川省成都市龙泉驿区第一中学

当下,很多中学生存在心理上的困惑。除了人际交往方面外,学生群体还普遍面临着学习上的困惑。作为心理健康教育工作者,笔者在课堂的教育实践与反思中发现,学生的学习应该是教师的"教"和学生的"学"的有机统一,教师除了应当引导学生从自身内部树立学习兴趣与学习动机、引导学生形成良好的学习习惯和记忆方法外,还应当从自身的教学实践出发,思索如何在真正的课堂教学中实现学生的良好学习与高效记忆。

笔者搜索相关文献并结合学生的访谈与实际中的教学观摩发现,在课堂中教师如果可以调动学生多通道的感官体验、创设独特的情景记忆,将有助于学生学习记忆的良好保持、学习效率的提高与学习专注度的提升。

一、充分调动学生多通道感官体验,促进学生记忆与学习兴趣

如果教师在课堂中能够多通道、多途径地调动学生的各种感官信息,那么学生在课堂中的参与度与学习专注度会高很多。多通道的感官体验有利于学生学习积极性与参与度的提高,学生对更新颖的、沉浸式的体验会具备更良好的记忆效果与学习效果。以往有研究发现,多通道的刺激输入比单一通道的信息输入会更有利于激发我们产生更多的发散思维。在实际的教学过程中,启发教师应当调动多途径实现学生多感官与多通道的刺激体验,更有助于学生在实际的学习过程中保持较大的学习兴趣与较好的学习效果。

在教学过程中,引入多样化的教具、模型等,将活动从冷冰冰的课件中搬到活生生的课堂中,充分调动了学生在课堂中的感官信息接收,学生反映在课堂留下了非常深刻的印象、活动新颖。以往脑生物神经科学研究发现,我们的大脑中与视觉相关的神经元占据了较大的比重,而与听觉相关的神经元却只占据了3%左右。由此可见,学生为何在实际的课堂学习中对于教师单向的话语输入总是容易遗忘,而对各种新异的刺激与图像信息却容易记忆深刻。

教师在课堂教学的过程中、在学习材料与环节的设计上要注意调动学生多方面的情感体验与感官通路,将创设的情景和学生此时此刻正经历的情景联系起来,会让联系越紧密。越接近生活场景越能给学生留下深刻的印象,教师要最大限度地开发学生多通道的情感通路,巧妙设计教学材料,以具体化、可视化与直观性的方式吸引学生在课堂中的注意力、提高学生课堂的记忆效果。

二、教师要善于在课堂教学中构建情景记忆教学课堂与模型

情景记忆不同于语义记忆。情景记忆接收和储存的是关于个人在特定时间的情景或事件以及与这些事件有关的时间与空间关系的信息;而语义记忆是运用语言时必须用到的,它接收和储存的是各种知识。情景记忆在人的记忆中具有直观、印象深刻的特点,相对而言会让人更难以遗忘,那么教师真实的教学过程中又应该如何来构建情景记忆型课堂呢?我在实际的教学与实践中总结出以下几点方法供教师借鉴与参考。

第一,根据教师教学内容灵活地构建课堂空间结构,使学生在不同场地、不同物理空间状态下获得新奇体验。笔者就曾设计过一堂关于人际交往的心理健康课,第一次试教在传统的课堂,第二次试教在

心理辅导室，两次试教区别在于是在不同的课堂空间结构里。这两次课堂空间结构的转变，带来的不仅仅是学生对课堂的新奇性与期待感，还吸引了学生对课堂的专注度与课堂投入的兴趣，更重要的是，物理空间结构的转变也促进了学生在课堂中人际交流的发生、促进了高中生积极的情感体验。

第二，减少导致遗忘的"学习之间的污染"。在实际教育过程中，遗忘的原因是多方面的，学习材料、学习内容、教师的人格魅力、首次学习与后续复习的时间间隔等因素均影响学习效果与记忆的保持。还有一个影响我们是否能够高效学习与记忆的因素，即"学习之间的污染"，这里包括了很多方面，学生在越是相似的学习情境中学习越是接近的内容、面对越是相同的学习环境，包括课堂空间结构，则越会产生学习内容之间的混淆，大脑对此的加工会更容易混淆与遗忘。构建良好的空间情景记忆型课堂更容易将学生的所学与当时的时空信息、事件信息进行有效联系，在这个过程中教师创造有趣、丰富、轻松的学习与生活情景将有效提高与发挥学生的主动性与创造性。创设适合学科特点与学科学习内容的教学场景意义重大，将有效减少传统语义记忆型课堂中纯知识传授中的学习污染与相互的影响。

第三，教师在教学过程中要有意识地创设积极的情感体验，引导学生进入高唤起水平的情绪状态，有利于学生学习效果的保持。在课堂教学实践中，教师要注意营造积极的情感体验与愉快的课堂氛围。以往就有心理学研究发现，受试者对愉快的事件或材料内容的记忆会更深刻，而对处于一般情绪状态下的实验材料记忆能力会较弱，这也启示教师在课堂中要注意营造积极愉快的氛围，让学生心情愉快、心情舒适，记忆效果会更好。

第四，在教学过程中融入五感理念，引导学生体验多通道的信息输入与刺激接受，调动学生触觉、味觉、视觉、嗅觉等感官能力。全方位多通道的体验可以刺激与开发学生大脑的不同神经元，学习的本质从生理层面上就是需要大脑各区域与各区域神经元之间的联系与配合。

第五，教师在创设情景记忆时需要加强情景记忆与语义记忆的联系，更有利于学生接受与理解。情景记忆相对于我们的语义记忆而言具有生动与具体的特点，同时情景记忆和我们所经历的事件、时间与空间都有很大的相关性，并且常常伴随着当时经历事件的情绪与情感；语义记忆相对而言，具有更加抽象与枯燥的特点。教师在真正的教学中，要创设和学生实际生活场景接近、和学习任务联系最为紧密的情景，促进情景记忆和语义记忆的共同发展。

三、教学启示与总结

为促进学生在课堂中的参与度与学习热情，让学生对学习内容印象更加深刻，教师在教学实践过程中可以从以下几个方面来进行借鉴和提高。

第一，引导学生进行多通道与多感官的体验，多通道的感官刺激有助于增强学生大脑神经元之间的联系，促进学生记忆能力的提高与情绪体验的美好感受。

第二，在教学过程中教师应当积极地为学生创设积极的班级氛围与愉快的情感体验，维持较高的情绪唤醒水平与能力。

第三，积极为学生创设情景体验，增强所学知识与实际生活、学生所面临的实际问题之间的联系，创设具有真实性、具体性与新颖性的教学环境。可以尝试更改课堂空间结构与课堂物理空间环境等方式，促进学生学习与记忆。

高中生心理健康问题的美术疗法之浅见

唐东篱

四川省宜宾市第三中学

由于社会、家庭、学校以及青少年成长发展过程中的若干原因，即将面临人生大考的高中生会出现各种心理问题。数据显示，近年来，我国高中生有心理问题的比例明显上升，心理健康教育是当下高中教师必须面对并且认真研究的课题，而美术学科在疏导学生心理、治愈学生心理问题方面有其他学科无法替代的作用。

记忆、希望、哀愁、重获平衡、自我认识、成长、欣赏是美术的七项功能，这些功能显然可以终身受用。面对高中生心理健康问题，充分发挥美术学科的独特功能，把艺术教育与美育治疗相结合，能够帮助青少年建立自信心，促进其与人的交流。面对纷繁复杂的世界，能够树立起健康的人生观、价值观，对学生精神世界产生净化与陶冶的作用。西方现代心理学先驱荣格对艺术作品和人格之间的关系有着深入的研究。荣格认为，通过象征物进行幻想是人的内心世界在经历心理创伤或磨难时试图寻求自我安慰的一种方式。古希腊时期重要的思想家、哲学家柏拉图也主张将教育和美术治疗结合在一起，认为艺术可以帮助改善身心健康，甚至可以治疗疾病。显然国内外对于艺术的心理治疗都是持肯定态度的。

美术作为视觉艺术，具有运用视觉语言进行思想和情感交流、浸染青少年心灵的功能。在高中美术课教学中，让学生在美育过程中抒发、投射个人内心情感，宣泄、疏导自己的不良情绪，可以达到疗愈青少年心理健康问题的效果，使其不断形成健全人格，具体有如下三种方法。

一、绘画陶冶疗法

教师引导学生通过绘画表达内心隐秘的世界、宣泄情绪、畅想生活，改善学生的心理健康问题。300多年以前，科学家伽利略就说过："你不能教人什么，你唯一能做的就是帮助他们去发现"。学生绘画的过程就是他们心理的自我发现过程，艺术心理分析是认识自我的一种方式，自我在艺术氛围的感染下体会自身的情感。在艺术心理分析中，作品成为有生命的个体，创作者通过对自己作品的分析了解，实现与真实自我的沟通。形体与色彩都能反映创作者的情绪，发泄出来，对于学生而言是一种有效途径。

绘画时的构图、线条、色彩是绘画者内心的表达，让学生在安静自由的环境中进行美术创作、表达自己的内心需求，可以让学生的情绪得到释放、压力得以缓解，尤其是那些性格相对比较内向的学生，"绘画心情日记"对他们来说可能是一个较好的表达方式。具体实施过程中，往往可能遇到学生绘画只有"三分钟热度"、容易被外界影响、心情浮躁、不容易安静的情况，这时，教师可以适当配以音乐，可以是安静舒缓的，也可以是动感的，同时让学生回忆让自己快乐或者忧伤的事情，用绘画把它表达出来，表达形式不限，可以是画纸也可以是综合材料等。有的学生可能不知道如何表达自己内心的想法，鉴于这种情况，可以给其一些临摹范画，在此过程中可以领略形体的美感与色彩的搭配，让学生能够坚持画完，绘画时间可以逐渐延长，从而提升学生的意志力。整个绘画过程中，教师引领学生发现问题、解决问题，最终完成一件作品，让学生找回成就感、重拾自信心、获得自我效能感，长期这样下去，学生的心理问题自然会得以疗愈。

二、作品赏析疗法

教师引导学生在欣赏大师作品的过程中，发现美、欣赏美、向往美、内化美，激发正能量，改善学生的心理健康问题。在美术鉴赏课中，艺术家背后的故事对于青少年有一定的激励作用。教师在介绍大师作品时，通过介绍艺术家生动的故事，让学生了解作品背后的故事，不仅可以更深入地体会作品的美感，还可以了解生活的意义。不管是快乐还是苦难都是生活的重要组成部分，不少艺术家在成名之前经历了苦难，他们是怎样克服困难进行创作以及他们的成长经历是怎样影响作品创作，这些对于学生无疑都有着激励作用，能够强大学生的内心、疗愈学生的心理问题。

美术鉴赏教学这门课程，使学生以间接学习的方式欣赏古今中外的艺术品、提高审美意识、建立乐观向上的人生态度、连接美与人的心灵，让学生向往美、内化美，达到疗愈心理健康问题的效果。

组织学生参观博物馆、展览馆，这类现成的美育资源蕴含着大量的信息，等待人们去挖掘。场地的布置、呈现的方式、表达的观念，这些都是需要我们去捕捉的信息点。教师运用大量融合性知识，引导学生观察体会艺术家向大众传达的信息，让学生感受到现场视觉震撼力的同时了解到艺术家传达的大量信息。这种视觉震撼力和心灵冲击力相结合的效果，自然能让学生感受到阳光向上的、积极的美育，从而疗愈学生的心理问题。

三、环境浸润疗法

成立美术工作室，通过兴趣爱好相同的学生之间的相互作用，形成积极向上的美术学习磁场，让每名学生事事、时时浸润在美的生活、美的环境、美的氛围中，改善学生的心理健康问题。成立美术工作室是针对学生的个性化差异组成各类美术工作室，这类工作室在学生的学习之余成立，学生根据自己的兴趣爱好组合在一起。给学生创造这样的机会，让其在共同爱好的作用下，互相能有更多的情感交流，同龄人之间找到共鸣。工作室采用学生为主、教师为辅的方式，发挥学生的主体作用，让学生们在共同绘画、欣赏作品、外出参观和各种活动中，形成一个密不可分的群体，每一名学生在参与这个群体的每一项活动中，都能感悟到群体的温暖、生活的美好、环境的舒适，激发起学生的内在动力，主动向往美好、输出和善，形成了浓浓的正向力磁场。这样的磁场无形中疗愈着学生自己，也疗愈着周围的同学。

总之，针对高中生心理健康问题，充分利用美术课程的独特优势，以美育人，在艺术创作过程当中、在赏析大师作品中、在以美术工作室为载体的美的氛围中，让学生表达内心、宣泄情绪、发现美好、浸润心灵，促使学生不断了解自我、正视自我、客观看待自我、不断完善自我，以达到陶冶性情、滋养心灵、愉悦精神、疗愈学生心理问题的效果。

表达性艺术治疗对注意力缺陷儿童个案的干预研究

韩 婧

四川师范大学附属上东学校

一、个案基本资料

学生小A，7岁，男孩。6岁前由爷爷奶奶抚养，父母在深圳工作，入学半年前，母亲回成都专职照顾孩子。孩子上一年级后表现出性格急躁、不听从老师指挥、上课时坐不住喜欢离开座位等情况，情绪容易失控，失控时会做出咬人、头撞地板、乱撕东西等行为，有很强的攻击性。

母亲主诉：小A的问题主要是静不下来，一直不停地闹，并且控制不住情绪。比如背书时一首古诗四句话，一句话他能换好几个地方，刚张嘴的时候他站在妈妈面前，说到一半时他跑到书柜那里去了，一句话要说完的时候，就看不到人了，他已经跑到门背后去了。有时候小A犯了错，妈妈要他认错，他就坐着边流泪边说："妈妈，我不应该发脾气……"然后，他的情绪一下就平复了，就站起来爬到沙发上像跳蹦蹦床那样去蹦，完全忘记了道歉这回事。因为父亲和母亲从小到大学习都不错，所以对小A要求很高。

班主任和其他任课老师主诉：小A课堂表现反应很快很聪明，但是容易出现一些状况，如上公开课时突然和前排小朋友产生争执，甚至不小心用铅笔划破脸、突然间失控大吼大叫等。

二、诊断

小A由母亲带去四川大学华西医院做了心理评估以及核磁共振，最终确诊小A存在比较明显的注意力缺陷症状。根据韦氏儿童智力量表的测试结果，小A智商水平处于中等偏上。医生建议，小A目前的情况还不需要看门诊或者药物干扰，建议每周进行一次心理咨询。

三、咨询目标

短期目标：经过 7~8 次咨询后，小 A 可以在课堂上和生活中较好地控制自己的行为和情绪，注意力较咨询之前有明显的改善，"走神"和课上小动作行为次数有明显减少。

长期目标：调整小 A 的认知水平，提高其战胜挫折和困难的自信心，并形成积极健康的心理。帮助小 A 和母亲、教师的关系得到进一步改善，在同辈交往中能够更好地共情和分享，提高其自尊水平。

四、咨询过程

第一次咨询

由于之前接触过小 A，给他们上过心理团辅课，所以孩子对我没有表现抗拒的态度。我首先邀请小 A 通过沙盘摆出上课时的场景。

咨询小结：咨询关系建立良好。建议母亲心态保持平和，在孩子拖延的时候不要表现出急躁的样子，而是耐心等待，适当让孩子承担后果，不要说教。班主任和其建立合作关系，并且邀请班级里的几个小朋友共同帮助自己对付他"调皮捣蛋"的行为。

第二次咨询

小 A 在来咨询室的路上主动告诉我今天早晨妈妈发火了，于是我趁机开始就他和妈妈的关系为切入点展开咨询。

咨询小结：咨询过程中孩子说了自己对学校的作业很讨厌，本阶段情绪比较躁动。妈妈的情绪也比较暴躁，教师也表示他上课不听很无奈。这次主要是将问题行为与孩子本身分离，下阶段需要进一步强化孩子这样的意识：有时候"乌云"小孩会捣鬼，但是自己可以控制。

第三次咨询

咨询小结：这一次通过寻找成功经验很好地建立了小 A 的信心。我和班主任、小 A 妈妈交流，孩子最近状态较之前要好很多，写作业拖沓现象减少，只是有时注意力不集中。

第四次咨询

在叙事治疗发生意识层面的治疗产生效果后开始利用沙盘游戏，将意识与潜意识相结合，寻找突破点。本次沙盘游戏名称为"迷宫宝箱"。

在咨询过程中，首先将沙具摆放整齐并放回到原来的位置，期间小 A 表现主动积极，中途被摩托车吸引，去练习是否可以让摩托车走起来，在提醒下小 A 继续完成了归类的任务。

沙游创作时，小 A 将之前放各种食物的笼子放在沙子里，企图掩埋，掩埋不成功后决定将东西倒出来直接掩埋。他掩埋后将两个宝箱放在右边角落掩埋，继续寻找，并且选择了代表自己家的高楼，说是和几个小伙伴去寻宝，选择的小伙伴都是军事小人。最后在坦克大炮的帮助下寻找到了宝物。期间小 A 动作一如既往地快速。结束沙盘游戏后我提出拍照，他主动将各个物件摆放整齐，体现出对自己作品的在意。

咨询小结：就沙盘构建上看小 A 还是处于创伤阶段，掩埋现象严重，整体的整合性欠缺。考虑到孩子动作偏多，建议妈妈可以在家给孩子创设一个可以随意进行大幅度活动的区域。我和班主任沟通，希望后者能给予更多的耐心。

第五次咨询

本次沙游创作是动物世界和人类的对峙场面，和以往不同的是，小 A 摆放非常整齐且分类明确，处于一个整合的过程，这是一大进步，在后期大战阶段，每个士兵、每个动物都有着明确的归类。我让他选择一个最喜欢的，他选了一个看上去不起眼的士兵，说因为他的子弹很多、打不完，所以很厉害，并且在接下来的时间继续让这个士兵带着小分队打怪兽。

咨询小结：小 A 的状态朝着良性发展，之前的冲突现象正在逐渐减少，能量越来越积聚。妈妈提到前天自己控制不住情绪摔了东西后很内疚，诱因是小 A 不好好抄写，所以我建议妈妈可以做一些放松训练，并且和她明确：给予小A选择的权利，给彼此一个空间。

第六次咨询

沙游名称为"印第安人大战两败俱伤"。小A情绪状态一般，创作作品选择用围栏将沙盘分为两部分，一部分是印第安人的地盘，一部分是其他人类的地盘，两者为了抢食物要发动战争。在构建过程中孩子将食物掩埋，为了保护。在战争过程中出现了激烈的对峙，结果两败俱伤。

战争继续体现出冲突，但是孩子意识到冲突会两败俱伤，这时候我进行适时引导：生活中有没有两败俱伤的事件？可不可以找到更合适的解决方法？孩子自动联系到和同伴的相处过程中，有时候因为自己的冲动产生摩擦，主动提出可以试着控制自己的情绪、减少冲突。

咨询小结：小A已经可以借由作品中的内容和现实相联系，对现实人际交往有着积极的促进作用。

第七次咨询

沙游名称为"动物与人类共同生存"。因为母亲反映小A曾被其他小朋友欺负，所以这次命题讲"调皮捣蛋"的故事。小A决定让"调皮捣蛋"和动物们去野炊，时间是冬天，所以有雪人，还选择了很多吃的，到达目的地后开始做饭，吃饭的有教师、有同学。我说这个时候遇到了问题，需要你帮忙解决："调皮捣蛋"遇到了更调皮捣蛋的同学，你给他起个名字。他说叫"调皮皮皮"。我说"调皮皮皮"不让他吃东西，什么都抢他的。他说"调皮捣蛋"吃别的就可以了，没关系。我说不行，"调皮皮皮"很霸道，就是欺负"调皮捣蛋"。他说不会，他吃一会儿就吃饱了，就吃不下了，"调皮捣蛋"就可以继续吃了。看上去小A对于和同学之间的冲突并不像妈妈想象的那么严重，孩子的抗挫能力比成年人想象中的更强大。

接下来小A继续描述作品：恐龙们因争夺食物被关进了笼子里，最终互相残杀，我突然意识到每次他钟爱的恐龙对他来说其实是自己的化身。于是我说他们不能相互合作把笼子打开吗？他说不能，他们之间太挤了，根本推不开，必须死掉一部分。于是他选择了牺牲部分恐龙，剩下的恐龙在两只翼龙的帮助下将笼子拉到天上，最终冲出笼子。

咨询小结：不同种类的恐龙及不同恐龙的命运体现了小A内心的多面性，有野性的一面，也有不得不舍弃的一面，这个时候我在努力帮助他实现整合，告诉他合作也是一种力量，而他完全可以通过合作将不同的自己拉在一起。在和同伴的冲突中，小A的适应性比大人预想得更加好，所以我建议暂时采用不干预的方式，因为家长的介入容易让双方孩子的敌对意识更强，如果给孩子更多自己解决问题的空间，关系会更加的和谐。

五、咨询效果

通过7次咨询，小A在课堂上的表现已经较之前有了很大进步。上课离开座位的情况已经消失，在和同学的相处中，赢得了很多小朋友的喜欢，还以最高票数当选为队长。在和妈妈的相处中，咨询师让妈妈可以正视自己的童年创伤对现阶段孩子教育产生的影响，妈妈也表现出了更多耐心，以一颗平常心去对待孩子成长中遇到的问题。

六、个案总结

被诊断为"注意力缺陷"的儿童在近些年越发增多，家长和教师无需过于担忧，只需结合医嘱，尽量将儿童生活条件"正常化"，他们的症状就会有所缓解。在小A的咨询过程中，自始至终咨询师没有对他进行"贴标签"，而是通过叙事治疗和沙盘这两种表达性艺术治疗的方法将意识与潜意识进行了结合，将小A的防御降到最低，实现咨询效果最大化。这对低段儿童而言，充分利用了"游戏是该年龄阶段重要活动"这一特点，符合认知与情感发展的特点，有着很好的普及价值。

初中学生心理问题的危害及应对措施研究

吴正荣

云南省昭通市云天化中学

初中生处于心理和生理发展的黄金时期，这也意味着处于这一阶段的学生心智尚未成熟，对于他们自身而言存在很多的矛盾，因此很容易产生一些心理上的问题。在这种情况下，本文针对初中生心理行为的危害进行分析，并相应地提出一些改善措施，希望对学生的学习和成长有一定的帮助，使学生的综合素质得到全面的提高。

一、初中生心理特点

（一）反抗性与依赖性

初中生由于产生了强烈的成人感，进而产生了一种强烈的独立意识，他们不愿意像孩童时代一样听取父母、长辈的意见，生活中，在衣帽穿搭方面都与成人处在对抗状态，但是他们在心理上没有摆脱对成年人的依赖。孩童时期的他们主要是对情感和生活的依赖，但是青春期主要是希望在精神上得到认同和支持，初中生心理上所产生的反抗性比较复杂，有时候是想向外人证明自己已经长大了，有时是想掩盖自己的懦弱的一面。

（二）闭锁性与开放性

进入青春期的学生，他们会逐步地封闭起来，从而使他们的内心活动变得更加的丰富，但是表现出来的内容更少了，加上对外界的不信任感；但是久而久之，又难免觉得孤单寂寞，因此想要找到知己，希望有人去理解他和支持他，一旦找到这样的伙伴，他们便会推心置腹、毫无保留。因此在封闭的过程中，又具备一定的开放性。

（三）勇敢与怯弱

在某些情况下，初中生会表现得非常勇敢，但是这些勇敢的行为大多都包含冲动、鲁莽的情况，这是因为他们在思想上少了一些条条框框的限制和约束，他们能够果断地采取某种行动；其次是由于在认知上受到一定的局限性，使学生不能立刻辨别事情的危险性。另一方面，他们也会表现得很怯弱，比如在公共场合会表现得更害羞、不够坦然和从容，这些表现都是他们因生活经验不足而产生的心理矛盾。

（四）自负与自卑

初中阶段的学生难以认清自己的位置、难以准确地认识和评价自己，缺乏全面自我评价能力，很容易凭自己一时的感觉妄下结论，或者是偶然的成功就会信心十足，而一次的失败就会给自己带来很大的挫败感，自负与自卑这两种心理交织在一起。

二、初中生常见心理问题类型及表现

（一）厌学心理

学生厌学心理的主要表现为注意力分散、上课不注意听讲、打不起精神、情绪消极等，进而导致学生在学习上作业拖拉、敷衍了事、成绩差、作业错误率上升等。学生厌学是一种典型的心理疲倦反应，产生这种反应的原因有很多，有可能是持续性的学习，也有可能是精神紧张，或者是长时间单调的学习状态所引起的不适和疲倦。

（二）逆反心理

逆反心理是青春期孩子比较明显的心理状态，是他们为了维护自尊而对别人形成的一种自然的反抗心理。逆反心理形成的原因是他们的生理和心理上的发育使他们心中形成了一定的焦虑倾向，这种倾向使他们表现出一种无来由的反抗和叛逆。这种心理的产生一是出于好奇心；二是出于对立的情绪，就是无论怎样苦口婆心地劝导，就是不愿意听；三是心理上的需求，越是得不到的东西就越想得到，孩子的理智程度越低，这种欲望就越强烈。

（三）消极交友心理

初中生存在几个典型的消极交友心理：孤僻型，不愿意与同学进行交往，不愿意参加集体活动，不关心集体；利己型，在交友过程中完全不考虑别人，以自我为中心，只对顺从自己、恭敬自己的人进行交往和亲近，反之就远离；义气型，不分是非曲直，只讲哥们义气。

（四）懒散心理

初中生懒散的心理主要表现在其依赖心理非常强，缺乏一定的责任心，做事拖沓，对人冷淡，欠缺进取心、挑战意识及青少年应该有的朝气和活力。出现这些心理问题的原因主要是家长的大包大揽，使学生缺乏一定的锻炼，让孩子养成懒散的心理。

三、初中生心理问题的危害分析

（一）阻滞成长发展

初中生的身心正在迅速地发展中，如果他们产生一定的心理问题或是这些问题没有得到解决，会对他们今后的成长和发展产生不利影响。心理上的问题会使学生的人格出现问题，造成学生人格上的缺陷，在初中阶段形成良好的人格可以帮助学生更好地自力更生，而最常见的人格缺陷就是虚弱、妄想、分裂、暴躁、强迫等。这些性格上的缺陷不会使学生产生严重的心理疾病，但是如果这些问题长期得不到疏通，会对学生的心理产生很大的创伤，甚至会对学生今后的成长产生极其严重的后果。

（二）影响未来规划

初中生的心智尚未成熟，对未来缺乏一定的规划，在学习和生活的过程中经常会遇到一些自我冲突或者是无法解决的问题，当问题无法解决时便会处于自我控制、自我压抑、悲观、缺乏信心的状态，他们的学习和生活逐渐就会失去方向，目标也会变得模糊不清，不能够对自己的未来做出清晰的规划，更不能理解生活的意义和自我价值所在，这对学生未来的发展会产生不利的影响。

（三）无法正常交流

初中生处于青春期，敏感而孤独，但是对交流充满了热情。由于长期的心理问题，学生无法正常地与教师和家长沟通交流，这样很容易让学生长时间沉浸在自己的世界里，从而产生极端的想法和心理，随着时间的流逝形成一种恶性的循环，教师和父母也无法帮助孩子解决心理上的问题。

四、初中生心理问题的干预策略

（一）学校必须要采取的措施

学校是学生生活和学习的主要场所，学生可以在这里结识更多的朋友，但是往往学生也很容易在学校通过结交的人产生一些心理问题，比如学业竞争、生活攀比、师生关系等因素，都是学生产生心理问题的重要原因。因此学校需要采取必要的措施，主要包括：

1. 建立丰富的活动体系。

学校要积极展开丰富的活动体系，使学生能够将一定的精力放在课余时间上，在课余活动中发挥自己的光彩、结识更多的朋友、开阔思维和眼界，给学生营造一个释放压力的窗口，从而适度地缓解学生在学习过程中的压力，同时教师也要积极地鼓励学生参与到课余活动中来，特别是针对一些不爱交友的学生，要鼓励他们丰富学习活动。

2. 成立心理咨询室。

学校要发挥自己的社会功能和价值，邀请一些专业的心理教师，并建立专门的心理咨询室，对有心理负担和心理问题的学生免费开放，学生在生活和学习中，在心理上有任何负担或是想对一些人说的话，都可以在咨询室中得到倾诉和调节。从专家的角度来讲，专业的心理教师可以对学生进行针对性的对待，对于一些特别需要关注的学生进行有针对性的心理辅导，从而减少心理问题对学生的伤害。

（三）教师可以采取的措施

1. 建立多渠道的沟通方式。

作为班级管理者的班主任需要建立多渠道的沟通方式，才能更好地关注到每一个学生的心理动态和学习动态。同时，班主任也可以建立个性化的沟通渠道，来增强与学生之间的沟通。针对一些心理有问题的学生，班主任可以在私底下对学生进行干预和沟通，比如使用聊天软件或者是游戏软件，建立学生个人与教师之间的对话，同时还可以以个人咨询的方式，让学生用书面或口头表达的方式来表达自己的想法、缓解自己的心理负担，化解负面情绪，帮助自己建立良好的心理环境。

2. 创设多样化教学方式。

为了解决学生的心理问题，教师除了应加强与学生的交流和互动之外，还应使用多样化的教学方式、开展多样化的教学活动，让学生有不同的学习体验，在教学活动中不断释放自己，并帮助学生更好地克服自卑、焦虑的心理。在活动中加强学生的人际交往能力，促进学生心理素质的提高。与此同时，教师在教学的过程中，要善于鼓励、赞美学生，让学生看到自己身上的闪光点，发展自信，发现自己的优点和长处，从而提升自己的认知。

（三）家长需建立有效的亲子沟通机制

除了学校，与学生接触最多的就是家长。家长始终在关注着孩子的学习和生活，不仅要在生活上给孩子一定的支持和帮助，还要加强与孩子之间的沟通、倾听他们内心的想法。在学校接触到的人和事，家长要耐心地倾听，不能因为工作原因而推卸责任。对于心理上有问题的孩子，家长要帮助他们树立信心、克服悲观的心理。另一方面，对于孩子的反叛情绪，家长要沉着冷静地处理，尽量尊重孩子的需求，并在定期的交流上给予孩子一定的独立空间和机会，比如让孩子自己主动向父母分享心事，不但能够向家长推心置腹，而且能够很好地解决心理问题，从而减轻心理问题对自己的伤害。

（四）中学生学会自己排解心中的不良情绪

其实解决心理问题最根本的方法终归还是自己，初中生作为心理问题的主体，需要积极地学习如何更好地去排解心中的不良情绪，找到消除自己心中愤懑和不满的途径和方法，而不是盲目地抵制，或者是自我消耗，这些均是不可取的解决方式，只会让问题越来越严重。学生要充分地意识到心理问题对自己的伤害，通过克服心理问题，学生可在成长的过程中获得更多的感性认识和理性认识，从而逐步获得成就感和社会经验，让自己在成长的道路上获得成功的喜悦。